中央民族大学"985工程"中国少数民族语言文化教育与边疆史地研究创新基地文库
中国少数民族语言参考语法研究系列丛书

总主编 戴庆厦

燕齐壮语
参考语法
REFERENCE GRAMMAR OF YANQI ZHUANG

韦景云 何 霜 罗永现 著

中国社会科学出版社

图书在版编目(CIP)数据

燕齐壮语参考语法/韦景云、何霜、罗永现著 . —北京：中国社会科学出版社，2011.5

（中国少数民族语言参考语法研究系列丛书）
ISBN 978 - 7 - 5004 - 9551 - 2

Ⅰ.①燕…　Ⅱ.①韦…②何…③罗…　Ⅲ.①壮语—描写语法学—研究　Ⅳ.①H218.4

中国版本图书馆 CIP 数据核字（2011）第 024566 号

责任编辑　任　明
责任校对　王　林
封面设计　李尘工作室
技术编辑　戴　宽

出版发行　**中国社会科学出版社**
社　　址　北京鼓楼西大街甲 158 号　　　邮　编　100720
电　　话　010—84029450（邮购）
网　　址　http://www.csspw.cn
经　　销　新华书店
印　　刷　奥隆印刷厂　　　　　　　　　装　订　广增装订厂
版　　次　2011 年 5 月第 1 版　　　　　印　次　2011 年 5 月第 1 次印刷
开　　本　710×1000　1/16
印　　张　29.5
字　　数　692 千字
定　　价　62.00 元

村后不远处的一座青山

走在村前小河独木桥上的小女孩

何霜博士精心记音中

村民们就语料的准确读音进行商讨

老人讲述长篇语料《刘定遄的故事》

老人讲述长篇语料《贡修姑爷的故事》

韦景云副教授审核有关记音材料

罗永现教授与韦景云一起研讨本课题

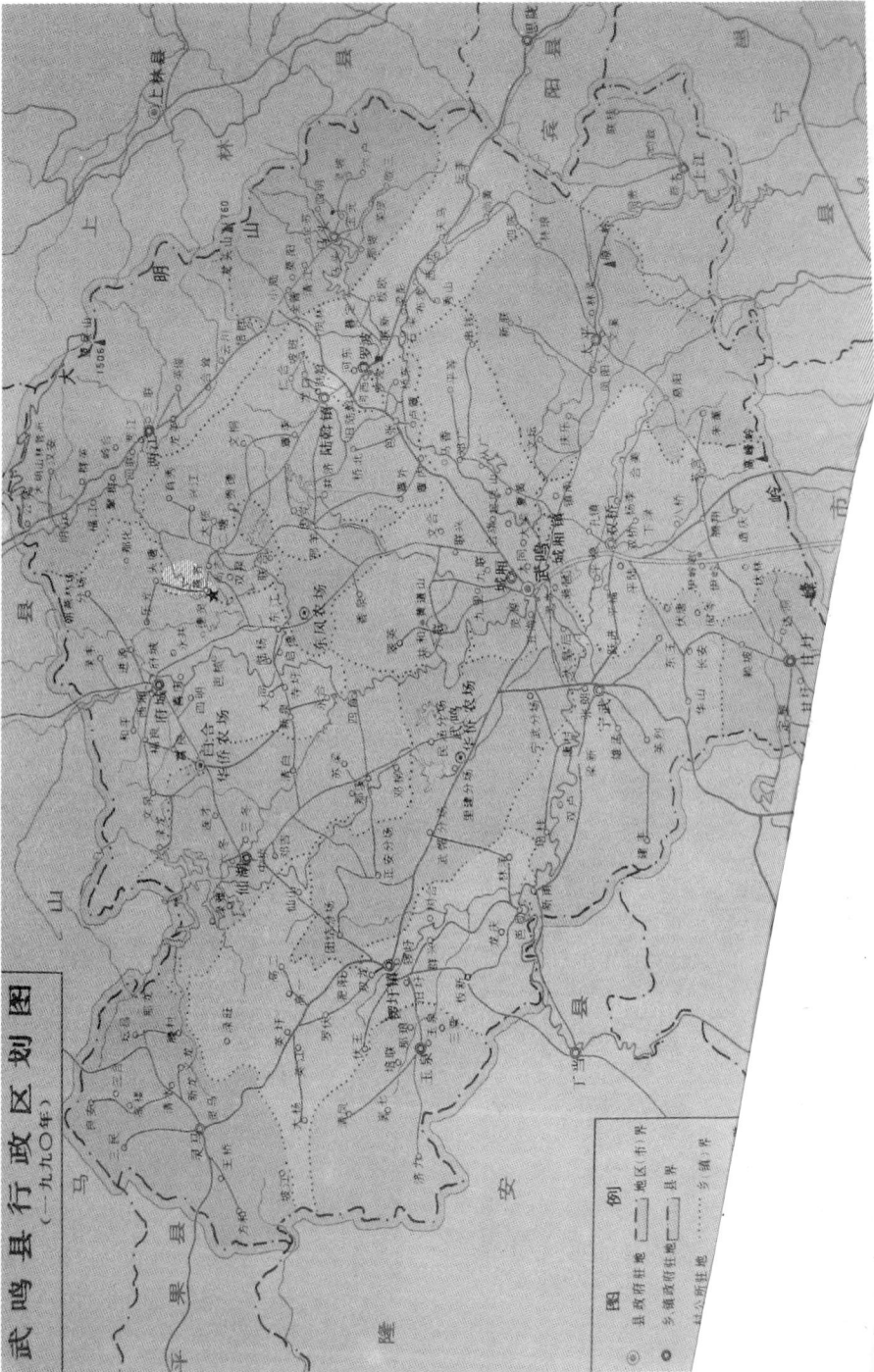

武鸣县陆斡镇燕齐村位置图

目　录

第一章　绪论

第一节　概述

一、地理位置

武鸣县是南宁市辖县，位于广西壮族自治区中南部。北回归线穿过北端，属于亚热带季风气候区。桂中南最高山大明山横亘于其东部和东南部，与上林县、宾阳县毗邻，成为天然屏障。其西部和西南部与隆安县、平果县交界，北接马山县，南邻南宁市。县境东西最大横距 111 公里，南北最大纵距 97 公里。

本书研究的燕齐壮语所在地——坛幕屯——隶属于武鸣县的陆斡镇燕齐村，位于北回归线以南附近。其东部、南部与陆斡镇的尚志村（汉族村）、双泉村为邻，西部、北部分别与府城镇的德灵村、乐光村、头塘村交界。距县城约三十多公里，距陆斡镇所在地近 20 公里，距府城镇所在地不到 10 公里（详见武鸣行政区划图）。

二、历史沿革

秦汉时，今武鸣县境曾属象郡地、郁林郡。唐宋以后，经过"改、撤、并"多次反复，始为武缘县地，隶属邕州。明嘉庆七年（1528），武缘县境初隶南宁府，隆庆六年（1572）隶新宁州，万历五年（1577）改隶思恩府，直至清代。民国元年（1912）撤思恩府，时任广西都督的陆荣廷，崇尚武功，意"以武而鸣于天下"，将武缘县更名为武鸣县，随后又升为武鸣府。民国时，武鸣县先后隶属邕南道、南宁道。

1949 年 12 月 3 日武鸣县解放。1951 年 1 月，划属南宁专区。1956 年属桂西壮族自治州。次年 12 月，改属南宁专区。1958 年 12 月与隆安县合并，成为武隆县，县治在武鸣城厢镇。次年 5 月两县复分，武鸣县属南宁专区管辖。1983 年 10 月 8 日，国务院批准武鸣县划归南宁市管辖。[①]

燕齐村所在的陆斡镇，明清时乡境属止戈乡。村境于清末民初为止戈乡北

---

① 黄庆勋等：《武鸣县志》，广西人民出版社 1998 年版，第 39—40 页。

区的大榄区，属民国中期东区五乡中的大榄乡。解放后，属于大陆斡区的剑江乡，后来剑江乡并入陆斡人民公社（即 1984 年 9 月改称的陆斡镇）至今。

三、自然条件

就地形地貌而言，武鸣县有三种地形，即高丘地地形、石灰岩地地形及低丘陵和平地地形，境内形成四周高、中间低的小盆地。高丘地也就是高丘陵，分布于中部盆地边缘的临山前地带，有的属于山地支脉断续延伸，海拔高度大于 250 米。根据土层厚薄和土壤利用价值，可分为厚土层高丘陵和薄土层高丘陵。而燕齐村正是处在高丘地地形区内，雨季和旱季分明，夏季（5—8 月）气温高，7 月至 8 月中旬，日平均气温在 25℃，最高达 35℃以上，为一年中的最热期，雨量集中，也为暴雨和大风多发期。秋季（9—11月）天高气爽，气温逐渐下降，雨量明显减少。10 月份多发生寒露风天气，雨季结束，易发生秋旱。地表水贫乏，入秋以后，小河溪流大都基本断水。现在，灌溉用水依靠西甲水库的水，生活用水是地下水或由邻近的尚志村自来水供应。这里的土壤多为红泥土，随地形可通过人为的土地平整和兴修水利，耕作培肥后形成梯田式的水田和旱地，而耕地以"望天田"居多。

四、经济文化

燕齐村不仅水资源短缺，矿产资源和植物资源也很匮乏。近年来，虽然大力发展了龙眼、荔枝、芒果、黄皮等果木，以及甘蔗、木薯、玉米等农作物的种植，成为村民的主要经济支柱，也出现一些月饼制作、木材加工等小作坊，村民生存条件比 30 年前好多了，但本村经济状况并没有多大改善。青壮年中大多数都外出打工，以贴补家用。总的来说，本村仍属于自给自足、略有盈余的欠发达地区。

目前，口头文学传承、创作在燕齐村壮族中有些青黄不接，只有极少数六十岁以上的老者还能略说一二，能传承民间口头文学的年轻人基本上绝迹了。据老人们讲，以前壮族口头文学创作丰富，几乎人人都能创作山歌、唱山歌。现在，逢大的节日集市上还有歌圩，但唱者多为中老年人。年轻人基本没有会唱的，多是去看热闹。因此，燕齐村壮族民间文学的口头传唱有濒危的趋势。以本次长篇语料调查为例，青壮年中能较为完整地叙述一个民间故事者寥寥无几，以至于年轻一代已经很少听到。

方块壮字在壮族民间使用。方块壮字是壮族人民长期用于记录民间口头文学的一种文字。方块壮字亦称"土俗字"，主要借汉字的形、音、义搭配构型造字，壮语称为 sau^{242}dip^{55}，sau^{24}为"字"，$^{?}$dip^{55}为"生"，即"生而不熟"的意思。虽然在学校教学、社会文书中使用更多的是汉语，但历代书写的师公唱本、编写壮剧乃至当代壮族山歌歌师、歌手记录山歌仍以土俗字为主。从现存于民间的一些唱本、歌本、剧本中搜集到的土俗字看，依其构字方法大致有象形字、会意字、形声字、借汉字音、借汉字义、借汉字音义等六种类型。同其他壮族地区一样，方块壮字因为其构型复杂，写法往往因地而异，没有一个统一的字形，有的字形甚至根本无从辨认，方块壮字仅限于少数人，例如师公、歌师等使用，燕齐村的年轻一代也极少见到或认得"土俗字"。

五、语言使用

燕齐村人口约为 3000，共有壮、汉两个民族，其中壮族占总人口的三分之二强。壮族是燕齐村的主体民族，自称为 wun^{42}ba:n^{55} "村里人"，汉族人亦以此称之。汉族人分别说新民（san^{33}man^{42}，客家话）、横塘（we:ŋ^{33}ta:ŋ^{42}，平话）两种汉语方言。正如清光绪年间编修的《武缘县图经》所载："城门之外，鲜道汉音，佶屈侏离，毫无义理，虽亦间有谙习华语者，然惟用以酬应外处之人。土著相聚，纵彼此能操正音，亦绝口弗谈也。"直至今日，这一现象仍然是当今壮族地区的真实写照。

壮语是全村的通用语。普通话虽已推广了几十年，但除了电影电视等媒体外，一般场合绝少听到普通话，哪怕是当地官话。由于壮语的强势，壮族家庭用语自然是壮语，双语者很少（外出打工者除外），只有解放初期曾在汉族小学上学的老年人或比较活跃的年轻人能说几句汉语方言，而汉族中即使不是壮汉通婚的家庭，大人小孩耳濡目染，大多数也都会说壮语。学校低年级的教学用语基本上是壮语，这也对当地汉族融入壮族社会起着一定的促进作用。

十年以前，燕齐村的小学校以民族聚居地及教学用语不同而划片建校，即有壮族的"黄齐小学"，而汉族则设有"燕山小学"（客家话）和"笔山小学"（平话）。近年来，随着小学生数量的减少，燕山小学被撤销而与黄齐小学合并，笔山小学撤销后学生到临近村的小学上学。小学采取"汉语教学、壮语解释"相结合的教学方式，课间休息、课外活动仍是一片壮语天地。因此，壮族学生即使小学毕业，能熟练掌握汉语者寥寥无几，大多属于半文盲状态。学生只有经过初中阶段的强化学习，才能较好地掌握汉语文。但是，初中毕业后回乡务农者，生活在壮语环境中，对汉语也是处于"汉文可以、会话困难"的状态。

燕齐村没有自己的农贸市场。其附近的轵圩曾经是一个相当繁华的市场，后因于 1940 年 3 月 7 日遭日机轰炸而逐渐衰败，乃至废弃。现在农贸市场位于四公里外的二塘圩。由于壮汉人口比例悬殊，人们在农贸市场的交际用语以壮语为主。可以说，在农贸市场里，不会壮语，寸步难行。

六、语言系属

壮语属于汉藏语系侗台语族壮傣语支，它与我国境内的布依语、傣语以及

国外的泰语、老挝语、掸语（缅甸）很接近，同属一个语支。如图 1 所示：[①]

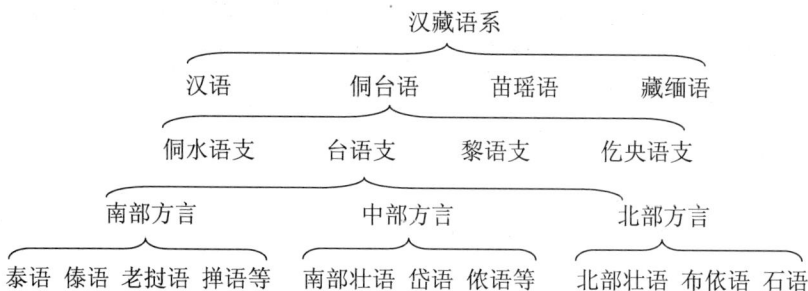

```
                          汉藏语系
        ┌──────────┬──────────┬──────────┐
       汉语       侗台语      苗瑶语      藏缅语
              ┌──────┬──────────┬──────────┐
           侗水语支   台语支     黎语支      仡央语支
        ┌──────────┬──────────────┬──────────┐
       南部方言      中部方言         北部方言
     ┌──┬──┬──┬──┐  ┌──┬──┬──┐   ┌──┬──┬──┐
   泰语 傣语 老挝语 掸语等 南部壮语 岱语 侬语等 北部壮语 布依语 石语
```

近年来，国内外学者对侗台语的系属问题提出了许多见解，其中部分学者认为侗台语更接近南岛语，可又不能简单地将其归入南岛语。我们不应陷于争论不休的发生学问题中，而应着眼于现代语言类型特征的分析研究，之所以主张将壮语所在的侗台语族留在汉藏语系内，是因为现代侗台语与汉语无论是语音、基本词汇和语法都有许多共同的类型学特征。

壮语分南北两大方言，共十二个土语区。方言界线大致以右江、邕江、郁江三条江为线，江以北为北部方言，江以南为南部方言。北部方言受汉语西南方言的桂柳话的影响较深，而南部方言则受汉语粤方言的影响较深。壮语使用人口，北部方言比南部方言大得多。如图 2 所示：[②]

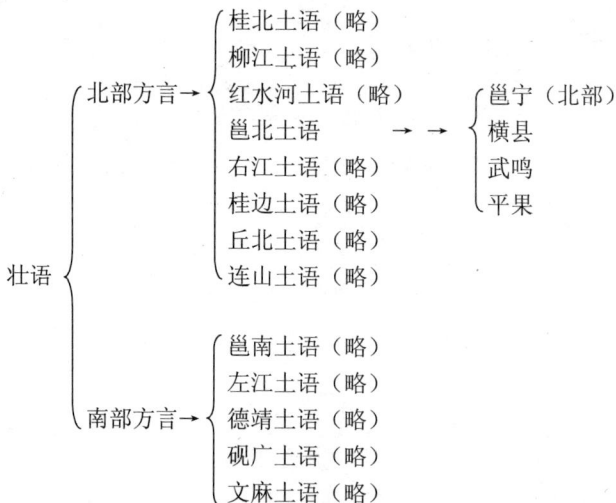

```
                  ┌ 桂北土语（略）
                  │ 柳江土语（略）
                  │ 红水河土语（略）        ┌ 邕宁（北部）
        北部方言→ │ 邕北土语    → →       │ 横县
                  │ 右江土语（略）          │ 武鸣
                  │ 桂边土语（略）          └ 平果
                  │ 丘北土语（略）
                  └ 连山土语（略）
  壮语
                  ┌ 邕南土语（略）
                  │ 左江土语（略）
        南部方言→ │ 德靖土语（略）
                  │ 砚广土语（略）
                  └ 文麻土语（略）
```

---

① 引自马学良主编《汉藏语概论》，民族出版社 2003 年版，第 2 页；李锦芳：《侗台语言与文化》，民族出版社 2002 年版，第 20 页。

② 张均如、梁敏等著《壮语方言研究》，四川民族出版社 1999 年版，第 12 页。

　　壮语南北两大方言的显著差异主要表现在语音上。北部方言一般没有送气辅音，而南部方言有一套送气的辅音，即 ph、phj、th、kh、khj。北部方言多数地方有²j、²w 的先喉塞音，如"医"、"威"，北部方言一般分别读²ju²⁴、²wi²⁴。北部方言内部的语音对应整齐而简单，南部方言则显得有些杂乱。而燕齐壮语，属于壮语北部方言的邕北土语区（关于两大方言的语音差异，请参阅梁敏、张均如等的《壮语方言研究》）。

七、方言土语'

　　燕齐壮语属于武鸣壮语的一个次土语。因为武鸣壮语区域内语言统一性较差，相隔数公里，语音语调便有所不同，距离愈远，差异愈大。区域内壮族人约有 30% 操近标准音壮语，约 70% 操各自不同的方言土语，按其语音特点大致可分为五个次土语区：一是近标准音区，二是西部及西北方言区，三是甘圩方言区，四是北部方言区，五是东部方言区。[①] 如图 3 所示：

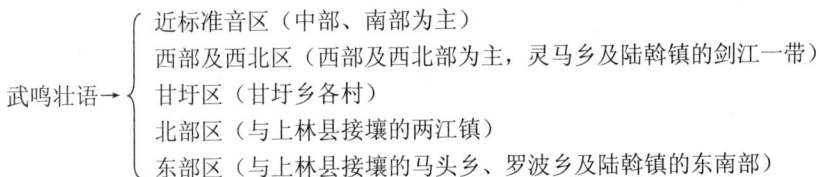

$$
武鸣壮语 \rightarrow
\begin{cases}
近标准音区（中部、南部为主）\\
西部及西北区（西部及西北部为主，灵马乡及陆斡镇的剑江一带）\\
甘圩区（甘圩乡各村）\\
北部区（与上林县接壤的两江镇）\\
东部区（与上林县接壤的马头乡、罗波乡及陆斡镇的东南部）
\end{cases}
$$

　　各方言区的语言，虽在语音语调上都带有浓重的地方特点，但因彼此交往密切、适应性强，彼此语言交流并无大碍。燕齐壮语所属的"武鸣壮语的西部及西北部"土语区，位于陆斡镇剑江片区（即解放初期的剑江乡）一带。燕齐壮语与武鸣壮语其他土语在语音上的最大不同，就是其他方言的元音 o 在燕齐壮语都读为 ø（带辅音尾音的短音韵母不变，关于这一点将在燕齐壮语音系中详细列出）。即使是跟相邻的三个壮族村，燕齐壮语语音在声调上也是有很大的差别，即燕齐壮语与德灵村的相近，虽然德灵村壮语无第三调字，高平调（55）字并入第六调中平调（33）字，而与乐光村、头塘村的相异。

　　燕齐壮语跟壮语北部方言一样，没有卷舌音和送气音。如燕齐村的壮族人常将汉语普通话的卷舌音声母 tʂ、tʂh、ʂ 念为 ç，如"上海"、"马车"、"吃饭"分别说成 ça:ŋ⁵¹ha:i²¹⁴、ma²¹⁴çe⁵⁵、çi⁵⁵fa:n⁵¹；而 p、ph 念为 p，t、th 念为 t ，k、kh 念为 k，tç、tçh 念为 ç。如"白、排"，"搭、他"，"歌、科"，"鸡、七"都分别念成 pa:i²¹⁴、ta⁵⁵、kə⁵⁵、çi⁵⁵，以至于"几张"和"纸张"都读为 çi²¹⁴ça:ŋ⁵⁵，土壮音很重。此外，汉语普通话的 h 声母跟合口呼

---

① 黄庆勋等：《武鸣县志》，广西人民出版社 1998 年版，第 863 页。

韵母相拼时亦很难念出，便有如 huaŋ²¹⁴ "黄"、waŋ²¹⁴ "王" 不分，hua⁵⁵ "花"、wa⁵⁵ "挖" 不分的情形，它们在燕齐壮语都分别念成 waːŋ²¹⁴ "王" 音和 wa⁵⁵ "挖" 音。[1] 类似这样的读音，给本地壮族说汉语普通话带来了一定的困难。

八、风俗习惯

1. 生产习俗。壮族极为重视农业生产，每年春节挂春牛图，而流传下来的拜秧节、祈丰节、祭田祖节、丰收节等传统节日，也都是他们希望通过勤劳耕作获得丰收的反映。在长期的农事生产活动中，养成互助合作的习惯。每逢插秧、收割等农忙季节，一家忙不过来，常常义务帮忙，直到农忙结束，被戏称为"打赔工"。田间劳作，犁田耙地多由男子所作，少有女子扶犁的。而播种、插秧则多为妇女完成，男子参与者少（如今"插秧"已改为"抛秧"，与"插秧"相比，"抛秧"省力得多了）。燕齐村壮族也是如此。

2. 饮食习俗。壮族的饮食很有特点。白天大米粥，晚上大米饭，鱼、肉也是餐桌上常见的餐品。一般节日合家聚餐，米食类有糯米馍、米粉、棕粑等，菜肴以猪肉为主、鸡肉为上等。农历除夕、春节最为丰盛。农历三月初三作五色糯米饭，五月初五包凉棕，六月初六做糯米馍，七月十三至十五过中元节，其丰盛程度仅次于春节，俗话称"十三杀鸭，十四吃鱼生，十五吃猪肉"。八月十五做糍粑，九月初九蒸糯饭。其余各小节日以米粉类食物为主。这表明燕齐村壮族对"吃"既讲究，而且"很凶"。

3. 居住习俗。历史上居住在山区的壮族，房子以"干栏"建筑为主要特点。"干栏"建筑在燕齐壮族地区已绝迹，在武鸣玉泉乡部分村屯及宁武乡的杜轩屯尚有遗迹。随着经济条件的进一步改善，民间住房得以逐渐改观。墙壁以土舂或砖砌，上为木横条盖瓦。20 世纪初至中叶，民居开始流行坐北朝南式的"三间一座"建筑。80 年代的民居开始出现三五间相连成排的火砖平房。90 年代后零星出现两三层的钢筋水泥及火砖结构的楼房。如今，这样的小"洋楼"在燕齐村壮族聚居地已为常见。

4. 服饰习俗。古代壮族男子"错臂右衽"，"圩市黑白相同，四市常服麻布"，形式较为单一。清代壮族男子上衣装式为无领，袖口较宽，短上衣纽路往右肩下开，再转向中间开襟直至裤头初。清末以后开始流行唐装，纽路正中，以布条编作扣子，一组双扣。至 50 年代末起，以民间织造土白布，染士林蓝或黑色为主。80 年代后，服装款式逐渐多样化。六七十岁的老人仍以黑色唐装为主。

---

① 汉字读音的声调，这里的标音法参照普通话声调。

壮族女子服装形式多样。清末，女子上衣为白布或蓝靛染成的蓝黑土布，无领长袖开中襟，背肩为两襟边及袖口、袖子中部为手工绣彩线花边，裤子形式虽与男式相似，但两脚边也为彩线绣花边。清末至民国初期以后，服装形式开始普遍为大襟唐装。大襟唐装又是嫁衣及专供节日、寿日衣着的服装，制作最为惊喜，壮语称为 pu³³ ʔdøːŋ³⁵，意为"黑得发光的衣服"。此一服装，50 年代后逐渐少见，中青年妇女都普遍穿机织布了，但老年妇女仍有珍藏。

如今，燕齐村壮族的服装已基本趋同于汉族，差别不大，尤其是年轻人，一般直接从服装市场上购买。除了一些出于表演需要的特殊人群，其他人几乎没有穿民族服装的。

5. 丧葬习俗。壮族的老人去世，必将席子翻过，让寿终者脚对大门，平躺在厅堂正中，然后象征性地剃头、洗身、换新装。随后在死者眼、鼻、口分别盖上一枚硬币，再取一面毛巾遮住面部，用一块长条白布覆盖身体，在死者后头，放一碗糯米饭，上插一双筷子，沙纸包裹，谓之"竖首"。有的还给死者挂上蚊帐，全家痛哭，村里人听到便自觉前来协助办理丧事。丧事由族中长者主持，派本族年轻人迅速传报各路亲朋，通知在外的家人，预告出殡日期、时辰等。亲戚前来吊唁，有的送来挽幛，见过遗体后，由族中长者指挥，将死者连人带席放置棺中，入棺时子女必跪列左右，同时辰生的人一律回避。棺木两头各用一条木凳垫起，上下各放一盏油灯，棺前放一张桌子，摆上极品供奉死者。家中大小及血系亲戚则披麻、扎白布，男左女右，日夜分列棺材两边左右守候。解放前，师公做道场超度，一至三五日不等。解放后，道场逐渐减少乃至绝迹。在外死亡者，壮族认为是"凶死"，不得抬回家里，祭奠只能在屋檐之下摆设。在家自杀身亡者，棺木不能自门口抬出，而在屋后破墙开洞抬出。未成年人夭折者无棺，由村人帮忙，用草席卷尸，埋于荒野，无任何出殡仪式。这些习俗，一直沿袭至今，燕齐村壮族与各地壮族大同小异。

6. 接待习俗。壮族人民热情好客。不论生客熟客，在村边路旁相见，必招呼进家 kɯ²⁴ɕuk⁵⁵ "吃粥"。每年农历三月和九月过节，村与村之间节日错开，招朋引友，互相走访，攀比谁家客人多，以显荣耀，有的还专在路边候客。主人家热情招待来客，客人中只要其中有一亲戚或朋友、熟人，其余随从则不分贵贱，不论生熟，客人越多主人越高兴。壮汉民族之间互访也习以为常，壮族以三月三有汉族客人光临为喜，汉族则以清明节有壮族客人光临为兴。接待客人以米酒、糯饭、鸡、鸭、鱼肉为敬。宴席间贵客与主人或主家老人坐上席，共用一碗酒，手执汤匙互敬，边吃边拉家常。主家年幼者要为客人和年长者添酒加饭，酒碗常满，绝忌见底；饭也每碗必满，以吃剩为饱。晚辈递饭敬烟要用双手，从侧后递，不能从正面或用单手送人。晚辈先吃完饭的要嘱咐客人和长辈慢吃，然后方可离席。主人则必须陪客人吃饱后方能放筷子。燕齐村壮族有一句俗语："主不吃主吝，客不吃客蠢。"客人的过分客气会使主人不高兴。客人要走，主人必多方挽留。留不住则嘱咐："有空再来。"可留宿时，主人家要给客人打水洗脚，热情招待。

第二节　语言类型学特征

在 20 世纪 50 年代，政府及相关机构、院校对中国少数民族进行社会历史、语言文化调查时，曾经将武鸣县作为壮族的一个调查点，但只有三个乡镇（即当时的双桥乡、邓广乡、清江乡），其他乡镇没有调查到。燕齐村远离县城，当时也没有调查。从这个角度来说，我们选择燕齐壮语作为壮语参考语法的代表点，可以透过燕齐壮语，来了解壮语许多重要的语言学类型特征。

一、语音方面

壮语是有声调的以单音节词为主的孤立型语言。但口语中原本为单音节的名词性词类、动词性词类以及一些描绘型词类都不同程度地产生了多音节词。例如名词"人"、"狗"，一般不说 wun^{42}、ma^{24}，而是说 $pou^{31}wun^{42}$、$tu^{42}ma^{24}$；副词性词类 $hai^{31}maŋ^{31}laŋ^{31}$ "全部"更是由三个没有任何实际意义的音节构成的；而描绘型词类多音节词也不少，如 $tuŋ^{33}te{:}ŋ^{55}re{:}ŋ^{33}$ 是描绘"孤寂、弱不禁风"的样子。绝大多数地区的壮语都具有这些共同特点，双音节词或多音节词仍然是壮语今后发展的趋势，特别是汉语的强势，使得大量的多音节词不断地涌入壮语。

大多数地区的壮语都有 a、o、e、i、u、ɯ 六个单元音和 ai、aɯ、ou 等复合元音。元音 a 的长短音质不同，读长音时一般是/ʌ/，短音时/ɐ/。个别元音的舌位高低往往因地而异。如元音 o、e 有的地方舌位很高，接近于〔ɔ〕、〔ɛ〕，个别地方甚至复元音化变成了 uə、iə。元音 ɯ 在多数地方还保留着，但因其舌位高，个别地方也有低元音化的情况，读为央元音 ə。复合元音 aɯ 在个别地方读作 ai 或 ɯ。此外，少数地区还有圆唇元音 y、ø 或 œ，多数地区也有央元音 ə。这些多出来的元音基本上是语音演变的结果，或者是可以预测的。总的来说，壮语的韵母系统相当整齐，列出来好像布局对称的方阵，即便是在侗台语族中也算是比较完整的。而这一特点在壮语北部方言中尤甚，表现得更完整、更稳定。除上述六个单元音外，燕齐壮语还有一个圆唇元音 ø（出现在长音的鼻音韵和塞音韵中）。

壮语的辅音声母，无论是数目上还是发音的部位或方法上，各地方言基本上都是常见而简单的。北部方言一般都有带喉塞音的浊塞音$^?$b、$^?$d，而南部方言的喉塞音成分已不同程度地减弱，像龙州壮语简直就变成了纯浊塞音，邕南土语区都相应地并入了 m、n。但这两个声母都不出现在汉语借词里，只出现在单数调的音节中。当然，这两个浊塞音声母，在燕齐村语流中，会随着声调变化而暂时出现在双数调里（请参阅第二章第四节"连续变调"及相关语料），而德灵村壮语甚至归并到双数调（读 33，第六调）中。另外，壮语大多数地区都有腭音化和唇音化声母，而少数地区没有腭化音而保存了以-l 或-r 为第二音素的复辅音。当辅音、元音拼合时，会产生种种变化，这些现象很多，这里不再一一介绍。

壮语的声调系统及其发展过程与汉语有着惊人的相似。壮语声调在其分阴阳之前的四声与汉语的平、上、去、入四声相对应。壮语现在的八类声调与汉语的阴平、阳平、阴上、阳上、阴去、阳去、阴入、阳入的对应也是相当整齐的。[1] 用拉丁字母 A、B、C、D 分别表示汉语的平、上、去、入四声，用 A_1、A_2、B_1、B_2、C_1、C_2、D_1、D_2 分别表示壮语四个调类的八种类型，如果促声调由于元音长短不同而产生不同的调值时，则用 D_1S、D_1L、D_2S、D_2L 分别代表长阴入、短阴入、长阳入、短阳入。这是李方桂先生在他的早期著作如《武鸣土语》、《龙州土语》及后来《台语比较手册》等书中，参照汉语老借词的调类而把壮语的声调类别确定下来的。燕齐壮语声调与《台语比较手册》的相吻合。下面是壮语老借词调类与和燕齐壮语调类对照：

壮语	1	2	3	4	5	6		7		8	
	A_1	A_2	B_1	B_2	C_1	C_2		D_1		D_2	
老借词	阴平	阳平	阴上	阳上	阴去	阳去		阴入		阳入	
燕齐壮语	A_1	A_2	C_1	C_2	B_1	B_2[2]		D_1S	D_1L	D_2S	D_2L

二、词法方面

从音韵上看，壮语除了单音节词，也有多音节词。多音节词的构成方式既有像 to^{42}-、ta^{42}-这样的前缀，有像-a:k^{55}、-on^{31}这样的后缀，也有插入在重叠词根中间的像$^?$di^{33}、ri^{33}这样的中缀。前缀、后缀统称为"词缀"。以词缀来造新词既是表达某种语法意义的方法，也是许多语言普遍采用的构词法。像汉语的"老"、"阿"是用作称谓的前缀，"子"、"儿"是表示个头"小"意义的后缀。

---

[1] 张钧如等：《壮语方言研究》，四川民族出版社，第24页。
[2] 《台语比较手册》将 B 调和 C 调位置换了一下，目的是便于跟泰文对照。

　　作为一种孤立型语言，燕齐壮语的前缀和后缀是常见的，但下面情况在其他壮语里是不多见的。燕齐壮语里有ˀdam²⁴ ˀdi³³ ˀdam²⁴ ˀda:t⁵⁵这样的词，意思是"黑不溜秋，漆黑一片"，而且隐含贬义。这个词的构成过程如下：首先ˀdam²⁴是一个语义为"黑"的"词根"，在附加了强调性成分的ˀda:t⁵⁵后变成了 AB 式的ˀdam²⁴ ˀda:t⁵⁵"很黑，黑漆漆"；词根ˀdam²⁴经过一次重叠成为 AA 式的ˀdam²⁴ ˀdam²⁴"黑黑的，很黑"；ˀdam²⁴和ˀdam²⁴ ˀda:t⁵⁵之间再插入一个音节 C "ˀdi³³"，使得词根词 A 与 AB 式有机地结合起来，从而形成一种固定的、能产性极强的 ACAB "四字音格"形容词。插入的成分 C具有很强的灵活性，其音节的声母会随着词根音节声母的不同而变化，即二者声母保持一致。此一构词方式也可以用于对动词情态的描述上（关于这一结构模式，将在构词法及其他相关章节中作深入论述）。

　　在上述那个例子的衍生过程中，我们还看到另一种构词的方式——重叠法。壮语常常用重叠来表示体积的微小、数量的众多、动作的反复或持续进行、形容性的增强等。这一特点在壮语中很具普遍性，并非燕齐壮语独有。

　　燕齐壮语词类，主要有开放性词类和封闭性词类两种：名词、动词（包括状态动词——形容词）为开放词类，而副词、代词、数词、连词、介词和量词（类别词和度量词）、感叹词和助词是封闭性词类。开放性词类中的名词一般都有话题标记、定指/不定指标记；动词有方向标记、体标记、否定标记等，但没有一般意义上的"时态"。封闭性词类如副词，常用来作为动词和动词的论元之间或论元自身之间的标记。一般有 kwa³⁵（比较标记）、ˀou²⁴（选择标记）、çou³⁵（并列标记）、pai²⁴（命令标记）等等，这些标记基本上是词根词语法化的结果，特别是词根为动词的词，原义基本消失，在言语中只起到语法意义的作用。

　　与其他方言土语一样，燕齐壮语的词也有跨类现象，主要体现在词的兼类，如 ɣa:p³⁵在不同的语境中，可兼作动词"挑"和量词"（一）担"用，语法功能、意义上有密切的联系；laŋ²⁴既可用作方位名词"（前）后"，也可用作处所名词"地方、家或那里/这里"，二者语音形式相同，意义上也有关联。

　　燕齐壮语人称代词系统从形式上看并不完整。第一人称、第二人称分别有单音的单数和复数形式，但第三人称代词是从汉语"他/她/它"借来的，而且只有单音单数形式，没有与第一、第二人称相匹配的单音复数形式。人称代词有一个分裂体系，即人称代词有话题代词和非话题代词之分，虽然非话题代词可能是话题代词的变体（参见第四章"名词短语"之"代词"一节）。

　　壮语南北部方言在表示领属关系时，一般都有一个结构助词将领属者和被领属者联系起来，即北部方言用 tu³³，南部方言用 huŋ²⁴。而燕齐壮语的领属者和被领属者往往是紧密地联系着、不可分的，即不需要助词。

三、句法方面

　　"词序"是壮语句法的重要特征之一。从句子主干"主语+谓语+宾语"的结构来看，燕齐壮语与汉语的差别并不大，但两者在词序上还有一些明显的差别，比如 ʔan²⁴（个）ɣa:n⁴²（房子）mø³⁵（新）ni⁴²（这）ʔan²⁴（个）ku⁵⁵（我）"这是我的新房子"，句子中的两个名词短语结构——ʔan²⁴ ɣa:n⁴² mø³⁵ ni⁴²"这个新房子"和 ʔan²⁴ ku⁵⁵"我的"是比较复杂的，在词序上与汉语的差别很大。又如燕齐壮语——te²⁴（她）haɯ⁵⁵（给）ŋan⁴²（钱）ku⁵⁵（我）"她给我钱"，这里的直接宾语 ŋan⁴²被提前，放在间接宾语 ku⁵⁵位置之前，这样的结构也是汉语所不能的。

　　1. 名词短语的最小结构是由一个名词构成，名词可以带一个或多个修饰成分。名词、代词、指示代词和关系子句都可以作为修饰（限定）成分。壮语带修饰成分的名词短语结构是：被修饰成分在前，修饰成分在后。有一点值得注意，燕齐壮语的名词一般都带标记词——量词（或称类别词，表示泛指意义或特指意义），这时的标记词是该名词或名词短语的中心，形成"名词修饰（限定）量词"，而非"量词修饰（限定）名词"的结构，因为这个标记词既可受名词也可受指示代词的修饰（限定），符合"被修饰成分在前，修饰成分在后"的语法要求。名词短语结构有如下几种：

　　（1）标记+名词：ʔan²⁴ta:i⁴²　"桌子"
　　（2）量词+人称代词：ʔan²⁴ ku⁵⁵　　"我的（东西）"
　　（3）量词+指示代词：ʔan²⁴ ni⁴²　　"这个"
　　（4）量词+名词+指示代词：ʔan²⁴ ta:i⁴² ni⁴²　　"这张桌子"
　　（5）数词+量词/度量词+名词（数量为ʔde:u²⁴"一"时，ʔde:u²⁴要后置的例外）：

　　　　　　sø:ŋ²⁴ ʔan²⁴ ta:i⁴²　"两张桌子"
　　　　　　ʔan²⁴ ta:i⁴² ʔde:u²⁴　"一张桌子"
　　（6）数词+量词/度量词+名词+指示代词：
　　　　　　sø:ŋ²⁴ ʔan²⁴ ta:i⁴² ni⁴²　"这两张桌子"
　　（7）名词+形容词：ʔan²⁴ta:i⁴² mø³⁵　"新桌子"
　　（8）（数词）+量词+名词+形容词：
　　　　　　sø:ŋ²⁴ ʔan²⁴ ta:i⁴² mø³⁵　"两张新桌子"
　　（9）（数词）+量词/度量词+名词+形容词+指示代词：
　　　　　　sø:ŋ²⁴ ʔan²⁴ ta:i⁴² mø³⁵ ni⁴²　"这两张新桌子"

（10）（数词）+量词/度量词+名词+形容词+(关系子句)+指示代词：

sø:ŋ²⁴ ʔan²⁴ ta:i⁴² mø³⁵（kou²⁴ ŋa:m³⁵ ɕaɯ³¹ ma²⁴）ni⁴²

"这两张（我刚买回来的）新桌子"

当代词修饰量词，或名词和指示代词单独修饰量词，或别的修饰成分与名词、指示代词一起修饰量词，始终出现在量词之后；如果形容词(包括重叠形容词)单独修饰名词，形容词在名词之后，或形容词与别的修饰成分一起修饰量词时，它们也通常出现在量词之后；关系子句修饰量词时，也在量词之后（壮语量词的双重性特点，将在第四章"名词短语"中作详细讨论）。

此外，燕齐壮语的口语中还存在 "名词+（数词+量词）短语"的形式，如 kai³⁵（鸡）sø:ŋ²⁴（两）tu⁴²（只），pit⁵⁵（鸭）ha⁵⁵（五）tu⁴²（只）"鸡两只，鸭五只"。也就是说，"名词+（数词+量词）短语"和"（数词+量词）短语+名词"两种结构并存，后者是汉语的一种结构形式，而且有后者取代前者之势。这种"名词+（数词+量词）短语"的结构形式，在古汉语以及同语族的泰语、傣语中是常见的。

2. 壮语的动词短语结构更复杂一些。燕齐壮语有些动词可以直接修饰名词，如 hou³¹(米) naŋ⁵⁵(蒸)"糯米饭"。动词短语一般也可以"关系子句"形式来修饰名词短语，如 fa:k³³ɕa³¹（刀）te²⁴（他）ɕaɯ³¹（买） he⁵⁵（那）"他买的那把刀"。动词短语一般没有任何标记。动词短语最小单位是一个动词，也可以加上一个或几个前置词/后置词构成。燕齐壮语的动词短语结构有以下结构：

（1）动词+状态后缀：po:i²⁴ ŋɯ³⁵ŋɯ³⁵ "呆傻地走着"

（2）动词+方向动词：pla:i⁵⁵ tø⁴²po:i²⁴ "往前走"

（3）动词+进行体词：pla:i⁵⁵ luk⁵⁵ "走着"

（4）动词+形容词：　 po:i²⁴ wa:i³⁵ "去早点儿"

（5）动词+动词：　 haɯ⁵⁵ po:i²⁴ "让去"

（6）动词+人称代词+动词：he:u³³ he⁵⁵ po:i²⁴ "叫他去"

（7）否定词+动词：ʔbou⁵⁵ po:i²⁴ "不去"

（8）否定词+动词+动词：ʔbou⁵⁵ haɯ⁵⁵ po:i²⁴ "不让去"

（9）否定词+动词+人称代词+动词：

ʔbou⁵⁵ haɯ⁵⁵ he⁵⁵ po:i²⁴ "不让他去"

（10）形容词+动词：wa:i³⁵ po:i²⁴ "快点走"

（11）将行体词+动词：ʔdak⁵⁵ po:i²⁴ "要去"

（12）将行体词+形容词+动词：ʔdak⁵⁵ wa:i³⁵ po:i²⁴ "要快点去"

（13）将行体词+动词+形容词：ʔdak⁵⁵ po:i²⁴ wa:i³⁵ "要去早点儿"

　　壮语动词短语结构有两种情况：一是状态后缀、方向动词、进行体词、形容词作修饰成分时，一般位于动词之后；许可动词、人称代词、否定词、将行体词、形容词作修饰成分时，一般位于动词之前。其中形容词作动词的修饰成分时，或前或后均可，于前是语言接触而转用汉语语法，于后则是保留了本民族语语法习惯。

　　3. 形容词（作为状态动词）是通过其语义（年龄、形状、人类习性、速度、颜色、尺寸、价值、难度、质量、物质特征和其形态语法行为）与别的动词区分开来的。[①] 形容词可以重叠表示程度加强，也可以受程度副词的修饰。

　　4. 燕齐壮语比较句是一个指称对象与另一个指称对象的相互比较，表示被比较的名词短语是话题，出现在句子之首，而作为比较的名词短语出现在被比较的名词短语之后。但最常见的比较结构是将作为比较标准的中心语提前，放在被比较的名词短语之后，在表示比较的名词短语前加上比较标记 kwa^{35}（详见第七章"简单句"之"比较句"一节）。

　　5. 补语结构是属于句子补语类型。燕齐壮语有两种类型的补语化结构：一种是没有显性名物化，另一种是带有一个名物化标记的。补语句一般在母句内具有名词短语的功能，并且经常出现在母句动词之后。当母句动词是感知动词或认知动词时，母句的动词反映施事者的人称，并且母句动词往往有一个名物化标记。当补语句的施事由话题代替出现时，补语句的动词也可以带人称和体标记。当补语句的施事由非话题代替出现时，补语句的动词不能再带人称和体标记。

　　6. "焦点系统"。焦点系统是壮语的一个句法特征。而燕齐壮语是保存这项特征比较完整的方言土语之一。例如：

（1）tak^{33}kwa:ŋ^{33} ʔjou^{35} ɣa:n^{42} ka^{55} pit^{55}.
　　　〔阿光〕　　在　家　杀　鸭子
　　　〔阿光〕在家里宰鸭子。

（2）tu^{42} tak^{33}kwa:ŋ^{33} ʔjou^{35} ɣa:n^{42} ka^{55} tu^{42}pit^{55} la^{33}.
　　　〔只〕　阿光　　在　家　杀　鸭子（语气词）
　　　阿光在家里宰的〔动物〕是鸭子。

（3）fa:k^{33} tak^{33}kwa:ŋ^{33} ka^{55} pit^{55}　fa:k^{33}ɕa^{31} la^{33}.
　　　〔把〕　　阿光　杀　鸭子　刀子　（语气词）
　　　阿光宰鸭子的〔工具〕是刀子。

---

　　① 黄成龙：《羌语蒲溪话研究》，民族出版社 2006 年版。同时参见 Randy J. LaPolla & Chenglong Huang 2004，Chenglong Huang 1994。

　　这三个句子语义大同小异，但所传递讯息的"焦点"不同。例（2）、（3）的句尾都有一个表强调意义的语气词 la³³，焦点依次分别是"受事者"的鸭子和"工具"的刀子。这三个句子也因此依次被称为"受事焦点"句和"工具焦点"句。当句子的焦点不同时，焦点对象的标记也不同，但壮语动词没有任何的形态变化。而两种焦点句的主语都不是主事者，焦点一律由名词的标记来引导（详见第八章之第八节"焦点句"）。

　　7. 燕齐壮语的关系子句起着修饰、限制和说明中心词的作用（详见第九章"复杂句子结构"）。同样，燕齐壮语也有"双话题结构"。像同语族的许多语言一样，在这种结构里，出现在句首位置的名词或名词短语作话题，其余部分作为述题，这种结构是最基本的"话题—述题"结构。而"双话题结构"现象在言语中是常见的。

第三节　燕齐壮语的地位

　　前文提到，燕齐壮语在 20 世纪 50 年代的少数民族语言调查中并没有涉及。许多壮语的一些词较古的读音形式，在燕齐壮语保存得较为完好。通过详细的资料搜集分析，我们可以从燕齐壮语中窥探到古壮语的早期语音特征。同时，燕齐壮语在语法方面有一些值得注意的类型学特征。

　　从语音上看，燕齐壮语的辅音尾韵保留得相当完整，也很有特点。不仅有 -m、-n、-ŋ 鼻音尾韵，还有与之相对应的 -p、-t、-k 塞音尾韵。另外，燕齐壮语的声母系统中有复辅音 pl-、ml-；还有腭化音 kj-，来自古壮语的 *kl-。如今这些复辅音声母在多数壮语地区已处于发展变化中，多变为腭音化、单辅音化。

　　燕齐壮语的代词具有许多壮语方言里没有的语言类型学特征。如大多数现代壮语方言的指示代词只有一套，即"近指"ni⁴² "这"和"远指"he⁵⁵ "那"两种，而且必须跟在名词或量词之后。但是，燕齐壮语还有另一套能单独运用的指示代词——no:i⁵⁵ "这"、han³¹ "那"。即一套要跟名词或量词连用，而另一套则可以单用，不需借助名词或量词。如"这是钱"，标准语要说成 ki⁵⁵/ ka:i³⁵ ni⁴² ŋan³¹，指示代词 ni⁴² 不能离开 ki⁵⁵/ka:i³⁵（不定指代词），而燕齐壮语可以说成 no:i⁵⁵ ŋan³¹。不过，这两个代词一般在对举时出现，这种用法在其他壮语方言是少见的。

　　除此以外，燕齐壮语人称代词有"话题代词"和"非话题代词"之分，即第一、三人称单数及第二人称单、双数有主格和宾格之分。而这一特点也是壮语其他方言乃至同语族的其他语言所没有的。在同语族的其他方言里，傣语人称代词系统最为复杂，单数、双数、多数虽然都用不同的词表示，但却没有类似燕齐壮语这样的用法。

燕齐壮语的"焦点系统"在同语族其他语言里显得也很特别。无论是主事焦点、受事焦点、处所焦点还是工具焦点、时间焦点等，作为焦点都有一个名词标记，而这个名词标记在句法中可以取代名词，成为名词短语的中心语。因此这个标记在句子里能独立充当句子主语成分和宾语成分。

综上所述，燕齐壮语跟壮语其他方言相比，既有共同的语言学特征，也有其特殊的语言现象。从燕齐壮语保存了壮语早期一些语言特征的角度看，燕齐壮语在整个壮语中的代表性，就不言而喻了。

第四节　框架和理论基础

本研究采用参考语法的理论框架体系，结合功能语言类型学的研究方法对语言主要语法结构作详尽的描述和分析。汉语参考语法研究领域的代表作是《实用汉语参考语法》（李英哲等，1990）等。近年来，参考语法在少数民族语言语法研究中，特别是台湾少数民族语言研究取得显著成果，如《阿美语参考语法》（吴静兰，2000）、《台湾语参考语法》（张秀，2000）、《泰雅语参考语法》（黄美金，2000）等。大陆的少数民族语言参考语法研究则刚刚起步，呈现方兴未艾之势，如《蒲溪羌语参考语法》（黄成龙博士论文，2006）等。

《燕齐壮语参考语法》运用经验和归纳法以及人类语言学和民俗语言学的方法，从类型学和功能的视角对燕齐壮语的音系、形态、句法和话语的结构与特征进行系统的分析和解释，为读者提供详尽厚实的参考资料，从而推动壮语方言语法的研究。

《燕齐壮语参考语法》在概括介绍燕齐壮语音系和词类基础上，着重研究壮语构词法，名词短语、动词短语、副词短语等有关结构及其成分，以及壮语的基本句子类型和各种复杂结构。研究重点主要是名词短语、动词短语及其相关成分和句法结构、话语篇章结构。

第二章　音韵系统

本章重点介绍燕齐壮语的音韵系统及一些语音变化。燕齐壮语同侗台语族其他语言一样，音节是由声母、韵母及依附在音节之上的声调三部分构成，三者相互依存，相互制约，形成自己独特的声韵调配合规律的语音结构体系。总的来说，燕齐壮语音韵系统并不是很复杂，显得干净利落，简单明了，没有其他方言土语太多的腭化音和唇化音，但有些语音变化颇有特点。

第一节　音系

一、声母

燕齐壮语的声母共有 25 个，其中辅音声母 24 个，声门零声母 1 个。分为唇、舌尖、舌面、舌根和喉五个部位。如下表所示：

唇音	p	ˀb	m	f		w	ˀw		
舌尖音	t	ˀd	n	l	s				
舌面音			ȵ		ɕ	j	ˀj		
舌根音	k		ŋ					ɣ	
喉音								h	ʔ
复辅音	pl		ml						
腭化音	kj								
唇化音	kw		ŋw						

为了方便起见，我们主要将燕齐壮语音系的声韵调与标准壮语（武鸣双桥音）作比较，指出二者间存在的差异。

从表中我们发现，燕齐壮语声母特点有以下几个特点：

1. 燕齐壮语除了常见的声母 p、t 有与之对应的带先喉塞音的浊音声母 ˀb、ˀd 外，声母 w、j 也有与之对应的带先喉塞音的 ˀw、ˀj。像 p、t 和 ˀb、ˀd 那样，w、j 和 ˀw、ˀj 也有较明显的音位对立的字词，因此这两对"半元音半辅音"性质的声母仍然是各自独立的音位。例如：

w			ˀw	
wa²⁴	花		ˀwa²⁴	抓挠
weːt³⁵	背着（手）、刮（毛）		ˀweːt³⁵	(往深处)挖
j			ˀj	
jiːm³⁵	欠		ˀjiːm³⁵	（水）渗透
jiːu²⁴	（衣领）上翘		ˀjiːu²⁴	（小孩）蛮横

2. 头塘壮语的腭化音声母 kj 能与 i、e 起头的韵母拼合的字；而燕齐壮语的 kj 声母只出现在老汉借词的长音韵字，短音韵字一般为非腭化音声母 k。例如：

头塘壮语	燕齐壮语	
kjik⁵⁵	kik⁵⁵	懒
kjip⁵⁵	kik⁵⁵	捡
kjeːp³⁵	keːp³⁵	块/片
kjeːt³³	keːt³³	吝啬
kje³¹	ke³¹	杰
kje³¹	kje³¹	决（定）
kjiːu⁴²	kjiːu⁴²	桥
kjiːt⁵⁵	kjiːt⁵⁵	结

此外，标准语 kjou⁵⁵ "头"、ta²⁴ "眼睛"、ka²⁴ "腿"，燕齐壮语分别说成 ɣou⁵⁵、ɣa²⁴、ha²⁴，说明辅音声母已经发生了明显变化。

3. 从 ŋ>ȵ>j 的语音发展上看，燕齐壮语一些字的读音往往保留其较古形式 ŋ 或ȵ。但在年轻一代的口语中，ŋ 和ȵ、ȵ 和 j 已分得就不那么清晰了，出现了两者混用的迹象，即 ŋ↔ȵ 或ȵ↔ j 两可。例如：

标准壮语	燕齐壮语	
lɯk³³ȵe³¹	lɯk³³ŋe⁴²	小孩
ȵe²⁴fai⁴²	ŋe²⁴fai³¹	小树枝
tø⁴²ȵe⁴²	tø³¹ŋe³¹	招惹
jou³³vun³¹	ȵou³³vun⁴²	诱惑
jiːt³³kɯ³³jiːt³³…	ȵiːt³³ kɯ³³ ȵiːt³³…	越来越…
joŋ⁴²	ȵoŋ³¹	唆使

4. 声母 pl、ml 是燕齐壮语仍保留较古的复辅音形式，而这两个声母字在壮语大多数的方言土语一般都变成了腭化音声母 pj、mj，甚至演变成单辅音 p、m 了。当然，一些汉借词的读音，在年轻一代中也有复辅音或腭化音、单辅音混用的迹象，如"剥（甘蔗皮）"，既可说成 pøːk³⁵也可说成 pjøːk³⁵、pløːk³⁵，意义不变。例如：

标准壮语	燕齐壮语	
na^{55}pja:k^{35}	na^{55}pla:k^{35}	额头
pjo^{35}ɣam^{42}	plo^{35}ɣam^{31}	（用嘴）喷水
pjom^{24}kjou^{55}	plom^{24}you^{55}	头发
ɣon^{24}mja:k^{33}	ɣon^{24}mla:k^{33}	路滑
mja:i^{42}mja^{24}	mla:i^{42}mla^{24}	蛞蝓
fei^{31}mjø:n^{24}	fo:i^{42}mlø:n^{24}	火不大燃

就燕齐壮语来说，pl-、ml-这两个复辅音声母在两代人之间的分布已明显不同，也有保留或简化的困扰——年长者稳固，年轻者游移。而复辅音声母特别是 pl 甚至跟 i 行韵和 ɯ 行韵相拼合，更是显示出它们具有其他地方壮语所没有的特点。例如 pli:n^{35} "让（路）"、pliŋ^{24} "蚂蟥"、plɯ:ŋ^{55} "揭开"、plɯ:k^{35} "芋头"，这些词的声母在其他地方或许已经简化为单辅音声母 p 了。

5. 声母 ŋw 也有简化的迹象，即变读为轻唇音 w。如：

ŋwa^{31} ↔ wa^{31} 瓦　　　ŋwa:n^{33} ↔ wa:n^{33} 想

声母例词：

p	pa^{55}伯母	pi^{42}肥	po:i^{24}去	pø^{33}父亲
ʔb	ʔba^{35}肩膀	ʔbø^{35}泉	ʔbo:i^{24}胆子	ʔbak^{55}台阶
m	ma^{55}生长	mi^{42}有	mɯŋ^{42}你	mø^{35}新
f	fai^{31}树	fɯn^{24}雨	fɯŋ^{42}手	fi^{42}醉
w	wa^{35}裤子	wun^{42}人	waŋ^{42}湖	wa^{55}碎布条
ʔw	ʔwa:n^{55}碗	ʔwe:n^{24}(手)抠	ʔwe:t^{55}挖(洞)	ʔwa:n^{24}弯
t	tu^{42}只(鸡)	tou^{24}门	tam^{24}舂(米)	tit^{55}突出
ʔd	ʔda^{35}骂	ʔdap^{55}熄灭	ʔdam^{24}种	ʔde:k^{35}扔
n	na^{55}脸	na^{42}田	naŋ^{24}皮	no:i^{31}少
l	la^{55}下面	lou^{55}酒	laŋ^{24}后面	la:i^{24}多
s	sai^{55}肠子	sap^{55}生涩	sou^{24}你们	sik^{55}撕
ȵ	ȵa^{35}渣	ȵɯ^{55}草	ȵou^{33}尿	ȵa:i^{55}嚼
ç	çai^{24}犁	çap^{55}凉(水凉)	çaɯ^{55}煮	çi^{33}字
j	jou^{42}游(水)	jaŋ^{31}举(举手)	ji:m^{35}欠	ja:k^{55}伤
ʔj	ʔjou^{35}住	ʔjɯ^{24}药	ʔjaɯ^{55}看	ʔjap^{55}阵子
k	ka:m^{42}含	kou^{24}我	kaŋ^{24}猴子	ka:k^{33}各
ŋ	ŋom^{31}哑的	ŋa^{42}芽	ŋe^{24}树枝	ŋa^{33}馋
ɣ	ɣu^{42}船	ɣou^{55}暖	ɣa^{24}眼睛	ɣi^{42}舔
kj	kja^{55}秧	kjai^{24}远	kjai^{42}爱(小孩)	kjø:ŋ^{24}鼓

kw	kwa³⁵过	kwa⁴²右	kwa:n²⁴丈夫	kwi³³跪
ŋw	ŋwa³¹瓦	ŋwa:n³³思考	ŋwak⁵⁵磕(头)	ŋwe⁵⁵跛脚
h	hai³¹屎	hou²⁴臭	hou⁵⁵进	hə:k⁵⁵客人
pl	pla:i⁵⁵走	plak⁵⁵菜	pla²⁴鱼	pli³⁵逃脱
ml	mlai³¹锈	mla:i⁴²口水	mlik³³(雷)闪	mlø³¹朦胧
ʔ	ʔa:i³¹唆使	ʔou²⁴要	ʔai²⁴咳嗽	ʔa:n³⁵瞄准

二、韵母

燕齐壮语的韵母系统由单元音韵母和带尾音韵母组成，带尾音的韵母又可分成元音尾韵、鼻音尾韵和塞音尾韵三种。韵母的分类如下图所示：

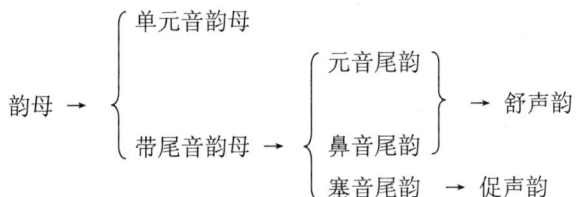

韵母 →　单元音韵母
　　　　带尾音韵母 →　元音尾韵
　　　　　　　　　　　鼻音尾韵　→ 舒声韵
　　　　　　　　　　　塞音尾韵　→ 促声韵

从数量上说，燕齐壮语的韵母数要比声母数多得多，共有 77 个韵母，即有 7 个单元音韵、11 个复合元音韵，30 个鼻音尾韵母，30 个塞音尾韵母。燕齐壮语韵母系统比较完整，特别是鼻音尾韵和塞音尾韵的对应很整齐。跟同语族的多数语言一样，元音分长短的现象是燕齐壮语韵母的重要特征之一。如下表所示：

a		o	ø	e	i		u		ɯ
ai	a:i		o:i						ɯ:i
	a:u	ou			e:u	iu	i:u		
aɯ									
am	a:m	om	ø:m	e:m	im	i:m	um	u:m	
an	a:n	on	ø:n	e:n	in	i:n	un	u:n	ɯn	ɯ:n
aŋ	a:ŋ	oŋ	ø:ŋ	e:ŋ	iŋ		uŋ	u:ŋ	ɯŋ	ɯ:ŋ
ap	a:p	op	ø:p	e:p	ip	i:p	up	u:p	
at	a:t	ot	ø:t	e:t	it	i:t	ut	u:t	ɯt	ɯ:t
ak	a:k	ok	ø:k	e:k	ik		uk	u:k	ɯk	ɯ:k

从表中看到，燕齐壮语的韵母特点也比较明显：

1. 燕齐壮语的/e/只有长音韵而没有短音韵。

2. 单元音韵母的/o/和/ø/是互补音位。这是因为燕齐壮语的单元音韵母中，/o/ 只出现在个别语气词里，如 ko³¹ "啊"、lo³³ "了"，其他实词虚词

则为 /ø/ 取而代之，二者不构成实际上的音位对立。而且，/ø/和/o/出现在有尾音韵母里，二者的分布呈互补分布，即/o/除了 o:i 韵母外，只出现在短元音韵母中而没有长音韵，/ø/则出现在长元音韵母中而无短元音韵母（参见例词）。这是燕齐壮语韵母的一个显著特点。

3. 燕齐壮语有 ou 韵字而无 au 韵字，可以将/ou/看成是/au/的变异。标准壮语的/au/和/ou/是两个不同的音位，au 韵字在燕齐壮语里全都归到 ou 韵字中。如"取"、"来"、"米"、"头"、"和"、"轻"、"酒"、"说"、"钩"等，燕齐壮语中韵母的主要元音不是展唇音，而是圆唇音，即分别读为ʔou²⁴、tou⁵⁵、hou³¹、ɣou⁵⁵、ɕou³⁵、ʔbou²⁴、lou⁵⁵、nou⁴²、ŋou²⁴，且不分本民族词或汉语借词。

4. 燕齐壮语韵母中有 /ai/ 没有/ei/。标准壮语中的 ei 韵母字，在燕齐壮语中基本上都归到 o:i 韵母里了。标准壮语中读 ei 韵母的字，绝大多数为汉语借词。也就是说，燕齐壮语的 o:i 韵母除了拼读本民族词，如 po:i²⁴"去"、po:i³¹"哥哥"、kjo:i⁵⁵"芭蕉"等外，也用来拼读汉语借词，而且这样的对应相当整齐。如下表：

	汉语	长	鸡	线	哭	远	树
ai	标准壮语	ɣai³¹	kai³⁵	mai²⁴	tai⁵⁵	kjai²⁴	fai⁴²
	燕齐壮语	ɣai⁴²	kai³⁵	mai²⁴	tai⁵⁵	kjai²⁴	fai³¹
	汉语	寄	地	比	梨	时	旗
ei	标准壮语	kei³⁵	tei³³	pei⁵⁵	lei³¹	sei³¹	kei³¹
	燕齐壮语	ko:i³⁵	to:i³³	po:i⁵⁵	lo:i⁴²	so:i⁴²	ko:i⁴²

5. 燕齐壮语的/iu/和/i:u/是对立的，这一点与标准壮语有所不同。标准壮语没有把二者分开，而是合并在一起，也许是考虑文字拼写问题。其实，/iu/和/i:u/既出现在本民族语中，又出现在汉语借词中。而汉语借词分为两类，一类是老借词，来自上古汉语"幽部"的"尤、幽"韵字，个别的"萧"韵字，或来自上古汉语"宵部"的"宵、萧"韵的字；另一类是新借词，来自汉语普通话的/iu/或/iao/字。如下表：

汉语	提	轻快	一点	柴火	软	（车）快
燕齐壮语	ɣiu⁵⁵	ɣiu³⁵	ŋiu³⁵	li:u²⁴	ni:u⁴²	pli:u²⁴
汉语	流	丢	凿	邀	照	笑
燕齐壮语	ɣiu⁴²	tiu³⁵	siu³⁵	ʔi:u²⁴	ɕi:u³⁵	ɣi:u²⁴
汉语	刘	球	扭	桥	条	料
燕齐壮语	liu⁴²	kiu⁴²	niu⁵⁵	kji:u⁴²	ti:u⁴²	li:u³³

6. 燕齐壮语韵母是有长短对立的，特别是以 a、o 起头的带鼻音韵尾或塞音韵尾的韵母，对立比较明显，短音韵的/a/与长音韵的/a/音质不同，短音/a/读为/ɐ/。而以元音 i、u、ɯ 起头的带鼻音韵尾或塞音韵尾的韵母，在读长音时，一般都不是纯正意义上的长音，而往往伴随着一个轻微的流音/ə/。如下表：

汉语	嫌弃	烟	蚊帐	接	月	列	面.
音标	ji:m²⁴	ʔi:n²⁴	ɣi:p³⁵	ɕi:p⁵⁵	ȵi:t³³	li:t³¹	mli:n³³
实际音	ji³m²⁴	ʔi³n²⁴	ɣi³p³⁵	ɕi³p⁵⁵	ȵi³t³³	li³t³¹	mli³n³³

汉语	跑	血	脏	腰	地	勺	弱
音标	pu:t³⁵	lu:t³³	kju:k³⁵	ɣu:t³⁵	tɯ:k³³	sɯ:k³³	ȵɯ:k³¹
实际音	pu³t³⁵	lu³t³³	kju³k³⁵	ɣu³t³⁵	tɯ³k³³	sɯ³k³³	ȵɯ³k³¹

7. 燕齐壮语有与短音韵母 ɯŋ 相对应的长音韵母 ɯ:ŋ，却没有与短音韵母 iŋ 相对应的长音韵母 i:ŋ。可能是因为与短音韵母 iŋ 相对应的长元音韵母 i:ŋ，从长元音/i:/到舌根尾音/ŋ/的发音比较困难，需要过渡流音/ə/，而在元音 i—ə—ɯ 三者关系中，ə—ɯ 的发音更近而且更容易一些，这样元音/i:/被流音/ə/所异化影响，变为元音/ɯ:/。因此，标准壮语中的 i:ŋ 韵母，不论是汉借词还是民族词，在燕齐壮语中完全归入 ɯ:ŋ 韵母里。例如：

标准壮语　　　　　燕齐壮语

ʔan²⁴ti:ŋ³¹　　　ʔan²⁴tɯ:ŋ⁴²　　棚子

ti:u³¹mi:ŋ²⁴　　ti:u⁴²mɯ:ŋ²⁴　　沟渠

ti:u³¹ɣi:ŋ²⁴　　ti:u⁴²ɣɯ:ŋ²⁴　　尾巴

ti:u³¹ʔji:ŋ²⁴　　ti:u⁴²ʔjɯ:ŋ²⁴　　香烛

ʔba:n⁵⁵ji:ŋ³¹　　ʔba:n⁵⁵jɯ:ŋ⁴²　　杨村

si:ŋ⁵⁵si:ŋ²⁴　　sɯ³ŋ⁵⁵sɯ:ŋ²⁴　　想象

ji:ŋ³³si:ŋ³⁵　　jɯ³ŋ³³sɯ:ŋ³⁵　　样子

8. 正如存在与 ɯŋ 韵母相对应的 ɯ:ŋ 韵母，而没有与 iŋ 韵母相对应的 i:ŋ 韵母一样，燕齐壮语也有与短音韵母 ɯk 相对立的长音韵母 ɯ:k，其原因可能与 i:ŋ→ɯ:ŋ 的情形类似。标准壮语中的 i:k 韵母，不论是汉借词还是本民族词，在燕齐壮语中完全归并到 ɯ:k 韵母里。例如：

标准壮语　　　　　燕齐壮语

ɕi:k³³　　　　ɕɯ:k³³　　破裂（受惊吓）

pi:k³⁵　　　　pɯ:k³⁵　　芋

fi:k³³　　　　fɯ:k³³　　（植物被热水烫）枯萎

ki:k³⁵	kɯ:k⁵⁵	地基
ɣi:k³³	ɣɯ:k³¹	换（衣服）
si:k³³	sɯ:k³³	（油）勺

此外，燕齐壮语还可以通过元音和谐手段来表示某一事物性状大小，即量级。如"树枝"有大有小，分别用 ŋa²⁴、ŋe²⁴来表示。又如ʔø²⁴"蓝色"也有深浅，分别用ʔø²⁴sa:u⁵⁵sa:u⁵⁵、ʔø²⁴se:u⁵⁵se:u⁵⁵来区分（有关元音和谐问题，参阅第三章"构词法"的"合成词（一）"一节）。

韵母例词：

a	ta³³河	ʔda³⁵骂	ʔba³⁵肩膀	ŋa²⁴（大）树枝
o	ko³¹（语气词）	lo³³（语气词）		
ø	ɣø³¹知道	pø³⁵父亲	ʔbø³⁵泉	nø²⁴（小）锄头
e	te²⁴他	ɣe²⁴拦江网	me³³母亲	he³³切（菜）
i	pi²⁴年	ɣi⁴²舔	ɣi⁵⁵溪	ti⁵⁵值（得）
u	tu³³豆	tu⁴²只	kju²⁴盐	hu⁵⁵上火
ɯ	fu⁵⁵云	ʔdɯ³⁵甜酒	ɣu⁴²耳朵	pɯ⁴²编（辫子）
ai	ɣai⁴²长	çai²⁴犁	hai³¹屎	tai⁵⁵哭
a:i	ɣa:i⁴²露水	ka:i³⁵块（田）	ha:i⁴²鞋子	ŋa:i⁴²挨
a:u	la:u⁴²荤油	sa:u³¹竹竿	ha:u²⁴白的	ʔa:u²⁴叔叔
ou	lou⁴²楼	ɣou⁵⁵头	hou²⁴臭	kou⁵⁵九
o:i	ʔdo:i²⁴土山	ɣo:i³³旱地	fo:i⁴²火	kjo:i²⁴泥箕
e:u	he:u⁵⁵牙齿	he:u³³叫	he:u³¹缠绕	ʔe:u²⁴叫
iu	ɣiu⁴²流	ɣiu⁵⁵提	siu³⁵凿	pliu⁵⁵疤
i:u	ɣi:u²⁴笑	si:u²⁴畅销	li:u²⁴柴火	li:u³¹完
ɯ:i	sɯ:i³¹左	ɣɯ:i²⁴蜜蜂	sɯ:i³⁵洗	kɯ:i³³骑
au	ʔbau²⁴叶子	tau³³筷子	hau²⁴集市	ŋau⁴²愚蠢
am	ɣam³¹水	kam²⁴抓/握	kam⁴²（一）口	tam³⁵矮
a:m	ka:m⁵⁵山洞	ɣa:m²⁴抬	ka:m⁴²含	ha:m³⁵岸边
om	plom²⁴头发	tom³⁵倒塌	kom⁴²弯（腰）	lom³⁵塌陷
ø:m	pø:m³⁵趴着	pø:m⁴²抱窝	plø:m²⁴瘦	ɣø:m²⁴积累
e:m	ke:m⁵⁵减	te:m³³垫	ɣe:m⁵⁵烧焦	he:m³⁵喊
im	çim³⁵浸泡	ɣim²⁴满	ʔim³⁵饱	çim⁴²尝尝
i:m	li:m⁴²镰刀	ʔji:m³⁵渗透	ji:m²⁴嫌弃	çi:m⁴²拔（草）
um	ɣum⁴²风	hum⁴²痒	tum³³淹没	ʔum⁵⁵抱
u:m	ɣu:m³³禾咋	fu:m⁴²黄昏	nu:m²⁴蟒蛇	nu:m³³擦（字）

an	pan³⁵旋转	tan⁵⁵穿	pan⁴²成	ŋan⁴²钱
aːn	haːn⁴²扁担	naːn³⁵猜	ʔbaːn⁵⁵村	ɣaːn⁴²房子
on	ŋon⁴²天	ʔon²⁴刺	kon³³手镯	hon⁴²（冒）烟
øn	çøːn³³露（指头）	ʔbøːn³⁵床	køːn³³戽（水）	høːn⁴²松动
eːn	çeːn³¹刺（木刺）	keːn²⁴胳膊	teːn⁴²被子	keːn³⁵硬
in	ɣin²⁴石头	lin³³穿山甲	ʔin²⁴痛	tin²⁴脚
iːn	pliːn²⁴鞭子	liːn³³链子	ʔiːn²⁴烟	tiːn⁴²填
un	kwun⁵⁵沸	wun⁴²人	ʔun³⁵柔软	kwun⁴²裙子
uːn	kwuːn⁵⁵管	ɣuːn⁴²爬行	puːn³⁵贩	suːn²⁴园子
ɯn	fɯn²⁴雨	ʔdɯn²⁴站	hɯn⁵⁵上(山)	kɯn²⁴吃
ɯːn	fɯːn²⁴山歌	ʔdɯːn²⁴月	kɯːn⁵⁵揭开	ʔɯːn²⁴（油）腻
aŋ	waŋ⁴²湖	ʔdaŋ²⁴鼻子	kaŋ²⁴猴子	ɣaŋ²⁴筛子
aːŋ	ɣaːŋ⁴²竹笋	ʔdaːŋ²⁴身体	kaːŋ²⁴撑（伞）	haːŋ⁴²威胁
oŋ	poŋ⁴²稀泥	ʔdoŋ⁵⁵簸箕	ʔdoŋ²⁴森林	hoŋ⁴²红
øːŋ	pøːŋ⁴²膨胀	nøːŋ²⁴脓	ɣøːŋ³³亮的	tøːŋ²⁴堆
eːŋ	neːŋ³⁵耳垂	heːŋ²⁴砧板	ɣeːŋ⁴²力气	peːŋ³⁵拉
iŋ	hiŋ²⁴姜	ɣiŋ⁵⁵碗柜	ɣiŋ³¹滚	hiŋ⁴²赢
uŋ	tuŋ³¹肚子	juŋ³³用	çuŋ³⁵枪	kuŋ⁴²穷
uːŋ	muːŋ³³希望	luːŋ³⁵巷子	çuːŋ³⁵放（下）	kwuːŋ²⁴喂
ɯŋ	mɯŋ⁴²你	hɯŋ³⁵热	fɯŋ⁴²手	tɯŋ³¹拐杖
ɯːŋ	mɯːŋ²⁴沟渠	ɣɯːŋ³¹漱（口）	ɣɯːŋ²⁴尾巴	fɯːŋ⁴²稻兜
ap	tap⁵⁵肝	ɣap⁵⁵（鸡）笼	hap³³咬	pap³³叠（被子）
aːp	ɳaːp³⁵垃圾	ɣaːp³⁵挑	laːp³¹腊（腊肉）	haːp³¹应该
op	kop³¹盖住	mop³¹打	kop⁵⁵大青蛙	kjop⁵⁵斗笠
øp	pøːp³⁵水泡	ɣøːp³⁵抱（柴火）	køːp³⁵捧（水）	møːp³³（牛）罩子
eːp	ɣeːp³³粗糠	seːp³³塞（垫平）	heːp³⁵哑	teːp³⁵靠近
ip	ɣip³³指甲	nip⁵⁵夹（菜）	ɳip³³缝	çip³³十
iːp	ɣiːp³⁵蚊帐	liːp³³破（竹篾）	ʔjiːp⁵⁵腌（菜）	çiːp⁵⁵接
up	sup⁵⁵吸（气）	tup⁵⁵砸（核桃）	hup⁵⁵合（关闭）	hup³³拃（量词）
at	kat⁵⁵咬（啃）	mat⁵⁵跳蚤	ɣat⁵⁵木耳	nat³³颗粒
aːt	kaːt³⁵（绳）断	maːt³¹袜子	taːt³⁵山崖	ɣaːt³³排（量词）
ot	tot³³凸	kjot⁵⁵勒（腰带）	ɣot⁵⁵屁	hot³³搅（面粉）
øt	tøːt³⁵啄（米）	køːt³⁵围抱	høːt³⁵打（绳结）	møːt³³蛀虫
eːt	seːt⁵⁵抽打	meːt³¹灭	ʔeːt³⁵粑粑	keːt³³吝啬
it	tit³³发（芽）	pit³³蝉	nit⁵⁵冷	pit⁵⁵鸭

i:t	ti:t⁵⁵铁	ʔji:t³⁵伸（舌头）	n.i:t³³月（份）	li:t³¹列出

以下用表格形式转写：

i:t	ti:t⁵⁵铁	ʔji:t³⁵伸（舌头）	n̩i:t³³月（份）	li:t³¹列出
ut	kut⁵⁵蕨草	mut⁵⁵（刀）钝	kut³³挖掘	ŋut³³门枢
u:t	tu:t³⁵脱（衣）	pu:t³⁵跑	pu:t³¹批发	ɣu:t³³浇（水）
ɯt	pɯt⁵⁵肺	ɕɯt⁵⁵淡	fɯt³³撕扯	ɕɯt³³糯米
ɯ:t	pɯ:t³³拨	lɯ:t³³血	ɣɯ:t³⁵腰	ʔdɯ:t³⁵吵闹
ak	ɣak⁵⁵（木）断	fak⁵⁵豆荚	tak³¹雄性	pak³³累
a:k	ɣa:k³³根	ta:k³³丈量	fa:k⁵⁵捆（打）	pa:k³⁵嘴
ok	tok⁵⁵掉落	lok⁵⁵错	ɣok³³鸟	tok³³毒
ø:k	tø:k³⁵打（桩）	fø:k³⁵训斥	kø:k³¹呻吟	ɣø:k³³外面
e:k	pe:k³¹白（做）	ɣe:k³³痕迹	ʔde:k³⁵扔（掉）	ɣe:k³⁵（炒）锅
ik	ʔdik⁵⁵滴（水）	kik⁵⁵懒	kik³³只（鞋）	tik³³笛子
uk	kuk⁵⁵老虎	ɣuk⁵⁵篾条	muk³³鼻涕	ɕuk³³捆
u:k	kwu:k³⁵锄	kju:k³⁵脏（泥）	ɣu:k³³呕吐	lu:k³³山区
ɯk	tɯk³³是	kɯk³³稠（粥）	nɯk⁵⁵脏（衣）	tɯk⁵⁵放（水）
ɯ:k	tɯ:k³³地方	sɯ:k³³勺子	ʔjɯ:k³⁵饿	kɯ:k⁵⁵沉淀物

三、声调

与其他有声调语言一样，燕齐壮语的声调也是由音节音调的高低、升降、长短来体现的。燕齐壮语的声调与声母、韵母一样，都能区别词汇意义、语法意义。

燕齐壮语有八个调类，分别为六个舒声调和两个塞声调。前面曾经提到，壮语声调系统及其发展过程与汉语极为相似，因此壮语特别是燕齐壮语很具开放性，使得新老汉语借词不断地涌入，并容易与当地壮语融为一体。

燕齐壮语虽然有八个调类，实际上却只有六个调值。一般地说，促声调的调值都能在舒声调里找到相应的调值，而且往往是促声的单数调与舒声的单数调相配，促声的双数调与舒声的双数调相配。尽管促声调的长音调字又衍生出一个调值，这个调值也与舒声调的单双数调相匹配。燕齐壮语声调如下表所示：

调　类	调值	例　词			
第1调	24	na²⁴厚	ma²⁴狗	ɣa²⁴眼睛	ʔba²⁴面粉
第2调	42	na⁴²田	hø⁴²脖子	ŋe⁴²豆芽	ɣou⁴²滑
第3调	55	na⁵⁵脸	ma⁵⁵长大	pa⁵⁵伯母	ɣou⁵⁵温暖
第4调	31	ɣø³¹知道	ma³¹马	ŋwa³¹瓦	li:u³¹完
第5调	35	ɣø³⁵敞	ʔda³⁵骂	ʔba³⁵肩膀	ha³⁵嫁
第6调	33	ɣø³³漏	hø³³竹节	ŋa³³馋	ta³³河流
第7调（长）	35	pa:k³⁵嘴巴	ma:k³⁵果子	kø:p³⁵捧	sa:p³⁵蟑螂

续表

调　类	调值	例　　　词			
第7调（长）	55	?a:k⁵⁵厉害	fa:k⁵⁵扇（耳光）	ka:k⁵⁵挟	kɯ:k⁵⁵沉淀物
第7调（短）	55	kut⁵⁵蕨草	tok⁵⁵落	pak⁵⁵插	ɣap⁵⁵笼子
第8调（长）	33	pa:k³³疯	ɣø:k³³外面	lu:t³³血	ha:p³³盒子
第8调（长）	31	ma:t³¹袜子	ha:p³¹合适	kø:k³¹呻吟	ni:t³¹月
第8调（短）	33	kut³³挖	tok³³毒	pak³³累	lak³³深

同标准壮语相比，燕齐壮语的声调也有如下特点：

1. 标准壮语的第二调、第四调的调值在燕齐壮语中正好是对调关系，即标准壮语的第二调（低降调 31）字在燕齐壮语调值读为（高降调 42），而标准壮语的第四调（高降调 42）字在燕齐壮语调值读为（低降调 31）。例如：

标准壮语	燕齐壮语	
mɯŋ³¹	mɯŋ⁴²	你
nou³¹	nou⁴²	说
ɣa:i³¹	ɣa:i⁴²	花纹
ŋon³¹	ŋon⁴²	日
ça⁴²	ça³¹	刀
fai⁴²	fai³¹	树

同时，燕齐壮语里调值为（42）的字，无论长短音韵母，都一律读为短调音，即读音简短而干脆，无论韵母是单元音或长音韵，均音调不拖长。例如：ni⁴²（这）、ta:i⁴²（桌子）、pai⁴²（次）。

2. 燕齐壮语有六个声调，塞声调的第七和第八调又各自分别衍生出一个调值，即第七调的长调字除了调值（35）外，有的还可以读出调值（55）；而第八调的长调字除了调值（33）外，有的也还可以读出调值（31）。而标准壮语的第七、第八调各只有一个调值。例如：

标准语第七调	燕齐壮语	
fa:t³⁵	fa:t³⁵ 甩（鞭子）	fa:t⁵⁵ 发
pa:t³⁵	pa:t³⁵ 盆	pa:t⁵⁵ 八（月）
ka:k³⁵	ka:k³⁵ 橼子	ka:k⁵⁵ 角
pa:k³⁵	pa:k³⁵ 嘴巴	pa:k⁵⁵ 劈（柴）
标准语第八调	燕齐壮语	
ma:t³³	ma:t³³ 抹（石灰）	ma:t³¹ 袜子
fa:t³³	fa:t³³ （鞭）打	fa:t³¹ 袜子

| ha:p³³ | ha:p³³ 盒子 | ha:p³¹ 合适 |
| ça:k³³ | ça:k³³ 绳子 | ça:k³¹（后缀成分） |

四、音节结构

同其他壮语方言土语一样，燕齐壮语一个完整音节的构成也是相当明了。如果用 C、V、T 分别代表辅音、元音和声调，那么燕齐壮语的音节大体上可以分为 VT、CT、CVT、CVVT、CVCT、CCVT、CCVVT、CCVCT 等八种类型。音节中，除了复辅音及其变体外，同一个音节的壮语词中鲜有成串的辅音群，这也许是孤立型语言的特色之一。例如：

VT:	?a⁵⁵张开	?i³⁵小
CT:	ŋ³¹嗯	n⁴²这
CVT:	ha⁴²茅草	ɣe²⁴防
CVVT:	kou²⁴我	he:u²⁴青
CVCT:	ket³⁵浓醇	pa:k³⁵嘴巴
CCVT:	pla²⁴鱼	mle⁴²水藻
CCVVT:	kjou²⁴美	ple:u⁵⁵搬动
CCVCT:	plak⁵⁵菜	kwa:t³⁵沙耙

第二节　音韵拼合

了解了燕齐壮语声母、韵母、声调的特点，接下来，我们对燕齐壮语的音节在声韵调上的拼合进行一些总结性的探讨。所谓"拼合"是指音节的声母、韵母、声调三者之间循着一定规则的拼合。燕齐壮语音节在声母、韵母、声调的拼合上也有其规则。根据实地语言调查以及作者对母语的熟悉所掌握的词汇和长篇语料，我们制作了"燕齐壮语声韵调的拼合表"。通过这个拼合表，我们可以发现哪些声母能与哪些韵母相拼、不能与哪些韵母相拼；哪些声调可以在哪些音节出现、不可以在哪些音节出现，从而有助于进一步了解燕齐壮语的音韵结构。

燕齐壮语声韵调的拼合情况详见：附录一《燕齐壮语声韵调拼合规则表》。

《燕齐壮语声韵调拼合规则表》是作者根据母语习得及语言调查材料制作的。表中不仅包括燕齐壮语的实词和一些语法意义较为实在的介词、连词等常用音节，而且还包括一些有读音的语气词、声态及词尾等特殊音节。表中共有 24 个辅音声母另加一个喉塞音声母 ?，分别与韵母（包括 108 个单元音和复元音韵母、180 个鼻音韵母、60 个塞音韵母）拼合。

据统计，收入《燕齐壮语声韵调拼合规则表》的音节总数为 3382 个，表中显示的每一个音节，仅只表示存在该声韵调拼合的一个代表性音节，除了该音节的其他同音字并不包括在表中。也就是说，燕齐壮语的音节字词远不止这些。

一、声母构成

燕齐壮语各个声母所能构成的音节数：

ɕ—232	t—226	k—214	ɣ—202	s—200
l—198	p—187	ŋ—164	h—155	kj—149
n̠—149	n—144	m—132	pl—119	f—115
ʔj—113	ʔd—112	j—91	ʔb—90	w—82
kw—77	ml—57	ʔw—31	ŋw—17	ʔ—126

显然，在燕齐壮语的声母中ɕ、t、k、ɣ、s等产生的音节数最多，负担也最重，分别为232、226、214、202、200个；而ʔw、ŋw所产生的音节数最少，负担也最轻，分别只有31、17个。

二、元音构成

燕齐壮语的七个元音所能产生的音节数：

a 行—1081	ø/o 行—635	e 行—412
i 行—466	u 行—408	ɯ 行—377

从各个元音所负担的音节数来看，a行的负担最重，几乎占了音节总数的1/3，1081个；其次是ø/o行635个，最少的是ɯ行377个。详情如下：

1. a行中居首位的是 $a:k^7$，共有22个音节；其次是 a^1、$a:i^3$、$a:p^7$、ak^7，[①] 均为21个；再次是 a^3、$a:t^7$、at^7，均为20个。而负担最轻的是 $aɯ^5$韵，只有5个音节；次之是 $aɯ^3$、$aɯ^4$ 和 $a:m^4$ 三韵，只有各6个；再次之是an和aŋ韵的第四调，为7个。其他的韵大多在10个音节以上。

2. 音节数位居第二的是ø/o行。ø/o行不能跟唇化音声母拼合，与此同时也几乎不跟轻唇音 w ʔw 和舌面音 j 相拼。ø/o行中负担最重的是 ou^1 韵，有18个；次之是 ou^3、ou^5、$ø:k^7$ 三韵，各17个；再次之是 $ø^5$、ou^6、ok^7、ok^8 四韵，各有16个。负担最轻的是 $ø:m^4$、$ø:m^6$、$ø:n^4$ 三韵，各只有2个。其他的韵负担都较轻，一般在9个左右。

3. i行的音节数排名第三，为466个。i行中除了个别韵外，几乎不能与唇化音声母、轻唇音ʔw 和 w 相配合。此外，i:u、iu 和 i:m、im、i:n 所有的韵也几乎不能与 ʔb、p、m、f、ʔd、h、ŋ 等声母拼合。i行中负担最重的是 i^5 韵，多达22个；次之是 i^1、i^3 韵，各17个；再次之是 $iŋ^3$、i^6、it^7 韵，分别为16个、15个和14个。负担最轻的是 iu^4 韵的音节数为零。次之是 im^4 韵，只有1个。再次之是 $i:m^4$ 和 $i:n^4$ 韵，有2个。i:u、iu 和 i:m、im、

---

① 为节省空间，"拼合表"中音节的声调标识，是以调类为主。

i:n 也不太跟其他声母拼合，负担较轻，一般都在 4—9 个之间。

4. e 行韵没有长短音对立，因此其所构成的音节数相对较少一些。除个别韵外，e 行韵很少和轻唇音声母 $^?$w、w 和复辅音声母 pl、ml 相拼合。尽管如此，有些韵的负担还是较重的。如 e:t^8 韵有 22 个，e:t^7 韵有 21 个，e^3 韵和 e:k^7 韵各有 20 个，e:k^8 韵有 19 个，e:p^7 韵和 e:p^8 韵也各有 18 个。e 行韵负担最轻的是 e:m^2 韵和 e:m^6 韵，分别只有 1 个和 3 个；e:u^4 韵、e:n^4 韵也各只有 4 个。其他的 e 行韵大多有 7—14 个不等。

5. u 行韵的音节数仅次于 e 行韵。除个别韵外，u 行韵几乎不跟复辅音声母 pl、ml 相拼合，也很少跟轻唇音声母 $^?$w、w 和腭化音声母 kj 及唇化音声母 ŋw 拼合。u 行韵中的 u:i、u:m、un 等韵，跟其他声母拼合的也很少，总体表现是很零星的。u 行韵的负担都不太重，各韵平均不到 10 个音节。负担最重的 up^7 和 uk^7 两韵，只各有 16 个音节；其次是 um^3、uŋ^2 两韵，各有 15 个。负担最轻的是 u:m^2 为零，不能与任何声母相拼；次之是 u:i^4、u:i^5 两韵，各有 1 个音节。

6. ɯ 行韵的音节数最少。ɯ 行韵不跟轻唇音声母 $^?$w、w 拼合，也很少和复辅音声母 ml、舌根音声母 h、腭化音声母 kj 及唇化音声母 ŋw 拼合。ɯ 行韵中的 ɯ:i 和 w:n 两韵，跟其他声母拼合的情况也很有限。ɯ 行中负担最重的是常用作词尾、拟声的 ɯt^7、ɯk^7、ɯt^8、ɯk^8 四韵，一般都有 18 或 19 个音节；次之是 ɯŋ^3 韵，有 15 个。负担最轻的是 ɯ:i^5、ɯ:n^4 两韵，各有 1 个；次之是 ɯ:i^6、ɯ:n^2 两韵，各有 2 个；再次之是 ɯ:n^6 韵，有 3 个。另外 ɯ:i^4、ɯ:n^5、ɯŋ^2、ɯŋ^6 四韵，也各只有 4 个。其余的韵的音节数在 5—14 个之间不等。

三、音节拼合

从拼合表中，我们大体上可以对燕齐壮语声韵调的拼合规则作如下的小结：

1. 先喉塞的浊声母 $^?$b、$^?$d 和零声母 $^?$，其所构成的音节一般只出现在第一、三、五、七等单数调中（除个别汉语借词及用作词尾、拟声外，如 $^?$a:u^4、$^?$oŋ^4、$^?$ø^2 等）。

2. 唇音声母 $^?$b、p、m、f，一般不跟 i 行的 i:u、iu、i:m、im、i:n 五韵及 u 行 u:i、u:m、um 三韵拼合。此外，$^?$b、f 声母一般也不跟 u:n、un、u:ŋ 相拼合；$^?$b、m、f 声母跟 ø/o 行中的 ø:m、om、ø:n、on、ø:ŋ 等鼻音韵拼合的音节也很少。$^?$b 声母不跟 e 行的 e:u 韵拼合，f 声母也很少跟 e 行拼合。$^?$b、f 声母跟 u 行的鼻音韵拼合的也不多，$^?$b 声母跟 ɯ 行中的 ɯ、ɯ:i、ɯ:n 及塞音韵的长音拼合的也少。

3. 唇齿音 $^?$w、w 声母不跟 ø/o 行韵、ɯ 行韵及 aɯ 韵拼合，也很少跟 i

行的 i:u、iu、i:m、im、i:n 五韵及 u 行 u:i、u:m、um 三韵拼合。

4. 腭化音声母 kj 和复辅音声母 pl、ml 跟 u 行韵拼合的不多。此外，kj 声母还不跟 e 行的 e:u 韵，i 行的 iu 韵和鼻音及塞音的短音韵，u 行的 u:i 韵和 u:n、un、u:ŋ、uŋ 四韵及塞音韵（uk 韵除外）拼合；也极少与及 ɯ 行（除个别的汉语借词及塞音韵外）拼合。pl 声母还不跟 ø/o 行中的 o:i、i:m、im、in 韵，ɯ 行中 ɯ:i 拼合。ml 声母还不跟 a 行中的 aɯ 韵及鼻音韵（a:n 韵除外），ø/o 行中 o:i 韵、ou 韵及多数的鼻音韵和塞音长韵，e 行的鼻音韵及多数 e 韵，i 行 iu 韵和 m 尾韵、ŋ 尾韵及塞音尾韵（it^8、ik^8 两韵除外），ɯ 行（塞音尾的短音韵除外）拼合。

5. 唇化音声母 kw、ŋw 一般不跟 ø/o 行、ɯ 行拼合，跟 u 行拼合的也少。此外，kw 声母还不跟 a 行中 a:u、aɯ、am 三韵；e 行中的 e:u 韵；i 行中的 i:u、iu 韵及多数的鼻音韵和塞音韵；u 行中的 u、u:i、u:ŋ 三韵及塞音尾韵拼合。w 声母是声母中音节数最少的，除了 a 行及 e 行的几个音节外，几乎不跟绝大多数的韵拼合。这说明，唇化音声母跟圆唇元音拼合的概率极低。而唇化音声母和圆唇元音的发音都需要嘴部的圆唇，即都需要具备圆唇的动作，"同性排斥"正是彼此不能拼合的主要原因。

6. 舌根音声母 k、ŋ、h 一般不跟 i 行的 i:u、i:n 两韵及 u 行 u:i、u:m、u:n、u:ŋ 四韵拼合。此外 k 声母不跟 i 行的 i:m 韵及塞音高音组拼合。ŋ 声母不跟 e 行的 e:n 韵及 ɯ 行的 ɯ:i 韵拼合。h 声母不跟 ø 行的塞音尾韵（ø:t^7、øt^8 除外）、u 行的塞音尾韵（up^7、up^8、uk^7 除外）、ɯ 行的 ɯ:i 韵、ɯ:n、ɯ:ŋ 三韵及塞音尾韵（ɯk^7 除外）拼合。

同是舌根音的 ɣ 声母一般不跟 i 行的 i:u、i:m、i:n 三韵（个别例外）及 u 行 u:i、un 两韵拼合。

7. 舌面音声母 j 一般不跟 ø/o 行和 u 行拼合（一些汉语借词除外）。此外，j 声母还不跟 a 行的 a:n 韵，e 行的 e:u、e:m、e:ŋ 三韵，i 行的 i 韵，ɯ 行的 ɯ:n、ɯŋ 两韵及塞音尾韵拼合。

与 j 声母相对的先喉塞音 ʔj 一般不能跟 ø/o 行的 o:i、ø:m、om、o:n、øn 五韵及塞音尾韵；u 行的 u:i 韵及多数的鼻音尾韵，ɯ 行的 ɯ:i 韵和 ɯ:n 韵（个别除外）拼合。

ȵ 声母一般不跟 a 行的 aɯ、a:m 韵，ø/o 行的 ø、o:i、ø:ŋ 韵，e 行的 e:ŋ 韵，i 行的 i:u、iu、i:m、in、iŋ 等韵及塞音尾的短音韵拼合。

ç 声母一般不跟 i 行的 iu 韵，u 行的 u:m、un 韵及塞音尾的长音韵；ɯ 行的 ɯ:n 韵及塞音尾的长音韵（ɯ:k^8 例外）拼合。

8. 舌尖音声母 ʔd、t 一般不跟 ø/o 行的 ø:m 韵；u 行的 u:i、u:n 韵；ɯ 行中的 ɯ:i、ɯ:n 韵及塞音尾的长音韵（个别例外）拼合。此外，ʔd 声母一

般不跟 ø/o 行的 o:i、ou、om 四韵及塞音低音组，i 行的 i:u、iu、i:m、im、i:n、in 等韵，u 行的 u、un、u:ŋ 等韵拼合；t 一般不跟 ø/o 行 ø:m 韵，u 行的 u:i、u:n 韵拼合。

9. 舌尖音声母 n、s 一般不跟 u 行的 u:i、un 韵拼合。此外，n 声母一般不跟 ø/o 行的 on 韵；i 行塞音尾的长音韵；ɯ 行的 ɯ:n、ɯ:ŋ 韵拼合。s 声母一般不跟 ø/o 行 ø:m 韵；e 行的 e:m 韵；i 行的 i:m 韵；u 行的 u:m、um 等韵；ɯ 行的 uŋ 韵（汉语借词例外）拼合。

可见，除了 a 行音节数的构成较具普遍性外，其他各行韵母的音节数最多的往往是各个单元音韵母以及后圆唇元音（o、u）所组成的鼻音 ŋ 尾韵和塞音 k 尾韵（尤其是短音韵），这可能是因为这些韵母发音所具有的便利性、流畅性。音节数最少的大多是第四调的韵母，有些音节数为零，说明这类音节的发音有一定的难度。

第三节　汉语借词

所谓"汉语借词"，是指壮族人民在与汉族人民长期交往和接触过程中，从汉语吸收进来的一部分词汇。同其他壮语方言一样，燕齐壮语中的汉语借词，根据借入时代的不同，一般可分为老借词和新借词两类。无论是老借词还是新借词，基本上都是按照当地壮语的音韵系统吸收进来的，有的甚至难以分辨，尤其是老借词。

一、老借词

壮语的老借词主要是有关农业生产、日常生活、文化习俗等方面的语词，其特征是历代陆续吸收进来的，而且以单音节词为主。老借词基本上与民族固有词无异，并能与固有词结合衍生新词，甚至取代了一些固有词，以至于很难确定它们是从汉语吸收进来的借词还是读音耦合的壮语固有词。

有关研究显示，壮语老借词主要来自古平话。平话不是从广东传来的粤方言，而是自汉朝至唐宋等历代从中原等地区南迁的汉人所说的，由汉语和壮侗等民族语长期交融演变而形成的一种内部基本一致的汉语方言。[①]从语音发展来看，老借词已经融入了燕齐壮语中，适应了燕齐壮语的语音规律，并随着燕齐壮语语音的发展而发展。老借词有下列特点：

1. 声母方面。一是浊音声母 ˀb、ˀd，复辅音 pl、ml 及带喉塞成分的其

---

① 张钧如：《广西中南部地区壮语中老借词源于汉语股"平话"考》，载《语言研究》总第 2 期，1982 年。

他声母很少出现在老借词里（参阅《燕齐壮语声韵调拼合规则表》）。

二是老借词的古浊音声母，燕齐壮语都读为不送气的清音，而且一般都出现在双数调字里。

三是原本属于塞擦音声母的老借词，如"精、清、从、心"母和"知、彻、澄"母不分，燕齐壮语不是读为 s 就是读为 ç，例如：

$sin^{33}san^{42}$　　$son^{42}(la:i^{42})$　　$sim^{24}çin^{42}$　　$çin^{35}sik^{55}$　　$çi:u^{35}(juɯ:ŋ^{33})$
精神　　　　从（来）　　　心情　　　　正式　　　　照（样子）

四是轻、重唇音声母在燕齐壮语区分清楚。非母字一般都读 f，也有个别读 p 的，如"贩"、"肺"分别读 $pu:n^{35}$、$puɯt^{55}$。这些词反映出切韵时代以前，轻、重唇不分的特点，可能是更早吸收的借词。[1]

2. 韵母方面。燕齐壮语老借词的韵母依然保留着古汉语的很多特点。一般说来，老借词的韵母在古汉语十六摄中有如下的表现。

（1）果、假、遇三摄一般为单元音韵母，例如：

$kø^{24}$　　la^{42}　　su^{55}　　$çi^{35}$　　$çø^{24}$　　$kauɯ^{35}$
歌　　　锣　　　锁　　　借　　　租　　　锯

（2）蟹、止摄和效、流摄分别为 -i、-u 收尾的复合元音韵母，例如：

$so:i^{35}$　　$to:i^{33}$　　tai^{33}　　$ho:i^{24}$
四　　　　地　　　　袋（子）　　（石）灰

$çe:u^{55}$　　$kji:u^{42}$　　lou^{42}　　kou^{55}
炒　　　　桥　　　　楼　　　九

（3）咸、深摄为 -m、-p 收尾的韵母，例如：

$ka:m^{24}$　　ham^{42}　　$çim^{42}$　　$ji:m^{42}$
甘　　　　咸　　　　覃　　　严

$fa:p^{55}$　　$ti:p^{55}$　　$ha:p^{31}$　　$te:p^{33}$
（魔）法　贴　　　　合　　　碟

（4）山、臻摄是 -n、-t 收尾的韵母，例如：

$na:n^{33}$　　$pe:n^{55}$　　$pu:n^{24}$　　$ŋan^{33}$　　$çø:n^{35}$
难　　　　（木）板　搬　　　　恩　　　寸

$nɯɯn^{33}$　　$pe:t^{35}$　　$tu:t^{35}$　　$ma:t^{33}$
闰（年）　八　　　　脱　　　　袜子

（5）宕、江、曾、梗、通摄为 -ŋ、-k 收尾的韵母，例如：

$pa:ŋ^{24}$　　$ka:ŋ^{55}$　　$ha:k^{31}$　　$pø:k^{35}$　　$jaŋ^{42}$　　$çaŋ^{35}$　　sak^{55}
帮　　　　讲　　　　学　　　　剥（皮）　未曾　　　蒸　　　颜色

---

[1]　张钧如等：《壮语方言研究》，四川民族出版社 1999 年版，第 252 页。

se:ŋ⁵⁵　　sin⁴²　　ʔik⁵⁵　　　　toŋ²⁴　　luŋ⁴²　　suk³³
省　　　　城　　（利）益　　东　　　龙　　　熟（练）

3. 声调方面。燕齐壮语跟壮语其他方言有所不同的是，长阴入调（55）和长阳入调（31）不仅出现在汉语借词中，也出现在固有词中。由于老借词已经扎根于壮语之中，基本上与固有词无异，因此它的声调早已适应了本民族固有词的语音变化规律。

二、新借词

"新借词"是指民主主义革命和社会主义革命时期吸收进来的有关政治经济、文化科技等方面的新词术语，以多音节词为其主要特征。壮语新借词的来源主要是汉语西南官话，而"西南官话"在广西各地的读音有一定的差别，借入读音也有所不同。具体到燕齐壮语，也莫不如此，新借词的读音基本上是按当地（武鸣官话）吸收的，因此或多或少都带着当地壮语的语音色彩。但有一点值得我们注意，那就是新借词的多音节性。一般来说，新借词的每一个音节不能像老借词那样可以独立使用，而是以整体形式出现在语流中。

1. 声母方面。同壮语北部方言其他土语一样，燕齐壮语新借词也没有区分送气与不送气的塞音、塞擦音声母。此外，燕齐壮语新借词的声母还有如下特点：

（1）新借词中原本属于塞擦音 ts、tʂ、tsh、tʂh 和擦音 s、ʂ 声母的分布虽不是很整齐，但比较简单，一般都能跟壮语的 ç、s 对应。例如：

suŋ⁵⁵çi²⁴　　su⁵⁵ça:ŋ⁵⁵　　sɯ²⁴sɯ³³　　sa:n²⁴(la:n²⁴)
总是　　　　组长　　　　自私　　　　灿（烂）

saŋ³³sa:n³³　　çou³³ça:ŋ³¹　　se³¹çi³³　　çin⁴²çi²⁴
生产　　　　周长　　　　设施　　　城市

（2）原本属于尖团音的新借词，除了"街、解、鞋"仍读为 ka:i³³、ka:i⁵⁵、ha:i⁴²外，尖团音声母在燕齐壮语的分布大体上还是比较清楚的，一般读作 s、ç、j、h。例如：

(kiŋ³³)si²⁴　　siu³³(te:n³³)　　çin²⁴siu³³　　sɯ:ŋ²⁴(kjɯn³³)
（经）济　　　秋（天）　　　进修　　　将（军）

(sɯ³³)sɯ:ŋ⁵⁵　　çin²⁴hiŋ⁴²　　çin³³(çɯn³³)　　çi³¹(ki³¹)
（思）想　　　进行　　　青（春）　　　积（极）

(çiŋ³¹)çi³¹　　(çu⁵⁵)çi³¹　　hiŋ⁴²(si³¹)　　(ka:u³³)hiŋ²⁴
（成）绩　　（主）席　　形（式）　　（高）兴

jø³¹ja:u²⁴　　ɉø³¹çi³¹　　ja:ŋ³³(çin²⁴)　　(ʔiŋ³³)juŋ⁴²
学校　　　　学习　　　乡（镇）　　（英）雄

ka:i^{55}(kje^{31})　(pi^{31})ha:i^{42}　ka:i^{33}(ta:u^{24})　ki^{33}ka:i^{24}

解（决）　（皮）鞋　街（道）　机械

（3）原本属于普通话零声母的不带介音的字，当地官话里一般都读为鼻音声母 ŋ，燕齐壮语新借词也是如此。例如：

ŋa:n^{33}(niŋ^{42})　ŋa:n^{24}(ɕa:u^{24})　ŋa:i^{24}(ha:u^{24})

安（宁）　　按（照）　　爱（好）

(kja:u^{33})ŋa:u^{24}　(le:n^{42})ŋou^{55}　(ɕip^{33})ŋu^{31}　ŋø^{42}(lø^{31}suɯ^{33})

（骄）傲　（莲）藕　（十）五　俄(罗斯)

当然也有例外的，如"恶（霸）"、"阿（姨）"的读音不变，分别读为 ʔø^{31}(pa^{24})、ʔa^{33} (hi^{31})。

（4）普通话韵头为 i、声母为 j 而且来源于古鼻音声母的字，燕齐壮语新借词也仍保留鼻音声母。例如：

ne:n^{33}(kiu^{24})　(pi^{31})ne^{31}

研（究）　（毕）业

（5）普通话 r 声母的一些新借词，在燕齐壮语中声母读做 h、j。例如：

hi^{42}(kø^{55})　juŋ^{42}hi^{24}　jiŋ^{42}je:n^{42}　(kwa:ŋ^{33})juŋ^{42}

如（果）　容易　仍然　（光）荣

（6）新借词声母 h 与 u 韵字拼合时，燕齐壮语读作 w。例如：

wa^{33}(je:n^{31})　wa:ŋ^{31}(ɕa:n^{33})　(kja:u^{33})wu:n^{24}

花（园）　黄（山）　（交）换

2. 韵母方面。燕齐壮语新借词的韵母相对简单。

（1）新借词没有介音。官话或普通话原本带介音的字，在燕齐壮语除了沿用原有的唇化音、腭化音表示介音外，其余的一般用元音表示，或不表示。例如：

kwa:ŋ^{55}(si^{33})　(ki^{33})kwa:n^{33}　kwai^{55}(ta:u^{24})

广（西）　（机）关　轨（道）

kja:u^{24}(suɯ^{33})　kja:ŋ^{55}(wa^{24})　luɯ:ŋ^{31}(ɕi^{31})

教（师）　讲（话）　粮（食）

te:n^{55}(ti^{24})　je:n^{31}(tiŋ^{33})　je:n^{24}(ɕa:ŋ^{55})

天（地）　园（丁）　县（长）

（2）新借词没有卷舌音声母。官话或普通话原本属于舌尖元音 ɿ "资"、ʅ "知"类的字，在燕齐壮语新借词的对应比较明显，即 ɿ 与 uɯ、ʅ 与 i 对应。例如

suɯ^{24}(ki^{55})　suɯ^{42}(hi^{55})　suɯ^{33}(suɯ:ŋ^{55})

自（己）　词（语）　思（想）

çi³³si³¹　　　　　　(kje:n³³)çi³¹　　　　　si³¹çi³³
知识　　　　　　　（坚）持　　　　　　实施

（3）新借词没有撮口韵的字。普通话里的撮口韵字，武鸣官话和燕齐壮语都没有，新借词一般读为 i、ø，也有读为 e、u 的。例如：

li⁵⁵(jou⁴²)　　　li⁵⁵(kø³³)　　　jø³¹(çi³¹)　　　jø³¹(tiŋ²⁴)
旅（游）　　　　铝（锅）　　　　学（习）　　　　约（定）

kjø³¹pu²⁴　　　kje³¹sim³³　　　je³¹na:m⁴²　　　lu³¹wa²⁴
脚（步）　　　　决（心）　　　　越（南）　　　　绿（化）

3. 声调方面。燕齐壮语新借词的声调一般用本地壮语与武鸣官话调值相同或相近的声调来表示。同普通话一样，武鸣官话也有阴平、阳平、上、去四个声调，大致分别读作 33、31（42）、55 和 24（35），却跟本地壮语的调类不太一致。燕齐壮语新借词的调值也是如此。武鸣官话的"阴平、阳平、上、去"四声分别对应燕齐壮语的第六、二（四）、三一（五）调。燕齐壮语新借词的声调如下表所示。

调类	一（24）	二（42）	三（55）	四（31）	五（35）	六（33）
固有词	sø:ŋ²⁴两	na⁴²田	na⁵⁵脸	no:i³¹少	na³⁵箭	ta³³江河
新借词	je:n²⁴(çiŋ⁴²) 县（城）	(ˀu⁵⁵)miŋ⁴² （武）鸣	(ça:ŋ²⁴)hi⁵⁵ （壮）语	jø³¹(ja:u²⁴) （学校）		siŋ³³(ki⁴²) 星（期）

燕齐壮语新借词声调有一个特点：阳平调字、去声调字在调值上各一分为二：

（1）阳平调字可读做（31）、（42）调值，大致可以根据韵母的长短音来确定。例如：

(kø³³)jø³¹　　　çe³¹jø³¹　　　hiŋ⁴²çi²⁴　　　(kuŋ³³)hin⁴²
（科）学　　　　节约　　　　　形势　　　　　（工）人

（2）去声调字可读做（24）、（31）调值。例如：

je:n²⁴ta:i²⁴　　　hiŋ²⁴(fu³¹)　　　je³¹(çiŋ⁴²)　　　je³¹(na:m⁴²)
现代　　　　　　幸（福）　　　　热（情）　　　　越（南）

另外，燕齐壮语新借词第一调的调值（24）有时可变读为调值（35），即两个调值均可。这两个调值都是升调，一般较难分辨。例如："重要" çuŋ²⁴ja:u²⁴，也可读为 çuŋ³⁵ja:u³⁵，"现代" je:n²⁴ta:i²⁴也可读为 je:n³⁵ta:i³⁵。这一情况在青少年和中老年中有着明显的不同，中老年人更多的是读第一调调值（24），而青少年则两种读音均可。

第四节　音节变化

语言在实际运用过程中，人们并不是一个音一个音地发出来，而是把两个或者两个以上的音连续地发出来的。这就存在音节的结合，音节结合时就会相互影响，其结构会因此发生不同程度的变化。燕齐壮语也不例外。燕齐壮语的音变主要体现在合并、减音、变调方面。

一、合并

所谓"音节合并"，是指由两个相对独立的关系密切的音节合并为一个完整音节。能发生音节合并变异的往往是声母均为单辅音的合成词 AB。

在燕齐壮语，"音节合并"以合成词 AB 中 A 音节韵母的完全消失为其主要特征。也就是说，A 音节的韵母丢失后留下的声母将与 B 音节合并成为一个新音节，声母由原来的两个单辅音变为一个复辅音，合并后音节的调值仍以原 B 音节为主，调值不变。从目前资料看，合成词中发生变异的 B 音节的声母一般都是 ɣ/l 或 j 辅音，A 音节声母以双唇音为最常见。例如：

$$pou^{31}\gamma a\mu^{42} \quad \rightarrow \quad p\gamma a\mu^{42}/pla\mu^{42} \quad 谁$$
$$ki^{42}\gamma a\mu^{42} \quad \rightarrow \quad k\gamma a\mu^{42} \quad 哪里$$
$$m\mu n^{35}\gamma a\mu^{42} \quad \rightarrow \quad m\gamma a\mu^{42} \quad 哪儿$$
$$pu^{31}lu^{31} \quad \rightarrow \quad plu^{31} \quad 扑$$
$$ma^{42}j\mu:\eta^{33} \quad \rightarrow \quad mj\mu:\eta^{33} \rightarrow ml\mu:\eta^{33} \ 什么$$

从语言发展的角度看，复辅音声母有单辅音化的趋势，如泰语 phom[214]"头发"、pho:m[214]"瘦"、phak[21]"菜"等音节在燕齐壮语中均为复辅音声母，而且至今并没有其他方言土语的单辅音化迹象。但燕齐壮语由两个单辅音合并为一个复辅音的变异现象，确实有些耐人寻味。对于辅音 ɣ/l 或 j 来说，它们更易于与双唇辅音 p、m 和舌根音 k 的结合，也许是因为燕齐壮语里有一套复辅音声母 pl、nl 和腭化音声母 kj，使"音节合并"的变异有了坚实的语音基础。例如：

plom[24] 头发　　　plø:m[24] 瘦

mla:i[42] 口水　　　mlai[55] 锈

kjai[24] 远　　　kjø:ŋ[24] 鼓

二、减音

所谓"减音"，是指在说话中一个音节的某个音素被语用者无意识地省掉了，有的韵母失落，只保留其辅音声母，有的韵母发生一定变化。燕齐壮语音节的减音也很有特点。

首先，音节辅音发生变化。在言语中，燕齐壮语有一些音节的韵母有规则地消失，只留下该音节的辅音声母及声调（这个辅音声母只有"成阻"阶段无"除阻"阶段）而独立形成了一个新音节。这样的新音节，以指示代词 ni^{42} "这" 所发生的语音变异最为明显。例如：

ka:i^{35} ni^{42}	→	ka:i^{35} n^{42}	这块
ʔdɯ:n^{24} ni^{42}	→	ʔdɯ:n^{24} n^{42}	这个月
mɯn^{35} ni^{42}	→	mɯn^{35} n^{42}	这里
hat^{55} ni^{42}	→	hat^{55} n^{42}	今早

kam^{24} ni^{42}	→	kam^{24} n^{42}	→	kam^{24} m^{42}	这把
ɣa:p^{35} ni^{42}	→	ɣa:p^{35} n^{42}	→	ɣa:p^{35} m^{42}	这担

jɯ:ŋ^{33} ni^{42}	→	jɯ:ŋ^{33} n^{42}	→	jɯ:ŋ^{33} ŋ^{42}	这样
ʔbɯ:ŋ^{55} ni^{42}	→	ʔbɯ:ŋ^{55} n^{42}	→	ʔbɯ:ŋ^{55} ŋ^{42}	这边
ʔdak^{55}ni^{42}	→	ʔdak^{55} n^{42}	→	ʔdak^{55} ŋ ^{42}	这块

音节减音的情况的确很独特，新音节 n^{42} 实际上是一个纯粹的单辅音，在语流中的发音不再需要元音的配合，主要是由其"鼻音"性质决定的。有意思的是，新音节 n^{42}前面音节的韵尾是舌尖音/i/、/t/等非鼻音、唇音、舌根音音素时没有进一步变化；倘若前面音节的韵尾为鼻音 m/ŋ 或塞音 p/k 时，那么 n^{42}音节自身的舌尖鼻音 n 往往被鼻音 m/ŋ、塞音 p/k 所同化为同部位的 m^{42}或 ŋ ^{42}。因此，新音节对言语环境的依赖性很强，不能脱离言语而独立存在。也就是说，没有特定的言语环境，这个变异音节便无任何实际意义，也就不会存在了（关于这一点，请参阅长篇语料，语料中的指示代词 ni^{42} "这" 均直接记音为 n^{42}或 ŋ^{42}）。

其次，音节韵母要素减少。这种变异，是一个音节内部的某个语音要素发生的变异。它主要表现在一些单音节词的韵母上，主要元音在言语中轻易地发生规则性消失或脱落。比如 po:i^{24} "去" 在言语中的其他动词前一般都发生了变异，即变读为 "pi^{33}" 音，这就是 po:i^{24}音节内部的语音要素发生了变异，其韵母 o:i 由复合元音变为单元音 i，同时还伴随着声调调值的变化。而新音节 "pi^{33}" 本身也没有实际意义，不能单独存在，只有放在言语中才能理解其义及其音变来源。像 "po:i^{24}（去）→ pi^{33}" 这样以音素消失为其变异特征的字，在燕齐壮语中还有：

kou^{24} → ku^{55} 我			sou^{24}	→ su^{55} 你们
pou^{31} → pu^{31} 个			ʔbou^{55}	→ ʔbu^{33} 不
po:i^{24} → pi^{33} 去			po:i^{31}	→ pi^{31} 兄、姐
po:i^{24} → pi^{55} 去（语法化）			kɯn^{24}	→ kɯ^{24} 吃

　　这是燕齐壮语的单音节词语音要素发生变异的常见现象。主要集中于 ou 和 o:i 两个复合元音韵母，但变异是以一定的语法条件为基础的。如两个人称代词 kou^{24}→ku^{55} "我" 和 sou^{24}→su^{55} "你们" 中的 ku^{55}、su^{55}本身只有在特定的语法关系中，即作 "非话题代词" 时，这种变异才会发生（关于这一点，我们将在第四章 "名词短语" 之 "代词" 一节中作进一步讨论）。

　　其他音节发生变异的条件也是各异。如 po:i^{31}是一个亲属称谓词，表示具体的 "兄、姐" 这一辈分意义，与之相呼应的是 nu:ŋ^{31} "弟、妹"。只有当 po:i^{31}与 nu:ŋ^{31}组合成 po:i^{31} nu:ŋ^{31}以表示 "兄弟、姐妹、亲戚、同胞、乡亲" 等范围更大的泛指意义时，"po:i^{31}→pi^{31}" 的变异关系才会发生。类似 tak^{33} po:i^{31} "哥哥" 中的 po:i^{3}是不能说成 pi^{31}的。而泰语对 "哥哥、姐姐" 称谓 phi^{51}tsha:i^{33}、phi^{51}sa:u^{24}中的 phi^{51}与燕齐壮语的这个变异音节 pi^{31}如出一辙，可能是两种语言的发展进程不同，同时也说明燕齐壮语的 "po:i^{31}→pi^{31}" 的变异并不是孤立的。

　　又如，否定副词 ʔbou^{55} "不"，在言语中作动词、形容词的否定副词时，一般也都变读为 ʔbu^{33}，如：po:i^{24} ʔbou^{55} po:i^{24}→po:i^{24} ʔbu^{33} po:i^{24} "去不去？"、ʔbou^{55} po:i^{24}→ʔbu^{33} po:i^{24} "不去"；haŋ^{55} ʔbou^{55} haŋ^{55}→haŋ^{55} ʔbu^{33} haŋ^{55} "喜欢不喜欢？"、ʔbou^{55} haŋ^{55}→ʔbu^{33} haŋ^{55} "不喜欢" 等等，不一而足。正因如此，在语料记录中也会直接记为变异的音节 ʔbu^{33}或两者并举。

　　有意思的是 po:i^{24} "去" 作为一个动词，除了在选择句、否定句、不带宾语的谓语句，以及宾语为非多音节词时，其语音形式保持不变外，在其他言语中 po:i^{24} 通常发生 "po:i^{24}→pi^{33}" 的变异，声调调值为中平调（具体变调规则，请参阅下文 "连续变调" 一节）。此外，po:i^{24} "去" 作语法化的语气词用于强调时，一般都发生 "po:i^{24}→pi^{55}" 的变异，声调为高平调。从形式上看，pi^{55}和 pi^{33}都是 "po:i^{24}" 发生的变异，然而 pi^{55}不等同于 pi^{33}，前者为语气词，后者仍为动词（po:i^{24} "去" 的语法化情况，请参阅第六章 "动词短语" 之 "语法化"）。

　　燕齐壮语存在上述语音变异，并非语言学上的奇迹，但作为语言发展过程中的一种现象，这样的变异是很有其特色的。变异与语用者的语速快慢和当地的语言习惯密切相关。燕齐壮语语音变异的特性，可以看作是语言学 "简易原则" 的一个例子。

第五节　音节变调

　　任何有声调语言的日常口语中，音节在连续使用时，由于受相邻音节的影响，有些音节的声调都会发生或多或少的有规律的变化，这种声调变化就叫做"变调"。例如燕齐壮语的"要"单字说成ʔou²⁴时，谁也不会说成ʔou³³，单念ʔou³³时没有什么意义。但是当ʔou²⁴的后面跟着一个其他调类的音节时，情况就不同了，如说"给面子"→ʔou²⁴na⁵⁵时，肯定会说成了ʔou³³na⁵⁵。燕齐壮语ʔou²⁴na⁵⁵"给面子"在口语中念成ʔou³³na⁵⁵就是音节连续变调的一种类型。应该说，燕齐壮语与壮语标准语在单字调上差别不大，而之所以在语流中给人以（听觉上）较大的差别，就在于燕齐壮语的音节发生了很有特色的连续变调。对此，我们在这里将燕齐壮语的连续变调情况，单独作为一个章节进行详细的描述。

一、二字音节变调

二字音节变调，也称连续变调。连续变调是燕齐壮语音系的一大特色，它给语言学理论提出了两个问题：一是变调与原调之间的关系如何？二是多字组合时的变调，是否能从二字组合的基本变调推导出来？如果能，哪个组合先发生变调？从这两个问题来看，语言的连续变调是值得深入研究的。简单地说，燕齐壮语二字音节连续变调是多字音节连续变调的基础，一般是前字变调后字不变。我们先来看看燕齐壮语"二字音节"连续变调的主要类型：

1. 二字音节中，不管后字调值如何，首字凡是调值为低升调24（第一调）或高平调55（第三调）的，都会变读为中平调调值（33）。例如：

ʔa:u²⁴huŋ²⁴→ʔa:u³³huŋ²⁴大叔	pu:n²⁴saɯ²⁴→pu:n³³saɯ²⁴搬书
ɣa:u²⁴na⁴²→ɣa:u³³na⁴²丈量田地	kja:ŋ²⁴huɯn⁴²→kja:ŋ³³huɯn⁴²半夜
ʔou²⁴na⁵⁵ → ʔou³³na⁵⁵给面子	kun²⁴lou⁵⁵→kun³³lou⁵⁵喝酒
ka:ŋ²⁴ɣam³¹→ka:ŋ³³ɣam³¹水缸	sou²⁴hou³¹→sou³³hou³¹收大米
yon²⁴haɯ³⁵→yon³³haɯ³⁵道路干燥	ha:i²⁴pa:u³⁵→ha:i³³pa:u³⁵卖炮
ɣa:ŋ²⁴nø³³→ɣa:ŋ³³nø³³有肉香味	sa:m²⁴ŋo:i³³ →sa:m³³ŋo:i³³三十二
hou⁵⁵ma²⁴→hou³³ma²⁴进来	çom⁵⁵nou²⁴→çom³³nou²⁴捕老鼠
ʔdɯn⁵⁵mla:i⁴² →ʔdɯn³³mla:i⁴²咽口水	ço:i⁵⁵hoŋ⁴²→ço:i³³hoŋ⁴²红纸
tø:n⁵⁵ʔo:i⁵⁵→tø:n³³ʔo:i⁵⁵砍甘蔗	kou⁵⁵ha⁵⁵→kou³³ha⁵⁵九十五
ɣam⁵⁵fai³¹→ɣam³³fai³¹砍树	ni:n⁵⁵hou³¹→ni:n³³hou³¹碾米
la⁵⁵ka³⁵→la³³ka³⁵架子下	fan⁵⁵ʔom³⁵→fan³³ʔom³⁵炸粉
we:n⁵⁵pu³³→we:n³³pu³³挂衣服	tam⁵⁵pou³³→tam³³pou³³到头
kap⁵⁵ȵan²⁴→kap³³ȵan²⁴兽夹子	ʔjap⁵⁵ɣa²⁴→ʔjap³³ɣa²⁴眨眼睛
ha:t⁵⁵wa:i⁴²→ha:t³³wa:i⁴²吆喝牛	ʔjok⁵⁵fo:i⁴²→ʔjok³³fo:i⁴²挑火
sak⁵⁵he:n⁵⁵→sak³³he:n⁵⁵黄颜色	ʔdak⁵⁵you⁵⁵→ʔdak³³you⁵⁵头部
tak⁵⁵ɣam³¹→tak³³ɣam³¹舀水	ɣuk⁵⁵tuŋ³¹→ɣuk³³tuŋ³¹竹篾
ɣap⁵⁵kai³⁵→ɣap³³kai³⁵鸡笼子	ɣat⁵⁵ɣa:p³⁵→ɣat³³ɣa:p³⁵菌类食物

ji:t⁵⁵pak³³→ji:t³³pak³³休息　　　　　plat⁵⁵tu³³→plat³³tu³³摘花生

2. 二字音节中，不管后字调值如何，首字凡是调值为中平调33（第六调）的，都会变读为低降调31（第四调）。例如：

ma:u³³puɳ²⁴→ma:u³¹puɳ²⁴毛帽子　　　ço:i³³ɣon²⁴→ço:i³¹ɣon²⁴修路

la:ŋ³³wa:i⁴²→la:ŋ³¹wa:i⁴²牧牛　　　kan³³ɣa:n⁴²→kan³¹ɣa:n⁴²进家

n̠an³³ ʔo:i⁵⁵→n̠an³¹ ʔo:i⁵⁵甘蔗蚜虫　　ham³³ ʔdap⁵⁵→ham³¹ ʔdap⁵⁵除夕

tai³³hou³¹→tai³¹hou³¹米袋子　　　kø:n³³ɣam³¹→kø:n³¹ɣam³¹犀水

ma:u³³fa:i³⁵→ma:u³¹fa:i³⁵棉帽子　　mu³³kø:n³⁵→mu³¹kø:n³⁵从前

ŋa³³nø³³→ŋa³¹nø³³馋肉　　　　ŋin³³pø³³→ŋin³¹pø³³认父亲

fa:k³³nø²⁴→fa:k³¹nø²⁴小锄头　　　nat³³ ʔju²⁴→nat³¹ ʔju²⁴药（粒）

çap³³ɣa:n⁴²→çap³¹ɣa:n⁴²盖房子　　mo:p³³wa:i⁴²→mo:p³¹wa:i⁴²牛口套

fu:t³³pit⁵⁵→fu:t³¹pit⁵⁵鸭翅膀　　ɣa:k³³ ʔdok⁵⁵→ɣa:k³¹ ʔdok⁵⁵竹根须

mo:t³³fai³¹→mo:t³¹fai³¹木屑　　　çok³³tuŋ³¹→çok³¹tuŋ³¹伤心

pot³³ha:m³⁵→pot³¹ha:m³⁵堤垮　　tik³³mø³⁵→tik³¹mø³⁵新笛子

çip³³ŋo:i³³→çip³¹ŋo:i³³十二　　　sat³³sai³³→sat³¹sai³³实事

但是，二字音节中如果首字调值为42（第二调）、31（第四调）、35（第五调），无论后字调值如何，首字都不会发生变调，始终读本调音。例如：

tam⁴²pla²⁴鱼塘　　　paŋ⁴²wa²⁴花布　　　na⁴²poŋ⁴²烂泥田

paŋ⁴²tø⁵⁵土布　　　kam⁴²lou⁵⁵一口酒　　wun⁴²ŋom³¹哑巴

pai⁴²kø:n³⁵从前　　ŋon⁴² ʔɯn³⁵别的天　　ko:i⁴²çɯ:ŋ³³象棋

çɯ:ŋ³¹mou²⁴养猪　　kja:u³¹ ʔba²⁴搅面　　nu:ŋ³¹ho:i⁴²小姨

lam³¹hom⁵⁵卧倒　　pu:n³¹lou⁵⁵陪酒　　po:i³¹nu:ŋ³¹兄

he:n³¹sou³⁵灶台边　　n̠an³¹sou³⁵忍受　　po:i³¹ŋo:i³³二哥

me:k³¹pla²⁴山脉　　ta:t³¹wun⁴²打人　　ma:t³¹fuŋ⁴²手套

li:p³¹ɣuk⁵⁵破竹篾　　la:p³¹çuk⁵⁵蜡烛　　pe:k³¹la:p³¹白蜡

na:p³¹ço:i³⁵纳税　　mi:t³¹yak³³灭绝　　ɣɯ:k³¹pu³³换衣服

ʔe:u³⁵wa:ŋ²⁴强辩　　le³⁵mou²⁴猪食铲　　ɣai³⁵hø:n⁴²臭蛋

tai³⁵ɣou⁵⁵剃头　　çø³⁵sai⁵⁵灌肠　　　pɯn³⁵hou³¹喂饭

çi:u³⁵sɯ:ŋ³⁵照相　　wa:i³⁵hun³⁵快起来　ha:m³⁵ta³³河边

pa:k³⁵tou²⁴门口　　fa:t³⁵ɣɯ:ŋ²⁴甩尾巴　tu:t³⁵ha:i⁴²鞋子

pa:t³⁵na⁵⁵脸盆　　　kø:k³⁵ɣou⁵⁵额头　　ɣa:p³⁵hou³¹米担子

ta:t³⁵ma:k³⁵削水果　ʔdø:k³⁵le³⁵肋骨　　ʔø:k³⁵sai³³出事

二、多字音节变调

多字音节变调，也称连锁变调。连锁变调是相对于连续变调（二字音节）而言的，是指在词组或句子中，相连的三个以上音节的某个音节发生有规律的变调。燕齐壮语的连锁变调主要有如下类型：

（一）三字音节结构里，只有第二个音节会依据二字音节的"变调规则"发生相应的变化，而首音节和末音节不论调值如何都不变调。

1. 第二个音节为低升调 24（第一调）或高平调 55（第三调），都变读为中平调 33（第六调）。例如：

$$ço:ŋ^{33} nou^{24}huŋ^{24} → ço:ŋ^{33} nou^{33}huŋ^{24}$$ 大鼠洞

$$pa:k^{35} tou^{24}møn^{42} → pa:k^{35} tou^{33}møn^{42}$$ 大门口

$$ŋon^{42} çø^{24}kou^{55} → ŋon^{42} çø^{33}kou^{55}$$ 初九

$$søŋ^{24} ka:ŋ^{24}ɣam^{31} → søŋ^{24} ka:ŋ^{33}ɣam^{31}$$ 两缸水

$$tu^{42} ȵan^{24}me:u^{35} → tu^{42} ȵan^{33}me:u^{35}$$ 野猫

$$ha^{55} kø:ŋ^{24}ȵou^{33} → ha^{55} kø:ŋ^{33}ȵou^{33}$$ 五泡尿

$$ʔan^{24} kap^{55}ȵan^{24} → ʔan^{24} kap^{33}ȵan^{24}$$ 兽夹子

$$ʔbɯɯ^{24} ço:i^{55}hoŋ^{42} → ʔbɯɯ^{24} ço:i^{33}hoŋ^{42}$$ 红纸

$$tu^{42} sak^{55}he:n^{55} → tu^{42} sak^{33}he:n^{55}$$ 黄颜色的（动物）

$$ɣaŋ^{24} tok^{55}hou^{31} → ɣaŋ^{24} tok^{33}hou^{31}$$ 筛掉米

$$tu^{42} ʔa^{55}pa:k^{35} → tu^{42} ʔa^{33}pa:k^{35}$$ 张嘴的（动物）

$$pit^{55} pe:k^{55}fɯ:t^{33} → pit^{55} pe:k^{33}fɯ:t^{33}$$ 鸭子拍打翅膀

$$tai^{55}fɯt^{55}fɯt^{55} → tai^{55}fɯt^{33}fɯt^{55}$$ 哭泣中

$$pɯ:t^{35}ɣop^{55}ɣop^{55} → pɯ:t^{35}ɣop^{33}ɣop^{55}$$ 跑步中

$$he:n^{55}ɣɯk^{55}ɣɯk^{55} → he:n^{55}ɣɯk^{33}ɣɯk^{55}$$ 黄澄澄

$$ne:t^{35}nɯt^{55}nɯt^{55} → ne:t^{35}nɯt^{33}nɯt^{55}$$ （土）很结实

2. 第二个音节为中平调 33（第六调），变读为低降调 31（第四调）。例如：

$$ʔan^{24} ma:u^{33}pɯn^{24} → ʔan^{24} ma:u^{31}pɯn^{24}$$ 毛帽子

$$ça:ŋ^{33} çap^{33}ɣa:n^{42} → ça:ŋ^{33} çap^{31}ɣa:n^{42}$$ 盖房匠

$$tu^{42} ȵan^{33} ʔo:i^{55} → tu^{42} ȵan^{31} ʔo:i^{55}$$ 蔗蚜虫

$$sø:ŋ^{24} pø:k^{33}fai^{31} → sø:ŋ^{24} pø:k^{31}fai^{31}$$ 两捆木材

$$tak^{33} lɯk^{33} ʔba:u^{35} → tak^{33} lɯk^{33} ʔba:u^{35}$$ 男青年

$$ʔdak^{55} ȵap^{33}pɯn^{33} → ʔdak^{55} ȵap^{31}pɯn^{33}$$ 拾粪者

$$hoŋ^{42}fɯk^{33}fɯk^{33} → hoŋ^{42}fɯk^{31}fɯk^{33}$$ 红彤彤

$$hon^{42}ŋe:u^{33}ŋe:u^{33} → hon^{42}ŋe:u^{31}ŋe:u^{33}$$ 炊烟袅袅

（二）在有"po:i^{24}（去）、ma^{24}（回）、tou^{55}（来）+动词短语"组成的三音节动词（连动）短语中，po:i^{24}等方向动词都发生变调（即由低升调 24 或高平调 55 变读为中平调 33），后边的动词（吸物）短语则依据"二字音节"的变调规则发生相应的变化，而其他音节不论调值如何都不变调。

1. 动词短语的首音节为低升调 24 或高平调 55，变读为中平调 33。例如：

po:i²⁴ pu:n²⁴ saɯ²⁴ → po:i³³ pu:n³³ saɯ²⁴ ①　　　去搬书

po:i²⁴ ɣa:u²⁴ na⁴² → po:i³³ ɣa:u³³ na⁴²　　　去丈量田地

po:i²⁴ ɣa²⁴ plak⁵⁵ → po:i³³ ɣa³³ plak⁵⁵　　　去找菜

po:i²⁴ sou²⁴ hou³¹ → po:i³³ sou³³ hou³¹　　　去收谷子

po:i²⁴ ʔou²⁴ ma:k³⁵ → po:i³³ ʔou³³ ma:k³⁵　　　去拿水果

po:i²⁴ ha:i²⁴ pu³³ → po:i³³ ha:i³³ pu³³　　　去卖衣服

ma²⁴ çom⁵⁵ nou²⁴ → ma³³ çom³³ nou²⁴　　　回来捉老鼠

ma²⁴ tam⁵⁵ paŋ⁴² → ma³³ tam³³ paŋ⁴²　　　回来织布

ma²⁴ tuk⁵⁵lø:ŋ⁵⁵ → ma³³ tuk³³ çik⁵⁵　　　回来打尺子

ma²⁴ tak⁵⁵ ɣam³¹ → ma³³ tak³³ ɣam³¹　　　回来舀水

ma²⁴ ka⁵⁵ kai³⁵ → ma³³ ka³³ kai³⁵　　　回来杀鸡

ma²⁴ mok⁵⁵ ɣo:i³³ → ma³³ mok³³ ɣo:i³³　　　回来培土

2. 动词短语的首音节为中平调 33，变读为低降调 31。例如：

tou⁵⁵ tok³³ saɯ²⁴ → tou³³ tok³¹ saɯ²⁴　　　来读书

tou⁵⁵ çap³³ ɣa:n⁴² → tou³³ çap³¹ ɣa:n⁴²　　　来盖房子

tou⁵⁵ ka³³ plak⁵⁵ → tou³³ ka³¹ plak⁵⁵　　　来问菜价

tou⁵⁵ çom³³ fai³¹ → tou³³ çom³¹ fai³¹　　　来烧木头

tou⁵⁵ ɣø:ŋ³³me:u³⁵ → tou³³ ɣø:ŋ³¹ me:u³⁵　　　（用手电筒）来照猫

tou⁵⁵ fak³³ nø³³ → tou³³ fak³¹ nø³³　　　来剁肉

可以认为，这些 po:i²⁴ 等方向动词在动词短语前是常变调音节，因为除了本身变调外，其后的动词短语也会发生变调。此时 po:i²⁴ 变读为 pi³³（下文同）。但它们在选择句、否定句、不带宾语的谓语句，以及直接带多音节处所词的短语里，本身并不变调。例如：

po:i²⁴ ʔbou⁵⁵ po:i²⁴ → po:i²⁴ ʔbu³³ po:i²⁴?　　去不去？

ʔbou⁵⁵ po:i²⁴.　　　　不去。

po:i²⁴.　　　　　　　去。

po:i²⁴ ʔu⁵⁵miŋ⁴² jou⁴². 去武鸣玩。

（三）在表示"将行体"句子里，即由"ʔdak⁵⁵（将要，要）+方向动词 po:i²⁴（去）、ma²⁴（回）、tou⁵⁵（来）+动词短语"组成的四音节以上的短语或句子里，除了方向动词和动词短语将按照上述"（二）"里的变调规则发

---

① 例子中，动词 po:i²⁴可以由 ma²⁴"回"、tou⁵⁵"来"取代，发生变调后相关意义不变（三者可相互取代，下同）。

生连锁变化外，"将行体"标记ʔdak⁵⁵也将由高平调（55）变读为中平调（33）。例如：

（1）ʔdak⁵⁵ po:i²⁴ ha:i²⁴ kai³⁵ → ʔdak³³ po:i³³ ha:i³³ kai³⁵.

　　　要　　去　卖　鸡

　要去卖鸡。

te²⁴ ŋon⁴²çø:k³³ ʔdak⁵⁵ po:i²⁴ hau²⁴ ha:i²⁴ kai³⁵.

他　　明天　　要　　去　集市　卖　鸡

→te²⁴ ŋon⁴²çø:k³³ ʔdak³³ po:i³³ hau²⁴ ha:i³³ kai³⁵.

他明天要去集市卖鸡。

（2）ʔdak⁵⁵ tou⁵⁵ ɣa²⁴ kɯn²⁴ → ʔdak³³ tou³³ ɣa³³ kɯn²⁴.

　　　要　来　找　吃

　要来找吃的。

ɣou⁴² ham³³ni⁴² ʔdak⁵⁵ tou⁵⁵ laŋ²⁴ he⁵⁵ ɣa²⁴ kɯn²⁴.

我们　今晚　　要　来　家　他　找　吃

→ɣou⁴² ham³³ni⁴² ʔdak³³ tou³³ laŋ²⁴ he⁵⁵ ɣa³³ kɯn²⁴.

我们今晚要来他家找吃的。

（3）ʔdak⁵⁵ ma²⁴ ɣu:t³³ plak⁵⁵ → ʔdak³³ ma³³ ɣu:t³¹ plak⁵⁵.

　　　要　回　浇　菜

　要回去浇菜。

te²⁴ ʔdak⁵⁵ ma²⁴ ɣa:n⁴² tak⁵⁵ ɣam³¹ tou⁵⁵ ɣu:t³³ plak⁵⁵.

他　要　回　家　舀　水　来　浇　菜

→te²⁴ ʔdak³³ ma³³ ra:n⁴² tak³³ ɣam³¹ tou³³ ɣu:t³¹ plak⁵⁵.

他要回家舀水来浇菜。

（4）ʔdak⁵⁵ po:i²⁴ ʔou²⁴ ma:k³⁵ → ʔdak³³ po:i³³ ʔou³³ ma:k³⁵.

　　　要　去　拿　水果

　要去拿水果。

ɣou⁴² ʔdak⁵⁵ po:i²⁴ laŋ²⁴ tak³³po:i³¹ he⁵⁵ ʔou²⁴ ma:k³⁵.

我们　要　去　家　哥哥　　她　拿　水果

→ ɣou⁴² ʔdak³³ po:i³³ laŋ²⁴ tak³¹po:i³¹ he⁵⁵ ʔou³³ ma:k³⁵.

我们要去她哥哥家拿水果。

从上述情况发现，在燕齐壮语中，凡是符合变调条件的低升调（第一调）、高平调（第三、七调）字都变读为中平调，使语流中的语调变得更为趋缓、悦耳。究其原因，也许是与音理有关，在声调的五度音值中，中平调（33）属于是自然流出的音调，而升调和高平调的发音较为费劲，是在自然音调的基础上发生变化，或升或降，致使符合变调条件的低升调、高平调字向这个自然音转移或靠拢。也许正是这个变调规则，使得一般只出现在单数调的浊塞音声母ʔb、ʔd，也出现在双数调里。如：

ʔbou⁵⁵ ʔdai⁵⁵ ma²⁴ ra:n⁴² → ʔbou³³ ʔdai³³ ma³³ ra:n⁴².

   不   得   回   家

不准回家。

三、音节变调与语法制约

从燕齐壮语的音节变调情况来看，并不是所有的二字音节、三字音节、四字音节等短语或句子的音节都能发生连续变调。事实上，变调是有条件限制的。燕齐壮语发生音节变调的最大特点就是受词法结构"亲疏关系"的制约。

（一）名词短语属于偏正关系（数词为ʔde:u²⁴（一）的数量关系除外）的，首字为低升调（24）、高平调（55）和中平调（33）时，音节才会发生变调。[①]

1. 名词+名词：

     ma:u³³pɯn²⁴毛帽子   naŋ²⁴wa:i⁴²牛皮   ka:k⁵⁵ŋan⁴²角（钱）

2. 名词+动词：

     pla²⁴ɣa:i²⁴死鱼   lou⁵⁵ ʔon³⁵酿的酒 ɣok³³ ʔbin²⁴飞鸟

3. 名词+形容词：

     ʔa:u²⁴huŋ²⁴大叔   ço:i⁵⁵hoŋ⁴²红纸   tu³³ ʔbam²⁴黑豆

4. 量词+名词，例如：

     kou³³tau³³ 筷子   nok³³çai²⁴犁头   fa⁵⁵fuŋ⁴²手掌

5. 数词（仅限于 24 调和 33 调字）+量词：[②]

     søŋ²⁴ pou³¹两个   sa:m²⁴ fa:k³³三把   çip³³ kø²⁴十棵

6. 数词+数词：

     sa:m²⁴ ŋo:i³³三十二   ha⁵⁵ɣok⁵⁵五十六   kou⁵⁵sa:m²⁴九十三

7. 方位词+名词：

     kja:ŋ²⁴ŋɯn⁴²深夜   ɣø:k³³tou²⁴门外   na⁵⁵lou⁴²楼前

但名词短语中修饰或限定语为人称代词或疑问词的，不会发生变调。如 laŋ²⁴ he⁵⁵ "他家" 的 laŋ²⁴在句子中不变调。

（二）二字音节为及物动词短语（动词+名词）的，动词为低升调（24）、高平调（55）和中平调（33），音节才会发生变调。如下列短语的首字会变调：

---

① 限于篇幅，例子只列举音节变调前情形，变调后读音请参阅相关变调规则。（下文同）

② 在"数词+量词"短语中，首字为第三调时，虽然也符合"二字音节"的变调规则，但这样的结构中并不能发生变调。比如 ha⁵⁵kø²⁴ "五棵"、ɣok⁵⁵tu⁴² "六只" 中的 ha⁵⁵、ɣok⁵⁵是不变调的。

$ʔdɯn^{55}mla:i^{42}$咽口水　　　$ɕom^{55}nou^{24}$捉老鼠　　　$ɕo:i^{33}ɣon^{24}$修路

$sou^{24}hou^{31}$收谷子　　　$ɣa:u^{24}na^{42}$丈量田地　　　$kø:n^{33}ɣam^{31}$戽水

当然，并不是所有符合变调要求的动词短语都会发生变调。跟名词短语类似，当动词短语的行为对象是人称代词或疑问代词时，即使动词音节的调值为低升调（24）、高平调（55）和中平调（33），二字音节也不会发生变调。如下列短语的首字是不会变调的：

$ɣan^{24}he^{55}$看见他　　　$hau^{55}kou^{24}$给我　　　$he:u^{33}he^{55}$叫他

$ɣan^{24}ma^{42}$见什么　　　$hau^{55}ma^{42}$给什么　　　$he:u^{33}ma^{42}$叫什么

$tup^{33}mɯŋ^{42}$打你　　　$tup^{33}plau^{42}$打谁

（三）三字音节中，带后缀音节的动词短语、形容词短语发生变调的，总是构词中符合变调条件的后缀重叠音节的首字。因为重叠音节较之于词根，彼此关系更近，有时甚至是后边的另一个重叠音节的调值也跟着变化。例如：

$nu:ŋ^{55}ɣom^{55}ɣom^{55}$ → $nu:ŋ^{55}ɣom^{33}ɣom^{55}$ → $nu:ŋ^{55}ɣom^{33}ɣom^{33}$

　　　→$nu:ŋ^{55}ɣom^{31}ɣom^{33}$ → $nu:ŋ^{55}ɣom^{31}ɣom^{31}$　果实累累

$pla:i^{55}ŋɯt^{55}ŋɯt^{55}$ → $pla:i^{55}ŋɯt^{33}ŋɯt^{55}$ → $pla:i^{55}ŋɯt^{33}ŋɯt^{33}$

　　　→ $pla:i^{55}ŋɯt^{31}ŋɯt^{33}$ → $pla:i^{55}ŋɯt^{31}ŋɯt^{31}$　默默地走着

在$nu:ŋ^{55}ɣom^{55}ɣom^{55}$"果实累累"的音节结构里，符合变调条件的重叠音节首字$ɣom^{55}$先变调为$ɣom^{33}$，而后重叠音节的另一个音节$ɣom^{33}$受其影响，也被同化；重叠音节的首音节$ɣom^{33}$再次依据变调规律变调为$ɣom^{31}$，后音节$ɣom^{33}$又受其影响变调为$ɣom^{31}$。正由于口语中发生了上述的音节变调，使得"后缀重叠音节调类与词根调类相一致"这一构词规则的正确性曾经受到质疑。其实，这是变调使然。

（四）连锁变调也有其制约性。在多字词组或句子里，容易发生变调的只有其中的名词性短语或动词短语、形容词短语。即使这样，符合变调条件的字发生变调的机会并不都是均等的，即并非从句首到句末按"二字"、"三字"顺序排列，而是除了常变调字和不变调字外，根据短语的中心重新安排变调。比如：

（5）$\underline{ʔan^{24}}$　kap^{55} → $\underline{ʔan^{33}}kap^{55}$.　夹子。

　　　个　　夹子

（6）$\underline{ʔan^{24}}$　$\underline{kap^{55}}$　$ṇan^{24}$→ $ʔan^{24}\underline{kap^{33}}ṇan^{24}$.

　　　个　　夹　野兽

　　捕野兽的夹子（专用）。

（7）$\underline{ʔan^{24}}kap^{55}ṇan^{24}ma^{24}$ → $\underline{ʔan^{33}}kap^{55}\underline{ṇan^{33}}ma^{24}$.

　　　个　夹子　野兽　狗

　　捕野狗的夹子。

（8）ʔan²⁴ kap⁵⁵ ȵan²⁴ ma²⁴ he⁵⁵ → ʔan³³ kap⁵⁵ ȵan³³ ma²⁴ he⁵⁵.

　　个　夹子　野兽　狗　那

　　捕野狗的那个夹子。

（9）ʔou²⁴ ʔan²⁴ kap⁵⁵ ȵan²⁴ ma²⁴ he⁵⁵　　拿捕野狗的那个夹子。

　　要　个　夹子　野兽　狗　那

　　→ ʔou²⁴ ʔan³³ kap⁵⁵ ȵan³³ ma²⁴ he⁵⁵.

（10）po:i²⁴ ʔou²⁴ ʔan²⁴ kap⁵⁵ ȵan²⁴ ma²⁴ he⁵⁵

　　去　要　个　夹子　野兽　狗　那

　　→ po:i³³ ʔou²⁴ ʔan³³ kap⁵⁵ ȵan³³ ma²⁴ he⁵⁵.

　　去拿捕野狗的那个夹子。

（11）muŋ⁴² po:i²⁴ ʔou²⁴ ʔan²⁴ kap⁵⁵ ȵan²⁴ ma²⁴ he⁵⁵ ma²⁴ ku⁵⁵

　　你　去　要　个　夹子　野兽　狗　那　来　我

　　→muŋ⁴² po:i³³ ʔou²⁴ ʔan³³ kap⁵⁵ ȵan³³ ma²⁴ he⁵⁵ ma³³ ku⁵⁵.

　　你去拿捕野狗的那个夹子来给我。

从上述例子中看到，（5）的ʔan²⁴kap⁵⁵"夹子"的中心是ʔan²⁴，符合"首字变调"的二字短语变调条件；（6）的ʔan²⁴ kap⁵⁵ ȵan²⁴"野兽夹子"的中心是 kap⁵⁵（说ʔan²⁴ kap⁵⁵或 kap⁵⁵ȵan²⁴都行得通，唯独说ʔan²⁴ȵan²⁴行不通，kap⁵⁵两个短语的交集点），则符合"中间音节变调"的三字短语变调条件。（7）的ʔan²⁴ kap⁵⁵ ȵan²⁴ ma²⁴四字短语的每个音节都符合变调条件，任由再怎么扩展插字，除了 po:i²⁴、ma²⁴两个常变调字以及人称代词、指示代词不变调字外，只能分两组按照"首字变调"的二字音节变调规则进行变调，即ʔan²⁴ kap⁵⁵"夹子"变读为ʔan³³ kap⁵⁵，ȵan²⁴ ma²⁴"野狗"变读为ȵan³³ ma²⁴，它们都是名词短语，首字是中心。而（9）至（11）的ʔou²⁴是独立的，ma²⁴ he⁵⁵不能搭配，它们始终不变调。又如 ɣam⁵⁵ ʔo:i⁵⁵"砍甘蔗"是动词短语，变读为ɣam³³ ʔo:i⁵⁵，但是当作如下扩展时，变调字发生转移了：

（12）a. ɣam⁵⁵ ʔo:i⁵⁵ → ɣam³³ ʔo:i⁵⁵.　砍甘蔗。

　　砍　甘蔗

　　b. ɣam⁵⁵ kø²⁴ ʔo:i⁵⁵ → ɣam⁵⁵ kø³³ ʔo:i⁵⁵.　砍甘蔗。

　　砍　棵　甘蔗

　　c. ɣam⁵⁵ sø:ŋ²⁴ kø²⁴ ʔo:i⁵⁵ → ɣam⁵⁵ sø:ŋ³³ kø³³ ʔo:i⁵⁵.

　　砍　两　棵　甘蔗

　　砍两棵甘蔗。

　　d. po:i²⁴ ɣam⁵⁵ sø:ŋ²⁴ kø²⁴ ʔo:i⁵⁵ ma²⁴ ku⁵⁵.

　　去　砍　两　节　甘蔗　来　我

→　po:i³³ ɣam⁵⁵ sø:ŋ³³ kø³³ ʔo:i⁵⁵ ma³³ ku⁵⁵.

　　去砍两棵甘蔗来给我。

　　可见，c 句的 ɣam⁵⁵ sø:ŋ²⁴ kø²⁴ ʔo:i⁵⁵均符合变调条件，但变调中心已由原来的及物动词短语转移到了名词短语 sø:ŋ²⁴ kø²⁴ ʔo:i⁵⁵ "两棵甘蔗"，而名词短语的中心就是 kø²⁴ "棵"，按 "三字变调" 来变调，同时其中 sø:ŋ²⁴kø²⁴作为名词短语，sø:ŋ²⁴ "两" 又因符合条件而变读为 sø:ŋ³³，原先变调的动词 ɣam⁵⁵ "砍" 反而不能变调了。又如：

（13）te²⁴ hat⁵⁵çø:k³³ ʔdak⁵⁵ po:i²⁴ hau²⁴ ha:i²⁴ kai³⁵

　　　他　明天　要　　去　集市　卖　鸡

→　te²⁴ hat³³çø:k³³ ʔdak³³ po:i³³ hau²⁴ ha:i³³ kai³⁵.

　　他明早要去集市卖鸡。

　　如果转移的中心不具备变调条件，那么动词短语也不会变调。句子中 hat³³、ʔdak⁵⁵、po:i²⁴、ha:i²⁴符合变调条件而变调了。若把动词短语 ha:i²⁴ kai³⁵扩展为 ha:i²⁴ sø:ŋ²⁴ tu⁴² kai³⁵ "卖两只鸡" 后，此时 tu⁴²是 sø:ŋ²⁴tu⁴²kai³⁵的中心，却因 tu⁴²不符合变调条件，因此扩展后的短语只有 sø:ŋ²⁴ tu⁴²符合条件而使 sø:ŋ²⁴发生变调，其他的在语流中均未发生变调，除了常变调字 ʔdak³³、po:i³³和不变调代词字外。若将量词替换成符合变调条件的 ɣap⁵⁵ "笼子"，那 ɣap⁵⁵肯定要变读为：

（14）kou²⁴ hat⁵⁵çø:k³³ ʔdak⁵⁵ po:i²⁴ hau²⁴ ha:i²⁴ sø:ŋ²⁴ tu⁴²

　　　我　明早　　要　去　集市　卖　两　只

　　kai³⁵ hau⁵⁵ he⁵⁵.

　　鸡　给　他

→kou²⁴ hat³³çø:k³³ ʔdak³³ po:i³³ hau²⁴ ha:i²⁴ sø:ŋ³³

tu⁴² kai³⁵ hau⁵⁵ he⁵⁵.

我明早要去集市给他卖两只鸡。

（15）kou²⁴ hat⁵⁵çø:k³³ ʔdak⁵⁵ po:i²⁴ hau²⁴ ha:i²⁴ sø:ŋ²⁴ ɣap⁵⁵

　　　我　明早　　要　去　集市　卖　两　笼子

　　kai³⁵ hau⁵⁵ he⁵⁵.

　　鸡　给　他

→kou²⁴ hat³³çø:k³³ ʔdak³³ po:i³³ hau²⁴ ha:i²⁴ sø:ŋ²⁴ɣap³³

kai³⁵ hau⁵⁵ he⁵⁵.

我明早要去集市卖两笼子的鸡给他。

　　显然，燕齐壮语的音节变调是受词法制约的。从变调字发生变调规则看，"二字变调"、"三字变调" 乃至 "多字变调" 与短语性质及短语内部的 "亲疏关系" 有关，而一个短语的中心，对是否会发生变调起着决定性作用。

第三章　构词法

本章讨论燕齐壮语的构词法。

严格地说，构词法应包括构形法。构词法属于语法学范畴，按构词法所构成的词在词典里可以成为独立的条目；构形法则属于形态学范畴，起语法描写的作用，因此也属于语法学范畴。

第一节　词类

在讨论构词法前，我们先简要介绍一下壮语的词类。

按照目前学术界对词的分类标准的普遍提法——概念标准、句法标准和形态标准，可以将壮语分为实词和虚词两大类。凡是有实在意义的能够单独做句子成分和回答问题的词都是实词；反之，凡是没有实在的意义，一般不能单独充当句子成分和回答问题的，但有配合实词造句、帮助表达意义作用的词都是虚词。

现将燕齐壮语的词类简述如下：

一、实词包括名词、动词、形容词、数词、量词、代词六类：

1. 名词：表示人或事物、时间、方位名称的词。如 ça:ŋ³³tø³⁵ "木匠"、luɯk³³ŋa:n³¹ "龙眼"、so:i⁴²ha³³ "夏天"、kɯn⁴²/la⁵⁵ "上/下"、te:n³³ŋa:n³³mɯn³¹ "天安门" 等。

2. 动词：表示人或事物的动作、行为、存在、变化、消失、能愿、判断和趋向的词。如 tup³³ "打"、ʔda³⁵ "骂"、la:u²⁴ "怕、担心"、haŋ⁵⁵ "喜欢"、ʔjou³⁵ "在"、ma⁵⁵ "生长"、ɲi:n³³ "愿、愿意"、lum⁵⁵ "像"、tou⁵⁵ "来" 等。

3. 形容词：表示事物的性质、状态的词。如 çap⁵⁵ "冷"、ʔda:t³⁵ "热"、sø³³ "直"、huŋ²⁴ "大"、ʔi³⁵ "小"、ɣiu³⁵ "快" 等。

4. 数词：表示数目的词。如 sø:ŋ²⁴ "二"、sa:m²⁴ "三"、ta:i³³ha⁵⁵ "第五"、çø²⁴lok³³ "初六"、sø:ŋ²⁴po:i³¹ "两倍" 等。

5. 量词：表示计算单位的词。如 tu⁴² "只"、ʔan²⁴ "个"、kou³³ "双"、ɣa:n⁴² "家"、ham³³ "晚上" 等。

6. 代词：具有代替、指示作用的词。如 γou^{42} "我们"、ni^{42} "这"、$ki^{35}ma^{42}$ "什么" 等。

二、虚词包括副词、介词、连词、助词和象声词五类。

1. 副词：用来修饰、限定动词和形容词，表示程度、范围、时间、肯定否定、情态方式、语气的词。如 $\gamma a:i^{31}ça:i^{31}$ "很"、$tø^{42}çou^{35}$ "一起"、$ja\eta^{42}$ "未曾"、$sau^{35}mu^{33}$ "突然" 等。

2. 介词：介词是一种用来表示词与词，词与句之间的关系的虚词，通常用来连接名词、代词或相当于名词的其他词类和短语，表示处所、方式、时间、目的等关系。如 ta^{55} "自、从"、$^{?}jou^{35}$ "在"、$\eta a:i^{42}$ "被"、$çou^{35}$ "和" 等。

3. 连词：用来连接两个以上的词、词组和句子，以表示它们之间的某种关系的词。如 $ha^{42}nou^{42}$ "或者"、$çam^{33}ça:i^{35}$ "而且"、$ho\eta^{24}$ "但是"、$^{?}bou^{55}ni^{31}$ "不然" 等。

4. 助词：附着在词、词组或句子上，表示一定语法关系的词。如：$^{?}dai^{55}$ "得"、luk^{55} "着"、$lu^{33}pa^{31}$ "了吧" 等。

5. 象声词：表示感叹、呼唤、应答和模拟事物声音的词。如 $^{?}ai^{31}ja^{31}$ "哎呀"、$^{?}u^{31}$ "嗯"、$tø:k^{33}tø:k^{33}$ "达达" 等。

每一类词都有其不同的语义、语法功能。有关内容，我们将在第四、五、六、七章的各类短语及其组成成分中加以展开讨论。

第二节　词义

语言是一个系统，语言内部的各个部分都是密切相关的。构词法研究的对象是词，词是由词素构成的，词和词可以构成词组，由词素构成词和由词构成词组，有许多共同的方式，词素也可以独立成为词，词素和词、词和词组有许多共同之处。但是，词、词素和词组的概念又都有各自的特点。因此，研究构词法首先应该弄清楚词、词素和词组的概念以及它们之间的区别，才能够对词的结构规律作出比较全面的分析。

一、词

关于词的定义，语言学界有各种各样的提法。有的说"词是最小的自由活动的语言片段"；有的说"词是代表一定意义、具有固定语音形式、可以独立运用的最小结构单位"；有的说"词是能够自由运用的最小的意义单位"，或者说"是能自由运用的音义结合体"。虽是众说纷纭，但总的来说，词可以分为语音词和语法词，是语言最小的、有意义的、能独立使用的语法单位。如：

（1）kou^{24} 我　　　γok^{33} 鸟　　　　γam^{31} 水

　　ku^{24} 吃　　　tat^{55} 剪　　　　tup^{33} 打

（2）ɣa:i^{31}ɕa:i^{31} 很、非常　　　pum^{31}po:i^{33} 蜻蜓

　　　ɕum^{35}ɕe^{35} 小钹子　　　　ɕum^{35}ɕa^{35} 大钹子

（3）luk^{33}ma:n^{33} 辣椒　　　　plak^{55}ka:t^{35} 芥菜

　　　tø^{42}pon^{35} 互相追逐　　　hou^{31}ɣai^{33} 稻谷

（4）na^{55}ɣa^{24} 面貌　　　　kuɯ^{24}tan^{55} 生活

　　　tin^{24}fuŋ^{42} 手艺　　　　pø:m^{42}pe:m^{35} 匍匐

（5）ɕa^{31}plak^{55} 菜刀　　　　ɣa:n^{42}ha^{42} 茅草屋

　　　ɣok^{33}tiŋ^{24}fai^{31} 啄木鸟　　hou^{31}naŋ^{55} 糯米饭

　　所谓"最小的"是说不能再分析下去了，如第（1）组的例子；或者，虽然能分析下去，可是分析以后，每个部分都没有什么意义了，如第（2）组 ɣa:i^{31}ɕa:i^{31}的 ɣa:i^{31}和 ɕa:i^{31}都不能够单独表示意义；或者，虽然能够表示意义，但至少已有一部分不能自由使用或不是其本意，如第（3）组 tø^{42}pon^{35}"互相追逐"的 tø^{42}不能独立使用；或者，虽然能够表示意义，也能够自由运用，可是原来的意义已有所改变了，如第（4）组 tin^{24}fuŋ^{42}里的 tin^{24}是"脚"，fuŋ^{42}是"手"，与结合后的 tin^{24}fuŋ^{42}"手艺"意义并不相等；或者，虽然能够表示意义，又能够自由运用，原来的意义也没有多大的变化，但是新的概念已结合为一个不可分割的意义单位了，如第（5）组 ɣa:n^{42}ha^{42}是由 ɣa:n^{42}"房子"和 ha^{42}"茅草"两个概念的总和，它们结合后指"茅房"，是一个意义单位。所谓"独立使用"是说它不依靠别的成分，自己就能够作句子中的各种成分或者表示各种语法关系。如上述的词有的可以用作主语、谓语、宾语，有的可以作定语、状语等成分，有的既可作主语也可作宾语。

　　由此可见，词是词汇的成员，也是句子的成员，它既是词汇学研究的对象，也是语法学研究的对象。词和语音也有密切关系，语音是词的物质外壳。因此，要想从各个方面来概括词的内涵是不太容易的。从语音和词汇的角度来说，词是语音和意义相结合的最小的语言单位；从词汇和语法的角度来说，词是具有明确意义和一定的语法特点、能够独立活动的最小的语言单位。

　　二、词素

　　词素也被称为"语素"，是语言中最小的有意义的构词要素。如燕齐壮语 na^{55}ɣa^{24}"相貌"这个词可以再分析为 na^{55}"脸"和 ɣa^{24}"眼睛"有词汇意义的两个词素，所以 na^{55}ɣa^{24}这个词由 na^{55}和 ɣa^{24}两个词素构成。又如 pum^{31}po:i^{33}"蜻蜓"这个词，如果把它分析为 pum^{31}和 po:i^{33}是没有词汇意义的，它们结合在一起才有词汇意义（即动物名称），所以 pum^{31}po:i^{33}只是一个词素，不能再分析了。

　　词素又可分为实词素和虚词素。如 na^{55}、ɣa^{24}、pum^{31}po:i^{33}等都是具有词汇意义的语素，都是实词素。又如 tø^{42}pon^{35}"互相追逐"的 pon^{35}"追逐"、luuk^{33}ma:n^{33}"辣椒"中的 ma:n^{33}"辣"，它们都具有词汇意义，是实词素；可其中的 tø^{42}和 luuk^{33}在这里并非其本意，luuk^{33}原意是"孩子"，即 luuk^{33}ma:n^{33}是"辣椒"不是"辣椒的孩子"的意思。但 tø^{42}和 luuk^{33}却都具有语法意义，能够表示出这类词的词性：tø^{42}加在一个实词素前所构成的词都是动词，luuk^{33}加在一个实词素前所构成的词都是名词，并分别附带有"互相"和"细小"这个含义。这种语法意义都不是很实在的，在构词中只起着一种辅助作用。因此，类似 tø^{42}和 luuk^{33}这样起辅助作用的词叫做虚词素。

　　借词，对借入语言来说只能当作一个意义单位，所以它不管有几个音节，也只能算作一个词素。如燕齐壮语从汉语中吸收的新借词 te:n^{24}na:u^{55}"电脑"、nun^{31}ne^{31}"农业"、ɕun^{33}ja:ŋ^{33}min^{42}ɕu^{42}ta^{24}jø^{31}"中央民族大学"等，只能当作是由一个词素构成的词来看待。

　　词素是构词成分，实词素是词的主要意义部分，是表明词的基本概念，是词的基本成分，这个部分叫做词根。虚词素是相对于实词素而言，是词中表达附加意义或语法意义的部分，是缀合在词根前后起辅助作用，是词的辅助成分，这个部分叫做附加成分，也有的叫做词缀。附加在词根前面的辅助成分叫做前缀，也有的叫做词头；附加在词根后面的辅助成分叫做后缀，也有的叫做词尾。

　　实词素，按其词性可分为名词素、动词素、形容词素、代词素等，按其运用的性质，可分为独用词素和非独用词素两种。能够单独成词的词素叫做独用词素，如 tin^{24}"脚"、na^{55}"脸"、fuŋ^{42}"手"都是由一个独用词素构成的词，na^{55}ɣa^{24}"面貌"这个词就是由两个独用词素构成的。不能够单独成词的词素叫做非独用词素，如 tø^{42}pon^{35}"互相追逐"这个词就是由一个独用词素 pon^{35}"追逐"和一个非独用词素 tø^{42}（动词标志）构成的。

　　把词素分成上述各种类别，目的是便于了解词素的不同性质，便于分析词的结构关系，便于观察词和其他语言单位的不同特点，作为划分词与非词的界线的依据。

　　三、词组

　　词组是两个或两个以上有实际意义的词素，按照一定的方式组合起来，表示一定关系的一组词。如 tin^{24}fuŋ^{42}"手艺"是包含两个词的有并列关系的词组；yok^{33}tin^{24}fai^{31}"啄木鸟"是包含两个词的有修饰（限定）关系的词组；kan^{35}han^{24}"鸡叫"是包含两个词的有子句关系的词组，等等。

　　词组也是一种语言单位，它在句子里也可以自由运用，但是它表达的概念比较复杂。词组并不是词，因为它不是语言中最小的意义单位，而是比词大，比句子小的语言单位，因此又被称为"短语"（我们将在第四、五、六章中，对燕齐壮语相关短语进行分析）。

第三节　单纯词

从词所包含的意义和结构关系来看，可以把词分成单纯词和合成词两大类。在这一节里，我们先谈谈单纯词。

什么是单纯词？单纯词就是只包含一个意义成分的词。单纯词可以由一个音节构成，也可以由多个音节构成。按照音节的多少，可将单纯词分为单音节单纯词和多音节单纯词两种。

一、单音节单纯词

单音节单纯词是指只有一个音节，并能够表示一种意义的词。单音节单纯词在壮语词汇中占绝大多数，它是壮语词汇的基本部分，许多单音的实词都是自古一直沿用至今的，而且是构成新词的词根，绝大多数的合成词都是由不同的单纯词结合起来构成的。因此，单音节单纯词不但是壮语词汇中的基本部分，也是壮语词汇丰富、发展的源泉之一。跟壮语其他方言一样，燕齐壮语单音节单纯词的各种词类都有，单音节单纯词都是一个音节即代表着一种意义。例如：

kou^{24} 我　　　muɯŋ^{42} 你　　te^{24} 他　　　sou^{24} 你们

nø:n^{24} 虫子　　çaɯ^{55} 煮　　tup^{33} 打　　ka^{55} 杀

huŋ^{24} 大　　　ʔan^{24} 个　　lo^{33} 了　　kɯn^{42} 上

fa:k^{33} 把　　　ta^{55} 从　　pum^{31}pa^{31} 噼啪（拟声）

二、多音节单纯词

多音节单纯词是由两个或两个以上的音节构成的，但并不是每个音节都有意义，它们彼此只有紧密地结合起来才具有真正的意义。

（一）从音节结构上看，燕齐壮语的多音节单纯词主要有下列三种：

1. 由两个或两个以上无意义音节构成：各自都不能单独使用的音节，只有结合后才具有某种意义。例如：

saɯ^{35}mɯ^{33} 忽然　　　　　kø:ŋ^{42} ʔjø:ŋ^{35} 蹲下

fuut^{33}fa:u^{42} 泡沫　　　　kuŋ^{42}ke:ŋ^{42}ɣe:ŋ^{55} 瘦高无力

而 saɯ^{35}、mɯ^{33}、kø:ŋ^{42}、ʔjø:ŋ^{35}等都是没有什么意义的音节，即与该意义无关，不能独立使用（同音字除外）。

2. 由一个有意义音节和一个无意义音节构成：没有实际意义的音节有时可以跟有实际意义的音节互相搭配构成新的词，同时这个无实际意义的音节本身不是虚词素，不具有任何的附加意义或语法意义，所构成的新词是单纯词而不是合成词。例如：

1）前一个音节有意义，后一个音节没有意义的：

pan³⁵pa:ŋ³³ 打转 　　　　sak⁵⁵ʔɯ:k³⁵ 打嗝

ha:t⁵⁵ɕɯ:i²⁴ 喷嚏 　　　　tak⁵⁵kou⁵⁵ 蚂蚱的一种

2）前一个音节没有意义，后一个音节有意义的：

mok³³lot⁵⁵ 鲁莽 　　　　je:n⁴²nou⁴² 虽然

tø⁴²ka:i³⁵ 东西 　　　　ɣo:i⁴²kai³⁵ 疙瘩

3）从汉语借来的部分音译词，一般都有一个没有意义的音节，尤其是新借词，因此也作为单纯词看待。如：

老借词：

fu:ŋ²⁴pli:n³³ 方便 　　　　kiŋ³³ɕɯ:ŋ⁴² 经常

paŋ⁴²jou³¹ 朋友 　　　　liŋ⁴²lo:i³³ 伶俐

na:m⁴²niŋ⁴² 南宁 　　　　ta:i³³kja²⁴ 大家

新借词：

pɯ³¹kiŋ³³ 北京 　　　　hiŋ²⁴fu³¹ 幸福

te:n²⁴na:u⁵⁵ 电脑 　　　　ɕiŋ²⁴kø³¹ 正确

ka:i⁵⁵fa:ŋ²⁴ 解放 　　　　ɕa:ŋ²⁴ɕu³¹ 壮族

（二）从语音形式上看，燕齐壮语的多音节单纯词主要有双声、叠韵、叠音、拟声等几种形式：

1. 双声式：前后两个音节的声母相同，韵母不同，如果收声是入声调的，两个音节的收声往往都比较一致。如：

ɲa:p³⁵ɲuk⁵⁵ 烦恼 　　　　fup³³fa:p³¹ （水）荡漾貌

kum³³ke:m³¹ 小坑 　　　　ʔda:u²⁴ʔdo:i³⁵ 星星

pum³¹po:i³³ 蜻蜓 　　　　kom⁴²ke:m³⁵ 弯腰

2. 叠韵式：前后两个音节的韵母相同，声母不同。如：

lap³³tap³³ 连续 　　　　tiŋ³³liŋ⁴² 恰巧

ɣa:i³¹ɕa:i³¹ 很、非常 　　　　lak⁵⁵kak⁵⁵ 生气

pum⁴²sum⁵⁵ 黎明 　　　　mø³¹lø³¹ 雾气

3. 叠音式：前后两个音节相互重叠，这类词一般都是象声词。如：

ʔdø:k³¹ʔdø:k³¹ 砍树声 　　　　ʔa:p³³ʔa:p³³ 鸭叫声

pø:t³³pø:t³³ 汽车喇叭声 　　　　tø:ŋ³³tø:ŋ³³ 钟声

ɣiŋ⁵⁵ɣiŋ⁵⁵ 铃响声 　　　　pum³⁵pum³⁵ 水响声

4. 拟声式：是模拟各种声音的词，这些词已发展成为实词（一般是名词、动词），因此它们与纯粹模拟各种声音的一般象声词不尽相同。如：

ʔak⁵⁵ʔe³¹ 蛤蚧 　　　　ha:t⁵⁵ɕɯ:i²⁴ 打喷嚏

ɕe:m³⁵ɕe:m³⁵ 小钹子   ɕum³⁵ɕa³⁵ 大钹子

pluŋ⁵⁵pliŋ⁵⁵ 手鼓   tuŋ⁵⁵te:ŋ⁵⁵ 铃铛

5. 其他多音节单纯词的构成没有什么明显的规则或特点，纯粹是由两个以上没有单独意义的音节结合而成的。如：

tiŋ³⁵kit⁵⁵ 翻跟斗   ka³³ɣa:i³¹ 真的

kuŋ³⁵sou²⁴ 蛤蟆   kuŋ³⁵wa:u⁴² 蝙蝠

ɕak⁵⁵la:i³⁵ 幸好   mok³³lot⁵⁵ 鲁莽

6. 从汉语吸收进来的借词，特别是新借词一般都是多音节词的译音，故不能单个使用，也被视为多音节单纯词的一种（参见第二章"音韵系统"之"汉语借词"一节）。

（三）有些单纯词只有一个音节能明确其意义，其他的或前或后的一个音节意义不具体，来源也不清楚，无法理解其真正的意义，故而找不到相对应的"汉义"，但从语感上看，它们有一定的附加意义，虽然它们与多音节单纯词有所不同，但把它当作多音节单纯词也未尝不可。例如：

ɕak³³hai³¹ 屁股   fa:m³⁵tuŋ³¹ 腹部
 x①   屎   张   肚

pan³⁵puɯ:ŋ³³ 一下子   fa:ŋ⁴²pla:i⁴² 短命鬼
 转   x   鬼   x

ɣam³³ɣe³¹ 啰唆（重复）   kwan³¹kwa³¹ 盘旋（环绕）
 x   x   x   绕

总之，跟其他语言一样，燕齐壮语所有的多音节单纯词都不能拆开使用，中间不能加入别的成分。

第四节　合成词（一）

合成词是相对于单纯词而言，它包含两个或两个以上有实际意义的音节，因此合成词必然是复合的多音节词。所谓"有实际意义"，指的是一个音节所具有的词汇意义或语法意义。合成词的构成比单纯词要复杂得多。燕齐壮语合成词的构成方式多种多样，内容丰富多彩。合成词大体上可分为两种形式：一种是包含辅助成分的，另一种是不包含辅助成分的。在这一节里，我们先来探讨燕齐壮语"包含辅助成分"的合成词。

所谓"包含辅助成分"的合成词，是指由一个中心词根与其前面或后面所加上的一个词缀构成的。一般来说，合成词是借助词缀（形态的一种）

---

① x 是指该音节无实际意义或者在这里非本意或者一些配合音节。（下同）

的增添而构成的合成词，其词根是词的主要成分，是表达词的主要意义的部分；而词缀是词的辅助成分，是表达词的附加意义和语法意义的部分，我们把这样的"包含辅助成分"的词称为词缀式合成词。燕齐壮语的词缀式合成词又可分为前缀式合成词和后缀式合成词两种：前缀式合成词的"前缀"一般都是单音节的，后缀式合成词的"后缀"有两个重叠音节的，也有单音节和两个不同音节的。

词缀式合成词是由一个词根和一个或一个以上的词缀构成的。有些词缀原来是具有实际意义的，但作为辅助成分，就失去了原来的意义。词缀需要附着于中心词根之上才能显示出它的构词作用。这些词缀在构词中主要起着两方面的作用：一是作为词性和用法的一种标记；二是具有附加的语法意义。下面，我们先来分析燕齐壮语中的词缀式合成词。

一、前缀+中心词的合成词

所谓"前缀"就是指辅助成分附着词根之前，又叫做词头。根据前缀的语法特点，可将其分为名词前缀和动词前缀。

（一）名词前缀

1. 带有 $pø^{33}$ "父"、$koŋ^{24}$ "公"、tak^{33} "个"、me^{33} "母"、ta^{33} "个"、$la:u^{31}$ "老"和 ta^{31}（无实际意义）等前缀的合成词。就这些前缀的本义而言，大部分已经基本消失，一般附加在人的称谓词之前，构成双音节的称谓名词。

1）带有 $pø^{33}$、$koŋ^{24}$、tak^{33} 的合成词，男性的标记。$pø^{33}$用于父辈亲戚的称谓；$koŋ^{24}$用于男性长辈的称谓；tak^{33}用于对同辈或晚辈的称呼。例如：

$pø^{33}kou^{31}$舅舅　　　$pø^{33}kø^{24}$姑父　　　$pø^{33}luŋ^{42}$伯父
　父　舅　　　　　　　父　姑　　　　　　　父　伯

$koŋ^{24ʔ}a:u^{24}$大叔　　　$koŋ^{24}luŋ^{42}$大伯
　公　叔　　　　　　　公　伯

$tak^{33}po:i^{31}$哥哥　　　$tak^{33}nu:ŋ^{31}$弟弟　　　$tak^{33}çim^{42}$覃姓男子
　个　哥　　　　　　　个　弟　　　　　　　个　覃

2）带有 me^{33}、ta^{33} 的合成词，女性的标记。me^{33}一般用于亲属称谓或女性长辈的泛称；ta^{33}用于对同辈或晚辈女性的称呼。例如：

$me^{33}ta:i^{24}$岳母　　　$me^{33}pa^{55}$伯母　　　$me^{33}ho:i^{42}$姨妈
　母　岳母　　　　　　母　伯　　　　　　　母　姨

$me^{33}kø^{24}$ 姑妈　　　$me^{33}ke:ŋ^{24}$母亲好友
　母　姑　　　　　　　母　庚

$ta^{33}çe^{55}$姐姐　　　$ta^{33}wa:ŋ^{42}$王姓女子　　　$ta^{33}ni^{35}$爱称（小女孩的）
　个　姐　　　　　　　个　王　　　　　　　个　妮

ta³³ŋu³¹五妹　　ta³³mo:i³¹名为"梅"的女孩

个 五　　　个 梅

有时 me³³也可用于一些动物名称前，但并非如"母老虎"之类"雌性"意义的称谓，而是表示惊呼，并隐含着"夸张、厌恶或不太喜欢"的贬义。例如：

me³³nou²⁴老鼠　　me³³sa:p³⁵蟑螂　　me³³ŋɯ⁴²蛇

母 老鼠　　　母 蟑螂　　　母 蛇

3）带有 la:u³¹/ la:u⁵⁵的合成词。la:u³¹/ la:u⁵⁵是汉语老借词，但并不是真正意义年纪上的"大"，也可用于指年轻的，说明其本义已经被虚化了。la:u⁵⁵一般附加在姓氏前面，表示"熟悉"、"亲热"等附加意义。这类合成词也与汉语的相同。例如：

la:u³¹ke:ŋ²⁴老庚　　la:u³¹pli:u⁵⁵老表　　la:u³¹pa:n⁵⁵老板

老 庚　　　　老 表　　　　老 板

la:u⁵⁵liu⁴²老刘　　la:u⁵⁵ja:ŋ⁴²老杨　　la:u⁵⁵wa:ŋ⁴²老王

老 刘　　　　老 杨　　　　老 王

4）带有 ta³¹的合成词，常用于非面称时对年长者或长辈的敬称，不分性别：

ta³¹koŋ²⁴祖父　　ta³¹ke³⁵祖母　　ta³¹pa⁵⁵伯母

x 公　　　　x 老　　　　x 伯

ta³¹luŋ⁴²伯父　　ta³¹ʔa:u²⁴叔叔　ta³¹sim⁵⁵婶婶

x 伯　　　　x 叔　　　　x 婶

ta³¹pø³父亲　　ta³¹me³³母亲

x 父　　　　x 母

2. 带有 lɯk³³的合成词。lɯk³³原意是"儿女、孩子"的意思，但它作为前缀出现时就失去了原来的意义，仅表示"细小、小巧、可爱"等附加意义和作为一种名词标记的语法意义。lɯk³³的构词能力很强，附加在名词性词素（也有少数动词性词素和形容词词素）前面构成各种词缀式的合成词。例如：

1）有关人体及饰物的名词：

lɯk³³ɣa²⁴眼睛　　lɯk³³tin²⁴脚趾　　lɯk³³fuŋ⁴²手指

x 眼　　　　x 脚　　　　x 手

lɯk³³kat⁵⁵扣子

x 扣

2）植物果类的名词：

lɯk³³saɯ⁴²白薯　　lɯk³³ma:n³³辣椒　　lɯk³³plɯ:k³⁵芋头

x 薯　　　　x 辣　　　　x 芋

luɯk³³ham⁴²苦瓜　luɯk³³nim²⁴黏果　luɯk³³ɣa⁴²芝麻
　x　苦　　　　　小　黏果　　　　x　芝麻

3）人类的专有名称：

luɯk³³sa:i²⁴男孩　luɯk³³ta³³女孩　luɯk³³kɯ:i⁴²女婿
　x　男　　　　　x　女　　　　　x　姑爷

luɯk³³ŋe⁴²小孩　luɯk³³sai²⁴学徒　luɯk³³ʔba:u³⁵男青年
　x　小孩　　　　小　师　　　　小　男青年

4）其他物名：

luɯk³³ʔdø²⁴酒饼　luɯk³³ji:n⁴²子弹　luɯk³³ɣit 冰雹
　x　酵子　　　　x　子弹　　　　x　冰雹

带前缀 luɯk³³ 的合成词，中间不能再插词。除了少数（如 luɯk³³fɯŋ⁴²、luɯk³³tin²⁴）外，计数时要使用相应的量词。加入量词后，有部分的合成词也可以省掉 luɯk³³ 而意义不变，如：søŋ²⁴ ʔan²⁴ luɯk³³kwa²⁴ "两个南瓜" 等于 søŋ²⁴ ʔan²⁴ kwa²⁴，søŋ²⁴ ʔan²⁴ luɯk³³kat⁵⁵ "两个扣子" 等于 søŋ²⁴ ʔan²⁴ kat⁵⁵。但有些词却不能省去前缀成分 luɯk³³，如 søŋ²⁴ pou³¹ luɯk³³ŋe⁴² "两个小孩" 不能说成 søŋ²⁴ pou³¹ ŋe⁴²。

3. 带 kjoŋ³⁵ 的合成词。kjoŋ³⁵ 也是名词标记，其原义是 "群、伙" 的意思，用作量词。它附加在代词前，其原义已经消失，只表示 "复数" 的意思，和汉语的 "们" 相当。例如：

kjoŋ³⁵he⁵⁵他们　　kjoŋ³⁵sou²⁴你们①　kjoŋ³⁵ɣou⁴²我们
群　他　　　　　群　你们　　　　群　我们

kjoŋ³⁵to:i³³伙伴　kjoŋ³⁵toŋ⁴²ha:k³¹同学们
群　同伴　　　　群　同学

4. 带前缀 toŋ⁴²/pa:n²⁴ 的合成词。toŋ⁴²/pa:n²⁴没有实际意义，但它可以作为时间名词的标记，表示时间范围或者某个时间段。toŋ⁴²（非汉借词同音字 toŋ⁴² "同"）在口语中常音变为 tø⁴²。有时也可以用 kja:ŋ²⁴ 来替换 toŋ⁴²/pa:n²⁴，语法意义不变。例如：

toŋ⁴²/pa:n²⁴ hat⁵⁵上午　　　toŋ⁴²/pa:n²⁴ ŋon⁴²白天
　x　　　　早上　　　　　x　　　　天/日

toŋ⁴²/pa:n²⁴ ŋun⁴²夜里　　　toŋ⁴²/pa:n²⁴ ham³³晚上
　x　　　　夜　　　　　　x　　　　晚

事实上，toŋ⁴²不能独立运用，当它和时间名词结合后，合成词就不能

---

① 因为第三人称代词没有单音节复数形式，只能通过前缀 kjoŋ³⁵ 附加出复数意义。而第一、二人称代词本来有单音节复数形式，仍可在其前面再加上前缀 kjoŋ³⁵，语义不受影响，这应是语言类型化的表现。

再接受数词或者指示代词的修饰了。例如我们能说 sø:ŋ²⁴ ŋon⁴² "两天"、ham³³ni⁴² "今晚",却不能说 sø:ŋ²⁴ toŋ⁴²ŋon⁴²、toŋ⁴²ham³³ ni⁴²,等等。

5. 带前缀 ta:i³³和 ɕø²⁴的合成词。ta:i³³和 ɕø²⁴是序数词标记,它们都是汉借词。只有放在基数词的前面时,二者才具有表示次序的附加意义。例如:

1) ta:i³³放在基数一至十的前面,表示序数,相当于汉语的"第"。

ta:i³³ʔit⁵⁵第一	ta:i³³sa:m²⁴第三	ta:i³³ha⁵⁵第五
第　一	第　三	第　五
ta:i³³ɕat⁵⁵第七	ta:i³³kou⁵⁵第九	ta:i³³ɕip³³第十
第　七	第　九	第　十

2) ɕø²⁴放在基数一至十的前面,表示阴历日数的次序,相当于汉语的"初"。

ɕø²⁴ ʔit⁵⁵初一	ɕø²⁴ŋo:i³³初二	ɕø²⁴so:i³⁵初四
初　一	初　二	初　四
ɕø²⁴lok³³初六	ɕø²⁴ɕip³³初十	ɕø²⁴pa:t⁵⁵/pe:t³⁵初八
初　六	初　十	初　八

但是对于数量为"十一"以上的次序来说,前缀 ta:i³³、ɕø²⁴一般可以省掉,直接用基数词来表达。如ʔan²⁴ ɕip³³ha⁵⁵ "第十五个",ʔwa:n⁵⁵ ɕip³³ɣok⁵⁵ "第十六碗"等。当然,有时也可以直接借用汉语的语法,但仍需 ta:i³³作其标记,即有 ta:i³³ɕip³³ha⁵⁵ ʔan²⁴、ta:i³³ ɕip³³ɣok⁵⁵ ʔwa:n⁵⁵的说法。ɕø²⁴ "初"只用于表示日历中"一至十日"的阴历,"十一日"以后的阴历一律不用 ɕø²⁴,而直接放在每个月份名称之后,若"二十日"以后的 ɕip³³ "十"一般都会省略。如:

ɕɯ:ŋ²⁴ ȵi:t³¹ ɕø²⁴sa:m²⁴ 正月初三
正　月　初　三

ŋu³¹ ȵi:t³³ ɕø²⁴pa:t⁵⁵/pe:t³⁵ 五月初八
五　月　初　八

pa:t⁵⁵/pe:t³⁵ ŋi:t³¹ ɕip³³ŋu³¹ 八月十五
八　月　十　五

ɕip³³ ʔit⁵⁵ ȵi:t³³ ŋo:i³³kou⁵⁵ 十一月二十九
十　一　月　二　九

6. 以类别词作为名词的前缀。这是侗台语和汉语等最常见的一种构词法之一。例如:

fai³¹ɕɯ:ŋ²⁴樟树	fai³¹ɕoŋ⁴²松树	fai³¹ ʔdok⁵⁵竹子
树　樟	树　松	树　竹子

pla²⁴lo:i³¹鲤鱼　　　pla²⁴ɕak⁵⁵鲫鱼　　　pla²⁴ ʔdok⁵⁵塘角鱼

　鱼　鲤　　　　　　　鱼　x　　　　　　　　鱼　竹子

ma:k³⁵ta:u⁴²桃　　　ma:k³⁵lo:i⁴²梨　　　　ma:k³⁵ŋa:n³¹龙眼

　果　桃　　　　　　　果　梨　　　　　　　　果　龙眼

ɣok³³ɣou²⁴斑鸠　　　ɣok³³lai⁵⁵麻雀　　　ɣok³³ ʔe:n³⁵燕子

　鸟　x　　　　　　　鸟　麻雀　　　　　　　鸟　燕子

nø:n²⁴ɕu:ŋ²⁴天蚕　　nø:n²⁴ɳa:i³⁵毛虫　　nø:n²⁴hou³¹蛀米虫

　虫　x　　　　　　　虫　x　　　　　　　　　虫　米

plak⁵⁵ ʔbum⁵⁵蕹菜　plak⁵⁵pa:p³⁵香菜名　plak⁵⁵muɯ:k³⁵苦马菜

　菜　x　　　　　　　菜　x　　　　　　　　菜　x

所谓的"类别词"是按照事物的属性来归类的一部分词，不能与量词混同，一般不能当量词使用。比如 fai³¹、pla²⁴、ma:k³⁵、nø:n²⁴等分别代表树木类、鱼类、水果类、昆虫类，但它们都不能充当量词，在"数量名"结构中，还必需有相应的量词。在这类名词前缀中，作为类别词的大类名是说明属于哪一类事物的，小类名是大类名的专称。小类名虽具有一定的意义并限制大类名，但是有时它的意义模糊而不能独立运用，要依附在大类名之后，意义才更为明确。比如 pla²⁴ ʔdok⁵⁵的限定成分ʔdok⁵⁵，如果没有类别词 pla²⁴，意义就很模糊，甚至认为是"竹子"的意思，即是"塘角鱼"的"角"跟"竹子"的"尖刺"有关；又如 nø:n²⁴ɳa:i³⁵的限定成分ɳa:i³⁵，如果没有类别词 nø:n²⁴，单独一个ɳa:i³⁵字是很难明确其意义的。

（二）动词前缀

1. 前缀 tø⁴²。燕齐壮语的 tø⁴²放在一般动词词根前面，tø⁴²表示互相，或表示动作的趋向，是动作行为的"互动"标记。例如：

tø⁴²ɕe:ŋ²⁴吵架　　　tø⁴²tuuk⁵⁵打架　　　tø⁴²kjai⁴²相爱

x　争　　　　　　　x　打　　　　　　　　x　爱

tø⁴²ɣan²⁴见面　　　tø⁴² ʔda³⁵对骂　　　tø⁴²pa:ŋ²⁴互相帮助

x　见　　　　　　　x　骂　　　　　　　　x　帮

tø⁴²ɣu³¹互扶　　　tø⁴²ɕuɯ:ŋ⁵⁵相抢　　tø⁴²pon³⁵互追

x　扶　　　　　　　x　抢　　　　　　　　x　追

tø⁴²ɣop³³相遇　　　tø⁴²lau³³轮换　　　tø⁴² ʔde:k³⁵互投（石块）

x　遇　　　　　　　x　换　　　　　　　　x　扔

tø⁴²ɣaŋ³⁵互相嘱咐　　　　tø⁴²ŋuɯ:ŋ³⁵互相对视（牛打架前）

x　嘱咐　　　　　　　　　x　仰头

tø⁴²ha:ŋ⁴²互相威胁　　　　tø⁴² ʔbuɯ³⁵ 互相厌恶

x　威胁　　　　　　　　　x　厌恶

tø⁴²haŋ⁵⁵相互爱慕　　　　tø⁴²ham⁴² 互相怨恨

x　喜欢　　　　　　　　　x　恨

　　能附加 tø⁴² "互相" 意义的动词大都是与人类或动物身体的相应部位有关，如 tø⁴²ɕeːŋ²⁴ "吵架" 与人的 "嘴巴" 有关，tø⁴²tɯk⁵⁵ "打架" 与人的 "手" 有关，等等。表明该动作行为的发生必须是相互的，双方缺一不可。上述这些动词都是及物动词，加上前缀 tø⁴² 之后，发生了如下变化：由单向动作变为双向动作，是一种相互作用关系。例如动词 tɯk⁵⁵ "打" 没有前缀 tø⁴² 时，所表示的动作行为是单方面起作用的，即一方 tɯk⁵⁵ "打"，另一方被 tɯk⁵⁵ "打"，就是所谓 "一只巴掌拍不响"；若加上前缀 tø⁴² 后，表示该动作行为是双方起作用的结果，也就是说，tø⁴²tɯk⁵⁵ "打架" 的意义具有相互性特征。

　　2. 前缀 ta⁵⁵。燕齐壮语的前缀 ta⁵⁵ 放在部分行为动词之前，起到表示某种动作行为泛称意义的作用。例如：

ta⁵⁵haːi²⁴（卖）出售　　　　ta⁵⁵ɕai²⁴（犁）犁（田、地）

ta⁵⁵ɣaːp³⁵（挑）挑担　　　　ta⁵⁵ ʔdam²⁴（种）种植

ta⁵⁵ɕaɯ⁵⁵（煮）煮东西　　　ta⁵⁵ɕaɯ³¹（买）购物

ta⁵⁵ɕam³¹ 游泳　　　　　　ta⁵⁵ɕaɯ⁵⁵ 做饭

ta⁵⁵ ʔdam²⁴ 耕种　　　　　ta⁵⁵tø³⁵ 木工制作

　　上述及物动词加上前缀 ta⁵⁵ 之后，发生了如下变化：

　　1. 行为动词前缀 ta⁵⁵ 除了表明该动词的实际意义之外，还表示该动词动作行为的 "行业" 性特征。如 ta⁵⁵haːi²⁴ "出售" 就包含着 "营业员" 的特征，ta⁵⁵ ʔdam²⁴ "耕种" 也不仅仅指一般的 "耕种"，同时还包含着 "农民" 的特征，再比如 ta⁵⁵ɕaɯ⁵⁵ "煮东西" 除了指 "煮" 这一动作行为外，同时包含 "厨师" 这一特征。因此，行为动词前缀 ta⁵⁵ 可以作为从事某种行业的标志。

　　2. 词义由具体变为概括。例如 haːi²⁴ "卖" 原指称的动作行为只涉及某一具体的事物对象，如 haːi²⁴ pit⁵⁵ "卖鸭"、haːi²⁴ hou³¹ "卖米"、haːi²⁴ kai³⁵ "卖鸡" 等，当 haːi²⁴ "卖" 加上 ta⁵⁵ 之后，其词义由具体变为概括，haːi²⁴ "卖" 的语义内容被概括为 "出售东西"，ta⁵⁵haːi²⁴ 也就有了对从事 "销售" 这一行业的泛称。

　　（关于前缀 tø⁴² 和 ta⁵⁵ 的语法特征，将在第五章 "动词短语" 之 "动词形态" 中作进一步讨论）

　　3. 前缀 ku³³。ku³³ 原意是 "做、制作" 等意思，可以放在一些表示动作行为的动词前面，形成双音节合成词，但确定合成词意义的是其后的那个动词。例如：

ku^{33}fø:ŋ^{24}缝补　　　ku^{33}çam^{42}玩耍　　　ku^{33}sak^{33}洗涤

做　缝　　　　　　做　玩　　　　　　做　洗

ku^{33}çak^{33}偷盗　　　ku^{33}ʔun^{55}撒娇　　　ku^{33}n̥a^{33}撒野（指小孩）

做　偷　　　　　　做　娇情　　　　　做　怄气

跟以 ku^{33} 为动词的"述宾式"结构不同，这些例子中 ku^{33}的本意已经被弱化了，整个合成词词汇意义的重心主要位于 ku^{33}后边的动词（含状态动词），使合成词的动词意义更具概括化。后面的动词一般都是及物动词，可以带宾语，但与前缀 ku^{33}结合后就变成不及物动词了。例如：

te^{24} fø:ŋ^{24} pu^{33} wa^{35}.　她缝补衣服。

她　缝　上衣 裤子

* te^{24} ku^{33}fø:ŋ^{24} pu^{33}wa^{35}.

4. 前缀 ki^{35}"些、部分"。前缀 ki^{35}可以将动词词性弱化为名词词性，即 ki^{35}可以作为动词名物化的标记。例如：

ki^{35}kɯ^{24}吃的　　　　ki^{35}tan^{55}穿的　　　　ki^{35}juŋ^{33}用的

x　吃　　　　　　x　穿　　　　　　x　用

ki^{35}ha:i^{24}卖的　　　ki^{35}hoŋ^{42}红的　　　ki^{35} ʔbin^{24}飞的

x　卖　　　　　　x　红　　　　　　x　飞

此外，ki^{35}作为前缀可以将名词泛指化，即是对一类事物的概括化，经常跟名词和代词组成名词短语，表示特定或领属关系，如：

ki^{35}kou^{24}我的　　ki^{35}wun^{42}别人的　　ki^{35}ta^{42}pø^{33}爸爸的

x　我　　　　　x　人　　　　　　x　父亲

ki^{35} la:u^{31}sai^{24} 老师的　　ki^{35} ta^{33}ni^{35} 小妹的

些 老 师　　　　　些 小 妹

二、中心词+后缀的合成词

后缀就是依附在中心词之后的那部分，又叫做词尾。燕齐壮语带后缀的合成词主要有以下几种结合情况：

（一）中心词 A（单音节动词）加上后缀 B 构成"二音格"AB 式的合成词。同一个中心词，可以利用不同的词尾形式，构成双声的动词词形或形容词词形，意义上仍然有着密切的联系。特别是两个同音词，可以利用这样的构型手段来显示出两种词类的区别。最为突出的后缀词尾形式是：动词韵尾-a:k 和形容词韵尾–a:t。例如ʔdam^{24}有两个意思："黑"（形）或"种"（动），按照 a:k（动词词尾）和 a:t（形容词词尾）的功能，ʔdam^{24} ʔda:k^{55}是动词，表示"随意耕种"；ʔdam^{24} ʔda:t^{55}是形容词，表示"黑漆漆的"。又如：

（1）ke^{55} 数　　ke^{55}ka:k^{55} 迅速地数一下

ke^{55} 老　　ke^{55}ka:t^{55} 很老

（2）jou⁴²　油　　　jou⁴²ja:k³¹　　随便涂一下油

　　　　jou⁴²　油　　　jou⁴²ja:t³¹　　油乎乎

以 a:k 和 a:t 为韵尾的后缀，不但韵尾不同，而且构成的新词——动词或形容词形式也不同。上面所举的例子都是严格的双声式，可是并不排斥它们作其他用法，例如 ŋuk⁵⁵ŋa:k⁵⁵ɣa:k³¹ "浮躁，不稳重"（形容词），sai²⁴ɣa:t⁵⁵ɣa:t⁵⁵ "（马）嘶叫"（动词）。而 sai²⁴ɣa:t⁵⁵ɣa:t⁵⁵ 这类形式，一般是属于所谓连绵词或拟声词的范围，合成词前后两部分的结合也比较紧凑。动词词根附加后缀音节的合成词，燕齐壮语除了有 AB 式外，还有最常见的一种构词形式"三音格"——ABB 式，如 puɯ:t³⁵ɣup⁵⁵ɣup⁵⁵ "不停地跑动着"，所附加的重叠后缀音节的声母虽与动词中心词的未必一致，但调类必须与动词调类的单双数保持一致，这样的合成词传递了动作行为"持续性"的信息。（关于这类动词合成词，声母上的表现情况较为复杂，既有双声的，也有非双声的。我们将在第五章"动词短语"中作进一步讨论）

（二）中心词 A（单音形容词）附加一个后缀音节 B 形成"二音格"的合成词 AB 式。这个后缀音节 B 往往可以重叠出现，这就使原来的中心词意义发生了某种变化，其形容性程度加强只是这些意义变化中较为显著而又普通的一种。这样的合成词经常用来修饰名词及其短语，其构成形式是由被修饰名词的性状特点来决定的，即主要是根据该名词的性状特点，利用词根词尾双声和词缀重叠两种方式来达到描述的准确性、生动性。

后缀音节 B（其韵母为 a:t）在调类上与词根单音形容词 A 的单双数保持一致，而且 B 的单音节形式Δa:t 和重叠形式Δa:tΔa:t 的出现频率相当，但合成词的语义有一定的差别，即形容性程度不同。除了韵母 a:t 以外，后缀音节的韵母也是五花八门，有一定的随意性，不易把握其拼合搭配规则。这种构型法就像汉语"酸溜溜"、"沉甸甸"、"亮晶晶"等形式，并不能说成"酸甸甸"、"沉晶晶"、"亮溜溜"，但汉语里重叠词尾一般不能缩减，即汉语形容词结构 ABB 式不能缩减为 AB 式，而壮语形容词 ABB 式却可缩减为 AB 式。请比较以下几个典型的例子：

saɯ²⁴　清

　　saɯ²⁴sa:t⁵⁵　　　　很清（形容很稀的粥）

　　saɯ²⁴sa:t⁵⁵sa:t⁵⁵　　很清（程度比 saɯ²⁴sa:t⁵⁵深）

　　saɯ²⁴si⁵⁵si⁵⁵　　　　很清（如没有几粒米的粥很稀的样子）

　　saɯ²⁴lik⁵⁵lik⁵⁵　　　很清（如清澈见底的清水）

　　saɯ²⁴wa:ŋ⁵⁵wa:ŋ⁵⁵　很清（如没有油的清汤）

ʔdam²⁴　黑

　　ʔdam²⁴ʔda:t⁵⁵　　　　　　黑漆漆

ʔdam²⁴ ʔda:t⁵⁵ ʔda:t⁵⁵	黑漆漆（程度比ʔdam²⁴ ʔda:t⁵⁵深）
ʔdam²⁴ ʔde:t⁵⁵ ʔde:t⁵⁵	一点儿黑（面积ʔdam²⁴ ʔda:t⁵⁵ ʔda:t⁵⁵小）
ʔdam²⁴ ʔdɯt⁵⁵ ʔdɯt⁵⁵	黑透透（如野生小番桃果）
ʔdam²⁴ ʔdi³⁵ ʔdi³⁵	一点儿黑
ʔdam²⁴ȵum³⁵ȵum³⁵	浓黑（如头发，且略有些凌乱）
ʔdam²⁴ŋa:u⁵⁵ŋa:u⁵⁵	乌黑

som⁵⁵ 酸

som⁵⁵sa:t⁵⁵	很酸
som⁵⁵sa:t⁵⁵sa:t⁵⁵	很酸（程度比 som⁵⁵sa:t⁵⁵深）
som⁵⁵se:t⁵⁵se:t⁵⁵	微酸（程度比 som⁵⁵sa:t⁵⁵sa:t⁵⁵轻）
som⁵⁵si³⁵si³⁵	有点儿酸
som⁵⁵sɯt⁵⁵sɯt⁵⁵	很酸（程度比 som⁵⁵sa:t⁵⁵sa:t⁵⁵略轻）

hoŋ⁴² 红

hoŋ⁴²ha:t³¹	红（红过头，难看）
hoŋ⁴²ha:t³¹ha:t³¹	红（程度比 hoŋ⁴²ha:t⁵⁵深）
hoŋ⁴²wa:ŋ³¹wa:ŋ³¹	红亮（程度比 hoŋ⁴² we:ŋ³¹we:ŋ³¹深）
hoŋ⁴²we:ŋ³¹we:ŋ³¹	微红
hoŋ⁴² ʔu³¹ ʔu³¹	火红（如太阳初升）
hoŋ⁴² ʔon³¹ ʔon³¹	通红（如脸红）
hoŋ⁴²fɯk³³fɯk³³	一片红（如一片红花）
hoŋ⁴² ʔi³¹ ʔi³¹	红（如一点小红光）

后缀音节因韵尾不同而意义有所不同，特别是主要元音的不同，便具有区别细微意义的作用。词根和后缀音节往往保持一定的声、韵、调的和谐，音和义的转变有着密切的关系。

前人研究古代汉语的骈词，发现所谓"转语"的种种情况，如"阴阳对转"、"平入对转"、"语缓语急"、"重言"，等等，到底是指古今音变呢，还是指方音差异，还是说同一词根利用声、韵、调的变换派生了许多同义词，还是文字的假借，还是其他的语音变化或语法（词法）现象，往往不容易交代得清楚。例如："婆娑"（阴韵），"盘桓"、"蹒跚"（阳韵），"勃屑"、"勃窣"（入声韵）。燕齐壮语中有关词所派生的"级差"现象也许能给我们一些启示。下面举些例子来说明这个现象。

A. 韵母 a:ŋ 和 e:ŋ 互换：

hoŋ⁴²　红

hoŋ⁴² ʔa:ŋ³¹ ʔa:ŋ³¹	暗红
hoŋ⁴²ja:ŋ³¹ja:ŋ³¹	红而发黑（难看）

　　　　hoŋ⁴²waːŋ³¹waːŋ³¹　　红亮（如发光的红纸）

　　　　hoŋ⁴²weːŋ³¹weːŋ³¹　　微红

　　　　hoŋ⁴²paːŋ³¹paːŋ³¹　　褐红

　　　　hoŋ⁴²peːŋ³¹peːŋ³¹　　淡红

　　heːn⁵⁵　黄

　　　　heːn⁵⁵ɣaːŋ⁵⁵ɣaːŋ⁵⁵　　深黄

　　　　heːn⁵⁵ɣeːŋ⁵⁵ɣeːŋ⁵⁵　　嫩黄

　　　　heːn⁵⁵waːŋ⁵⁵waːŋ⁵⁵　　深黄

　　　　heːn⁵⁵weːŋ⁵⁵weːŋ⁵⁵　　嫩黄

　　ʔbup⁵⁵　凹

　　　　ʔbup⁵⁵ ʔbaːŋ³⁵ ʔbaːŋ³⁵　　凹口大

　　　　ʔbup⁵⁵ ʔbeːŋ³⁵ ʔbeːŋ³⁵　　凹口小

　　ɣai⁴²　长

　　　　ɣai⁴²ɣaːŋ³³ɣaːŋ³³　　大而长

　　　　ɣai⁴²ɣeːŋ³³ɣeːŋ³³　　细长

　　ʔbou²⁴　轻

　　　　ʔbou²⁴ ʔbaːŋ³⁵ ʔbaːŋ³⁵　　很轻

　　　　ʔbou²⁴ ʔbeːŋ³⁵ ʔbeːŋ³⁵　　轻（程度比ʔbou²⁴ ʔbaːŋ³⁵ ʔbaːŋ³⁵轻）

B. 韵母 aːt 和 eːt 互换：

　　ʔbou²⁴　轻

　　　　ʔbou²⁴ ʔbaːt⁵⁵ ʔbaːt⁵⁵　　轻而庞大

　　　　ʔbou²⁴ ʔbeːt⁵⁵ ʔbeːt⁵⁵　　轻而细小

　　ʔdaŋ³⁵　咸

　　　　ʔdaŋ³⁵ ʔdaːt⁵⁵ ʔdaːt⁵⁵　　很咸

　　　　ʔdaŋ³⁵ ʔdeːt⁵⁵ ʔdeːt⁵⁵　　微咸

　　ʔdaːŋ⁵⁵　干硬

　　　　ʔdaːŋ⁵⁵ ʔdaːt⁵⁵ ʔdaːt⁵⁵　　干枯发硬

　　　　ʔdaːŋ⁵⁵ ʔdeːt⁵⁵ ʔdeːt⁵⁵　　有点干硬

　　pe⁵⁵　扁

　　　　pe⁵⁵paːt⁵⁵paːt⁵⁵　　很扁平

　　　　pe⁵⁵peːt⁵⁵peːt⁵⁵　　略微扁平

C. 韵母 aːu 和 eːu 互换：

　　ʔø²⁴　蓝

　　　　ʔø²⁴saːu⁵⁵saːu⁵⁵　　深蓝色

　　　　ʔø²⁴seːu⁵⁵seːu⁵⁵　　浅蓝色

he:u²⁴ 青

he:u²⁴ ʔja:u⁵⁵ ʔja:u⁵⁵　　很青（大的，如未成熟的橙子）

he:u²⁴ ʔje:u⁵⁵ ʔje:u⁵⁵　　浅青（小的，如未成熟的葡萄）

就燕齐壮语来说，这些形容词（包括部分动词）大都是表示具体的感觉，词义的差别是很细致的。经过粗略的比较，可以发现这样的一个事实：舌位偏低偏后的元音（a、u）表示性状的加强；舌位偏高偏前的元音（e、i）表示性状的轻微。这仅是就那些意义比较单纯的形容词来说的，个别词还需要分别体察。意义比较抽象的词就不能用这样简单的方式来理解了，例如：

ʔdo:i²⁴ 好　　ʔdo:i²⁴ʔdi³⁵ʔdi³⁵　　很好（情投意合）

kjou 美　　kjou²⁴kji³⁵kji³⁵　　（花儿）很美丽

kjou 美　　kjou²⁴kje:t⁵⁵kje:t⁵⁵　　漂亮娇嫩（如小孩）

la:u³¹ 老　　la:u³¹la:t³³la:t³³　　老态龙钟（即将入古的老人）

la:u³¹ 老　　la:u³¹kwe:m³³kwe:m³³很老（拄着拐杖的老太婆）

la:u³¹ 老　　la:u³¹la:ŋ³³la:ŋ³³　　老而枯萎 （如植物）

元音系统里除 a、e、i、u 外，还有 ø（o）和 ɯ。但还没有发现 ø（o）和 ɯ 也产生类似的对称现象（级差）。关于 ø（o）和 ɯ，值得注意的例子有：

ȵaŋ³⁵fot³³fot³³ 忙碌　　　　hoŋ⁴²fɯk³³fɯk³³ 熟红

ʔdam²⁴ʔ ʔdø:t⁵⁵ʔdø:t⁵⁵ 漆黑　　he:n⁵⁵ɣɯk⁵⁵ɣɯk⁵⁵ 熟黄

pi⁴²pø:t³¹pø:t³¹（肉）很肥　　ɕiŋ²⁴ɕut⁵⁵ɕut⁵⁵（肉）很精瘦

人们利用语音来模仿自然现象——声音、形象、色彩等，在许多语言里都能找到一些例子。但是这类"拟声词"的数量毕竟是有限的，因此人们常利用自己语言里所特有的这个手段，通过选择一些绘声绘色的字眼来增添特殊的表达效果。因此，骈词研究对壮汉语研究具有一定的意义，这是不容忽视的。

当然，动词后面附加的后缀也有同样的情形，元音/a/、/u/等表示动作加强，力度加深或大的；元音/e/、/i/等表示动作轻微，力度较浅或小的。试比较：

（3）ɕaŋ⁴² 瞪（眼睛）

ɕaŋ⁴²ɣa:u³¹ɣa:u³¹　　怒不斜视（指大人、肉食动物）

ɕaŋ⁴²ɣe:u³¹ɣe:u³¹　　怒不斜视 （指小孩）

（4）he:m³⁵ 喊叫

he:m³⁵ ʔja:t⁵⁵ ʔja:t⁵⁵ 大声叫嚷（无所顾忌）

he:m³⁵ ʔje:t⁵⁵ ʔje:t⁵⁵ 小声叫嚷（如小孩吵闹声）

（5）ɣak⁵⁵ 折断

ɣak⁵⁵pla:t⁵⁵pla:t⁵⁵ （大树枝）折断声不停

ɣak⁵⁵ple:t⁵⁵ple:t⁵⁵ （小树枝）折断声不停

（6）ɣiu⁴² 流

ɣiu⁴²ɣu³¹ɣu³¹ （水响声较大）喘流

ɣiu⁴²ɣi³¹ɣi³¹ （水响声较小）溪水细流

（三）中心词 A（单音名词）后附加一个名词性或者副词性后缀的合成词，这个后缀可以成为某些词类的标记。主要表现在以下几个方面：

1. lɯk³³作后缀时，是名词的标记之一。作后缀的 lɯk³³ 与作前缀的 lɯk³³相比，虽词序不同语义相同，原义"儿女、孩子"也已经虚化了，都有"细小又可爱"的附加意义，但表示生命体名词时，前缀者指"人"、后缀者指其他"动物"。例如：

fai³¹lɯk³³树苗　　plak⁵⁵lɯk³³菜苗　　ɣok³³lɯk³³小鸟

树　x　　　　　　菜　x　　　　　　鸟　x

pla²⁴lɯk³³小鱼　　ma²⁴lɯk³³小狗　　kai³⁵lɯk³³ 小鸡

鱼　x　　　　　　狗　x　　　　　　鸡　x

2. taŋ⁴²作后缀时，也是名词的标记。taŋ⁴²本身无实际意义（与 taŋ⁴²"到"为同音词），只有跟时间名词、动量词结合才具有表示"往常时间"的附加意义，与汉语"每"意义相当。例如：

pi²⁴taŋ⁴²每年　　ŋon⁴²taŋ⁴²每天　　ham³³taŋ⁴²每晚

年　x　　　　　　天　x　　　　　　晚　x

hat⁵taŋ⁴²每早　　pai⁴²taŋ⁴²每次　　ʔba:t³⁵taŋ⁴²每次

早　x　　　　　　次　x　　　　　　次　x

但是时间名词或动量词加上 taŋ⁴²后，就不能再接受数词或代词的修饰。如"每两天"、"哪天"下列说法不成立：

*sø:ŋ²⁴ ŋon⁴²taŋ⁴²　　　或　　　*ŋon⁴²taŋ⁴² ɣaɯ⁴²

而要表达"每两天"的意思，只能用"数量结构"的重叠式：sø:ŋ²⁴ ŋon⁴² sø:ŋ²⁴ ŋon⁴²。

3. ke³⁵"老"作后缀时，也是名词的标记，但含有"鄙视"、"厌恶"的附加意义。ke³⁵的原义是"老"或"古老"，在这里也被虚化了。不过，以 ke³⁵为词尾的，也只有少数的几个词而已。例如：

ma²⁴ke³⁵ 狗腿子　　　çak³³ke³⁵ 偷盗者

狗　x　　　　　　　　偷　x

kaŋ²⁴ke³⁵ 猴子　　　tø⁵⁵ke³⁵ 赌棍

猴子 x　　　　　　　赌　x

4. ɣou³³作为词尾时，是形容词的标记。ɣou³³本身无实际意义，但与形容词结合后，才具有与"很、非常"等程度副词相当的意义，但更多的用于贬义的情况，隐含有强调"过头"程度的作用。以 ɣou³³为词尾的合成词，一般不再受其他副词的修饰。例如：

ʔa:k⁵⁵ɣou³³厉害　　　sa:ŋ²⁴ɣou³³高　　　　huŋ²⁴ɣou³³大

厉害　x　　　　　　　高　x　　　　　　大　x

ʔdo:i²⁴ɣou³³好　　　ʔba:ŋ²⁴ɣou³³薄　　　kwa:ŋ³⁵ɣou³³宽

宽　x　　　　　　薄　x　　　　　　广　　x

ɣou³³虽然本身无实际意义，但若在合成词中加插入一个 la:i²⁴"多、太"，不仅词的结构变了，意义变了，而且插入的 la:i²⁴和 ɣou³³的结合反而很紧，使整个短语增添了"疑问"的色彩。例如：

ʔjaw⁵⁵ he⁵⁵ ʔa:k⁵⁵ la:i²⁴ ɣou³³.　　倒是要看看他有多厉害！

看　他　厉害　太　x

ti:u⁴² mɯ:ŋ²⁴ ni⁴² kwa:ŋ³⁵ la:i²⁴ ɣou³³. 这条河到底有多宽？

条　河　这　宽　太　x

总之，燕齐壮语中带后附加辅助成分合成词的使用非常广泛，也极富地方特色：一是有些后置辅助成分表示的意义范围比较固定，如拟声、绘形等；二是合成词的前后两部分 A、B 或 A、BB 在语音结构上彼此有一定关系的，也有没有关系的；三是合成词的前后两部分 A、B 或 A、BB 的结合，有的是一对一的，有的却是放射性的，如一个形容词词根 A 可以通过与不同的后置辅助成分 B 的结合，表达不同的细微的意义。

第五节　合成词（二）

在这一节里，我们讨论有关燕齐壮语"不包含辅助成分"的复合式合成词。复合式合成词由两个或两个以上有词汇意义的基本成分所构成，没有其他辅助成分（前缀或后缀），即构成音节都是实词素。燕齐壮语复合式合成词按照词根的结合关系，可分为联合式、主从式、主谓式、述宾式、述补式、重叠式共六种。分别叙述如下：

一、联合式

由两个地位不分主体、从属，也没有修饰、说明关系，只是一种有并列关系的词根联合构成的合成词，叫做联合式合成词。构成联合式合成词的两个词根，性质上相同或相近，相对或相反，意义上相关联，它们并不是随便哪两个词根凑合在一起而成的。燕齐壮语联合式合成词构成又可分为三小类：

1. 由两个意义相同或相近似的词根联合构成的。例如：

pom^{42}hom^{55}摔倒　　?ja:k^{35}ɣɯ:i^{31}凶恶　　çi:n^{42}ça:i^{42}钱财
　摔　倒　　　　　凶　坏　　　　　钱　财

ham^{42}hø^{55}艰辛　　jou^{33}ça:i^{35}再　　　çai^{42}çi:n^{42}齐全
　苦　难　　　　　又　再　　　　　齐　全

ma^{42}mɯn^{33}麻木　　çiŋ^{35}çan^{24}真正　　sa:u^{35}pat^{55}扫把
　麻　麻　　　　　正　真　　　　　扫　拂

这里çi:n^{42}"钱"和ça:i^{42}"财"、sa:u^{35}"扫"和pat^{55}"把"、ham^{42}"苦"和hø^{55}"难"、çai^{42}"齐"和çi:n^{42}"全"等组的意义基本上是相同的；?ja:k^{35}"凶"和ɣɯ:i^{31}"恶"、pom^{42}"摔"和hom^{55}"倒置"、jou^{33}"又"和ça:i^{35}"再"等组的意义是相近似的。这些新词结合后所表示的意义是原来词义的总和。

2. 由两个意义相对或相反的词根构成的。如：

pø^{33}me^{33}父母　　　po:i^{31}nu:ŋ^{31}兄弟　　ha:i^{24}çau^{31}买卖
　父　母　　　　　兄　弟　　　　　卖　买

çap^{55}?da:t^{35}好歹　　la:i^{24}no:i^{31}多少　　ɣa:i^{24}li^{31}好歹
　冷　热　　　　　多　少　　　　　死　活

po:i^{24}ma^{24}回去　　hɯn^{55}ɣoŋ^{42}上下、左右
　去　回　　　　　上　下

这类词的构词能力虽然不强，例子也不多，但两个词根结合后，词义往往有所扩大、改变或者引申、比喻，如po:i^{31}"兄"和nu:ŋ^{31}"弟、妹"结合后，不仅指有血缘关系的兄弟姐妹，意义还扩大为广义上的"亲戚、亲人"，甚至用于无任何血缘关系的"好友、同胞"，如ku^{33}po:i^{31}nu:ŋ^{31}"做好兄弟"；çap^{55}"冷"和?da:t^{35}"热"结合后，也引申为抽象的"好歹"，与实际上的"冷热"原义已经没有什么关系了。

3. 由两个意义互相衬托的词根构成。例如：

tin^{24}fuŋ^{42}手艺　　tok^{55}sat^{55}惊恐　　tam^{42}na^{42}田产
　脚　手　　　　　掉　跳　　　　　塘　田

kɯn^{24}tan^{55}生活　　na^{55}ɣa^{24}面貌　　sau^{24}mak^{33}文化
　吃　穿　　　　　脸　眼　　　　　书　墨

tuŋ^{31}sai^{55}才能　　luk^{33}la:n^{24}晚辈/子孙
　肚　才　　　　　子　孙

这里构成词的两个词根的意义并不相同，但是有互相衬托的关系，结合后，词义一般也已有所改变、扩大或者引申、比喻。如sau^{24}"书籍"和mak^{33}"墨水"是两样不同的物品，na^{55}"脸"和ɣa^{24}"眼"是属于两个性质不同的对象，结合后彼此互相衬托，便引申为与之相关的抽象的"文化"、"面貌"意义。

二、主从式

主从式合成词是由两个或两个以上的词根构成的，其中只有一个是主体成分，其余的是从属成分。换言之，主从式合成词的主体是被从属修饰或限制的成分，从属则是用来修饰或限制主体的成分。燕齐壮语的主从式合成词是合成词中最为丰富的一类，有主体在前、从属在后和主体在后、从属在前两种形式，而以主体在前、从属在后的形式为最多。主从式合成词也有的叫做偏正式合成词或修饰式合成词。

（一）"主体在前、从属在后"的合成词

"主体在前、从属在后"的合成词结构，是燕齐壮语构词方式的主要形式，也是燕齐壮语语序上的重要特点。主要有以下几种结合情况：

1. 以名词为主体，其他词类为从属的。例如：

1）名+名→名

pa:k³⁵tou²⁴门口　　　pa:t³⁵na⁵⁵脸盆　　　ɣok³³pit⁵⁵野鸭
　口　门　　　　　　盆　脸　　　　　　鸟　鸭

ra:n⁴²ha⁴²茅房　　　wa:i⁴²ҫø³³小母牛　he:u⁵⁵wa:i⁴²臼齿
　房　茅草　　　　　牛　雌（家畜）　　牙　牛

2）名+形→名

ma³³ke³⁵老狗　　　pi²⁴mø³⁵新年　　　hou³¹se:u³⁵干饭
　狗　老　　　　　年　新　　　　　　米　干净

hou³¹ɣai³³稻谷　　　na⁵⁵ɣa:i⁴²花脸　ҫo:i⁵⁵hoŋ⁴²红纸
　米　锋利　　　　　脸　花　　　　　纸　红

3）名+动→名

ŋon⁴²se:ŋ²⁴生日　　ɣin²⁴pan⁴²磨石　pi²⁴kwa³⁵去年
　天　生　　　　　　石　磨　　　　　年　过

ҫa³¹mop³³柴刀　　　ma³¹kaɯ³⁵木马　hou³¹naŋ⁵⁵糯米饭
　刀　打　　　　　　马　锯　　　　　米　蒸

4）名+量→名

hø:ŋ²⁴ka:i³⁵工具　fum²⁴ɣa³⁵阵雨　we:ŋ³³ti:u⁴²横条
　活儿　块　　　　雨　阵　　　　　横木　条

ɣat⁵⁵ɣa:p³⁵蘑菇　fai³¹ ʔdak⁵⁵木头　pit⁵⁵pa:ŋ²⁴群鸭
　菌　担　　　　　木　块　　　　　　鸭　邦

5）名+代词→名

ŋon⁴²he⁵⁵那天　　　ʔdaɯ²⁴he⁵⁵里面　pou³¹ɣaɯ⁴²谁
　天　那　　　　　　里　那　　　　　个　哪

ham³³ni⁴²今晚　　　pou³¹ʔɯn³⁵别人

夜　这　　　　　个　其他

6）名+述宾结构→名

ma²⁴tɯk⁵⁵ŋan²⁴猎狗　　　na⁴²te³⁵ʔbun²⁴望天田

狗　打　狐狸　　　　田　等　天

ɣum⁴²ke:u⁵⁵kai³⁵旋风

风　卷　鸡

以上各组词，无论后一个成分是哪一类词，结合后都是名词。后一个成分都是从许多方面来说明（修饰、限制等）前一个成分的各种情况，归纳起来有：

A. 说明状态的，如：

na⁵⁵ɣa:i⁴²麻脸　　　fai³¹ʔdak⁵⁵木头　　pit⁵⁵pa:ŋ²⁴群鸭

脸　花　　　　　木　块　　　　鸭　邦

B. 说明功能的，如：

pa:t³⁵na⁵⁵脸盆　　　ça³¹mop³³柴刀　　　ɣin²⁴pan⁴²磨石

盆　脸　　　　刀　打　　　　石　磨

C. 说明来源出处的，如：

ɣam³¹ɣa²⁴眼泪　　　ɣin²⁴pla²⁴岩石　　jou⁴²tu³³花生油

水　眼　　　　石　山　　　　油　豆

D. 说明特性的，如：

ɣum⁴²ke:u⁵⁵kai³⁵旋风　　　ça:ŋ³³fø:ŋ²⁴ɣe:k³⁵补锅匠

风　卷　鸡　　　　个　缝　锅

E. 说明属性的，如：

wa:i⁴²me³³母水牛　　pit⁵⁵pou³¹公鸭　　ra:n⁴²ha⁴²茅草屋

牛　母　　　　鸭　雄性　　　房　茅草

F. 说明方位的，如：

pa:i³³kun⁴²上面　　　pa:i³³toŋ²⁴东边　　ʔdaɯ²⁴tou²⁴门里

边　上　　　　边　东　　　　里　门

G. 说明时间的，如：

so:i⁴²ni⁴²现在　　　ŋon⁴²he⁵⁵那天

时　这　　　　天　那

H. 整个结构或者其中一部分意义有所引申比喻的，有"以小喻大"的意思。如：

lin³¹kai³⁵小舌　　　he:u⁵⁵wa:i⁴²臼齿

舌　鸡　　　　牙　牛

I. 说明类别的，如：

pla²⁴ɕak⁵⁵鲫鱼　　　　nø:n²⁴ŋa:i³⁵毛虫
鱼（鱼的一种）　　　虫（虫的一种）

2. 以动词为主体，其他词类为从属的。例如：

1）动+名→动

ɣa:i³³mot³³麻木　　　kɯn²⁴kuk⁵⁵狼吞虎咽
爬　蚂蚁　　　　　吃　虎

hou⁵⁵sim²⁴用心　　　hun⁵⁵na⁵⁵脸红（喝酒）
进　心　　　　　　上　脸

2）动+动→动

roŋ⁴²tou⁵⁵下来　　kwa³⁵po:i²⁴过去　　ta:u³⁵ma²⁴返回
下　来　　　　　过　去　　　　返　回

jaɯ⁵⁵ɣan²⁴看见　　la:i³³ɣa:i²⁴耍赖　　ŋin³³nou⁴²认为
看　见　　　　　赖　死　　　　认　说

3）动+形→动

ji:t⁵⁵pak³³歇息　　　ɣa:i²⁴ŋø⁴²枯死　　kɯn²⁴ ʔdɯ:i²⁴白吃
歇　累　　　　　　死　赢弱　　　　吃　空

3. 以形容词为主体，其他词类为从属的。例如：

1）形+名→形

pø:ŋ⁴²ɣum⁴²气胀的　　　hou²⁴hai³¹有屎臭味的
胀　风　　　　　　　　臭　屎

he:n⁵⁵kim²⁴金黄的
黄　金

2）形+形→形

nak⁵⁵ɕam³⁵沉重　　　　he:n⁵⁵ ʔo:i³⁵浅黄色
重　沉　　　　　　　黄　嫩

ʔom²⁴hun³⁵闷热　　　　ham⁴²hø⁵⁵艰辛
闷　热　　　　　　　苦　难

3）形+动→形

hou²⁴ɕom³³ 满是烧焦味的
臭　烧

hou²⁴ ʔbot⁵⁵ 满是被水浸泡的腐烂味
臭　浸泡

以形容词为主体构成的合成词数量不多，一般是后一个成分说明前一个成分的状态、原因或者补充说明前一个成分的状态、程度。这种结构的合成词在语义上是作为形容词使用，既可以受程度副词的修饰，也可以用来修饰名词及名词短语，因此不仅富有修饰内容，而且也是一种优美的比喻。

4. 以本民族词为主体，以汉语借词为从属的，构成名词。例如：

$\gamma am^{31}ta:\eta^{24}$汤水　　　　　　　$tou^{24}mø:n^{42}$大门

　水　汤　　　　　　　　　门　门

$pu^{33}no:i^{24}\ ?i^{33}$衬衣　　　　　　$plak^{55}pø^{33}sa:i^{24}$菠菜

　衣　内衣　　　　　　　　菜　菠菜

$\gamma o:i^{24}ti:t^{55}$铁梳子　　　　　　$ma:k^{35}ka:m^{24}$柑橘

　梳子　铁　　　　　　　　水果　柑

$\varsigma a^{31}ta:u^{24}$菜刀　　　　　　$ha:i^{42}\varsigma a:u^{55}$凉鞋

　刀　刀　　　　　　　　　鞋　草

吸收汉语词的合成词，有的是吸收汉语词中的小类名为其小类名；有的吸收汉语借词的整个词(包括大类名和小类名)为其小类名，如不知 $pø^{33}sa:i^{24}$ 为何物的人，有了大类名 $plak^{55}$，至少知道 $pø^{33}sa:i^{24}$ 是一种菜名；有的是由本民族词与汉语意义相同或相近似的词结合成为一个词的，如 $tou^{24}mø:n^{42}$ "大门"。小类名如果是多音节，不用加上大类名，意义也能够明确，而且能够独立运用，那它就成为一个单纯词。如：$pø^{33}lø^{42}$ "菠萝"、$kin^{33}sai^{33}$ "柿子" 等，无须在其前面加上相应的大类名 $ma:k^{35}$ "水果"、$plak^{55}$ "菜" 等。

（二）"从属在前、主体在后"的合成词

主从式结构是一种与上述的"主体在前、从属在后"结构正好相反的结构，那就是"从属在前、主体在后"的合成词结构。由于受汉语语法影响，词序上与汉语的"偏正式"相同，即前一个成分是从属（偏），后一个成分是主体（正），由前一个成分修饰、限制后一个成分。这种结构实际上也是一种"偏正式"结构。例如：

1. 数词为从，量（名）为主的，如：

1）数+名→名

　$so:i^{35}he:n^{42}$ 周围　　　　　$so:i^{35}fu:\eta^{24}$ 周围

　四　边　　　　　　　　　四　方

2）不定代词+量→副

　$?ba:\eta^{33}pai^{42}$ 有时　　　　　$sak^{55}\ ?ba:t^{35}$ 偶尔

　部分　次　　　　　　　　一　次

这种结构，数词的意义已有很大改变，例如 $so:i^{35}$ 虽与"四"这个概念有关联但并不代表具体数量，而是已经变成表达"所有"、"任何"、"全部"等意思了。而且 $so:i^{35}$ 不能被其他数词如 ha^{55} "五"、γok^{55} "六"、ςip^{33} "十"、$pa:k^{35}$ "百" 等来替换。由此可见，它们的结合已经产生了特殊的意义。同

时也不能在这种结构上插入其他词,例如我们说 so:i³⁵he:n⁴² çuŋ⁵⁵ mi⁴² wun⁴²
表示"周围都是(有)人",如果在 so:i³⁵he:n⁴²之间加入 ha⁵⁵ "五",句子所
指的是什么意思,就不能明确了。

2. 副词或者动词为从属,动词为主体的,如:

1)副+动→连

?bou⁵⁵mi⁴²/ni³³　　不然;否则

不　有　呢

2)动+动→动

çe:k⁵⁵ha:i²⁴　零售

拆　卖

燕齐壮语的这种"从属在前、主体在后"的结构形式为数不多,也就
更说明它们的结合能力不强。

总的来看,燕齐壮语的主从式合成词,一般都是"主体在前,从属在
后"的形式。这种修饰、限制方法,词序上刚好与汉语的主从式相反,这
就是壮语词序的特点,也是掌握壮语语法现象的主要环节。但是由于汉语
和壮语关系源远流长,壮语在长期发展中通过吸收汉语的词语来丰富自己,
"从属在前、主体在后"构词形式的使用频率也越来越多了。汉借词的主体
部分和从属部分在燕齐壮语中一般都能独立运用。例如"名+名"→
ki²⁴çe³³ça:n²⁴ "汽车站"、fu²⁴ni⁵⁵wai²⁴ "妇女会";"形+名"→ hoŋ⁴²ta:ŋ⁴² "红
糖"、lɯ:ŋ⁴²fan⁵⁵ "凉粉";"动+名"→ça³⁵fan⁵⁵ "榨粉"、su:n³⁵pu:n⁴² "算盘"
等。

三、主谓式

主谓式合成词是指由一个名词性词根和一个动词性词根或者形容词性
词根构成一种"主谓关系"的合成词。主谓式合成词的结构是名词性词根
在前,状态动词性(形容词性)词根在后为主,前者是被陈述的成分,后
者是陈述的成分,结合后意义上有所引申、比喻或改变。后一音节为形容
词性(含状态动词)词根的具有形容词功能,能接受程度副词的修饰;后
一音节为动词性词根的,这个动词性词根一般也具有名词特征,因此结合
后形成的合成词具有名词功能。分别举例如下:

1. 名+形→形

pa:k³⁵ ?bou²⁴嘴乖　pa:k³⁵nak⁵⁵寡言　na⁵⁵ȵan³⁵害羞

口　轻　　　　　口　重　　　　　脸　羞

hø⁴² ?un³⁵温柔　ha²⁴nat⁵⁵腿酸　fuŋ⁴²la:i²⁴手不安分

脖　软　　　　　腿　累　　　　　手　多

ʔbo:i²⁴lot⁵⁵勇敢　　　hø⁴²haɯ³⁵口渴　　　nø³³ ʔda:t³⁵发烧
　胆　大　　　　　　脖　干　　　　　　肉　热

tuŋ³¹som⁵⁵恶心　　　you⁵⁵tø:t³⁵头痛
　肚　酸　　　　　　头　疼

2. 名+动→名

kø³³ça:n⁵⁵ 锅铲　　　　taŋ³⁵pa⁴² 耙灰板
　锅　铲　　　　　　　凳　耙

taŋ³⁵kje⁴² 一种耙树叶的工具
　凳　耙

从结构形式上看，主谓式的合成词中有的还可以带宾语，如 ɣa²⁴hoŋ⁴²"忌妒"可以带上 wun⁴²"人"→ɣa²⁴hoŋ⁴² wun⁴²"嫉妒别人"；有的也可以插入其他的词，如 sim²⁴ ʔun³⁵、pa:k³⁵ ʔbou²⁴ "心软，嘴乖"可以插入副词ʔbou⁵⁵"不"，说成 sim²⁴ ʔbou⁵⁵ ʔun³⁵、pa:k³⁵ ʔbou⁵⁵ ʔbou²⁴"心不软，嘴不乖"。但是主谓式合成词有两个共同特点：

　1）意义上都有所引申、比喻。

　2）在句子里整个当作一个词来使用，不可分开。

因此，凭着这两点，可以说，它们在意义上结合是很紧凑的，应该作一个合成词来处理，不管它能否插入其他的词。例如：

hø⁴²nat⁵⁵脖子累　　fuɯ⁴² ʔin²⁴手痛　　ɣa²⁴mø:ŋ²⁴花眼
　脖　累　　　　　　手　痛　　　　　　眼　朦

ɣɯ⁴²nuk⁵⁵耳聋　　　hø⁴²he:p³⁵嗓子哑
　耳　聋　　　　　　脖　哑

四、述宾式

述宾式合成词是指由一个动词性词根和一个名词性词根构成一种述宾关系的合成词。动词性词根在前，是陈述的支配成分，名词性词根在后，是被支配成分。燕齐壮语的"述宾式"合成词结构主要有下面几种类型：

1. 动+名→名

kam²⁴kji:n⁴²拳头　　ta:u³⁵ke:n²⁴袖套　　kit⁵⁵tou²⁴门禁
　抓　拳　　　　　套　胳膊　　　　　锁　门

这种结构中的动词词根一般也都可以兼作名词，如 kam²⁴、ta:u³⁵可以用作名词，因此前后两个成分结合后整个儿已变成名词的词性，动词词根不再起动词的作用了。有的可以带数量词作主语、宾语等。若有歧义情形，如 kam²⁴kji:n⁴²可能被歧义为"抓拳"（主谓式），则在名词前加上相应的类别词即可辨义，ʔdak⁵⁵kam²⁴kji:n⁴² "拳头"。

2. 动+名(形)→状态动词

ku³³he:k⁵⁵客气　　　ʔa⁵⁵ɣum⁴²打哈欠　　　la:u²⁴ȵan³⁵害羞
做　客　　　　　　　开　风　　　　　　　怕　羞

　　这种结构，整个儿已变成动词的词性，但这是不及物的状态动词，不能带宾语。

　　3. 动+名→动

ha:t⁵⁵ma³¹猜拳　　　hou⁵⁵ta:i⁴²入席　　　ɣø³¹na⁵⁵认识
吆　马　　　　　　　入　桌　　　　　　　知　脸

ka:t³⁵çau²⁴断气　　　tau⁴²ɣa:p³⁵挑担　　　ʔou²⁴na⁵⁵给面子
割　气　　　　　　　拿　担　　　　　　　要　脸

　　这种结构，整个儿已变成动词的词性，有的还可以带宾语，如 ɣø³¹na⁵⁵（认识）+wun⁴²（人）→ "认识人"。

　　4. 动+代词/副词→代词、副词

ku³³to:i³³ 做伴　　　pan⁴²ɣau⁴²怎样　　　pan⁴²ni⁴²这样

　　当然，一个述宾式结构的词是否合成词，还可以通过以下几个方面来观察：

　　1）述宾式合成词中前后两个成分的搭配相对固定。例如：tam²⁴ɣø:k³⁵ "织布"、ti:m²⁴çau²⁴ "喘气" 等，这里的 ɣø:k³⁵ "花"、çau²⁴ "气" 的能产性低，一般只跟 tam²⁴、ti:m²⁴ 结合，才能表达完整意义。

　　2）述宾式合成词意义有所引申。例如：ɣø³¹na⁵⁵ "认识"、hou⁵⁵sim²⁴ "专心，注意"、hou⁵⁵ta:i⁴² "入席" 等，这些例子的每个构成成分，一般都能够独立成词，但是它们结合后所表达的意义都有了一定的引申，不是原义的简单相加，而且这种结构一般不能插入其他词，只能作为一个句子成分来使用。

　　3）被支配成分虽是动词性或形容词性的，但中间不能够插词的支配性结构，也是合成词。例如：ji:t⁵⁵pak³³ "休息"、ʔdai⁵⁵ŋi²⁴ "听见" 等。

　　在燕齐壮语的合成词中，有两种结构值得注意：

　　一是 "动+名→动" 结构。这种结构仍然是后一个成分（名词）修饰前一个成分（动词），但后一个成分并不是前一个成分的动作对象，它们只是一种修饰关系，而不是述宾关系。例如 ɣa:i³³mot³³的前一个成分 ɣa:i³³ "（虫子）爬" 和后一个成分 mot³³ "蚂蚁" 的关系是一种修饰关系，意思是说 "像蚂蚁在身上爬" 这样的感觉，而不是说 "爬蚂蚁"。这类结构的词富有修饰意味（试比较汉语的 "吞食"、"鲸吞"、"瓜分"、"瓦解"、"狼吞虎咽"、"风吹云散" 等），这种结构的词虽然不多，却很有特点。类似情况的还有一些例子，如：

kjan²⁴mou²⁴　　　（像猪一样的）打鼾
酣睡　猪

$?$wa:n^{24}lou^{33}　　（水流像漏斗般的）漩窝

　弯　漏斗

san^{35}mat^{55}　（像跳蚤般的）抖动

　抖　虱子

we:t^{35}pit^{55}　（像捆绑鸭子翅膀般）交叉绑着

　交叉　鸭

二是"名+述宾→名"结构。这种结构有如"主—谓—宾"句子形式的结构，如 ɣok^{33}（鸟）tiŋ^{24}（叮）fai^{31}（树）"啄木鸟"，但是从燕齐壮语"主体在前、从属在后"的修饰关系特点上来看，这种结构中述宾之间的结合是比较紧密的，而 ɣok^{33}tiŋ^{24}fai^{31}实际是由后面的 tiŋ^{24}fai^{31}"述宾"来修饰、限制前面的名词 ɣok^{33}，形成了"名词（中心词）＋ 述宾（修饰成分）→ 名词"的形式，因此"ɣok^{33}＋ tiŋ^{24}fai^{31}"仍是主从关系，而不是"主—谓—宾"的句子形式的关系。在这种合成词结构里，如中心词是 ça:ŋ^{33}，这是某一行业名称的标记，有些结构已发展到了可以省掉宾语，有些又已发展到了可以省掉动词，形成一种结构更为简单的合成词。例如下面合成词中括号里的音节是可省略的：

1）省掉宾语的：

ça:ŋ^{33}tø^{42}(mou^{24}) 屠夫　　　　ça:ŋ^{33}tø^{55}(ŋan^{42}) 赌棍

　人　屠　猪　　　　　　　　人　赌　钱

ça:ŋ^{33} $?$juɯ^{24}(piŋ^{33}) 医生　　　ça:ŋ^{33}ɣi^{35}(ma:k^{35})小贩

　人　治　病　　　　　　　　人　贩 水果

2）省掉动词的：

ça:ŋ^{33}(tik^{55})ɣin^{24} 石匠　　　ça:ŋ^{33}(ta^{55})ti:t^{55} 铁匠

　人　打 石头　　　　　　　人　打　铁

ça:ŋ^{33}(wa:i^{55})ɣu^{42} 船夫　　　ça:ŋ^{33}(tuk^{55})pla^{24} 渔夫

　人　划　船　　　　　　　　人　打　鱼

类似的结构，如：

pa:t^{35}(suɯ:i^{35})na^{55} 脸盆　　　toŋ^{42}(pø^{35})fo:i^{42} 吹火筒

　盆　洗　脸　　　　　　　　筒　吹　火

这类合成词结构省掉宾语的便形成了"名（主）+动（从）→ 名"的形式，而省掉动词的便形成了"名（主）+名（从）→ 名"的形式。这两种形式的"主从关系"结构自然就更加明显了。

第六节　合成词辨义

合成词与词组在结构上较近，因此对一个短语是否合成词较难作出判断。我们认为判断或辨别合成词与词组的标准，可以从以下几个方面来观察。若符合下列条件之一的应是合成词而非词组。

首先，构成成分中有"不能独立成词的成分"的。即使构成成分能够独立成词，它们结合后新词的意义已有所引申比喻的，或者说它们的本义已经全部消失了或者一部分消失的。例如 tin²⁴fuŋ⁴² "手艺" 等这些例子，其构成成分只是一个词素，只能构成一个合成词。有的原来的意义已经变动很大，产生了新的概念，而且都不能插入其他成分，例如我们可以说 te²⁴ mi⁴² saɯ²⁴mak³³ ɣa:i³¹ɕa:i³¹ "他很有文化"。但 saɯ²⁴mak³³ 两个词素之间如果插上一个连词 ɕou³⁵ "和"，其意义就改变为指称具体事物的 saɯ²⁴ "书籍" 和 mak³³ "墨水"，跟"文化"这个新概念已经完全不同，而且整个句子语法也不通顺了，变成 "*他很有书和墨水"。

其次，构成成分相结合后，原来的词性已经发生了变化。例如 ha:i²⁴ɕɯ³¹ "买卖、交易"、sa:u³⁵pat⁵⁵ "扫把" 等。这些构成成分原来都是动词，结合后就变成名词了，所以在意义上已经发生了根本性的变化，而且在结构上也不能插入其他的词。比如，我们可以说 muŋ⁴² po:i²⁴ ʔou²⁴ sa:u³⁵pat⁵⁵ tou⁵⁵ "你去拿扫把来"，但若在 sa:u³⁵pat⁵⁵ "扫把" 之间加上别的词，就不成话了，因为 sa:u³⁵pat⁵⁵ 的结合是很紧密的。

最后，构成成分相结合后新词产生了新的概念，并且是在原来词义的基础上加以扩大的。例如 po:i³¹nu:ŋ³¹ "兄弟"、luk³³la:n²⁴ "子孙" 等，这类词的结构在意义上本义仍然存在，但又有扩大化了的新意义。例如 po:i³¹ 和 nu:ŋ³¹ 原本指的就是有血缘关系"兄弟、姐妹"，二者结合后除了其本义外，还包括远近亲戚或同胞的意义在内。如果中间插入其他的词，意义就起了变化，只能又回到它的本义上了。所以，这类结构的词是合成词，不是词组。

当然，这类结构不能再插入别的成分，是对它所表达的与原来构成成分已经有所不同的新意义的基础上而言的，也就是说，如果插入了别的成分，那就破坏了它所表达的新的意义了，就成为表达本义的词组了。例如 tam⁴²na⁴² "田产、财产"，如果中间插入别的词就变成了 tam⁴² ɕou³⁵ na⁴² "池塘和田"，不是抽象意义上的"田产"了。

第四章 名词短语:有关结构及其成分

表示人或事物(包括空间、方位和时间)名称的词叫做名词。根据语义和句法行为,可以把名词分为一般名词、时间名词、处所名词和方位名词。

一般名词:nø³³肉　hou³¹米　hiŋ²⁴姜　ɕɯ⁴²黄牛

时间名词:ŋon⁴²ni⁴²今天　ŋon⁴²lɯːn⁴²昨天　soːi⁴²ni⁴²现在

处所名词:pɯ⁴²kiŋ³³北京　haːk³¹taːŋ⁴²学校　soːi³⁵haːm³⁵周围

　　　　　mɯn²⁴ni⁴²这里　heːn⁴² ta³³河边

方位名词:toŋ²⁴东　kɯn⁴²上　ʔdau²⁴里　kwa⁴²右

一般名词包括普通名词、专有名词、集体名词、抽象名词。

表示方位、空间、时间的名词,分别称为方位词、处所词、时间词。这三类词的语法特点和语法功能与一般名词不尽相同。

另外,鉴于代词、量词和数词与名词的密切关系,我们也一并在本章做一些讨论、说明(详见本章第四节)。

第一节 名词的语法特征

燕齐壮语的词类一般没有形态标志,只有少部分词有形态标志,可以帮助我们辨认其词性。名词的形态标志有两种:一是前缀,用在词根语素前;一是后缀,用在词根语素后。因此,在探讨名词的语法特征之前,应该先分析燕齐壮语名词的构词情况,这一内容已在第三章"构词法"中具体阐述。这一节主要探讨燕齐壮语名词的语法特征。

一、大多数名词可以受数量短语的修饰。

燕齐壮语要表示人或事物的数量时,一般不用数词直接修饰名词,而要用数词和量词结合修饰名词。例如:

søːŋ²⁴ kø²⁴ loːi⁴²两棵梨树　　saːm²⁴ tu⁴² ɣok³³三只鸟

二　棵　梨　　　　　　三　只　鸟

ha⁵⁵ ta³³ nuːŋ³¹五个妹妹　　saːm²⁴ tu⁴² kai³⁵me³³三只母鸡

五　个　妹　　　　　　三　只　鸡　母

以上数量短语中,数词都是"二"或"二"以上,当数词为"二"或

"二"以上时，数量短语修饰名词的语序是：数词+量词+名词。

当数词为ˀdeːu²⁴"一"时，燕齐壮语数量短语修饰名词的语序为：量词+名词+数词。例如：

> tu⁴² kai³⁵ ˀdeːu²⁴ 一只鸡　　　　pøːn⁵⁵ sauɯ²⁴ ˀdeːu²⁴ 一本书
> 只　鸡　一　　　　　　　　　本　书　一
>
> tiːu⁴² ta³³ ˀdeːu²⁴ 一条河　　　　ŋø⁴² pla²⁴ ˀdeːu²⁴ 一座山
> 条　河　一　　　　　　　　　座　山　一

此外，言语中的ˀdeːu²⁴"一"往往被hu⁵⁵所取代，语义功能不变（请参见有关语料）。

在燕齐壮语中，一些表示时间、身体部位和称谓的名词可以直接跟数词结合。

1. 时间名词直接跟数词结合

在燕齐壮语，能做量词的表时间的名词，一般可直接跟数词组合。例如：

> søːŋ²⁴ ˀduɯːn²⁴ 两个月　　　　saːm²⁴ hat⁵⁵ 三个早上
> 二　月　　　　　　　　　三　早上
>
> ham³³ ˀdeːu²⁴ 一个晚上
> 晚上　一

2. 表示身体部位的名词直接跟数词结合。例如：

（1）a. ˀan²⁴ taːi⁴² he⁵⁵ saːm²⁴ ka²⁴. 那张桌子有三条腿。
　　　　张　桌子那　三　腿

　　　b. kou²⁴ søːŋ²⁴ fuɯŋ⁴² ɕuŋ⁵⁵ ˀu³⁵ lu³³. 我两只手都脏了。
　　　　　我　两　手　都　脏了

3. 称谓名词直接跟数词结合。例如：

（2）a. ɣou⁴² mi⁴² ha⁵⁵ poːi³¹nuːŋ³¹. 我们有五个兄弟。
　　　　　我们 有　五　兄　弟

　　　b. te²⁴ mi⁴² søːŋ²⁴ ja³³. 他有两个老婆。
　　　　他　有　两　老婆

二、名词受指量短语修饰时，壮语的语序是：量词+名词+指示代词，即指示代词始终位于该短语之后。例如：

> kø²⁴ puk³³ ni⁴² 这棵柚子树　　　　tu⁴² pit⁵⁵ he⁵⁵ 那只鸭子
> 棵　柚子 这　　　　　　　　只　鸭子 那
>
> pou³¹ vun⁴² ni⁴² 这个人
> 个　人　这

三、名词一般不能受副词修饰。

一般来说，名词是不能受副词修饰的。但是，燕齐壮语的名词在一定的格式里却能直接受副词修饰。

（一）在ʔbou⁵⁵…ʔbou⁵⁵…"不……不……"格式中，成对的名词能跟其中的否定副词ʔbou⁵⁵"不"结合。而这些能跟副词ʔbou⁵⁵"不"结合的成对名词所表示的事物在生活中均有搭配关系，这种结构通常表示"没有"之义。因此，这种结构可以看作是ʔbou⁵⁵mi⁴²"没有"的省略形式。例如：

（3）a. te²⁴ ʔbou⁵⁵ pø³³ ʔbou⁵⁵ me³³.　　他无父无母。

　　　　他　不　父　不　母

　　　b. ŋon⁴²ni⁴² ʔdaːu²⁴ yaːn⁴² ʔbou⁵⁵ lau⁵⁵ ʔbou⁵⁵ nø³³.

　　　　　今天　里　家　不　酒　不　肉

　　　　今天家里没有酒没有肉。

　　　c. ɣaːn⁴² you⁴² ʔbou⁵⁵ pit⁵⁵ ʔbou⁵⁵ kai³⁵. 我们家没有鸡没有鸭。

　　　　家　我们　不　鸭　不　鸡

（二）在"ʔbou⁵⁵（不）…çou³³/haːu³⁵（就）…"格式中，表示两种相似事物的名词能分别跟其中的副词"ʔbou⁵⁵（不）"和"çou³³/haːu³⁵（就）"结合。这种格式具有选择关系，同时还带有猜测的意味（请参阅第九章"复杂句"之"并列结构"一节）。例如：

（4）a. ʔdak⁵⁵ ni⁴² ʔbou⁵⁵ kaːŋ³⁵ çou³³ tiːt⁵⁵.

　　　　块　这　不　钢　就　铁

　　　　这一块不是钢就是铁。

　　　b. ta³³ he⁵⁵ ʔbou⁵⁵ çe⁵⁵ çou³³ nuːŋ³¹.

　　　　个　那　不　姐　就　妹

　　　　那个姑娘不是姐姐就是妹妹。

　　　c. piŋ⁴² ni⁴² ʔbou⁵⁵ lou⁵⁵ çou³³ ɣam³¹.

　　　　瓶　这　不　酒　就　水

　　　　这瓶子（装的）不是酒就是水。

（三）在"……名词……çam³³+名词（与前边名词同）"的格式中，名词可以直接跟副词"çam³³（也）"结合。即判断系词 tuk³³"是"可以省略。例如：

（5）a. te²⁴ wun⁴² muŋ⁴² çam³³ wun⁴². 他是人，你也是人。

　　　　他　人　你　也　人

　　　b. te²⁴ kwaːŋ⁵⁵si³³ kiŋ⁵⁵jaːu²⁴, kou²⁴ çam³³ kwaːŋ⁵⁵si³³ kiŋ⁵⁵jaːu²⁴.

　　　　他　广西　警校　我　也　广西　警校

　　　　他是广西警校的，我也是广西警校的。

　　　c. tu⁴² ni⁴² tu⁴²waːi⁴², tu⁴² he⁵⁵ çam³³ tu⁴²waːi⁴².

　　　　只　这　水牛　只　那　也　水牛

　　这只是水牛，那只也是水牛。

　　四、名词可以受代词、形容词、动词和各种短语的修饰，一般也可以直接受另一个名词的修饰。例如：

受代词修饰：pø³³muŋ⁴²/muŋ³³你的父亲　　saɯ²⁴te²⁴/he⁵⁵他的书
　　　　　　　父亲　你　　　　　　　　书　他

　　　　　　　pu³³ kou²⁴/ku⁵⁵ 我的衣服
　　　　　　　衣服　我

受形容词修饰：nø³³ ʔdip⁵⁵生肉　　　wun⁴²ʔdo:i²⁴好人
　　　　　　　肉　生　　　　　　　人　好

　　　　　　　ɣa:n⁴²mø³⁵新房子　　ɣam³¹saɯ²⁴清水
　　　　　　　房子　新　　　　　　水　清

受动词修饰：hou³¹kɯn²⁴吃的米　　hou³¹naŋ⁵⁵蒸饭
　　　　　　　米　吃　　　　　　饭　蒸

　　　　　　plak⁵⁵ɕaɯ⁵⁵煮好的菜　　nø³³fak³³肉馅
　　　　　　菜　煮　　　　　　　肉　剁

受各种短语修饰：wa³³ muŋ⁴² ka:k³³ ka:ŋ⁵⁵ 你自己说的话
　　　　　　　　话　你　自己　讲

　　　　　　　　tu⁴² ma²⁴ pɯn²⁴n̠ɯŋ³⁵ he⁵⁵ 那只毛乱的狗
　　　　　　　　只　狗　毛　乱　那

　　　　　　　　fai³¹ te²⁴ hat⁵⁵ni⁴² ɣam⁵⁵ 他今早砍的树
　　　　　　　　树　他　今早　砍

受另一名词修饰：nø³³mou²⁴猪肉　　ha:i⁴²paŋ⁴²布鞋
　　　　　　　　肉　猪　　　　　鞋　布

名词受从句修饰：

（6）a. sø:ŋ²⁴ ʔan²⁴ ta:i⁴² [kou²⁴ ŋa:m³⁵ ɕaɯ³¹ ma²⁴].
　　　　　二　个　桌子　我　刚　买　回
　　　　　我刚买回来的两张桌子。

　　　b　pi²⁴ [kou²⁴ ma²⁴ ɣa:n⁴²] he⁵⁵. 我回家那年。
　　　　　年　我　回　家　那

　　　c. ŋon⁴² [kou²⁴ po:i²⁴ ʔu⁵⁵miŋ⁴² ɕaɯ³¹ tø⁴²ka:i³⁵] he⁵⁵.
　　　　　天　我　去　武鸣　买　东西　那
　　　　　我去武鸣买东西的那天。

　　五、燕齐壮语的名词没有"数"的范畴，不论是单数，还是复数，形式上都是一样：

　　　　pø:n⁵⁵ saɯ²⁴ ʔde:u²⁴一本书　　　　ha⁵⁵ pø:n⁵⁵ saɯ²⁴五本书

　　　　本　书　一　　　　　　五　本　书

tu⁴² kai³⁵ ?deːu²⁴一只鸡　　　saːm²⁴ tu⁴² kai³⁵三只鸡

　　　只　鸡　一　　　　　　三　只　鸡

sauɯ²⁴ "书"和 kai³⁵ "鸡"在形式上没有什么变化。燕齐壮语名词表示多数的时候,在名词前面加个集体量词 kjoŋ³⁵ "群、帮"。

六、同其他壮语方言一样,燕齐壮语名词可以重叠。名词重叠形式有 **AA** 式和 **AABB** 式,主要有以下几种情况:

1. 名词重叠后表达了"每一"或"所有的"的语法意义。例如:

wun⁴² wun⁴²人人　　　ɣaːn⁴² ɣaːn⁴² 家家　　　pi²⁴pi²⁴年年

人　人　　　　　　家　家　　　　　　年　年

ɣaːn⁴²ɣaːn⁴²hø³³ hø³³每家每户　　　hat⁵⁵hat⁵⁵ham³³ham³³每天早晚

家　家　户　户　　　　　　早　早　晚　晚

2. 名词重叠出现在肯定句中,表示"任指"的语法意义。例如:

(7) a. <u>pla²⁴ pla²⁴</u> miˑ⁴² fai⁴². 每座山都有树。

　　　山　山　有　树

　　b. ?dauɯ²⁴ tiːm³⁵ <u>paŋ⁴² paŋ⁴²</u> ɕuŋ⁵⁵ mi⁴². 店里什么布都有。

　　　　里　店　布　布　都　有

　　c. soːi⁴²ni⁴², puɯ³¹kiŋ³³ <u>ɕi²⁴ɕi²⁴</u> ɕuŋ⁵⁵ mi⁴².

　　　　时　这　　北京　车　车　都　有

　　　现在北京什么样的车都有。

3. 名词重叠后出现在否定句中,则表示"强调"的意义。例如:

(8) a. ?dauɯ²⁴ ɣaːn⁴² <u>hou³¹hou³¹</u> ?bou⁵⁵ mi⁴², <u>pjak⁵⁵pjak⁵⁵</u> ?bou⁵⁵

　　　　里　家　米　米　不　有　菜　菜　不

　　　mi⁴², ɕauɯ⁵⁵ ki⁵⁵ma⁴²?

　　　有　煮　什么

　　　家里没米没菜的,煮什么啊?

　　b. toŋ⁴²pai⁴², ɣaːn⁴² ku⁵⁵ <u>na⁴²na⁴²</u> ?bou⁵⁵/?bu³³ mi⁴², <u>ɣoːi³³</u>

　　　　以前　家　我　田　田　不　　有　地

　　　<u>ɣoːi³³</u> hi²⁴ ?bou⁵⁵/?bu³³ mi⁴².

　　　地　也　不　　有

　　　以前,我家田也没有,地也没有。

4. 名词的 **AABB** 的重叠式一般只能做主语,位于动词之前,并具有总概括的意味。例如:

(9) a. <u>kai³⁵kai³⁵</u> <u>pit⁵⁵pit⁵⁵</u> ɕuŋ⁵⁵ mi⁴². 鸡鸡鸭鸭都有。

　　　鸡鸡　　鸭鸭　都　有

　b. lou⁵⁵lou⁵⁵ nø³³nø³³ (paːi⁵⁵) ɣim²⁴ pan⁴² taːi⁴².

　　酒酒　　肉肉　　摆　满　整桌

　　酒酒肉肉摆满一桌。

　c. kai³⁵kai³⁵ ma²⁴ma²⁴ pan⁴² kjoŋ³⁵.　鸡狗成群。

　　鸡鸡　　狗狗　成　群

七、燕齐壮语有些单音名词也可以带上两个后附音节。由名词为主构成的这种形式就具有形容词的性质和用法,不再保留名词的一般特征了。这类结构形式跟上面"构词法"中谈到的形容词后置重叠音节很近,但数量不多。例如:

laːu⁴² 动物油　　→　laːu⁴²laːt³¹laːt³¹ 油多,很肥

nai⁴² 泥　　　　→　nai⁴²naːt³¹naːt³¹ 满是泥

ɣam³¹ 水　　　　→　ɣam³¹sop³³sop³³ 水淋淋

fɯːi²⁴ 水蒸气　　→　fɯːi²⁴waːu³⁵waːu³⁵ 蒸汽腾腾

lɯːt³³ 血　　　　→　lɯːt³³jaŋ³³jaŋ³³ 血淋淋

hon⁴² 烟　　　　→　hon⁴²kot³³kot³³ 浓烟滚滚

第二节　名词的语法功能

　名词最主要的语法功能是在句中做主语、宾语(包括介词的宾语),其次是做定语,有一部分名词还有做谓语。名词一般很少做状语,但时间名词、处所名词主要的语法功能是做状语。

　1. 做主语。

(10)　a. ŋon⁴²lɯːn⁴² (tu⁴²)ma²⁴ hap³³ (tu⁴²)meːu⁴² jaːi²⁴ lu³³.

　　　　昨天　　狗　咬　　猫　死(语气词)

　　　　昨天狗把猫咬死了。

　　b. ta³¹me³³ poːi²⁴ çaɯ³¹ pu³³ çaɯ³¹ haːi⁴² haɯ⁵⁵ ku⁵⁵.

　　　　妈妈　去　买　衣服　买　鞋子　给　我

　　　　妈妈去买衣服和鞋子给我。

　　c. waːi⁴²tak³³ çai²⁴ na⁴² waːi³⁵ kwa³⁵ waːi⁴²me³³.

　　　　牛　公　犁　田　快　过　牛　母

　　　　公牛犁田比母牛快。

　2. 做宾语。

(11)　a. ɣou⁴² ŋon⁴²ni⁴² poːi²⁴ ʔdam²⁴ fai³¹. 我们今天去种树。

　　　　我们　　今天　去　种　树

　　b. ʔou²⁴ kaɯ³⁵ ma²⁴ kaɯ³⁵ fai³¹.　　拿锯子来锯木头。

　　　　拿　锯子　来　锯　树

（12）a. ki³⁵kai³⁵me³³ you⁴² ʔøːk³⁵ yai³⁵ lu³³. 我们的母鸡下蛋了。
　　　　些　鸡　母　我们　出　蛋（语气词）

　　　b. ʔdɯːn²⁴ çat⁵⁵ ʔdɯːn²⁴ peːt³⁵ kwe⁵⁵ hou³¹. 七八月里割稻子。
　　　　月　七　月　八　割　稻子

　　　c. tu⁴²jɯːŋ⁴² seːu³⁵ kwa³⁵ tu⁴²mou²⁴. 羊比猪干净。
　　　　羊　干净　过　猪

3. 做定语。

（13）a. fa³⁵fɯŋ⁴² ta⁴²me³³ ʔin²⁴. 妈妈的手痛。
　　　　手　妈妈　痛

　　　b. kou²⁴ ʔbou⁵⁵/ʔbu³³ kɯ²⁴ nø³³ mou²⁴. 我不吃猪肉。
　　　　我　不　吃　肉　猪

　　　c. ŋon⁴²ni⁴² kou²⁴ ʔdak⁵⁵ poːi²⁴/pi³³ hau²⁴ çaɯ³¹ yap⁵⁵ kai³⁵.
　　　　今天　我　想　去　集市　买　笼　鸡
　　　今天我想上街买鸡笼。

4. 做谓语。

名词充当谓语，限于用来表示籍贯、时间、天气等，而且前面常常有修饰语。例如：

（14）a. te²⁴ wun⁴² ʔu⁵⁵miŋ⁴². 　　　　他武鸣人。
　　　　他　人　武鸣

　　　b. ŋon⁴²ni⁴² lok³³ ɲiːt³¹ çø²⁴ kou⁵⁵. 今天六月初九。
　　　　今天　六　月　初　九

　　　c. tu⁴² kai³⁵ ni⁴² kai³⁵ pou³¹. 　　　这只鸡是公鸡。
　　　　只　鸡　这　鸡　公

5. 做状语。

在燕齐壮语中，常见的是表示时间的名词或名词短语做状语，修饰动词或动词短语。例如：

（15）a. ham³³ni⁴² kou²⁴ poːi²⁴/pi³³ ya²⁴ mɯŋ⁴².
　　　　今晚　我　去　找　你
　　　今天晚上我去找你。

　　　b. te²⁴ ŋon⁴²ni⁴² tou⁵⁵. 　或者: ŋon⁴²ni⁴² te²⁴ tou⁵⁵.
　　　　他　今天　来　　　　今天　他　来
　　　他今天来。

　　　c. kou²⁴ tø⁴²hat⁵⁵ poːi²⁴/pi³³ çai²⁴ na⁴², taŋ²⁴yiŋ⁴²/tø⁴²ham³³
　　　　我　早上　去　犁　田　下午　晚上

po:i²⁴/pi³³ ʔweːt⁵⁵ lɯk³³saɯ⁴².

去　　挖　　白薯

我早上去犁田，下午晚上去挖白薯。

此外，普通名词也能单独做状语，表示动作行为所凭借的工具。例如：

（16）a. muɯ⁴² çaːk³³ çuk³³ tu⁴² kai³⁵ he⁵⁵ hun⁵⁵tou⁵⁵.

你　绳子　绑　只　鸡　那　　起来

你用绳子把那只鸡绑起来。

b. ɣou⁴² ça³¹ ɣam⁵⁵ koːi⁵⁵ kø²⁴ fai³¹ ni⁴² po:i²⁴/pi⁵⁵.

我们　刀　砍　　几　棵　树　这去

我们用刀砍掉这几棵树。

c. tøːn³³ fai³¹ ni⁴² fuɯ⁴² ɣiu⁵⁵ ʔbou⁵⁵/ʔbu³³ hun⁵⁵.

根　树　这　手　提　不　　　起来

这根木头用手提不起来。

第三节　方位词、处所词、时间词

表示人称、方位、处所、时间的名词，语法功能与一般的名词不完全相同，因此要单独介绍。

一、方位词

方位词是指表示方向和相对位置关系的名称的词。方位词按其结构可以分为两种：单纯方位词和合成方位词。

（一）单纯方位词

单纯方位词是最基本的方位词，都是单音节的：

toŋ²⁴东	naːm⁴²南	sai²⁴西	pak⁵⁵北
kɯn⁴²上	la⁵⁵下	ʔdaɯ²⁴里	ɣøːk³³外
kwa⁴²右	suːi³¹左	heːn⁴²旁边	kjaːŋ²⁴中间

燕齐壮语的方位词独立性强，可以做主语、宾语和状语，等等，下面介绍燕齐壮语方位词单独使用的情况。

1）在成语或类似成语的固定短语里，其中大部分是成对的方位词同时使用，前后呼应。例如：

toŋ²⁴ jaɯ⁵⁵ sai²⁴ jaɯ⁵⁵东张西望	toŋ²⁴ kaːŋ⁵⁵ sai²⁴ kaːŋ⁵⁵东拉西扯
东　看　西　看	东　讲　西　讲
puːt³⁵ kɯn⁴² puːt³⁵ la⁵⁵忙忙碌碌	toŋ²⁴ çaːm²⁴ sai²⁴ çaːm²⁴刨根问底
跑　上　跑　下	东　问　西　问

两个意义相对的方位词还可以直接受否定词ʔbou⁵⁵ "不" 的修饰,并形成一种固定格式 "三音格",表示事物所在位置介于两者之间,又不便于用具体的方位词来确定。这样的构词能力很强。例如:

kɯn⁴² 　ʔbou⁵⁵ 　la⁵⁵ 　　不上不下的
上 　　　不 　　　下

kja:ŋ 　ʔbou⁵⁵ 　he:n⁴² 　不偏不正的
中间 　　不 　　　旁边

toŋ²⁴ 　ʔbou⁵⁵ 　sai²⁴ 　　不东不西的
东 　　　不 　　　西

kwa⁴² 　ʔbou⁵⁵ 　sɯːi³¹ 　　不左不右的
右 　　　不 　　　左

2) 做某些动词或介词的宾语。例如:

(17) a. mɯŋ⁴² taɯ⁴² he⁵⁵ ʔøːk³⁵ ɣøːk³³ poːi²⁴.
　　　　 你 　拿 它 出 外 去
　　　 你把它拿到外面去。

　　 b. tiːu⁴² pu³³ he⁵⁵ ta⁵⁵ ʔdaɯ²⁴ taŋ⁴² ɣøːk³³ ɕuŋ⁵⁵ ʔbai³⁵ liːu³¹ lu³³.
　　　　 件 衣服 那 从 里 到 外 都 湿 完(语)
　　　 那件衣服从里到外全湿透了。

　　 c. ʔan²⁴ ɕoːŋ⁴² ni⁴² mi⁴² søːŋ²⁴ ɕaŋ⁴², kou²⁴ nin⁴² kɯn⁴²,
　　　　 张 床 这 有 两 层 我 睡 上
　　　 mɯŋ⁴² nin⁴² la⁵⁵.
　　　　 你 睡 下
　　　 这张床有两层,我睡上面,你睡下面。

3) 单纯方位词也可以单独修饰动词,做状语。例如:

(18) a. ŋon⁴²ni⁴² te²⁴ tou⁵⁵ ɣaːn⁴² you⁴² toŋ²⁴ ʔjaɯ⁵⁵ sai²⁴ ʔjaɯ⁵⁵,
　　　　 今天 他 来 家 我们 东 看 西 看
　　　 ʔbou⁵⁵ ɣø³¹ he⁵⁵ ʔdak⁵⁵ ku³³ ma⁴².
　　　　 不 知道 他 想 干 什么
　　　 今天他来我们家东看西看,不知道他想干什么。

　　 b. tu⁴²ɕɯ⁴² you⁴² ʔjou³⁵ ʔdaɯ²⁴ na⁴² he⁵⁵ toŋ²⁴ pɯːt³⁵ sai²⁴ pɯːt³⁵.
　　　　 黄牛 我们 在 里 田 那 东 跑 西 跑
　　　 我们家的黄牛在那田里东奔西跑。

　　 c. ŋon⁴²lɯːn⁴² te²⁴ ʔjou³⁵ ɣaːn⁴² ta³¹lɯŋ⁴² toŋ²⁴ ɕaːm²⁴ sai²⁴ ɕaːm²⁴.
　　　　 昨天 他 在 家 伯父 东 问 西 问
　　　 昨天他在伯父家东问西问。

4）单纯方位词做主语。例如：

（19）a. ti:u⁴² pu³³　he⁵⁵ ʔdaɯ²⁴ mi⁴² ka:i²⁴ma⁴².
　　　　件 衣服 那　里　有　什么
　　　　那件衣服里层有什么？

　　　b. ʔan²⁴ ya:n⁴² he⁵⁵ kɯn⁴² wun⁴² ʔjou³⁵, la⁵⁵ ɕɯ:ŋ³¹ ɕɯ⁴².
　　　　个 房子 那　上　人　住　下 养　黄牛
　　　　那个房子上面住人，下面养黄牛。

5）单纯方位词还可以做定语。例如：

（20）a. sø:ŋ²⁴ ka:i³⁵ yo:i³³ kɯn⁴² he⁵⁵ ʔdam²⁴ hou³¹mai³¹, sa:m²⁴
　　　　两 块 地 上 那 种　玉米 三
　　　ka:i³⁵ yo:i³³ la⁵⁵ ni⁴² ʔdam²⁴ tu³³tom²⁴.
　　　　块　地 下 这　种　花生
　　　上面那两块地种玉米，下面这三块地种花生。

　　　b. ʔba:n⁵⁵ kɯn⁴² wun⁴² la:i²⁴ kwa³⁵ ʔba:n⁵⁵ la⁵⁵.
　　　　村　上　人　多　过　村　下
　　　上面那个村比下面那个村人多。

　　　c. ʔan²⁴ yø:k³³ huŋ²⁴ kwa³⁵ ʔan²⁴ ʔdaɯ²⁴.
　　　　个 外　大　过　个　里
　　　外面一个比里面一个大。

6）燕齐壮语的单纯方位词有 AA 式的重叠形式。例如：

hun⁵⁵ kɯn⁴²kɯn⁴² po:i²⁴/pi⁵⁵　　　到最高一层去
　上　上 上　去

hou⁵⁵ ʔdaɯ²⁴ʔdaɯ²⁴ po:i²⁴/pi⁵⁵　　　进最里头去
　进　里 里　去

yoŋ⁴² la⁵⁵la⁵⁵ po:i²⁴/pi⁵⁵　　　　　到最下面去
　下 下 下　去

这种方位词重叠后表示动作发展的最高程度。燕齐壮语这类方位词重叠以后，还能跟介词组成介词短语。例如：

hun⁵⁵ taŋ⁴² kɯn⁴²kɯn⁴² po:i²⁴/pi⁵⁵　　　上到最高一层
hou⁵⁵ taŋ⁴² ʔdaɯ²⁴ʔdaɯ²⁴ po:i²⁴/pi⁵⁵　　进到最里头
yoŋ⁴² taŋ⁴² la⁵⁵la⁵⁵ po:i²⁴/pi⁵⁵　　　　下到最下面

此外，燕齐壮语的单纯方位词还有 AABB 式的重叠形式，意思是"遍及各处"。例如：

kɯn⁴² kɯn⁴² la⁵⁵ la⁵⁵　　　上上下下
　上　　上　　下 下

ʔdaɯ²⁴ ʔdaɯ²⁴ ɣøːk³³ ɣøːk³³　　里里外外
　里　里　外　外

7）用普通名词表示处所时，前面往往要加上方位词（但在国名、地名之前，不能再在前面加上方位词）。也就是说，方位词可以单独受普通名词的修饰。例如：

heːn⁴² ɣon²⁴　路边　　　　　　ɣøːk³³ ɣaːn⁴²　房子外面
　边　路　　　　　　　　　　　外　房子

la⁵⁵ çøːŋ⁴²　床底下　　　　　kɯn⁴² taːi⁴²　桌子上
　下　床　　　　　　　　　　　上　桌

ʔdaɯ²⁴ ɣaːn⁴²　屋子里　　　　kjaːŋ²⁴ ɣon²⁴　路中间
　里　房子　　　　　　　　　　中间　路

在燕齐壮语的方位词中，kɯn⁴²“上”、la⁵⁵“下”、ʔdaɯ²⁴“里”、ɣøːk³³“外”、heːn⁴²“旁边”、kjaːŋ²⁴“中间”等方位词与名词的结合能力最强，只要意思上能讲得通，它们就可以加在名词的前面。kwa⁴²“右”、suːi³¹“左”、toŋ²⁴“东”、naːm⁴²“南”、sai²⁴“西”、pak⁵⁵“北”等与名词的结合能力则较弱。

（二）合成方位词

1. 合成方位词的构成。

单纯方位词前面加上名词paːi³³“面/边”就构成合成方位词，表示方位、处所。paːi³³的组合能力很强，可以看作是表示方位的前缀。在燕齐壮语的十二个单纯方位词中，除了heːn⁴²“旁边”、kjaːŋ²⁴“中间”之外，其余的方位词均可以前加paːi³³“面/边”构成合成方位词。有关方位词的组合能力从下表可见一斑：

前缀＼方位词	toŋ²⁴ 东	naːm⁴² 南	sai²⁴ 西	pak⁵⁵ 北	kɯn⁴² 上	la⁵⁵ 下	ʔdaɯ²⁴ 里	ɣøːk³³ 外	kwa⁴² 右	suːi³¹ 左
paːi³³	+	+	+	+	+	+	+	+	+	+

paːi³³除了跟方位词组合，还可以跟一些名词组合，如paːi³³na⁵⁵“前面”、paːi³³laŋ²⁴“后面”。类似paːi³³成分的词，燕齐壮语还有kaŋ⁵⁵、taːŋ³⁵、tø⁴²、toːi³⁵，只是它们的组合能力有限。如kaŋ⁵⁵køːn³⁵“前面”、kaŋ⁵⁵laŋ²⁴“后面”、taːŋ³⁵na⁵⁵“前面”、tø⁴²hun⁵⁵“以上”、tø⁴²ɣoŋ⁴²“以下”、toːi³⁵na⁵⁵“对面”等。此外，还有la⁵⁵tai⁵⁵“底下”等这样的合成方位词。

2. 合成方位词的用法及语法功能。

1）合成方位词的用法也相当灵活、自由。在句子中可以单独使用，充当主语、宾语、定语、状语。

A. 做主语：

（21）a. pa:i³³kɯn⁴² mi⁴² wun⁴² ka:ŋ⁵⁵wa³³.
　　　　 上面　　　有　人　　讲话
　　　　 上面有人讲话。

　　　b. pa:i³³toŋ²⁴ mi⁴² fɯ⁵⁵ ʔdam²⁴.　东边有乌云。
　　　　　东边　 有 云　黑

B. 做宾语：

（22）a. kou²⁴ ʔjou³⁵ to:i³⁵mi:n³³ ʔan²⁴ɣa:n²⁴ he⁵⁵.
　　　　 我　　住　对面　　　房子　　他
　　　　 我住在他家的对面。

　　　b. kou²⁴ pat⁵⁵ pa:i³³ɣø:k³³, mɯŋ⁴² pat⁵⁵ pa:i³³ ʔdɯ²⁴.
　　　　 我　扫　外面　　　　你　　扫　　里面
　　　　 我扫外面，你扫里面。

C. 做定语：

（23）a. ŋø⁴² pla²⁴ pa:i³³toŋ²⁴ sa:ŋ²⁴ kwa³⁵ ŋø⁴² (pla²⁴) pa:i³³sai²⁴.
　　　　 座山　　东边　　高　过　座 山　　西边
　　　　 东边的山比西边的山高。

　　　b. ti:u⁴² pu³³ pa:i³³ ʔdɯ²⁴ kak³³, ti:u⁴² pu³³ pa:i³³ɣø:k³³ kwa:ŋ³⁵/soŋ²⁴.
　　　　 件 衣服　里面　窄　件 衣服　外面　　宽/松
　　　　 里面的衣服窄，外面的衣服宽。

　　　c. ʔan²⁴ ɣa:n⁴² ta:ŋ²⁴na⁵⁵（tɯk³³）ʔan²⁴ ta³¹luŋ⁴² ku⁵⁵,ʔan²⁴ ɣa:n⁴²
　　　　 个 房子　前面　　是　　个 伯父　我　个 房子
　　　　 pa:i³³laŋ²⁴ ʔan²⁴ ta³¹ ʔa:u³⁵ ku⁵⁵.
　　　　　后面　　个　叔叔　我
　　　　 前面的房子是我伯父的，后面的房子是我叔叔的。

D. 做状语：

（24）a. sou²⁴ pa:i³³sɯ:i³¹ naŋ³³, ɣou⁴² pa:i³³kwa⁴² naŋ³³.
　　　　 你们　左边　坐 我们　右边　坐
　　　　 你们左边坐，我们右边坐。

　　　b. ʔba:ŋ⁵⁵ pa:i³³ɣø:k³³ çe⁵⁵kø⁵⁵, ʔba:ŋ⁵⁵ pa:i³³ ʔdɯ²⁴ çɯ:ŋ³⁵kø²⁴.
　　　　 些　外面　聊天　　些　　里面　　唱歌
　　　　 有些在外面聊天，有些在里面唱歌。

2）合成方位词可以用在名词或代词的前面，构成表示处所的短语。例如：
　　　pa:i³³laŋ²⁴ ɣa:n⁴² 房子后面　　to:i³⁵na⁵⁵ mɯŋ⁴² 你对面
　　　后面　　房子　　　　　　对面　你

pa:i³³na⁵⁵ ɣou⁴² 你前面　　　　la⁵⁵tai⁵⁵ ɣe:k³⁵ 锅底下
前面　你　　　　　　　　　　底下　锅

二、处所词

表示处所的名词或名词短语叫做处所词。其中包括：

1. 方位词。

2. 表示地方的专有名词（这类专名表处所时都是从地理位置上讲的）。
例如：

puɯ⁴²kiŋ³³北京　　ɕa:ŋ³¹ɕiŋ⁴²长城　　ɕuŋ³³kø⁴²中国

3. 表示处所的一般名词和代词。例如：

ha:k³¹ta:ŋ⁴²学校　　li⁵⁵ta:ŋ⁴²礼堂　　　　ɕa:ŋ³³ti:m³⁵商店
so:i³⁵ha:m³⁵周围　　muɯn²⁴ni⁴²这里　　muɯn²⁴he⁵⁵那里

4. 表示处所的名词短语（多由名词和某些方位词组成）。由名词和方位词构成的表示处所的名词短语，方位词通常放在名词前面（关于这一点，请参阅上文"方位词"）。

处所词语的语法功能：可做主语、宾语、定语和状语。

（一）做主语：要讲述某个处所时，就把处所词语放在句首做主语。
例如：

（25）a. kuɯn⁴² ta:i⁴² ʔdam²⁴ ʔda:t⁵⁵ ʔda:t⁵⁵ po:i²⁴.
上面　桌子　黑乎乎　　　去（语法化）
桌子上面黑乎乎的。

b. muɯn³⁵ni⁴² mi⁴² mou²⁴tu:n³⁵,ʔbou⁵⁵ mi⁴² tø³⁵ ʔdoŋ²⁴.
这里　有　野猪　不　有　野兔
这里有野猪，没有野兔。

c. kuɯn⁴² fai³¹ mi⁴² sa:m²⁴ tu⁴² ɣok³³. 树上有三只鸟。
上面　树　有　三　只　鸟

（二）做宾语（包括介词的宾语）

（26）a. to:i³⁵ha:i⁴² muɯn³³ ʔjou³⁵ la⁵⁵ ɕø:ŋ⁴².
鞋子　　你　在　下　床
你的鞋子在床底下。

b. luɯk³³sa:u³⁵ ʔjou³⁵ he:n⁴² ʔba:n⁵⁵ ɕɯ:ŋ³⁵ kø²⁴.
姑娘　在　边　村　唱　歌
姑娘们正在村边唱歌。

c. ɕa:ŋ³³fø:ŋ²⁴ɣe:k³⁵ tou⁵⁵ ʔdauɯ²⁴ ʔba:n⁵⁵ ɣou⁴² lu³³.
匠　补锅　来　里面　村子　我们（语气词）
补锅匠到我们村子来了。

（三）做定语

（27）a.　saːm²⁴ pou³¹ he⁵⁵ ɕuŋ⁵⁵ tɯk³³ wun⁴² ʔdaɯ²⁴ ʔbaːn⁵⁵ ɣou⁴².
　　　　三　 个　 那　 都　 是　 人　 里　　村 我们
　　　那三个人都是我们村里的。

　　　b.　ɣum⁴² huŋ²⁴ pøːŋ³⁵ kø²⁴fai³¹ heːn⁴² ʔbaːn⁵⁵ yak⁵⁵ lo³³.
　　　　 风　 大　 吹　　 树　　 边　 村　 断（语气词）
　　　大风把村边的树吹断了。

　　　c.　tiːu⁴² ɣon²⁴ tɯːk³³ ni⁴² kwaːŋ³⁵jup⁵⁵jup⁵⁵ poːi²⁴.
　　　　 条　 路　 地方 这　 宽　　　　 去（语法化）
　　　这里的路宽宽的。

（四）做状语

（28）a.　mɯŋ⁴² ʔdaɯ²⁴ ɣaːn⁴² ma²⁴ naŋ³³.　　　你到屋里来坐。
　　　　 你　 里　　 房子　 来 坐

　　　b.　mɯŋ⁴² ɣøːk³³ ɣaːn⁴² poːi²⁴ ku³³ɕam⁴².　 你到屋外去玩。
　　　　 你　 外　　 房子　 去　 玩

这里的处所词放在动词前，是被当作焦点提前了。事实上，它也可以放在动词后，即在带趋向动词的连动句式中，作趋向动词的终点。如（28）可以转换成（28'），意义不变：

（28'）a.　mɯŋ⁴² ma²⁴ ʔdaɯ²⁴ ɣaːn⁴² naŋ³³.　　你到屋里来坐。
　　　　　 你　 来　 里　　 房子　 坐

　　　b.　mɯŋ⁴² poːi²⁴ ɣøːk³³ ɣaːn⁴² ku³³ɕam⁴².　 你到屋外去玩。
　　　　　 你　 去　 外　　 房子　 玩

三、时间词

表示时间的名词或名词短语叫做时间词。例如：

　　　ka⁴²køːn³⁵从前　　son⁴²ni⁴²现在　　　pi²⁴mø³⁵明年
　　　ham³³ʔdap⁵⁵除夕　　tø⁴²hat⁵⁵早晨

时间词语的语法功能：

（一）做状语：表示时点的时间词语常常单独做状语，这是其主要功能。

燕齐壮语时间名词单独做状语，目的在于表示行为动作发生的时间，其具体意义有两方面：

1. 表示某一个时间。例如：

（29）a.　kou²⁴ soːi³¹ni⁴² poːi²⁴.　　我现在去。
　　　　 我　 现在　 去

　　　b.　kou²⁴ tø⁴²hat⁵⁵ poːi²⁴ ɕai²⁴ na⁴², taŋ²⁴ɣiŋ⁴²/tø⁴²ham³³
　　　　 我　 早上　 去　 犁　 田　　 下午/晚上

po:i²⁴ ʔweːt⁵⁵ luk³³sau⁴².

去　挖　　白薯

我早上去犁田，下午去挖白薯。

c. ham³³ni⁴² kou²⁴ po:i²⁴/pi⁵⁵ ɣa²⁴ muŋ³³.

今晚　我　去　　找　你

今天晚上我去找你。

（30）a. ʔduːn²⁴ ka⁴²køːn³⁵ kou²⁴ hi⁵⁵ ʔjaːŋ⁴² ɣø³¹na⁵⁵ he⁵⁵ hu³¹.

月　以前　我　还未　认识　他（语气词）

一个月以前我还不认识他呢。

b. ta⁵⁵ hat⁵⁵ taŋ⁴² ham³³, te²⁴ ɕuŋ⁵⁵ ʔjou³⁵ ʔdau²⁴ ɣo:i³³ ku³³høːŋ²⁴.

从早　到晚　他　都　在　里　地　干活

从早到晚，他都在地里干活。

c. ta⁵⁵ ham³³luːn⁴² taŋ⁴² so:i⁴²ni⁴², te²⁴ ɕon⁴² wa³³ ʔdeːu²⁴

从　昨晚　到　现在　他　句　话　一

ɕuŋ⁵⁵ ʔbou⁵⁵/ʔbu³³ kaːŋ⁵⁵.

都　不　　说

从昨晚到现在，他一句话也不说。

2. 表示时间上的"每一、往常"的意义。这是壮语时间词的一种特殊用法。例如：

（31）a. te²⁴ ŋon⁴² po:i²⁴ søːŋ²⁴ ʔbaːt³⁵ hau²⁴. 他每天赶两趟集市。

他　天　去　两　趟　集市

b. ɣou²⁴　pi²⁴ ɕuːŋ³¹ saːm²⁴ tu⁴² mou²⁴. 我们每年养三头猪。

我们　年　养　三　头　猪

c. tak³³nuːŋ³¹ ʔduːn²⁴ ma²⁴ pai⁴² ʔdeːu²⁴. 弟弟每月回来一次。

弟弟　　月　回　次　一

（二）做补语：这也是时间词语与一般名词不同的一点，做补语的一般是表示时段的"数量短语+时间名词"。例如：

（32）a. te³⁵ muŋ³³ pan⁴² tøːn³⁵hou³¹, muŋ⁴² ɕuŋ⁵⁵ ʔbou⁵⁵ tou⁵⁵.

等　你　好　顿　饭　你　都　不　来

等了半天你都不来。

b. tiːu⁴² kø⁵⁵ ni⁴² kaːŋ⁵⁵ saːm²⁴ ŋon⁴² hi³¹ ʔbou⁵⁵ liːu³¹.

个　故事　这　讲　三　天　也　不　完

这个故事三天三夜也讲不完。

c. ta³¹po:i³¹ la:u³¹（kwa³⁵）tak³³nuːŋ³¹ søːŋ²⁴ pi²⁴.

哥哥　老　过　弟弟　两　年

哥哥比弟弟大两岁。

（三）做谓语：有的时间词语可以单独做谓语，表示时间、日期。例如：

（33）a. ŋon⁴²ni⁴² lok³³ n̠i:t³¹ ɕø²⁴ kou⁵⁵.　　　　今天六月初九。

　　　　今天　六　月　初　九

　　　b. so:i⁴²ni⁴² so:i⁴² fun²⁴.　　　　　　　　现在是雨季。

　　　　现在　　时　雨

（34）a. ŋon⁴²ɣau⁴² toŋ²⁴ɕo:i³⁵.　　　　　　　后天（是）冬至。

　　　　后天　　　　冬至

　　　b. ŋon⁴²lɯ:n⁴²（tɯk³³）ham³³ ˀdap⁵⁵.　　昨天是除夕。

　　　　昨天　　是　　除夕

（四）做定语

（35）a. ki³⁵hou³¹ pi²⁴ni⁴² pan⁴² kwa³⁵ pi²⁴kwa³⁵.

　　　　稻子　今年　好　过　　去年

　　　今年的稻子比去年的好。

　　　b. ki³⁵plak⁵⁵ ŋon⁴²lɯ:n⁴² kɯ²⁴ ˀbou⁵⁵ ˀdai⁵⁵ lu³³.

　　　　菜　　　昨天　　吃　不　得（语气词）

　　　昨天的菜不能吃了。

　　　c. koŋ²⁴ tan⁵⁵ ki³⁵pu³³ pi²⁴kja:i²⁴ lu³³! 别穿前年的衣服了！

　　　　别　穿　衣服　前年　（语气词）

（五）做主语：时间词语做主语时，谓语都是对时间词所表示的时间加以说明。

（36）a. ko:i⁵⁵ ŋon⁴² ni⁴²　nit⁵⁵　ɣa:i³¹ɕa:i³¹.　这几天很冷。

　　　　几　天　这　冷　　很

　　　b. ˀdɯ:n²⁴ ɕat⁵⁵ ˀdɯ:n²⁴ pe:t³⁵ kwe⁵⁵ hou³¹.

　　　　月　七　月　八　割　稻子

　　　七八月里割稻子。

　　　c. ŋon⁴²ɕø:k³³ ˀit⁵⁵ n̠i:t³¹ ɕø²⁴ ˀit⁵⁵. 明天（是）一月初一。

　　　　明天　一　月　初一

（六）做宾语：当时间词语做宾语时，是对主语所作的说明，形式上与做谓语形式相类似，中间的系词 tɯk³³一般也可以省略（请参阅上文"做谓语"）。

第四节　代词　数词　量词

代词、量词和数词是名词短语的主要构成成分。与其他壮语方言相比，燕齐壮语的代词、量词显得较为独特。

一、代词

代词分为人称代词、反身代词和指示代词。分述如下：

（一）人称代词

人称代词在句子中起着主语、宾语或定语的作用。传统语言学上，一般将人称代词分为第一人称代词、第二人称代词和第三人称代词三类。燕齐壮语同大多数语言一样，其人称代词也有第一人称、第二人称和第三人称三个基本形式，而且还有"数"的意义，如下表所示：

	第一人称		第二人称		第三人称	
	单数	复数	单数	复数	单数	复数
话　题	kou^{24}	ɣou^{42}	muŋ^{42}	sou^{24}	te^{24}	kjoŋ^{35} te^{24}
非话题	kou^{24}	ɣou^{42}	muŋ^{42}	sou^{24}	te^{24}	kjoŋ^{35} te^{24}
	ku^{55}	*kjoŋ^{35} ku^{55}*, （*kjoŋ^{35} ɣou^{42}*）	*muŋ^{33}*	*kjoŋ^{35} muŋ^{33} su^{55}*, *kjoŋ^{35} su^{55}* （*kjoŋ^{35} sou^{24}*）	*he^{55}*	*kjoŋ^{35} he^{55}*

与其他壮语方言不同的是，人称代词有"话题"和"非话题"两种形式并存，而"非话题"又有两种形式，这是燕齐壮语人称代词的显著特点。我们将"话题"形式的代词称为"基本形式"，而"非话题"形式中与"基本形式"相对的形式称为"特殊形式"（表中的斜体）。

从表中可以看出，燕齐壮语的人称代词有如下特点：

1. 人称代词和"数"的系统并不完整，即第一人称、第二人称都分别有单数和复数，第三人称复数形式是用单数加上复数前缀构成的。而且，第三人称代词没有自己的民族词，te^{24}是从汉语 tha"他/她/它"借入的。

（37）a. kou^{24}　　nou^{42}　　te^{24}/he^{55}.　我批评他/她。
　　　　　我　　　说　　　他/她

　　　b. te^{24}　　nou^{42}　　kou^{24}/ku^{55}.　他/她批评我。
　　　　　他　　　说　　　我

　　　c. te^{24}　　nou^{42}　　muŋ^{42}/muŋ^{33}.　他/她批评你。
　　　　　他　　　说　　　你

　　　d. ɣou^{42}　　pon^{35}　　sou^{24}/su^{55}.　我们追你们。
　　　　　我们　　　追　　　你们

　　　e. sou^{24}　　pon^{35}　　ɣou^{42}.　你们追我们。
　　　　　你们　　　追　　　我们

第三人称没有与第一、第二人称复数相匹配的单音节复数形式。为弥补这一缺失，燕齐壮语在第三人称单数形式前加上一个表"集体"意义的前缀 kjoŋ³⁵（或 pa:ŋ²⁴）构成，即 kjoŋ³⁵/ pa:ŋ²⁴ te²⁴ "他们/她们"，并用于"话题"或"非话题"语义中，如（38）：

（38）a. ɣou⁴²/ sou²⁴　　　pon³⁵　　kjoŋ³⁵/pa:ŋ²⁴ te²⁴.
　　　　　我们 你们　　　　追　　　　他们
　　　　　我们/你们追他们。

　　　　b. kjoŋ³⁵/pa:ŋ² te²⁴　　pon³⁵　ɣou⁴²/sou²⁴.
　　　　　　他们　　　　追　　我们/你们
　　　　　他们追我们/你们。

　　同时，第一、第二人称代词复数形式虽都是以单音形式来分别表示的，即 sou²⁴、ɣou⁴²分别表示"你们"、"我们"的意思，但双音节化是语言发展的趋势，也是言语和谐的需要，因此 kjoŋ³⁵/ pa:ŋ²⁴也可以和第一人称、第二人称代词复数 sou²⁴、ɣou⁴²连用，形成一个新的"复数短语"，而语义功能不变，如（39）：

（39）kjoŋ³⁵/pa:ŋ²⁴ te²⁴ pon³⁵ （kjoŋ³⁵/ pa:ŋ²⁴）ɣou⁴²/ sou²⁴
　　　　他们　　　　　追　　　　　　　　　我们/你们
　　　他们追我们/你们。

　　2. 单数中的第一人称、第二人称和第三人称都各有"基本形式"和"特殊形式"。特殊形式复数只出现在第二人称（su⁵⁵），第一人称、第三人称用前缀 kjoŋ³⁵加上单数形式构成。燕齐壮语人称代词中"特殊形式"并没有完全取代其"基本形式"的"非话题"功能。正如上表所示，用作"非话题"的人称代词既有"特殊形式"，也有其"基本形式"。两种形式在"非话题"角色中是并行不悖，即基本形式的 kou²⁴、ɣou⁴²、muɯ⁴²、sou²⁴和te²⁴既可以用于"话题"（施事），也可以用于"非话题"（受事、受益、领有等），语义不变。如它们在（38）、（39）中既充当"话题"，也充当"非话题"。

　　然而，特殊形式的 ku⁵⁵、muɯ³³、su⁵⁵、he⁵⁵只能充当"非话题"，即做宾语或定语，却不能直接单独放在句首用作"话题"（施事）。试比较：

（40）sou²⁴ po:i²⁴ muɯ³⁵ɣau⁴² ma²⁴ lo³³? 你们上哪儿去了？
　　　　你们 去　哪里　回（语气词）
　　　*su⁵⁵ po:i²⁴ muɯ³⁵ɣau⁴² ma²⁴ lo³³?
　　　　你们 去　哪里　回（语气词）

（41）te²⁴ ma:n²⁴ ɣa:n²⁴ kɯ²⁴ hou³¹. 他回家吃饭。
　　　　他 回　家　吃　饭

$*\underline{\text{he}}^{55}$ ma^{24} ɣa:n^{24} ku^{24} hou^{31}.

　　他　回　家　吃　饭

必须指出，人称代词特殊形式作"话题"（施事）时，必须用其合成复数形式，不能用单数形式。试比较：

（42）a.　kjoŋ^{35}/pa:ŋ^{24} $\underline{\text{muɯ}}^{33}$ so:i^{42}ɣauɯ^{42} tou^{55} ne^{31}?

　　　　　　　你们　　　什么时候　来（语气词）

　　　　你们什么时候来啊？

　　　a'　$*\underline{\text{muɯ}}^{33}$ so:i^{42}ɣauɯ^{42}　tou^{55} taŋ^{42} ne^{31}?

　　　　　你　什么时候　来　到　（语气词）

　　　b.　kjoŋ^{35}/pa:ŋ^{24} ku^{55}　ʔjap^{55}ɕiŋ^{42} me:n^{33} po:i^{24}.

　　　　　　　我们　　　一会儿　　再　　去

　　　　我们一会儿再去。

　　　b'　$*\underline{\text{ku}}^{55}$ ʔjap^{55}ɕiŋ^{42} me:n^{33} po:i^{24}.

　　　　　我　一会儿　再　去

另外，第一人称单数的"特殊形式"ku^{55}与词缀 kjoŋ^{35}/pa:ŋ^{24}结合表示复数意义时，与复数"基本形式"的 ɣou^{42}或 kjoŋ^{35}ɣou^{42}在语义上有所不同。kjoŋ^{35}/pa:ŋ^{24} ku^{55}为"排除式"（不包括听话者），而 ɣou^{42}或 kjoŋ^{35}ɣou^{42}则无排除式（包括听话者）与非排除式之分。试比较：

（43）a.　kjoŋ^{35}/pa:ŋ^{24} ku^{55} ŋon^{42}ɕø:k^{33}　ɕi^{55} ɕu:ŋ^{35}kja^{55}.

　　　　　　　我们　　　　　明天　才　　放假

　　　　我们明天才能放假。（不包括听话者）

　　　b.　ɣou^{42}/kjoŋ^{35} ɣou^{42} ŋon^{42}ɕø:k^{33}　ɕi^{55}　ɕu:ŋ^{35}kja^{55}.

　　　　　　　咱们　　　　　明天　才　　放假

　　　　我们到明天才能放假。（包括或不包括听话者均可）

此外，人称代词特殊形式除了可充当宾语，还可与其他名词（或短语）结合充当"受事"、"领有"等"非话题"。例如：

（44）a.　kuɯ^{42} ta:i^{42} $\underline{\text{ku}}^{55}$/$\underline{\text{muɯ}}^{33}$ koŋ^{35}.

　　　　　　　上　桌子　我　你　空

　　　　我/你的桌子上是空的。

　　　b.　te^{24} ta^{55} kuɯ^{42} lou^{42} he:u^{33} $\underline{\text{ku}}^{55}$/$\underline{\text{muɯ}}^{33}$.

　　　　　他　从　上　楼　叫　我　你

　　　　他从楼上叫我/你。

至于燕齐壮语人称代词分为两种形式的来源也许有二：从形式上看，"特殊形式"是"基本形式"音变的结果；从功能上看，"特殊形式"语义功能是由"基本形式"分离出来的（关于这一问题有待进一步讨论。更多的例子，可以参阅附录一和附录二的语言材料）。

（二）反身代词

燕齐壮语反身代词有两种形式：固有词 kak^{33}"自己"和汉借词 su^{33}kø:i^{55}"自己" 或 pø:n^{55}fan^{33} "本分/自己"。反身代词没有人称和数之分。这两种反身代词一般与人称代词同时使用，位于人称代词之后。其格式一般是：

人称代词+反身代词+动词短语　　　　　例如：

（45）a.　kou^{24}　ka:k^{33}　po:i^{24}.　我自己走。

　　　　　　我　　自己　　走

　　　b.　ɣou^{42}　ka:k^{33}　po:i^{24}.　我们自己走。

　　　　　　我们　　自己　　走

（46）a.　kou^{24} su^{33}kø:i^{55}（ka:k^{33}）po:i^{24}.　　我自己走。

　　　　　　我　　自己　　　自己　　走

　　　b.　ɣou^{42} pø:n^{55}fan^{33} ka:k^{33} po:i^{24}.　　我们自己走。

　　　　　　我们　　自己　　自己　走

但是，由于汉借反身代词不具有焦点强调作用，因此往往同时伴随着固有词的出现，尤其是 pø:n^{55}fan^{33}一般不单独使用，而是需要 ka:k^{33}的配合，而且词序固定：pø:n^{55}fan^{33}在前，ka:k^{33}在后，如（46）b 句。

此外，固有词和汉借词在句法上还略显不同，即 ka:k^{33}用于焦点强调作用，隐含有"只有、仅有、独自"的意义，运用比较灵活，可以置于人称代词之前，却不能用于受事，如（47）；而 su^{33}kø:i^{55}或 pø:n^{55}fan^{33}能用作受事，但一般不单独放在句首，否则一定要同时使用 ka:k^{33}，如（48）：

（47）a.　ka:k^{33} kou^{24}/muɯŋ^{42}/te^{24} po:i^{24}.

　　　　　　自己 我　你　他　走

　　　　　（只有）我/你/他一个人走。

　　　*b.　ɣou^{42}/sou^{24}/ kjoŋ^{35}te^{24} po:i^{24} ka:k^{33}.

　　　　　我们 你们　他们　去 自己

　　　　　（只有）我们/你们/他们自己走。

（48）a.　kou^{24}/muɯŋ^{42}/te^{24}（ka:k^{33}）ʔjaɯ^{55} su^{33}kø:i^{55}.

　　　　　　我　你　他　自己　看　自己

　　　　　我/你/他自己看自己。

　　　b.　ɣou^{42}/sou^{24}/ kjoŋ^{35}te^{24}（ka:k^{33}）ʔjaɯ^{55} pø:n^{55}fan^{33}.

　　　　　我们/你们/ 他们　　自己　看　自己

　　　　　我们/你们/他们自己看自己。

　　　c.　pø:n^{55}fan^{33} ɣou^{42}/sou^{24}/ kjoŋ^{35}te^{24} ka:k^{33}　ʔjaɯ^{55}.

　　　　　　自己　　我们 你们 他们　自己　看

　　　　　我们/你们/他们自己看自己。

*d. pø:n⁵⁵fan³³　ɣou⁴²/sou²⁴/ kjoŋ³⁵te²⁴　ʔjaɯ⁵⁵.
　　自己　　　　我们/ 你们/ 他们　　　看
　　我们/你们/他们自己看。

（三）指示代词

与大多数壮语方言不同，燕齐壮语的指示代词有 ni⁴² "这"、he⁵⁵ "那" 和 no:i⁵⁵ "这"、han³¹ "那" 两套。例如：

（49）a. pø:n⁵⁵ saɯ²⁴ ni⁴²　　这本书
　　　　本　书　这

sø:ŋ²⁴ kø:n⁵⁵ pit⁵⁵ ni⁴²　　这两支笔
两　　支　笔　这

b. pou³¹ wun⁴² he⁵⁵　　那个人
个　人　那

sø:ŋ²⁴ pou³¹ wun⁴² he⁵⁵　　那两个人
两　个　人　那

（50）a. no:i⁵⁵/ han³¹ pø:n⁵⁵ saɯ²⁴ ku⁵⁵. 这/那是我的书。
　　这　那　本　书　我

no:i⁵⁵/ han³¹ ki³⁵ toŋ⁴²ha:k³¹ ʔan²⁴pa:n²⁴ ɣou⁴².
这　　那　些　同学　　班　我们
这/那是我们班同学。

b. ti:u⁴²pu³³ mɯŋ³³ ʔjou³⁵ no:i⁵⁵/ han³¹.
衣服　　你　在　这　那
你的衣服在这/那（儿）。

pø:n⁵⁵saɯ²⁴ ku⁵⁵ ʔjou³⁵ no:i⁵⁵/ han³¹.
　书　我　在　这/那
我的书在这/那（儿）

显然，两者功能各有分工，即前者 ni⁴²、he⁵⁵ 需要与作为中心语的名词、量词结合；而后者 no:i⁵⁵、han³¹ 却可以独立作为主语或宾语，一般出现在对举的言语中，形成 "no:i⁵⁵……，han³¹……" 或 "……no:i⁵⁵，……han³¹" 格式。燕齐壮语指示词的这一特点，跟泰语的指示词的语义用法相一致。不过，指示词作为宾语的频率没有做主语的高，尤其是 han³¹ 有进一步弱化的趋势。当作语义宾语时，其意义已经更倾向于表示一种方位了，与汉语的 "这儿"、"那儿" 相当（关于指示代词的语义功能，我们将在下文的 "名词短语修饰语的语序" 一节中讨论）。

（四）疑问代词

疑问代词一般是用于表示询问、任指和虚指的问句。燕齐壮语的疑问代词主要有以下这些：

muɯn³⁵ɣauɯ⁴² 哪里	so:i⁴² ɣauɯ⁴²/muɯ³³ɣauɯ⁴² 何时	
ki³⁵ɣauɯ⁴² 哪些	ha⁴²ɣauɯ⁴² 如何	ku³³ɣauɯ⁴² 怎么
ka³³la:i²⁴ 多少	ki³⁵ ma⁴²什么	wi³³ma⁴² 为什么
ko:i⁵⁵ 几	plauɯ⁴²谁	ɣauɯ⁴² 哪

除 plauɯ⁴²"谁"、ko:i⁵⁵"几"等个别词外，燕齐壮语的疑问代词多为双音节词。一般而言，plauɯ⁴²"谁"、ki³⁵ma⁴²/ma⁴²"什么"、ɣauɯ⁴²"哪"问人或物；muɯn³⁵ɣauɯ⁴²"哪里"问处所；ka³³la:i²⁴"多少"问时间、数量；ha⁴²ɣauɯ⁴²"如何"、ku³³ɣauɯ⁴²"怎么"问性质、状态、行为或方式；wi³³ma⁴²"为什么"问原因。疑问代词有时也有任指和虚指用法，如：

（51）a. lum⁵⁵ plauɯ⁴² hou⁵⁵ tou⁵⁵ kwa³⁵. 好像有谁进来过。

　　　　像　　谁　　进　　来　　过

　　　b. muɯŋ⁴² ma²⁴ so:i⁴² ɣauɯ⁴² ɕuŋ⁵⁵ ʔdai⁵⁵.

　　　　你　　回　　何时　　都　　得

　　　　你什么时候回来都行。

（51）a 句 plauɯ⁴²"谁"是虚指用法，表示不确定的对象。b 句 so:i⁴² ɣauɯ⁴²"何时"是任指用法，强调任何时间，表示所说的范围没有例外（关于"疑问代词"的用法，请参阅第八章"简单句"之"疑问句"一节）。

二、数词和量词

（一）数词

燕齐壮语的数词系统是简单的十进制体系。数词大致列举如下：

ʔde:u²⁴/ʔit⁵⁵ 一	pe:t³⁵/pa:t⁵⁵ 八
sø:ŋ²⁴/ŋo:i³³ 二	kou⁵⁵ 九
sa:m²⁴ 三	ɕip³³ 十
so:i³⁵ 四	pa:k³⁵ 百
ha⁵⁵/ŋu³¹ 五	ɕi:n²⁴ 千
ɣok⁵⁵/lok³³ 六	fa:n³³ 万
ɕat⁵⁵ 七	ʔɯk⁵⁵ 亿

同其他方言土语一样，燕齐壮语数词"一"、"二"、"五"、"六"、"八"各有两套，它们的用法不尽相同。

燕齐壮语数词有以下特征：

1. "十"以内的基数词，除了 ŋu³¹"五"、lok³³"六"、pa:t⁵⁵"八"，其他数词均可使用。数词ʔde:u²⁴"一"和 sø:ŋ²⁴"二"，ʔit⁵⁵"一"和 ŋo:i³³"二"连用，但不能交叉使用，例如可以说ʔde:u²⁴, sø:ŋ²⁴, sa:m²⁴ …不能说*ʔit⁵⁵, sø:ŋ²⁴, sa:m²⁴ …，也不能说*ʔde:u²⁴, ŋo:i³³, sa:m²⁴ …。ʔde:u²⁴、sø:ŋ²⁴、ŋu³¹、

lok³³、pa:t⁵⁵不能用于"十"以上"百"以内的数字。

ʔde:u²⁴、sø:ŋ²⁴、ŋu³¹、lok³³、pa:t⁵⁵不能出现在个位数,如 "两万两千零二"不能说*sø:ŋ²⁴ fa:n³³ sø:ŋ²⁴ çi:n²⁴ liŋ⁴² *sø:ŋ²⁴,而应该说 sø:ŋ²⁴ fa:n³³ sø:ŋ²⁴ çi:n²⁴ liŋ⁴² *ŋo:i³³*。

2. 作倍数时,ʔde:u²⁴、sø:ŋ²⁴、ŋu³¹、lok³³、pa:t⁵⁵不能出现在"十"前;但ʔde:u²⁴、sø:ŋ²⁴可以出现在"百、千、万"前表示倍数。不过ʔde:u²⁴只能用于数数,并与sø:ŋ²⁴相连,如ʔde:u²⁴ pa:k³⁵ "一百"、sø:ŋ²⁴ pa:k³⁵ "二百"……;sø:ŋ²⁴的用法与汉语"两"类似,可以用于"百、千、万、亿"等数词前,如 sø:ŋ²⁴çi:n²⁴ "两千"、sø:ŋ²⁴ fa:n³³ sø:ŋ²⁴ çi:n²⁴ liŋ⁴² ŋo:i³³ "两万两千零二"。

表事物的倍数时,ŋo:i³³、ŋu³¹、lok³³、pa:t⁵⁵均不能使用。可以说po:i³¹ʔde:u²⁴ "一倍"、sø:ŋ²⁴ po:i³¹ "两倍",不能说 ŋo:i³³ po:i³¹,也很少说ʔit⁵⁵ po:i³¹。

3. 作序数词时,一般要用 ta:i³³ "第"作前缀。但只有 it⁵⁵、ŋo:i³³、sa:m²⁴、so:i³⁵、ha⁵⁵、ɣok⁵⁵、çat⁵⁵、pe:t³⁵、kou⁵⁵、çip³³可以作序数词,ʔde:u²⁴、sø:ŋ²⁴、ŋu³¹、lok³³、pa:t⁵⁵不能。表示"十"以内的序数,要用 ta:i³³ "第";"十"以上的序数,ta:i³³可以省略。如 sa:ŋ²⁴ ta:i³³ŋo:i³³ "第二高"、pou³¹ çip³³ha⁵⁵ "第十五个"。

4. 作概数时,除了ʔde:u²⁴、ŋu³¹、lok³³、pa:t⁵⁵、çip³³外,两个相连的数词均可使用。如可以说ʔit⁵⁵ ŋo:i³³ tu⁴² "一两只"、sø:ŋ²⁴ sa:m²⁴ ʔan²⁴ "两三个"、so:i³⁵ ha⁵⁵ pou³¹ "四五个"等。sak⁵⁵也可单独用来表示概数,与ʔit⁵⁵相当时,但与其相连表示概数的数词是 sø:ŋ²⁴ "二",如 sak⁵⁵sø:ŋ²⁴tu⁴²kai⁵⁵ "一两只鸡"。

5. 作分数时,除了ʔde:u²⁴、sø:ŋ²⁴、ŋu³¹、lok³³、pa:t⁵⁵外,其他的均可。如 çip³³fan²⁴çi³³ ʔit⁵⁵ "十分之一"、ha⁵⁵fan²⁴çi³³sa:m²⁴ "五分之三"等。

6. 表示日期时,数词各有分工。ʔit⁵⁵、ŋo:i³³、sa:m²⁴、so:i³⁵、ha⁵⁵、ɣok⁵⁵、çat⁵⁵、pe:t³⁵、kou⁵⁵、çip³³只能出现在阳历中;而ŋu³¹、lok³³、pa:t⁵⁵只能出现在阴历中,而且其使用范围越来越小,只有 pa:t⁵⁵ ȵi:t³³ çø²⁴ pa:t⁵⁵ "八月初八"、pa:t⁵⁵ ȵi:t³³ çip³³ ŋu³¹ "八月十五"、ŋu³¹ ȵi:t³³ çø²⁴ ŋu³¹ "五月初五"、lok³³ ȵi:t³³ çø²⁴ lok³³ "六月初六"、lok³³ ȵi:t³³ çip³³ lok³³ "六月十六"。如今,it⁵⁵、ŋo:i³³、sa:m²⁴、so:i³⁵、ha⁵⁵、ɣok⁵⁵、çat⁵⁵、pe:t³⁵、kou⁵⁵、çip³³也有用来表示阴历的趋势,如"八月十五"可以说 pa:t⁵⁵ ȵi:t³³ çip³³ ŋu³¹,也可以说成 pe:t³⁵ ȵi:t³³ çip³³ ha⁵⁵。但ʔde:u²⁴、sø:ŋ²⁴不用于日期。

7. 与量词组合时,只用ʔde:u²⁴、sø:ŋ²⁴、sa:m²⁴、so:i³⁵、ha⁵⁵、ɣok⁵⁵、çat⁵⁵、pe:t³⁵、kou⁵⁵、çip³³。如 so:i³⁵ ʔan²⁴ "四个"、ha⁵⁵ pou³¹ "五个"等。偶尔也有用ʔit⁵⁵、ŋo:i³³的,但仅限于数数时,如ʔit⁵⁵tu⁴² "一只"、ŋo:i³³ tu⁴² "二只"……。数词ʔde:u²⁴一般放在量词之后,但数数时可以放在量词前,如ʔde:u²⁴kø²⁴ "一棵"、sø:ŋ²⁴kø²⁴ "两棵"、sa:m²⁴kø²⁴ "三棵"……

8. 作亲属称谓排行时，除了 ʔde:u²⁴/ʔit⁵⁵、sø:ŋ²⁴/ pa:t⁵⁵外，其他的均可使用。如 ta³³ŋo:i³³ "二姑娘"、ɕe⁵⁵ŋu³¹ "五姐"、pa⁵⁵lok³³ "六娘（伯母）" 等。

各个数词的用法归纳见下表：

	一		二		三	四	五	
	ʔde:u²⁴	ʔit⁵⁵	sø:ŋ²⁴	ŋo:i³³	sa:m²⁴	so:i³⁵	ha⁵⁵	ŋu³¹
"十"以内	+	+	+	+	+	+	+	×
"十"以上	×	+	×	+	+	+	+	×
"十"倍数	×	+	×	+	+	+	+	×
"百、千"倍	*	+	+	×	+	+	+	×
"百"带零数	×	+	×	+	+	+	+	×
序数	×	+	×	+	+	+	+	×
概数	×	+	*	+	+	+	+	×
分数	×	+	×	+	+	+	+	×
阳历	×	+	×	+	+	+	+	×
农历	×	+	×	+	+	+	+	+
亲属排行	×	×	×	+	+	+	+	+
量词组合	+	*	+	*	+	+	+	×

	六		七	八		九	十
	ɣok⁵⁵	lok³³	ɕat⁵⁵	pe:t³⁵	pa:t⁵⁵	kou⁵⁵	ɕip³³
"十"以内	+	×	+	+	×	+	+
"十"以上	+	×	+	+	×	+	+
"十"倍数	+	×	+	+	×	+	+
"百、千"倍	+	×	+	+	×	+	+
"百"带零数	+	×	+	+	×	+	+
序数	+	×	+	+	×	+	+
概数	+	×	+	+	×	+	×
分数	+	×	+	+	×	+	+
阳历	+	×	+	+	×	+	+
农历	+	+	+	+	+	+	+
亲属排行	+	+	+	+	×	+	+
量词组合	+	×	+	+	×	+	+

注："+"表示能够搭配，"×"表示不能搭配，"*"表示有条件的搭配。

（二）量词

量词是以能受指示词和数词的修饰为其特征的一种体词。燕齐壮语量词主要有以下四大类：

1. 一般量词：

一般量词，也称专有量词。这类量词范围最广，数目也最多。按其意义可分为三类：

1）物类量词。表示人的 pou³¹ "个（人）"、ta³³ "个（女性）"；表示植物的 kø²⁴ "棵"、ça⁴² "丛（荆棘）"；表示动物的 tu⁴² "只"、pa:ŋ²⁴ "帮"、luuk³³ "只" 等。还有像 ʔan²⁴ "个（非生命）"、tu⁵⁵ "朵（花）" 等量词。

2）与形状有关的量词。ti:u⁴² "条（如裤子）"、ʔdak⁵⁵ "块（石头）"、ʔbau²⁴ "张（树叶、毛巾）"、nat³³ "粒、颗（花生、药片）"、tuk³³ "根（头发）" 等。

3）度量衡和货币量词。çik⁵⁵ "尺"、kan²⁴ "斤"、mon⁴² "元"、lo:i³¹ "里" 等。

2. 跨类量词：

跨类量词主要是指由其他词类变来的，即一些量词也兼具其他的词性。按其来源，跨类量词也可分为几类：

1）由名词变来的量词。如表容器的名词 ʔwa:n⁵⁵ "碗"、ɣe:k³⁵ "锅"、piŋ⁴² "瓶"、ʔbat⁵⁵ "米筒"、pa:t³⁵ "盆"；表集团的名词 ɣa:n⁴² "家"、hø³³ "户"、ʔba:n⁵⁵ "村"；表性别的名词 me³³ "雌性"、tak³³ "雄性" 等。

2）由动词变来的量词。如 kam²⁴ "抓/拿—把"、ɣa:p³⁵ "挑—担"、kø:p³⁵ "捧"、ʔja:m³⁵ "跨—步" 等。

3. 能做状语、补语的量词：

1）动量词。如 pai⁴² "次"、ʔba:t³⁵ "次"、pli:n³⁵ "次"、ta:ŋ³⁵ "趟" 等。

2）时间量词。ŋon⁴² "天"、ʔdu:n²⁴ "月"、pi²⁴ "年"、so:i⁴² "时" 等。

4. 不能重叠的量词：

1）以 ʔdak⁵⁵ 为前缀的情态量词。各类量词可以加上 ʔdak⁵⁵ "块"，表示情态和强调语气。例如：

（52）sø:ŋ²⁴　ʔdak⁵⁵ tø:n³³　fai³¹.　两根大木头。

　　　两　　块　根　木头

　　　ʔdak⁵⁵ tø:n³³　fai³¹ ni⁴².　这根大木头。

　　　块　根　木头　这

（53）sø:ŋ²⁴　ʔdak⁵⁵ tu⁴² nou²⁴.　两只大老鼠。

　　　两　　块 只 老鼠

　　　ʔdak⁵⁵ tu⁴²　nou²⁴ ni⁴².　这只大老鼠。

　　　块 只　老鼠 这

2）其他复合量词。一些量词可以和名词结合成复合量词，表示特定物类的量。如：

（54）sø:ŋ²⁴　ɣum³⁵pu³³　luuk³³tu³³.　两衣襟包的花生。

　　　两　　包 衣服　花生

$sø:ŋ^{24}$　hup^{33}　$fɯŋ^{42}$　mai^{24}.　　　两手拃的线。
　两　　　　拃　　　　手　　　线

3）不定量词 ki^{35} "些"。ki^{35} 除了自身能受指示词修饰外，还可以受不定数词 $toŋ^{33}$ "若干" 和指示词同时修饰。此外，它还可以受动词、形容词等修饰。如：

（55）ki^{35} ni^{42} 这些　　　　　　$toŋ^{33}$ ki^{35} ni^{42} 这些
　　　些　这　　　　　　　　若干　些　这
　　　ki^{35} tan^{55} 穿的　　　　　ki^{35} $he:n^{55}$ 黄的（成熟的）
　　　些　穿　　　　　　　　些　黄

与其他方言一样，燕齐壮语的单音节量词一般都能重叠，表示"每一"、"所有"、"全部"的意思。如 tu^{42} "只"——tu^{42} tu^{42} "每只"、$^ʔbaɯ^{24}$ "张"——$^ʔbaɯ^{24}$ $^ʔbaɯ^{24}$ "每张"、$ɣa:n^{42}$ "家"——$ɣa:n^{42}$ $ɣa:n^{42}$ "每家"等；量词一般都能跟数词、代词和指示词组合。量词的一个显著的语法功能是可以单独作主语或宾语，不加数词，表示"每一"之意。例如：

（56）a. kan^{24} ha^{55} mon^{42}. 每斤五元。
　　　　斤　五　元
　　　b. pou^{31} $kɯ^{24}$ $^ʔwa:n^{55}$. 一人吃一碗。
　　　　个　吃　碗

值得注意的是，量词在"数量名结构"中的地位问题。例如 $(so:ŋ^{24})$ kan^{24} $plak^{55}$ "（两）斤菜" 是典型的"（数）量名结构"，作为中心语的究竟是量词还是名词，这是值得研究的。"有些人凭着感性和直观，认为中心语是后面的名词，其实不然，前面的量词是中心语"[①]。燕齐壮语量词也是如此。我们可以从下面韦庆稳的分析中看出端倪：

首先，一个名词短语的语法功能总是等于其中心成分的语法功能，因此修饰词受到的某种修饰，其中心成分也必然受到这种修饰，不能受到这种修饰的成分就不是中心成分。用 nei^{4} "这" 来分别修饰这些短语和它们的两个成分。如有 tu^{42} kai^{35} ni^{42} "这只鸡" 的格式，也有 tu^{42} ni^{42} "这只" 的格式，但一般不能说 kai^{35} ni^{42} "这鸡"。可见，量词 tu^{42} "只" 是中心语，名词 kai^{35} "鸡" 不是中心成分。

其次，壮语名词短语的一般语序是"中心语 + 定语"，但词序不一定都相同。pla^{24} tam^{42} "塘鱼" 和 tam^{42} pla^{24} "鱼塘"，这是两个语序相同、词序相反的短语，pla^{24} 是前者的中心语，tam^{42} 是后者的中心语。又如 tu^{42} mou^{24} "（一头）猪"（此处 tu^{42} 为类别词，作中心成分)和 mou^{24} tu^{42} "整头猪"（此

---

① 韦庆稳:《论壮语的量词》，引自《民族语文研究文集》，青海出版社 1982 年版，第 279 页。

处 tu^{42} 作修饰成分，意为"整只"）。它们的中心成分分别是 tu^{42} 和 mou^{24}。

再次，按照直接成分分析法，壮语短语的两个直接成分都是各占一个位置，没有一个直接成分被分在另一个直接成分的两边。如果把 fai^{31} "树"当做 kø^{24} fai^{31} ni^{42} "这棵树"的中心语，就必须把定语 kø^{24} ni^{42} "这一棵"分割在它的两边，而且 kø^{24} 和 ni^{42} 有时还被远远地分隔在中心语的两边。例如：

（57）kø^{24} fai^{31} sa:ŋ^{24}sa:ŋ^{24} ni^{42}. 这棵高高的树。

　　　棵　树　　高高　　这

最后，壮语的名称一般是通称加专称（或大类名加小类名），是用专称（或小类名）修饰前面的通称（大类名）构成的。如（ʔan^{24}）ɣa:n^{42} ha^{42} "茅屋"，（tu^{42}）ma^{24} ȵan^{24} "猎狗"，按照壮语语法直译叫做"（用）茅草（盖的）一种房子"和"打猎的一种狗"。壮语量名短语的修饰关系也是与这种情况相同的。量词相当于通称（大类名），名词相当于专称（小类名），是后面的名词修饰前面的量词。

总之，如果不把量词作为"量名短语"的中心语，则势必会造成语法分析的错误。如把 so:ŋ^{24} tu^{42} kai^{35} 按照汉译"两只鸡"来分析，就会把 kai^{35} "鸡"看作中心语，而按照壮语语法直译应该是"鸡两只"。此外，tu^{42} kai^{35} 中两个成分意义很近，"一个是动物的类别词，一个是一种动物的名词，因此 tu^{42} 的中心语意义容易被忽略。如果定语和中心语意义差别不大，中心语的意义就能突出，不会被忽略"。[①] 例如：

（58）ti:u^{42} ta^{42}ʔa:u^{24} （属于）叔叔的那一件（衣服）

　　　条　　叔叔

在这个短语中，谁也不会将 ti:u^{42} 看作是 ta^{42} ʔa:u^{24} 的定语（关于量词的地位问题，可以从下文"名词短语修饰语的语序"的有关讨论中加以认识）。

第五节　名词短语修饰语的语序

本节主要通过语料的分析，对燕齐壮语中名词短语的多项定语的语序进行描写，概括燕齐壮语多项定语的语序。

燕齐壮语的修饰语是多种多样的。从词类上看，修饰名词短语中心语的成分有形容词、名词、动词、代词、数词，等等。从句法结构上看，中心语的修饰成分可以有单音节、双音节、多音节词和词组，还有比较复杂的从句。

---

① 韦庆稳：《论壮语的量词》，引自《民族语文研究文集》，青海出版社 1982 年版，第 283 页。

　　燕齐壮语的修饰语有放在中心语前面的，也有放在中心语后面的，放在中心语前面的，为前置定语，放在中心语后面的，为后置定语。根据日本学者桥本万太郎《语言地理类型学》的理论来分析，燕齐壮语和泰语、越南语一样，主要以"顺行结构"为基础。燕齐壮语定中短语最常见的语序为：中心语+定语。我们把它叫做"中定短语"。另外，还有"定中短语"，或者两者并用，构成"前置定语+中心语+后置定语"的复杂结构。例如：

（59）a. søːŋ^{24} pou^{31} toŋ^{42}haːk^{31} te^{24}.　　他的两位同学。

　　　　　二　　个　　同学　　他

　　　b. saːm^{24} tiːu^{42} pu^{33}　　mø^{35} ta^{31}pø^{33}. 爸爸的三件新衣服。

　　　　　三　　件　衣服　　新　　爸爸

　　（59）中，søːŋ^{24} "二"和 saːm^{24} "三"都是前置定语。不过，燕齐壮语前置定语多为数量结构，是较为封闭的一类。后置定语是开放的一类，形式较为复杂、多样。在实际语言中，定语常常以多项递加关系出现。

　　燕齐壮语递加关系的多项定语分为两大类：前置定语和后置定语，每一大类都有多个小类，在语义和结构上有着密切的关系。

一、前置定语

　　前文讨论过，量词在名词短语中处于中心语地位。因此，前置定语的词语一般只有数词。如果名词短语是"数—量—名结构"，其中心语是量词，同时也可以按照汉语结构来分析，把名词分析为中心词，如（60）：

（60）a. søːŋ^{24} pøːn^{55} sauɯ^{24}　　两本书

　　　　　两　　本　　书

　　　b. pan^{42} ʔbaːn^{55} vun^{42}　整个村子的人

　　　　所有 村子　人

　　但如果名词短语是"量—名—指（示代词）结构"，则量词的中心语地位更不容置疑，如（61）：

（61）a. paːŋ^{24} waːi^{42} ni^{42}　　这一群水牛

　　　　　群　水牛　这

　　　b. pou^{31} ʔwun^{42} ʔdeːu^{24}　　一个人

　　　　　个　　人　　一

二、后置定语

　　壮语的后置定语对中心语的语义修饰方向是向左的。后置定语较为复杂，并且可以根据语义来排列。通过对语料的分析，一般来说，壮语的多项定语可以排列如下：

中心语→内涵性词语→描写性词语（说话者的态度）→主谓短语或动词性词语→数词"一"（"一"往往不用）→领属词语→指示代词。

例如：

（62）a.　ti:u^{42} pu^{33} naŋ^{24} ŋam^{35} ɕau^{31} ku^{55}.　我新买的皮衣。
　　　　条　衣服　皮　刚　买　我

　　　b.　ti:u^{42} pu^{33}　fa:i^{35} ŋam^{35} tiŋ^{33} ku^{33} he^{55}.
　　　　件　衣服　棉花　刚　定　做　他
　　　　他新定做的棉衣。

（63）a.　kou^{33} ha:i^{42} naŋ^{24} mø^{35} ŋam^{35} ɕau^{31} he^{55}.
　　　　双　鞋子　皮　新　刚　买　那
　　　　那双刚买的新皮鞋。

　　　b.　kou^{33} ha:i^{42} naŋ^{24} mø^{35} ŋam^{35} ɕau^{31} muŋ^{33} he^{55}.
　　　　双　鞋子　皮　新　刚　买　你　那
　　　　那双你刚买的新皮鞋。

　　　c.　kou^{33} ha:i^{42} naŋ^{24} mø^{35} muŋ^{42} ŋam^{35} ɕau^{31} he^{55}.
　　　　双　鞋子　皮　新　你　刚　买　那
　　　　那双你刚买的新皮鞋。

　　　d.　kou^{33} ha:i^{42} naŋ^{24} mø^{35} ta^{42}pø^{33} ŋam^{35} ɕau^{31} he^{55}.
　　　　双　鞋子　皮　新　爸爸　刚　买　那
　　　　那双爸爸刚买的新皮鞋。

（63）很值得注意，这里有一个人称代词和指示代词连用的位置问题。b 句的人称代词位于指示代词前，这种用法燕齐壮语中较为普遍。而且，人称代词一般要以非话题（即特殊形式）出现。此时，领属词所修饰的是整个短语。当然，领属词（含人称代词）也可以位于动词前，如 c、d 句。不过，当语义上容易产生歧义时，领属词（含人称代词）以做施事为主。试比较：

（64）a.　pou^{31} ɕa^{42}pan^{33} ran^{24} muŋ^{33} he^{55}.
　　　　个　刚才　见　你　那
　　　　刚才你看见的那个人。

　　　b.　pou^{31} ɕa^{42}pan^{33} muŋ^{42} ran^{24} he^{55}.
　　　　个　刚才　你　见　那
　　　　刚才你看见的那个人。

（64）a 句中，人称代词和指示代词连用是很容易产生歧义的，因为 pou^{31} 和 muŋ^{33} 都可以做施事，也可以被理解为"刚才看见你的那个人"，在这种情况下，燕齐壮语一般会使用 b 句，以避免引起歧义。

（一）内涵性词语作后置定语。

这类定语紧靠中心语，一般表示中心语的内涵性，主要由名词、形容词、动词充当。例如：

(tu^{55}) wa^{24} $hoŋ^{42}$ 红花　　　(kou^{55}) $haːi^{42}$ $naŋ^{24}$ 皮鞋

　朵　花　红　　　　　　双　鞋子　皮

pou^{31} $ʔdun^{24}$ he^{42} 站着的那个人

　人　站　那

tu^{42} $ʔbin^{24}$ he^{42}　飞的那只

　只　飞　那

这种定语也可以由序数词来充当。例如：

$ʔan^{24}fuːŋ^{42}$ $taːi^{33}$ sei^{35} $haːu^{33}$　四号房间

　房间　第　四　号

$tu^{42}pit^{55}$ $taːi^{33}$ ha^{55}　第五只鸭子

　鸭子　第　五

pou^{31} $taːi^{33}$ $ɣok^{55}$　第六个人

　个　第　六

（二）描写性词语作后置定语。

这类定语主要表示说话人对中心语所指的人或事物的态度或评价，因此，带有感情色彩的意义。例如：

（65）a. $ʔan^{24}$ $fuːŋ^{42}$ pau^{31} $mø^{35}$ $kjou^{24}$ $ʔdoːi^{24}$ he^{55}.

　　　间　房间　媳妇　新　漂亮　那

　　　那间漂亮的新娘卧室。

　　b. $poːn^{55}$ sau^{24} $naŋ^{24}$ $ʔø^{24}$ $ʔdoːi^{24}$ jau^{55} he^{55}.

　　　本　书　皮　蓝　好　看　那

　　　那本好看的蓝皮书。

　　c. pou^{31} $ɕaːŋ^{33}$ $ʔjɯ^{24}$ $ʔoːi^{35}$ mi^{42} $miŋ^{42}$ he^{55}.

　　　个　医生　年轻　有　名　那

　　　那位有名的年轻医生。

（三）主谓短语或动词短语作后置定语。

主谓短语或动词短语作后置定语时，前面或后面经常有其他成分，这类短语具有句子的完整意义。例如：

（66）a. $søːŋ^{24}$ ta^{33} $lɯk^{33}saːu^{24}$ sim^{24} $ʔdoːi^{24}$ he^{55}.

　　　两　个　姑娘　心　好　那

　　　那两个心地善良的姑娘。

    b. pou³¹ ha:u⁴²se:ŋ²⁴ lɯk³³ɣa²⁴ me:ŋ⁴² he⁵⁵.
      个   青年   眼睛   瞎 那
    那个瞎眼睛的年轻人。

（67）a. ta³³ lɯk³³sa:u²⁴ ha:i²⁴ ʔju²⁴ he⁵⁵. 那个卖药的女孩。
      个 女孩   卖 药 那

    b. tak³³ lɯk³³ ʔba:u³⁵ ɕiŋ²⁴ɕa:i³³ kɯn²⁴ hou³¹ he⁵⁵.
      个   男孩   正在   吃 饭 那
    那个正在吃饭的男孩。

比较（66'）和（67'）：

（66'）a. sø:ŋ²⁴ ta³³ lɯk³³sa:u²⁴ he⁵⁵ sim²⁴ ʔdo:i²⁴.
       两   个   姑娘 那 心 好
     那两个姑娘心地善良。

    b. pou³¹ ha:u⁴²se:ŋ²⁴ he⁵⁵ lɯk³³ɣa²⁴ me:ŋ⁴².
      个   青年   那 眼睛 瞎
    那个年轻人眼睛瞎。

（67'）a. ta³³ lɯk³³sa:u²⁴ he⁵⁵ ha:i²⁴ ʔju²⁴. 那个女孩卖药。
       个 女孩   那 卖 药

    b. tak³³ lɯk³³ ʔba:u³⁵ he⁵⁵ ɕiŋ²⁴ɕa:i³³ kɯn²⁴ hou³¹.
      个   男孩   那   正在 吃 饭
    那个男孩正在吃饭。

（四）指示代词作后置定语。

起指定作用的指示代词有：ni⁴²（这）、he⁵⁵/te²⁴（那）。例如：

（68）a. ti³⁵ sau²⁴ mø³⁵ ni⁴². 这些新书。
       些 书 新 这

    b. ki³⁵ɣam³¹ ti:u⁴² ta³³ te²⁴. 那条河的水。
       水 条 河 那

（69）a. ti:u⁴² pu³³ hoŋ⁴² kou²⁴ ni⁴². 我的这件红衣服。
       条 衣服 红 我 这

    b. tu⁴² ɕɯ⁴² ʔdam²⁴ ɣa:n⁴² te²⁴ he⁴². 他家那头黑黄牛。
      只 黄牛 黑 家 他 那

这类定语大都放在定中结构的后边，有时很容易将定语与谓语成分混淆起来，把定中结构理解为主谓短语。在这种情况下，指示代词可以起区别意义的作用。例如：

（70）a. ti:u⁴² kø²⁴ ʔdo:i²⁴ tiŋ³. 好听的歌/歌好听。
       首 歌 好 听

　　b. tiːu⁴² kø²⁴ ˀdoːi²⁴ tiŋ³⁵ ni⁴².　　这首好听的歌。
　　　 首　歌　好　听　这

　　c. tiːu⁴² kø²⁴ ni⁴² ˀdoːi²⁴ tiŋ³⁵.　　这首歌好听。
　　　 首　歌　这　好　听

（71）a. luɯk³³saːu²⁴ kjou²⁴ˀdoːi²⁴.　　漂亮的姑娘/姑娘漂亮.
　　　　 姑娘　　漂亮

　　b. ta³³ luɯk³³saːu²⁴ kjou²⁴ ˀdoːi²⁴ ni⁴².　　这位漂亮的姑娘。
　　　 个　姑娘　　漂亮　　这

　　c. ta³³ luɯk³³saːu²⁴ ni⁴² kjou²⁴ˀdoːi²⁴.　　这位姑娘漂亮。
　　　 个　姑娘　　这　漂亮

（72）a. lwk³³ŋe⁴² kot⁵⁵ saːŋ²⁴.　　　高个子的孩子/孩子个子高。
　　　　 孩子　个子　高

　　b. pou³¹ lwk³³ŋe⁴² kot⁵⁵ saːŋ²⁴ he⁵⁵.　　那个高个子的孩子。
　　　 个　孩子　个子　高　那

　　c. pou³¹ lwk³³ŋe⁴² he⁵⁵ kot⁵⁵ saːŋ²⁴.　　那个孩子个子高。
　　　 个　孩子　那　个子　高

（五）领属词语作后置定语。

表示领属关系的词或词组作后置定语时，一般不加结构助词。例如：

（73）a. ta³¹me³³ ku⁵⁵.　　我妈妈。
　　　　 妈妈　我

　　b. ki³⁵sai³³ he⁵⁵.　　他的事。
　　　 事情　他

　　c. tu⁴² ɕuɯ⁴² ɣaːn⁴² he⁵⁵.　　他家的黄牛。
　　　 只　黄牛　家　他

表示领属关系的后置定语，还可以受指示代词的修饰，例如：

（74）a. tiːu⁴² pu³³　hoŋ⁴² te²⁴ he⁵⁵.　　他的那件红衣服。
　　　　 条　衣服　红　他　那

　　b. ˀan²⁴ maːu³³ haːu²⁴ muɯŋ³³ he⁵⁵.　　你的那顶白帽子。
　　　 个　帽子　白色　你　那

　　c. kou³³ haːi⁴² naŋ²⁴ ta³¹pø³³ he⁵⁵.　爸爸的那双牛皮鞋。
　　　 双　鞋子　皮　爸爸　那

　　如果中心语后既有指示代词，又有领属词语，领属词语要跟中心语连用，才能做定语，如（74）所示。当定语为多项结构时，指示代词放在整个定语之后。

　　定语和中心语的语义关系是多种多样的。总的来说，定语可以分成两大类：限制性定语和描写性定语。限制性定语具有区别的作用，主要是给人或事物分类或划定范围。限制性定语主要反映事物与说话人的相对关系（特指或泛指），反映该事物的数量，对中心语所代表的事物进行定位、定量。这种定语越多，中心语所指的人或事物的范围就越小。因此，限制性定语所表示的总是确定的。限制性定语通常由以下几种词类和结构充当：

1. 领属词语
2. 处所词
3. 时间词
4. 动词短语、主谓短语
5. 指示代词
6. 数量短语

　　描写性定语的作用主要是描绘人或事物的性质、状态，凸显其中本来就有的某一种特性，指明是"怎么样的"？或"什么样的"？使语言更加生动形象。描写性词语表示的可能是确定的，也可能是不确定的。形容词以及形容词构成的主谓短语往往是描写性的。除此之外，动词短语也可以充当描写性定语。燕齐壮语的描写性定语通常由形容词或动词短语构成，有以下几种结构：

1. 主谓短语、动词性词语
2. 形容词性词语及其他描写性词语
3. 描写性名词

　　燕齐壮语限制性定语和描写性定语同时出现在一个句子中时，语序会有些不同，一般如下：

　　　　数+量（中心语）+名词+描写性定语+限制性定语+指示代词

（75）a.　sa:m^{24} tu^{42} pla^{24} kim^{24} ku^{55} ni^{42}. 我这三条金鱼。
　　　　　三　只　鱼　金　我　这

b.　sø:ŋ^{24} ʔan^{24} ma:u^{33} ha:u^{24} muɯŋ^{33} he^{55}.
　　　　二　个　帽子　白色　你　那
　　　　你那两项白帽子。

c.　ki^{35} sauɯ^{24} mø^{35} ŋon^{42}luɯ:n^{42} ŋam^{35} ɕau^{31} ku^{55} he^{55}.
　　　些　书　新　昨天　刚　买　我　那
　　　我那些昨天刚买的新书。

　　多项定语修饰中心词时，排列是有一定的顺序的。例如：

（76）a.　sø:ŋ²⁴ ti:u⁴² pu³³ fa:i³⁵ ŋon⁴²lɯ:n⁴² ŋam³⁵ ɕau³¹ ku⁵⁵ he⁵⁵.

　　　　　二　　条　衣服　棉　　昨天　　　刚　买　我　那

　　　　那两件我昨天刚买的棉衣。① （我昨天刚买的那两件棉衣）

　　　b.　ʔan²⁴ ma:u³³ paŋ⁴² mø³⁵ ŋam³⁵ ɕau³¹mɯŋ³³ hu⁵⁵.

　　　　　个　帽子　布　新　刚　　买　你　一

　　　　一顶你刚买的新布帽子。（你刚买的一顶新布帽子）

　　　c.　ʔan²⁴ ma:u³³ paŋ⁴² mø³⁵ ŋam³⁵ ɕau³¹ mɯŋ³³ he⁵⁵.

　　　　　个　帽子　布　新　刚　　买　你　那

　　　　那顶你刚买的新布帽子。（你刚买的那顶新布帽子）

（77）sa:m²⁴ kou³³ ha:i⁴² naŋ²⁴ wa:i⁴² mø³⁵ ŋam³⁵ diŋ³³ ku³³ ta³¹pø³³ he⁵⁵.

　　　三　双　鞋子　皮　水牛　新　　刚　定　做　爸爸　那

　　那三双爸爸刚定做的新牛皮鞋。（爸爸刚定做的那三双新牛皮鞋）

从上述例子中看到，多项定语大多后置，前置成分主要是"二"以上的数量词结构（参阅上文"量词"一节）。一般次序如下：

1. "二"以上的数词修饰量词时，如（76）a 句，一般次序为：

1）限制性定语：数词（表示多少）

2）名词是量词（中心语）的限定语，名词以后的词序如下：

（1）描写性定语：表示质料、属性或范围的名词、动词（表示什么？）

（2）描写性定语：形容词性词语（表示"什么样的？"）

（3）描写性定语：动词性词语或主谓短语（表示"怎样的？"）

（4）限制性定语：表示领属关系的词语（表示"谁的？"）

（5）限制性定语：指示代词（"这或那"）

2. 数词"一"修饰量词时，数词跟指示代词为互补关系，即两者之间只能有一个出现，不能同时出现。如（76）b、c 句，其他词序同上。

在口语中，多项定语的语序可能根据需要还会增加其他的项目，如表时间、地点等短语，因其与动词短语有关，一般放在第（3）项前。这将使多项定语的语序进一步复杂化。

前文（63）c、d 句讨论到，燕齐壮语多项定语第（3）项和第（4）项位置是可以互换的。若第（4）项位于第（3）项之前，语序与汉语的相近。不同的是，壮语的指示代词是后置的。又如：

（78）a.　fa:k³³ ɕai²⁴ mø³⁵ ta⁴²pø³³ ɕau³¹ ni⁴².

　　　　　把　犁　新　爸爸　买　这

---

① 注：汉语的"指+数+量"短语本应可以放在中心语（名词短语）前，如括号中的译文，又如例（75）。我们之所以采用放在句首的这种译法，主要是突出壮语量词语法特点：即量词（类别词）在多层定语的中心语地位。

这把爸爸买的新犁头。（爸爸买的这把新犁头）

　b.　ɕuŋ^{55} tai^{33} hoŋ^{42} te^{24} ha:i^{24} ni^{42}.

　　　种　袋子　红　她　卖　这

　　　这种她卖的红袋子。（她卖的这种红袋子）

　　此外，多项定语语序除了限制性定语（有指示代词 ni^{42} "这" 或 he^{55} "那"），还有一种非限制性定语（无指示代词 ni^{42} "这" 或 he^{55} "那"）。这两种语序基本相同。例如：

（79）a.　ʔan^{24} ma:u^{33} paŋ^{42} mø^{35} ŋam^{35} ɕau^{31} muɯŋ^{42} hu^{55}.

　　　　　个　帽子　布　新　刚　买　你　一

　　　　　一顶你刚买的新布帽子。（你刚买的一顶新布帽子）

　　b.　sø:ŋ^{24} ʔan^{24} ma:u^{33} paŋ^{42} mø^{35} ŋam^{35} ɕau^{31} ku^{55}.

　　　　两　个　帽子　布　新　刚　买　我

　　　两顶我刚买的新布帽子。（我刚买的两顶新布帽子）

　　从上面的讨论中可以看到，壮语的多项定语的语序位置与它们跟中心语的语义关系亲疏存在像似关系，即越靠近中心语的定语，越说明中心语的内涵，这反映了一种认知倾向，即人们谈论事物时，总是先明确事情的所指。

第五章　动词短语:有关结构及其成分

本章主要研究燕齐壮语动词的性质、分类,以及每一类动词的语法特点,动词的形态、动词的体貌,同时探讨几个主要动词的语法化。

第一节　动词

一、动词的性质及分类

动词是表示人和事物的动作、行为、存在、变化、消失以及心理活动等的动词。从语义上看,燕齐壮语的动词可以分为如下几种类型。

行为动词——表示动作行为的动词。

心理动词——表示心理活动的动词。

存现动词——表示存在、变化、消失的动词。

判断动词——用于表示判断的动词。

能愿动词——能愿动词又叫助动词,能用在动词、形容词前边表示客观的可能性、必要性和人的主观意愿。

趋向动词——表示移动的趋向。

如果按带不带宾语的情况分类,可以把动词分为及物动词和不及物动词。能够带宾语的动词,称为及物动词,不能带宾语的动词,称为不及物动词。从所带宾语的数量看,及物动词又可以分为带单宾语的和带双宾语的两类,能带双宾语的动词叫双宾动词。

从所带宾语的性质看,有的可以带体词性宾语,有的可以带谓词性宾语,有的既可以带体词性宾语,也可以带谓词性宾语。从所带宾语的性质分类,及物动词又可分为名宾动词、谓宾动词、名谓宾动词等。

下面我们按动词的语义分类具体讨论动词的每一个小类的语法特征。

二、动词的类型

（一）行为动词

行为动词在动词中占多数。例如:ça:m²⁴ "问"、tai⁵⁵ "哭"、ˀda³⁵ "骂"、kun²⁴ "吃"、nin⁴² "躺"、te³⁵ "等候"、ɣa²⁴ "寻找",等等。行为动词是最典型的动词,有下列语法特征:

1. 一般可以重叠；

2. 一般可以带动态助词：kwa³⁵ "过"、ʔdai⁵⁵ "了"、tɯk³³ "着"；

3. 可以用ʔbou⁵⁵ "不"来否定；

4. 可以带表示动量、时段的词语；

5. 可以构成命令句，如：naŋ³³！"坐！"、poːi²⁴！"走！"

6. 可以用正反疑问式提问；

7. 不能受程度副词的修饰；

8. 可以单独做状语。

燕齐壮语的行为动词可以直接放在谓语的前边做状语，与中心词构成偏正关系，表示动作行为发生时的状态或所通过的方式。例如：

（1）muɯŋ⁴² naŋ³³ kaːŋ⁵⁵. 你坐着讲。

　　　你　　坐　讲

（2）te²⁴ nin⁴² ʔjaɯ⁵⁵ saɯ²⁴. 他躺着看书。

　　他　躺　　看　书

（3）ta³³nuːŋ³¹ tai⁵⁵ lɯn³³ kou²⁴ ŋi²⁴. 妹妹哭着告诉我。

　　妹妹　　哭　论　我　×

行为动词可以按照动词是否能带宾语的情况进行分类。根据动词带宾语的情况，可以分为及物动词和不及物动词两类。

1. 不及物动词

不及物动词指不能带宾语和不能带受事宾语的动词。不能带宾语的动词如：

ji:t³⁵pak³³ 休息　　　　　ʔbin²⁴ 飞

han²⁴ 啼（公鸡啼）　　　heːu³³ 叫（鸟叫）

mle⁴² 糟（衣服糟了）　　høːn⁴² 动摇（牙齿动摇）

lam³¹ 倒　　　　　　　　lom³⁵ 陷（地陷下去）

 çam²⁴ 沉（沉到水底）　　ɣak⁵⁵ 断（扁担断了）

很多不及物动词可以带非受事宾语。不及物动词所能带的宾语主要有以下几种：

1）表示行为的处所。例如：

hɯŋ⁵⁵ pla²⁴上山　　poːi²⁴ hau²⁴去赶集　　ma²⁴ ɣaːn⁴²回家

　上　山　　　去　集市　　　　回　家

2）表示动作行为所凭借的工具。例如：

nin⁴² ʔbøːn³⁵ 睡床　　kwa³⁵ ɣaŋ²⁴ɣam⁴²用筛子过(细孔的)

　睡　床　　　过　筛子

naŋ³³ taŋ³⁵　坐凳子
坐　凳子

3）表示存在、出现、消失的事物（即存现宾语）。例如：

（4）tou⁵⁵　pou³¹　wun⁴²　ʔdeːu²⁴.　来了一个人。
　　　来　　个　　人　　一

（5）ɣaːi²⁴　tu⁴²　mou²⁴　ʔdeːu²⁴.　死了一头猪。
　　　死　　头　猪　　一

不及物动词包括那些发出声音的动作动词，如：tai⁵⁵"哭"、heːm³⁵"喊"、ɣiːu²⁴"笑"。

有些动词可以分属及物与不及物两类。例如：

heːu³³ 叫　　ɣok³³heːu³³"鸟叫"——不及物动词

heːu³³ 叫　　heːu³³he⁵⁵tou⁵⁵"叫他来"——及物动词

ɣiːu²⁴ 笑　　te²⁴ɣiːu²⁴lo³³"他笑了"——不及物动词

ɣiːu²⁴ 笑　　çai⁴²kja²⁴ɣiːu²⁴he⁵⁵"大家都笑他"——及物动词

2. 及物动词

及物动词主要指能带受事宾语（动作的接受者）、对象宾语。及物动词又可以分为两种情况，一种是必须带宾语的。比如：

tam⁵⁵ 抵（牛抵人）　　ɣou³³ 泡水（水牛泡水）

kjuk⁵⁵ 叫（母鸡叫小鸡）　　ɣam⁵⁵ 砍

heːn³¹ 啃　　muːŋ³³ 希望

ham⁴² 恨　　puːn³¹ 陪伴

另一种是可以带宾语的，但有时也可以不带宾语，这种动词占了绝大多数。比如：

tan⁵⁵ 穿（穿鞋）　　kɯːt³³ 扛　　laɯ³³ 换（换衣服）

ʔjaɯ⁵⁵ 看　　kaːm⁴² 含　　kun²⁴ 吃

nou⁴² 说　　ʔiŋ²⁴ 靠（人靠在树上）

有些动词带宾语后表示使动意义。例如：

ʔøːk³⁵ 生（生蛋）　　ɣoŋ⁴² 生（生崽）

大多数及物动词的宾语在一定的环境中（如答语、有一定的上下文等）可以省略。例如：

（6）kou²⁴ soːi⁴²ni⁴² ʔdam²⁴ houː³¹mai³¹, mɯŋ⁴² soːi⁴²ɣaɯ⁴² ʔdam²⁴?
　　　我　现在　　种　玉米　　你　什么　　种
　　　我现在种玉米，你什么时候种？

（7）a. mɯŋ⁴² ɣø³¹ çɯːŋ³⁵kø²⁴ le⁵⁵/ʔbou⁵⁵?　你会唱歌吗？
　　　　你　会　唱歌　　吗

　　b. ɣø³¹ ko³¹.　　会的。

　　　会　（语气词）

　　可带宾语的动作行为动词又可按照是带单宾语还是双宾语的情形进一步进行分类：

　　1）单宾及物动词

　　单宾及物动词的数量很多。例如：

　　　　taɯ⁴² 拿　　tup³³ 打　　ʔda³⁵ 骂

　　　　ho:i²⁴ 开　　kwe:n²⁴ 关　　ka⁵⁵ 杀

　　　　ɣø³⁵ 敲　　lam³³ 摸　　ʔjan⁵⁵ 捏

　　　　ʔjaɯ⁵⁵ 看　　tiŋ³⁵ 听　　pat⁵⁵ 拍（拍灰尘）

　　当宾语是特指的事物时，及物动词可以放在介词"taɯ⁴²（把）"之后，例如：

　　（8）te²⁴ taɯ⁴² sa:m²⁴ ʔan²⁴ taŋ²⁴ ʔdap⁵⁵ po:i²⁴. 他把三个灯熄掉。

　　　　他　把　三　个　灯　熄　去（语法化）

　　（9）te²⁴ taɯ⁴² ti:u⁴²pu³³ ku⁵⁵ ʔde:k³⁵ po:i²⁴. 他把我衣服扔了。

　　　　他　把　衣服　我　扔　去（语法化）

　　及物动词还可以跟出现在话题位置上的宾语配合使用，例如：

　　（10）ʔan²⁴ɣa:n⁴² he⁵⁵ te²⁴ ha:i²⁴ po:i²⁴ lo³³. 那个房子他卖掉了。

　　　　个　房子　那　他　卖　去（语气词）

　　（11）plak⁵⁵ muŋ⁴² çaɯ³¹ ʔbou⁵⁵jan⁴²? 菜你买了没有？

　　　　菜　你　买　没有

　　如果动词出现在 ŋa:i⁴² "被"字结构中，而且施事或施动者就可以被省略。例如：

　　（12）te²⁴ ŋon⁴²ni⁴² ŋa:i⁴² wun⁴² tup³³ tø:n³⁵ hu⁵⁵.

　　　　他　今天　被　人　打　顿　一

　　　　他今天被人打了一顿。

　　（13）te²⁴ ŋon⁴²ni⁴² ŋa:i⁴² tup³³ tø:n³⁵ hu⁵⁵. 他今天被打了一顿。

　　　　他　今天　被　打　顿　一

　　除少数特别情况外，及物动词大多可以出现在 ŋa:i⁴² "被"字结构中（请参见第八章"简单句"之"被动句"一节）。

　　2）双宾及物动词

　　有一类及物动词可以带双宾语。这两个宾语中，指人的宾语离动词较近，叫间接宾语；指物的宾语离动词较远，叫直接宾语。能带双宾语的动词有一定范围，主要是那些具有"给予、告知"等意义的动词。间接宾语出现在直接宾语前时，无须跟任何介词连用。例如：

（14）a. kou²⁴ hauɯ⁵⁵ he⁵⁵ pø:n⁵⁵ sauɯ²⁴ hu⁵⁵.　我给他一本书。

　　　　我　给　他　本　书　一

　　b. te²⁴ ha:i²⁴ (hauɯ⁵⁵) ɣou⁴² sa:m²⁴ pa:k³⁵ kan²⁴ hou³¹ ɕe³³.

　　　　他　卖　给　我们　三　百　斤　米　种子

　　　　他卖给我们三百斤稻种。

　　c. kou²⁴ ɕi³⁵ hauɯ⁵⁵ he⁵⁵ sø:ŋ²⁴ pa:k³⁵ mon⁴² ŋan⁴².

　　　　我　借　给　他　二　百　元　钱

　　　　我借给他二百元钱。

　　d. kou²⁴ laŋ²⁴/juɯ:ŋ³⁵ he⁵⁵ ɕi³⁵ sø:ŋ²⁴ pa:k³⁵ mon⁴² ŋan⁴².

　　　　我　向　他　借　二　百　元　钱

　　　　我向他借二百元钱。

　　这里的 c、d 两句主要是用来比较燕齐壮语中因"借"的方向不同所显示的语序，即 c 句是"借出"式，那么 d 句就是"借入"式的。如 c 句没有 hauɯ⁵⁵ 字，句子就可能会有歧义，既表示"我借给他二百元钱"，也可以表示"我向他借二百元钱"。

　　当间接宾语出现在直接宾语后时，一般需与受益格 hauɯ⁵⁵ "给"连用。

（15）a. kou²⁴ hauɯ⁵⁵ pø:n⁵⁵ sauɯ²⁴ hu⁵⁵ hauɯ⁵⁵ he⁵⁵.

　　　　我　给　本　书　一　给　他

　　　　我给他一本书。

　　b. te²⁴ ha:i²⁴ sa:m²⁴ pa:k³⁵ kan²⁴ hou³¹ ɕe³³ hauɯ⁵⁵ ɣou⁴².

　　　　他　卖　三　百　斤　米　种子　给　我们

　　　　他卖给我们三百斤稻种。

　　c. ŋan⁴²ha:ŋ⁴² ɕi³⁵ sø:ŋ²⁴ pa:k³⁵ mon⁴² ŋan⁴² hauɯ⁵⁵ he⁵⁵.

　　　　银行　借　二　百　元　钱　给　他

　　　　银行借给他二百元。

　　此外，燕齐壮语的直接宾语在没有任何成分修饰的情况下可以放在间接宾语的位置上，靠近动词；反过来，间接宾语则放在直接宾语的位置上，远离动词。例如：

（16）a. kou²⁴ hauɯ⁵⁵ pø:n⁵⁵ sauɯ²⁴ hu⁵⁵ he⁵⁵.　我给他一本书。

　　　　我　给　本　书　一　他

　　b. ŋan⁴²ha:ŋ⁴² ɕi³⁵ sø:ŋ²⁴ pa:k³⁵ mon⁴² ŋan⁴² he⁵⁵.

　　　　银行　借　二　百　元　钱　他

　　　　银行借给他二百元钱。

　　壮语这些句子本身都有"向某人告知或给予什么"的意思，其句子的结构形式与汉语双宾句的结构形式呈相反状态（关于双宾语问题，将在第八章"简单句"之"陈述句"一节作进一步讨论）。

（二）心理动词——表示心理活动的动词

心理动词是用来表示感觉、知觉、情感等。表现心理活动的动词有很多，例如：

kjai⁴² 爱（爱儿子）　　　haŋ⁵⁵ 爱（吃）　　ham⁴² 恨

hø⁴²ʔdan³⁵ 憎恶　　　la:u²⁴ 怕　　　ɣø³¹ 知道

心理动词的语法特征。心理活动动词与动作动词不同的语法特征是：

1. 大多可以受程度副词的修饰，例如：

ha:m³⁵la:u²⁴比较怕　　ha:m³⁵kjai⁴²比较爱　　ço:i³⁵ ham⁴²最恨

2. 不能构成祈使句。

3. 表示心理状态的心理动词是及物的，表示生理状态的心理动词是不及物的。

（三）存现动词——表示存在、变化、消失的动词

存现动词主要有：

mi⁴²有　　li³¹活　　ʔjou³⁵在　　　ma⁵⁵生长　　ɣø²⁴枯萎

其中，mi⁴²、li³¹、ʔjou³⁵表示存在，ma⁵⁵、ɣø²⁴表示变化。

燕齐壮语的存现动词的主要语法特征：

1. 存现动词后可以带动态助词：

kwa³⁵ 过　　　ʔdai⁵⁵ 了　　　tuk⁵⁵ 着

2. 不能重叠。

3. 可以用否定ʔbou⁵⁵/ʔbu³³ "不"来否定。

4. 不能构成祈使句。

5. 在存现动词中，除了 mi⁴²和ʔjou³⁵外，其他动词是不及物动词。

（四）判断动词

判断动词的词汇意义一般比较抽象，其主要作用是联系主语和补语，表示主语与补语之间存在某种关系，因此，判断动词后往往跟补语。燕齐壮语的判断动词不多，主要有以下两种：

判断动词有：tuk³³ 是

准判断动词：he:u³³ 叫做　　lum⁵⁵ 像　　pan⁴² 当（做）

ta:ŋ³⁵（等于或仿佛是）

1. 判断动词的主要语法特征是：

1）多用ʔbou⁵⁵/ʔbu³³ "不"来否定。

2）一般不受程度副词的修饰，也不能省略补语。

3）不能重叠。

4）后面一般不用动态助词 kwa³⁵ "过"、ʔdai⁵⁵ "了"、tɯk⁵⁵ "着"（tɯk³³、pan⁴²可以带 kwa³⁵，但不太常见）。

5）不能构成祈使句。

在燕齐壮语中，判断句用不用判断动词是任意的，判断意义没有改变。事实上，在燕齐壮语中，更常见的是不用判断动词的判断句。例如：

（17）kjaːn²⁴ ɣaːn⁴² ni⁴² kjaːn²⁴ he⁵⁵.　这座房子是他的。

　　　　座　　房子　这　座　　他

（18）a. ʔan²⁴ ni⁴² ʔan²⁴ ku⁵⁵, ʔ an²⁴ he⁵⁵ ʔan²⁴ mɯŋ³³.

　　　　　个 这 个 我　 个 那 个 你

　　　　这个是我的，那个是你的。

　　 b. kou²⁴ kuŋ³³hin⁴², mɯŋ⁴² nuŋ⁴²min⁴², te²⁴ ŋe⁴²haːk³¹.

　　　　我　 工人　　你　农民　　他　学生

　　　　我是工人，你是农民，他是学生。

（19）tu⁴² nin⁴² he⁵⁵ tu⁴² tak³³, tu⁴² ʔdɯn²⁴ kɯn²⁴ ȵɯ⁵⁵ he⁵⁵ tu⁴² me³³.

　　　头 躺 那 头 公 头 站 吃 草 那 头 母

　　　躺着的那头是公的，站着吃草的那头是母的。（牛）

2. 判断动词 tɯk³³ "是"

1）语法特点

A. 能受副词修饰。例如：

（20）a. tu⁴² ni⁴² ʔbou⁵⁵ tɯk³³ kai³⁵pou³¹.　这只不是公鸡。

　　　　　只 这 不 是　 公鸡

　　 b. ŋon⁴²ni⁴² ʔbou⁵⁵ tɯk³³ saːm²⁴ ȵiːt³³ çø²⁴ ŋu³¹.

　　　　今天　　 不 是　 三 月 初 五

　　　　今天不是三月初五。

（21）te²⁴ çan²⁴ tɯk³³ tak³³lɯk³³ huŋ²⁴ ku⁵⁵ la³³.

　　　 他 真 是 儿子　 大 我（语气词）

　　　 他真的是我的大儿子。

B. 可以用在能愿动词后。例如：

（22）a. te²⁴ ʔɯŋ²⁴kaːi²⁴ tɯk³³ tak³³saːm²⁴, ʔbou⁵⁵/ʔbu³³ tɯk³³ tak³³kwaːŋ³³.

　　　　　他 应该　 是 个 三　 不　　 是 个 光

　　　　他应该是阿三，不是阿光。

　　 b. fuŋ²⁴ san³⁵ ni⁴² ʔɯŋ²⁴kaːi²⁴ tɯk³³ te²⁴ si⁵⁵.

　　　　　封 信 这　 应该　 是 他 写

　　　　这封信应该是他写的。

C. 能用肯定、否定并列的方式提问。例如：

（23）a. te²⁴ tuuk³³ ʔbou⁵⁵ tuuk³³ wun⁴² ʔan²⁴ ʔbaːn⁵⁵ ni⁴²？

　　　　他　是　不　是　人　个　村子　这

　　　　他是不是这个村子的人？

　　　b. fuŋ²⁴ san³⁵ ni⁴² tuuk³³ ʔbou⁵⁵ tuuk³³ muŋ⁴² si⁵⁵ ne³²？

　　　　封　信　这　是　不　是　你　写（语气词）

　　　　这封信是不是你写的？

2）tuuk³³与一般动词的不同之处：

A. tuuk³³后不能带 kwa³⁵ "过"、ʔdai⁵⁵ "了"、tuuk⁵⁵ "着" 等动态助词以及各种补语。这是因为 tuuk³³不表示动作。

B. 可以用 ʔbou⁵⁵/ʔbu³³ "不" 来否定。

C. 不能重叠。

D. 虽然是谓语动词，但在语义上不是句子的重点，重点在 tuuk³³之后的成分上。

3）tuuk³³ "是" 的用法，主要有以下五种：

A. 表示等于什么或属于什么，如（17）、（18）。

B. 表示事物的存在。例如：

（24）a. ʔdaw²⁴ ʔwaːn²⁴ he⁵⁵ tuuk³³ ɣam³¹. 那个碗里是水.

　　　　里　碗　那　是　水

　　　b. ʔdaw²⁴ tai³³ he⁵⁵ tuuk³³ tu³³tom²⁴. 那个口袋里是花生。

　　　　里　袋子　那　是　花生

C. 表示事物的特征、质料。例如：

（25）a. tiːu⁴² pu³³ ni⁴² tuuk³³ pu³³ naŋ²⁴. 这件衣服是皮的。

　　　　件　衣服　这　是　衣服　皮

　　　b. te²⁴ tuuk³³ pou³¹ ha²⁴ we⁵⁵. 他是瘸子。

　　　　他　是　人　腿　瘸

D. 表示事物之间的某种关系。例如：

（26）a. kan² nø³³ mou²⁴ tuuk³³ ɕip³³ŋoːi³³ mon⁴².

　　　　斤　肉　猪　是　十二　元

　　　　一斤猪肉是十二元钱。

　　　b. son³¹n⁴² tuuk³³ soːi⁴² fuun²⁴. 现在是雨季。

　　　　现在　是　时　雨

E. 表示比喻、比况。例如：

（27）a. wun⁴² tuuk³³ tiːt⁵⁵, hou³¹ tuuk³³ kaːŋ²⁴. 人是铁，饭是钢。

　　　　人　是　铁　饭　是　钢

　　b. tu⁴² ma²⁴ ni⁴² tuuk³³ ti:u⁴² miŋ³³ he⁵⁵.
　　　只　狗　这　是　条　命　他
　　　这条狗是他的命根子。

　　（有关判断句的讨论，仍将在第八章"简单句"中之"陈述句"一节作详细论述）

　　（五）能愿动词

　　能愿动词用在动词、形容词前边表示客观的可能性、必要性和人的主观意愿。能愿动词是一个封闭的类，数量有限，它具有不同于一般动词的语法特征，所以我们单独讨论。

　　能愿动词主要用在主要动词之前，说明说话人对主要动词所描述的事情的态度。因为能愿动词通常用来表示后面动词的情态（如允许、能力或职责），因此，又叫"助动词"、"情态动词"或"情态助词"。能愿动词主要表示三种意义：

可能：ʔdai⁵⁵ 可以、能　　　ʔa:i³⁵ 可能
意愿：haŋ⁵⁵ 喜欢　　　　ɲi:n³³ 愿意　　　ka:m⁵⁵ 敢
　　　suu:ŋ⁵⁵ 想　　　　　si⁵⁵ 肯
必须：ʔuuŋ²⁴ta:ŋ²⁴应当　　pli:t⁵⁵tiŋ³³必须　　ʔuuŋ²⁴ka:i²⁴应该

能愿动词的语法特征

1）绝大多数能愿动词能单独做谓语，这主要出现在答语中。例如：

（28）a. muuŋ⁴² ɲi:n³³ çou³⁵ kou²⁴ po:i²⁴/pi³³ hauu²⁴ le⁵⁵？
　　　　　你　愿意　跟　我　去　　集市（语气词）
　　　　　你愿意跟我上街吗？
　　　　　—kou²⁴ ɲi:n³³.　我愿意。
　　　　　　我　愿意

　　b. muuŋ⁴² ka:m⁵⁵ ʔbou⁵⁵/ʔbu³³ ka:m⁵⁵ ça:m²⁴ ta³¹pø³³ ʔou²⁴ ŋan⁴²？
　　　　　你　敢　不　　敢　问　爸爸　要钱
　　　　　你敢不敢问爸爸要钱？
　　　　　—ka:m⁵⁵.　　敢。
　　　　　　敢

在其他场合，有的能愿动词有时也可以单独做谓语。例如：

（29）a. pan⁴²ni⁴² ku³³ ʔuuŋ²⁴ka:i²⁴.　这样做应该。
　　　　　这样　做　应该
　　b. muuŋ⁴² po:i²⁴ ʔdai⁵⁵, te²⁴ po:i²⁴ çam³³ ʔdai⁵⁵.
　　　　　你　去　得　他　去　也　得
　　　　　你去可以，他去也可以。

2)能愿动词能用肯定与否定并列的方式表示疑问。例如:

(30) a. muɯŋ⁴² n̠i:n³³ ʔbou⁵⁵/ʔbu³³ n̠i:n³³ ha³⁵ haɯ⁵⁵ he⁵⁵?

　　　你　愿意　不　　　愿意　嫁　给　他

　　　你愿不愿意嫁给他?

b. muɯŋ⁴² ka:m⁵⁵ ʔbou⁵⁵/ʔbu³³ ka:m⁵⁵ po:i²⁴? 你敢不敢去?

　　　你　敢　不　　　敢　去

3)可以受某些副词修饰。例如:

(31) a. kou²⁴ ʔbou⁵⁵/ʔbu³³ n̠i:n³³ kaɯ³⁵ fai³¹. 我不愿意锯木头。

　　　我　不　　　愿意　锯　木头

b. so:i⁴²ni⁴² kou²⁴ ʔbou⁵⁵/ʔbu³³ ʔdai⁵⁵ po:i²⁴/pi³³ ɣa²⁴ muɯŋ³³.

　　　现在　我　不　　　能　去　　找　你

　　　现在我不能去找你。

c. te²⁴ ɕam³³ sɯ:ŋ⁵⁵ ɕɯ:ŋ³⁵kø²⁴. 他也想唱歌。

　　　他　也　想　　唱歌

4)能愿动词一律不能带宾语;不能重叠;不能带动态助词 kwa³⁵ "过"、
ʔdai⁵⁵ "了"、tuɯk⁵⁵ "着"。这是能愿动词同一般动词的主要区别。

5)能愿动词的主要用法是充当状语,例如:

(32) a. te²⁴ ʔbou⁵⁵ n̠i:n³³ nou⁴²/ka:ŋ⁵⁵. 他不愿意说。

　　　他　不　愿意　说

b. muɯŋ⁴² n̠i:n³³ ha³⁵ haɯ⁵⁵ te²⁴ le⁵⁵? 你肯嫁给他吗?

　　　你　愿意　嫁　给　他（语气词）

c. muɯŋ⁴² ʔdai⁵⁵ ple:n⁴² huɯn⁵⁵ po:i²⁴ le⁵⁵? 你能爬上去吗?

　　　你　能　爬　上　去（语气词）

能愿动词能做状语的这一特点跟副词的特点相似,但是,能愿动词又
可以单独做谓语,这是能愿动词不同于副词的地方。

(六)趋向动词

趋向动词又称方向动词,主要是表示动作的趋向,燕齐壮语的趋向动
词包括单纯趋向和复合趋向两种:

huɯn⁵⁵上　　ɣoŋ⁴²下　　hou⁵⁵进　　ʔø:k³⁵出　　ma²⁴回

tou⁵⁵ 来　　huɯn⁵⁵tou⁵⁵上来　　　ɣoŋ⁴²tou⁵⁵下来

　　　　　hou⁵⁵tou⁵⁵进来　　　kwa³⁵tou⁵⁵过来

　　　　　ʔø:k³⁵tou⁵⁵出来　　　huɯn⁵⁵tou⁵⁵起来

po:i²⁴去　　huɯn⁵⁵po:i²⁴上去　　ɣoŋ⁴²po:i²⁴下去

　　　　　hou⁵⁵po:i²⁴进去　　　kwa³⁵po:i²⁴过去

　　　　　*ma²⁴po:i²⁴

ma²⁴回　　　　po:i²⁴ma²⁴回去　　　　huɯ⁵⁵ma²⁴上来

ʔø:k³⁵ma²⁴出来　　　　hou⁵⁵ma²⁴进来

ɣoŋ⁴²ma²⁴下来　　　　kwa³⁵ma²⁴过来

其中的 tou⁵⁵ "来"、po:i²⁴ "去" 以说话人的位置为着眼点，huɯ⁵⁵ "上"、ɣoŋ⁴² "下"、hou⁵⁵ "进"、ʔø:k³⁵ "出"、ma²⁴ "回" 则是以对方或其他事物的位置为着眼点的。在以 tou⁵⁵ 或 ma²⁴ 为终点的复合词中，尽管 tou⁵⁵ 和 ma²⁴ 在本义上有区别，即 tou⁵⁵ 表 "单程"，ma²⁴ 表 "返程"，但复合后的语义相同，二者可以互换（huɯ⁵⁵ma²⁴ "上来" ≠ "起来"）。huɯ⁵⁵tou⁵⁵ "起来" 除了表示物体向上、动作的结果以外，还可以表示起始态，如（33）；ɣoŋ⁴² po:i²⁴ "下去" 除了表示物体向下外，还可以表示继续态，如（34）：

（33）a. luk³³ŋe⁴² ʔduɯ²⁴ huɯ⁵⁵tou⁵⁵ lo³³.　小孩站起来了。

　　　　小孩　　站　起来　（语气词）

　　　b. kwe:n²⁴ tou²⁴ huɯ⁵⁵tou⁵⁵.　关上门。

　　　　关　门　起来

　　　c. te²⁴ ka:ŋ⁵⁵ ka:ŋ⁵⁵ çou³³ tai⁵⁵ huɯ⁵⁵tou⁵⁵ lo³³.

　　　　她　讲　讲　就　哭　起来　（语气词）

　　　　她说着说着就哭起来了。

（34）a. muɯŋ⁴² ku³³ ɣoŋ⁴²po:i²⁴，kou²⁴ ma²⁴ ya:n⁴² kø:n³⁵.

　　　　你　做　下去　　我　回　家　先

　　　　你继续做，我先回去。

　　　b. muɯŋ⁴² ka:ŋ⁵⁵ ɣoŋ⁴²po:i²⁴ wei³⁵.　　你说下去呀。

　　　　你　讲　下去　呀

趋向动词的主要语法特征：

1. 趋向动词主要跟在行为动词后面，做补语，表示动作的趋向或情貌。例如：

（35）a. te²⁴ hou⁵⁵ ʔdaɯ²⁴ ya:n⁴² po:i²⁴.　他进屋里去。

　　　　他　进　里　房子　去

　　　b. ta³³çe⁵⁵ huŋ²⁴ ɣiu⁵⁵ ʔan²⁴la:m⁴² huɯ⁵⁵tou⁵⁵.

　　　　姐　大　提　篮子　　起来

　　　　大姐把篮子提起来。

　　　c. tak³³nu:ŋ³¹ ple:n⁴² huɯ⁵⁵ kø²⁴fai³¹ po:i²⁴/pi³³ kap³³ ɣok³³.

　　　　弟弟　爬　上　树　去　抓　鸟

　　　　弟弟爬上树去抓鸟。

（36）ʔbuɯ²⁴ lap⁵⁵ ɣoŋ⁴²tou⁵⁵ lu³³.　天黑下来了。

　　　　天　黑　下来　（语气词）

2. 趋向动词可以单独做谓语或谓语中心语。例如：

（37）a. te²⁴ ŋon⁴²ni⁴² tou⁵⁵.　他今天来。

　　　　他　今天　　来

　　b. kjoŋ³⁵you⁴²/ta:i⁴²kja²⁴/çai⁴²kja²⁴ çuŋ⁵⁵ tou⁵⁵ lu³³.

　　　　大家　　　　　　　　　　　都　来（语气词）

　　　　大家都来了。

3. 趋向动词前可以用"ʔbu³³（不）"来否定。如：

you⁴² ʔbou⁵⁵/ʔbu³³ po:i²⁴ hom²⁴ mu³³, muɯ³⁵ ka:k³³ po:i²⁴.

我们　不　　　去　再（语气词）你　自己　去

　　我们不去了，你自己去吧。

4. 趋向动词只能带表示方位、处所的宾语。若是复合趋向动词，表方位、处所的宾语大都置于其中，如（35）。

三、动词的兼类问题

在燕齐壮语中，有些动词具有名词的语法特点或语法功能，这类词就是动、名兼类词。与名词兼类的动词，一般是指使用某种生产工具的动作，或某种生产工具的名称及其使用方式采取同一语音形式。韦庆稳先生认为，这大概是很早阶段语言现象的保留。[①] 因为：一是这类词远在实词未分化为名词、动词以前就使用了；二是壮侗语族中各亲属语言中也有相同或类似的现象。

与名词兼类的动词举例如下：

te:m³³ 枕（枕枕头）	mu³³ 磨（磨米）
ɣaŋ²⁴ 筛（筛米）	çaŋ³ 称（称东西）
ɣo:i²⁴ 梳（梳头）	su⁵⁵ 锁（锁上箱子）
kaɯ³⁵ 锯（锯断木头）	pa:u³³ 刨（用刨子刨平）
siu³⁵ 凿（凿眼子）	kwu:k³⁵ 锄（锄地）
çai²⁴ 犁（犁地）	çi²⁴ 车（车水）

除了与名词兼类的动词外，还有与量词兼类的动词，例如：

kɯ:t³³ 扛	ɣø:p³⁵ 抱（抱柴火）
kam²⁴ 握（握刀把）	kø:p³⁵ 捧（捧水）

四、关于动词的成句问题

在动词谓语句中，动词是句子的核心。一般而言，动词的用法都比较复杂。不少语言的动词有各种表示语法意义的形态变化。壮语的动词没有像印欧语动词那样的形态变化，很容易使人以为壮语的动词都可以单独进入

---

① 韦庆稳：《壮语语法与研究》，广西民族出版社 1985 年版，第 48 页。

句子，而不需要带有什么表示语法意义的成分。实际上，壮语的动词有时可以单独做谓语成句，但是有条件的，在更多的情况下，动词特别是动作动词，不能单独成句。壮语的动词虽然没有严格意义上的形态变化，但有其独特的表示与动作有关的语法意义的方式。如可以在动词后面用动态助词 kwa³⁵ "过"、ˀdai⁵⁵ "了"、tuk⁵⁵ "着"。其中，kwa³⁵ "过" 表示经历、ˀdai⁵⁵ "了" 表示动作的完成、tuk⁵⁵ "着" 表示动作的持续；可以用各种补语，如表示结果的结果补语、表示动作趋向的趋向补语，等等。当句子表述上述语法意义时，一般需要在谓语动词后用相应的助词或补语，单用一个动词语义就不够明确或句子不成立。这样就出现了一个动词怎样才能构成一个完整的句子的问题。

动词怎样构成一个完整的句子，会涉及各种因素。下面主要讨论在哪些情况下动词后面不带表示语法意义的助词或补语。

（一）叙述将要完成发生的动词。例如：

（38）a. ŋon⁴²çøːk³³ kou²⁴ poːi²⁴/pi³³ ˀdam²⁴ fai³¹.
　　　　　明天　　我　去　　种　树
　　　　明天我去种树。

　　　b. te²⁴ ŋon⁴²ni⁴² tou⁵⁵. 他今天来。
　　　　他　今天　来

（39）a. kou²⁴ ˀdak⁵⁵ poːi²⁴/pi³³ hau²⁴ çau³¹ faːk³³ kwuːk³⁵ hu⁵⁵.
　　　　　我　要　上　　集市　买　把　锄头　一
　　　　我要上街买一把锄头。

　　　b. muɯŋ⁴² poːi²⁴ le⁵⁵? 　　poːi²⁴. 你去吗？去。
　　　　你　去（语气词）去

祈使句也属于这一类：

　　　poːi²⁴! 　走！

　　　kaːŋ⁵⁵! 说！

（二）叙述一种经常性的或没有确定时间的动作。例如：

（40）a. ˀdɯːn²⁴ çat⁵⁵ ˀdɯːn²⁴ peːt³⁵ kwe⁵⁵ hou³¹.
　　　　　月　七　月　八　割　稻子
　　　　七八月里割稻子。

　　　b. ˀdau²⁴ ɣaːn⁴² you⁴² pi²⁴ pi²⁴ çuŋ⁵⁵ ˀdam²⁴ hou³¹mai³¹.
　　　　　里　家　我们　年　年　都　种　玉米
　　　　我们家年年都种玉米。

　　　c. ta³³nuːŋ³¹ ku⁵⁵ haŋ⁵⁵/kjai⁴² te²⁴/he⁵⁵. 我妹妹喜欢他。
　　　　妹妹　我　喜欢/爱　他

（41）te²⁴ ʔbou⁵⁵/ʔbu³³ ṇiːn³³ nou⁴²/kaːŋ⁵⁵.　　他不愿意说。
　　　　他　　不　　　　愿意　　说 讲

从上面的两组句子可以看出以下两点：

1. 关系动词、表达感情的动词或动词前有能愿动词时，动词或动词加上宾语，都可以成句。

2. 动作动词在疑问句和祈使句中，在回答问题时，单独构成句子比较容易。但在陈述句中，则需要有表示时间的名词、副词，等等。

（三）说话者表达的重点是说明事实、介绍情况。而不在于叙述动作的进行，这时表示动作事件的词语并不一定按照时间顺序排列。这种句子并不是按照时间发生的动作、事件，而把动作、事件平列起来，这种句子多由几个分句组成（参见第九章"复杂句"的"并列结构"一节）。例如：

（42）søːŋ²⁴ pou³¹ lɯk³³ŋe⁴² he⁵⁵, pou³¹ huŋ²⁴ ku³³ piŋ²⁴, pou³¹
　　　两　　个　　孩子　他　个　大　做　兵　　个
ʔi³⁵ ʔjou³⁵ ɣaːn⁴² tok³³ sɯ³⁴.
小　　在　　家　　读　书
他的两个孩子，大的当兵，小的在家读书。

（43）tak³³poːi³¹ huɯn⁵⁵ pla²⁴ poːi²⁴/pi³³ tuɯk⁵⁵ ɣok⁵⁵, tak³³nuːŋ³¹
　　　哥哥　　上　　山　去　　　　打　鸟　弟弟
ɣoŋ⁴² ta³³ poːi²⁴/pi³³ tuɯk⁵⁵ pla²⁴.
下　　河　去　　　　打　鱼
哥哥上山打鸟，弟弟下河捕鱼。

（44）kou⁴² søːŋ²⁴ pou³¹ ɕai²⁴ na⁴², muŋ⁴² søːŋ²⁴ pou³¹ ɣaːu³⁵
　　　我　　二　　个　犁　田　你　　二　　个　耙
na⁴², te²⁴ søːŋ²⁴ pou³¹ ʔdam²⁴ na⁴².
田　他　二　　个　种　田
我俩犁田，你俩耙田，他俩插秧。

（四）下列动词后一般不能用动态助词 kwa³⁵ "过"、ʔdai⁵⁵ "了"、tuɯk⁵⁵ "着"或补语：

1. 判断动词 tuɯk³³ "是"和准判断动词 heːu³³ "叫做"、lum⁵⁵ "像"、pan⁴² "成为"、taŋ³⁵ "等于或仿佛是"、kuːn²⁴ "(说)归(说)"、waːn⁴² "(米)是(米)"。

2. 能愿动词。

3. ɣø³¹ŋin³³ "觉得"等动词不能用动态助词和补语；ɣø³¹ "知道"、ɣø³¹na⁵⁵ "认识"不能用补语，通常也不用动态助词。

第二节　动词短语及有关结构成分

我们知道，简单的动词短语只包含一个动词，而动词可以用做句子的谓语，还可以被否定标记ʔbou⁵⁵ "不"和"没"中的一个或同时被这两个词所修饰。

然而，在许多话语中，一个单一的动词不能构成一个谓语的全部。修饰语、助词、宾语之类的成分可以使话语形式多样化。这些成分都可以构成动词短语的一部分。一个扩展了的动词短语是一个以动词为核心的谓语词组。

下面我们主要从句法的角度来讨论燕齐壮语中构成较复杂的谓语或动词短语的几种主要成分。

一、动词+宾语

当动词与宾语结合在一起时，其结果可能是一个包含动词和宾语原来含义的"总和"短语，如（45）；也可能是一个含义完全不同的组合词，如（46），换句话说，它变成了一个习惯用语。例如：

（45）ʔdam²⁴ fai³¹ 种树　　　　　　　kɯ²⁴ plak⁵⁵ 吃菜

（46）taɯ⁴² lɯk³³ 结果　　　　　　　mi⁴² ʔdaːŋ²⁴ 怀孕

二、副词短语+动词

副词短语可以包括下列任何一种情况。

（一）副词。例如：

（47）ʔbu³³ kɯ²⁴不吃　　　ɕuŋ⁵⁵ mi⁴²都有　　　ɕam³³ poːi²⁴也去

（二）介词+名词。例如：

（48）a.　ʔjou³⁵ kɯn⁴² ʔbɯn²⁴ ʔbin²⁴ poːi²⁴ ʔbin²⁴ taːu³⁵.
　　　　　在　上面　天空　飞　去　飞　来
　　　　　在天空中飞来飞去.

　　　b.　ʔjou³⁵ heːn⁴² ɣon²⁴ jiːt³³pak³³.　在路边休息。
　　　　　在　边　路　休息

　　　c.　ʔjou³⁵ ɣøːk³³ ɣaːn⁴² ɕik⁵⁵ ʔdit⁵⁵.　在屋外晒太阳。
　　　　　在　外面　房子　晒　太阳

（三）时间副词。

（49）son³¹ni⁴² poːi²⁴ 现在去　　　　ŋon⁴²ni⁴² tou⁵⁵ 今天来

　　　tø⁴²hat⁵⁵ poːi²⁴ ɕai²⁴ na⁴² 早上去犁田

三、动词+补语

动词后加上一个成分，以补充说明动作行为的结果、趋向或方式等。

做动词短语的补语有下列的词或词组。

（一）副词。

（50）po:i²⁴ kø:n³⁵ 先走　　　po:i²⁴ ka⁴²ɣa:i³¹ 真的去
　　　　去　　先　　　　　　　去　　真

　　　la:u²⁴　ɣa:i³¹ɕa:i³¹/ta:ŋ³⁵ma⁴² 很害怕

　　　害怕　　很

（二）介词+名词。

（51）a. mi⁴² tu⁴² ma²⁴ hu⁵⁵ pø:m³⁵ ʔjou³⁵ ɕiŋ³⁵kja:ŋ²⁴ ɣon²⁴.
　　　　　有　只　狗　一　趴　　在　　中间　　路

　　　　有一条狗趴在路中间。

　　　b. ʔje:m³⁵/ʔjaɯ⁵⁵ piŋ³³ haɯ⁵⁵ te²⁴.　给他看病。
　　　　　看　　　　病　　给　他

　　　c. se:u³⁵ kwa³⁵ tu⁴²mou²⁴.　比猪干净。
　　　　　干净　过　猪

（三）数量短语。

（52）a. ma²⁴ ɣa:n⁴² pai⁴²/ta:ŋ³⁵/ʔba:t³⁵ hu⁵⁵.　回了一趟家。
　　　　　回　家　　次　　　　　　　一

　　　b. hap³³ po:i²⁴ sø:ŋ²⁴ ʔba:t³⁵.　咬了两口。
　　　　　咬　去　　两　　次

（四）动词或动词性词组。

（53）a. pø:ŋ⁵⁵ ɣak⁵⁵ 冲断　　　　mup³³ ɣa:i²⁴ 打死
　　　　　冲　断　　　　　　　　打　死

　　　b. ɕik⁵⁵ tɯk⁵⁵ na⁴² ɕuŋ⁵⁵ ɣe:k³⁵ po:i²⁴/pi⁵⁵.
　　　　　晒　得　田　都　裂　去

　　　　晒得田都裂了。

（五）形容词或形容词性词组

（54）a. ɕo:i³³ ʔdo:i²⁴ lu³³.　修好了。
　　　　　修　好　（语气词）

　　　b. ɣu:t³³ ti:u⁴²pu³³ ʔbai³⁵ li:u³¹.　衣服都淋湿了。
　　　　　淋　衣服　湿　完

（六）趋向动词

（55）a. ʔdɯn²⁴ hɯn⁵⁵tou⁵⁵站起来　　ʔou²⁴ tou⁵⁵ 拿来
　　　　　站　起来　　　　　　　　拿　来

　　　b. ɕaɯ³¹ ti³⁵ paŋ⁴² hu⁵⁵ ma²⁴.　买一些布回来。
　　　　　买　点　布　一　回

（七）时间或方位名词

（56）a. po:i²⁴ so:i⁴²ni⁴² 现在去　　　　ɣa:i²⁴ pi²⁴ kja:i²⁴ 前年死

　　　　　去　现在　　　　　　　　死　前年

　　　b. naŋ³³　kuun⁴²　ta:i⁴². 　坐在桌子上。

　　　　　坐　　上面　　桌子

　　　　　nin⁴²　la⁵⁵　çø:ŋ⁴². 　　睡在床底下。

　　　　　睡　　下面　床

（八）象声词

（57）a. ma²⁴ ɣou³⁵ ŋup⁵⁵ŋup⁵⁵. 　狗汪汪地叫。

　　　　　狗　叫　（拟声）

　　　　　ɣi:u²⁴ ka:k⁵⁵ka:k⁵⁵. 　　笑哈哈。

　　　　　笑　　（拟声）

　　　b. ɣum⁴² pø:ŋ⁵⁵ ʔo⁵⁵ ʔo⁵⁵. 　风呼呼地吹着。

　　　　　风　　吹　（拟声）

　　　　　ɣam³¹ ɣiu⁴² ɣa:k³³ɣa:k³³. 水哗哗地流着。

　　　　　水　　流　（拟声）

四、助动词+动词

助动词(能愿动词)可以跟动词连用，放在动词前面，做状语。例如：

（58）n̠i:n³³ nou⁴²/ka:ŋ⁵⁵ 愿意说　　　　ka:m⁵⁵ po:i²⁴ 敢去

　　　　愿意　说　　　　　　　　　　敢　去

　　　　ɣø³¹ çɯ:ŋ³⁵kø²⁴ 会唱歌

　　　　会　唱歌

五、动词+体貌标记+（宾语）

　　体貌标记通常黏附在动词词根上。黏附在词根前面的也可以称为前缀，黏附在词根后面的可以称为后缀。

　　动词的体貌标记表示动词描写的行为在某个时段发生，或跟说话时有某种联系。例如：

　1. 表示经历：

（59）taŋ⁴² kwa³⁵ pu⁴²kiŋ³³ /taŋ⁴² pu⁴²kiŋ³³ kwa³⁵　到过北京

　　　　到　过　北京　　　到　北京　过

　　　　ɣan⁴² kwa³⁵ te²⁴/ ɣan⁴² te² kwa³⁵　见过他

　　　　见　过　他　　　见　他　过

　　　　taŋ⁴² kwa³⁵ muun²⁴ni⁴²/ taŋ⁴² muun²⁴ni⁴² kwa³⁵　到过这里

　　　　到　过　这里　　　到　这里　过

2. 表示持续或存现：

（60）a. ɕɯːŋ³¹ mi⁴² tu⁴² ma²⁴pa:n³⁵luk³³ hu⁵⁵.　养有一只小花狗。
　　　养　有　只　狗　花斑小　一

　　　b. ɕiŋ³⁵kja:ŋ²⁴ ɣa:n⁴² ɕɯːŋ³⁵ mi⁴² ʔan²⁴ ta:i⁴² fuːŋ²⁴ ʔi³⁵ hu⁵⁵.
　　　　中间　　房子　放　有　张　桌　方　小　一
　　　　房子当中放着一张小方桌。

（61）a. nin⁴² tɯk⁵⁵ ʔjaɯ⁵⁵ saɯ²⁴.　　躺着看书。
　　　躺（助词）　看　书

　　　b. paːi⁴² toːi²⁴ tɯk⁵⁵ hou⁵⁵ poːi²⁴/pi³³ ʔjaɯ⁵⁵ teːn²⁴ ʔiŋ⁵⁵.
　　　　排队（助词）进　去　　　看　电影
　　　　排着队进去看电影。

3. 表示完成：

（62）a. ɕaɯ³¹ ʔdai⁵⁵ ŋoːi³³ ɕip³³ ʔan²⁴ ʔwaːn⁵⁵.　买了二十只碗。
　　　买　得　二　十　只　碗

　　　b. kɯ²⁴ poːi²⁴ søːŋ²⁴ ʔan²⁴ kjoːi⁵⁵.　　吃了两个香蕉。
　　　吃　去　两　个　香蕉

在燕齐壮语中，表示经历的"kwa³⁵（过）"可以放在动词后面，也可以放在宾语的后面，位置比较自由（关于动词的体，在本章第三节、第四小节再作进一步讨论）。

六、动词+（宾语或补语）+尾词

尾词可以与一个短语或一个句子相结合，表示某种情态。例如：

（63）kjoŋ³⁵teʔ²⁴ hou⁵⁵hou⁵⁵ ʔøːk³⁵ ʔøːk³⁵ ku³³ ma⁴²　lu³³na³³?
　　　他们　进　进　出　出　做　什么（语气词）
　　　他们进进出出的做什么呢？

（64）a. kɯn²⁴ kaːk⁵⁵/keːk⁵⁵ ɕi⁴² poːi²⁴ lu³³.　随便吃就走。
　　　吃　（后缀）　就　去（语气词）

　　　b. ham³³ lu³³,　　ʔdam²⁴ ʔdeːk⁵⁵ ʔdai⁵⁵ lu³³.
　　　晚（语气词）　种（后缀）　得　（语气词）
　　　天晚了，随便种算了。

　　　c. ɣam⁵⁵ɣaːk⁵⁵/ɣeːk⁵⁵ poːi²⁴.　砍掉吧。
　　　砍　（后缀）　去（语法化）

　　　d. poːi²⁴/pi³³ ma⁴² lu³³.　回家了。
　　　去　　回（语气词）

七、动词+宾语+补语

在燕齐壮语中，如果动词后面既有宾语，又有补语，其顺序一般是宾语在前，补语在后。例如：

（65）a. tu⁴²ma²⁴ hap³³ tu⁴²me:u⁴² ɣa:i²⁴ lu³³. 狗把猫咬死了。
狗　咬　猫　　死（语气词）

b. te²⁴ ɕauɯ³¹ ti³⁵ paŋ⁴² hu⁵⁵ ma²⁴. 他买了一些布回来。
他　买　些　布　一　回

（66）a. ɕo:i³¹ ʔan²⁴ɣa:n⁴² ta³¹luŋ⁴² ʔdo:i²⁴ lu³³.
修　房子　伯父　　好（语气词）
修好了伯父的房子。

b. ɣum⁴² huŋ²⁴ pø:ŋ⁵⁵ kø²⁴fai³¹ he:n⁴² ʔba:n⁵⁵ ɣak⁵⁵ lu³³.
风　大　冲　树　　边　村　断（语气词）
大风把村边的树吹断了。

燕齐壮语也有补语在前，宾语在后的情况，但各有一定的条件限制：

1. 补语是数量词组时，可以放在宾语的前边。

（67）a. te²⁴ ta⁵⁵ sø:ŋ²⁴ pai⁴²/ʔba:t³⁵ fuŋ⁴². 他拍了两下手。
他　打　两　次　　　手

b. ŋon⁴²ni⁴² te²⁴ po:i²⁴ sø:ŋ²⁴ pai⁴² hauɯ²⁴ lu³³ .
今天　他　去　两　次　集市（语气词）
今天他上两趟街了。

2. 结果补语在质问句或祈使句中也可以放在宾语的前边。

（68）a. muɯŋ⁴² ʔe:u⁵⁵ ɣak⁵⁵ kø²⁴ fai³¹ he⁵⁵ po:i²⁴/pi⁵⁵ ku³³ma⁴²?
你　折　断　棵　树　那　去　　什么
你为什么把那棵树折断？

b. mup³³ ɣa:i²⁴ sø:ŋ²⁴ tu⁴² kuk⁵⁵ ni³¹ po:i²⁴/pi⁵⁵.
打　死　二　只　老虎　这　去
打死这二只老虎！

3. 壮语的双音趋向补语中间能插入宾语，因此，壮语双音趋向补语的前一个成分便位于宾语之前。

（69）a. te²⁴ pla:i⁵⁵ hou⁵⁵ ʔdauɯ²⁴ ɣa:n⁴² po:i²⁴/pi⁵⁵.
他　走　进　里　房子　去
他走进屋里去。

b. tak³³nu:ŋ³¹ ple:n⁴² hun⁵⁵ kø²⁴fai³¹ po:i²⁴/pi³³ kap³³ ɣok³³.
弟弟　爬　上　树　去　抓　鸟
弟弟爬上树去抓鸟。

第三节　动词的形态

对于"形态"一词，不同的人有不同的理解，概括起来，大致有两种观点："狭义形态派"和"广义形态派"。狭义形态派可以俞敏等人为代表。俞敏 1954 年首先就"形态变化"作了诠释："什么叫形态变化呢？一个词的声音起了变化，并且用这一次变化表示些个次要的意思叫形态变化。要是用在拼音字的话里呐，声音一变，拼法也常跟着变，所以有人管形态变化叫'词形变化'。"[①]而声音变化又有多种情形。他在该文中列举了六种声音变化形式：① 重音变化；② 调子变；③ 变音（元音、辅音）；④ 加音；⑤ 减音；⑥ 重叠。并分别举了汉语的例子。赵元任（1979）把"阿、老、第、初"等看作前缀；把"儿、子、们、头"等作为名词的后缀，把"着、了、过、起来"等看作动词的后缀；把"糊里糊涂"里的"里"，"看得见、看不见"里的"得/不"看作中缀。并且觉得重叠也可以看作一种语缀。持类似观点的还有王力。

但以方光焘、胡附、文炼为代表的广义形态派则持另外的观点。方光焘在《体系与方法》一文中明确指出："词与词的互相关系，词与词的结合，也不外是一种广义的形态。"[②]胡附、文炼也曾明确说过："形态有广狭两种意义，狭义的形态是指单个词的接头接尾而言……广义的形态除了单个词儿的形态变化外，还包括词与词的相互关系，词与词的结合，语词的先后次序等等。"[③] 这是对广义形态的一种理解。

对广义形态的另一种理解是，传统的形态学研究包括两方面：构词法和构形法。狭义的形态指的是构形法，而广义的形态，除了指构形法以外，还包括构词法在内，王力、高名凯等就是这样理解的。

本部分讨论的动词形态包括动词的前缀、动词的后附成分、动词的重叠和动词的体。

一、动词的前缀

在第三章"构词法"之"合成词（一）"中，我们介绍了燕齐壮语动词前缀 $tø^{42}$ 和 ta^{55} 的附加意义。实际上，带前缀 $tø^{42}$ 和 ta^{55} 动词有一个共同的语法特征，即减少了论元，由及物动词变为不及物动词。

（一）前缀 $tø^{42}$

动词加上前缀 $tø^{42}$ 后，表示动作的相互性或表示动作的趋向，并由及物动词变成了不及物动词，试比较：

---

①②③　卢英顺：《形态和汉语语法研究》，学林出版社 2005 年版，第 2—3 页。

A. pon³⁵ 追/赶　　　　　　　pon³⁵ mou²⁴　赶猪

　　　　　　　　　　　　　pon³⁵ wun⁴²　赶人

　　tø⁴²pon³⁵互相追赶　　　*tø⁴²pon³⁵mou²⁴

　　　　　　　　　　　　　*tø⁴²pon³⁵ wun⁴²

B. po:i²⁴去　　　　　　　　po:i²⁴ haɯ²⁴　去集市

　　　　　　　　　　　　　po:i²⁴ ʔba:n⁵⁵　走亲戚

　　tø⁴²po:i²⁴往后/以后　　*tø⁴²po:i²⁴ haɯ²⁴

　　　　　　　　　　　　　*tø⁴²po:i²⁴ ʔba:n⁵⁵ss

（二）前缀 ta⁵⁵

动词加上前缀 ta⁵⁵后，表示某种行业行为的泛称。例如：

　　ta⁵⁵ɕaɯ⁵⁵烹饪　　　　　ta⁵⁵ha:i²⁴（卖）出售、售货

　　ta⁵⁵ɣa:p³⁵（挑）挑担　　ta⁵⁵ ʔdam²⁴（种）耕种

　　ta⁵⁵ɕai²⁴（犁）犁（田、地）

这类动词主要有以下语法特征：

1. 动词加上前缀 ta⁵⁵后，由及物动词变成了不及物动词。例如ʔdam²⁴ "种"是及物动词，可以带宾语，但ʔdam²⁴ 加上前缀 ta⁵⁵之后，就不能再带宾语了。 试比较：

　　ʔdam²⁴ 种　　　　　　　　ʔdam²⁴ fai³¹ 种树

　　　ta⁵⁵ ʔdam²⁴ 种植　　　　* ta⁵⁵ ʔdam²⁴ fai³¹

　　ʔdam²⁴plak⁵⁵ 种菜　　　　* ta⁵⁵ ʔdam²⁴ plak⁵⁵

　　ʔdam²⁴ ʔo:i⁵⁵ 种甘蔗　　 * ta⁵⁵ ʔdam²⁴ ʔo:i⁵⁵

2. 动词加上前缀 ta⁵⁵后，语法特征改变，不能重叠，不能带趋向补语。试比较：

　　ha:i²⁴ 卖

　　　ha:i²⁴ha:i²⁴ ʔjaɯ⁵⁵ 卖卖看　　*ta⁵⁵ha:i²⁴ ta⁵⁵ha:i²⁴

　　　ha:i²⁴ ʔø:k³⁵po:i²⁴ 卖出去　　*ta⁵⁵ha:i²⁴ ʔø:k³⁵po:i²⁴

　　ɣa:p³⁵ 挑

　　　ɣa:p³⁵ ɣa:p³⁵ ʔjaɯ⁵⁵ 挑挑看　　*ta⁵⁵ɣa:p³⁵ ta⁵⁵ɣa:p³⁵

　　　ɣa:p³⁵ hou⁵⁵tou⁵⁵ 挑进来　　*ta⁵⁵ɣa:p³⁵ hou⁵⁵tou⁵⁵

　　ʔdam²⁴ 种

　　　ʔdam²⁴ ʔdam²⁴ ʔjaɯ⁵⁵ 种种看　　*ta⁵⁵ ʔdam²⁴ ta⁵⁵ ʔdam²⁴

　　　ʔdam²⁴ ɣoŋ⁴²po:i⁴² 种下去　　*ta⁵⁵ ʔdam²⁴ ɣoŋ⁴²po:i

这些动词原本是可以重叠的，表示尝试的意思，也可以带ʔø:k³⁵po:i²⁴"出去"、ɣoŋ⁴²po:i⁴² "下去"、hou⁵⁵tou⁵⁵ "进来"趋向补语。但是加上前缀 ta⁵⁵之后，动词不仅不能重叠了，而且不能再带这些趋向补语了。

二、动词的后附成分

燕齐壮语动词的后附成分主要有两种类型：

（一）后附成分-aːk/-eːk

燕齐壮语有部分动词，主要是表示人类行为的动词后面可以带上-aːk/-eːk，构成一个"二音格"AB 式动词。后附成分与动词不但声母相同，而且调类的单数或双数（相当于汉语的阴阳调）也往往保持一致。即动词调类是单数时，后附音节读为第七调（55）；若动词调类是双数调时，后附音节读为第八调（33）。动词带上后缀-aːk/-eːk，表示催促、索性或随意的意义。表示何种意义，要看语境而定。一般而言，该动作行为之所以随意性大，缘于催促，而且没有严格要求，没有认真对待"无所谓"心态。

1）在类 AB 式动词的后附音节 B 不能多次重叠。这显示出两个音节 A、B 是同样重要的。例如：

$kɯn^{24}kaːk^{55}$ 快点吃掉　　　　$sik^{55}saːk^{55}$ 随意撕一下

$ʔjaɯ^{55ʔ}jaːk^{55}$ 随便看一下　　$ɣam^{55}ɣaːk^{55}$ 随意砍一下

$tom^{35}taːk^{55}$ 随意推倒　　　　$tik^{55}taːk^{55}$ 任意踢一下

$ɕai^{24}ɕaːk^{55}$ 随便犁一下　　　$si^{55}saːk^{55}$ 随意写一下

$naŋ^{33}naːk^{31}$ 随便坐一下　　　$ɣaːi^{31}ɣaːk^{31}$ 随意倒一下

$ɕiːm^{42}ɕaːk^{31}$ 随意拔一下　　　$jok^{33}jaːk^{33}$ 随便塞一下

$nou^{42}naːk^{31}$ 随便说一下　　　$kop^{33}kaːk^{31}$ 随便盖一下

$mop^{33}maːk^{31}$ 随意打一下　　　$ɕuk^{33}ɕaːk^{31}$ 随意捆一下

这类动词虽然可以重叠，但其重叠形式只能是"四音格"的 AIAB 式，而不是 ABB 式。例如：

$kɯn^{24}ki^{33}kɯn^{24}kaːk^{55}$　　　　　随便而快速吃掉（无所谓）

$tup^{33}ti^{33}tup^{33}taːk^{31}$　　　　　　随便乱打（没有目的）

$ɣaːi^{31}ɣi^{33}ɣaːi^{31}ɣaːk^{31}$　　　　　随意而快速乱倒（随意性强）

$tat^{55}ti^{33}tat^{55}taːk^{55}$　　　　　　随意而快速剪掉（没有固定的）

$tik^{55}ti^{33}tik^{55}taːk^{55}$　　　　　　随意乱踢（没有目的）

$ɕiːm^{42}ɕi^{33}ɕiːm^{42}ɕaːk^{31}$　　　　随意乱拔（没有目的）

这类动词的重叠式——AIAB 式结构很有特点。上述例子表明，"四音格"的 AIAB 式来源于"二音格"的 AB 式，即由 AB 式的中心词重叠后，在两个重叠音节之间插入一个声母与中心词 A 保持一致、韵母为 i、声调为中平调（33）的音节。可以说，"二音格"AB 式都可以通过这一情形变成"四音格"的 AIAB 式。但是 AIAB 式传递的信息显然要比 AB 式的多。例如 $sik^{55}saːk^{55}$ "（把一张纸）快速地撕掉"的动作行为只有"一次性/一下子"的含义，而 AIAB 式的 $sik^{55}si^{33}sik^{55}saːk^{55}$ 所表达的却不仅仅是动作行为本身——不但表示动作很大，而且还是"撕成了碎片"，同时也说明施事者的动作行为隐含着"不满"、"愤怒"等情态。

2）动词可以通过其后附音节韵母的变换，用 a:k 或用 e:k 来表示该动词动作行为在"力度"上的细微差别。动作行为的"级差"效果取决于后附音节韵母的元音高低大小：低元音 a 的韵母 a:k 表示动作行为的力度较大；而高元音 e 的韵母 e:k 则表示动作行为的力度较小，有语音象征意义。例如：

（力度大）	（力度小）
tap^{33} ta:k^{55} 随意乱踹	tap^{33}te:k^{31} 随意乱踹
ɣa:i^{31}ɣa:k^{31} 随意乱倒	ɣa:i^{31}ɣe:k^{31} 随意乱倒
jok^{33}ja:k^{31} 随意乱捅	jok^{33}je:k^{31} 随意乱捅
kwe^{55}ka:k^{55} 随意乱割	kwe^{55}ke:k^{55} 随意乱割

这种以-a:k韵母或-e:k韵母为特征的后缀，在燕齐壮语中应用极为广泛，几乎所有的单音节动词都可以与之相搭配，产生相应的语法和语义效果。

（二）其他后附成分

在燕齐壮语中，除了判断动词、能愿动词外，各类动词都有一部分能受一两个（少数有多个）摹拟副词性词根补充，构成兼形拟声特点的复合动词。这种摹拟词根，有些是单音，表示一次动作；有些是重叠，表示连续多次，等等。这类动词的后附成分主要有以下情况：

1. 后附成分多为绘形性质，可以多次重叠，如（70）。如果动词带宾语，有些绘形的后附成分可以放在宾语之后，如 d 句：

（70）a. pla:i^{55}ŋu^{55}ŋu^{55}　　　　无精打采地走的样子

　　　b. ɣi:u^{24}ȵum^{55}ȵum^{55}　　　笑盈盈的样子

　　　c. va:t^{33} jek^{33}jek^{33}　　　　轻轻地挥着

　　　d. wa:t^{33} fuŋ^{42} jek^{33}jek^{33}　　轻轻地挥着手

2. 动词带上摹声的后附成分，构成动词的生动形式，这类后附成分也可以多次重叠。例如：

（71）a. ma^{24} ɣou^{35} ŋup^{55}ŋup^{55}. 狗汪汪地叫着。

　　　　 狗　吠　（拟声）

　　　b. fa:n^{24}ko:i^{42}hoŋ^{42} ʔbin^{24}jup^{55}jup^{55}. 红旗哗啦啦地飘着。

　　　　 张　 红旗　 飞　（拟声）

　　　c. ɣi:u^{24} ka:k^{55}ka:k^{55}, ɣi:u^{24} ke:k^{55}ke:k^{55}.

　　　　 笑　（拟声）　　笑　（拟声）

　　　　笑哈哈，笑嘻嘻。

　　　d. ʔbau^{24} fai^{31} lon^{35} plok^{55}plok^{55}. 树叶纷纷落下来。

　　　　 叶　树　落（拟声拟态）

（72）a. kjoŋ³⁵ wun⁴² pɯːt³⁵ poːi²⁴/pi³³ ʔjaɯ⁵⁵fot⁵⁵fot⁵⁵.

　　　　　　群　　人　　跑　去　　　看（拟态）

　或者：kjoŋ³⁵ ʔwun⁴² pɯːt³⁵fot⁵⁵fot⁵⁵ poːi²⁴/pi³³ ʔjeːm³⁵.

　　　　　　群　　人　　跑（拟态）　　去　　看

　　　　人们纷纷地跑去看。

　　　b. ɣum⁴² pøːŋ⁵⁵ ʔo⁵⁵ʔo⁵⁵, ɣam³¹ ɣiːu²⁴ yaːk⁵⁵yaːk⁵⁵.

　　　　　风　吹（拟声）　水　流　　（拟声）

　　　　风呼呼地吹着，水哗哗地流着。

这类动词一般只限于单音动词，一般来说，摹声的要比绘形的多些。

三、动词的重叠

动词重叠指燕齐壮语的动词可以重叠起来使用。重叠的动词表示一定的语法意义，并具有特别的表达功能。

（一）动词重叠的形式

在燕齐壮语中，重叠情况一般只发生在单音的动词里，其重叠的形式为 AA 式。例如：

　　ʔjaɯ⁵⁵ 看　　　　　ʔjaɯ⁵⁵ ʔjaɯ⁵⁵ 看看

　　plaːi⁵⁵ 走　　　　　plaːi⁵⁵ plaːi⁵⁵ 走走

　　çoːi³³ 修理　　　　　çoːi³³ çoːi³³ 修理修理

　　naŋ³³ 坐　　　　　naŋ³³ naŋ³³ 坐坐

　　çim⁵⁵ 尝　　　　　çim⁵⁵ çim⁵⁵ 尝尝

此外，燕齐壮语动词还有少量的动词有 AABB 式的重叠形式，例如：

　　hou⁵⁵ hou⁵⁵ ʔøːk³⁵ ʔøːk³⁵ 进进出出

　　poːi²⁴ poːi²⁴ taːu³⁵ taːu³⁵ 来来往往

（二）动词重叠的语法意义

燕齐壮语 AA 式的动词重叠形式可以在后面加上"ʔjaɯ⁵⁵"，表示动作持续时间的短暂或尝试。这种用法在燕齐壮语中很普遍。例如：

（73）a. ʔou²⁴ tou⁵⁵ haɯ⁵⁵ ku⁵⁵ ʔjaɯ⁵⁵ ʔjaɯ⁵⁵. 拿来给我看看。

　　　　　　拿　来　给　我　看　看

　　　b. muŋ⁴² nam⁵⁵nam⁵⁵ jaɯ⁵⁵.　　你想想看。

　　　　　　你　想　想　看

燕齐壮语动词的 AABB 式重叠表示动作的反复和强调的意思。

（74）kjoŋ³⁵wun⁴² he⁵⁵ poːi²⁴poːi²⁴ taːu³⁵taːu³⁵ lum⁵⁵ poːi²⁴/pi³³ haɯ²⁴ ni³³.[①]

　　　　人们　那　去去　返返　像　去　集市　×

　　　人们来来往往像赶集似的。

────────────

① lum⁵⁵…ni³³是个词组，意思是"像……似的"。

（三）动词重叠的表达功能

动词重叠具有特别的表达功能，这些功能来自它的语法意义，但不完全等于其语法意义。在使用动词的重叠形式时，一定要特别注意。动词重叠的表达功能与动作发生的时间有密切关系。

1. 用于动作尚未发生——未然时，动词重叠的主要作用是缓和语气，是委婉地表达主观愿望的一种方式，这是动词重叠最常见的用法。例如：

（75）a.　mɯŋ⁴² nam⁵⁵nam⁵⁵ ʔjaɯ⁵⁵, te²⁴ po:i²⁴ ʔdai⁵⁵ ka⁵⁵la:i²⁴ ŋo:n⁴² lu³³.
　　　　　你　 想　 想　 看　　他 去　 得　 多少　　 天（语气词）
　　　　　你想想看，他走了多久了。

　　　b.　kø:n⁵⁵pit⁵⁵ ku⁵⁵ ʔbou⁵⁵/ʔbu³³ ɣan²⁴ lu³³, mɯŋ⁴² pa:ŋ²⁴
　　　　　支 笔　 我　 不　　　　 见（语气词）你　 帮
　　　　　ku⁵⁵ ɣa²⁴ ɣa²⁴.
　　　　　我 找 找
　　　　　我的笔不见了，你帮我找找。

　　　c.　ki³⁵ɕuk⁵⁵ n⁴² ʔdo:i²⁴ kɯ²⁴ la:i²⁴, mɯŋ⁴² ɕim⁵⁵ɕim⁵⁵ ʔjaɯ⁵⁵.
　　　　　些 粥 这 好 吃 多 你　 尝 尝　 看
　　　　　这粥挺好吃的，你尝尝看。

用在表示愿望"想"、"打算"、"希望"等动词后的动词重叠形式也有这样的功能。

（76）a.　kou²⁴ sɯ:ŋ⁵⁵ ʔø:k³³po:i²⁴ pla:i⁵⁵pla:i⁵⁵. 我想出去走走。
　　　　　我 想　　 出去　 走 走

　　　b.　kou²⁴ sɯ:ŋ⁵⁵ ʔjaɯ⁵⁵ ʔjaɯ⁵⁵ ti:u⁴²pu³³ he⁵⁵.
　　　　　我 想　 看 看　 衣服　　那
　　　　　我想看看那件衣服。

动词重叠之所以有这样的功能，是因为它表示"少量"这样一种语法意义，说话人用动词重叠形式来表示自己的请求、命令、愿望，表示事情不是很费时费力，似乎不难做到的，从而使对方容易接受，动词重叠以后，句子的语气相对缓和了。试比较：

（77）a.　kou²⁴ ʔbou⁵⁵/ʔbu³³ ɣø³¹ si⁵⁵ san³⁵, mɯŋ³¹ ɕoŋ³³ ku⁵⁵ si⁵⁵.
　　　　　我 不　　 会 写 信　 你 帮 我 写
　　　　　我不会写信，你帮我写。

　　　b.　kou²⁴ ʔbou⁵⁵/ʔbu³³ ɣø³¹ si⁵⁵ san³⁵, mɯŋ³¹ ɕoŋ³³ ku⁵⁵ si⁵⁵ si⁵⁵.
　　　　　我 不　　 会 写 信 你 帮 我 写 写
　　　　　我不会写信，你帮我写一下。

（78）b 句的语气显然客气得多。

当尚未发生的动作是比较随意，不是那么严肃的时候，通常也只用动词重叠式。试比较：

（78）a. kou²⁴ sɯːŋ⁵⁵ ɕou³⁵ muɯŋ³¹ kaːŋ⁵⁵kaːŋ⁵⁵. 我想跟你说说。

　　　　我　想　跟　你　讲讲

　　　b. kou²⁴ sɯːŋ⁵⁵ ɕou³⁵ he⁵⁵ kaːŋ⁵⁵, ʔbou⁵⁵/ʔbu³³ sɯːŋ⁵⁵

　　　　我　想　跟　他　讲　不　　　　想

　　　　ɕou³⁵ muɯŋ³³ kaːŋ⁵⁵.

　　　　跟　你　讲

　　　　我想跟他说，不想跟你说。

（78）a 句的语气缓和，态度不那么严肃，好像是要随便"聊聊"；b 句的语气较生硬，态度也较严肃。

2. 用于已然的动作，表示动作持续的时间很短，一般有两种情况：

1）有一些人体动作可以表示大家公认的特定的意思，如摇头表示否定或惋惜，点头表示称赞或打招呼，皱眉表示不满意，等等，即通常所谓的体态语、身势语。这些动作一般持续的时间都相当短，动词重叠形式是表达这种动作的最常见的方式。例如：

（79）a. te²⁴ pi²⁴ pi²⁴ ɣou⁵⁵, nou⁴²: "kou²⁴ ʔbou⁵⁵/ʔbu³³ ɣø³¹."

　　　　他　摇摇　头　说　我　不　　　知道

　　　　他摇摇头，说："我不知道。"

　　　b. te²⁴ ɣan²⁴ ku⁵⁵ ɕan⁵⁵ ŋak⁵⁵ŋak⁵⁵ ɣou⁵⁵, ʔbou⁵⁵/ʔbu³³ kaːŋ⁵⁵wa³³.

　　　　他　见　我　只　点点　头　不　　　讲话

　　　　他见了我只点点头，没说话。

2）用于一个持续时间不会很长的动作。例如：

（80）a. te²⁴ muːŋ³³muːŋ³³ kø²⁴hou³¹ ʔdau²⁴ na⁴², ɕou³³ poːi²⁴ma²⁴ lu³³.

　　　　他　望望　禾苗　里　田　就　回去（语气词）

　　　　他望了望田里的禾苗，回家去了。

　　　b. te²⁴ pat⁵⁵pat⁵⁵ ki⁵⁵fon³⁵ kuɯn⁴² pu³³, kuɯt³³ kwuːk³⁵ poːi²⁴ lu³³.

　　　　他　拍拍　灰尘　上　衣服　扛　锄头　去（语气词）

　　　　他拍了拍衣服上的灰尘，扛着锄头去了。

这样的动词重叠形式，所表示的动作也有比较随意的意味。

表示已然动作时，如果动作必须经过一个过程才能完成，就不能用动词的重叠形式。比如下面的句子是不对的：

（81）*a. ɣou⁴² ŋon⁴²luːn⁴² poːi²⁴ ʔdam²⁴ʔdam²⁴ fai³¹.

　　　　我们　昨天　去　种　种　树

　　　　我们昨天去种种树.

*b. kou²⁴ ŋon⁴²pø:n⁴² tiŋ³⁵tiŋ³⁵ ki³⁵wa³³ te²⁴.
　　我　　前天　　听　听　些　话　他
　　我前天听听他的话。

3. 重叠动词可以表示经常性的没有确定时间的动作，这样用时，句子往往有"轻松"、"随便"的意味，常常是几个句子连用。例如：

（82）a. piŋ⁴²so:i⁴² muɯŋ⁴² po:i²⁴/pi³³ hon³¹ hon³¹ kji:n⁴², ti:u³⁵
　　　　平时　　你　去　　打　打　拳　　跳
　　　　ti:u³⁵ fou⁴², juɯ:ŋ³³n⁴² muɯŋ⁴² çou³³ ʔbou⁵⁵/ʔbu³³ ŋa:i³³
　　　　跳舞　　这样　　你　　就　不　　　容易
　　　　pan⁴²piŋ³³ lu³³.
　　　　生　病（语气词）
　　　　平时你去打打拳，跳跳舞，这样你就不容易生病了。

　　b. kou²⁴ tø⁴²ham³³ suɯ:ŋ⁴²so:i⁴² ʔjaɯ⁵⁵ ʔjaɯ⁵⁵ te:n²⁴ ʔiŋ⁵⁵,
　　　　我　晚上　　通常　　　看　看　电影
　　　　çou³⁵ paŋ³¹jou³¹ çe³³ çe³³ kø⁵⁵.
　　　　和　　朋友　　扯　扯　故事
　　　　我晚上通常看看电影，跟朋友聊聊天。

动词重叠的第一和第三种用法，因其功能不是表示动作持续的时间短或进行的次数少，所以前边可以用表示时间长的状语。

（四）可重叠动词的性质

一个动词是否可以重叠，主要取决于该动词本身的性质。而且语言环境不同，表达功能不同，可以重叠的动词也不完全相同。

1. 总的来说，可以重叠使用的动词主要是动作动词，而且主要是持续性动作动词和自主动作动词。持续性动作动词如 ɣi:u²⁴ "笑"、ka:ŋ⁵⁵ "说"、ça:m²⁴ "问"、jaɯ⁵⁵/ʔje:m³⁵ "看"、pla:i⁵⁵ "走"、naŋ³³ "坐"、çim⁵⁵ "尝"，等等。这些动词也是自主动作动词。但有些动词一般表示非自主动作，用重叠形式时，表示的则是一种可控制的自主动作。例如：

（83）a. pø³³, muɯŋ⁴² siŋ⁵⁵ siŋ⁵⁵.　爸爸，你醒醒。
　　　　爸　你　醒　醒

　　b. muɯŋ⁴² ʔai²⁴ ʔai²⁴, ʔa:i³⁵ ʔai²⁴ ti:u⁴² ʔon²⁴pla²⁴ he⁵⁵ ʔø:k³³tou⁵⁵.
　　　　你　咳　咳　可能　咳　条　刺鱼　那　出来
　　　　你咳嗽咳嗽，没准就把那根鱼刺咳出来了。

非自主动作动词一般不能重叠。例如：

（84）*a. çaŋ⁴²pan³³ te²⁴ nin⁴² nin⁴², jap⁵⁵hu⁵⁵ çou³³ siŋ⁵⁵ lu³³.
　　　　刚才　他　睡　睡　一会儿　就　醒（语气词）
　　　　刚才他睡睡，一会儿就醒了。

　　*b. ɕaŋ⁴²pan³³ te²⁴ ŋaːi⁴² ta⁴²me³³ he⁵⁵ føːk³⁵ tøːn³⁵ hu⁵⁵,
　　　　刚才　他　被　妈妈　他　骂　顿　一

　　te²⁴ tai⁵⁵tai⁵⁵ ɕou³³ ʔbou⁵⁵ tai⁵⁵ lu³³.
　　他　哭哭　就　不　哭（语气词）

　　刚才他被妈妈骂了一顿，哭了哭就不哭了。

2. 包含尝试意义时，有些非持续性动词也可以重叠。例如：

（85）a. ka⁵⁵ kai³⁵ ʔbou⁵⁵ mi⁴² ma⁴² laːu²⁴ lau²⁴, ʔbou⁵⁵ sin³⁵
　　　　杀　鸡　不　有　什么　怕（语气词）不　信

　　muɯŋ⁴² ka⁵⁵ka⁵⁵ ʔjaɯ⁵⁵.
　　你　杀杀　看

　　杀鸡没什么可怕的，不信你杀杀看。

　　b. muɯŋ⁴² ʔdeːk³⁵ʔdeːk³⁵ ʔan²⁴ piŋ⁴² n⁴², ʔjaɯ⁵⁵ he⁵⁵ kin³⁵ ʔbou⁵⁵.
　　　　你　摔　摔　个　瓶子　这　看　它　结实　不

　　你摔摔这个瓶子，看它结实不结实。

3. 有些表示心理状态的动词也可以重叠，往往包含致使意义。例如：

（86）kou²⁴ ɕou³³ ʔdak⁵⁵ haɯ⁵⁵ muɯŋ³³ ɣø³¹ ɣø³¹ ki³⁵ȵeːn⁵⁵ he⁵⁵.
　　　　我　就　要　让　你　知道知道　倔强　她

　　我就要让你知道知道她的倔强。

4. 在燕齐壮语中，能够重叠的基本上是单音动词。

（五）动词重叠的句法特点

1. 表示正在进行的动作的动词，不能重叠使用。例如不能说：

（87）*a. kou²⁴ ɕiŋ²⁴ɕaːi³³ ʔjaɯ⁵⁵ʔjaɯ⁵⁵ saɯ²⁴.　我正在看看书。
　　　　　我　正在　看看　书

　　*b. te²⁴ ɕiŋ²⁴ɕaːi³³ tiŋ³⁵tiŋ³⁵ ta³¹pø³³ he⁵⁵ kaːŋ⁵⁵ kaːi³⁵ma⁴².
　　　　　他　正在　听听　爸爸　他　讲　什么

　　他正在听听他爸爸讲什么。

而且，动词后面用了动态助词 kwa³⁵ "过"、ʔdai⁵⁵ "了"、tɯk⁵⁵ "着"
后，也不能重叠。

2. 重叠的动词一般做句子的谓语，也可以做句子的主语和宾语。

（88）kuŋ³⁵ɕoːi³³ ʔdan⁵⁵ ʔøːk³⁵tou⁵⁵ ʔjiːt³⁵ ʔjiːt³⁵ ɣɯːt³⁵.
　　　　贡修　钻　出来　伸　伸　腰

　　贡修钻出来伸了伸腰。

（89）a. ʔbou⁵⁵/ʔbu³³ sin³⁵, sou²⁴ ɕi⁴² taɯ⁴² ku⁵⁵ ɣoŋ⁴² tou⁵⁵ ʔjaɯ⁵⁵ ʔjaɯ⁵⁵.
　　　　不　　信　你们　就　把　我　下　来　看　看

　　（如果）不信，你们把我放下来看看啊。

  b. ʔjaɯ⁵⁵ ʔjaɯ⁵⁵ hi⁴² ʔdai⁵⁵.　看看也可以。

    看看　　也　得

  c. te²⁴ haŋ⁵⁵ la:i²⁴ ʔjaɯ⁵⁵ ʔjaɯ⁵⁵, la:i²⁴ tiŋ³⁵tiŋ³⁵, ʔbou⁵⁵/ʔbu³³

    他 喜欢 多　看　看　多 听听　　不

  haŋ⁵⁵ ka:ŋ⁵⁵ la:i²⁴.

  喜欢 说　多

  他总是喜欢多看看，多听听，不喜欢多说。

重叠动词一般不做状语和补语。

  3. 重叠动词很少用否定形式，否定的用法多出现在下述两种情况：

1）在疑问和反问句中：

（90）a. mɯŋ⁴² hi⁴² ʔbou⁵⁵/ʔbu³³ nam⁵⁵nam⁵⁵ ʔjaɯ⁵⁵, ki³⁵wa³³

   你　也　不　　想　想　看　些 话

  he⁵⁵ la⁵⁵ mi⁴² wa³³ ɕan²⁴？

  他　还 有　话　真

  你也不想想，他的话还有真的？

  b. te²⁴ ku³³ma⁴² ʔbou⁵⁵/ʔbu³³ te³⁵ te³⁵ ku⁵⁵？

   他　什么　不　　　等 等 我

  他怎么没等我一下？

这种用法有埋怨的意味。

  2）在下面这种表示假设、条件的紧缩句中：

（91）a. te²⁴ ɕuŋ⁵⁵ wun⁴² ni⁴², ʔbou⁵⁵/ʔbu³³ ʔda³⁵ ʔda³⁵ he⁵⁵

   他 种　人 这　不　　　骂 骂 他

  ʔbou⁵⁵/ʔbu³³ ʔdai⁵⁵.

  不　　　得

  他这种人，不骂骂他不行。

  b. mɯŋ⁴² ʔbou⁵⁵/ʔbu³³ ɕa:m²⁴ɕa:m²⁴ he⁵⁵, mɯŋ⁴² ku³³ɣaɯ⁴²

   你　不　　　　问 问　他　你　怎么

  ɣø³¹ he⁵⁵ ʔbou⁵⁵/ʔbu³³ nam⁵⁵ po:i²⁴

  知道 他　不　　　想　去

  你不问问他，你怎么知道他不想去？

四、动词的体

动态助词主要是附在谓词或谓词词组后边，表示动作的状态。

汉语和壮语表示动作的状态主要有三种：持续体、经历体和完成体。

（一）持续体

表示动作行为或状态在继续。壮语用 tɯk⁵⁵/lɯk⁵⁵ "着"（为了有别于动词 tɯk⁵⁵"打、添（火）"，在燕齐壮语日常口语中，表持续体的 tɯk⁵⁵往往变读为 lɯk⁵⁵，无一例外的）。例如：

（92）a. te²⁴ nin⁴² lɯk⁵⁵ ʔjaɯ⁵⁵ saɯ²⁴. 他躺着看书。（动作）

　　　　他 躺 （助词）看 书

　　　b. tou²⁴ hoːi²⁴ lɯk⁵⁵. 门开着。（状态）

　　　　门 开 （助词）

壮语的"经历体"标记 kwa³⁵、"完成体"标记 liːu²⁴，我们可以明显看出它们是借自汉语的。但是，壮语的 tɯk⁵⁵/lɯk⁵⁵的借用痕迹并不明显。其实，壮语的 tɯk⁵⁵/lɯk⁵⁵也是借自汉语的，它借自汉语的"着"。之所以看不出 tɯk⁵⁵/lɯk⁵⁵借自汉语的痕迹，是因现代汉语的"着"和壮语的 tɯk⁵⁵/lɯk⁵⁵读音差异所致。"着"的古音和"tɯk⁵⁵/lɯk⁵⁵"读音非常相近。"着"有上古是定母铎部，拟音为 dǐǎk。[①]

从意义上看，汉语的"着"和壮语的"tɯk⁵⁵"也有吻合之处：

1）"着"有"附上"之意，如"着墨"；tɯk⁵⁵也有同样的意义，如 tɯk⁵⁵ mak³³。"着"有"放置"之意，如《晋书.孟嘉传》："（桓温）命孙盛作文嘲嘉，著嘉坐处，嘉还见，即答之。"tɯk⁵⁵也有同样的意义，例如 tɯk⁵⁵ kju²⁴ "放盐"、tɯk⁵⁵ ɣam³¹ "放水"。

2）"着"有"用、费"的意义，如"着力"，"tɯk⁵⁵"也有类似的意义，如 tɯk⁵⁵ ɣeːŋ⁴² "用力、费力"。

3）"着"有"受到"之意，如"着凉"；"tɯk⁵⁵"也有同样的意义，如"tɯk⁵⁵ lɯːŋ⁴²"。

当然，我们说 tɯk⁵⁵/lɯk⁵⁵和"着"的一致性并不是绝对的，而是相对的，它们之间仍有一些细微的差别。壮语的 tɯk⁵⁵/lɯk⁵⁵前边的谓词如果带宾语或补语，那么，它的位置便在宾语或补语的后边。例如：

（93）a. kjoŋ³⁵ lɯk³³ŋe⁴² paːi⁴²toːi²⁴ lɯk⁵⁵ hou⁵⁵ poːi²⁴/pi³³

　　　　群 孩子 排队 （助词）进 去

　　　ʔjaɯ⁵⁵ teːn²⁴ʔiŋ⁵⁵.

　　　　看 电影

　　　孩子们排着队进去看电影。

　　b. mɯŋ⁴² raːp³⁵ ɣam³¹ poːi²⁴/pi³³ɕuːŋ³⁵ ʔjou³⁵ heːn⁴²

　　　　你 挑 水 去 放 在 旁边

　　　ɣon²⁴ lɯk⁵⁵ haɯ⁵⁵ ku⁵⁵.

　　　　路（助词）给 我

---

① 张元生、覃晓航：《现代壮汉语比较语法》，中央民族学院出版社 1993 年版，第 99 100 页。

你帮我把水挑到路边放着。

虽然燕齐壮语的助词 lɯk⁵⁵的功能是受古汉语"着"的影响，但燕齐壮语的 lɯk⁵⁵的用法与汉语的"着"不尽相同。从上面的例子中我们可以看出，在燕齐壮语中，"动词+lɯk⁵⁵"出现的两个语言环境：

1）lɯk⁵⁵用于句末动词或动词性短语的后边，表示动作正在进行或状态在持续。

2）lɯk⁵⁵用在两个动词或动词性短语之间，表示动作行为的状态。

除了用 lɯk⁵⁵作表"持续体"标记外，燕齐壮语还经常用 mi⁴² "有"来表示动作或状态的持续，例如：

（94）ɣou⁴² ɕɯːŋ³¹ mi⁴² tu⁴² kai³⁵pou³¹ hu⁵⁵ ɕou³⁵ søːŋ²⁴ tu⁴² kai³⁵me³³.
　　　我们　养　有　只　公鸡　　一　和　两　只　母鸡
　　　我们养着一只公鸡和两只母鸡。

（95）ɕiŋ³⁵kjaːŋ²⁴ ɣaːn⁴² ɕɯːŋ³⁵ mi⁴² ʔan²⁴ taːi⁴² ʔiˑ³⁵ fuːŋ²⁴ hu⁵⁵.
　　　中间　　房子　放　有　张桌子小　方　一
　　　房子当中放着一张小方桌。

（二）完成体

表示动作行为已经完成。燕齐壮语用 ʔdai⁵⁵、lu³³/lo³³、poːi²⁴/pi⁵⁵、liːu³¹表示。例如：

（96）a. kou²⁴ ɕaɯ³¹ *ʔdai⁵⁵*tiːu⁴² pu³³ mø³⁵ wa²⁴ hu⁵⁵.
　　　　　我　买　得　件衣服　新　花　一
　　　　　我买了一件新的花衣服。

　　　b. ɣou⁴²ŋon⁴²n⁴² poːi²⁴/pi³³ʔdam²⁴ fai³¹, tak³³nuːŋ³¹ ʔdam²⁴
　　　　　我们　今天　去　　种　树　弟弟　种
　　　　　ʔdai⁵⁵ kø²⁴ puk³³ hu⁵⁵, kou²⁴ ʔdam²⁴ *ʔdai⁵⁵*søːŋ²⁴ kø²⁴ loːi⁴².
　　　　　得　棵　柚子一　我　种　得　两　棵　梨
　　　　　我们今天去种树，弟弟种了一棵柚子树，我种了两棵梨树。

（97）a. ŋon⁴²lɯːn⁴² tu⁴²ma²⁴ hap³³ tu⁴²meːu⁴² ɣaːi²⁴ *lu³³*.
　　　　　昨天　狗　咬　猫　死（语气词）
　　　　　昨天狗把猫咬死了。

　　　b. ki³⁵kai³⁵me³³ ɣou⁴² ʔøːk³⁵ yai³⁵ *lu³³*.
　　　　　些　母鸡　我们　出　蛋（语气词）
　　　　　我们的母鸡下蛋了。

（98）a. te²⁴ ŋaːi⁴² tu⁴²ma²⁴ hap³³ *poːi²⁴/pi⁵⁵* søːŋ²⁴ ʔbaːt³⁵.
　　　　　他　被　只狗　咬　去　两　次
　　　　　他被狗咬了两次。

　　b. te²⁴ mup³³ ɣaːi²⁴ *poːi²⁴/pi⁵⁵* søːŋ²⁴ tu⁴² kuk⁵⁵.
　　　　他　打　死　去　　　两　只　老虎
　　　　他打死了两只老虎。

（99）a. fan²⁴ ki³⁵tø³¹kaːi³⁵ liːu³¹ lu³³，ki³⁵nuːŋ³¹hoːi⁴² he⁵⁵ te³⁵
　　　　分　些　东西　完（语气词）些　姨妹　他　等
　　　　he⁵⁵ poːi²⁴ma²⁴ *liːu³¹*　çø⁵⁵ nou⁴².
　　　　他　　回去　（语气词）才　说
　　　　分完了东西，他的小姨子们等他回去了才说。

　　b. ki³⁵nuːŋ³¹hoːi⁴² he⁵⁵ ɣan²⁴ *liːu³¹*, haːu³⁵ çaːm²⁴ he⁵⁵ nou⁴²：
　　　　些　姨妹　他　见（语气词）就　问　他　说
　　　　"ʔji³⁵, muɯŋ⁴² ɣak⁵⁵ ʔdak⁵⁵ ma⁴² ʔdak⁵⁵ n⁴² lo³³, poːi³¹je⁴²?"
　　　　呀　你　佩带　个　什么　个　这（语气词）姐夫
　　　　他的小姨子们看见了，就问他说："呀，你带了什么东西啊，姐夫？"

　　从大的方面看，这ʔdai⁵⁵、lu³³、liːu³¹、poːi²⁴/pi⁵⁵都表示完成，可以把他们看作是表"完成体"的标记。但从小的方面看，它们在句子中所处的位置不尽相同：ʔdai⁵⁵表示动作完成后达到一定的量；poːi²⁴/pi⁵⁵表示动作完成后减少一定的量，相当于汉语的"掉"；liːu³¹表示动作完成后的情况，相当于汉语的"之后"。

　　（三）经历体

　　表示动作行为曾经发生或状态曾经出现。燕齐壮语用"kwa³⁵"表示。例如：

（100）a. kou²⁴ ʔbou⁵⁵ ʔjaŋ⁴² ɣan⁴² he⁵⁵ *kwa³⁵*ne³¹.
　　　　我　还没有　　见　他　过（语气词）
　　　　我还没有见过他呢。

　　b. ki³⁵tuŋ⁴²jø³¹ ku⁵⁵ ʔbaːŋ⁵⁵ çip³¹ koːi⁵⁵ ŋoːi³³ çip³¹ pi²⁴
　　　　些　同学　我　些　十　几　二　十　年
　　　　çuŋ⁵⁵ ʔbou⁵⁵ ʔjaŋ⁴² ɣan²⁴ na⁵⁵ *kwa³⁵*.
　　　　都　还　没　见　面　过
　　　　我的同学有的十几二十年都还没见过面。

　　c. te²⁴ taŋ⁴² *kwa³⁵*puˑ⁴²kiŋ³³, çaːi³⁵ poːi²⁴ *kwa³⁵*çaːŋ³¹çiŋ⁴².
　　　　他　到　过　北京　再　去　过　长城
　　或者：te²⁴ taŋ⁴² puˑ⁴²kiŋ³³ *kwa³⁵*, çaːi³⁵ poːi²⁴ çaːŋ³¹çiŋ⁴² *kwa³⁵*.
　　　　他　到　北京　过　再　去　长城　过
　　　　他到过北京，还去过长城。

　　在上面的例子中，kwa³⁵用在动词后面表示某种动作曾经发生。这时候的 kwa³⁵ 是"经历体"的标记。在燕齐壮语中，作为体标记的 kwa³⁵ 一般只能放在宾语后面，kwa³⁵也偶尔放在宾语前面（10c）。此外，动量补语还是可以插在 kwa³⁵和动词之间的。例如：

（101）a.　kou²⁴ poːi²⁴ yaːn²⁴ he⁵⁵ ʔbaːt³⁵ hu⁵⁵ *kwa³⁵*.

　　　　　　我　去　家　他　次　一　过

　　　　　我去过他家一次。

　　　　b.　kou²⁴ ɕaːm²⁴ he⁵⁵ saːm²⁴ ʔbaːt³⁵ *kwa³⁵*.　　我问过他三次。

　　　　　　我　问　他　三　次　过

　　汉语的经历体用"过"表示。"过"和 kwa³⁵的不同主要表现在位置是否灵活上。"过"的位置较固定，一般都紧跟在谓词的后边；而 kwa³⁵可以放在紧跟着谓词，也可以放在宾语或补语的后边。壮语这种动态助词和动词结合没那么紧密的情况，可能是词汇语法化的过渡阶段，因为语法化过程中会产生重新分析。

第四节　动词的语法化

　　汉语的"语法化"一词有两种含义：一是动词性的，一种动态的方法，新兴语法手段产生的方法；二是名词性的，指一个历时的过程，新兴语法手段产生的过程。一般所说的"语法化"是指第二种含义。"语法化是指一个新兴语法手段产生的历时过程。语法手段包括语法标记和语法结构两大类。在汉语语法史上，一个语法化过程往往同时涉及到新标记和新结构的产生，两者经常是同一变化的两个方面。"[①]"语法化"译自英语的grammaticalization，[②] 它探讨的是 grammar 的有关内容如何产生的问题，与此相应，汉语的"语法化"探讨的是汉语的语法手段如何产生的问题。壮语的语法化探讨的问题与汉语类似。

　　壮语的语法分为词法和句法，因而壮语的语法化可以分为词的语法化和句的语法化两大类。词的语法化又可分为单个词的语法化（实词范围内的语法化、实词向虚词的语法化、虚词范围内的语法化[③]）和词组的词汇化；句的语法化又可以分为句式结构的语法化（形成及规整）、固定结构的语法化（形成或形成并词汇化）和句型的语法化（形成及规整）。语法化是一个过程，本部分主要考察燕齐壮语几个动词的的语法化问题。

---

　　① 石毓智、李讷：《汉语语法化的历程》，北京大学出版社 2001 年版，第 2 页。
　　② 沈家煊：《"语法化"研究综述》，《外语教学与研究》1994 年第 3 期，第 17 页。
　　③ 孙锡信：《语法化机制探赜》，《纪念王力先生百年诞辰学术论文集》，商务印书馆 2002 年版，第89 页。

一、动词ʔdai⁵⁵"得"的语法化

（一）ʔdai⁵⁵字的词的语法化

ʔdai⁵⁵的本义为"获得、得到"。例如：

（102）a. te²⁴ ka:k³³ ɕɯ:ŋ³¹ sa:ŋ³³ ʔdaɯ²⁴ ɣa:n⁴², so:i⁴² ʔan²⁴ ʔu⁵⁵min⁴²

　　　　　　他　自己　养　蚕　里　家　时　个　武鸣

　　　　ɣou⁴² la⁵⁵ ɕɯ:ŋ³¹ sa:ŋ³³, te²⁴ la⁵⁵ ʔdai⁵⁵ ti³⁵ ŋan⁴² hu⁵⁵.

　　　　　　我们　还　养　蚕　他　还　得　点　钱　一

　　　　他自己在家养蚕，我们武鸣县还（盛行）养蚕的时候，他还

　　　　能有所收获。

　　 b. hat⁵⁵n⁴² kou²⁴ po:i²⁴ ɣa:n⁴² ta⁴²luŋ⁴² ʔdai⁵⁵ sø:ŋ²⁴ ʔan²⁴ luk³³puk³³.

　　　　　今早　我　去　家　舅舅　得　两　个　柚子

　　　　今天早上，我去舅舅家得了两个柚子。

　　 c. te²⁴ ɣam⁵⁵ pan⁴²ŋon⁴² ʔo:i⁵⁵ ʔdai⁵⁵ ha⁵⁵ ɕip³¹ mon⁴² ŋan⁴².

　　　　　他　砍　　整天　甘蔗　得　五　十　块　钱

　　　　他砍一天的甘蔗有五十块钱的收入。

以上的三个例句中，ʔdai⁵⁵的对象都是具体的，分别是 luk³³puk³³ "柚
子"和 ŋan⁴² "钱"。下面句子的ʔdai⁵⁵由表示"具体获得"引申为"抽象获
得"，即"得"的对象变为抽象的。例如：

（103）a. sø:i⁴²n⁴² muŋ⁴² ʔdai⁵⁵ ka³³la:i²⁴ pi²⁴ kuŋ³³liŋ⁴² lu³³na³³ ?

　　　　　现在　你　得　多少　年　工龄　（语气词）

　　　　现在你有几年工龄了？

　　 b. ʔbou⁵⁵/ʔbu³³ ʔit⁵⁵tiŋ³³ nou⁴² tok³³sau²⁴ ʔdai⁵⁵ sa:ŋ²⁴,

　　　　　不　　　　一定　说　读书　得　高

　　　　tø⁴²po:i²⁴ ɕø⁵⁵ ʔdai⁵⁵ ʔdo:i²⁴.

　　　　　以后　才　得　好

　　　　不一定认为文化程度高，以后才能过得好。

　　 c. kou²⁴ ʔdai⁵⁵ ha⁵⁵ ɕip³¹ pi²⁴ lu³³.　我有五十岁了。

　　　　　我　得　五　十　岁（语气词）

以上三个句子中，"得"的对象分别是 kuŋ³³liŋ⁴² "工龄"、ʔdo:i²⁴ "好"
和 pi²⁴ "岁"，三者都是抽象的。ʔdai⁵⁵的"具体获得"义和"抽象获得"义
是其语法化的两个源头，但最终源头仍是"具体获得"义。

　1. 实词范围内的语法化

　1）动词向助动词的语法化及语法化的继续。作为"获得"义的"ʔdai⁵⁵"
是二价动词，关联着施事与受事两个成分。（103a）中的ʔdai⁵⁵关联着施事

muɯŋ⁴² "你" 与受事 kuŋ³³liŋ⁴² "工龄"，用句型来表示：S + V(^{ʔ}dai⁵⁵) + O，O 通过 ^{ʔ}dai⁵⁵ 与 S 发生联系。如果 O 是 S 所暗含的，不经过 ^{ʔ}dai⁵⁵ 就可以与 S 发生联系，^{ʔ}dai⁵⁵ 的 "抽象获得" 义就会减弱。[1] 看下面两个例句：

（104）a. muɯŋ⁴² ka:u⁵⁵ huɯn⁵⁵ puɯ³¹kiŋ³³ta²⁴jø³¹, ɕi⁴² ^{ʔ}dai⁵⁵ po:i²⁴

　　　　你　考　上　北京大学　　才　能　去

　　　　puɯ³¹kiŋ³³ tok³³sauɯ²⁴.

　　　　北京　　读　书

　　　　你考上北京大学，才能去北京读书。

　　b. muɯŋ⁴² ŋon⁴²ni⁴² ma²⁴, kou²⁴ ɕi⁵⁵ ^{ʔ}dai⁵⁵ ɕou³⁵ muɯŋ⁴² ka:ŋ⁵⁵kø⁵⁵.

　　　你　　今天　　回来　我　才　得　和　　你　　聊天

　　　你今天回来，我才能和你聊天。

　　c. ^{ʔ}dak³³ ɣim²⁴ kou⁵⁵ ti:m⁵⁵ po:i²⁴/pi⁵⁵, te²⁴ ɕi⁵⁵ ^{ʔ}dai⁵⁵ ma²⁴.

　　　　快　满　九　　点　去　　　他　才　能　回来

　　　　快到九点，他才能回来。

在（104a）中，po:i²⁴ puɯ³¹kiŋ³³ tok³³sauɯ²⁴ "去北京读书" 是 muɯŋ⁴² ka:u⁵⁵ huɯn⁵⁵ puɯ³¹kiŋ³³ta²⁴jø³¹ "你考上北京大学" 所暗含的，如果 muɯŋ⁴² ka:u⁵⁵ huɯn⁵⁵ puɯ³¹kiŋ³³ ta²⁴jø³¹ 能够实现，po:i²⁴ puɯ³¹kiŋ³³ tok³³sauɯ²⁴ 就能实现，这两部分类似于因果关系，与 "得" 的 "抽象获得" 义关系不大。在 b 句中，如果只拿出 ^{ʔ}dai⁵⁵ ɕou³⁵ muɯŋ⁴² ka:ŋ⁵⁵ kø⁵⁵ "能和你聊天" 这一部分，^{ʔ}dai⁵⁵ 可以看做是动词，但是联系上下文的行文体例，^{ʔ}dai⁵⁵ 字不能看做是动词，ɕi⁵⁵ "才" 和 ^{ʔ}dai⁵⁵ 在句子中所处的位置相同，所做的成分也应相同，都作状语，^{ʔ}dai⁵⁵ 应是能愿动词。以上两个例句中，^{ʔ}dai⁵⁵ 字的 "抽象获得" 义虚化，由表达 "抽象获得" 转而表达对暗含可能性的确认，可译为 "能、能够"。^{ʔ}dai⁵⁵ 字一旦转变为表达可能性，即语法化为能愿动词。

^{ʔ}dai⁵⁵ 字语法化为能愿动词后，只能表现后面谓语动作的可能性，不再是句子中心，移向句子的非中心位置。^{ʔ}dai⁵⁵ 只能放在 V 之前，偏正结构 ^{ʔ}dai⁵⁵ "V" 产生。

如果要说明谓语动作的不可能性，^{ʔ}dai⁵⁵ 前可以用 ^{ʔ}bou⁵⁵ "不" 等否定词否定。

（105）a. ^{ʔ}jan²⁴wi³³ ^{ʔ}buɯn²⁴ nit⁵⁵ la:i²⁴, ^{ʔ}bou⁵⁵/^{ʔ}bu³³ *dai⁵⁵* ^{ʔ}dam²⁴ kjo:i⁵⁵.

　　　　因为　　天　冷多　不　　得　种　香蕉

　　　　因为天气太冷，不能种芭蕉。

---

① 刘利：《先秦助动词 "得" 字用法的考察》，《古汉语语法论集》，语文出版社 1998 年版，第 291 页。

b. ʔjan²⁴wi³³ ɣon²⁴ kap³³, sø⁵⁵hi⁵⁵ ɕi²⁴ ʔbou⁵⁵/ʔbu³³ *dai⁵⁵*kwa³⁵po:i²⁴.

　　因为　路　窄　所以　车　不　　　得　　过去

　　因为路窄，所以车子不能过去。

2）动词向叹词的语法化

"得"的"抽象获得"义表示的是得到某种抽象的结果，因此，可以引申为对已实现的某种状态行为的确认，义为"恰当、合适"。例如：

（106）a. ŋon⁴²n⁴² kɯn⁴² haɯ²⁴ ʔbou⁵⁵/ʔbu³³ mi⁴² nø³³ pit⁵⁵ ha:i²⁴,

　　　　今天　上面集市　不　　　有肉鸭　卖

　　　　kou²⁴ ɕaɯ³¹ nø³³ mou²⁴ ma²⁴ haɯ⁵⁵ mɯŋ³³.

　　　我　买　肉　猪　回　给　你

　　　今天街上没有鸭肉卖，我买猪肉回来给你。

b. ɕaɯ³¹ nø³³ mou²⁴ ɕam³³ *ʔdai⁵⁵*. 买猪肉也可以。

　　　买　肉　猪　也　得

（107）a. kou²⁴ tau⁴² sø:ŋ²⁴ tu⁴² kai³⁵ pou³¹ he⁵⁵ po:i²⁴/pi³³ ha:i²⁴ lu³³.

　　　我　拿　两　只　鸡　公　那　去　　卖（语气词）

　　　我拿那两只公鸡去卖了。

b. ha:i²⁴ ɕam³³ *ʔdai⁵⁵*. 卖也可以。

　　　卖　也　得

表示"恰当、合适"义的 ʔdai⁵⁵ 仍是一个动词，不过它的动词义发生虚化，而且 ʔdai⁵⁵ 之前有副词 ɕam³³ "也"，对动词 ɕaɯ³¹ "买"和 ha:i²⁴ "卖"的修饰意味很浓。这个义位在应用频繁之后，能单独确认某种状态行为，进一步发展为表示某种肯定或否定的语气，这时 ʔdai⁵⁵ 语法化为叹词。作为叹词的 ʔdai⁵⁵ 可以独立出来，成为独立结构。例如：

（108）a. ɕam³³ *ʔdai⁵⁵*, ɕam³³ *ʔdai⁵⁵*, kou²⁴ po:i²⁴/pi³³ ya²⁴ he⁵⁵ ʔjaŋ²⁴ʔjaŋ²⁴.

　　　　也　得　　也　得　我　去　　找　他　商量商量

　　　　也好，也好，我去找他商量商量。

b. *ʔdai⁵⁵*, me³³pa⁵⁵, you⁴² ʔbɯn²⁴ ʔdak⁵⁵ lap⁵⁵ ɕi⁴² ma²⁴.

　　　得　伯母　我们　天　将要　黑　就　回来

　　　好，伯母，我们天黑之前就回来。

（108）中，ɕam³³ ʔdai⁵⁵ 成了一个独立结构，ʔdai⁵⁵ 之前有副词 ɕam³³ "也"，可以看出叹词的实词性。

2. 实词向虚词的语法化

由于助词 ʔdai⁵⁵ 与述补结构"V ʔdai⁵⁵"的产生过程几乎是同步的，很难把它们区分开，因此将在下文一并阐述它们的语法化过程。

3. 虚词范围内的语法化

在述补结构"V ²dai⁵⁵"中，²dai⁵⁵通常位于句末。例如：

（109）a. ka:i³⁵ lou⁵⁵ n⁴², kou²⁴ ku²⁴ kja:ŋ²⁴ piŋ⁴² hu⁵⁵ çuŋ⁵⁵ *dai⁵⁵*.
　　　　　种　酒　这　我　吃　半　瓶　一　都　能
　　　　　这种酒我都能喝半瓶。

　　　b. pa:k³⁵ ŋo:i³³ kan²⁴ te²⁴ ɣa:p³⁵ *dai⁵⁵*.
　　　　　百　二　斤　他　挑　得
　　　　　他能挑一百二十斤。

　　　c. kou²⁴ ho:i²⁴ ²an²⁴ tou²⁴ n⁴² ²bou⁵⁵/²bu³³ *dai⁵⁵*.
　　　　　我　开　扇　门　这　不　　　得
　　　　　我开不了这扇门。

句末位置通常会使²dai⁵⁵进一步虚化。汉语中的"得"也有这样的用法。《汉字大词典》和《中文大词典》认为汉语中句末位置的"得"可以做语气词。从上面的例子中，我们看到，燕齐壮语的²dai⁵⁵字是结构助词，它并没有从结构助词语法化出语气词，因此，²dai⁵⁵在虚词范围内没有发生语法化。

（二）²dai⁵⁵字的句的语法化

1. ²dai⁵⁵字独立结构的形成

²dai⁵⁵字独立结构的形成，是伴随²dai⁵⁵语法化为叹词而形成的，在上文已有叙述，这里不再重复。

2. 偏正结构"²dai⁵⁵V"的形成及规整

偏正结构"²dai⁵⁵V"的形成及规整，是伴随²dai⁵⁵语法化为助动词而形成并规整的，在上文已有叙述，这里不再重复。

3. 述补结构"V ²dai⁵⁵"的形成及规整

1）"V ²dai⁵⁵"结构的形成

从对²dai⁵⁵的几种用法进行分析后可以看出，表示"获得"义的²dai⁵⁵最初是单独使用的，后来才放在其他动词之后，用以表达两个动作的连贯性。例如：

（110）a. te²⁴ ɣam⁵⁵ pan⁴²ŋon⁴² ²o:i⁵⁵ *dai⁵⁵*ha⁵⁵ çip³¹ mon⁴² ŋan⁴².
　　　　　他　砍　一整天　甘蔗　得　五　十　块　钱
　　　　　他砍一天的甘蔗有五十块钱的收入。

　　　b. kou²⁴ po:i²⁴ma²⁴ *dai⁵⁵*nø³³ pit⁵⁵. 我回家得了鸭肉。
　　　　　我　回家　得　肉　鸭

这里的"V²dai⁵⁵"是两个动词的连用，（110b）中的 po:i²⁴ma²⁴和²dai⁵⁵表示的是两个先后的动作。²dai⁵⁵与 po:i²⁴ma²⁴是并列的动词，²dai⁵⁵字用以表示 po:i²⁴ma²⁴的结果。在燕齐壮语中，"V + ²dai⁵⁵ + O"结构普遍化之后，"V + ²dai⁵⁵ + O"结构中的²dai⁵⁵字意义就越来越虚化，由句子中的主要动词变成补充成分，词义进一步虚化的结果便导致该动词的语法化，由词汇单位变成语法单位。例如：

（111）a. ka:k^{33} kou^{24} kɯ:t^{33} la^{55} *ʔdai^{55}*hun^{55} tø:n^{33} fai^{31} huŋ^{24} n^{42}.
　　　　　仅仅　我　扛　还　得　起来　根　木　大　这
　　　　　我一个人还扛得起这根大木头。

　　　b. sa:m^{24} ŋon^{42} hi^{31} ka:ŋ^{55} ʔbou^{55}/ʔbu^{33} *ʔdai^{55}*li:u^{31} ti:u^{42} kø^{55} n^{42}.
　　　　　三　天　也　讲　不　　　得　完　个　故事这
　　　　　三天三夜也讲不完这个故事。

上面句子中的 kɯ:t^{33} "扛"、ka:ŋ^{55} "讲" 的意义与 "主动获得" 无关，ʔdai^{55} 不具备 "获得" 义，其作用是引进 kɯ:t^{33} "扛" 与 ka:ŋ^{55} "讲" 的结果，hun^{55} "起来" 与 li:u^{31} "完" 不是宾语，而是补语。这种变化用句式表示：
　　　　　V + ʔdai^{55} + O → "V ʔdai^{55}" + O。

经过分析，以上两个句子中的 "Vʔdai^{55}" 表达是可能性或结果，ʔdai^{55} 字的意义相当于汉语的 "能"，但又不完全等于 "能"。表达结果或表达可能性的 "V ʔdai^{55} + O" 结构中的ʔdai^{55} 已不具备原先的 "获得" 义，意义明显虚化，这是ʔdai^{55}字语法化的特征。如果从语法功能上看，以上两个句子中的ʔdai^{55}都可以归入结构助词一类。这类句子很多。例如：

（112）a. ɕuŋ^{55} ɣat^{55} he^{55} kun^{24} ʔbou^{55}/ʔbu^{33} ʔdai^{55}.
　　　　　种　菌子那　吃　不　　　得
　　　　　那种菌子吃不得。

　　　b. tu^{42} me:u^{42} sat^{55} ʔdai^{55} sa:ŋ^{24}, tu^{42}ma^{24} pɯ:t^{35} ʔdai^{55} wa:i^{35}.
　　　　　只　猫　跳　得　高　只　狗　跑　得　快
　　　　　猫跳得高，狗跑得快。

在燕齐壮语中，"Vʔdai^{55}" 结构大量应用，"Vʔdai^{55}" 述补结构正式形成，动词ʔdai^{55}正式语法化为结构助词。从ʔdai^{55}做结构助词的例子中，我们看到 "V ʔdai^{55}" 不仅用来表现实现的结果，"V ʔdai^{55}" 还可以用来表达可能性。

2）"V ʔdai^{55}" 结构的规整

首先，"V ʔdai^{55}" 结构的定型。

燕齐壮语的 "V ʔdai^{55}" 结构正式形成后，随后的应用渐趋频繁。主要有以下几种格式：

A. V ʔdai^{55}+补语+宾：

（113）ka:k^{55} ku^{55} kɯ:t^{33} la^{55} *ʔdai^{55}*hun^{55} tø:n^{33} fai^{31} huŋ^{24} n^{42}.
　　　　　仅仅　我　扛　还　得　起来　根　木　大　这
　　　　　我一个人还扛得起这根大木头。

B. V+宾语+ ʔdai^{55}

（114）kou²⁴ ho:i²⁴ ʔan²⁴ tou²⁴ n⁴² *ʔdai⁵⁵*.　我开得了这扇门。

　　　　我　开　扇　门　这　得

C. V ʔdai⁵⁵+补语

（115）tu⁴²me:u⁴² sat⁵⁵ ʔdai⁵⁵ sa:ŋ²⁴, tu⁴²ma²⁴ puːt³⁵ ʔdai⁵⁵ wa:i³⁵.

　　　　只　猫　跳　得　高　只　狗　跑　得　快

　　　　猫跳得高，狗跑得快。

"V ʔdai⁵⁵" 结构的能产性极高，固然是语言发展的一个标志，然而能产性过高，不利于交际的有效进行，某种或某些格式或功能势必会被淘汰。众多格式演变为单一固定格式的过程，也是一种语法化，只不过是语法化的后期罢了。

其次，"V ʔdai⁵⁵" 结构的词汇化。

在燕齐壮语中，出现了一种特殊的 "V ʔdai⁵⁵" 结构，即 V 是表示人的认知活动的词，如 si⁵⁵ "舍"、ko:i³⁵ "记"，等等。例如 si⁵⁵ ʔdai⁵⁵ "舍得"、ko:i³⁵ ʔdai⁵⁵ "记得"。这类结构的特点是只表示结果，不表示可能性。这些 "V ʔdai⁵⁵" 在应用过程中，随着使用频率增大，语法化为复合词，一旦语法化为复合词，它们就不再属于述补结构的范围，后面不能再带补语，而是带宾语。这些 "V ʔdai⁵⁵" 复合词，究其来源，仍是 "V+ ʔdai⁵⁵+O" 结构，ʔdai⁵⁵的 "抽象获得" 义语法化后，作为引进 V 的补语的标记而存在。与其他类动词所不同的是，表示人的认知活动的词与ʔdai⁵⁵结合时，ʔdai⁵⁵已经语法化为结构助词了，根据语法化的类推机制，它们结合形成的 "V ʔdai⁵⁵" 结构中的ʔdai⁵⁵是助词而不是动词。这样使得这一类 "V ʔdai⁵⁵" 一开始就具有固定格式、固定功能，得以成为复合词而使用着。

（三）ʔdai⁵⁵语法化的结果与表现

1. ʔdai⁵⁵的语法化的结果

第一，在词的语法化上。

在实词范围内，ʔdai⁵⁵由动词语法化出助动词，并由助动词进一步语法化叹词，部分助动词结构语法化为复合词或固定结构；由实词向虚词的语法化过程中，"得" 由动词语法化出结构助词。

第二，在句的语法化上。

动词ʔdai⁵⁵语法化出独立结构；"ʔdai⁵⁵ + V + O" 结构语法化出 "ʔdai⁵⁵V" 偏正结构；"V + ʔdai⁵⁵ + O" 双动加宾结构语法化出 "V ʔdai⁵⁵" 述补结构，部分 "V ʔdai⁵⁵" 结构语法化为复合词。

2. ʔdai⁵⁵的语法化的表现

第一，在词汇层上。

1）词汇意义减弱或消失。ʔdai⁵⁵的叹词、助动词的词汇意义弱于动词的词汇意义。

2）应用能力减弱。动词^{ʔ}dai^{55}可以单用，助动词^{ʔ}dai^{55}只能放在动词之前，叹词^{ʔ}dai^{55}后面必须有表达内容，结构助词^{ʔ}dai^{55}只能做动词的后缀。

第二，在句式层上。

1）^{ʔ}dai^{55}在句式结构中的位置越来越非中心化，甚至成为独立结构，动词^{ʔ}dai^{55}是中心谓语，处于句子中心位置；助动词^{ʔ}dai^{55}处于中心动词之前，作状语，结构助词^{ʔ}dai^{55}做中心动词的后缀，叹词^{ʔ}dai^{55}则构成独立结构。

2）述补结构"V ^{ʔ}dai^{55}"固定，V与^{ʔ}dai^{55}之间不能加任何成分，^{ʔ}dai^{55}后必须带补语。

另外必须注意的是，^{ʔ}dai^{55}的语法化，是以义位为单位进行的，语法化的过程是综合型的，由链条型过程和放射型过程组成。

总之，句法机制和语义基础是语法化的两个必要条件。一旦一个词的句法位置发生了变化，句法结构就会发生变化，句法机制的强制性，促使词的深层语义发生变化，以适应新的句法结构，变化了的深层语义通过句法结构表现在表层语义上，至此，词的一个阶段的语法化过程结束。[①] 同时，相应的句法得以确立（如果这个变化了的句法结构发生了语法化，那么它的这一阶段的语法化至此结束）。^{ʔ}dai^{55}由动词语法化出助词的过程与"^{ʔ}dai^{55}V"结构的语法化同步，而由助词语法化出叹词，句法结构没有变化。所以，"特定的句法结构（local context）和语义相宜性（semanticsuitability），是一个实词语法化的两个必要条件"。[②]

所以，句法机制、语义基础和使用频率是语法化的三个必要条件，它们组成三维空间，缺一不可。至于语法化的原动力，与语言发展的原动力是相同的，即交际的需要，交际的需要促使认知发生变化，从而产生了语法化，类推则是促使语法化的广度、深度由小变大的机制之一。

二、动词^{ʔ}jou^{35}"在"的语法化

^{ʔ}jou^{35}"在、居住"在现代壮语中的使用频率很高，人们一般称之动词。其实，从共时的角度看，^{ʔ}jou^{35}除了作动词外，它在句子中还可以作介词和表持续体的标记，表现它在句子中的句法功能、意义以及它跟动词相结合的关系的不同。下面对^{ʔ}jou^{35}现阶段的三种用法进行分析。

（一）^{ʔ}jou^{35} 作动词

在燕齐壮语中，在句子中作动词是^{ʔ}jou^{35}的基本用法。例如：

---

① 刘坚、曹广顺、吴福祥：《论诱发汉语词汇语法化的若干因素》，《中国语文》1995 年第 3 期，第 164 页。

② 石毓智、李讷：《汉语语法化的历程》，北京大学出版社 2001 年版，第 235 页。

（116）a. te²⁴ ʔjou³⁵ ʔbou⁵⁵/ʔbu³³ ʔjou³⁵ paːi⁵⁵ɕu³¹sø⁵⁵ ku³³hø²⁴?
　　　　他　在　不　　在　派出所　工作
　　　　他在不在派出所工作?

b. toːi³⁵ haːi⁴² muɯŋ³³ ʔbou⁵⁵/ʔbu³³ ʔjou³⁵laː⁵⁵ ɕøːŋ⁴².
　　双　鞋子　你　不　　　在　下面　床
　　你的鞋子不在床底下。

（117）a. kou²⁴ ʔjou³⁵toːi³⁵miːn³³ ʔan²⁴ɣaːn²⁴ he⁵⁵.
　　　　我　住　对面　　房子　他
　　　　我住在他家的对面。

b. ɣou⁴² saːm²⁴ pou³¹ ɕuŋ⁵⁵ ʔjou³⁵ʔan²⁴ ʔbaːn⁵⁵ paːi³³he⁵⁵.
　　我们　三　个　都　住　村子　那边
　　我们三个都住在那边的村子里。

c. kou²⁴ ʔjou³⁵laŋ²⁴ he⁵⁵ saːm²⁴ ŋon⁴². 我在他家住了三天。
　　我　住　处所他　三　天

　　从句法功能上看，上面句子中的ʔjou³⁵可以作谓语，可以受副词的修饰，能带宾语，可以用肯定否定相重叠的方式表示疑问，ʔjou³⁵后还可以带时量短语作补语。它的意义为"在、居住"。因此，以上句子中的ʔjou³⁵具备了一般动词所具有的语法特点。

　　同时，ʔjou³⁵作为动词，它还可以作连动式的一部分，例如：

（118）a. ŋon⁴²luɯːn⁴² te²⁴ poːi²⁴ ʔu⁵⁵miŋ⁴² ɕaːŋ²⁴jaːu²⁴ ʔjou³⁵.
　　　　昨天　　他　去　武鸣　壮校　住
　　　　昨天他到武鸣壮校住。

b. te²⁴ ʔbou⁵⁵/ʔbu³³ haŋ⁵⁵ poːi²⁴ jø³¹jaːu²⁴ ʔjou³⁵.
　　他　不　　喜欢　去　学校　住
　　他不喜欢到学校住。

（二）ʔjou³⁵作副动词或介词

　　燕齐壮语的ʔjou³⁵还可以跟名词组成词组，放在动词前面作状语或放在动词后面作补语，这时候的ʔjou³⁵不再是动词，而是介词。例如：

（119）a. ki³⁵pu³³ ɕuŋ⁵⁵ laːŋ³³ ʔjou³⁵ ɣøːk³³ ɣaːn⁴² ɕik⁵⁵ ʔdit⁵⁵.
　　　　衣服　都　晾　在　外面　房子　晒　太阳
　　　　衣服都晾在房子外面晒太阳。

b. te²⁴ nin⁴² ʔjou³⁵ kuɯn⁴² ɕøːŋ⁴². 他睡在床上。
　　他　睡　在　上面　床

（120）a. luɯk³³saːu³⁵ ʔjou³⁵ heːn⁴² ʔbaːn⁵⁵ ɕuɯːŋ³⁵kø²⁴.
　　　　姑娘　　在　旁边　村子　唱　歌
　　　　姑娘们正在村边唱歌。

b. kou²⁴ ʔjou³⁵ kɯn²⁴ pla²⁴ ɣam⁵⁵ liːu²⁴.　　我在山上砍柴。
　　 我　　在　上面　 山　 砍　 柴

（120）中的"ʔjou³⁵+名词/名词短语"放在动词后，作句子的补语，补充说明主要动词动作达到的处所。（120）中的"ʔjou³⁵+名词/名词短语"放在动词前，作句子的状语，说明动作发生或事物存在的处所。在上面的四个例子中，ʔjou³⁵的意义和用法跟现代汉语的介词"在"类似，很明显，这时候的ʔjou³⁵已经虚化为介词。

从语法化的过程和机制来看，动词要虚化为介词首先得有句法结构上的诱因，而某个动词经常处于连动句第一个动词或第二个动词位置，由于信息结构的安排，该动词往往是次要动词，经常表示伴随动作，从而引起词义的弱化、泛化，以至于虚化，词义虚化后，又引起搭配的多样化，最后失去动词的意义和功能，成为具有介引功能的虚词。从所介引的对象看，ʔjou³⁵主要是介引时间、地点等句法成分，这些成分从句法结构来看，主要是修饰和附加、补充成分，不是句法结构中的直接成分；从语义结构来看，这些成分都是语义结构中的可有可无成分。可见，ʔjou³⁵所介引的成分在句子的句法语义结构中都不是核心、中心成分。所以，这些成分的引导词ʔjou³⁵在句法语义结构中相应地也就不是句子的中心。反过来，从历时的角度看，支配这些非核心成分的动词ʔjou³⁵，也才有可能被虚化为介词。

壮语中的介词多由动词演变而来的，据石毓智推断，介词从动词的演化过程大致经历以下阶段：（1）普通动词；（2）经常或只出现于次要动词位置；（3）退化掉普通动词与指示时间信息有关的句法特征而转化为介词。[①]

（三）ʔjou³⁵ 成为持续体的标记

燕齐壮语的ʔjou³⁵还可以附在动词的后面，表示动作的持续。例如：
（121）a. koːi⁵⁵ ŋon⁴² n⁴² te²⁴ pan⁴²piŋ³³, ŋon⁴²ŋon⁴² nin⁴² *ʔjou³⁵*.
　　　　 几　 天　 这　他　 生病　　天 天　　睡　 在
　　　　 他这几天病了，每天都躺着。
b. te²⁴ kɯ²⁴ ʔim³⁵ ɕi⁴² naŋ³³ *ʔjou³⁵*. 他吃饱就坐着。
　　 他　 吃　 饱　 就　 坐　 在
c. mɯŋ⁴² ʔjou³⁵ mɯn²⁴he⁴² ʔdɯn²⁴ ʔjou³⁵! 你在那里站着!
　　 你　　在　　那里　　 站　 在

上面句子中的ʔjou³⁵在句子中没有单独充当任何句子成分，同时ʔjou³⁵的最初的词汇意义"在、居住"也变得不明显了，转而带有语法意义，表达存在一个事件或是持续一种状态。据此我认为上面句子中的ʔjou³⁵已经语

[①]　卢英顺：《形态和汉语语法研究》，学林出版社 2005 年版，第 92 页。

法化为持续体的标记。石毓智、李讷认为：一个词语一旦语法化，就会失去独立运用的能力，而成为一种附着成分。[①] 燕齐壮语的 ʔjou^{35} 刚开始是一个普通动词，既可以单独作谓语，又可以作连动式的第二个动词。当 ʔjou^{35} 成为一个体标记之后，它就不能再单独用作句子成分，只能附着于主要动词之后表示动作行为进行的状况。这时候 ʔjou^{35} 失去了作为动词的功能，比如：不能被否定副词修饰、不能用肯定否定重叠的形式表示疑问、不能带宾语，等等。如果（121）中的 ʔjou^{35} 后面带上宾语，那么 ʔjou^{35} 就是介词，由此我们可以看出它演变的痕迹，也就是说，表持续体的 ʔjou^{35} 是从介词 ʔjou^{35} 演变而来的，是介词 ʔjou^{35} 丢掉宾语的结果。介词 ʔjou^{35} 丢掉宾语以后，意义逐步虚化，变成了动词的一个附着成分，只能在动词后面表示动作进行的状况。ʔjou^{35} 虚化为体的标记，表示动作的持续，其用法跟现代汉语中表持续体的"着"相类似。

虽然燕齐壮语的 ʔjou^{35} 跟现代汉语的"着"都是放在动词后面表示动作的持续，但它们不是完全没有区别的：

1）现代汉语的"着"跟动词结合得很紧，如果动词带宾语，宾语只能放在"着"后面。如：她手里拿着五块钱／现在她还想着那件事／妈妈读着信，脸上露出高兴的神色。

燕齐壮语"动 + ʔjou^{35}（表持续）"后一般不能再带任何句子成分，如果壮语的动词要带宾语，宾语要放在 ʔjou^{35} 的前面。例如：

（122）a.　te^{24} ʔjou^{35} kɯn^{42} taːi^{42} naŋ^{33} $\textit{ʔjou}^{35}$.　他在桌子上坐着。
　　　　　 他　在　上面　桌子　坐　　在

　　　　b.　te^{24} nin^{42} çøːŋ^{42} $\textit{ʔjou}^{35}$.　　　　　他在床上躺着。
　　　　　　他　睡　床　在

　　　　c.　$\text{ŋon}^{42}\text{lɯːn}^{42}$ tok^{55} fɯn^{24}, ɣou^{42} $\textit{ʔjou}^{35}$ ɣaːn^{42} $\text{çe}^{55}\text{kø}^{55}$ $\textit{ʔjou}^{35}$.
　　　　　　昨天　　下　雨　我们　在　家　聊天　在
　　　　　　昨天下雨，我们在家聊着天。

石毓智、李讷认为："一个实词的语法化过程往往涉及两个成分的重新分析会改变原来词语的词汇边界。"[②] 也就是说，随着 ʔjou^{35} 由普通动词变成一个体的标记，它与谓语中心动词之间的关系也发生了变化，其间的边界消失了。表现为，谓语中心动词和作为普通动词的 ʔjou^{35} 之间可以插入否定标记、各种副词或者受事名词，但是经过重新分析以后，谓语中心动词和体标记 ʔjou^{35} 融合成了一个句法单位，它们之间不再允许任何成分插入。而

[①]　石毓智，李讷：《汉语语法化的历程——形态句法发展的动因和机制》，北京大学出版社 2001 年版，第 2 页。

[②]　同上。

在（122）中，^{2}jou^{35}放在宾语的后面，这些情况表明，壮语的^{2}jou^{35}还没有完全形态化，即^{2}jou^{35}形态化的程度比现代汉语的"着"稍低一些，因为在现代汉语中，"着"跟它前面的动词结合得很紧，宾语是不能插在动词和"着"之间的。

2）现代汉语的"着"可以放在形容词后面表示状态的持续，燕齐壮语的^{2}jou^{35}没有这种用法。如：现代汉语可以说"他的脸红着"。

3）现代汉语的"动词+着"可以出现在谓语动词前做状语，如"笑着说/站着看/哭着骂"，燕齐壮语的^{2}jou^{35}没有这种用法。

所以，燕齐壮语的^{2}jou^{35}跟现代汉语的"着"用法不是完全对应的（上述的"着"用法，在燕齐壮语中由 lɯk^{55}来表达，参见前文 lɯk^{55}的用法）。我们在学习或研究的过程中不要把二者同等看待。它们之间的差别原因可能有二：

一是它们来源不同。壮语表"持续体"的^{2}jou^{35}来源于最初意义为"在、居住"的动词^{2}jou^{35}。而汉语的表"持续体"的"着"不是由最初意义为"在、居住"的动词虚化而来的，它是由古代汉语中最初意义为"附着、置放"的动词"着"虚化而来的，现代汉语的动词"着"在文献中多作"著"。[①]

二是它们属于不同的语言。我们知道，每种语言都有自己的系统，每个语言系统都有它自身的发展规律，因此，语言里面的各个成分一般都要按照该语言内部自身的发展情况进行发展变化的。这也是燕齐壮语的^{2}jou^{35}跟现代汉语的"着"的用法不完全对应的原因之一。

不同的语言内部的发展情况不一样，同一种语言的不同方言内部发展也会有所不同。在现代汉语中，动词"在"只虚化为介词，而在汉语的闽南方言中，动词"在"语法化情况跟燕齐壮语的^{2}jou^{35}类似，但其语法化程度比燕齐壮语的^{2}jou^{35}更高，黄丁华先生总结了动词"在"在闽南方言中的演变历程：动词→介词→副词→时态助词→语气助词。[②]在汉语方言中，成都话的动词"在"也已经语法化为语气词。[③]

壮语的各个方言内部的发展变化也是有差别的。燕齐壮语的^{2}jou^{35}已经虚化为体标记，忻城壮语属于壮语北部方言红水河土语，这个地方的 jɯ^{33}也已经虚化为持续体的标记，而忻城县的邻县上林县乔贤镇的 jɯ^{33}目前只有两种用法：动词和介词。泰语的 ju:^{22}则跟燕齐壮语的^{2}jou^{35}一样，已经虚化为持续体的标记（泰语 ju:^{22}跟壮语的^{2}jou^{35}相对应），如：

① 曹广顺：《近代汉语助词》，语文出版社 1995 年版，第 68 页。

② 黄丁华：《闽南方言的虚字眼"在、着、里"》，《中国语文》1958 年第 2 期，第 82 页。

③ 鲜丽霞：《成都话中的语气助词"在"》，《四川师范大学学报》2002 年第 4 期，第 93 页。

（123）a. khau⁴⁵ kam³³laŋ³³ no:n³³ ju:²². 他正睡着。

　　　　　他　　　正在　　　睡　在

　　　b. khau⁴⁵ kam³³laŋ³³ rian³³ ju:²². 他正在学习。

　　　　　他　　　正在　　学习　在

（123）是泰语 ju:²² 的表现。句子中的"kam³³laŋ³³（正在）"可有可无，去掉它句子的意义不改变，但不能去掉 ju:²²，否则句子无法表达"动作持续"的语法意义。

从上文的考察中我们看到，燕齐壮语的体标记ʔjou³⁵是由表示实在意义的动词逐渐虚化而来的，意义的逐步虚化、句法位置的改变是它语法化的主要原因。

语法化是一个历史范畴，任何一个实词经语法化后充当语法功能成分的过程不是突变的，是一个渐进的历程。因此，燕齐壮语ʔjou³⁵的三种用法不是一开始就存在的，ʔjou³⁵原本只是一个表示"在、居住"意义的动词，在发展过程中，它经历了一个语法化的过程，由一个表"在、居住"义的动词虚化为两个语言成分：一是介词；二是表"持续体"的标记。ʔjou³⁵语法化为介词和体标记这两个语言成分也不是同步进行的，沈家煊认为：语法化程度由低到高构成一个"斜坡"（cline）：实词>虚词>附着形式>屈折形式(词缀)。[①] 据此我们可以理出燕齐壮语动词ʔjou³⁵语法化的连续渐变过程：动词→介词→体标记。由于语法化是一个渐变的过程，新形式产生以后，旧的形式并不马上消失，几种形式可以并存很长一段时间：一个成分 A 语法化为成分 B 时，必定有一个 A/B 并存的阶段。因此，燕齐壮语的ʔjou³⁵有三个用法并存：即动词、介词和体标记。

一个实词一旦开始语法化，那么它就踏上了语义虚化、句法泛化、语用淡化、语音弱化的不归路，由不足语法化（保留部分实义的半虚化），到充分语法化，到过度语法化，直到表义功能趋向于零，句法功能似有似无，语音形式走向消失。[②] 在汉语方言中，我们已经看到了动词"在"语法化为语气词的情况。就多数情况而言，词汇的语法化首先是由某一个词的句法位置改变而诱发的。汉语一些方言的"在"的句法位置的改变促使其从动态助词向语气词转化的，可以说，位置的后移是语气词形成的必要条件，而占据句末位置的语气词又必定在语义上会发生变化。[③] 由前面的分析中我们看到，ʔjou³⁵作为体的标记一般放在句末，这就为它进一步虚化为语气词提供了句法环境，按照汉语方言动词"在"语法化的趋势，壮语的ʔjou³⁵进

---

① 木仕华：《论纳西语动词的语法化》，《民族语文》2003 年第 5 期，第 41 页。

② 刘丹青：《语法化中的更新、强化与叠加》，《语言研究》2001 年第 2 期，第 72 页。

③ 齐沪扬：《语气词与语气系统》，安徽教育出版社 2002 年版，第 79 页。

一步语法化为语气词是有可能的，那么，其进一步语法化的过程可能会是这样：动词→介词→体标记→语气词。

三、动词 po:i^{24} "去" 的语法化

po:i^{24} "去" 在燕齐壮语中属于基本词汇中的一个基本词，使用频率很高。燕齐壮语 po:i^{24} 跟现代汉语 "去" 的词汇意义基本上是相同的，但燕齐壮语的 po:i^{24} 比现代汉语的 "去" 用法更多，更有活力。燕齐壮语中，po:i^{24} 有以下四种用法：一是做动词，在句子中充当谓语中心语；二是做趋向动词，在句子中充当趋向补语；三是用在动词后面，表示动作的结果，充当结果补语；四是做助词，是体的范畴。燕齐壮语作助词、语气词的 pi^{55} 是动词 po:i^{24} 语法化的结果，其语法化的路径是这样的：

谓语中心语 po:i^{24}/pi^{33}→趋向动词 po:i^{24}/pi^{33}

结果补语、助词、语气词 po:i^{24}/pi^{55}→pi^{55}

下面我们先来具体分析 "po:i^{24}/pi^{33}" 和语气词 "po:i^{24}/pi^{55}" 的具体意义和用法，同时探讨燕齐壮语语气词 "pi^{55}" 的形成过程。

（一）po:i^{24}/pi^{33} 做动词

作为动词，po:i^{24}/pi^{33} 的意义是 "离开所在的地方到别处"，跟 "来" 相反。一般来说，在口语中，po:i^{24} 独立作谓语动词，没有受其他词修饰，而且带单音节名词作宾语成分时，常常读作 pi^{33}，如（124）；而 po:i^{24} 若有副词修饰或其后是多音节名词时，本身读音不变，如（125）：

（124）a. muɯŋ^{42}　po:i^{24}/pi^{33}　laɯ^{24}？　你去哪里？
　　　　　你　　去　　　　哪

b. kou^{24} po:i^{24}/pi^{33} laŋ^{24} he^{55} ʔba:t^{35} hu^{55} kwa^{35}.
　　我　去　　处所他　次　一　过
　　我去过他家一次。

（125）a. kou^{24} so:i^{42}n^{42} ʔbou^{55} po:i^{24}/pi^{33} haɯ^{24}. 我现在不上街。
　　　　我　　现在　　不　去　　集市

b. muɯŋ^{42} po:i^{24} ʔbou^{55} po:i^{24}/pi^{33} haɯ^{24}？　你上不上街？
　　你　　去　　不　　去　　　集市

c. te^{24} hat^{55}ni^{42} po:i^{24} ʔu^{55}miŋ^{42} lu^{33}. 他今早去武鸣了。
　　他　今早　　去　武鸣　（语气词）

从句法功能上看，po:i^{24}/pi^{33} 在（125）中充当谓语中心语，可以受副词或能愿动词修饰，能带宾语，可以用肯定否定相重叠的方式表示疑问，po:i^{24} 后还可以带数量短语作补语。因此，po:i^{24}/pi^{33} 具备了一般动词所具有的语法特点。c 句中 po:i^{24} 没有变化，原因是其后对象是一个汉语新借词的处所名词，如 "他去学校" 可以说 te^{24} po:i^{24}/pi^{33} ha:k^{31}（学校），但不能说成*te^{24}

pi³³ jø³¹ja:u²⁴（学校）。

同时，po:i²⁴/pi³³作为动词，它还可以放在动词后面，作为连动式的一部分。在语音形式上，po:i²⁴/pi³³两者并存。例如：

（126）a.　te²⁴ tau͡ɯ⁴² kau͡ɯ³⁵ pi³³/po:i²⁴ kau͡ɯ³⁵ fai³¹.
　　　　　　他　拿　锯　去　　　锯　树
　　　　　　他拿锯去锯木头。

　　　　b.　kou²⁴ tau͡ɯ⁴² ɕai²⁴ pi³³/po:i²⁴ ɕai²⁴ na⁴².　我拿犁头去犁田。
　　　　　　我　拿　犁　去　　　犁　田

　　　　c.　ta³¹pø³³ ɣa:p³⁵ kai³⁵ pi³³/po:i²⁴ hau͡ɯ³³ ha:i²⁴.
　　　　　　爸爸　　挑　鸡　去　　　集市　卖
　　　　　　爸爸挑鸡上街去卖。

（二）po:i²⁴做趋向动词

在句子中，燕齐壮语的 po:i²⁴/pi³³还可以做趋向动词，充当谓语的趋向补语。作为趋向动词，po:i²⁴/pi³³的意义是表示动作的方向是远离说话者的，po:i²⁴/pi³³两种读音形式均可。例如：

（127）a.　ʔba:t⁵⁵he⁵⁵ mu͡ɯŋ⁴² hau͡ɯ⁵⁵ ku⁵⁵ tau͡ɯ⁴² hou³¹ pi³³/po:i²⁴ hau͡ɯ⁵⁵ he⁵⁵.
　　　　　　次　那　你　　让　我　拿　米　去　　　给　她
　　　　　　那次你让我给她带大米去。

　　　　b.　tak³³nu:ŋ³¹ ple:n⁴² hu͡ɯn⁵⁵ kø²⁴fai³¹ pi³³/po:i²⁴ kap³³ ɣok³³.
　　　　　　弟弟　　　爬　上　树　　　去　　　抓　鸟
　　　　　　弟弟爬上树去抓鸟。

　　　　c.　kou²⁴ ʔjap⁵⁵ɕiŋ⁴² ɣa:p³⁵ li:u²⁴ pi³³/po:i²⁴ hau͡ɯ²⁴ ha:i²⁴.
　　　　　　我　一会儿　　挑　柴火　去　　　集市　卖
　　　　　　我一会儿挑柴火去集市卖。

此外，燕齐壮语的 po:i²⁴还可以跟 kwa³⁵/ ʔø:k³⁵/ hou⁵⁵（过/出/进）等组成复合趋向动词做动词的趋向补语。若合成词后不再有其他句子成分，此时的 po:i²⁴只能读本音。例如：

（128）a.　ɣa:n⁴² hi⁵⁵ ʔjan⁴² ɣø:ŋ³³ lau͡ɯ⁵⁵, te²⁴ ɕi⁴² mø³³tø⁴² ʔø:k³⁵po:i²⁴ lu³³.
　　　　　　家　还没有　亮（语气词）他　就　摩托　出去（语气词）
　　　　　　天还没亮呢，他就（骑）摩托车出去了。

　　　　b.　ki⁵⁵wun⁴² tuk³³ pla²⁴ ɕi⁴² he:n⁴² ta³³ pla:i⁵⁵ roŋ⁴²po:i²⁴.
　　　　　　些　人　打　鱼　沿　旁边　河　走　下去
　　　　　　打鱼的人沿着河边走下去。

（129）a.　te²⁴ pla:i⁵⁵ hou⁵⁵ ʔdau²⁴ ɣa:n⁴² po:i²⁴.　他走进屋里去。
　　　　　　他　走　进　里面　房子　去

b. te^{24} kwa^{35} po:i^{24} lɯk^{55}ma^{31}?　　她真的过去吗?
　　她　过　去　(语气词)

上述例子中,(128a)动词 kɯ:n^{33} "骑" 在口语中省略了;b 句可以说 pla:i^{55} roŋ^{42} he:n^{42} ta^{33} po:i^{24},但说*pla:i^{55} roŋ^{42}po:i^{24} he:n^{42} ta^{33}不太合乎语法;(129a)的情形也是如此。可见这类趋向的短语的关系较为松散,一般都将名词插入短语中间。

(三) po:i^{24}/pi^{55} 做结果补语标记

燕齐壮语的 po:i^{24}/pi^{55}还可以进入"动结式"中充当结果补语标记,表示"去掉、减少、消失"等意义,其更抽象的语法意义就是表示动作行为的"结果"。在这样的口语中,po:i^{24}在动作动词之后,即 po:i^{24}/pi^{55}两种语音形式并存,而后者 pi^{55}取代前者 po:i^{24}是语言发展的趋势(下文的 po:i^{24}作助词和语气词的情形与此相同,也均读作 pi^{55})。例如:

(130) a. hat^{55}n^{42} tak^{33}nu:ŋ^{31} kɯ^{24} pi^{55}/po:i^{24} sø:ŋ^{24} ʔan^{24} kjo:i^{55}.
　　　　早上 这　弟弟　吃　去　　　两　个 香蕉
　　　　今天早上弟弟吃掉了两个香蕉。

b. ti:u^{42} fai^{31} n^{42} tat^{55} pi^{55}/po:i^{24} sø:ŋ^{24} çø:n^{24} çi^{55} pan^{55} tɯŋ^{31}.
　　　条　树　这 削　去　　　两　寸　才　成　拐杖
　　　这根木棍削掉两寸才能当拐杖。

在以上的句子中,po:i^{24}/pi^{55}是描写、说明受事宾语,与名词有关,指动词造成受事宾语的减少、消失等结果。

(四) po:i^{24}/pi^{55}做助词

po:i^{24}/ pi^{55}常用在谓词或谓词性短语之后做体助词,表示动作完成或状态的实现。

1. po:i^{24}/pi^{55}用在动词后面,表示动作的完成。例如:

(131) a. te^{24} ŋa:i^{42} ma^{24} hap^{33} pi^{55}/po:i^{24} sø:ŋ^{24} ʔba:t^{35}.
　　　　他　被　狗　咬　去　　　两　次
　　　　他被狗咬了两次。

b. te^{24} mup^{33} ɣa:i^{24} pi^{55}/po:i^{24} sø:ŋ^{24} tu^{42} kuk^{55}.
　　　他　打　死　去　　　两　只 老虎
　　　他打死了两只老虎。(这里 ɣa:i^{24} pi^{55}/po:i^{24}亦有"消失、减少"之义)

(131)的行为得到了实施,在"参照时间(说话时间)"时已经结束,不再继续,可以记作:[+实现,-结束]。当然,"参照时间"不是全部相对现在而言,它也可以是将要完成或者是假定完成的。例如:

（132）a. te^{35} tou^{24} ho:i^{24} pi^{55}/po:i^{24} you^{42} ¢i^{55} ʔdai^{55} hou^{55}po:i^{24}.
　　　　 等　门　开　去　　咱们　才　得　　进去
　　　　 等门开了咱们才能进去。

　　　 b. te^{35} wa^{24}ta:u^{42} ho:i^{24} pi^{55}/po:i^{24} you^{42} ¢i^{55} ʔdam^{24} hou^{31}mai^{31}.
　　　　 等　花桃　开　去　　咱们　才　种　玉米
　　　　 等桃花开了咱们才能种玉米。

这两句话里都有 te^{35}...¢i^{55}...，动词也一样。意思是通过 te^{35}...¢i^{55}...“等到……才……”这个结构得出的“完成”义，而 pi^{55}/po:i^{24}则赋予了“强调”的语气。这里的 pi^{55}/po:i^{24}也可以用助词 li:u^{31}替换。

2. po:i^{24}/pi^{55}用在做谓语的形容词之后，就形容词（谓语）而言，po:i^{24}/pi^{55}表示行为对象的状态发生了变化，变化后的状态还在持续，表示变化。这种用法往往是对预期的情况来说的，表明超过了或未达到某种目标。例如：

（133）a. ko:i^{55} ŋon^{42} ni^{42} ku^{33}hø:ŋ^{24} tɯk^{33}ɣe:ŋ^{42} ɣa:i^{31}¢a:i^{31},
　　　　 几　天　这　干活　辛苦　非常
　　　　 tak^{33}je:n^{31} plo:m^{24} pi^{55}/po:i^{24} ha^{55} kan^{24}.
　　　　 阿元　瘦去　　五　斤
　　　　 这几天干活太辛苦了，阿元瘦了五斤。

　　　 b. ta^{33}¢e^{55} sa:ŋ^{24} pi^{55}/po:i^{24} ta^{33}nu:ŋ^{31} ha^{55} ¢o:n^{35}.
　　　　 姐姐　高去　　妹妹　五　寸
　　　　 姐姐比妹妹高了五寸。

　　　 c. ti:u^{42} pu^{33} n^{42} rai^{42} pi^{55}/po:i^{24} ti^{35}.　这件衣服长了一点。
　　　　 条　衣服　这　长　去　　些

这里的 po:i^{24}/pi^{55}用在做谓语的形容词之后，表示事物的状态有了新的变化。变化后的性质和状态还在延续。其特征是［＋实现］［＋持续］［＋状态延续］。

po:i^{24}/pi^{55} 的以上两种用法虽然有一些细微的差别，但是 po:i^{24}/pi^{55}的作用是相同的。

（五）po:i^{24}/pi^{55}做语气词

燕齐壮语的 po:i^{24}/pi^{55}还可以用于句末，表达某种语气。下面我们来具体分析 po:i^{24}/pi^{55}作为语气词的意义和用法。

1. po:i^{24}/pi^{55}用在陈述句末，常常跟带程度副词或重叠修辞性后缀的形容词连用，表示强调的语气，强调程度加深，或者性质或状态所达到的极深程度，等等，带有夸张或赞扬的色彩。例如：

（134）a. ti:u^{42} yon^{24} he^{55} kwa:ŋ^{35}jup^{55}jup^{55} pi^{55}/po:i^{24}.
　　　　 那　路　那　宽（后缀）去
　　　　 那条路宽宽的。

  b. ki⁵⁵plom²⁴ he⁵⁵ n̪un³⁵n̪aːn⁵⁵n̪aːn⁵⁵ pi⁵⁵/poːi²⁴.

   些　头发　她　乱　　（后缀）　去

   她的头发乱糟糟的。

  c. tu⁴² ma³¹ n̪⁴² puːt³⁵ waːi³⁵ ka⁴²ɣaːi³¹ pi⁵⁵/poːi²⁴.

   只　马　这　跑　快　确实　去

   这匹马跑得真快啊。

  d. tiːu⁴²ta³³ n̪⁴² lak³³ ka⁴²ɣaːi³¹ pi⁵⁵/poːi²⁴.　这条河深极了。

   条　河　这　深　确实　去

  2. 用在祈使句末，poːi²⁴/pi⁵⁵表示"要求达到某种程度"，表达命令、请求、催促的语气。例如：

（135）søːn²⁴ he⁵⁵ tiŋ³⁵ ɣø³¹ pi⁵⁵/poːi²⁴! te²⁴ kaːŋ⁵⁵ ʔbou⁵⁵/ʔbu³³

   教　她　听　知　去　　她　说　不

  pan⁴² ɕuŋ⁵⁵ tiŋ³⁵ ɣø³¹.

   成　都　听　知

  教到她听明白为止，（即使）她说的不好都能听明白。

（136）ɣou⁴² kɯ²⁴ ti³⁵ n̪⁴² liːu³¹ pi⁵⁵/poːi²⁴! meːn³³ɕi⁵⁵ ɣaːi³¹ sak⁵⁵

   我们　喝　点　这　完　去　　再　才　倒　一

  kam⁴² huɬ⁵⁵, laːŋ³³ haːp³¹ ʔoːi³⁵ n̪³¹, ɕi⁵⁵ laːi⁵⁵ kɯ²⁴ ham³⁵ laːi²⁴.

   口　一　如果　满意（语气词）才　多　喝　较　多

  我们喝完这点（酒）!再倒一两口，如果合口的话，才多喝一点。

（137）kwe⁵⁵ n̪ɯ⁵⁵ kou³⁵ ɣaːp³⁵ pi⁵⁵/poːi²⁴.

   割　草　够　挑　去

  割草够一挑为止!

  从燕齐壮语 poːi²⁴在口语中的变化情形来看，助词 poːi²⁴/pi⁵⁵和语气词 poːi²⁴/pi⁵⁵尽管形式相同，但还是很容易把它们区别开来的：

  1）从意义上看，助词 poːi²⁴/pi⁵⁵主要是表示动作的完成，其意义相当于汉语的"了"。而语气词 poːi²⁴/pi⁵⁵主要表示程度的加深，往往带有赞扬或夸张的色彩。

  2）从位置上看，助词 poːi²⁴/pi⁵⁵只能出现在谓语动词（动作动词或状态动词）后边，而且其后还有其他句法成分。但它语气词 poːi²⁴/pi⁵⁵只能无条件地出现在句末。也就是说，助词一般出现在句中，语气词则出现在句末。

  （六）语气词 poːi²⁴/pi⁵⁵的形成过程

  诱发词汇语法化的因素有其自身的特点。一般来说，有"句法位置改变"、"词义变化"、"语境影响"、"重新分析"等方式。此外，还伴随着功能、词义变化而产生的语音演变，一个实词语法化之后，它在虚词系统中地位的确立及调整，不同语言之间的接触对虚词的产生和使用的影响等，也不同程度地在语法化过程中起过作用和影响。[①] 燕齐壮语 $po:i^{24}/pi^{33}$语法化的机制也和其他词相仿，主要表现在"句法位置变化"、"词义变化"和"语音变化"这三个方面。下面，我们通过分析诱发 $po:i^{24}/pi^{33}$语法化的因素来探讨语气词 $po:i^{24}/pi^{55}$的形成过程。

1. 句法位置的变化

对于燕齐壮语的 $po:i^{24}/pi^{33}$来说，位置的变化也是造成其语法化的主要原因。在谓语中心语 $po:i^{24}/pi^{33}$语法化的过程中，位置的改变是最终生成语气词 "$po:i^{24}/pi^{55}$" 的诱发因素，因为语气词对位置的要求是必须居于句末。

动词 $po:i^{24}/pi^{33}$是一个具有实在意义的实词，在句子中是谓语中心语，处于核心位置。若趋向动词 $po:i^{24}/pi^{33}$则位于谓语中心语之后，即趋向动词 $po:i^{24}/pi^{33}$在句子中处于次要地位。这种句法位置的变化，为动词 $po:i^{24}/pi^{33}$语法化为趋向动词提供了条件。因为在句子中处于次要的位置，它的语义也是一个次要的成分，在这种情况下，它的实义就容易被人轻忽，因此，它的语义也就容易发生虚化。其词义慢慢抽象化、虚化，再发展下去，其语法功能就会发生变化，即不再作为谓语的主要部分。这可能是燕齐壮语动词 $po:i^{24}/pi^{33}$语法化为趋向动词的重要原因。

从谓语中心语语法化为趋向动词以后，$po:i^{24}/pi^{33}$进一步虚化，进而充当"动结式"中的结果补语标记 $po:i^{24}/pi^{55}$。为什么我们说结果补语标记 $po:i^{24}/pi^{55}$是由趋向动词 $po:i^{24}/pi^{33}$虚化而来的呢?沈家煊先生认为:在共时平面上判定语法化程度，可依据的标准大体可归纳为：（1）与人有关低于与人无关的；（2）表空间的语法成分是语法成分中虚化程度最低的；（3）三维（空间）低于一维（时间），一维低于零维（原因、方式等）；（4）特殊低于一般，如"工具"（特殊）低于方式（一般）；（5）与名词有关的低于与小句有关的，如介词低于连词。[②] 按此标准，结果补语标记 $po:i^{24}/pi^{55}$之所以是趋向动词 $po:i^{24}/pi^{33}$语法化的结果，是因为趋向动词 $po:i^{24}/pi^{33}$表示动作的方向，当动作产生后，施事主语的空间概念发生了变化。而结果补语标记 $po:i^{24}/pi^{55}$则表示动作的结果，当动作产生后，受事宾语由"可见"变为"不见"，这属于时间意义。这也是由于位置的改变诱发的，由于趋向动词 $po:i^{24}/pi^{33}$在句子中处于次要位置，其词义慢慢抽象化，再发展下去，就语法化为结果补语标记 $po:i^{24}/pi^{55}$。

随着结果补语标记 $po:i^{24}/pi^{55}$在"$VP+po:i^{24}/pi^{55}$这种格式中的日益普及，它的词汇意义从实到虚，最终变为零，因而在接续谓词性成分的时候就可以摆脱语义上的限制，取得更加灵活的姿态，变成了 VP 的助词了。当

---

① 齐沪扬：《语气与语气系统》，安徽教育出版社 2002 年版，第 77 页。
② 沈家煊：《"语法化"综述》，《外语教学与研究》1994 年第 4 期，第 21 页。

"VP+po:i^{24}/pi^{55}"位于句末时，po:i^{24}/pi^{55}就逐渐有了用在句末的自由，这就为语气词 po:i^{24}/pi^{55}占据了相应的语法位置。随着处于句末的"VP+ po:i^{24}/pi^{55}"的使用越来越普及，po:i^{24}/pi^{55}的功能就逐渐从附加在一个词组之后做词组的组成部分，变为依附在全句之后做整个句子的组成部分，这时候，助词 po:i^{24}/pi^{55}就语法化为语气词 po:i^{24}/pi^{55}了。

2. 词义的变化

句法位置的变化会促使助词 po:i^{24}/ pi^{55}向语气词 po:i^{24}/pi^{55}的转化，可以这么说，位置的后移是语气词形成的必要条件；而占据句末位置的语气词又必定在语义上会发生变化。这是正方向的一种因果推导。与此同时，反方向的因果推导也是成立的：语义上的变化同样是语气词形成的必要条件。

词义的泛化在燕齐壮语的 po:i^{24}/pi^{33}语法化为虚词的过程中也有所反映。作为谓语中心语，po:i^{24}/pi^{33}的意义是"离开所在的地方到别处"，它的意义是很实在的。当 po:i^{24}/pi^{33}做趋向补语后，它虽然还有一定的意义，但其动词性减弱了，而表示方向的意义增强了，由于处于次要位置，po:i^{24}/pi^{33}所联系的动作的实施不涉及外物，无须 po:i^{24}/pi^{33}作先决条件，po:i^{24}/ pi^{33}的词汇意义因此逐渐失去着落。趋向动词 po:i^{24}/ pi^{33}从表示空间的意义变为表示时间的意义，趋向动词 po:i^{24}/pi^{33}就虚化为结果补语标记 po:i^{24}/pi^{55}。随着结果补语标记 po:i^{24}/pi^{55}在"VP+po:i^{24}/pi^{55}"这种格式中的日益普及，以致发展到后来，它就可以接续于一个不表动作而表事象的词或短语了，等到跟这类成分相联系之后，它的性质就发生了根本变化，变成附属于这类成分的助词了。助词 po:i^{24}/pi^{55}则已经失去了动词 po:i^{24}/pi^{33}"离开所在的地方到别处"的意义，转而带有语法意义，这时候 po:i^{24}/pi^{55}已经虚化为表示抽象的"完成"意义的体助词了。随着助词 po:i^{24}/pi^{55}"完成体"意义越来越普及，po:i^{24}/pi^{55}的实词义日益减少，为其最终变成语气词铺平了道路。语气词 po:i^{24}/pi^{55}则只在句末表达达到某种程度的语气，这时候，po:i^{24}/pi^{55}已经变成了表达句子词汇意义时可以忽略的成分了，到了这个阶段，动词 po:i^{24}/pi^{33}的词汇意义可以说已经完全虚化了。

其实，意义和形式是同一个问题相辅相成的两个方面，在实词语法化为虚词的过程中是互相依存、互相促进的。在燕齐壮语 po:i^{24}/pi^{33}的语法化过程中，其结构形式的变化会促使其词汇意义的泛化，而词汇意义的泛化又进一步促使结构形式的变化。在这里只是为了论述的方便，才将两者分开叙述。

3. 语音的变化

语音的变化大多都采用渐变的方式，体现了语言渐变性的特点。一个语音成分的变化，最初往往只是发音方法或发音部位上有细微的差别，但随着时间的推移，这种变化会不断进行，差别会逐渐积累，最终产生语音上的明显差别。语气词 $po:i^{24}/pi^{55}$ 在形成过程中，与语音变化是有关系的。

从前面的分析，我们发现 $po:i^{24}$ 在句子中做谓语中心语、趋向动词和结果补语、助词、语气词用的时候，它的语音形式都发生了改变，$po:i^{24}$ 分别变读为 pi^{33} 和 pi^{55}，这就表明 $po:i^{24}$ 除了调值变化以外，其元音也趋于弱化了，即复元音 o:i 弱化为单元音 i。这正是语音渐变性特点的体现。正因如此，通过声调的改变，$po:i^{24}/pi^{55}$ 才从 $po:i^{24}/pi^{33}$ 中脱离出来，最终使语法化的 pi^{55} 独立于非语法化的 pi^{33} 之外。根据语法化是个连续的渐变过程的"渐变原则"，我们认为 $po:i^{24}$ 语音变化过程是：

$$\text{谓语中心语 } po:i^{24}/pi^{33} \rightarrow \begin{cases} \text{趋向动词 } po:i^{24}/pi^{33} \rightarrow pi^{33} \\[2em] \text{结果补语、助词、语气词 } po:i^{24}/pi^{55} \rightarrow pi^{55} \end{cases}$$

由于语法化是一个渐变的过程，新形式产生以后，旧的形式并不马上消失，几种形式可以并存很长一段时间：一个成分 A 语法化为成分 B 时，必定有一个 A/B 并存的阶段，正如 $po:i^{24}/pi^{33}/pi^{55}$ 三种形式并存那样。同时，$po:i^{24}$ 的语法化过程又是动态的，在不同的阶段会有不同的虚化表现。在这过程中，各种词性的 $po:i^{24}$ 之间并没有很明确的界限，它们是一个由自由而黏着、由实而虚的连续过程，其内部始终存在着彼此交叉的虚化坏链。因此，燕齐壮语的 $po:i^{24}$ 有五个用法并存：即谓语中心语、趋向动词、结果补语标记、助词和语气词。

总之，燕齐壮语的 $po:i^{24}$ 从动词发展到语气词，其间经历了一个漫长的、渐变的过程，将其分为谓语中心语、趋向动词、结果补语标记、助词和语气词也只是一种粗疏的分类。随着对 $po:i^{24}$ 研究的深化，可能还会有更科学、更明确的见解。

四、动词 kwa^{35} "过" 的语法化

kwa^{35} "过" 是壮语中的一个常用词。据考证，壮语中的 kwa^{35} "过" 是后中古汉语借词。[①] 但是，燕齐壮语 kwa^{35} 的用法及其语法化情况跟汉语的 "过" 的情况不尽相同。在燕齐壮语中，kwa^{35} 除了做动词外，还可以做趋向动词、介词、体标记和语气词。下面对燕齐壮语的 kwa^{35} 的意义和用法进行阐述和分析。

（一）kwa^{35} 做动词

kwa^{35} 做动词用时，其意义是"通过某一空间位置"或"经过某一时间段"。

---

① 蓝庆元：《壮汉同源词借词研究》，中央民族大学出版社 2003 年版，第 216 页。

这两个义项的 kwa³⁵ 都是及物动词，后面可以自由地跟地点宾语。例如：

（138）a. kou²⁴ kwa³⁵ ŋoːi³³ ɕip³¹ pi²⁴ hom²⁴ toːi²⁴jiu³³ luɯ³³ko³¹.
　　　　　我　过　二　十　年　再　　退休　（语气词）
　　　　　我再过 20 年就退休了。

　　　b. te²⁴ ŋon⁴²luɯːn⁴² ɕam³³ kwa³⁵ poːi²⁴ luɯk⁵⁵ma³¹?
　　　　　她　昨天　也　过　去　（语气词）
　　　　　她昨天真的也过去了吗？

　　　c. ta³¹koŋ²⁴ kwa³⁵ muɯn²⁴ he⁵⁵ poːi²⁴ lo³³. 爷爷过那里去了。
　　　　　爷爷　过　那里　去（语气词）

　　　d. pi²⁴ni⁴² te²⁴ ma²⁴ yaːn⁴² kwa³⁵ ɕuɯːŋ²⁴. 他今年回家过年。
　　　　　今年　他　回　家　过　春节

（138）中的 kwa³⁵ 是动词，在句子中充当谓语中心语。作为动词，它具备了动词所具有的基本语法特点，即可以作谓语中心语，可以受副词的修饰，能带宾语，可以用肯定否定相重叠的方式表示疑问，kwa³⁵ 还可以带时量短语做补语。例如：

（139）a. ham³³n⁴² kou²⁴ ʔbou⁵⁵/ʔbu³³ kwa³⁵ laŋ²⁴ muɯŋ⁴² poːi²⁴ lo³³.
　　　　　今晚　我　不　　过　处所　你　去（语气词）
　　　　　今晚我不过你家去了。

　　　b. ta³¹luŋ⁴² kwa³⁵ ʔbou⁵⁵/ʔbu³³ kwa³⁵ tou⁵⁵ kuɯ²⁴ hou³¹ɕou⁴²?
　　　　　伯父　过　不　　过　来　吃　晚饭
　　　　　伯父过不过来吃晚饭？

　　　c. tiːu⁴² pu³³ n⁴² kou²⁴ kwa³⁵ søːŋ²⁴ ʔbaːt³⁵ yam³¹ lu³³.
　　　　　件 衣服 这 我　过　两　次　水（语气词）
　　　　　这件衣服我过了两次水了。

（二）kwa³⁵ 做趋向动词

燕齐壮语的 kwa³⁵ 还可以做动词的趋向补语，kwa³⁵ 的宾语后常常跟 poːi²⁴ "去" 或 tou⁵⁵ "来" 等趋向动词。例如：

（140）a. te²⁴ plaːi⁵⁵ kwa³⁵ paːi³³toŋ²⁴ poːi²⁴. 他向东方走去。
　　　　　他　走　过　东边　去

　　　b. te²⁴ plaːi⁵⁵ kwa³⁵ laŋ²⁴ muɯŋ⁴² poːi²⁴ lu³³.
　　　　　他　走　过　处所　你　去（语气词）
　　　　　他向你家走去了。

　　　c. me³³, ʔjau⁵⁵ kwa³⁵ muɯn²⁴ni⁴² tou⁵⁵ ha³¹.
　　　　　妈　看　过　这里　来（语气词）
　　　　　妈妈，往这边看啊。

从以上例句中我们看到，kwa³⁵不仅可以在句子中做谓语中心语，还可以在动词后做趋向补语。kwa³⁵的这两种句法功能估计不是一开始就有的。做动词，在句子中充当谓语中心语应该是kwa³⁵的最初功能，而做趋向动词，在句子中充当趋向补语是其后来发展演变的结果。因为在壮语中，动词通常是在"主—谓—宾"格式中充当谓语。在这种组合形式中，充当谓语的动词，大多只有一个，它是句子结构的核心成分，它所表达的动作或状态是实实在在的。如果某个动词不用于"主—谓—宾"组合格式，不是一个句子中唯一的动词，并且不是句子的中心动词（主要动词）时（如在连动式中充当次要动词），该动词的动词性就会减弱。当一个动词经常在句子中充当次要动词，它的这种语法位置被固定下来之后，其词义就会慢慢抽象化、虚化，再发展下去，其语法功能就会发生变化，即不再作为谓语的构成部分，而变成了谓语动词的修饰成分或补充成分，词义进一步虚化的结果便导致该动词的语法化，由词汇单位变成语法单位。这可能是燕齐壮语动词kwa³⁵语法化为趋向补语的重要原因。

此外，燕齐壮语的kwa³⁵可以跟tou⁵⁵/poːi²⁴（来/去）组成复合趋向动词做动词的趋向补语。例如：

（141）a.　te²⁴ plaːi⁵⁵ kwa³⁵poːi²⁴ lu³³.　　他走过去了。

　　　　　他　走　过　去　（语气词）

　　　 b.　muɯŋ⁴² naŋ⁴² kwa³⁵tou⁵⁵ ti³⁵.　　你坐过来一点儿。

　　　　　你　坐　过　来　些

（三）kwa³⁵做介词

燕齐壮语的kwa³⁵还用于比较句中，引介所要比较的事物。例如：

（142）a.　waːi⁴² tak³³ çai²⁴ na⁴² waːi³⁵ kwa³⁵ waːi⁴² me³³.

　　　　　水牛　公　犁　田　快　过　水牛　母

　　　　　公牛犁田比母牛快。

　　　 b.　ta³³çe⁵⁵ saːŋ²⁴ kwa³⁵ ta³³nuːŋ³¹.　　姐姐比妹妹高。

　　　　　姐姐　高　过　妹妹

　　　 c.　fan³³ ku⁵⁵ laːi²⁴ kwa³⁵ fan³³ muɯŋ⁴².

　　　　　份　我　多　过　份　你

　　　　　我的那份比你的那份多。

汉语的粤方言也有类似的用法（有关kwa³⁵的具体用法，将在第八章"简单句"之"比较句"作进一步说明）。

（四）kwa³⁵ 成为体的标记

燕齐壮语动词后的kwa³⁵还可以做体标记，表示某种动作曾经发生。如：

（143）a. kou²⁴ ʔbou⁵⁵ ʔjaŋ⁴² ɣan²⁴ he⁵⁵ kwa³⁵ ne³¹.

　　　 我　还没有　见　他　过（语气词）

　　　 我还没有见过他呢。

　　b. ki³⁵tuŋ⁴²jø³¹ ku⁵⁵ ʔbaːŋ⁵⁵ ɕip³¹ koːi⁵⁵ ŋoːi³³ ɕip³¹ pi²⁴ lu³³,

　　　 同学　 我 部分 十 几 二 十 年（语气词）

　　ɕuŋ⁵⁵ ʔbou⁵⁵jaŋ⁴² ɣan²⁴ na⁵⁵ kva³⁵.

　　 都　还没　 见面　过

　　 我的同学有的十几二十年都还没见过面。

（144）te²⁴ taŋ⁴² kwa³⁵ puɯ⁴²kiŋ³³, ɕaːi³⁵ poːi²⁴ kwa³⁵ ɕaːŋ³¹ɕiŋ⁴².

　　　 他　到　过　北京　 又　去　过　 长城

或者：te²⁴ taŋ⁴² puɯ⁴²kiŋ³³ kwa³⁵, ɕaːi³⁵ poːi²⁴ ɕaːŋ³¹ɕiŋ⁴² kwa³⁵.

　　　 他　到　北京　 过　又　去　 长城　过

　　 他到过北京，还去过长城。

在这些例子里，kwa³⁵用在动词后面表示某种动作曾经发生，是作为体的标记。在燕齐壮语中，作为体标记的kwa³⁵一般只能放在宾语后面，kwa³⁵也偶尔放在宾语前面，如（144）两种方式都可以。此外，动量补语还是插在kwa³⁵和动词之间的，例如：

（145）a. kou²⁴ poːi²⁴/pi⁵⁵ laŋ²⁴ he⁵⁵ ʔbaːt³⁵ hu⁵⁵ kwa³⁵.

　　　 我　去　 处所 他 次 一 过

　　 我去过他家一次。

　　b. kou²⁴ ɕaːm²⁴ he⁵⁵ ʔbaːt³⁵ ʔdeːu²⁴ kwa³⁵. 我问过他三次。

　　　 我　问　 他　三　次　过

kwa³⁵有时候是用于提出条件或假设，这一点也与现代汉语中表示完成义的"了"相似，其特点都是与ɕi⁴² "才"、ɕou³³ "就"这样的连词连用。例如：

（146）a. luɯk³³kjoːi⁵⁵ ɣou⁴² ɕaŋ³³ kwa³⁵ ɕi⁴² ʔou²⁴.

　　　 香蕉　 咱们　称　过　才　要

　　 香蕉咱们称了才要。

　　b. ʔan²⁴ ʔbaːn⁵⁵ he⁵⁵ kjou²⁴ ɣaːi³¹ɕaːi³¹, muɯŋ⁴² poːi²⁴ kwa³⁵ ɕi⁴² ɣø³¹.

　　　 村子　他 漂亮　非常　 你　去　过　才 知道

　　 他的村子非常漂亮，你去了才知道。

　　c. tu⁴²mou²⁴ muɯŋ³³ kwuːŋ²⁴ kwa³⁵ ɕou³³ ʔdai⁵⁵.

　　　 只 猪　你　喂　 过　就　得

　　 猪你喂了就行。

（146）中的kwa³⁵不仅可以用于已然事件句中，也可以用于未然事件句中。但用于未然事件句的时候，必须有参照时间来保证kwa³⁵前事件的先时性，否则句子是不合语法的。在这点上，燕齐壮语的 kwa³⁵和现代汉语的"了"在用法上有相同之处。石毓智先生所指出，现代汉语的"过"和"了"有相同之处，可能是由于两者都是着眼于行为在某一点的状况。①

　　kwa³⁵用在动词后表示动作的情况表明，它在句子中没有单独充当句子成分，这也是 kwa³⁵语法化的特征之一。石毓智、李讷认为：一个词语一旦语法化，就会失去独立运用的能力，而成为一种附着成分。② 燕齐壮语的 kwa³⁵刚开始是一个普通动词，既可以单独做谓语，又可以做连动式的第二个动词。kwa³⁵做趋向动词时，它可以在句子中充当动词或动词性短语的补语。但是，当 kwa³⁵成为一个体标记之后，它就不能再单独用做句子成分，只能附着于主要动词之后表示动作行为进行的状况。从这个角度来说，燕齐壮语除了用 lu³³ "了"这个词来表示完成体（同语族中的许多语言、方言用这个来自汉语的词来表达完成体），还可以用 kwa³⁵来表示如（146）。

　　燕齐壮语的 kwa³⁵可以做经历体的标记，与现代汉语的经历体标记"过"相当；kwa³⁵也可以做完成体的标记，与现代汉语的完成体标记"了"相当。也就是说，在汉语中，经历体和完成体是有不同的语言表现形式的，即经历体用"过"表示，完成体用"了"表示。在燕齐壮语中，经历体和完成体却可以有一个共同的表现形式 kwa³⁵。而要判断 kwa³⁵是经历体的标记还是完成体的标记，只能根据语境来判断。这种情况我们可以看做燕齐壮语的 kwa³⁵用法的泛化。

　　总之，kwa³⁵以上的四种用法不是一开始就有的，是其语法化的结果。其语法化的连续渐变过程：动词→趋向动词→介词→体标记。从 kwa³⁵语法化过程中我们可以看到：从意义实在的实词到语法功能占上风的虚词，从单纯的句子成分到着眼于整个句子的语法标记，语法化现象贯穿于 kwa³⁵演变的各个层次。这一实例也为共时语法化理论研究提供了佐证。

---

① 石毓智：《语法的认知语义基础》，江西教育出版社 2004 年版，第 20 页。
② 石毓智、李讷：《汉语语法化的历程——形态句法发展的动因和机制》，北京大学出版社 2001 年版，第 2 页。

第六章　形容词短语：有关结构及其成分

第一节　形容词的分类和形式

一、形容词的分类

形容词可以按其表达功能分为性质形容词和状态形容词。

1. 性质形容词：表示人或物延续时间较长的性质。表示性质的形容词，一般不能带任何数量补语。例如：

som⁵⁵ 酸	ham⁴² 苦	ɣaːŋ²⁴ 香
hou²⁴ 臭	sø33 直	ʔdaːŋ⁵⁵ 硬
ʔun³⁵ 软	ʔu³⁵ 脏	sau²⁴（水）清
ȵaŋ³⁵ 忙	ʔdoːi²⁴ 好	ɣai33（刀）锋利
ʔim³⁵ 饱	ʔdip⁵⁵ 生的	muut⁵⁵（刀）钝

2. 状态形容词：通常表明人或物暂时所处的状态或条件。例如：

ʔi³⁵ 小	huŋ²⁴ 大	ɣai⁴² 长
tin⁵⁵ 短	na²⁴ 厚	ʔbaːŋ²⁴ 薄
saːŋ²⁴ 高	tam³⁵ 矮	kwaːŋ³⁵ 宽
kap33 窄	nak⁵⁵ 重	ʔbou²⁴ 轻
hum⁴² 痒	pak⁵⁵ 累	ʔjɯːk³⁵ 饿

二、形容词的形式

在各个词类中，燕齐壮语形容词的构成方式是最为多样的。而且，构成方式不同的形容词，其语法特点也有所不同。形容词的形式有简单形式也有复杂形式：

（一）形容词简单形式

1. 单音节形容词

　　heːu²⁴ 绿　　som⁵⁵ 酸　　hou²⁴ 臭　　tin⁵⁵ 短

2. 一般的双音节形容词

　　ʔjaːk³⁵ɣɯːi³¹ 凶恶　　　　paːk³⁵nak 寡言

　　tuk33yeːŋ⁴² 辛苦　　　　　fuŋ⁴²laːi²⁴ 手不安分

　　单音节形容词和一般的双音节形容词都是形容词的基本形式，我们把这两种形式称为形容词的简单形式。在燕齐壮语的形容词中，单音节形容词占绝大多数，双音节形容词为数很少，并且有部分的双音节形容词是从汉语中借入的。

　　（二）形容词的复杂形式

　　1. 重叠式

　　形容词的重叠式按照它的构造可以分为以下三类：

　　1）AA 式重叠

　　单音形容词重叠后表示程度的加深，并有强调语气的意思，在话语中前一个成分的读音常常念的稍微长一些。例如：

$$ʔdam^{24}\ ʔdam^{24}\ 黑黑的\qquad pɯːk^{33}pɯːk^{33}\ 白白的$$
$$nak^{55}nak^{55}\ 重重的\qquad ʔbou^{24}\ ʔbou^{24}\ 轻轻的$$
$$na^{24}na^{24}\ 厚厚的\qquad ʔbaːŋ^{24}\ ʔbaːŋ^{24}\ 薄薄的$$
$$ʔun^{35}\ ʔun^{35}\ 软软的\qquad ʔdaːŋ^{55}\ ʔdaːŋ^{55}\ 硬硬的$$

　　单音形容词重叠后，一般都能在中间插入一个 hu^{31} 等音节，此时念的较长音节也就移至该音节上，意味着整个结构所表示的程度更深、语气更强。

　　2）AABB 式重叠

　　AABB 式的形容词重叠或表示程度的加深，或表示数量的概括。例如：

$$ʔun^{35}ʔun^{35}\ naːi^{35}naːi^{35}\ 很疲倦$$
　　软　软　累　累

$$huŋ^{24}huŋ^{24}\ saːŋ^{24}saːŋ^{24}\ 高高大大的$$
　　大　大　高　高

$$ɣai^{24}\ ɣai^{24}\ kjai^{42}kjai^{42}\ 很久远$$
　　长　长　远　远

$$laːi^{24}\ laːi^{24}\ noːi^{31}\ noːi^{31}\ 多多少少$$
　　多　多　少　少

　　这类格式的两个音节均可独立运用，有的还可以缩减成 AB 式来运用，基本意义不变。

　　3）ABAB 式是指两个不同的合成词音节，经过一次重叠后所形成的音节结构。这类重叠一般都表示程度的加深并具有强调的意思。

$$pan^{42}\ ʔbaːu^{35}pan^{42}\ ʔbaːu^{35}\ 很帅（指男孩）$$
　　成　美男　成　美男

$$pan^{42}saːu^{24}\ pan^{42}saːu^{24}\ 很漂亮（指女孩）$$
　　成　美女　成　美女

（pan⁴²的本义是"变成，成为"，常跟一些名词连用，构成形容词，尤其跟表示疾病的名词用，表示生病的状态。）

hoŋ⁴²mo:i³⁵ hoŋ⁴²mo:i³⁵　粉红粉红的

红　粉　红　粉

4）带单音描绘性重叠形容词词缀构成的复合形容词，有一部分可以用特殊的 ACAB 式重叠。AB 是原来是原来的复合词，AC 只是用 i 作韵母、声母与词根一致的插入式音节。结果构成"ACAB"四字格，但 C 不能自由运用。例如：

ʔdam²⁴ ʔdi³³ ʔdam²⁴ ʔda:t⁵⁵　　黑咕隆咚

som⁵⁵　si³³　som⁵⁵ sa:t⁵⁵　　酸不溜秋

ʔda:ŋ⁵⁵ ʔdi³³　ʔda:ŋ⁵⁵ ʔda:t⁵⁵　　硬邦邦的

tam³⁵ ti³³ tam³⁵ te:t⁵⁵　　矮墩墩的

这些例子是典型的双声或叠声结构（这样的结构前文已有叙述，此不再重述）。

2. 带后附成分的形容词。这类后附成分主要有三种：

单音形容词一般能后加描绘副词性构成补充式复合形容词。这种副词性词根一般有单音和叠音，但也有一些只有单音，没有叠音的。这种副词性词根声母一般与形容词词根的声母相同。这种副词词根都不能自由运用。叠音比单音在表示意义的程度上要大一些（具体的情形，请参阅第三章"构词法"之"合成词二"）。

1）由一个音节构成的后附成分，即构成 AB 式形容词：

he:u²⁴suɯt³³　很绿　　　　　som⁵⁵sa:t⁵⁵　很酸

kwa:ŋ³⁵jup³³　很宽　　　　　n̠uŋ³⁵n̠a:n⁵⁵　很乱

ʔbai³⁵ ʔba:t⁵⁵　很湿　　　　ʔdam²⁴ ʔda:t⁵⁵　很黑

2）由一个音节的重叠形式构成的后附成分，即构成 ABB 式形容词：

he:u²⁴ suɯt⁵⁵suɯt⁵⁵　绿油油　　　som⁵⁵ sa:t⁵⁵sa:t⁵⁵　酸溜溜

kwa:ŋ³⁵ jup⁵⁵jup⁵⁵　宽宽的　　　n̠uŋ³⁵ n̠a:n⁵⁵n̠a:n⁵⁵　乱糟糟

ʔbai³⁵ ʔba:t⁵⁵ ʔba:t⁵⁵　湿漉漉　　ʔdam²⁴ ʔda:t⁵⁵ ʔda:t⁵⁵　黑糊糊

3）由不同音节构成的后附成分，构成 ABC 式形容词。一般用来形容人或物体的形貌特征，在口语中对所描述事物常起到生动形象的作用。这类词的每一个音节都不具有独立表义功能，而且语音上有个特点：前两个音节 AB 是双声或叠声，后两个音节 BC 是叠韵；后一音节声母为 ɣ。例如：

kuŋ⁵⁵ke:ŋ⁵⁵ɣe:ŋ³³　　（人）瘦高而且孤零零的样子

tuŋ⁵⁵te:ŋ⁵⁵ɣe:ŋ³³　　（人或物体）孤零零的样子

suk³³sa:k⁵⁵ɣa:k³³　　（人）衣衫褴褛的样子

ŋuk⁵⁵ŋa:k⁵⁵ɣa:k³¹　　　　（腿脚不灵便）走路的样子

mluuk³³mluɯ³³ɣɯ⁵⁵　　　　（视力欠佳）目光呆视的样子

在燕齐壮语中，哪个形容词用哪个后附成分是一定的，不能随意乱用。有些词后附成分与其前后的形容词在意义上有联系，有些在意义上没有什么联系。这在后附成分的作用是使形容词在描写时更加生动、形象。

在燕齐壮语中，不是所有的单音形容词都能加上后附成分，只有那些具体的含有可对比性的形容词才能加上后附成分，像表示事物的颜色、长短、高矮、曲直、味道等形容词才能加上后附成分。而那些抽象的无对比性的形容词就不能加上后附成分。例如：na:n⁴²（久）、ʔdo:i²⁴（好）、kin³⁵（耐用）等比较概括和抽象的形容词就不能加后附成分。

3. 由一个形容词与一个名词语互构成的复合形容词，这类形容词常常是表示颜色、气味，其后的名词的意义要与这类形容词相关。

ha:u²⁴ si:t⁵⁵雪白　　　　　　siŋ²⁴ pla²⁴腥味

hou²⁴ hai³¹屎的臭气ʔdam²⁴ ta:n³⁵炭黑

ɣa:n²⁴ wa²⁴花的香味　　　wa:n²⁴ ʔo:i⁵⁵蔗的甜味

这类 AB 复合形容词的语义是对 A 的性状描绘，即表达"像 B 那样的A"。如 ha:u²⁴ si:t⁵⁵的意思是"像雪那样的白"。

第二节　形容词的组合特点及语法功能

燕齐壮语的形容词有许多和动词相同的语法特征，因此有人把形容词算作动词的一类，叫静态动词或状态动词。一般形容词可以直接做谓语，这与一切动词相同；绝大多数的形容词可以受程度副词修饰，这与表示心理状态的动词及能愿动词相同却与动作行为动词不同；有些形容词后可以有动态助词ʔdai⁵⁵以及动量、时量补语——如 ɣø:ŋ³³ ʔdai⁵⁵ jap⁵⁵ ʔde:u²⁴ "亮了一会儿"，这又与动作动词相同。尽管形容词与动词有这样或那样的相同点，但是，我们仍然可以根据绝大多数形容词和绝大多数动词的语法功能，把二者区别开来。这一节，我们来分析燕齐壮语形容词在句子中的组合功能及其在句子中充当句子成分的能力。

形容词的简单形式和复杂形式在组合特点与语法功能上有不少差异，因此，下面分别分析形容词的简单形式和复杂形式的组合特点及其语法功能。

一、形容词简单形式的组合特点及语法功能

（一）形容词简单形式的组合特点

简单形式的形容词是燕齐壮语形容词中最典型、最核心的形容词。简

单形式的形容词最突出的组合特点是：

1. 简单形式形容词一般能受副词 kik⁵⁵ "极"、ha:m³⁵ "比较"的修饰和 ɣa:i³¹ɕa:i³¹/ ta:ŋ³⁵ma⁴² "非常"、la:i²⁴ "太"的补充。这是形容词与行为动词的最大区别。例如：

ha:m³⁵ ʔdo:i²⁴ 比较好 kjai²⁴ la:i²⁴ 太远了

kik⁵⁵ ʔbou²⁴ 很轻 n̩aŋ³⁵ ta:ŋ³⁵ma⁴² 非常忙

ha:m³⁵ ʔi³⁵ 比较小 nit⁵⁵ ɣa:i³¹ɕa:i³¹ 非常冷

ha:m³⁵ pli:n⁴²ŋo:i⁴² 比较便宜 pli:n⁴²ŋo:i⁴² la:i²⁴ 很便宜

ha:m³⁵ tuk³³ɣe:ŋ⁴² 比较费力 tuk³³ɣe:ŋ⁴² ɣa:i³¹ɕa:i³¹ 很费力

2. 简单形式形容词能受副词 ʔbou⁵⁵/ʔbu³³ "不"的修饰。例如：

ʔbou⁵⁵ ʔdo:i²⁴ 不好 ʔbou⁵⁵ la:i²⁴ 不多

ʔbou⁵⁵ nak⁵⁵ 不重 ʔbou⁵⁵ n̩aŋ³⁵ 不忙

ʔbou⁵⁵ tuk³³ɣe:ŋ⁴² 不费力 ʔbou⁵⁵ pli:n⁴²ŋo:i⁴² 不便宜

3. 简单形式形容词不能带宾语。有些形容词有时可带宾语（表示使动意义），这时的形容词就兼属动词类了，这是形容词与动词的兼类。

（二）形容词简单形式的语法功能

在燕齐壮语中，名词、动词、形容词都是多功能的，它们和句法成分之间不是一一对应的关系，而是一对多的关系。尤其是形容词，几乎能充当句子中所有的句法成分。当然在众多的语法功能中，有主要功能和非主要功能的区别。一般来说，形容词在句子中主要充当定语、谓语、状语和补语。

1. 做定语

燕齐壮语形容词的简单形式做定语时，位于中心语之后，这跟现代汉语的形容词做定语的语序相反。例如：

（1）muŋ⁴² tuk³³ wun⁴² ʔdo:i²⁴, te²⁴ tuk³³ wun⁴² wa:i³³.
　　 你　是　人　好　他　是　人　坏
　　 你是好人，他是坏人。

（2）kou²⁴ ɕau³¹ ʔdai⁵⁵ ti:u⁴² pu³³ wa²⁴ mø³⁵ hu⁵⁵.
　　 我　买（体标记）条　衣服　花　新　一
　　 我买了一件新的花衣服。

（3）ɣam⁵⁵ kø²⁴ fai³¹ huŋ²⁴ hu⁵⁵ ma²⁴ ku³³ ɕau³¹.
　　 砍　棵　树　大　一　回　做　柱子
　　 砍一棵大树回来做柱子。

2. 做谓语

简单形式的形容词单独做谓语有一定的限制，一般只用于对照、比较情况。例如：

（4）ɣaːp³⁵ ni⁴² nak⁵⁵, ɣaːp³⁵ he⁵⁵ ʔbou²⁴.
　　　挑　这　重　　挑　那　轻
　　这担子重，那担子轻。

（5）tiːu⁴² pu³³ paːi³³ ʔdaɯ²⁴ kak³³, tiːu⁴² pu³³ paːi³³ɣøːk³³ loŋ⁴².
　　　件　衣　里面　窄　件　衣　外面　松
　　里面的衣服窄，外面的衣服宽。

（6）ʔan²⁴ maːk³⁵ ni⁴² huŋ²⁴, ʔan²⁴ he⁵⁵ ʔi³⁵.
　　　个　果　这　大　个　那　小
　　这个果大，那个果小。

在这种句子里，形容词具有比较的意思，如（4）中的 nak⁵⁵可以理解为"比较重"，而ʔbou²⁴可以理解为"比较轻"。又如：

（7）te²⁴ ham³⁵ ʔdoːi²⁴ lo.　　　他好多了。
　　　他　比较　好　（语气词）

（8）ki³⁵ mou²⁴ n⁴² ɕuŋ⁵⁵ pi⁴² ɣaːi³¹ɕaːi³¹/taːŋ³⁵ma⁴².
　　　些　猪　这　都　肥　很/非常
　　这些猪都很肥。

在比较句中的形容词也属于这种情况：

（9）kou²⁴ saːŋ²⁴ kwa³⁵　　mɯŋ⁴² saːm²⁴ ɕøːn³⁵.
　　　我　高（比较标记）你　三　寸
　　我比你高三寸。

（10）ʔan²⁴ maːk³⁵ n⁴² huŋ²⁴ kwa³⁵　　　ʔan²⁴ he⁵⁵.
　　　个　果　这　大　（比较标记）个　那
　　这个水果比那个水果大。

在没有比照、比较意味的句子里，只用一个简单形式的形容词做谓语，会使人感觉句子不完整。所以要在形容词前加上程度副词 ham³⁵ "比较"，如（7），或者在形容词后加程度补语 ɣaːi³¹ɕaːi³¹/taːŋ³⁵ma⁴² "非常"，如（8）。

3. 做状语

简单形式的形容词一般不能单独自由地做状语，只有少数形容词如 laːi²⁴ "多"、noːi³¹ "少"、meːn³³ "慢"、waːi³⁵ "快"、hø³³ "难"、ŋaːi³³ "容易"等可以单独做状语。简单形式的形容词做状语主要修饰动词或动词短语，也修饰少数形容词。例如：

（11）heːu³³ te²⁴/he⁵⁵ waːi³⁵ tou⁵⁵ kaːi³³wai²⁴.　　叫他快来开会！
　　　叫　他　快　来　开会

（12）noːi³¹ kaːŋ⁵⁵ wa³³, laːi²⁴ ku³³ hoŋ³⁵.　少说话，多做事。
　　　少　说　话　多　做　活儿

（13）laːi²⁴ kuun²⁴ ti³⁵.　　　多吃一点！
　　　多　吃　些

（14）a. ku³³ ki³⁵hoːŋ³⁵ n⁴² laːi²⁴ tuuk³³ɣeːŋ⁴².
　　　　干　活儿　这　多　辛苦
　　　　干这种活儿比较辛苦。

　　　b. ku³³ ki³⁵hoːŋ³⁵ n⁴² tuuk³³ɣeːŋ⁴² laːi²⁴.
　　　　干　活儿　这　辛苦　多
　　　　干这种活儿很辛苦。

　　上述（14）是 laːi²⁴"多"语序不同的情形，当 laːi²⁴ 位于形容词前时，隐含有"比较"的意思，即可以用"干这种活儿比较辛苦，干那种活儿比较轻松"来理解；若 laːi²⁴ 位于形容词后，是侧重于对形容词的强调，即表明"干这种活儿很辛苦"。

　　有些简单形式的形容词虽然可以单独做状语，但有很大的限制，只能修饰个别动词。如 tiŋ³³"静"一般只修饰 naŋ³³"坐"、ʔjou³⁵"住、待着"等，构成 tiŋ³³ naŋ³³"静坐"、tiŋ³³ ʔjou³⁵"静静地待着"。

　4. 做补语

　　简单形式的形容词可以单独做补语。简单形式的形容词做补语有两种形式：一是动词形容词补语，二是动词 ʔdai⁵⁵"得"+形容词补语。例如：

（15）a. kuu²⁴ ʔim³⁵ poːi²⁴!　　　吃饱为止！
　　　　吃　饱　（语法化）

　　　b. ɣon²⁴ mlaːk³³ laːi²⁴, plaːi⁵⁵ meːn³³ ti³⁵.
　　　　路　滑　多　走　慢　些
　　　　路太滑了，慢点走。

（16）te²⁴ ʔbou⁵⁵taːn²⁴ ku³³ ʔdai⁵⁵ waːi³⁵, çaːi³⁵/la⁵⁵ ku³³ ʔdai⁵⁵ ʔdoːi²⁴.
　　　他　不但　做　得　快　再/还　做　得　好
　　　他不但做得快，而且做得好。

　　ʔdai⁵⁵"得"是补语的标记。形容词做补语有个带不带 ʔdai⁵⁵"得"的问题。形容词做补语带 ʔdai⁵⁵"得"的情况主要由补语的性质决定。形容词补语表示"可能性"的语义时，常常在谓语中心后加 ʔdai⁵⁵"得"或 ʔbou⁵⁵"不"表示"可能"或"不可能"。试比较：

（17）a. te²⁴ haːk³³ wa³³ ʔbaːn⁵⁵ haːk³³ ʔdai⁵⁵ waːi³⁵.
　　　　他　学　壮话　学　得　快
　　　　他学壮语学得快。

　　　b. te²⁴ haːk³³ wa³³ ʔbaːn⁵⁵ waːi³⁵.
　　　　他　学　壮话　快
　　　　他学壮语快。

（18）a. ti:u⁴² kø⁵⁵ n⁴² te²⁴ ka:ŋ⁵⁵ ʔbou⁵⁵/ʔbu³³ ʔdai⁵⁵ you⁴².

　　　　个　故事　这　他　讲　不　　　　得　流利

　　　　这个故事他讲不（得）流利。

　　b. ti:u⁴² kø⁵⁵ n⁴² te²⁴ ka:ŋ⁵⁵ ʔbou⁵⁵/ʔbu³³ you⁴².

　　　　个　故事　这　他　讲　不　　　　流利

　　　　这个故事他讲不流利。

上述例子中带与不带ʔdai⁵⁵"得"，句子的合乎语法性不受影响。但带ʔdai⁵⁵"得"表示的是一种"可能性"语气，不带ʔdai⁵⁵"得"则表示句子的"可能"义消失。如（17a）可以理解为"他学壮语能很快学好"，b 句的语气则更加肯定。在（18）中，a 句是非完全"否定"，意为不是太流利，b 句则为完全"否定"，意为不流利。

5. 做主语和宾语

简单形式的形容词像动词一样，也可以做主语和宾语。当形容词被看成某种事物（即所谓名物化）的时候，才可以做主语或宾语。例如：

（19）tin⁵⁵ ʔdo:i²⁴, ɣai⁴² kja²⁴ ʔdo:i²⁴.　　短的好，长的更好。

　　　短　好　长　更　好

（20）muŋ⁴² ʔou²⁴ huŋ²⁴ ha⁴²nou⁴² ʔi³⁵?　你要大的还是要小的？

　　　你　要　大　还是　小

（21）kou²⁴ la:u²⁴ nit⁵⁵ ʔbou⁵⁵/ʔbu³³ la:u²⁴ huŋ³⁵.　我怕冷不怕热。

　　　我　怕　冷　不　　　怕　热

（22）ʔda:ŋ⁵⁵ ta⁴²la:u³¹ ku²⁴ ʔbou⁵⁵/ʔbu³³ ʔdai⁵⁵.　硬的奶奶吃不了。

　　　硬　奶奶　吃　不　　　得

若宾语被当作焦点也可以放在句首，作形式主语，如（22）。燕齐壮语简单形式的形容词可以做主语和宾语，但其出现的频率很低，这说明形容词在燕齐壮语中所承担的语法功能是极其不均衡的。

6. 简单形式的形容词可以通过固定格式"çit³³+A+fa:t³³+A"来增强其形容性，A 可以是一些常用的单音节的名词、形容词。不过，这种结构一般都是主观上不喜欢、有些厌烦的情形。在燕齐壮语中，这样的格式可以衍生出无数的成语结构的形容词，但不再受程度副词的修饰。例如：

çit³³ wun⁴² fa:t³³ wun⁴²　　人山人海

　x　人　x　人

çit³³ ŋan⁴² fa:t³³ ŋan⁴²　　满眼金银

　x　钱　x　钱

çit³³ la:i²⁴ fa:t³³ la:i²⁴　　多如牛毛

　x　多　x　多

çit³³ sa:ŋ²⁴ fa:t³³sa:ŋ²⁴　　高耸云霄

　　x　高　x　高

çit³³ kjai²⁴ fa:t³³ kjai²⁴　　很遥远

　　x　远　x　远

* çit³³ sa:ŋ²⁴ fa:t³³ sa:ŋ²⁴ ɣa:i³¹ça:i³¹　非常高耸云霄

　　x　高　x　高　　很

* çit³³ kjai²⁴ fa:t³³ kjai²⁴ la:i²⁴　　很遥远

　　x　远　x　远　多

其中的 çit³³、fa:t³³ 并没有实际意义，只是短语的配合，缺一不可。

二、复杂形式形容词的组合特点和语法功能

（一）复杂形式形容词的组合特点

1. 复杂形式的形容词当中除一部分词能受 ɣa:i³¹ça:i³¹/ ta:ŋ³⁵ma⁴² "非常"、la:i²⁴ "太"的补充外，其他复杂形式的形容词因本身包含程度意义，所以不能受程度副词的修饰，也不能受 ɣa:i³¹ça:i³¹/ ta:ŋ³⁵ma⁴² "非常"、la:i²⁴ "太"的补充。例如：

siŋ²⁴ pla²⁴ ɣa:i³¹ça:i³¹　　鱼腥味很浓

　腥　鱼　非常

hou²⁴ hai³¹kai³⁵ la:i²⁴　　鸡屎味很浓

　臭　屎　鸡　多

* ʔdam²⁴ ʔda:t⁵⁵ ʔda:t⁵⁵ ɣa:i³¹ça:i³¹　*很黑漆漆的

* ŋoŋ³⁵ŋa:t⁵⁵ŋa:t⁵⁵ la:i²⁴　　　*太笨呼呼的

* hoŋ⁴²ɣuk³³ɣuk³³ ta:ŋ³⁵ma⁴²　　*很深红深红的

2. 复杂形式的形容词除了一部分词能受副词 ʔbou⁵⁵ "不"的修饰外，其他复杂形式的形容词都不能跟 ʔbou⁵⁵ "不"组合。例如：

ʔbou⁵⁵ siŋ²⁴ pla²⁴　没有鱼腥味

　不　腥　鱼

ʔbou⁵⁵ hou²⁴ hai³¹　没有屎臭味

　不　臭　屎

以下复杂形式的形容词都不能跟 ʔbou⁵⁵ "不"组合。例如：

*ʔbou⁵⁵ ʔdam²⁴ ʔdam²⁴　不黑黑的

*ʔbou⁵⁵ nak⁵⁵nak⁵⁵　　不重重的

* ʔbou⁵⁵ ʔun³⁵ ʔun³⁵ na:i³⁵na:i³⁵　不很疲倦

* ʔbou⁵⁵ huŋ²⁴huŋ²⁴ sa:ŋ²⁴sa:ŋ²⁴　不高高大大的

*ʔbou⁵⁵ ʔdam²⁴ ʔdi²⁴ ʔdam²⁴ ʔda:t⁵⁵　不黑咕隆咚

* ʔbou⁵⁵ kuŋ⁵⁵ke:ŋ⁵⁵ɣe:ŋ³³　（人）不瘦高而且孤零零的样子

3. 不能带宾语。

（二）复杂形式形容词的语法功能

复杂形式的形容词一般可以做定语、谓语、状语和补语。

1. 做定语

复杂形式的形容词也能做定语。复杂形式的形容词做定语，也是位于中心语之后。例如：

（23）ti:u⁴² ça:k³³ ɣai⁴²ɣai⁴² he⁵⁵ ʔjou³⁵ muɯn²⁴lauɯ⁴²？

　　　条　绳子　长长　那　在　　哪里

　　　那条长长的绳子在哪里？

（24）ti:u⁴² pu³³ sin²⁴pla²⁴ n⁴² kou²⁴ ʔbou⁵⁵/ʔbu³³ ʔou²⁴.

　　　件 衣服 腥鱼 这 我　　不　　　要

　　　这件有腥味的衣服我不要。

（25）pou³¹ ja³³ma:i³⁵ plom²⁴ n̪un³⁵n̪a:n⁵⁵n̪a:n⁵⁵ he⁵⁵ ŋon⁴²luɯ:n⁴²

　　　个　寡妇　头发 乱（后缀）　那 昨天

　　　ɣa:i²⁴ lu³³.

　　　死（语气词）

　　　那个头发乱糟糟的寡妇昨天死了。

2. 做谓语

形容词的重叠形式或形容词加上后缀形式可以做谓语，但后面通常要用 po:i²⁴的语法化变体 pi⁵⁵来强调程度之深。例如：

（26）tuɯ:k³³ n⁴² hou²⁴sak³³sak³³ po:i²⁴/pi⁵⁵. 这地方臭烘烘。

　　　地方 这　臭（后缀）　去

（27）ki⁵⁵plom²⁴ he⁵⁵ n̪un³⁵n̪a:n⁵⁵n̪a:n⁵⁵ po:i²⁴/pi⁵⁵.

　　　些 头发 她 乱（后缀）　去

　　　她的头发乱糟糟的。

（28）ʔai²⁴ luuk³³ŋe⁴² ni⁴² pi⁴²pe:t³³pe:t³³ po:i²⁴/pi⁵⁵.

　　　个 孩子　这 胖（后缀）　去

　　　这个孩子白白胖胖的。

（29）ki³⁵juɯ:ŋ³³ he⁵⁵ pluk⁵⁵ple:k⁵⁵ɣe:k³¹.

　　　样子 他 （瘦小貌）

　　　他看起来很不起眼。

表味觉的形容词一般可以单独做谓语。例如：

（30）muɯn²⁴ ni⁴² hou²⁴ hai³¹. 　　这地方有屎臭味。

　　　地方 这 臭 屎

（31）fa³⁵fuɯŋ⁴² ku⁵⁵ ɣa:ŋ²⁴ faŋ³¹。我的手有粽子的香味。

　　　手　我 香 粽子

3. 做状语

复杂形式的形容词很少做状语，一般只有重叠形式的形容词能做状语。例如：

（32）muɯŋ^{42} meːn^{33}meːn^{33} kaːŋ^{55} hauɯ^{55} he^{55} ŋi^{24}.

　　　你　　慢慢　　　说　　给　　他

　　你慢慢告诉他。

（33）taːŋ^{35} ta^{33}lɯɯk^{33} he^{55} ha^{33}luː^{33}, naːn^{42}naːn^{42} ʔbou^{55}/ʔbu^{33} ma^{24} puɯ^{31}.

　　　像　　女儿　　她（语气词）　好久　　不　　　　回（语气词）

　　就像她的女儿，好久都不回来（一次）。

（34）ŋon^{42}ni^{42} ʔdai^{55} tiŋ^{42}tiŋ^{42} naŋ^{33} ɣoŋ^{42}tou^{55}.

　　　今天　得　静　　坐　下　来

　　今天能安静地坐下来。

（35）muɯŋ^{42} laːi^{24}laːi^{24} noːi^{31}noːi^{31} kaːŋ^{55} sak^{55} ɕoːn^{42} wa^{33}.

　　　你　　多多　　少少　　讲　　一　　句　　话

　　你多多少少讲一两句话。

4. 做补语

形容词加上后缀及形容词重叠形式做情态补语时，一般后面要用poːi^{24}的语法化变体pi^{55}。例如：

（36）kø^{24}hou^{31} pi^{24}n^{42} ma^{55} ʔdai^{55} heːu^{24}suɯt^{33}suɯt^{33} poːi^{24}/pi^{55}.

　　　禾苗　　今年　长（标记）青（后缀）　去

　　今年的禾苗长得绿油油的。

（37）hou^{31} tøːŋ^{24} tuɯk^{55}　mø^{55}muɯt^{55}muɯt^{55} poːi^{24}/pi^{55}.

　　　粮食　堆（标记）　鼓　（后缀）　去

　　粮食堆满仓。

（38）ʔai^{24} lɯɯk^{33}ŋe^{42} n^{42} ma^{55} ʔdai^{55}　pi^{42}peːt^{33}peːt^{33} poːi^{24}/pi^{55}.

　　　个　小孩　这　长（标记）　胖（后缀）　去

　　这个小孩长得白白胖胖的。

（39）ʔai^{24} lɯɯk^{33}ŋe^{42} he^{24} wuːn^{42} poːi^{24} kjai^{24}kjai^{24} poːi^{24}/pi^{55}.

　　　个　小孩　那　爬　去　　远远　去

　　那个小孩爬得远远的。

（40）a. te^{24} ʔdɯɯn^{24} kuŋ^{55}keːŋ^{55}ɣeːŋ^{33}.

　　　　他　站　　（瘦高貌）

　　　他站着（看上去）瘦瘦高高的。

　　b. tiːu^{42}pu^{33}　weːn^{55} tuŋ^{55}teːŋ^{55}ɣeːŋ^{33}.

　　　件 衣服　挂　（飘忽貌）

　　挂着的衣服（随风）飘来荡去的。

例（40）中的形容复杂形式做补语时，可以在中间插入一个 luuk⁵⁵。例如：

(41) a. pi²⁴　　luuk⁵⁵　　　tuŋ⁵⁵teːŋ⁵⁵ɣeːŋ³³.　　独自不定的摆动貌。

摇摆　　（助词）　　（孤独貌）

b. weːn⁵⁵ luuk⁵⁵　　nuŋ⁵⁵naːŋ⁵⁵ɣaːŋ³³.　（物体）孤零零地悬挂着。

挂　　（助词）　　（孤独貌）

c. ˀan²⁴tai³⁵ ˀiːn²⁴ he⁵⁵ soːi⁴²soːi⁴² ɕuŋ⁵⁵ pi²⁴ luuk⁵⁵ tuŋ⁵⁵teːŋ⁵⁵ɣeːŋ³³.

个　烟袋　他　　时常　都　摆（助词）（飘忽貌）

他的烟袋经常来回晃动着。

第三节　形容词带宾语的分类

壮语中形容词带宾语是一个有争议的问题，人们通常把这类形容词称为兼类词。本节在总结前人成果的基础上，用语料为依托，对能带宾语的形容词做一个详尽的考察，以找出一些有规律性的东西。

能带宾语的形容词，多是一些表示变化的形容词。一般来说，表示事物的颜色、温差、气味等性状的性质大都能带宾语，因为颜色、温差、气味总是在变化着的。例如：

ˀdam²⁴ taːn³⁵ 炭黑　　　　　　ɣou⁵⁵ fuŋ⁴² 暖手

黑　炭　　　　　　　　　　暖　手

hou²⁴ hai³¹ 屎臭味　　　　　　sap⁵⁵ paːk³⁵ 涩口

臭　屎　　　　　　　　　　涩　嘴巴

ˀdaːt³⁵ hoːi³⁵ 生气

热　气

从搜集到的语料看，燕齐壮语形容词带宾语主要有以下四种类型。

一、使动型

燕齐壮语的形容词有的使动用法，主要是指主语使宾语具有这个形容词的性质或状态，格式是"施事主语+形容词谓语+受事宾语"，覃晓航先生把前称简称为"主使动"。[①]

燕齐壮语的"主使动"句式的特点是：宾语由受事者充当，主语由施事者充当。这种类型通常称为形容词的使动用法，客观上使后面的宾语带上前面形容词的性状或呈现其状态，基本格式为：形容词宾语。这种结构一般可以相应的把宾语提前，构成主谓结构。试比较：

---

① 覃晓航：《壮语西阳话形容词的使动用法》，《民族语文》2007 年第 1 期，第 45 页。

（42）a. poŋ^{42} ʔu^{35} fa^{35}fuɯŋ^{42} muɯŋ^{33} lu^{33}.　泥弄脏你的手了。

　　　　泥　脏　手　　你　（语气词）

　　b. fa^{55}fuɯŋ^{42} muɯŋ^{33} ʔu^{35} poŋ^{42} lu^{33}.　你的手脏着泥了。

　　　　　手　　你　脏　泥（语气词）

（43）a. ɣa:m^{31} ʔbai^{35} ti:u^{42}pu^{33} muɯŋ^{33} li:u^{31} lu^{33}.　你的衣服全湿了。

　　　　水　湿　件衣服　你　完（语气词）

　　b. ti:u^{42}pu^{33} muɯŋ^{33} ɣa:m^{31} ʔbai^{35} li:u^{31} lu^{33}.　你的衣服全湿了。

　　　　件衣服　你　水　湿　完（语气词）

经过从 a 句到 b 句这样的变换，我们可以更清楚地看到，这些带宾语的形容词不仅表现了事物静止时的状态，而且还表现了它们的变化。

二、隐"对"型

这种类型的基本格式为：形容词+宾语，可以变换成：to:i^{35}"对"+ 宾语 + 形容词，意思为"在……方面+形容词"。例如：

　　ke:t^{33} ŋan^{42} 小气钱 → to:i^{35} ŋan^{42} ke:t^{33}

　　吝啬　钱　　　　　　对　钱　吝啬

　　对钱小气—花钱小气

　　ta:m^{24} kɯn^{24} 贪吃 → to:i^{35} kɯn^{24} ta:m^{24}

　　　贪　吃　　　　　　对　吃　贪

　　对吃贪婪—在吃方面贪婪

　　kik^{55} ho:ŋ^{24} 懒干活 → to:i^{35} ho:ŋ^{24} kik^{55}

　　懒　活　　　　　　　对　活　懒

　　对干活犯懒—干活懒

三、对比型

这种类型里形容词表示比较，宾语是比较的对象，比较的结果由结构中的数量成分充当。例如：

（44）te^{24} sa:ŋ^{24} ku^{55} sø:ŋ^{24} çø:n^{24}.　他比我高两寸。

　　　他　高　我　两　寸

（45）tɯ:k^{33} ni^{42} tam^{35} tɯ:k^{33} he^{55} çɯ:ŋ^{33} hu^{55}.

　　　地方　这　低　地方　那　丈　一

　　　这地方比那地方低一丈。

（46）kou^{24} wa:i^{35} he^{55} sa:m^{24} mi:u^{55} çɯn^{24}.　我比他快三秒钟。

　　　　我　快　他　三　秒　钟

（47）kou^{24} la:i^{24} muɯŋ^{33} mon^{42} ŋan^{42} hu^{55}.　我比你多一块钱。

　　　　我　多　你　元　钱　一

（44）至（47）值得注意。在这类对比结构中，表比较的形容词除了带宾语，还可带一个表数量的补语成分。

另外，类似 huŋ²⁴ po:i²⁴/pi⁵⁵ ti³⁵ "大了一点"、ɕɯt⁵⁵ po:i²⁴/pi⁵⁵ ti³⁵ "淡了一些"等带 po:i²⁴/pi⁵⁵ ti³⁵ "……了一点儿、一些"的结构，所描写的事物性状与期望值有所差别。这类结构大多数没有比较对象，如：huŋ²⁴ po:i²⁴/pi⁵⁵ ti³⁵ 大了一点儿/(小树、胳膊等)、粗了一点儿；ɕɯt⁵⁵ po:i²⁴/pi⁵⁵ ti³⁵ (味道等)淡了一些。显然，比较对象是已知信息而被省略了。

四、补语型

这种类型的基本格式为：形容词　ɣaːi²⁴　名词/代词 + po:i²⁴/pi⁵⁵。这里的ɣaːi²⁴本义为"死"，作为补语隐含着夸张成分。例如：

ʔjɯːk³⁵ ɣaːi²⁴ wun⁴² po:i²⁴/pi⁵⁵.　　（能）把人饿死。

　饿　死　人　去

pak⁵⁵ ɣaːi²⁴ tu⁴² waːi⁴² po:i²⁴/pi⁵⁵. （能）把牛累死。

　累　死　只　牛　去

huɯŋ³⁵ ɣaːi²⁴ ku⁵⁵ po:i²⁴/pi⁵⁵.　　（能）把我热死。

　热　死　我　去

som⁵⁵ ɣaːi²⁴ mɯŋ³³ po:i²⁴/pi⁵⁵.　　（能）把你酸死。

　酸　死　你　去

这些例子中形容词都是表示感官效应的。

从以上的分析中，我们看到，燕齐壮语形容词带宾语基本上是可以归类的，大体上可以分为使动型、隐"对"型、对比型、带补语型四种。而且燕齐壮语中能带宾语的大多都是单音节形容词。

第四节　形容词的"度"

每种语言的形容词都有"度"。而各种语言形容词的"度"的表现形式各不相同。比如说，汉语形容词的"度"就是在本级形容词前面加副词。例如"红"的本级就是"红"，此外可以通过一些副词的修饰来表达形容性的强度。燕齐壮语的"度"也有自己显著的特点，简述如下：

一、形容词加副词表达"度"

形容词可以通过后加 ɣaːi³¹ɕaːi³¹/taːŋ³⁵ma⁴² "非常、很"、laːi²⁴ "很、非常、太"、kik³³ "极"、ɕo:i³⁵ "最"等副词来表示形容程度的深浅。

1. ɣaːi³¹ɕaːi³¹/taːŋ³⁵ma⁴²/laːi²⁴都是"非常、很"的意思，三者在意义和用法上没有什么太大区别，有相同的句法特征。它们都是用在形容词后面，表示形容词的极高程度。例如：

（48）a. ŋø⁴² pla²⁴ ni⁴² sa:ŋ²⁴ ɣa:i³¹ɕa:i³¹.　　这座山很高。

　　　　座 山 这 高 很

　　b. ko:i⁵⁵ ŋon⁴² ni⁴² nit⁵⁵ ta:ŋ³⁵ma⁴².　　这几天很冷。

　　　　几 天 这 冷 很

　　c. ŋon⁴²ni⁴² huɯŋ³⁵ la:i²⁴.　　　　今天天太热。

　　　　今天 热 很

　　d. ɣa:p³⁵ hou³¹ni⁴² nak⁵⁵ la:i²⁴.　　这担米非常重。

　　　　担 米 这 重 非常

2. 副词 kik³³ "极"、ɕo:i³⁵ "最" 是汉借词，用法上从汉语语法，即放在形容词之前。例如：

（49）a. tu⁴² ma³¹ he⁵⁵ puɯ:t³⁵ ʔdai⁵⁵ kik³³ wa:i³⁵.

　　　　只 马 那 跑 得 极 快

　　　　那匹马跑得极快。

　　b. tu⁴² mou²⁴ ni⁴² ɕo:i³⁵ pi⁴².　　这头猪最肥。

　　　　头 猪 这 最 肥

有关程度副词的作用，将在下一章"副词短语"作进一步讨论。

二、形容词重叠表达"度"

燕齐壮语形容词可以通过其重叠式来表示性状程度的进一步增强。

1. 单音形容词重叠，AA 式：

　　lak³³ lak³³　很深　　　　ʔda:ŋ⁵⁵ ʔda:ŋ⁵⁵　很硬

　　sauɯ²⁴ sauɯ²⁴　很清　　　ʔba:ŋ²⁴ ʔba:ŋ²⁴　很薄

　　kap³³ kap³³　很窄　　　　ham⁴² ham⁴²　很苦

2. 复合形容词的重叠，AABB 式、ABAB 式和 AIAB 式：

　　ʔun³⁵ ʔun³⁵ na:i³⁵na:i³⁵.　　　很疲劳

　　huŋ²⁴huŋ²⁴ lot⁵⁵lot⁵⁵.　　　　很高大

　　pan⁴² ʔba:u³⁵ pan⁴² ʔba:u³⁵　很帅（指男孩）

　　pan⁴²sa:u²⁴ pan⁴²sa:u²⁴　　非常漂亮（指女孩）

　　ʔdam²⁴ ʔdi²⁴ ʔdam²⁴ ʔda:t⁵⁵　黑咕隆咚

　　som⁵⁵ si²⁴ som⁵⁵ sa:t⁵⁵　　酸不溜秋

这两类重叠形式自身隐含了"性状程度"的加强，故无须再受程度副词的修饰。但是形容词的 AABB、ABAB 式的减缩式 AB 式可以受程度副词的修饰。例如：

（50）a. ŋon⁴²ni⁴² ʔun³⁵ na:i³⁵ la:i²⁴, po:i²⁴ nin⁴² ko:n³⁵ lo³³.

　　　　今天 软 累 多 去 睡 先 （语气词）

　　　　今天太累了，先去休息了。

b. ta^{33} n^{42} pan^{42}sa:u^{24} ra:i^{31}ça:i^{31} po:i^{24}/pi^{55}.

　　个　这　漂亮　　　非常　　去

　　这个姑娘非常漂亮。

三、形容词带后缀表达"度"

燕齐壮语通过能后加描绘形容词词缀来表示程度的加深。后缀成分都不能自由运用，但带后缀成分的形容词不仅比单音形容词的形容性要深，而且感情色彩也更为强烈。

1. 由一个音节构成的后缀，AB 式：

he:u^{24}suɯt^{33} 很绿　　　　　　som^{55}sa:t^{55} 很酸

kwa:ŋ^{35}jup^{55} 很宽　　　　　　n̠uŋ^{35}n̠a:n^{55} 很乱

ʔbai^{35} ʔba:t^{55} 很湿　　　　　　ʔdam^{24} ʔda:t^{55} 很黑

2. 由一个音节的重叠形式构成的后缀，ABB 式：

he:u^{24}suɯt^{33}suɯt^{33} 绿油油　　　som^{55}sa:t^{55}sa:t^{55} 酸溜溜

kwa:ŋ^{35}jup^{33}jup^{33} 宽宽的　　　n̠uŋ^{35}n̠a:n^{55}n̠a:n^{55} 乱糟糟

ʔbai^{35} ʔba:t^{55} ʔba:t^{55} 湿漉漉　　ʔdam^{24} ʔda:t^{55} ʔda:t^{55} 黑糊糊

ABB 式是由 AB 式发展而来的，彼此关系密切。不过，ABB 式形容词的形容性强度要比 AB 式形容词大，而且褒贬意味更浓。试比较：

（51）a. ka:i^{35} na^{42} ni^{42} he:u^{24}suɯt^{33}.　这块田很绿。

　　　　块　田　这　绿（后缀）

　　　b. ka:i^{35} na^{42} ni^{42} he:u^{24}suɯt^{33}suɯt^{33}.　这块田绿油油的。

　　　　块　田　这　绿（后缀）

（52）a. tɯ:k^{33} ni^{42} ʔbai^{35} ʔba:t^{55}.　这地方太湿。

　　　　地方　这　湿（后缀）

　　　b. tɯ:k^{33} ni^{42} ʔbai^{35} ʔba:t^{55} ʔba:t^{55}.　这地方湿漉漉的。

　　　　地方　这　湿（后缀）

上述例子在感情色彩表达方面的对比是明显的。两个 a 句都基于情景的一般陈述，虽然其形容性比形容词本身较强，但还是缺乏感情色彩；而 b 句则不然，（51b）的赞美之情更为丰富，油然而生，（52b）所隐含的反感、不满情绪更为强烈。

第五节　形容词的比较级

每种语言的形容词都有"级"的划分，这些"级"都是在本级之上发展起来的，而"级"的表现形式又各不相同。比如汉语形容词的"红"，它的本级就是"红"，除本级以外，还有两个级："比较红"/"更红"和

"最红","最红"是"红"的最高级。燕齐壮语形容词的"级"有其显著特点，主要表现在表达语义相当丰富，感情色彩较为细腻。

燕齐壮语形容词"级"的表现形式主要是词添加修饰性成分来表达，如下：

一、形容词同级比较

形容词的前或后加 tø⁴²toŋ⁴² "相同"、ʔit⁵⁵jɯ:ŋ⁵⁵ "一样"等副词，表示"同级"。例如：

（53）a. sø:ŋ²⁴ ʔan²⁴ ta:i⁴² n⁴² sa:ŋ²⁴ tø⁴²toŋ⁴².

　　　两　个　桌子　这　高　　相同

　　　这两张桌子一样高。

　　b. te²⁴ ҫou³⁵ ku⁵⁵ tø⁴²toŋ⁴² nak⁵⁵.　　他和我一样重。

　　　他　和　我　相同　　重

　　c. sø:ŋ²⁴ ti:u⁴² pu³³ he⁵⁵ ʔit⁵⁵jɯ:ŋ⁵⁵ mø³⁵.

　　　两　条　衣服　那　一样　　新

　　　那两件衣服一样新。

tø⁴²toŋ⁴²的位置在形容词之前或之后均可，而ʔit⁵⁵jɯ:ŋ⁵⁵只能放在形容词之前，因为是全汉借词。

二、形容词"比较级"

1. 形容词前加 ma:u³⁵/ha:m³⁵/lam³⁵ "比较"、la:i²⁴ "比较"可以构成比较级。例如：

（54）a. ki³⁵lou⁵⁵ n⁴² ma:u³⁵ ke:t³⁵ pu⁵⁵.　　这种酒是比较烈呢。

　　　些　酒　这　比较　烈　（语）

　　b. jɯ:ŋ³³ŋ⁴² ku³³ ham³⁵/lam³⁵ pan⁴².　　这样做比较合适。

　　　这样　　做　比较　　好

（55）ɣou⁴² sø:ŋ²⁴ po:i³¹nu:ŋ³¹, ta⁴²pø³³ ku⁵⁵ la:i²⁴ kjai⁴² ku⁵⁵.

　　我们　两　兄弟　　爸爸　我　比较　爱　我

　　我们两兄弟，我爸爸比较疼爱我。

2. 形容词前加ʔe:ŋ³⁵ (kja²⁴)"更（加）"表示，意思比 ha:m³⁵更重一些，而且，通常有比较对象。例如：

（56）a. ʔan²⁴ ni⁴² huŋ²⁴, ʔan²⁴ he⁵⁵ ʔe:ŋ³⁵kja²⁴ huŋ²⁴.

　　　个　这　大　个　那　更加　大

　　　这个大，那个更加大。

　　b. kou²⁴ sa:ŋ²⁴ kwa³⁵ muŋ³³, te²⁴ ʔe:ŋ³⁵kja²⁴ sa:ŋ²⁴ kwa³⁵ ku⁵⁵.

　　　我　高　过　你　他　更加　高　过　我

　　　我比你高，他比我更高。

c. nou^{42} tu^{42} n^{42} pi^{42} la^{33},　　　tu^2 he^{55} ʔeːŋ^{35}kja^{24} pi^{42}.
　　说　只　这　肥（语气词）　只　那　更加　肥
说这只肥，那只更肥。

3. 形容词"最高级"

形容词的"最高级"通过前加 çoːi^{35} "最"表示。例如：

（57）a. saːm^{24} pou^{31}（wun^{42}）ɣou^{42} te^{24} çoːi^{35} saːŋ^{24}.
　　　三　个　人　我们　他　最　高
我们三个人里面他最高。

b. kɯ^{24} lou^{55} waːŋ^{55}waːŋ^{55} ʔjou^{35} soːi^{42} çoːi^{35} kaːu^{33}hiŋ^{24} he^{55} fi^{42}.
　　吃　酒　往往　在　时候　最　高兴　那　醉
喝酒往往是在最高兴的时候醉酒。

　关于燕齐壮语的"级"的句法结构，将在第九章"复杂句"中的"比较句"一节作进一步讨论。

第七章　副词短语:有关结构及其成分

　　副词是用来限制或修饰动词、形容词或整个句子,起修饰、限定作用的词。常用来说明动作行为或性质状态等涉及的范围、时间、程度、情态以及肯定或否定的情况。也就是说,在句法结构中,副词一般只能充当谓词性结构中的修饰成分而从不充当被修饰成分的词。

第一节　副词的语法功能

一、副词的主要语法功能是充当状语

副词可以修饰动词、形容词,或者修饰整个句子。例如:

（1）kou²⁴ ʔbou⁵⁵/ʔbu³³ kɯ²⁴ nø³³ mou²⁴.　　我不吃猪肉。

　　　　我　　不　　　　吃　肉　猪

（2）saːm²⁴ pou³¹ he⁵⁵ çuŋ⁵⁵ tɯk³³ wun⁴² ʔdɯ²⁴ ʔbaːn⁵⁵ ɣou⁴².

　　　　三　　个　那　都　是　人　里　村　我们

　　　　那三个人都是我们村里的。

（3）jɯːŋ³³ŋ⁴² ku³³ ham³⁵/lam³⁵ pan⁴².　　这样做比较好。

　　　　这样　　做　比较　　好

（4）kou²⁴ çou³³ taŋ⁴² lo³³.　　　　我就到了。

　　　　我　就　到　（语气词）

（5）mɯŋ⁴² ku³³ma⁴² çan³³ ʔdun²⁴ mun²⁴he⁵⁵.

　　　　你　什么　只　站　那里

　　　　你为什么老站在那里?

（6）kou²⁴ la⁵⁵ kɯ²⁴ ʔwaːn⁵⁵ ham²⁴.　　我再吃一碗。

　　　　我　还　吃　碗　再

（7）mɯŋ⁴² koŋ²⁴ ʔdɯːt³⁵.　　　　你别吵闹。

　　　　你　别　吵

（8）te²⁴ ʔbou⁵⁵ ʔjan⁴² tou⁵⁵.　　　　他还没有来。

　　　　他　还没有　来

副词一般不能修饰名词（短语）、数量短语。但是当这些名词做谓语时,

则可以受表示时间、范围等方面的副词修饰。

（9）te²⁴ ŋaːm²⁴ ɕip³³ pi²⁴.　　　　他刚十岁。

　　　他　刚　　十　岁

（10）ŋon⁴² ɕøːk³³ jou³³ toŋ²⁴ɕoːi³⁵ lu³³.　　　明天又冬至了。

　　　明天　　又　　冬至　（语气词）

少数表示范围、否定的副词，有时候可以限制名词（短语）、代词或数量短语。例如：

（11）ɕan³³ muɯŋ⁴² pou³¹ hu³³ poːi²⁴ ha⁵⁵？　　就你一个人去的吗？

　　　只　　你　个　一　去（语气词）

（12）luɯk³³ ʔbaːu³⁵ ɕuŋ⁵⁵ wa³⁵, luɯk³³saːu²⁴ ɕuŋ⁵⁵ kwun⁴².

　　　男青年　　都　裤子　女青年　　都　　裙子

　　　男青年一律裤子，女青年一律裙子。

（13）kjiːn³³ sai³³ n⁴² ɕan³³ taːn³¹me³³ ʔbou⁵⁵/ʔbu³³ ɣø³¹.

　　　件　事　这只　妈妈　不　　　知道

　　　这件事只有妈妈不知道。

（14）jou⁴²ɕaːi³³ muɯŋ⁴² ha⁴²ɣauɯ⁴²/pan⁴²ɣauɯ⁴²/ku³³ɣauɯ⁴² kaːŋ⁵⁵,

　　　　任由　　你　　怎么　　　　　　　　　　　　　说

　　　pan⁴²pan⁴² kou²⁴ ɕuŋ⁵⁵ ʔbou⁵⁵/ʔbu³³ sin³⁵ lauɯ²⁴.

　　　　反正　我　都　　不　　相信（语气词）

　　　随你怎么说，反正我是不相信的。

二、副词一般不受另一个词的修饰

三、副词不能单独成句，一般也不能单独回答问题

这是副词的主要特点之一，但有少量的副词如ʔit⁵⁵tiŋ³³ "一定"、taːŋ³³jeːn⁴² "当然"、ɕa²⁴ ʔbou⁵⁵koːi⁵⁵ "差不多"等能用来单独回答问题。例如类似（15）和（16）的句子可以有以下几种回答：

（15）ki⁵⁵ te²⁴ nou⁴², ɕon⁴²ɕon⁴² ɕuŋ⁵⁵ tuɯk³³ wa³³ ɕan²⁴？

　　　些　他　说　句　句　都　是　话　真

　　　他说的，句句都是真话？

　　　——taːŋ³³jeːn⁴² tuɯk³³.　　　　当然是。

　　　　　当然　　是

　　　——taːŋ³³jeːn⁴².　　　　　　当然。

　　　　　当然

　　　——tuɯk³³.　　　　　　　　是。

　　　　　是

（16）muɯŋ⁴² soŋ⁴²soːi⁴² ʔbou⁵⁵/ʔbu³³ soŋ⁴²soːi⁴² poːi²⁴?

你　　经常　　不　　　　　经常　　去

你经常不经常去？

——soŋ⁴²soːi⁴² poːi²⁴.　　　　经常去。

经常　　去

——soŋ⁴²soːi⁴².　　　　　经常。

经常

——poːi²⁴.　　　　　　　去。

去

值得注意的是（16），副词 soŋ⁴²soːi⁴²有情态动词的特征，可以用于 A 不 A 格式。

四、多数副词放在动词或形容词之后，作状语

除程度副词 laːi²⁴ "太"、ɣaːi³¹ɕaːi³¹ / taːŋ³⁵ma⁴²/ʔe⁵⁵ma⁴² "非常"、ka⁵⁵laːi²⁴ "不太、怎么"外，还有语气副词 ka⁴²ɣaːi³¹/ta⁴²ɣaːi³¹ "确实"、时间副词 ka⁴²køːn³⁵ "先"、kan²⁴laŋ²⁴·"先"和表示重复、频率的 hom²⁴ "再、还"等等副词，一般都放在动词或形容词后，其修饰作用。例如：

（17）tak³³poːi³¹ muɯŋ³³ ʔdoːi²⁴ ɣaːi³¹ɕaːi³¹.　　你哥哥真好。

哥哥　　你　　好　　非常

（18）muɯŋ⁴² poːi²⁴ ka⁴²ɣaːi³¹/ta⁴²ɣaːi³¹ le⁵⁵?　　你真的去吗？

你　　去　　真实　　　　　（语气词）

（19）muɯŋ⁴² poːi²⁴ ka⁴²køːn³⁵, kou²⁴ poːi²⁴ kan²⁴laŋ²⁴.

你　　去　　先　　我　　去　　后

你先走，我后走。

（20）kou²⁴ ʔbou⁵⁵/ʔbu³³ suɯːŋ⁵⁵ kɯ²⁴ ka⁵⁵laːi²⁴. 我不太想吃。

我　　不　　　　想　　吃　　多少

（21）kou²⁴ hoːi²⁴ piŋ⁴² hu⁵⁵ hau⁵⁵ muɯŋ³³ hom²⁴.

我　　开　瓶　一　给　你　　再

我再给你开一瓶。

五、有些副词在句中可以起关联作用

个别副词用来连接句子的两个动词或形容词，也可以连接两个短语或分句，所以这类副词常称为连接副词。例如：

（一）用单个副词关联。例如：

（22）a. muɯŋ⁴² poːi²⁴/pi⁵⁵ma²⁴ ɕi⁴² waːi³⁵ poːi²⁴ lo³³.

你　　去　　回　　就　快　去（语气词）

你回去就早些回去。

b. te²⁴ fø:n⁵⁵ ʔda:ŋ²⁴ ɣoŋ⁴² çø:ŋ⁴² çou³³ puɯ:t³⁵ ʔø:k³⁵po:i²⁴.
　他　翻　身　下　床　就　跑　出去
他翻身下床就跑出去。

（二）用两个形式相同的副词关联。例如：

（23）a. te²⁴ hi³¹ ka:ŋ⁵⁵ hi³¹ ɣi:u²⁴.　　　　　　　他一边说，一边笑。
　　　他　边　说　边　笑

b. ŋø³³pla²⁴ he⁵⁵ jou³³ sa:ŋ²⁴ jou³³ huŋ²⁴.　那座山又高又大。
　　山　那　又　高　又　大

c. te²⁴ ɲi:t³¹ ŋwa:n³³ ɲi:t³¹ ʔdo:i²⁴ ɣi:u²⁴.　他越想越好笑。
　　他　越　想　越　好　笑

d. kai³⁵ tø³⁵ han²⁴ te²⁴ tø³⁵ huɯn⁵⁵tou⁵⁵ lo³³.
　　鸡　一　鸣　他　就　起来　（语气词）
　　鸡一打鸣他就起来了。

（三）用两个意义不同的副词关联。例如：

（24）te²⁴ kan³¹ ɣa:i³¹ça:i³¹, pan⁴²ŋon⁴² ʔbou⁵⁵ ta⁵⁵ ʔdam²⁴, çou³³ ɣam⁵⁵ li:u²⁴.
　　他　勤奋　很　整天　不种地　就　砍柴
他很勤劳，整天不是种地，就是砍柴。

（四）用一个副词和一个连词或关联词的。例如：

（25）a. te²⁴ ta:i³⁵/li:n³¹ hou³¹ çuŋ⁵⁵ ʔbou⁵⁵/ʔbu³³ ku²⁴ çi⁴² po:i²⁴/pi⁵⁵
　　他　带/连　饭　都　不　吃　就　去
ma²⁴ lo³³.
回　（语气词）
他连饭也不吃就回去了。

b. çan³³ ʔou²⁴ you⁴² ɣoŋ⁴²ɣe:ŋ⁴² ku³³hø:ŋ²⁴, kuɯn²⁴ tan⁵⁵
　　只要　我们　努力　劳动　吃　穿
çuŋ⁵⁵ ʔbou⁵⁵/ʔbu³³ ʔjou²⁴.
　　都　不　愁
只要我们努力劳动，吃的穿的都不愁。

c. la:ŋ³³nou⁴² ŋon⁴²çø:k³³ fuɯn²⁴ tok⁵⁵, kou²⁴ çou³³ ʔbou⁵⁵/ʔbu³³
　　如果　明天　雨　下　我　就　不
tou⁵⁵ mu²⁴.
　　来（语气词）
如果明天下雨，我就不来了。

第二节　副词的内部层次及分类系统

吕叔湘先生曾经指出："副词的内部需要分类，可是不容易分得干净利索，因为副词本身就是个大杂烩。"[①] 吕先生这话有两层意思，一是强调划分次类是必要的，因为许多语法现象跟副词的句法、语义类型有密切的关系；二是给副词划分次类又是十分困难的，因为各个副词都有极强的语法个性。

做好副词次类划分工作，首先必须有明确的界定副词的标准。下面，我们在总结前人研究成果的基础上，提出对燕齐壮语副词次类划分的初步看法，并对各次类的语义特征和功能特征作一个简要的描写分析。

一、划分副词次类的目的和原则

（一）确定划分副词次类的目的

对语言作出词类的划分，这是语法研究所必需的。而对各词类再作次类的划分，是因为各个词类所包括的词在语法特征和语义特征上并非完全相同，同一词类内部存在着各种差异。划分次类，目的就是要更好地认识各个词类内部所具有的不同特征，更好地阐述同一词类的共性和内部相互之间的差异及其对有关语法现象的影响，从而更好地论证各词类的特征，全面深入地阐述语言结构的有关规律。

（二）确定划分副词次类的标准

副词的次类划分，仅仅以语义为标准是不够的，还应该兼顾功能、分布、位序等各方面的特征。尤其是要结合语义和功能两方面的特点，互相补充，互为印证，以确定每个副词应归入哪个次类。要在语义分类的基础上，找出各次类在功能方面的共性，加以验证，从而证明所分次类的合理性。副词的分类标准应该以句法功能为主要标准，以相关的意义为辅助标准，以共现顺序为参考标准。

在词类划分中，怎样使语义和功能两方面相结合，这是语法研究中至今没有解决好的一个问题。朱德熙先生认为："划分词类的根据只能是词的语法功能"，"说得准确一点，一个词的语法功能指它所能占据的语法位置的总和。要是用现代语言学的术语来说，就是指词的（语法）分布（distribution）。""严格说起来，词义是没有地位的。"[②] 朱先生的这一理论，对于确定壮语和汉语的各大词类，是合理的，但要以此理论指导副词的次

[①]　张谊生：《现代汉语副词研究》，学林出版社 2000 年版，第 16 页。

[②]　朱德熙：《语法答问》，商务印书馆 1985 年版，第 11、14、13 页。

类划分却有困难，因为副词的语法功能就是只能处于"状·中"结构中"状"的位置，有少部分副词处在"中·补"结构中。这一共性的基础上，再要根据功能划分副词的次类，很难找到十分有效的依据。正因为如此，目前对壮语和汉语副词所分出的次类，只是一些副词的不同"义类"。但是，副词为什么可以分出不同的"义类"呢？这是因为各类内部除了有共同的语义特征外，实际上也存在着某些共同的功能特征。朱德熙先生（1982）说："根据语法功能分出的类，在意义上也有一定的共同点。可见词的语法功能和意义之间有密切的联系。"[①]在这里，我们可以倒过来说，有共同语义特征的副词次类，在语法功能方面也有一定的共同点。据此，我们认为，划分副词次类，在没有找到单纯依据语法功能特征作为分类标准的条件下，可以根据语义特征来分类，但是，这样分出的次类，一定要能从功能方面得到验证，即每个次类都要有自己内部大致一致的语法功能特征。以此原则来划分副词的次类，不仅可以很清楚地归纳出各次类的语义共性，还可以描述出各次类的语法功能特征；同时，语法功能特征又可以验证根据语义所作分类是否合理，归类是否可信。

副词各次类的语法功能特征可以从三个方面观察：一是对被饰成分的语法属性的选择；二是在句法结构中的语义指向；三是不同次类在句法结构中共现时的顺序位置。

副词的功能特征是一般只充当"状·中"结构中的修饰成分，这是整个副词这个词类在功能上的共性。

但"状·中"结构中的中心成分是多种多样的，包括动词（或动词性结构，以下简称 VP），如 çam³³ po:i²⁴ "也去"；形容词（或形容词性结构，简称 AP），如 ha:m³⁵ ʔdo:i²⁴ "比较好"；数量〔名〕结构（以下简称 NumP），如 ʔdau²⁴ ɣa:n⁴² çan³³ sa:m²⁴ pou³¹ wun⁴² "家里只三个人"；句子形式（以下简称 S），如 çak⁵⁵la:i²⁴ te²⁴ tou⁵⁵ lo "幸亏他来了"；带上副词修饰语能处于谓语位置上的体词（或体词性结构，以下简称 NP），如 tak³³sa:m²⁴ çam³³ wun⁴² ʔba:n⁵⁵ ɣou⁴² "阿三也是我们村的人"。不同的副词次类对这些被饰成分的选择是不同的，有的只能选择其中的一种，有的能选择其中的多种。这种不同，正是各次类功能特征的差别的反映。

不同次类的副词，在句法结构中的语义指向也是不同的。如"总括副词"，语义指向不是中心成分中的动词或形容词，只能是中心成分的相关项，如施事、受事等，而且一般情况下，总括的对象都是处于总括副词之前；而"限定副词"，其语义指向可以是中心成分中的动词（限定副词一般不能

① 朱德熙：《语法讲义》，商务印书馆 1982 年版，第 38 页。

修饰 AP），也可以是动词的相关项，如受事（充当宾语），同时，限定的对象总是处于限定副词之后。有些副词，语义指向可以是句法结构中的不同成分，也就是说，它能跟句法结构中的两个以上的成分发生语义联系，如表"类同"的 ɕam³³ "也"；有的副词则只能跟句法结构中的一种成分发生语义联系，如"情状方式副词"的 hoŋ³⁵："白白"。副词的语义指向，也反映了不同次类在功能上的差异。

　　划分副词次类还有一个检验标准，那就是各次类的副词的总和必须等于副词的全部，同时，还要对每个副词何以要归入此类而不归入彼类都能作出解释。

　　根据上文所述确定副词的标准，我们根据自己所搜集到的语言材料，把燕齐壮语的副词分为七类：范围副词 、程度副词、时间副词、频率副词、情状方式副词、语气副词、否定副词。

1. 范围副词

　　ɕuŋ⁵⁵ 都　　　kjø:n⁵⁵ 都、全　　ʔa:i³⁵/ta:i³¹ka:i³⁵ 大约
　　ɕan³³ 只　　　ŋam³⁵ 仅仅　　　suŋ⁵⁵kuŋ³³ 总共
　　ɕam³³ 也　　　ka:k³³ 仅仅　　　hi³¹ 也

2. 程度副词

　　ɕo:i³⁵ 最　　　ɣa:i³¹ɕa:i³¹ 非常　　ta:ŋ³⁵ma⁴² 很
　　la:i²⁴ 很　　　ma:u³⁵ 比较　　　ham³⁵ 比较
　　la:i²⁴ 比较　　ji:t³¹ 越　　　　ʔe:ŋ³⁵kja²⁴ 更加
　　no:i³¹ 少　　　me:n³³ 慢

3. 时间副词

　　tø³⁵ 立刻　　　ɕou³³ 就　　　　ʔjaŋ⁴²/ɕaŋ⁴² 曾经
　　ŋam³⁵ 才　　　se:n³⁵ 早　　　　ɕiŋ³⁵ɕa:i³³ 正在
　　kø:n³⁵ 先　　　ɕiŋ³⁵ 正　　　　tok⁵⁵laŋ²⁴ 最终
　　hi⁴² 就　　　　ɕi⁴² 就　　　　　ho:i⁴²kiŋ²⁴ 已经
　　ha:u³⁵ 就　　　jou⁴²ɕa:i³³ 随　　ŋa:m³⁵ŋa:m³⁵ 刚刚
　　so:i⁴² 时　　　tø³⁵ 立刻　　　　jap⁵⁵jap⁵⁵ 时断时续
　　ŋa:m³⁵ 刚　　　ɕø⁵⁵ 才　　　　ɕiŋ²⁴ ʔdak⁵⁵ 正要
　　ʔdak⁵⁵ 将要　　ɕan³³ 一直　　　soŋ⁴²la:i⁴² 从来
　　la⁵⁵ 仍然　　　ɕuk³³ɕi:m³³ 逐渐　sauɯ³⁵mauɯ³³ 突然

4. 频率副词

　　wa:ŋ⁵⁵wa:ŋ⁵⁵ 往往　　ɕuŋ⁵⁵ 总是　　　soŋ⁴²so:i⁴² 经常
　　suɯ:ŋ⁴²so:i⁴² 常常　　kiŋ³³ɕa:ŋ⁴² 经常　hom²⁴ 再
　　ɕa:i²⁴ 又　　　　　　lap³³tap³³ 连续

5. 情状方式副词

$çi:n^{24}mø:n^{42}$特地　　　$^?it^{55}ho:i^{55}$一起　　　$tø^{42}çou^{35}$一起

$çai^{42}$ 一起　　　　　　$hoŋ^{35}$ 白白　　　$çak^{33}çak^{33}$悄悄

6. 语气副词

$miŋ^{42}miŋ^{42}$明明　　　$kaŋ^{55}tiŋ^{33}$肯定　　　$pan^{42}pan^{42}$反正

$kan^{33}pon^{55}$根本　　　$tiŋ^{33}liŋ^{42}$ 恰巧　　　$ta^{42}ɣa:i^{31}/ka^{42}ɣa:i^{31}$的确

$pi:t^{55}tiŋ^{33}$必须　　　$çan^{24}$ 真的　　　　$çak^{55}la:i^{35}$幸亏

$hi^{35}tiŋ^{35}$偏偏　　　$çam^{33}/hi^{42}$ 也　　　$^?a:i^{35}/ta:i^{31}ka:i^{35}$大概

$na:n^{42}ta:u^{33}$难道　　　$^?it^{55}tiŋ^{33}$一定　　　$çin^{31}ku:n^{55}$尽管

7. 否定副词

$^?bou^{55}$ 不　　　　　mi^{33}没有　　　$^?bou^{55}/hi^{55}\ ^?jaŋ^{42}$未曾

fo^{31} 不　　　　　　$koŋ^{24}$别、不要　　$ki^{33}pa:k^{33}$先别

第三节　副词的语义特征和功能特征

在这一节里，我们对燕齐壮语副词各次类的语义特征和语法功能特征进行简要分析和讨论。

一、范围副词

范围副词是对主语或宾语与谓语发生关系时的范围、数量或谓语本身的范围数量表示总括或限定等副词。

范围副词内部存在着相当大的差异，有的立足于某一范围内的全体对象，显示出这一范围内全体成员所具有的同质性；也有的侧重于以某一范围个别成员，突出其不同于其他成员的异质性。从所出现的句法环境看，有的范围副词只能出现于谓词性成分前，不能出现于体词性成分前；也有的既可以出现于谓词性成分前，也可以出现于体词性成分前。

按照语义、语义指向和语法功能的不同，燕齐壮语的范围副词分为四类：表总括、表统计、表限定和表类同。

（一）总括副词

这类副词的语义特征是表示总括无例外，大多数情况下，总括对象位于总括副词之前。

总括副词的语义大多指向主语，但也有指向其他对象的，如宾语、状语、兼语或谓语所表示的性质状语本身，等等。总括副词的功能是可以修饰 VP（指动词或动词性结构）、AP（形容词或形容词性结构），有时也修饰 NumP（指数量名结构）和 NP（指名词或名词性结构）。

在燕齐壮语中，表总括的副词主要有以下两个：ɕuŋ⁵⁵、kjøːn⁵⁵。总括副词的功能特征是：

1. 能修饰 VP（ɕuŋ⁵⁵ tou⁵⁵ "都来"）和 AP（kjøːn⁵⁵ ʔdoːi²⁴ "都好"），例如：

（26）a. ɣou⁴² ha⁵⁵ pou³¹ ɕuŋ⁵⁵ tɯk³³ laːu³¹sai²⁴.

　　　　我们 五 个 都 是 老师

　　　　我们五个都是老师。

　　 b. tiːu⁴² tiːu⁴² ɕaːk³³ ɕuŋ⁵⁵ ɣai⁴² tø⁴²toŋ⁴². 每条绳子都一样长。

　　　　条 条 绳子 都 长 相同

　　 c. ɣou⁴² ɕuŋ⁵⁵ tou⁵⁵ lo³³. 　　我们都来了。

　　　　我们 都 来 （语气词）

（27）ki³⁵tø⁴²kaːi³⁵ ta⁴²pø³³ mɯŋ⁴² kjøːn⁵⁵ ʔou²⁴ poːi²⁴ liːu³¹ lu³³,

　　　　东西 　爸 你 都 拿 去 完（语气词）

la⁵⁵ mi⁴² ki³⁵ma⁴² hom²⁴?

还 有 什么 再

爸爸的东西你都拿去了，还有什么呢？

总括副词有时也能修饰 NumP 和 NP，不能修饰 S。例如：

（28）a. saːm²⁴ ɣaːn⁴² ɕuŋ⁵⁵ ha⁵⁵ wun⁴². 　　三户都有五个人。

　　　　三 家 都 五 人

　　 b. ki³⁵haːi⁴² ɣou⁴² ɕuŋ⁵⁵ haːi⁴² naŋ²⁴. 我们的鞋子都是皮鞋。

　　　　些 鞋子 我们 都 鞋 皮

总括副词的语义特征是表示总括无例外，语义一般指向句子中的主语或处置对象，不指向整个谓语。如果语义上要指向动作行为的受事，一般有两种情况：一是让受事充当主语，如（29a）；二是用介词把受事提到谓语动词或整个句子之前，如（29b）。例如：

（29）a. ki³⁵pu³³ ɕuŋ⁵⁵ sak⁵⁵ liːu³¹ lu³³. 　　衣服都洗完了。

　　　　衣服 都 洗 完 （语气词）

　　 b. jɯːŋ³³n⁴² toːi³⁵ plau⁴² ɕuŋ⁵⁵ ʔdoːi²⁴. 　　这样对谁都好。

　　　　这样 对 谁 都 好

（二）统计副词

燕齐壮语的统计副词可分为两个小类：

1. 有定统计，表示对动作行为的次数或事物数量的确定的统计。在燕齐壮语中，表示有定统计的副词主要有：taŋ⁴²kuŋ³³/suŋ⁵⁵kuŋ³³ "总共"。

2. 不定统计，表示对动作行为的次数或事物数量的不确定统计。在燕齐壮语中，表示不定统计的副词主要有：ʔaːi³⁵/taːi³¹ˈkaːi³⁵ "大约"。

统计副词的特点是都只能修饰 VP 和 NumP。例如：

（30）a. ʔan²⁴ ʔba:n⁵⁵ ɣou⁴² taŋ⁴²kuŋ³³ ʔit⁵⁵ɕi:n²⁴liŋ⁴² ŋo:i³³ɕip³³ ʔit⁵⁵ wun⁴².

　　　　个　村子　我们　一共　　一千零　二　十　一　人

　　　　我们村共有一千零二十一人。

　　b. taŋ⁴²kuŋ³³ ŋo:i³³ ɕip³³ wun⁴² naŋ³³ ʔjou³⁵ he:n⁴² ta³³.

　　　　总共　　二　十　人　坐　在　边　河

　　　　总共有二十个人坐在河边。

（31）a. pou³¹ luk³³ŋe⁴² ni⁴² ʔa:i³⁵/ta:i³¹ka:i³⁵ ɕip³³ ŋo:i³³ sa:m²⁴ pi²⁴.

　　　　个　孩子　这　大约　　　　十　二　三　岁

　　　　这个孩子大约有十二三岁。

　　b. ɕip³³ ʔan²⁴ ɣai³⁵ kai³⁵ ʔa:i³⁵/ta:i³¹ka:i³⁵ kan²⁴ hu⁵⁵.

　　　　十　个　蛋　鸡　大概　　　　斤　一

　　　　十个鸡蛋大概有一斤。

统计副词修饰 NumP 时，"adv NumP"既可以充当谓语，也可以充当主语。

（三）限定副词

燕齐壮语的限定副词主要有：ŋam³⁵、ɕan³³、ka:k³³。限定副词的功能特征是只能修饰 VP 和 NumP。一般不修饰 AP，也不能修饰 S。例如：

（32）a. kou²⁴ ŋam³⁵ mi⁴² kø:n⁵⁵ pit⁵⁵ tø:k³⁴.　我只有一支笔。

　　　　我　刚　有　支　笔　独

　　b. kou²⁴ ɕan³³ taŋ⁴² muɯn²⁴n⁴², ʔbou⁵⁵ ʔjaŋ⁴² taŋ⁴² muɯn²⁴ ʔun³⁵ kwa³⁵.

　　　　我　只　到　这里　没有　　到　地方　别　过

　　　　我只到过这里，没有到过其他地方。

语义上表示对事物的范围、数量或动作行为的限定，语义指向可以是句子中的谓语、宾语，也可以是主语。

1. 限定副词的语义指向为谓语时，表示主语只施行某种动作。例如：

（33）te²⁴ ki³⁵ma⁴² ɕuŋ⁵⁵ ʔbou⁵⁵/ʔbu³³ ku³³, ɕan³³ tok⁵⁵sauɯ²⁴.

　　　他　什么　都　不　　干　只　读　书

　　　他什么都不干，只读书。

2. 语义指向为宾语时，表示对谓语所施及的宾语的数量上的限定。例如：

（34）kou²⁴ ɕou³⁵ te²⁴ kjø:n⁵⁵ ʔbou⁵⁵/ʔbu³³ te:ŋ²⁴, hoŋ²⁴ muɯŋ⁴²

　　　我　和　他　都　不　　对　但　你

　　　ɕan³³ ʔda³⁵ ku⁵⁵.

　　　只　骂　我

　　　我和他都不对，你却批评我一个。

3. 限定副词的语义指向为主语时很有特点：它必须直接用在主语的前

面。这一点不同于总括副词，而与统计副词相同。例如：

（35）a. tøːn³³ fai³¹ huŋ²⁴ n⁴², kaːk³³ ku⁵⁵ kɯːt³³ la⁵⁵ ʔdai⁵⁵ hɯn⁵⁵.

　　　　　根　树　大　这　只　我　扛　还　得　起

　　　　　这根大木头，我一个人还扛得起。

　　　b. kaːk³³ mɯŋ³³ ɣaːp³⁵ nø³³ mou²⁴ poːi²⁴/pi⁵⁵ haːi²⁴ ʔdai⁵⁵ le⁵⁵?

　　　　　只　你　挑　肉　猪　去　　卖　行（疑问词）

　　　　　你一个挑猪肉去卖行吗？

总括副词、统计副词、限定副词同样都可以修饰作谓语的 NumP，但语义指向不同：统计副词、限定副词的语义指向是向后的，即指向作谓语的NumP，而总括副词的语义指向是向前的，即指向句子中的主语，而且主语必须为复数形式。

（四）类同副词

燕齐壮语的类同副词主要有 ɕam³³、hi³¹两项，其语义特征就是表示类同。其功能特征从对被修饰成分的选择来看，除了不能修饰 S 外，VP、AP、NumP 和 NP 都可以受其修饰。例如：

（36）a. kø²⁴ fai³¹ n⁴² saːŋ²⁴, kø²⁴ he⁵⁵ ɕam³³ saːŋ²⁴.

　　　　　棵　树　这　高　棵　那　也　高

　　　　　这棵树高，那棵树也高。

　　　b. soːi⁴²ni⁴², ɣa²⁴faːŋ⁴² ɣɯ⁴²nuk⁵⁵ wun⁴²ŋom³¹ ɕam³³/hi³¹

　　　　　现在　　瞎子　　聋子　　哑巴　　也

　　　　　ʔdai⁵⁵ hou⁵⁵ haːk³¹ tok⁵⁵saɯ²⁴.

　　　　　能　进　学校　读书

　　　　　现在，瞎子、聋子、哑巴也能进学校读书。

（37）a. mɯŋ⁴² ɕɯːŋ³⁵, kou²⁴ ɕam³³/hi³¹ ɕɯːŋ³⁵. 你唱，我也唱。

　　　　　你　唱　我　也　唱

　　　b. mɯŋ³³ saːm²⁴ tu⁴² pit⁵⁵, kou²⁴ ɕam³³/hi³¹ saːm²⁴ tu⁴² pit⁵⁵.

　　　　　你　三　只　鸭子　我　也　　三　只　鸭子

　　　　　你（养有）三只鸭子，我也（养有）三只鸭子。

（38）a. ɕaɯ³¹ pu³³ ɕam³³/hi³¹ ɕaɯ³¹ wa³⁵. 买衣服也买裤子。

　　　　　买　衣服　也　　买　裤子

　　　b. mɯŋ⁴² ʔbou⁵⁵/ʔbu³³ ɣø³¹ he⁵⁵, te²⁴ ɕam³³/hi³¹ ʔbou⁵⁵/ʔbu³³

　　　　　你　不　　认识　他　他　也　　不

　　　　　ɣø³¹ mɯŋ³³.

　　　　　认识　你

　　　　　你不认识他，他也不认识你。

（39）muɯŋ⁴² la⁵⁵ mi⁴² mon⁴² ŋan⁴² hu⁵⁵, te²⁴ çam³³/hi³¹ la⁵⁵

　　　 我　 还　有　元　钱　一　 他　也　　还

mi⁴² mon⁴² ŋan⁴² hu⁵⁵.

有　元　钱　一

我还有一块钱，他也还有一块钱。

从语义指向来看，在不同的句法结构中，类同副词可以与不同的句法成分具有语义上的联系，其语义指向可以是句子中的主语、宾语，如（37）；整个谓语，如（38）；谓语修饰语，如（39）。

二、程度副词

程度副词是表示性质状态或某些动作行为所达到的各种程度的副词。其语义特征就是表示性质状态的程度或某些动作行为的程度。

燕齐壮语的程度副词最明显的特点是大都可以比较自由地修饰单个形容词，修饰动词要受到很多限制，一般只能修饰助动词、表心理活动的动词和某些特定的动词性结构。燕齐壮语的程度副词分为三类：表强度、表比较度、表弱度。正如朱德熙先生所指出的："不同的程度副词，除了语义上表示的程度有差别外，语法功能也不完全一样。"[①]

（一）表强度的程度副词

这类副词在语义上表示程度很高、至极或过甚，在句法结构中修饰形容词和动词。燕齐壮语表强度的程度副词主要有四个：ço:i³⁵"最"、ɣa:i³¹ça:i³¹/ta:ŋ³⁵ma⁴²"非常、很"、la:i²⁴"很"。下面分别论述。

1. ço:i³⁵ "最"

ço:i³⁵"最"用在动词或形容词前面，修饰或限制动词或形容词。ço:i³⁵是汉语借词，因此，其修饰动词或形容词时，跟汉语的语序一样，放在动词或形容词的前面。例如：

（40）a. sa:m²⁴ pou³¹ (wun⁴²) ɣou⁴² te²⁴ ço:i³⁵ sa:ŋ²⁴.

　　　 三　　个　　人　 我们 他　最　 高

我们三个人里面他最高。

　　 b. ku²⁴ lou⁵⁵ wa:ŋ⁵⁵wa:ŋ⁵⁵ ʔjou³⁵ so:i⁴² ço:i³⁵ ka:u³³hiŋ²⁴ he⁵⁵ fi⁴².

　　　 吃　 酒　　往往　　 在　时候　最　　高兴　　那　醉

喝酒往往是在最高兴的时候醉酒。

2. ɣa:i³¹ça:i³¹/ta:ŋ³⁵ma⁴² "非常、很"

ɣa:i³¹ça:i³¹和 ta:ŋ³⁵ma⁴²都是"非常、很"的意思，两者在意义和用法上没有什么区别，用在形容词或动词的后面，补充说明动词或形容词的很高

---

① 朱德熙：《语法讲义》，商务印书馆 1982 年版，第 196 页。

程度。例如：

（41）a. ŋø⁴² pla²⁴ n⁴² saːŋ²⁴ ɣaːi³¹çaːi³¹/taːŋ³⁵ma⁴².　这座山很高。

　　　　　座　山　这　高　　很

　　　b. koːi⁵⁵ ŋon⁴² n⁴² nit⁵⁵ ɣaːi³¹çaːi³¹/taːŋ³⁵ma⁴².　这几天很冷。

　　　　　几　天　这　冷　　很

　　　c. kou²⁴ haŋ⁵⁵/kjai⁴² te²⁴/he⁵⁵ ɣaːi³¹çaːi³¹/taːŋ³⁵ma⁴².

　　　　　我　喜欢/爱　他　　　　很

　　　　　我很喜欢他。

　　　d. te²⁴ laːu²⁴ ɣaːi³¹çaːi³¹/taːŋ³⁵ma⁴².　他非常害怕。

　　　　　他　害怕　非常

3. laːi²⁴ "很、非常、太"

laːi²⁴表示"很、非常"意义时，用法跟ɣaːi³¹çaːi³¹和taːŋ³⁵ma⁴²一样，只能用在形容词或动词的后面，补充说明所描述的状态达到的很高程度，做补语。例如：

（42）a. ŋon⁴²n⁴² huɯŋ³⁵ laːi²⁴ lo³³.　今天太热了。

　　　　　今天　热　太（语气词）

　　　b. kou²⁴ ham⁴² muɯŋ³³ laːi²⁴.　我非常恨你。

　　　　　我　恨　你　非常

（二）表比较度的程度副词

这类副词在语义上表示程度的加深，在句法结构中既可以修饰形容词性谓语，也可以修饰动词性谓语，做状语。在燕齐壮语中，表示比较度的副词主要有五个词：maːu³⁵、ham³⁵、laːi²⁴ "比较"，ʔeːŋ³⁵kja²⁴ "更加"，jiːt³¹ "越"。举例如下：

（43）ki³⁵ lou⁵⁵ n⁴² maːu³⁵ keːt³⁵ pɯ⁵⁵.　这种酒是比较烈呢。

　　　　样　酒　这　相当　烈　（语气词）

（44）jɯːŋ³³ŋ⁴² ku³³ ham³⁵/lam³⁵ pan⁴².　　这样做比较合适。

　　　　这样　做　比较　　好

（45）kou²⁴ saːŋ²⁴ kwa³⁵ muɯŋ³³, te²⁴ ʔeːŋ³⁵kja²⁴ saːŋ²⁴ kwa³⁵ ku⁵⁵ pi⁵⁵.

　　　　我　高　过　你　他　更加　高　过　我　去

　　　　我比你高，他比我更高。

（46）ɣou⁴² søːŋ²⁴ poːi³¹nuŋ³¹, ta⁴²pø³³ ku⁵⁵ laːi²⁴ kjai⁴² ku⁵⁵.

　　　　我们　两　兄弟　　爸爸　我　比较　爱　我

　　　　我们两兄弟，我爸爸比较疼爱我。

（47）ʼte²⁴ jiːt³¹ ŋwaːn³³ jiːt³¹ ʔdoːi²⁴ yiːu²⁴.　他越想越好笑。

　　　　他　越　想　越　好　笑

前面提到，la:i²⁴做状语，可以放在动词和形容词前面，也可以放在动词和形容词后面，在语义上有些差别，前置时，la:i²⁴的意义是"比较"，后置时，la:i²⁴的意义则是"很、非常"。

（三）表弱度的程度副词

这类副词语义上表示程度轻微，在句法结构中一般修饰形容词、动词谓语。在燕齐壮语中，主要有这两个词：no:i³¹ "少"、me:n³³ "慢"。

（48）no:i³¹ ka:ŋ⁵⁵ wa³³, la:i²⁴ ku³³ ho:ŋ³⁵. 少说话，多做事。

　　　少　说　话　多　做　活儿

（49）a. kɯ²⁴ ʔim³⁵ lu³³, 　　　sou²⁴ me:n³³ kɯ²⁴ mɯ⁴².

　　　　吃　饱（语气词）你们　慢　吃　（语气词）

　　　　吃饱了，你们慢吃吧。

　　　b. mɯŋ⁴² me:n³³ pla:i⁵⁵. 　　　你慢走。

　　　　　你　慢　走

三、时间副词

时间副词都能修饰 VP，可以修饰一些表示一种变化或过程的 AP。时间副词一般不能修饰 NumP，少数时间副词如 ho:i⁴²kin²⁴ "已经"虽然可以修饰 NumP，但这种"adv + NumP"也是表示一种变化或过程。

燕齐壮语时间副词数量较多，内部在语义和功能上又存在着一些差别，有必要再进行分类。根据功能和意义两方面的特征，将时间副词可再细分为十个小类。

1. 表最终

燕齐壮语表"最终"的副词主要有 tok⁵⁵laŋ²⁴。表示某种动作行为最终发生或某种结果最终出现。例如：

（50）a. te²⁴ tø:k³³ ha⁵⁵ pi²⁴ ka:u³³ɕuŋ³³, tok⁵⁵laŋ²⁴ ha:u⁵⁵ ʔdai⁵⁵

　　　　他　读　五　年　高中　　后来　考　得

　　　ta²⁴jø³¹ lu³³.

　　　大学（语气词）

　　　他念了五年高中，最终考上大学了。

　　　b. tok⁵⁵laŋ²⁴ te²⁴ ɕi³⁵ sø:ŋ²⁴ pa:k³⁵ mon⁴² ŋan⁴² haɯ⁵⁵ ku⁵⁵ lu³³.

　　　　后来　他　借　两　百　元　钱　给　我（语气词）

　　　最终他借了两百块钱给我。

　　　c. pa:ŋ²⁴ wun⁴² te²⁴ ɕuŋ⁵⁵ ɣi:u²⁴ te²⁴, tok⁵⁵laŋ²⁴ we:ŋ³⁵

　　　　帮　人　那　都　笑　他　后来　张

　　　na⁵⁵ te²⁴ hoŋ⁴² huɯn⁵⁵tou⁵⁵ lu³³.

　　　脸　他　红　起来（语气词）

　　　人那老是笑他，最终他的脸红起来了。

2. 表过去、已然

燕齐壮语表"过去、已然"的时间副词有：hoːi⁴²kiŋ²⁴"已经"、ʔjaŋ⁴²/ɕaŋ⁴²"曾、曾经"、ɕuŋ⁵⁵"都"、ʔjaŋ⁴²/ɕaŋ⁴² seːn³⁵"早已"、seːn³⁵（ɕi³¹）"早（就）"、køːn³⁵"先"。在表示"过去、已然"的时间副词中，除了副词 køːn³⁵"先"放在 VP 后做补充成分外，其他副词都放在 VP 前做修饰成分。例如：

（51）a. te²⁴ hoːi⁴²kiŋ²⁴ poːi²⁴ lu³³.　　他已经走了。

　　　他　　已经　去（语气词）

　　b. te²⁴ pi²⁴ he⁵⁵ ma²⁴ taŋ²⁴ søːi⁴²n⁴², ʔjaŋ⁴² naːn⁴² ma³¹.

　　　他　年　那　回　到　　现在　已经　久（语气词）
　　　从他那年回来到现在，（时间）已经很久了。

　　c. ki³⁵wa²⁴ he⁵⁵ hoːi⁴²kiŋ²⁴ hoŋ⁴² lu³³.　那些花已经红了。

　　　些　花　那　已经　　红（语气词）

　　d. ki⁵piŋ³³ he⁵⁵ hoːi⁴²kiŋ²⁴ laːi²⁴ ʔdoːi²⁴ lu³³.

　　　　病　他　已经　多　好（语气词）
　　　他的病已经稍微好转了。

（52）ɕaŋ⁴²pan³³ te²⁴ ɕuŋ⁵⁵ nou⁴² lu³³, ŋoːi³³ ɕip³¹ pi²⁴ hom²⁴

　　　刚才　他　都　说（语气词）二　十　年　　再

　　　toːi²⁴jiu³³ lu³³.

　　　退休（语气词）

刚才他都说了，还有二十年就退休了。

（53）kjoŋ³⁵koŋ²⁴soŋ³⁵ he⁵⁵ ɕaŋ⁴²seːn³⁵ ma²⁴, tø⁴²ŋon⁴² ɕi⁴²

　　　群　公　送　那　早已　回　白天　就

　　　ma²⁴ lu³³pa³³.

　　　回（语气词）

那些送亲的早就回来，是白天就回来了吧。

（54）te²⁴ tup³³ ku⁵⁵ køːn³⁵.　　他先打我。

　　　他　打　我　先

3. 表突发、短时

燕齐壮语表"突发、短时"的时间副词有：sau³⁵mɯ³³"突然"、tø³⁵"立刻"和 hi⁴²、ɕi⁴²、ɕou³³、haːu³⁵"就"。例如：

（55）te²⁴ sau³⁵mɯ³³ ɣaːi²⁴ lu³³.　　他突然死了。

　　　他　突然　死（语气词）

（56）pai⁴² ɣan²⁴ he⁵⁵, sø:ŋ²⁴ pou³¹ he⁵⁵ tø³⁵ ta:u³⁵ma²⁴ nou⁴²
　　　一　　见　他　　两　个　那　立刻　　返回　　说
　　　koŋ²⁴ta²⁴ he⁵⁵ hi²⁴.①
　　　岳父　　他　 x
　　　一看见他，那两个人立刻回去告诉他岳父。

（57）te²⁴ ŋa:m³⁵ŋa:m³⁵ tou⁵⁵ ɕi⁴² ʔø:k³³ma²⁴ lu³³.
　　　他　刚刚　　　来　就　　出来　（语气词）
　　　他刚刚到就走了。

（58）kja:ŋ²⁴ŋon⁴² ŋam³⁵ tok⁵⁵, ɣø:ŋ³³ ʔdu:n²⁴ ɕi⁴² ʔø:k³⁵tou⁵⁵ lu³³.
　　　　太阳　　刚　下　　月亮　　就　出来（语气词）
　　　太阳刚下山，月亮就出来了。

（59）kou²⁴ ɕou³³ taŋ⁴².　　　我就来。
　　　　我　就　到

（60）la⁵⁵ nin⁴² ʔdi:u²⁴ hu⁵⁵ ɣa:n⁴² ɕou³³ ɣo:ŋ³³ lu³³.
　　　还　睡　觉　一　房子　就　亮　（语气词）
　　　还睡了一觉天就亮了。

（61）ʔjou³⁵ ʔu⁵⁵miŋ⁴² kɯ²⁴ ʔba:t³⁵ lou⁵⁵ hu⁵⁵ ha:u³⁵ hɯn⁵⁵ma²⁴ lu³³.
　　　在　武鸣　喝　次　酒　一　就　上来　（语气词）
　　　在武鸣喝了一回酒就回来了。

（62）te²⁴ ha:u³⁵ ta:u³⁵ma²⁴ nou⁴² ta⁴²me³³ he⁵⁵ hi²⁴.
　　　　两　就　回去　　说　母亲　他　x
　　　他就回去告诉他妈妈。

这类副词语义上表示动作行为或情况在很短的时间内发生或出现。可修饰 VP 和 S；修饰 AP 时，AP 后带 lu³³ 或 hɯn⁵⁵tou⁵⁵ lu³³，AP 并不表性质状态，而是指变化或过程。

4. 表不定时

燕齐壮语表"不定时"的时间副词有：jap⁵⁵jap⁵⁵ "时断时续"、jou⁴²ɕa:i³³ "任由"、so:i⁴² "时"。例如：

（63）ta⁴²pø³³ he⁵⁵ jap⁵⁵jap⁵⁵ pan⁴²piŋ³³.　他经常生病。
　　　爸爸　他　时时　　生病

（64）ɣa̠:n⁴² ku⁵⁵ jou⁴²ɕa:i³³ mɯŋ³³ ta:u⁵⁵.　我家你可以随时来。
　　　家　我　任由　　你　来

① hi²⁴ 没有实际意义，常与言语动词 nou⁴²、lɯn³³ 等连用，组成类似 nou⁴²...hi²⁴ "告诉"形式，有时 hi²⁴ 可能变读为 ŋi²⁴，二者是变体关系。（下同）

（65）ki³⁵siŋ²⁴ he⁵⁵ soːi⁴² saːŋ²⁴ soːi⁴² tam³⁵. 他的声音时高时低。

　　　声音　他　时　高　时　低

修饰 VP 和 AP，语义上表示对时间的不确定（从一定意义上说，表"不定时"的时间副词也可以用来表示相应的频率，因此它们跟表"惯常"的频率副词在语义上并无明显的差别，请看下文"频率副词"）。

5. 表初始

燕齐壮语表"初始"的时间副词有：tø³⁵"一（连词）"、cø⁵⁵"才"、ŋaːm⁵⁵"刚"、ŋaːm³⁵ŋaːm³⁵"刚刚"、ŋam³⁵"才/刚"。例如：

（66）kai³⁵ tø³⁵ han²⁴ te²⁴ cou³³ huɯŋ⁵⁵tou⁵⁵ lu³³.

　　　鸡　一　鸣叫　他　就　　起来　　（语气词）

　　　鸡一打鸣他就起来了。

（67）ki³⁵wun⁴² he⁵⁵ peːt³⁵ kou⁵⁵ tiːm⁵⁵ cø⁵⁵ ʔøːk³⁵tou⁵⁵.

　　　些　人　那　八　九　点　才　出来

　　　那些人（一般）八九点钟才出来。

（68）te²⁴ caŋ⁴²pan³³ ŋaːm⁵⁵ ʔøːk³⁵poːi²⁴.　他刚出去。

　　　他　刚才　才　　出去

（69）te²⁴ ŋaːm³⁵ŋaːm³⁵ tou⁵⁵taŋ⁴².　他刚刚到。

　　　他　刚刚　　来到

（70）muɯŋ⁴² ŋam³⁵ ma²⁴ taŋ⁴² noːi⁴² la³³ma³¹?

　　　你　刚　回　到　这里（语气词）

　　　你刚回到这里？

（71）ʔan²⁴maːk³⁵ he⁵⁵ ŋam³⁵ hoŋ⁴².　那个水果刚成熟。

　　　水果　那　刚　红

（72）te²⁴ ŋam³⁵ ŋoːi³³ cip³³.　　他刚二十（岁）。

　　　他　刚　二　十

（73）ŋam³⁵ cat⁵⁵ tiːm⁵⁵ te²⁴ cou³³ huɯŋ⁵⁵tou⁵⁵ lu³³.

　　　刚　七　点　他　就　　起来　（语气词）

　　　刚七点他就起来了。

从语音上看，ŋaːm⁵⁵"刚"也许是 ŋam³⁵"才/刚"的变体，反之亦然，因此 ŋaːm³⁵ŋaːm³⁵"刚刚"也可以读短音，即为 ŋam³⁵ŋam³⁵，语意不变。表"初始"的时间副词不能修饰 S，主要修饰 VP 和表示变化或过程的 AP。

6. 表暂且

燕齐壮语表"暂且"的时间副词只有一个，kan⁵⁵"暂且"。例如：

（74）a. ɣou⁴² kuɯ²⁴ ceːn⁵⁵ lou⁵⁵ hu⁵⁵ kan⁵⁵. 我们暂且喝一杯酒。

　　　我们　吃　杯　酒　一　暂

　　b. muɯŋ⁴² ham³³n⁴² ʔjou³⁵ laŋ²⁴ ku⁵⁵ ʔjou³⁵ kan⁵⁵.

　　　　你　　今晚　　在　处所　我　　住　暂时

　　　你今晚暂时在我家住。

　　c. ŋon⁴²ni⁴² ʔbou⁵⁵ ʔjaŋ⁴² ʔdam²⁴ tu³³tom²⁴ kan⁵⁵ lo³³.

　　　　今天　　　没有　　种　　花生　　暂时（语气词）

　　　今天暂时不种花生了。

　　d. muɯŋ⁴² haɯ⁵⁵ he⁵⁵ hou⁵⁵ma²⁴ kan⁵⁵.

　　　　你　　让　他　　进来　　暂且

　　　你暂且让他进来。

kan⁵⁵只能修饰 VP，表示动作行为或状况在一个短时间内进行或存在着。

7. 表持续、惯常

　　燕齐壮语表"持续、惯常"的时间副词有：lap³³tap³³ "连续"、liːn⁴²ɣaːt³³ "连续"、ɕan³³ "一直"、soŋ⁴²laːi⁴² "从来"、ɕuŋ⁵⁵ "都"、la⁵⁵ "仍然、还"。例如：

（75）mi⁴² pi²⁴ hu⁵⁵, lap³³tap³³ sø:ŋ²⁴ ʔdɯ:n²⁴ ʔbou⁵⁵/ʔbu³³ fuɯn²⁴ tok⁵⁵.

　　　　有　年　一　连续　　两　月　　不　　　雨　下

　　　有一年，一连两个月不下雨。

（76）te²⁴ liːn⁴²ɣaːt³³ tiːu³⁵ sam²⁴ pai⁴². 　他连续跳三次。

　　　　他　连续　　跳　三　次

（77）te²⁴ ɕan³³ ʔdɯn²⁴ ʔjou³⁵ muɯn²⁴he⁵⁵. 　他一直站在那里。

　　　　他　一直　站　在　那里

（78）ʔjou³⁵ ʔdaɯ²⁴ ɣaːn⁴², kou²⁴ soŋ⁴²laːi⁴² ʔbou⁵⁵/ʔbu³³ kɯ²⁴ lou⁵⁵.

　　　　在　里　家　我　从来　　不　　喝·酒

　　　在家里我从来不喝酒。

（79）ʔdaɯ²⁴ ɣaːn⁴² you⁴² pi²⁴ pi²⁴ ɕuŋ⁵⁵ ʔdam²⁴ hou³¹mai³¹.

　　　　里　家　我们　年　年　都　　种　玉米

　　　我们家年年都种玉米。

（80）te²⁴ la⁵⁵ kjou²⁴ ɣaːi³¹ɕaːi³¹. 　她仍然很漂亮。

　　　　她　仍然　漂亮　很

（81）kou²⁴ soːi³⁵ ɕip³³ soːi³⁵ lu³³puɯ⁵⁵, la⁵⁵ saːm²⁴ ɕip³³ soːi³⁵

　　　　我　四　十　四（语气词）还　三　十　四

　　　pi²⁴ hom²⁴ la³³ma³¹?

　　　岁　再　（语气词）

　　　我四十四岁了的，还三十四岁啊？

这个小类有个明显的不同于其他小类的特点：除了修饰动词短语外，

还可以比较自由地修饰形容词短语，大部分还可以修饰数量词短语，少数还能修饰句子。表示动作行为持续或长时间内经常进行，某种情况持续存在，或事物持续、长时间内经常保持某种性质状态。一般都不能修饰瞬间动词。

8. 表将来、未然

表"将来、未然"的时间副词有：ʔdak⁵⁵"将要"、ɕiŋ²⁴ ʔdak⁵⁵"正要"，一般只修饰动词短语，还可以修饰数量词短语和时间名词。例如：

（82）a. kou²⁴ ʔdak⁵⁵ poːi²⁴/pi³³ ʔjauɯ⁵⁵ teːn²⁴ ʔiŋ⁵⁵.

　　　　　我　　要　　去　　　看　　　电影

　　　我要去看电影。

　　b. ʔbun²⁴ ʔdak⁵⁵ lap⁵⁵ luɯ³³,　pi³³/poːi²⁴ ma²⁴ lo³³.

　　　　　天　　快　　黑（语气词）去　　　回（语气词）

　　　天黑了，回去吧！

　　c. te²⁴ ʔdak⁵⁵ ɣam⁵⁵ ʔoːi⁵⁵ lo.　　他要砍甘蔗了。

　　　　　他　　要　　砍　甘蔗（语气词）

　　d. ʔdak⁵⁵ kou⁵⁵ tiːm⁵⁵ pi⁵⁵/poːi²⁴,　　te²⁴ ɕi⁵⁵ ʔdai⁵⁵ ma²⁴.

　　　　　快　　九　　点　去（语法化）他　才　　能　回

　　　要快到九点，他才能回来。

　　e. ʔdak⁵⁵ ham³³ ʔdap⁵⁵ luɯ⁵⁵,　ta⁴² pø³³ la⁵⁵ hi⁵⁵ ʔjaŋ⁴² ma²⁴.

　　　　　快　　除夕（语气词）爸爸　还　没有　回

　　　快除夕了，爸爸还没有回来。

（83）ɣou⁴² ɕiŋ²⁴ ʔdak⁵⁵ pi³³/poːi²⁴ ɣa²⁴ he⁵⁵, te²⁴ hoːi⁴²kiŋ²⁴ tou⁵⁵ luɯ⁵⁵.

　　　我们　　正要　去　　找　他　他　已经　　来（语气词）

　　　我们正要去找他，他已经来了。

这类句子表示即将达到某个一定的数量或即将到某个时候，动作行为或情况将要进行或出现。

9. 表逐渐

燕齐壮语表"逐渐"的时间副词只有一个　ɕuk³³ɕiːm³³/ ɕiːm³³ɕiːm³³"逐渐、渐渐"。ɕuk³³ɕiːm³³/ ɕiːm³³ɕiːm³³是个汉借词，因此其语法作用与汉语"逐渐"的相近。例如：

（84）a. kjaːŋ²⁴ŋon⁴² ɕuk³³ɕiːm³³ tok⁵⁵ ɣoŋ⁴² pla²⁴ pi⁵⁵/poːi²⁴.

　　　　　太阳　　　渐渐　落　下　山　去

　　　太阳渐渐落山了。

　　b. te²⁴ ɕuk³³ɕiːm³³ pleːt³¹ taŋ⁴² tiŋ⁵⁵ pla²⁴.　他渐渐爬到了山顶。

　　　　　他　渐渐　　爬　到　顶　山

c. te²⁴ ɕuk³³ɕiːm³³ ma⁵⁵ saːŋ²⁴ lu⁵⁵.　　　　他渐渐长高了。
　　他　　渐渐　　　长　高（语气词）

d. wa²⁴taːu⁴² ɕuk³³ɕiːm³³ hoŋ⁴² lu⁵⁵.　　　　桃花渐渐红了。
　　桃花　　　渐渐　　红　（语气词）

e. kø²⁴hou³¹ ɕuk³³ɕiːm³³ heːn⁵⁵ lu⁵⁵.　　　　稻子渐渐黄了。
　　稻子　　　渐渐　　黄　（语气词）

f. ɕuk³³ɕiːm³³ ham³³ lu⁵⁵, muɯ⁴² ma²⁴yaːn⁴² ʔbou⁵⁵ ʔjaŋ⁴²?
　　渐渐　　晚（语气词）你　　回去　　　没有
（天）渐晚了，你回去没有？

ɕuk³³ɕiːm³³/ɕiːm³³ɕiːm³³一般只修饰动词短语。修饰形容词短语时，表示变化，还可以修饰表时间的名词短语。表示动作行为或状况缓慢而又不间断地进行或出现。

10. 表进行

燕齐壮语表"进行"的时间副词有：ɕiŋ²⁴ɕaːi³³"正在"、ɕiŋ²⁴"正"。例如：

（85）a. mɯ³³ kou²⁴ ma²⁴ taŋ⁴² yaːn⁴², te²⁴ ɕiŋ²⁴ɕaːi³³ kɯ²⁴ hou³¹.
　　　　时候　我　回　到　　家　他　正在　　吃　饭
　　　　当我到家的时候，他正在吃饭。

b. you⁴²　ɕiŋ²⁴　ʔjaŋ²⁴ ʔan²⁴/kaːi³⁵ sai³³　n⁴².
　　我们　正在　商量　个　　　事情　这
　　我们正在商量这个问题。

c. ta⁴²me³³ ku⁵⁵ ɕiŋ²⁴ɕaːi³³ sak³³ pu³³.
　　妈妈　　我　　正在　　洗 衣服
　　我妈妈正在洗衣服。

这类副词只修饰动词短语，语义上表示动作行为在某个时段正在进行。

四、频率副词

频率副词不能和时间副词合为一个次类，因为二者有两点明显的不同：一是频率副词在任何条件下都不能修饰形容词短语；二是频率副词在语义上都表示某一动作行为不止一次，而是多次。频率副词可以再分为两个小类：

1. 表惯常

燕齐壮语表"惯常"的时间副词有：waːŋ⁵⁵waːŋ⁵⁵"往往"、ɕuŋ⁵⁵"总是"、soŋ⁴²soːi⁴²"经常"、sɯːŋ⁴²soːi⁴²"常常"、kiŋ³³ɕaːŋ⁴²"经常"。例如：

表"惯常"的这类副词只能修饰动词短语，表示某种动作行为或某种情况经常性或习惯性地进行或出现。这与表"持续"义的时间副词语义上很相近,但二者在功能上明显不同:表"持续"义的时间能修饰动词短语,也能修饰形容词短语,而表"惯常"义的频率副词只能修饰动词短语。即便修饰动词短语,二者在语义上也有明显差别:前者侧重于表示动作行为在时间上的一贯性,而后者表示动作行为重复的次数多。例如:

（86）ku³³ lou⁵⁵ wa:ŋ⁵⁵wa:ŋ⁵⁵ ʔjou³⁵ so:i⁴² ço:i³⁵ ka:u³³hiŋ²⁴ he⁵⁵ fi⁴².
　　　　吃　酒　往往　　在　时候　最　高兴　那　醉
　　　　喝酒往往是在最高兴的时候醉酒。

（87）te²⁴ çuŋ⁵⁵ nou⁴² te²⁴ ʔbou⁵⁵/ʔbu³³ mi⁴² ŋan⁴².
　　　　他　总是　说　他　不　　有　钱
　　　　他总是说他没有钱。

（88）te²⁴ soŋ⁴²so:i⁴² tai²⁴çai³³ pou³¹ wun⁴²kuŋ⁴².
　　　　他　经常　欺负　个　穷人
　　　　他经常欺负穷人。

（89）ta³¹pø³³ he⁵⁵ sɯ:ŋ⁴²so:i⁴² pan⁴²piŋ³³.　他爸爸常常生病。
　　　　爸爸　他　常常　　生病

（90）te²⁴ kiŋ³³ça:ŋ⁴² ma²⁴ ya:n⁴².　他经常回家。
　　　　他　经常　回　家

2. 表反复

表"反复"的时间副词有:hom²⁴"再"、ça:i³⁵"又"。hom²⁴只能放在动词短语后面做修饰成分;ça:i³⁵放在动词短语前做修饰成分。例如:

（91）a. kou²⁴ po:i²⁴ ʔba:t³⁵ hom²⁴.　我再去一次。
　　　　　我　去　次　再

　　　b. kou²⁴ la⁵⁵/ ça:i³⁵ kɯ²⁴ sø:ŋ²⁴ ʔwa:n⁵⁵ hom²⁴.
　　　　　我　还　再　吃　两　碗　再
　　　　　我还要再吃两碗。

（92）kwa³⁵ ʔdai⁵⁵ ma:u⁵⁵ na:n⁴², te²⁴ ça:i³⁵ ʔø:k³⁵pi³³/ po:i²⁴ ku³³çam⁴².
　　　　过　得　相当　久　他　又　出　去　玩
　　　　过了很久,他又出去玩。

表"反复"义的频率副词在语义上表示动作行为重复或反复多次进行。当用 hom²⁴表"反复"义时,经常用 ça:i³⁵"再"、la⁵⁵"还"来配合,表示"还要再……"的意思。而句子中有 NumP,且数量为"一"时,数词 hu⁵⁵/ʔde:u²⁴"一"可以省略,如（91a）。

五、情状方式副词

燕齐壮语的情状方式副词主要有:çi:n²⁴mø:n⁴²"特地"、ʔit⁵⁵ho:i⁵⁵"一起"、tø⁴²çou³⁵ "一起"、çai⁴² "一齐"、hoŋ³⁵ "白白"。

　　这类副词只能修饰动词短语，表示动作行为进行时的情景状态；或表示动作行为进行后结果的状态；或表示动作行为进行的方式、形式、手段等，不能修饰形容词短语、句子和数量词短语。这类副词在整个副词系统里，一般处于状语的位置（hoŋ³⁵除外，hoŋ³⁵处于补语的位置）。它们在句法结构中一般都紧贴被修饰成分中的中心成分——动词，语义指向也很单一，就是指向被修饰的动词。例如：

　　（93）ŋon⁴²n⁴² te²⁴ çiːn²⁴møːn⁴² tou⁵⁵ ɣa²⁴ muɯŋ³³.
　　　　　今天　他　　特地　　来　找　你
　　　　　今天他特地来找你。

　　（94）søːŋ²⁴ pou³¹ tø⁴²çou³⁵/çai⁴² kaɯ³⁵ fai³¹.
　　　　　两　个　　一起　　　　锯　树
　　　　　两个人一起锯着树。

　　（95）ŋon⁴²çoːk³³ ɣou⁴² tø⁴²çou³⁵/çai⁴² pi³³/poːi²⁴ tuɯk⁵⁵ n̥an²⁴.
　　　　　明天　咱们　　一起　　　　去　　打　猎
　　　　　明天咱们一起去打猎。

　　（96）çai⁴²kja²⁴ çuŋ⁵⁵ ʔdak⁵⁵ ku³³høːŋ²⁴, ʔbou⁵⁵/ʔbu³³ ʔdai⁵⁵ kɯ²⁴ hoŋ³⁵.
　　　　　大家　都　　要　　劳动　　不　　　　得　吃　空
　　　　　大家都要劳动，不能白吃。

六、语气副词

　　语气副词是副词中的一个次类，在语义上，语气副词主要表示某种语气。根据所表示的语气不同，语气副词可再分为五个不同的小类，各小类在组合功能上也存在着差异。

　　1. 表示肯定、强调语气

　　燕齐壮语表"肯定、强调"的语气副词主要有：miŋ⁴²miŋ⁴² "明明"、kaŋ⁵⁵tiŋ³³ "肯定"、pan⁴²pan⁴² "反正"、kan³³pon⁵⁵ "根本"、tiŋ³³liŋ⁴² "恰巧"、ta⁴²ɣaːi³¹/ka⁴²ɣaːi³¹ "的确"、pan⁴²pan⁴² "一定"、çan²⁴ "真的"、çak⁵⁵laːi²⁴ "幸亏"、hi³⁵tiŋ³⁵ "偏偏"。例如：

　　（97）a. miŋ⁴²miŋ⁴² faːn²⁴teːn⁴² n⁴² tuk³³ faːn²⁴ muɯŋ³³, ʔbou⁵⁵/ʔbu³³
　　　　　　　明明　　被子　这　是　张　你　　不
　　　　　tuk³³ faːn²⁴ ku⁵⁵, muɯŋ⁴² çuŋ⁵⁴ kaːŋ⁵⁵ ʔbou⁵⁵/ʔbu³³ kwa³⁵!
　　　　　　是　张　我　你　都　说　　不　　过
　　　　　这明明就是你的被子，不是我的，（可）你都有理说不出！
　　　　　b. tu⁴²waːi⁴² kaŋ⁵⁵tiŋ³³ kɯ²⁴ ʔeːm²⁴.　水牛肯定吃巴芒。
　　　　　　水牛　　肯定　　吃　巴芒

　c. jou⁴²ça:i³³ muɯŋ⁴² pan⁴²ɣaɯ⁴² ka:ŋ⁵⁵, pan⁴²pan⁴² kou²⁴

　　　任由　　你　　怎么　　　说　　反正　　我

　　çuŋ⁵⁵ ʔbou⁵⁵/ʔbu³³ sin³⁵ laɯ²⁴.

　　　都　　不　　　　信　　（语气词）

　　随你怎么说，反正我是不相信的。

（98）a. kjoŋ³⁵ ni⁴² ha³¹ɣaɯ⁴² ɣa:m²⁴ muɯŋ³³ pi³³/po:i²⁴ma²⁴,

　　　　群　　这　　怎么　　抬　　你　　去　　　回

　　　muɯŋ⁴² kan³³pon⁵⁵ ʔbou⁵⁵/ʔbu³³ ɣø³¹.

　　　　你　　根本　　不　　　知道

　　　他们是怎么把你抬回去，你根本不知道。

　b. kwa³⁵ ʔdai⁵⁵ ma:u⁵⁵ na:n⁴², te²⁴ ça:i²⁴ ʔø:k³⁵ pi³³/po:i²⁴

　　　过　得　相当　久　　他　又　　出　去

　　ku³³çam⁴², tiŋ³³liŋ⁴² ɣan²⁴ sø:ŋ²⁴ tu⁴² wa:i⁴² tø⁴²tam⁵⁵.

　　　玩　　碰巧　见　　两　头　牛　打架

　　过了很久，他又出去玩，恰巧见到两头牛在打架。

（99）a. te²⁴ po:i²⁴ ta⁴²ɣa:i³¹/ka⁴²ɣa:i³¹. 他确实去。

　　　他　去　确实

　b. te²⁴ ŋon⁴²ni⁴² pan⁴²pan⁴² çuŋ⁵⁵ tou⁵⁵. 他今天一定会来的。

　　　他　今天　　一定　　都　来

　c. muɯŋ⁴² çan²⁴ po:i²⁴ le⁵⁵? 你真的去吗？

　　　你　　真　去　（语气词）

（100）a. çak⁵⁵la:i³⁵ kjoŋ³⁵he⁵⁵ ʔbou⁵⁵/ʔbu³³ çuŋ⁵⁵ tou⁵⁵.

　　　　幸亏　他们　　不　　　总　来

　　幸亏他们不是老来。

　b. ham³³n⁴² kou²⁴ mi⁴² sai³³, te²⁴ hi³⁵tiŋ³⁵ ham³³n⁴²

　　　今晚　我　有　事　他　偏偏　　今晚

　　tou⁵⁵ ɣa²⁴ ku⁵⁵.

　　　来　找　我

　　今晚我有事，他偏偏今晚来找我。

　这些副词都能修饰动词词组、形容词词组，大多数能修饰句子，少数还能修饰充当谓语的数量词词组，如çan²⁴、tiŋ³³liŋ⁴²等。个别的还能修饰充当谓语的NP，如çan²⁴。语义上表示对某一事件或性质状态、数量、属性的肯定或强调。

　2. 表示委婉语气

　燕齐壮语表"委婉"的语气副词主要有：çam³³、hi⁴²"也"。例如：

（101）a. muɯŋ⁴² poːi²⁴ ɕam³³/hi⁴² ʔdai⁵⁵.　　你去也可以。
　　　　　　你　　去　也　　可以

　　　　b. ɕon⁴² wa³³ n⁴² muɯŋ⁴² jɯːŋ³³ŋ⁴² kaːŋ⁵⁵ ɕam³³/hi⁴² pan⁴².
　　　　　　句　话　这　你　　这样　　讲　　也　　行
　　　　　　这句话你这样说也行。

这类一般只修饰动词词组，少数还能修饰形容词词组。语义上表示使对某种事件或情况的肯定、否定、强调或决断变得委婉。

3. 表示不定、推测语气

燕齐壮语表"不定、推测"的语气副词主要有：ʔaːi³⁵/taːi³¹kaːi³⁵ "大概"。可以修饰动词和形容词词组，以及句子和数量词组，表示对某种事件、情况、性质状态或数量不太肯定，只是一种大致的判断或推测。例如：

（102）a. pou³¹ lɯk³³ŋe⁴² n⁴² ʔaːi³⁵/taːi³¹kaːi³⁵ ɕip³³ ŋoːi³³ saːm²⁴ pi²⁴.
　　　　　　个　孩子　这　大约　　　　十　二　三　岁
　　　　　　这个孩子大约有十二三岁。

　　　　b. tak³³nuːŋ³¹ muɯŋ³³ ʔaːi³⁵ ʔbou⁵⁵/ʔbu³³ tou⁵⁵ hom²⁴ mu²⁴?
　　　　　　弟弟　　你　大概　不　　　来　再（语气词）
　　　　　　你弟弟大概不（再）来了吧？

　　　　c. tiːu⁴²pu³³ ku⁵⁵ ʔaːi³⁵ ɣai⁴² lum⁵⁵ jɯːŋ³³ŋ⁴².
　　　　　　衣服　我　大概　长　像　这样
　　　　　　我的衣服大概有这么长。

4. 表疑问、反话语气

燕齐壮语表"疑问、反话"的语气副词主要有：naːn⁴²taːu³³ "难道"。例如：

（103）a. naːn⁴²taːu³³ te²⁴ taːi³⁵ hou³¹ ɕuŋ⁵⁵ ʔbou⁵⁵/ʔbu³³ kɯ²⁴
　　　　　　难道　他　连　饭　都　不　　　吃
　　　　　　ɕi⁴² pi³³/poːi²⁴ma²⁴?
　　　　　　就　去　回
　　　　　　难道他连饭都不吃就回去？

　　　　b. kou²⁴ naːn⁴²taːu³³ ʔbou⁵⁵/ʔbu³³ tɯk³³ lɯk³³ muɯŋ³³ ha⁵⁵?
　　　　　　我　难道　不　　　是　孩子　你（语气词）
　　　　　　我难道不是你的孩子吗？

　　　　c. naːn⁴²taːu³³ muɯŋ⁴² ʔbou⁵⁵/ʔbu³³ ɣø³¹na⁵⁵ ku⁵⁵ ma³¹?
　　　　　　难道　你　不　　　认识　我（语气词）
　　　　　　难道你不认识我吗？

naːn⁴²taːu³³是汉借词，用法与汉语的"难道"基本一致。这类副词可以修饰动词词组和句子。表示疑问或反问语气。

　　5. 表祈使语气

　　燕齐壮语表"祈使"的语气副词主要有：ɕin²⁴kwuːn⁵⁵ "尽管，只管"、pliːt⁵⁵tiŋ³³ "必须"、it⁵⁵tiŋ³³ "一定"。例如：

　　（104）muɯn²⁴he⁴² la⁵⁵ mi⁴² ye:k³⁵ hou³¹ hu⁵⁵, sou²⁴ ɕin²⁴kwuːn⁵⁵ kɯ²⁴.

　　　　　　那里　还　有　锅　饭　一　你们　　尽管　吃

　　　　那里还有一锅饭，你们尽管吃。

　　（105）ham³³n⁴² muɯŋ⁴² pliːt⁵⁵tiŋ³³ tou⁵⁵ laŋ²⁴ ku⁵⁵!

　　　　　　今晚　　你　必须　　来　处所　我

　　　　今晚你必须来我家！

　　（106）sou²⁴ it⁵⁵tiŋ³³ ɣoŋ⁴²ye:ŋ⁴² ɕe:ŋ⁵⁵!　你们一定用力推！

　　　　　　你们　一定　　用力　　推

　　这一小类的功能特征是只能修饰动词词组，多用在祈使句中，表示祈使请求语气。

　　七、否定副词

　　否定副词内部构成也是很复杂的，并不是每个否定副词都是表示单纯的否定。否定副词的功能特征是都能修饰 VP，都不能修饰 S 和 NumP，只有个别表单纯否定的副词可以修饰 AP，如ʔbou⁵⁵。语义上当然都是表示否定。根据否定副词所否定的内容不同，可以将其分为四个小类。

　　1. 表示单纯否定

　　燕齐壮语表"单纯否定"的副词主要用ʔbou⁵⁵。ʔbou⁵⁵可以表示对动作行为的否定，也可以表示对性质状态的否定，即既可以修饰动词词组，也可以修饰形容词词组（在口语中，ʔbou⁵⁵常常变读为ʔbu³³，下同）。例如：

　　（107）a. kou²⁴ ʔdai⁵⁵ ɕou³⁵ muɯŋ³³ ka:ŋ⁵⁵wa³³ ʔbu³³/ʔbou⁵⁵ ŋa:i³³.

　　　　　　　我　能　和　你　说话　　不　　　容易

　　　　我能和你说话不容易。

　　　　b. tak³³nuːŋ³¹ muɯŋ³³ ʔbu³³/ʔbou⁵⁵ tou⁵⁵ lo³³.

　　　　　　　弟弟　你　不　　来（语气词）

　　　　你弟弟不来了。

　　　　c. kou²⁴ ʔbu³³/ʔbou⁵⁵ haŋ⁵⁵ kɯ²⁴ nø³³ mou²⁴.

　　　　　　　我　不　　喜欢　吃　肉　猪

　　　　我不吃猪肉。

　　　　d. ki³⁵ pla²⁴ ni⁴² ʔbu³³/ʔbou⁵⁵ huŋ²⁴ ka⁵⁵la:i²⁴.

　　　　　　　些　鱼　这　不　　　大　怎么

　　　　这鱼儿不怎么大。

2. 表示对已然的否定

燕齐壮语表"对已然的否定"的副词主要有：ʔbou⁵⁵/hi⁵⁵ ʔjaŋ⁴² "未曾"、mi³³ "不"、fo³¹ "不"。一般只能修饰动词词组（mi³³ po:i²⁴ "没去"），或表示动态变化和过程的形容词词组（mi³³ hoŋ⁴² "没红"）。从形式上看，mi³³的语义跟ʔbou⁵⁵一样，可以视为是ʔbou⁵⁵的变体。这类否定副词一般表示的是对过去、已然事件的否定，所以其功能特征与表过去、已然的时间副词基本相符。例如：

（108）a. te²⁴ ʔbu³³/ʔbou⁵⁵ ʔjaŋ⁴² tou⁵⁵.

　　　　他　　还没有　　　　来

　　　　他还没有来。

b. ʔduɯ:n²⁴ ka:ŋ³¹kø:n³⁵ kou²⁴ hi⁵⁵ ʔja:ŋ⁴² ɣø³¹na⁵⁵ he⁵⁵ hu³¹.

　　　月　　　以前　　我　还没有　认识　他（语气词）

　　　一个月以前我还不认识他呢。

（109）a. te²⁴　mi³³ ɣa:i²⁴ laɯ²⁴!

　　　　他　没有　死　（语气词）

　　　　他没有死！

b. ŋon⁴²lɯ:n⁴² te²⁴ mi³³ haɯ⁵⁵ ŋan⁴² ɣou⁴².

　　　昨天　　他　不　给　钱　我们

　　　昨天他没给我们钱。

（110）ki³⁵mou²⁴ ki³⁵kai³⁵ koŋ³³ta²⁴ he⁵⁵ ɕuŋ⁵⁵ kwi²⁴ haɯ⁵⁵ kø³³je⁴²

　　　些　猪　些　鸡　老丈　他　都　归　给　姑爷

kuŋ³⁵ɕo:i³³ li:u³¹, ki³⁵nu:ŋ³¹ he⁵⁵ ɕuŋ⁵⁵ fø³¹ ʔdai⁵⁵ sak⁵⁵ ka:i³⁵.

　　　贡修　完　些　妹　他　都　没　得　一　样

　　　他老丈人的猪和鸡全都归贡修姑爷所有，而他的小姨子们一无所获。

在燕齐壮语否定词中，ʔbu³³/ʔbou⁵⁵的使用率最高，其变体"mi³³"使用频率较低，而"fø³¹"的使用频率最低。

3. 表示禁止语气

燕齐壮语表"禁止语气"的副词主要有：koŋ²⁴ "别、不要"、ki³³pa:k³³ "别、不要"。这类词一般只修饰 VP，语义上表示一种否定的祈使、请求，因此其功能特征与表祈使语气的副词相同。例如：

（111）a. sou²⁴ koŋ²⁴ ka:ŋ⁵⁵/nou⁴² pɯ⁵⁵, haɯ⁵⁵ he⁵⁵ ka:k³³ ka:ŋ⁵⁵/nou⁴².

　　　你们　别　说　　（语气词）让　他　自己　讲

　　　你们别说啊，让他自己说。

b. koŋ²⁴ ti:m⁵⁵/ɕɯt⁵⁵ fo:i⁴² taɯ⁴² ʔdoŋ²⁴!

　　　不要　放　　火　烧　森林

　　　禁止放火烧山！

c. sou²⁴ koŋ²⁴ ʔou²⁴ ɣam³¹ tø⁴²tou³⁵ lo³³.

你们　不要　用　水　互相泼（语气词）

你们不要互相泼水了！

（112）ki³³pa:k³³ kan⁵⁵! la:ŋ⁴²ta:ŋ³³ haɯ⁵⁵ mɯŋ⁴² tou⁵⁵ lu³³,

别　暂且　后悔　叫　你　来（语气词）

ʔbu³³/ʔbou⁵⁵ si⁵⁵çon⁴² ʔdo:i²⁴ he⁵⁵ çi⁴²pa³³, ça:i³⁵ ka:ŋ⁵⁵

不　写　句　好　那　就罢　再　说

çon⁴² ʔja:k³⁵ he⁵⁵ hom²⁴ la³³.

句　恶　那　再（语气词）

暂且别忙！后悔叫你来了，不写好话也罢了，还说些难听的！

前面对副词各次类的描写分析说明，根据语义标准划分，副词各次类内部在功能特征方面具有相当的一致性。运用语义特征与功能特征相互印证的方法，可以帮助我们比较合理地划分副词次类。

我们把现代汉语副词的分类及各次类在对被饰成分的选择方面所表现的特征归纳为下表。表中"＋"号表示该类副词普遍具有此功能，无"＋"号表示该副词全无此项功能，"#"表示该类副词中少数副词具有此项功能或在某种条件下具有此项功能。

副词次类		被饰成分					语序				词　例
		VP	NP	AP	S	NumP	V前	V后	A前	A后	
范围副词	表总括	＋	＋	＋		＋	＋		#		çuŋ⁵⁵、kjø:n⁵⁵
	表统计	＋				＋	＋				Suŋ⁵⁵kuŋ³³、ʔa:i³⁵/ta:i³³ka:i³⁵
	表限定	＋	＋			＋	＋				ŋam³⁵、çan³³、ka:k³³
	表类同	＋	＋	＋		＋	＋			＋	çam³³、hi⁴²
程度副词		＋		＋			#	#	#	#	ço:i³⁵、ɣa:i³¹ça:i³¹、ta:ŋ³⁵ma⁴²、la:i²⁴、ma:u³⁵、ham³⁵、ʔe:ŋ³⁵kja²⁴、la:i²⁴、ji:t³¹、no:i³¹、me:n³³
时间副词	表最终	＋		＋	＋		＋				tok⁵⁵laŋ²⁴
	表过去、已然	＋		#			＋		#	#	ho:i⁴²kin²⁴、ʔjaŋ⁴²、çaŋ⁵⁵、çuŋ⁵⁵、se:n³⁵、kø:n³⁵
	表突发、短时	＋		＋	＋		＋		#		saɯ³⁵maɯ³³、tø³⁵、hi⁴²、çi⁴²、çou³³、ha:u³⁵
	表不定时	＋		＋			＋				jap⁵⁵jap⁵⁵、jou⁴²ça:i³³、so:i⁴²
	表初始	＋	#	＋		＋	＋		#		tø³⁵、çø⁵⁵、ŋa:m⁵⁵、ŋam³⁵、ŋam³⁵ŋam³⁵

续表

副词次类		被饰成分					语序				词　例
		VP	NP	AP	S	NumP	V前	V后	A前	A后	
时间副词	表暂时	+						+			kan^{55}
	表持续、惯常	+		+	#	+	+			#	lap^{33}tap^{33}、li:n^{42}ɣa:t^{33}、ɕan^{33}、soŋ^{42}la:i^{42}、la^{55}
	表将来、未然	+	#			+	+				ʔdak^{55}、ɕiŋ^{24} ʔdak^{55}
	表逐渐	+	#	+		+	+		+		ɕuk^{33}ɕi:m^{33}
	表进行	+					+				ɕiŋ^{24}ɕa:i^{33}、ɕiŋ^{24}
频率副词	表惯常	+					+				wa:ŋ^{55}wa:ŋ^{55}、soŋ^{42}so:i^{42}、sɯ:ŋ^{42}so:i^{42}、kiŋ^{33}ɕa:ŋ^{42}、ɕuŋ^{55}
	表反复	+						#	#		hom^{24}、ɕa:i^{35}
情状方式副词		+					+				ɕi:n^{24}mø:n^{42}、ʔit^{55}ho:i^{55}、tø^{42}ɕou^{24}、ɕai^{42}、hoŋ^{35}
语气副词	表示肯定、强调	+	#	+	+	#	+				miŋ^{42}miŋ^{42}、kaŋ^{55}tiŋ^{33}、pan^{42}pan^{42}、kan^{33}pon^{55}、tiŋ^{33}liŋ^{42}、ta^{42}ɣa:i^{31}/ka^{42}ɣa:i^{31}、hi^{35}tiŋ^{35}、ɕan^{24}、ɕak^{55}la:i^{24}、
	表委婉语气	+		#			+		+		ɕam^{33}、hi^{42}
	表不定、推测	+		+	+	+	+		+		ʔa:i^{35}/ta:i^{33}ka:i^{35}
	表疑问、反问	+		+			+				na:n^{42}ta:u^{33}
	表祈使语气	+					+		+		ɕin^{24}kwu:n^{55}、pli:t^{55}tiŋ^{33}
否定副词	表示单纯否定	+		+							ʔbou^{55}/ʔbu^{33}
	表对已然的否定	+		#			+		+		ʔbou^{55}/hi^{55}ʔjaŋ^{42}、mi^{33}、fo^{31}
	表禁止	+					+				koŋ^{24}、ki^{33}pa:k^{33}

第四节　副词的连用

　　和汉语一样，燕齐壮语谓词性成分之前可以出现多个起修饰限定作用的副词。这种多个副词在同一个谓词性成分之前同时相连出现的现象，我们称之为"副词连用"。

　　副词连用主要起着互相修饰的作用。连用的副词，其词序不是杂乱无章的，而是遵循一定的原则。总的来说，副词辖域大小决定连用副词的次序——辖域大的副词位置在前，辖域小的副词位置在后面。根据语料分析，燕齐壮语中副词连用的线性次序大致是：

　　　　语气副词→类同副词→总括副词→时间副词→统计副词→
　　　　限定副词→程度副词→否定副词→频率副词→情状方式副词

　　时间副词的位置比较灵活，一般情况下，时间副词位于语气副词、累加副词、类同副词、总括副词之后，限定副词等各次类副词之前。除了所有的时间副词都一定位于语气副词之后外，少数时间副词可以位于类同副词、总括副词之前。否定副词也比较灵活，除了可以和程度副词互为先后外，有时还可以位于除语气副词以外的所有其他次类副词的前面，有时也可以位于情状方式副词的后面。

　　下面我们对燕齐壮语中副词连用的次序，按照上面所述的先后顺序逐类进行描写说明。

一、语气副词

　　语气副词在连用副词中通常位于最前面，因为语气副词主要是表示说话人的主观态度和情感，是对基本命题的主观评价，所以它总是统摄整个谓词性结构乃至整个句子。

　　1. 语气→类同

（113）a. laŋ²⁴ muɯŋ³³ kaŋ⁵⁵tiŋ³³ ɕam³³ kwaːŋ³⁵ ɣaːi³¹ɕaːi³¹.
　　　　　处所　你　　肯定　　也　　宽　　很
　　　　　你家的房子肯定也很宽。

　　　　b. te²⁴ ʔaːi³⁵/taːi³¹kaːi³⁵ ɕam³³ ʔbou⁵⁵/ʔbu³³mi⁴² ŋan⁴².
　　　　　他　大概　　　　　也　　没有　　　钱
　　　　　他大概也没有钱。

　　2. 语气→总括

（114）a. kjoŋ³⁵te²⁴ ʔaːi³⁵/taːi³¹kaːi³⁵ ɕuŋ⁵⁵ ʔbu³³/ʔbou⁵⁵ ʔjou³⁵ ɣaːn⁴².
　　　　　他们　　大概　　　都　　不　　　在家
　　　　　他们大概都不在家。

　　　　b. sou²⁴ ɕuŋ⁵⁵ tuk³³ wun⁴² hu⁴²naːn⁴², kaŋ⁵⁵tiŋ³³ ɕuŋ⁵⁵ haŋ⁵⁵
　　　　　你们　都　是　人　湖南　　　肯定　　都　喜欢
　　　　kɯ²⁴ luuk³³maːn³³.
　　　　　吃　辣椒
　　　　你们都是湖南人，一定都喜欢吃辣椒。

3. 语气→时间

（115）a. te²⁴ ʔaːi³⁵/taːi³¹kaːi³⁵ hoːi⁴²kiŋ²⁴ pi³³/poːi²⁴ hau²⁴ lu³³.
他　　大概　　　　已经　去　　集市（语气词）
他大概已经上街了。

b. kou²⁴ miŋ⁴²miŋ⁴² hoːi⁴²kiŋ²⁴ hau⁵⁵ ŋan⁴² he⁵⁵ lu³³,
我　　明明　　　已经　给　钱　他（语气词）
hoŋ²⁴ muɯŋ⁴² ɕi⁴² nou⁴² ku⁵⁵ hi⁵⁵ ʔjaŋ⁴² hau⁵⁵ he⁵⁵.
但　你　却　说　我　没有　　给　他
我明明已经给他钱了，你却说我没有给他。

4. 语气→限定

（116）a. pi²⁴ni⁴² ʔaːi³⁵ ɕan³³ mi⁴² ɣou⁴² saːm²⁴ yaːn⁴² ʔdam²⁴ ʔoːi⁵⁵.
今年　可能　只　有　我们　三　家　种　甘蔗
今年大概只有我们三户种甘蔗。

b. kou²⁴ pan⁴²pan⁴² ɕan³³ mi⁴² ɕip³¹ mon⁴² ŋan⁴², muɯŋ⁴²
我　反正　　只　有　十　元　钱　你
ʔbou⁵⁵/ʔbu³³ ʔou²⁴ ɕou³³ suːn³⁵ lu³³.
不　要　就　算（语气词）
我反正只有十块钱，你不要就算了。

5. 语气→频率

（117）a. soːi⁴²ni⁴² te²⁴ kaŋ⁵⁵tiŋ³³ ɕaːi³⁵ pi³³/poːi²⁴ ku³³tø⁵⁵ lu³³.
现在　他　肯定　又　去　　赌博（语气词）
现在他肯定又去赌博了。

b. te²⁴ ʔaːi³⁵ ɕaːi³⁵ pi³³/poːi²⁴ hau²⁴ lu³³.
他　可能　再　去　　集市（语气词）
他可能又赶集去了。

6. 语气→程度

（118）a. te²⁴ miŋ⁴²miŋ⁴² ham³⁵ laŋ²⁴ kwa³⁵ ku⁵⁵ pi²⁴ hu⁵⁵,
他　明明　　比较　后　过　我　年　一
muɯŋ⁴² ɕuŋ⁵⁵ nou⁴² ʔbou⁵⁵/ʔbu³³ tuk³³.
你　总　说　不　　是
他明明比我晚一年，你总说不是。

b. ɣou⁴² saːm²⁴ pou³¹ (wun⁴²) te²⁴ kaŋ⁵⁵tiŋ³³ ɕoːi³⁵ saːŋ²⁴.
我们　三　个　人　他　肯定　最　高
我们三个人里面他肯定最高。

7. 语气→否定

（119）a. ŋon⁴²çøːk³³ kou²⁴ kaŋ⁵⁵tiŋ³³ ʔbou⁵⁵/ʔbu³³ pi³³/poːi²⁴

　　　　明天　　我　　肯定　　　不　　　去

hauɯ²⁴, muɯŋ⁴² koŋ²⁴ heːu³³ ku⁵⁵ lo³³.

集市　你　别　　叫　我（语气词）

明天我肯定不上街，你别叫我了。

　　　b. te²⁴ ʔaːi³⁵ ʔbou⁵⁵/ʔbu³³ tou⁵⁵ lo³³, ɣou⁴² koŋ²⁴ te³⁵ he⁵⁵ lo³³.

他　大概　不　　　来（语气词）咱们　别　等　他（语气词）

他大概不来了，咱们别等他了。

8. 语气→情状方式

（120）a. kjoŋ³⁵te²⁴ ʔaːi³⁵ çai⁴² pi³³/poːi²⁴ hauɯ²⁴ lo³³.

　　　他们　大概 齐 去　　　集市（语气词）

他们大概一起上街了。

　　　b. ŋon⁴²n⁴² ta⁴²pø³³ çan²⁴ çiːn²⁴møːn⁴² tou⁵⁵ ʔjaɯ⁵⁵ muɯŋ³³.

今天　爸爸　真　专门　　来　看　　你

今天爸爸真的是特地来看你。

一般来说，语气副词跟别的副词连用时，位于所有其他各次类副词的前面，很少有在语气副词之前出现的其他次类副词构成连用的情况，这说明语气副词是辖域最大的一个次类。

二、类同副词

除了语气副词一般位于类同副词之前外，其他次类的副词一般都位于类同副词之后，只有少数例外。

1.类同→总括

（121）a. ta⁴²pø³³ ta⁴²me³³ ku⁵⁵ hi⁴² çuŋ⁵⁵ haŋ⁵⁵ ʔan²⁴ɣaːn⁴² n⁴².

爸爸　妈妈　我　也　都　喜欢　房子　这

我爸爸妈妈也都喜欢这个房子。

　　　b. kou²⁴ paːn²⁴ɣiŋ⁴² pi³³/poːi²⁴ ʔdam²⁴ hou³¹mai³¹ tak³³poːi³¹

我　下午　去　　　种　玉米　哥哥

çou³⁵ ta³³çe⁵⁵ ku⁵⁵ çam³³ çuŋ⁵⁵ poːi²⁴.

和　姐姐　我　也　都　去

我下午去种玉米，我哥哥和姐姐也都去。

2. 类同→时间

（122）a. kou²⁴ çiŋ²⁴çaːi³³ ku²⁴ hou³¹, te²⁴ hi⁴² çiŋ²⁴çaːi³³ ku²⁴ hou³¹.

我　正在　吃　饭　她 也　正在　吃　饭

我正在吃饭，他也正在吃饭。

b. kou²⁴ ŋam³⁵ ma²⁴ taŋ⁴² ɣaːn⁴², ta⁴²pø³³ ku⁵⁵ ɕam³³
　　我　刚　回　到　家　　爸爸　我　也

ŋam³⁵ ma²⁴ taŋ⁴².
　　刚　回　到

我刚刚回到家，我爸爸也刚刚回来。

3. 类同→限定

（123）a. kou²⁴ ɕan³³ mi⁴² tiːu⁴² pu³³ haːu²⁴ hu⁵⁵, te²⁴ ɕam³³
　　　我　只　有　件　衣服　白色　一　他　也

ɕan³³ mi⁴² tiːu⁴² hu⁵⁵.
　　只　有　件　一

我只有一件白色的衣服，他也只有一件。

b. kjiːn³³ sai³³ n⁴² kou²⁴ hi³¹ ɕan³³ nou⁴² he⁵⁵ pou³¹ hu⁵⁵ ŋi²⁴.
　　件　事　这　我　也　只　说　他　个　一　x

这件事我也只告诉他一个人。

4. 类同→程度

（124）a. ŋon⁴²ni⁴² te²⁴ ɕam³³ ham³⁵ ʔbɯ³⁵.
　　　今天　他　也　比较　烦闷

今天他也比较烦闷。

b. te²⁴ ɕam³³ ɕoːi³⁵ haŋ⁵⁵ tan⁵⁵ pu³³ hoŋ⁴².
　　她　也　最　喜欢　穿　衣服　红

她也最喜欢穿红衣服。

5. 类同→否定

（125）a. ŋon⁴²n⁴² laŋ²⁴ he⁵⁵ ʔbou⁵⁵/ʔbu³³ mi⁴² heːk⁵⁵ tou⁵⁵, laŋ²⁴
　　　今天　处所　她　不　　　有　客　来　处所

ku⁵⁵ hi⁴²/ɕam³³ ʔbou⁵⁵/ʔbu³³ mi⁴².
　　我　也　　不　　　有

今天她家没有客人来，我家也没有。

b. ta⁴²pø³³ ku⁵⁵ hi⁵⁵ ʔjaŋ⁴² ma²⁴, ta⁴²me³³ ku⁵⁵ ɕam³³
　　爸爸　我　没有　回　　妈妈　我　也

hi⁵⁵ ʔjaŋ⁴² ma²⁴.
　　没有　回

我爸爸没有回来，我妈妈也没有回来。

6. 类同→情状方式

（126）a. ŋon⁴²n⁴² kou²⁴ ɕam³³ ɕiːn²⁴møːn⁴² pi³³/poːi²⁴ haɯ²⁴ ɕaɯ³¹ teːn⁴².
　　　今天　我　也　专门　去　　集市　买　被子

今天我也专门上街买被子。

b. ŋon⁴²çø:k³³ ʔbou⁵⁵/ʔbu³³ çan³³ ka⁵⁵ tu⁴² mou²⁴ he⁵⁵,

　　明天　　不　　　　只　　杀　头　猪　那

　　tu⁴² mou²⁴ n⁴² çam³³ çai⁴² ka⁵⁵ pi⁵⁵/po:i²⁴.

　　头　猪　这　也　齐　杀　去

　　明天不只杀那头猪，这头猪也一起杀掉。

　　类同副词一般不与统计副词、频率副词连用，与情态副词连用的也很少见。为什么类同副词在和别的副词连用时位置靠前？因为类同副词有句外关联功能，即类同副词总是表示其所在的句子中的某个成分与该句子外的某个成分具有类同关系，而相关联的句子通常是先于用类同副词的句子存在，为了凸显这种关联，类同副词必须位于连用副词的前端。

三、总括副词

　　总括副词总是位于语气副词、类同副词之后，只有极个别例外。限定副词、程度副词、否定副词、频率副词都位于总括副词之后，几乎没有例外。情态方式副词通常位于总括副词之后，有少数几个情态方式副词可以位于总括副词之前。时间副词与总括副词可互为先后，基本的倾向是总括副词在前。统计副词一般不与总括副词连用。

　　1. 总括→时间

（127）a. kou²⁴ çou³⁵ ta³³çe⁵⁵ çuŋ⁵⁵ ŋam³⁵ ma²⁴ taŋ⁴² ɣa:n⁴².

　　　　我　和　姐姐　都　刚　回　到　家

　　　　我和姐姐都刚刚回到家。

　　b. tak³³po:i³¹ çou³⁵ ta³³çe⁵⁵ çuŋ⁵⁵ kiŋ³³ça:ŋ⁴² pi³³/po:i²⁴

　　　　哥哥　和　姐姐　都　经常　去

　　　　laŋ²⁴ ta⁴²pa⁵⁵.

　　　　处所 姑妈

　　　　姐姐和哥哥都经常去姑妈家。

以上是"总括→时间"。"时间→总括"的例子如：

（128）a. ta⁴²pø³³ ta⁴²me³³ tok⁵⁵laŋ²⁴ çuŋ⁵⁵ haŋ⁵⁵ ta⁴²sa:u⁵⁵ ku⁵⁵ lu³³.

　　　　爸爸　妈妈　最终　都　喜欢　嫂子　我（语气词）

　　　　爸爸和妈妈最终都喜欢我嫂子了。

　　b. pan⁴² ʔba:n⁵⁵ wun⁴² çan³³ çuŋ⁵⁵ nou⁴² ta⁴²pø³³ ku⁵⁵ tuk³³ pou³¹

　　　　全　村　人　尽　都　说　爸爸　我　是　个

　　　　wun⁴² la:u³¹sat³³ hu⁵⁵.

　　　　人　老实　一

　　　　全村人一直都说我爸爸是个老实人。

2. 总括→限定

总括副词和限定副词连用，语序为"总括→限定"。例如：

（129）a. kou²⁴ ¢ou³⁵ ta⁴²kø²⁴ ¢uŋ⁵⁵ ¢an³³ haŋ⁵⁵ sak⁵⁵ haːu²⁴.

　　　　 我　 和　 姑姑　 都　 只　喜欢　色　白

　　　　 我和姑姑都只喜欢白色。

　　 b. ham³³ni⁴² ta⁴²pø³³ ¢ou³⁵ ta³³¢e⁵⁵ ¢uŋ⁵⁵ ¢an³³ kɯ²⁴ ¢uk⁵⁵,

　　　　 今晚　 爸爸　 和　 姐姐　 都　 只　喝　 粥

　　　　 ʔbu³³/ʔbou⁵⁵ kɯ²⁴ hou³¹.

　　　　 不　　　 吃　饭

　　　　 今晚爸爸和姐姐都只喝粥，不吃饭。

"总括→限定"这种顺序与这两类副词的语义指向有关，总括副词一般是前指，所以居前；限定副词一定是后指，所以居后。这是临摹原则中的语义接近原则的反映。从语义表达来看，有了限定一般就不再有总括，但有总括还可以有限定。袁毓林先生认为："出于临摹的动机，总括副词还受到其前面的词语的吸引，使得它一定要居于限定副词之前。"[①] 其实这仍然是辖域大小在起作用，即总括副词的辖域大于限定副词。

3. 总括→程度

总括副词一定位于程度副词之前。在燕齐壮语中，总括副词与程度副词连用是比较常见的。例如：

（130）a. tu⁴²¢ɯ⁴² ¢ou⁴² tu⁴²waːi⁴², tak³³poːi³¹ ¢ou⁴² tak³³nuːŋ³¹

　　　　 黄牛　 和　 水牛　　 哥哥　 和　 弟弟

　　　　 ¢uŋ⁵⁵ laːi²⁴ haŋ⁵⁵ tu⁴²waːi⁴².

　　　　 都　 多　喜欢　 水牛

　　　　 水牛和黄牛，哥哥和弟弟都更喜欢水牛。

　　 b. ki³⁵piŋ³³ ta⁴²koŋ²⁴ ¢ou⁴² ki³⁵piŋ³³ ta⁴²laːu³¹ ¢uŋ⁵⁵

　　　　 病情　 爷爷　 和　 病情　 奶奶　 都

　　　　 laːi²⁴ ʔdoːi²⁴ lu³³.

　　　　 多　 好（语气词）

　　　　 爷爷和奶奶的病情都稍有好转了。

4. 总括→否定

（131）a. ʔwaːn⁵⁵ （¢ou³⁵） tau³³ ¢uŋ⁵⁵ ʔbu³³/ʔbou⁵⁵ mi⁴² lu³³.

　　　　 碗　　 和　　 筷子　 都　 不　　　　 有（语气词）

　　　　 碗和筷子都没有了。

[①]　杨荣祥：《近代汉语副词研究》，商务印书馆 2005 年版，第 244 页。

　　b. laŋ²⁴ he⁵⁵ ɕuŋ⁵⁵ ʔbu³³/ˈbou⁵⁵ mi⁴² sak⁵⁵ pou³¹ wun⁴² tou⁵⁵.

　　　处　他　都　不　　　　有　一　个　人　来

　　　他家都没有一个人来。

当句子不是否定整个主语时，否定副词位于总括副词之前。例如：

（132）a. ta⁴²pø³³ ta⁴²me³³ ku⁵⁵ ʔbu³³/ˈbou⁵⁵ ɕuŋ⁵⁵ nin⁴² kja:ŋ²⁴.

　　　爸爸　妈妈　我　不　　　都　睡　晚

　　　我爸爸妈妈不都睡得晚。

　　b. you⁴² ha⁵⁵ pou³¹ ʔbu³³/ˈbou⁵⁵ ɕuŋ⁵⁵ tuuk³³ la:u³¹sai²⁴.

　　　我们　五　个　不　　　都　是　　老师

　　　我们五个不都是老师。

5. 总括→情状方式

在燕齐壮语中，情状方式副词只能修饰 VP，其语义指向也就是其后的 VP，语义上表示动作行为的方式或动作行为进行的情状，所以在语序上一般都是紧靠着其后的 VP。例如：

（133）a. ŋon⁴²ni⁴² kou²⁴ ɕou²⁴ he⁵⁵ ɕuŋ⁵⁵ ɕi:n²⁴møːn⁴² tou⁵⁵ ɣa²⁴ muuŋ³³.

　　　　今天　我　和　他　都　专门　来　找　你

　　　今天我和他都特地来找你。

　　b. ŋon⁴²ɕoːk³³ you⁴² ɕuŋ⁵⁵ tø⁴²ɕou²⁴/ɕai⁴² pi³³/poːi²⁴ tuuk⁵⁵n̩an²⁴.

　　　　明天　咱们　都　一起　　去　　打猎

　　　明天咱们都一起去打猎。

频率副词很少跟别的副词连用。至少我们手头的语料还没有找到频率副词和其他副词连用的例子。

四、时间副词

时间副词在和别的副词连用时，位置的先后是比较自由的，这与燕齐壮语中时间副词是表示事件的时间意义有关。总的趋势是：时间副词位于语气副词、类同副词和总括副词之后，其他各类副词之前。

1. 时间→限定

（134）a. te²⁴ suːŋ³¹soːi⁴² ɕan³³ kuu²⁴ ʔwaːn⁵⁵ hou³¹ hu⁵⁵.

　　　他　经常　只　吃　碗　饭　一

　　　他经常只吃一碗饭。

　　b. raːn⁴² ku⁵⁵ suːŋ³¹soːi⁴² kaːk³³ ku⁵⁵ ɕou³⁵ ta⁴²me³³ ʔjou³⁵ ɣaːn⁴².

　　　处所　我　经常　仅　我　和　妈妈　在　家

　　　我家经常只有我和母亲在家。

2. 时间→程度

在燕齐壮语中，程度副词只能位于时间副词之后。例如：

（135）a. ki³⁵piŋ³³ he⁵⁵ hoːi⁴²kiŋ²⁴ haːm³⁵ ʔdoːi²⁴ lu³³.

　　　　病情　他　已经　　比较　好（语气词）

　　　他的病已经稍有好转了。

　　b. te²⁴ ɕan³³ maːu³⁵ haŋ⁵⁵ kɯ²⁴ nø³³ kai³⁵.

　　　　他　尽　比较　喜欢　吃　肉　鸡

　　　他一直比较喜欢吃鸡肉。

3. 时间→否定

（136）a. kou⁵⁵ tiːm⁵⁵ lu³³, taː⁴²pø³³ la⁵⁵ ʔbou⁵⁵/ʔbu³³/hi⁵⁵ ʔjaŋ⁴² ma²⁴.

　　　　九　点（语气词）爸爸　还　没有　　　　　　回

　　　九点了，爸爸还没回来。

　　b. ham³³ni⁴² te²⁴ ɕan³³ ʔbu³³/ʔbou⁵⁵ kaːŋ⁵⁵ wa³³.

　　　　今晚　他　尽　不　　　　讲　话

　　　今晚他一直不说话。

4. 时间→情状方式

（137）a. taː⁴² ʔaːu³⁵ ɕou³⁵ taː⁴²pø³³ sɯːŋ⁴²soːi⁴² ɕai⁴² pi³³/poːi²⁴ tuk⁵⁵pla²⁴.

　　　　叔叔　和　爸爸　　经常　齐　去　　打鱼

　　　叔叔和爸爸经常一起出去打鱼。

　　b. kou²⁴ ɕiŋ²⁴ ʔdak⁵⁵ ɕiːn²⁴møːn⁴² pi³³/poːi²⁴ laŋ²⁴ mɯŋ⁴² pai⁴² hu⁵⁵.

　　　　我　正　想　专门　去　　处　你　次　一

　　　我正想特地去你家一趟。

五、限定副词

　　限定副词除了可以与时间副词互为先后外，通常只能位于程度副词、否定副词、情状副词之前。

1. 限定→程度

（138）a. te²⁴ ŋam³⁵ laːi²⁴ haŋ⁵⁵ køːn⁵⁵ pit⁵⁵ ni⁴².

　　　　他　刚　比较　喜欢　支　笔　这

　　　他仅只比较喜欢这支笔。

　　b. ki³⁵piŋ³³ he⁵⁵ ɕan³³ ham³⁵ ʔdoːi²⁴ ti³⁵.

　　　　病情　他　只　比较　好　些

　　　他的病情只是稍有好转。

2. 限定→否定

　　限定副词和否定副词可以互为先后，其中，表示对已然的否定"ʔbou⁵⁵ ʔjaŋ⁴²、hi⁵⁵ ʔjaŋ⁴²"等只能位于限定副词之后，表示单纯否定和表示禁止的副词则与限定副词可互为先后。例如：

（139）a. te²⁴ ɕan³³ hi⁵⁵ ʔjaŋ⁴² heːu³³ ku⁵⁵ ku³³høːŋ²⁴, pou³¹ ʔɯn³⁵
　　　　　他　只　还没有　叫　我　干活　个　其他

te²⁴ ɕuŋ⁵⁵ heːu³³ lu³³.
他　都　叫　（语气）

他就差还没有叫我干活，其他人他都叫了。

　　　b. ʔbaːn⁵⁵ you⁴² ɣaːn⁴² ʔɯn³⁵ te²⁴ ɕuŋ⁵⁵ poːi²⁴ lu³³,　ɕan³³
　　　　　　村子　我们　家　其他　他　都　去（语气词）只

hi⁵⁵ ʔjaŋ⁴² pi³³/poːi²⁴ laŋ²⁴ kou²⁴.
　还没有　去　　处所　我

我们村其他家他都去了，只有还没去我家。

（140）a. te²⁴ ʔbu³³/ʔbou⁵⁵ ɕan³³ ɕi³⁵ ku⁵⁵ ʔou²⁴ paːk³⁵ mon⁴² ŋan⁴².
　　　　　他　不　　只　借　我　要　百　元　钱
　　　　　他不只是向我借一百块钱。

　　　b. te²⁴ ɕan³³ ʔbu³³/ʔbou⁵⁵ ɕi³⁵ ku⁵⁵ ʔou²⁴ ŋan⁴², pou³¹
　　　　　他　只　不　　借　我　要　钱　个

ʔɯn³⁵ te²⁴ ɕuŋ⁵⁵ ɕi³⁵ lu³³.
其他　他　都　借（语气词）

他只有没向我借钱，其他人他都借了。

（141）a. kjiːn³³ saːi³³ n⁴² muɯŋ⁴² koŋ²⁴ ɕan³³ nou⁴² he⁵⁵ ŋi²⁴.
　　　　　件　事　这　你　别　只　说　他　x
　　　　　这件事你别只告诉他。

　　　b. kjiːn³³ saːi³³ n⁴² muɯŋ⁴² ɕan³³ koŋ²⁴ nou⁴² te²⁴ ŋi²⁴.
　　　　　件　事　这　你　只　别　说　他　x
　　　　　这件事你只别告诉他。

3. 限定→情状方式

限定副词只能位于情状方式副词之前。例如：

（142）a. te²⁴ ɕan³³ ɕiːn²⁴møːn⁴² tou⁵⁵ ʔjaɯ⁵⁵ ku⁵⁵.
　　　　　他　只　专门　　来　看　我
　　　　　他只专门来看我。

　　　b. you⁴² ɕan³³ ɕaːi⁴² ɕam³³ taːi⁴²　paːi⁴² hu⁵⁵.
　　　　　我们　只　齐　共同　桌子　次　一
　　　　　我们只有一起同桌（吃过）一次（饭）。

六、否定副词/程度副词/情状副词

程度副词一般除了能与否定副词互为先后外，其后面一般不接别的副词。否定副词的三个小类在与别的副词连用时先后位置不一样，这在上文中已经讨论过了。下面来看程度副词与否定副词互为先后的用例以及否定副词与情状方式副词连用的情况。

1. 程度副词→否定副词/否定副词→程度副词

否定副词的三个小类中，表示对已然的否定和表示禁止两小类与程度副词连用时都要位于前面，表示单纯的否定与程度副词连用时则可前可后。总的趋势是程度副词居前的多。例如：

（143）a. kou²⁴ tø⁴²hat⁵⁵ ʔbu³³/ʔbou⁵⁵ suːŋ⁵⁵ kɯ²⁴ hou³¹,
　　　　　　我　　早上　　不　　　　想　吃　饭

so:i⁴²n⁴² ʔeːŋ³⁵ ʔbu³³/ʔbou⁵⁵ suːŋ⁵⁵ kɯ²⁴ lu³³.
　　　现在　更　　不　　　　想　吃（语气）

我早上不想吃饭，现在更不想吃了。

　　　b. te²⁴ søːŋ²⁴ po:i³¹nuːŋ³¹ kou²⁴ ham³⁵ ʔbou⁵⁵/ʔbu³³ haŋ⁵⁵
　　　　他　俩　　兄弟　　我　比较　不　　　　喜欢

tak³³po:i³¹ he⁵⁵.
　　　哥哥　他

他们兄弟俩我比较不喜欢他哥哥。

（144）a. kou²⁴ ço:i³⁵ ʔbu³³/ʔbou⁵⁵ suːŋ⁵⁵ çou³⁵ he⁵⁵ ka:ŋ⁵⁵wa³³ lu³³.
　　　　　我　最　不　　　　想　跟　他　讲话　（语气词）

我最不想跟他说话了。

　　　b. so:i⁴²n⁴² kou²⁴ ço:i³⁵ ʔbu³³/ʔbou⁵⁵ suːŋ⁵⁵ kɯ²⁴ nø³³kai³⁵ lu³³.
　　　　　现在　我　最　不　　　　想　吃　肉　鸡（语气词）

现在我最不想吃鸡肉了。

2. 否定→情状方式

否定副词一般都放在情状方式副词的前面。例如：

（145）a. kou²⁴ ɳaŋ³⁵ la:i²⁴, ʔbu³³/ʔbou⁵⁵ çiːn²⁴møːn⁴² pi³³/po:i²⁴
　　　　　我　忙　多　不　　　　专门　　去

ɣa²⁴ mɯŋ³³ lu³³.
　　　找　你　（语气词）

我很忙，不专门去找你了。

　　　b. ŋon⁴²ni⁴² kou²⁴ çou³⁵ ta⁴²pø³³ ʔbu³³/ʔbou⁵⁵⁵ çai⁴² pi³³/po:i²⁴ hau²⁴.
　　　　今天　我　和　爸爸　不　　　　齐　去　　集市

今天我和爸爸不一起去赶集。

七、多项副词连用

上面所述基本上限于副词两项连用，目的是通过讨论，考察不同次类的副词连用时的线性次序。除两项副词连用外，语料中有不少三项或三项

以上副词连用的例子。这种多项副词连用的线性次序都遵循上述两项副词
连用的线性次序规则。

除了位置比较灵活的时间副词、否定副词以及少数非常规次序，多项
副词连用的线性次序是：

语气副词→类同副词→总括副词→时间副词→统计副词→

限定副词→程度副词→否定副词→频率副词→情状方式副词

下面选择一些例子做说明。

（146）so:i⁴²n⁴² ta⁴²pø³³ la⁵⁵ hi⁵⁵ ʔjaŋ⁴² ma²⁴ ɣaːn⁴², ta⁴²me³³
　　　　现在　爸爸　还　没有　回　家　妈妈
　　　　çam³³ la⁵⁵ hi⁵⁵ʔjaŋ⁴² ma²⁴.
　　　　也　还　没有　回
　　　　现在爸爸还没有回家，妈妈也还没有回来。

（147）ŋon⁴²luːn⁴² çan³³ te²⁴ ʔbu³³/ʔbou⁵⁵ tou⁵⁵, ŋon⁴²ni⁴² ʔaːi³⁵/
　　　　昨天　只　他　不　来　今天
　　　　taːi³³ kaːi³⁵ çam³³ çan³³ te²⁴ ʔbu³³/ʔbou⁵⁵ tou⁵⁵.
　　　　大概　也　只　他　不　来
　　　　昨天只有他不来，今天大概也只有他不来。

（148）kjiːn³³ sai³³ n⁴² te²⁴ kan³³pon⁵⁵ çou³³ ʔbu³³/ʔbou⁵⁵ ɣø³¹.
　　　　件　事　这　他　根本　就　不　知道
　　　　这件事他根本就不知道。

（149）tak³³poːi³¹ çou³⁵ ta³³çe⁵⁵ çuŋ⁵⁵ la⁵⁵ ʔbu³³/ʔbou⁵⁵jaŋ⁴²
　　　　哥哥　和　姐姐　都　还　没有
　　　　ʔdai⁵⁵ poːi²⁴ puɯ³¹kiŋ³³ kwa³⁵.
　　　　能　去　北京　（语气词）
　　　　哥哥和姐姐都还没有去过北京。

（150）ŋon⁴²luːn⁴² ʔbu³³/ʔbou⁵⁵ fun²⁴ tok⁵⁵, te²⁴ la⁵⁵ ʔbu³³/ʔbou⁵⁵
　　　　昨天　不　雨　下　他　还　不
　　　　pi³³/poːi²⁴ hau²⁴, so:i⁴²n⁴² fun²⁴ huŋ²⁴ laːi²⁴, te²⁴ ʔaːi³⁵
　　　　去　集市　现在　雨　大　很　他　大概
　　　　ʔeːŋ³⁵kja²⁴ ʔbu³³/ʔbou⁵⁵ suɯ⁵⁵ poːi²⁴ lu³³.
　　　　更加　不　想　去（语气词）
　　　　昨天不下雨，他都不上街，现在雨很大，他大概更不想去了。

（151）jou⁴²çaːi³³ muɯŋ⁴² ha⁴²ɣauu⁴²/pan⁴²ɣauu⁴²/ku³³ɣauu⁴² kaːŋ⁵⁵,
　　　　随便　你　怎么　怎样　如何　说

kou²⁴ pan⁴²pan⁴² ɕuŋ⁵⁵ ʔbu³³/ʔbou⁵⁵ sin³⁵ lɯ²⁴.

我　反正　都　不　　　信（语气词）

随你怎么说，我反正是不相信的。

（152）te²⁴ ʔaːi³⁵/taːi³³ kaːi³⁵ ɕam³³ ʔbou⁵⁵/ʔbu³³ mi⁴² ŋan⁴².

他　大概　　　也　不　　有　钱

他大概也没有钱。

　　总之，燕齐壮语的副词及其短语的种类相当丰富，语义和语法功能也较为复杂，但位置结构相对明显、固定。有关内容的论述在后边的章节中仍将涉及。

第八章 简单句

本章讨论燕齐壮语的简单句，如陈述句、疑问句、否定句、祈使句、比较句、省略句等简单句式。

第一节 陈述句

燕齐壮语的陈述句分为两种基本类型，即静态动词句和动态动词句。

一、静态句

"静态句"的主要特点是谓语由非动作的动词短语组成。这一特点主要体现在存在/方位句、判断句中。

（一）存在/方位句

此类句子主要有以 ʔjou³⁵ "在"、mi⁴² "有" 和判断系词 tɯk³³ "是" 为标记的静态动词陈述句。

1. 带 ʔjou³⁵ "在" 的陈述句。例如：

（1）a. kou²⁴ ʔjou³⁵ no:i⁵⁵.　　我在这里。
　　　　我　　在　　这

　　　b. lɯk³³ŋe⁴² ʔjou³⁵ ɣa:n⁴².　　孩子在家。
　　　　　孩子　　在　家

　　　c. te²⁴ ʔbu³³/ʔbou⁵⁵ ʔjou³⁵ ʔdaw²⁴ kja:u²⁴si³¹.
　　　　她　不　　　　在　里　　教室
　　　　她不在教室里。

（2）a. mɯŋ⁴² nin⁴² ʔjou³⁵ no:i⁵⁵.　　你睡在这里。
　　　　　你　睡　在　这

　　　b. te²⁴ naŋ³³ ʔjou³⁵ kɯn⁴² ɕø:ŋ⁴².　　他坐在床上。
　　　　　他　坐　在　上　床

（3）a. sou²⁴ ʔjou³⁵ pa:i³³ɣø:k³³ te²⁴ ku⁵⁵.
　　　　你们　在　　外面　　等　我
　　　　你们在外面等着我。

b. te²⁴ ʔjou³⁵ ʔdaɯ²⁴ fɯːŋ⁴² ʔjaɯ⁵⁵ saɯ²⁴.

　　他　　在　　里　房间　　看　　书

　　他在房间里看书。

从以上的例子可以看到，以ʔjou³⁵为标记的方位陈述句呈现出如下三种句型：

A：主语+ʔjou³⁵短语，如（1）；

B：主语+动词短语ʔjou³⁵短语，如（2）；

C：主语+ʔjou³⁵短语+动词短语，如（3）。

这里的ʔjou³⁵字短语表示动作行为或状态的方位、地点。根据燕齐壮语句法特点，句型A:、B:是燕齐壮语的基本句式。ʔjou³⁵在不同的句式中有不同功能。在"主语ʔjou³⁵+名词/代词"这种结构中，ʔjou³⁵是谓语动词，表示某人或某物所处的位置。

（4）køːn⁵⁵pit⁵⁵ ʔjou³⁵ kɯn⁴² taːi⁴². 笔在桌子上面。

　　　　笔　　　在　上面　桌子

而在"主语+动词+ʔjou³⁵+名词/代词"这种结构中，ʔjou³⁵则变成副动词或者介词，而不是主要动词了。"ʔjou³⁵+名词/代词"结构说明前面动词所指的动作或状态发生、存现的地点、方位。

"主语ʔjou³⁵短语+动词短语"的句式可能是受到汉语语法结构影响而后起的，它也可以用"主语+动词+ʔjou³⁵+名词/代词"的句式。因此，（2）也可以说成：

（5）a. mɯŋ⁴² ʔjou³⁵ noːi⁵⁵ nin⁴². 你在这里睡着。

　　　　你　　在　这　睡

b. te²⁴ ʔjou³⁵ kɯn⁴² ɕøːŋ⁴² naŋ³³. 他在床上坐着。

　　他　　在　上　床　坐

"主语ʔjou³⁵"结构可直接带处所名词，如（1a/b）。但当表示处所位置的词或词组是个方位短语时，方位词不能省略，如（4）的名词taːi⁴²不能直接放在ʔjou³⁵之后，必须在taːi⁴²前加上方位词kɯn⁴² "上面"，即不能说：

　　* køːn⁵⁵pit⁵⁵ ʔjou³⁵ taːi⁴²

　　　　笔　　　在　桌子

"ʔjou³⁵+名词"和"动词+ʔjou³⁵+名词"是侗台语的传统句式，正如（2）。关于这一点，可以从泰语"juː²¹短语"的用法中得以印证：

（6）a. khou²¹⁵ juː²¹ nai³³ hɔːŋ⁵¹. 她在房间里。

　　　　她　　在　里　房间

b. khou²¹⁵ ʔaːn²¹ naŋ²¹⁵sɯ²¹⁵ thi⁵¹ hɔːŋ⁵¹saʔ²¹mut²¹.

　　　　她　　看　书　（前缀）　图书馆

　　她在图书馆看书。

泰语与壮语稍有不同的是：泰语的"ju:²¹"字在句中作副动词或介词时，常常可以被 nai³³ 或 thi⁵¹ 所取代，这是因为语言的发展，泰语中的方位词 nai³³ 具有"（在）……里面"这样的表达法，thi⁵¹ 在相关地名前也是具有表示"（在）……地方"的意思。燕齐壮语也有类似的用法：

（7）a. te²⁴ nin⁴² ʔdaɯ²⁴ ɣa:n⁴². 她在家里睡觉。

　　　她　睡　里面　家

　　b. te²⁴ naŋ³³ kɯn⁴² ɕø:ŋ⁴². 她坐在床上。

　　　她　坐　上面　床

当否定词 ʔbu³³/ʔbou⁵⁵ "不"或助动词 haŋ⁵⁵ "喜欢"等出现在这几种类型句子中时，否定词或助动词一般只出现在"主语ʔjou³⁵短语动词短语"句中，而很少出现在"主语+动词短语ʔjou³⁵短语"句式中（这里的"动词短语"仅局限于如 naŋ³³ "坐"、ʔdɯn²⁴ "站"、nin⁴² "睡"等不及物动词）。而且否定词或助动词的位置只能放在离主语最近的"ʔjou³⁵短语"或不及物动词前面，表达否定或者意愿：

（8）a. kou²⁴ ʔbu³³/ʔbou⁵⁵ ʔjou³⁵ ɣa:n⁴² nin⁴². 我不在家睡觉。

　　　我　不　　　在　家　睡

　　b. kou²⁴ haŋ⁵⁵ ʔjou³⁵ ɣa:n⁴² nin⁴². 我喜欢在家睡觉。

　　　我　喜欢　在　家　睡觉

　　c. kou²⁴ ʔbu³³/ʔbou⁵⁵ haŋ⁵⁵ nin⁴² ʔdaɯ²⁴ ɣa:n⁴².

　　　我　不　　　喜欢　睡　里面　家

　　我不喜欢睡在家里。

　　d. kou²⁴ ʔbu³³/ʔbou⁵⁵ haŋ⁵⁵ ʔjou³⁵ ʔdaɯ²⁴ ɣa:n⁴² nin⁴².

　　　我　不　　　喜欢　在　里面　家　睡

　　我不喜欢在家里睡觉。

2. 带 mi⁴² "有"的陈述句。这种句式跟方位短语关系非常密切。方位短语可以前置也可以后置。例如：

（9）a. mi⁴² wun⁴² ʔjou³⁵ ʔdaɯ²⁴ ɣa:n⁴² lɯk⁵⁵. 有人在家里呢。

　　　有　人　在　里面　家　（助词）

　　b. mi⁴² sø:ŋ²⁴ kø²⁴ fai³¹ ʔjou³⁵ he:n⁴² ɣa:n⁴².

　　　有　两　棵　树　在　旁边　房子

　　有两棵树在房子旁边。

　　c. kɯn⁴² fai³¹ mi⁴² ɣø:ŋ⁴² ɣok³³ hu⁵⁵. 树上有一个鸟窝。

　　　上面　树　有　窝　鸟　一

（10）a. kwa:ŋ⁵⁵si³³ ʔbu³³/ʔbou⁵⁵ mi⁴² si:t⁵⁵. 广西没有雪。

　　　广西　　不　　　有　雪

b. ŋon⁴²ni⁴² ʔbu³³/ʔbou⁵⁵ mi⁴² lou⁵⁵ hai²⁴. 今天没有酒卖。

　　今天　不　　　有　酒　卖

当 mi⁴²陈述句有否定词ʔbou⁵⁵出现时，ʔbou⁵⁵必须置于 mi⁴² 之前，以示对存在的否定，如（10）。当 mi⁴²结构中的名词或名词短语是有生命物体，其后可以跟着一个动词短语，这个名词为该动词行为的施事者。例如：

（11）a. mi⁴² kai³⁵ hou⁵⁵ ɣa:n⁴². 有鸡进屋。

　　　　有　鸡　进　家

b. ŋon⁴²luɯ:n⁴² mi⁴² wun⁴² ɣa²⁴ muɯŋ³³. 昨天有人找你。

　　昨天　　有　人　找　你

c. ɣø:k³³ ʔba:n⁵⁵ mi⁴² sø:ŋ²⁴ pou³¹ wun⁴² te³⁵ ku⁵⁵.

　　外　村　有　两　个　人　等　我
村外有两个人等着我。

这类句子跟在 mi⁴² 后的名词有"非特定"的意思。

mi⁴²的主语可以是有生命物体或无生命物体。主语不同，mi⁴²的语义也不尽相同。主语是有生命的物体，mi⁴²意为"拥有"、"领有"；如果是无生命的物体，那么，mi⁴² 意为"存在"。例如：

（12）a. te²⁴ mi⁴² kø:n⁵⁵ pit⁵⁵ hu⁵⁵. 他有一支笔。

　　　他　有　支　笔　一

b. kuɯ⁴² ta:i⁴² mi⁴² kø:n⁵⁵ pit⁵⁵ hu⁵⁵. 桌子上有一支笔。

　　上面　桌子　有　支　笔　一

（12）a 句的 mi⁴²表示某人"拥有"或"占有"某物；而 b 句则表示某地"存在"某物，mi⁴²前面的名词短语指方位或处所，真正的主语倒是在动词后边。在这种表存现的句式里，mi⁴²前面的名词可以加方位标记ʔjou³⁵。如（10a）和（12b）也可以说成：

（13）a. ʔjou³⁵ kwa:ŋ⁵⁵si³³ ʔbu³³/ʔbou⁵⁵ mi⁴² si:t⁵⁵.

　　　在　广西　　不　　　有　雪
（在）广西没有雪。

b. ʔjou³⁵ kuɯ⁴² ta:i⁴² mi ⁴² kø:n⁵⁵ pit⁵⁵ hu⁵⁵.

　　　在　上面　桌子　有　支　笔　一
（在）桌子上有一支笔。

（二）判断句

1. 燕齐壮语判断句主要以判断系词 tuɯk³³"是"为标记。从调查材料看，tuɯk³³"是"的使用频率很高（壮语其他方言土语，特别是广西西北部方言区等地，判断系词通常用 θai³³"是"表示）。例如：

（14）a. ka:i³⁵ ɣo:i³³ n⁴² （tɯk³³）ka:i³⁵ ku⁵⁵.　　这是我的地。
　　　　块　地　这　　是　　块　我

　　b. pou³¹ n⁴² (tɯk³³) ta³¹ ʔa:u²⁴ ku⁵⁵.　　这是我叔叔。
　　　　个　这　是　　叔叔　我

事实上，简单判断句常常不需要系词 tɯk³³。换句话说，系词 tɯk³³在判断句中常常可以省略，这是燕齐壮语判断句的一大特点。例如：

（15）a. kou²⁴ wun⁴² ʔba:n⁵⁵.　　　　我是壮族人。
　　　　我　人　村子

　　b. te²⁴ ça:ŋ³³ ta⁵⁵tø³⁵.　　　　他是个木匠。
　　　　他　个　制作

（16）a. ʔan²⁴ he⁵⁵ ʔan²⁴ mɯŋ⁴².　　　那个是你的。
　　　　个　那　个　你

　　b. tu⁴² kai³⁵ he⁵⁵ tu⁴² ku⁵⁵.　　　那只鸡是我的（鸡）。
　　　只　鸡　那　只　我

　　c. tu⁴² kai³⁵luk³³ n⁴² tu⁴² te²⁴.　　这只小鸡是他的。
　　　只　鸡　仔　这　只　他

简单判断句在什么情况下不需要系词 tɯk³³，在什么情况下又必须用系词 tɯk³³呢？从上述例子来分析可以看出，类似（15）的句子中，主语和表语是"等同"关系；（16）是属于"领有、拥有"的关系。在这种表示肯定判断的简单句子里，系词 tɯk³³"是"往往可以省略。例如：

（17）te²⁴ wun⁴² ʔu⁵⁵miŋ⁴².　　他是武鸣人。
　　　他　人　武鸣

表示"领有、拥有"关系的句型确实很有壮语特色。在壮语名词短语"类别词（量）名词"中，"类别词（量词）"是中心语，即作为话题焦点。在表"领有、拥有"关系的句型里，"名词"和系词 tɯk³³"是"都可以省略，唯独不能省掉中心语"类别词（量词）"：

（18）tu⁴² （kai³⁵pou⁴²）he⁵⁵ tu⁴² （kai³⁵pou⁴²）ku⁵⁵.
　　　只　公鸡　那　只　公鸡　我
　　那只（公鸡）是我的（公鸡）。

这里"类别词（量词）"具有名物化作用。

但是，当这类简单判断句型表达否定意义时，tɯk³³不能省略。而且否定词ʔbu³³/ʔbou⁵⁵要放在系词之前，例如：

（19）tu⁴² kai³⁵luk³³ ni⁴² ʔbu³³/ʔbou⁵⁵ tɯk³³ tu⁴² te²⁴.
　　　只　鸡　仔　这　不　　是　只　他
　　这只鸡不是他的。

* tu⁴² kai³⁵lɯk³³ ni⁴² ˀbu³³/ˀbou⁵⁵ tu⁴² te²⁴.
　　只　鸡　仔　这　不　　　只　他

2. 通过指称将两个有关联的名词联系起来的句子，也是一种判断句型。最为显著的特点就是通常用 siŋ³⁵ "姓" 或 heːu³³ "叫" 作谓语动词。例如：

（20）a. te²⁴ siŋ³⁵ waːŋ⁴². 　　她姓王。

　　她　姓　王

　　b. ɕø³³ te²⁴ heːu³³ ta³³ jaːŋ³³. 　　她名叫阿香。

　　名　她　叫　个　香（名字）

当 heːu³³ "叫" 与弱化了的 ku³³ "做" 连用时，被称呼的对象往往可以放在 heːu³³ 和 ku³³ 之间。例如：

（21）wun⁴² heːu³³ he⁵⁵ ku³³ ta³³　kja³¹.

　　人　叫　她　做　个　孤儿

　　人们叫她做"达嘉"（孤女）。

siŋ³⁵ "姓" 仅用于人，heːu³³ "叫" 不仅用于对任何有生命的人或动物的指称，而且还可用于对无生命物体的指称。例如：

（22）a. ɕuŋ⁵⁵ yok³³ he⁵⁵ heːu³³（ku³³）yok³³feːk³⁵.

　　种　鸟　那　叫　做　　鹧鸪

　　那种鸟叫做鹧鸪鸟。

　　b. kaːi³⁵ n⁴² heːu³³（ku³³）maːŋ⁵⁵kø⁵⁵. 这个叫做芒果。

　　个　这　叫　做　　芒果

3. pan⁴² "成"、ku³³ "做" 也常出现在判断句中。这类判断词主要适用于对人物身份的介绍。例如：

（23）a. muɯŋ⁴² pan⁴² ˀaːu²⁴, kou²⁴ pan⁴² laːn²⁴.

　　你　成　叔　我　成　孙

　　你是/当叔叔辈，我是/当孙子辈。

　　b. kou²⁴ pan⁴² su⁵⁵caːŋ⁵⁵, te²⁴ pan⁴² sɯn³³ɕaːŋ⁵⁵.

　　我　成　组长　他　成　村长

　　我是组长，他是村长。

（24）a. ta⁴²me³³ ku⁵⁵ ku³³ laːu³¹sai²⁴. 　我妈是老师。

　　妈妈　我　做　老师

　　b. te²⁴ ku³³ ta³¹kim³¹ muɯŋ³³. 　　　她是你舅妈。

　　她　做　舅妈　你

4. 燕齐壮语还有一类有固定格式的特殊判断句：以 kwuːn²⁴/waːn⁴² 为标记，用来连接两个相同的词或短语：A 或 B，形成 "A kwuːn²⁴ A" 或 "B waːn⁴² B" 格式。这是一种特殊的判断句，值得注意。这里 A 是动词或动词短语，B 是名词或名词短语，即 kwu:n²⁴用于动作行为的判断句，语义上与汉语"A 归 A"相近；wa:n⁴²用于事物对象的判断句，语义上与汉语"B 是 B"相近。例如：

（25）a. nou⁴² kwu:n²⁴ nou⁴², ku²⁴ kwu:n²⁴ ku²⁴.

　　　　说　　归　　说　　做　　归　　做

　　　　说归说，做归做。

　　　b. tok³³ kwu:n²⁴ tok³³, si⁵⁵ kwu:n²⁴ si⁵⁵.

　　　　读　　归　　读　　写　·归　　写

　　　　读归读，写归写。

　　　c. naŋ³³ kwu:n²⁴ naŋ³³, ʔdɯn²⁴ kwu:n²⁴ ʔdɯn²⁴.

　　　　坐　　归　　坐　　站　　归　　　站

　　　　坐归坐，站归站。

（26）a. hou³¹ wa:n⁴² hou³¹, plak⁵⁵ wa:n⁴² plak⁵⁵.

　　　　米　是　米　菜　是　菜

　　　　米是米，菜是菜。

　　　b. nø³³wa:i⁴² wa:n⁴² nø³³wa:i⁴², nø³³mou²⁴ wa:n⁴² nø³³mou²⁴.

　　　　肉　牛　是　肉　牛　肉　猪　　是　肉　猪

　　　　牛肉是牛肉，猪肉是猪肉。

　　　c. kou²⁴ wa:n⁴² kou²⁴, mɯŋ⁴² wa:n⁴² mɯŋ⁴².

　　　　我　是　我　你　是　你

　　　　我是我，你是你。

　　　d. ka:i³⁵ n⁴² wa:n⁴² ka:i³⁵ n⁴², ka:i³⁵ he⁵⁵ wa:n⁴² ka:i³⁵ he⁵⁵.

　　　　块　这　是　块　这　块　那　是　块　那

　　　　这个是这个，那个是那个。

在"A kwu:n²⁴ A"、"B wa:n⁴² B"判断句中，其语义并不完整，必定仍有下文来说明判断句的目的，即这类判断句的语用意义是用来表示要将两种动作行为或两种事物对象分清，行为或对象往往是两两相连，言外之意就是两者"各不相干，不能混淆"。如（25a）表达的是"说与不说是一回事，做与不做是一回事，不能混为一谈"；（26a）说的是"米饭和菜分开，不要混放在一起"。

燕齐壮语里，"A kwu:n²⁴ A"、"B wa:n⁴² B"格式的组合能力很强，只要是两个有一定关联意义的动词或动词短语、名词或名词短语，都可以衍生出相应的句式，表达判断意义。而且，kwu:n²⁴判断句中的 kwu:n²⁴可以用wa:n⁴²来替换，但反之不能。如（25 b）也可以说成：

（25'）b. tok³³ wa:n⁴² tok³³, si⁵⁵ wa:n⁴² si⁵⁵.

　　　　读　是　读　写　是　写

　　　　读是读，写是写。

c. naŋ³³ wa:n⁴² naŋ³³, ˀdɯn²⁴ wa:n⁴² ˀdɯn²⁴.

   坐　　是　　坐　　站　　是　　站

坐是坐，站是站。

二、动态句

燕齐壮语的动态陈述句主要有两种句型：不及物动词句和及物动词句。

（一）不及物动词句

1. 以动作动词为主的不及物句

在这种句式里，主语（施事者）与不及物动词（如 naŋ³³ "坐"、ˀdɯn²⁴ "站"、pla:i⁵⁵ "走"、po:i²⁴ "去"、tou⁵⁵ "来"等）直接结合。例如：

（27）a. kou²⁴ naŋ³³. 我坐。

     我　　坐

    b. te²⁴　nin⁴². 她睡觉。

     她　　睡

这种句子也常带"时体"标记 lu³³ "了"、时间补语或方位补语：

（28）a. te²⁴ tou⁵⁵ lu³³. 她来了。

     她　来（语气词）

    b. te²⁴ tou⁵⁵ kwa³⁵ lu³³. 她来过了。

     她　来　过　（语气词）

（29）a. te²⁴ tou⁵⁵ pan⁴² pu:n³⁵ ŋon⁴² lu³³.

     她　来　好　半　天　（语气词）

  她来了大半天。（时间补语）

    b. lɯk³³ŋe⁴² he⁵⁵ tai⁵⁵ ha:u⁵⁵la:i²⁴ na:n⁴² lu³³.

     孩子　她　哭　很多　久（语气词）

  她孩子哭了很久。（时间补语）

（30）a. te²⁴ naŋ³³ he:n⁴² tou²⁴mø:n⁴².

     她　坐　旁边　大门

  她坐在大门旁边。（方位补语）

    b. kou²⁴ nin⁴² kɯn⁴² çø:ŋ⁴².

     我　睡　上面　床

  我在床上睡觉。（方位补语）

（31）a. te²⁴ tou⁵⁵ laŋ²⁴ ku⁵⁵ ŋon⁴²lɯ:n⁴².

     她　来　处所　我　昨天

  她昨天来我家。（方位、时间补语）

b. kou²⁴ po:i²⁴ hat⁵⁵çø:k³³.

我　去　　明早

我明早去。（时间补语）

这种动态句不能像表性状意义的陈述句那样，可以受 ɣa:i³¹ça:i³¹ "很"等程度副词的修饰。

2. 带性状动词的不及物句

语法书通常把句子中可以独自作谓语的的形容词称作"状态动词"。因为这些动词都是用来说明一个人或一件事的性质、状态，都是属于描写性动词（燕齐壮语"状态动词"的特点已在第六章"形容词短语"中作了描述，这里不再重述）。下面讨论一下"状态动词"在陈述句中表示性质或状态时的情况。

A. 性质指的是人或事物本身所具有的内在能力、作用。表性质动词正是用于说明此一性质的形容词，从内在方面来看，这种性质应该是持久地、固定不变的。例如：

（32）a. tu⁴²mou²⁴ muɯŋ³³ pi⁴² ɣa:i³¹ça:i³¹.　你的猪很肥。

只　猪　你　肥　很

b. ʔdaɯ²⁴ ɣa:n⁴² he⁵⁵ mi⁴² ŋan⁴² ta:ŋ³⁵ma⁴².

里　家　他　有　钱　非常

他家非常有钱。

c. ʔdak⁵⁵ kot⁵⁵ he⁵⁵ sa:ŋ²⁴ ka³¹ɣa:i³¹.　他的个子确实很高。

块　个子　他　高　确实

d. te²⁴ ʔa:k⁵⁵ kɯn²⁴ ɣa:i³¹ça:i³¹.　他很能吃。

他　厉害　吃　很

这类能受程度副词修饰的性状动词句，可以在句末加上 po:i²⁴用于表示强调语气。

B. 表状态动词所描述的是人或事物所表现出来的、临时的情形，不是内在所具有的，是外在因素使然。例如：

（33）a. kou²⁴ ɣɯ:t³⁵ nat⁵⁵ ɣa:i³¹ça:i³¹.　我腰很酸。

我　腰　累　很

b. kou²⁴ so:i⁴²ni⁴² tuŋ³¹ ʔɯ:k³⁵.　我现在肚子饿。

我　现在　肚子　饿

c. te²⁴ ham³³luɯ:n⁴² lou⁵⁵ fi⁴².　他昨晚醉酒。

他　昨晚　酒　醉

例子中的 nat⁵⁵ "累"、ʔɯ:k³⁵ "饿"、fi⁴² "醉" 都是短时现象。状态动词往往能用"时体"标记 lu³³ "了"来表明所发生的某种变化；而性质动词只有表明内在的性质发生变化时才会使用"时体"标记 lu³³"了"，否则要借助表变化意义的动词。例如：

（34）a. kou²⁴ so:i⁴²n⁴² tuŋ³¹ ʔɯ:k³⁵ lu³³. 我现在肚子饿了。

　　　　我　现在　　肚子　饿（语气词）

　　　b. te²⁴ ham³³lɯ:n⁴² lou⁵⁵ fi⁴² lu³³. 他昨晚醉酒了。

　　　　他　昨晚　　　酒　醉（语气词）

（35）a. te²⁴ pi⁴²　lu³³. 他（发）胖了。

　　　　他　肥（语气词）

　　　 * te²⁴ tam³⁵　lu³³. 他矮了。

　　　　他　矮（语气词）

C. 性质动词或状态动词在句子中没有副词修饰时，通常隐含着"比较"的意思，只是没有将"比较"的另一个对象显示出来而已，如（36a）暗含着"那头猪瘦"的意思；当句子有否定词ʔbu³³/ʔbou⁵⁵"不"修饰时，也不能再受 ɣa:i³¹ɕa:i³¹等程度副词的修饰。例如：

（36）a. tu⁴² mou²⁴ n⁴² pi⁴². 这头猪肥。

　　　　头　猪　这　肥

　　　b. tu⁴² mou²⁴ n⁴² ʔbu³³/ʔbou⁵⁵ pi⁴². 这头猪不肥。

　　　　头　猪　这　不　　　肥

（二）及物动词句

及物动词句是指句子中谓语动词是可以带宾语的。既有一个宾语的，也有两个宾语（即直接宾语和间接宾语）。带两个宾语的句子称为双宾语句。在双宾语句里，与其他方言土语相比，燕齐壮语的表现很有特色。

1. 单宾语句。宾语一般紧跟谓语动词后，但根据语用或语法需要，可提到动词前，或者句首。除了名词及名词短语，句子也可以当宾语。例如：

（37）a. ɣou⁴² ʔjaɯ⁵⁵ te:n²⁴ ʔiŋ⁵⁵. 我们看电影。

　　　　我们　看　　电影

　　　b. te²⁴ nou⁴² te²⁴ ʔbu³³/ʔbou⁵⁵ ʔdai⁵⁵ hoŋ³⁵. 她说她没有空。

　　　　她　说　她　不　　　　得　空

（38）a. ɣa:n⁴² n⁴² kju²⁴ ʔbu³³/ʔbou⁵⁵ mi⁴², jou⁴² hi⁴² ʔbu³³/ʔbou⁵⁵ mi⁴².

　　　　家　这　盐　不　　　　有　油　也　不　　　　有

　　　　这家盐没有，油也没有。

　　　b. kou²⁴ ŋan⁴² ʔbu³³/ʔbou⁵⁵ mi⁴², miŋ³³ mi⁴² ti:u⁴² tø:k³³.

　　　　我　钱　不　　　　有　命　有　条　独

　　　　我钱没有，命有一条。

　c. nø³³ te²⁴ ʔbu³³/ʔbou⁵⁵ kɯn²⁴, ɕan³³ kɯn²⁴ plak⁵⁵ he:u²⁴.
　　肉　她　不　　　吃　尽　吃　菜　青
　　肉她不吃，净吃青菜。

（39）nø³³wa:i⁴² kou²⁴ kɯn²⁴, nø³³jɯ:ŋ⁴² ʔbu³³/ʔbou⁵⁵ kɯn²⁴.
　　肉　牛　我　吃　肉　羊　不　　　吃
　　牛肉我吃，羊肉不吃。

　　人们对（37）这样的句子并不陌生，因为"主谓宾"最常见的结构，一般都会使用这样的句型。但像（38）、（39）那样的句型却较少见，这类句型受语用因素影响而把宾语提前（这一点将在本章的"焦点句"一节作进一步讨论）。

　　2. 双宾语句。在双宾语句中，直接宾语和间接宾语同时出现在句中。跟其他方言土语一样，燕齐壮语双宾语句顺序可以是间接宾语在前，直接宾语随后。例如：

（40）kou²⁴ haɯ⁵⁵ he⁵⁵ [pø:n⁵⁵ saɯ²⁴ hu⁵⁵].　我给他一本书。
　　　我　给　他　本　书　一

（41）te²⁴ ʔde:n³⁵ ku⁵⁵ [sø:ŋ²⁴ mon⁴² ŋan⁴²].　他交给我两元钱。
　　　他　递　我　二　元　钱

也可以直接宾语先于间接宾语出现的。试比较（42a/b）两句：

（42）a. ta³¹pø³³ ɕaɯ³¹ haɯ⁵⁵ ku⁵⁵ [ʔan²⁴ tai³³saɯ²⁴ hu⁵⁵].
　　　　父亲　买　给　我　个　书包　　一
　　　　父亲给我买了一个书包。

　　　b. ta³¹pø³³ ɕaɯ³¹ [ʔan²⁴ tai³³saɯ²⁴ hu⁵⁵] haɯ⁵⁵ ku⁵⁵.
　　　　父亲　买　个　书包　一　　给　我
　　　　父亲买了一个书包给我。

　　在（42）双宾语句中，间接宾语都用 haɯ⁵⁵ "给" 来引导，haɯ⁵⁵ 是间接宾语前置的条件，是受益格。也有一些在间接宾语前可用可不用 haɯ⁵⁵ "给" 的句子，意义上并没什么不同。例如：

（43）a. te²⁴ soŋ³⁵ ku⁵⁵　[soŋ³⁵ mon⁴² ŋan⁴²].
　　　　他　送　我　　两　元　钱
　　　　他送我两块钱。

　　　b. te²⁴ haɯ⁵⁵ ku⁵⁵　[soŋ³⁵ mon⁴² ŋan⁴²].
　　　　他　给　我　　两　元　钱
　　　　他给我两块钱。

　　一般来说，当谓语是 haɯ⁵⁵ "给"、ɕi³⁵ "借"、sø:n²⁴ "教"、saɯ²⁴ "输" 等动词时，间接宾语可以放在直接宾语之后，不用 haɯ⁵⁵ "给" 连接。例如：

（44）kou²⁴ sø:n²⁴ saɯ²⁴直接宾语 he⁵⁵间接宾语　　　　我教他知识。

　　　　我　教　知识　　　他

（45）a. te²⁴ haɯ⁵⁵ [ŋan⁴²直接宾语 ku⁵⁵间接宾语　　　他给我钱。

　　　　他　给　钱　　　我

　　　b. te²⁴ haɯ⁵⁵ [sø:ŋ²⁴ mon⁴² ŋan⁴²]直接宾语 ku⁵⁵间接宾语

　　　　他　给　二　元　钱　　　我

　　　　他给我两块钱。

不用 haɯ⁵⁵ 的双宾语句是很有限的。在一些情况下，如果不用 haɯ⁵⁵ 而把间接宾语前置，会引起歧义。试比较（46a/b）两句，a 句间接宾语前没有 haɯ⁵⁵，可以理解为两种不同的意义，即"借出"或"借进"；而 b 句间接宾语前加 haɯ⁵⁵，只表达一种意义，"借出"：

（46）a. te²⁴　çi³⁵　ku⁵⁵　[pø:n⁵⁵ saɯ²⁴ hu⁵⁵].

　　　　他　借　我　本　书　一

　　　　他借（给）我一本书。// 他（向）我借一本书。

　　　b. te²⁴ çi³⁵ haɯ⁵⁵ ku⁵⁵宾语2 [pø:n⁵⁵ saɯ²⁴ hu⁵⁵]宾语1.

　　　　他　借　给　我　本　书　一

　　　　他借给我一本书。

在多数情况下，间接宾语若放在直接宾语之后，一般都需要受益格标记 haɯ⁵⁵ "给" 来引导。如（44）、（45）可以说成：

（44'）kou²⁴ sø:n²⁴ saɯ²⁴ haɯ⁵⁵ he⁵⁵.　我教给她知识。

　　　　我　教　知识　给　他

（45'）a. te²⁴ haɯ⁵⁵ ŋan⁴² haɯ⁵⁵ ku⁵⁵.　　他给我钱。

　　　　他　给　钱　给　我

　　　b. te²⁴ haɯ⁵⁵ sø:ŋ²⁴ mon⁴² ŋan⁴² haɯ⁵⁵ ku⁵⁵. 他给我两块钱。

　　　　他　给　二　元　钱　给　我

"主语 + 动词 +（haɯ⁵⁵ +）间接宾语+直接宾语" 或 "主语 + 动词+直接宾语 + haɯ⁵⁵+间接宾语" 都是常见的句型。是否用 haɯ⁵⁵，主要看会不会产生歧义，或者是语法上的需要。例如，类似（47）的句子就不能用 haɯ⁵⁵，因为间接宾语没有 "受益" 的意思：

（47）a. pou³¹çak³³ çak³³ pi⁵⁵/po:i²⁴ tu⁴² wa:i⁴² hu⁵⁵ ra:n³¹ he⁵⁵.

　　　　个　贼　偷　去　头　牛　一　家　他

　　　　贼偷了他家一头牛。

　　　b. ȵou³³ pi⁵⁵/po:i²⁴ sø:ŋ²⁴ pa:k³⁵ mon⁴² ŋan⁴² he⁵⁵.

　　　　骗　去　二　百　元　钱　他

　　　　骗了他两百块钱。

下面句子也可以不用 haɯ⁵⁵，因为句子间接宾语作为受益者很明了，不会产生歧义：

（48）a. ʔde:n³⁵ toŋ⁴² ʔi:n²⁴ hu⁵⁵ he⁵⁵. // ʔde:n³⁵ he⁵⁵ toŋ⁴² ʔi:n²⁴ hu⁵⁵.

　　　　　递　支　烟　一　他　　递　他　支　烟　一

　　　　递他一支烟。

　　　b. kiŋ³⁵ ҫe:n⁵⁵ lou⁵⁵ hu⁵⁵ muŋ³³. // kiŋ³⁵ muŋ³³ ҫe:n⁵⁵ lou⁵⁵ hu⁵⁵.

　　　　　敬　杯　酒　一　你　　敬　你　杯　酒　一

　　　　敬你一杯酒。

（49）a. nou⁴² ki³⁵ sai³³ ni⁴² he⁵⁵ ŋi²⁴.　　告诉他这些事。

　　　　　说　些　事　这　他　×

　　　b. ҫi³⁵ ŋan⁴² he⁵⁵ ҫi⁴² po:i⁴² ɣam⁴² ku⁵⁵.

　　　　　借　钱　他　却　还　糠　我

　　　　借了他钱却还我米糠。

三、陈述句的语气

在言语中，经常在陈述句之后增加一些语气词，以表达内涵丰富的思想情感。燕齐壮语中这类语气词很丰富，不同的语气词表达不同的意义。在这里，我们对几个句末语气词略作介绍。

（一）句尾语气词 ko³¹，lu³³ko³¹，la³³ko³¹

1. ko³¹没有对译的汉语词。它表明陈述语气的委婉肯定。例如：

（50）a. muɯŋ⁴² ŋon³¹n⁴² po:i²⁴/pi³³ haɯ²⁴　le⁵⁵？

　　　　　你　　今天　去　　集市　（语气词）

　　　　你今天去赶集吗？

　　　b. (kou²⁴) po:i²⁴ *ko³¹*.　　（我）去的。（语气有些和婉）

　　　　　我　去（语气词）

　　　c. ki³⁵ lou⁵⁵ ni⁴² ɣa:ŋ²⁴fɯt³³ ma³¹？　　这酒很香吗？

　　　　　些　酒　这　香（后缀）（语气词）

　　　b. ɣa:ŋ²⁴fɯt³³　*ko³¹*.　很香的。

　　　　　香（后缀）　（语气词）

从例子中可以看出，ko³¹更多出现在对话里的问答句中，含有告知、提醒的意思。回答时，用 ko³¹与不用 ko³¹的语气是不一样的。在 po:i²⁴“去”和状态动词句 ɣa:ŋ²⁴“香”之后有 ko³¹，不仅使语气温和，而且增强了肯定的语气。

ko³¹也可以直接放在名词短语之后，但语气上偏重于提醒。“名词短语+ko³¹”的信息，可以理解为言语者把这个名词短语当作了焦点，用来取代“陈述句”中作省略的部分——谓语动词，希望得到证实。例如：

（51）a. ham³³taŋ⁴² kuɯ²⁴ lou⁵⁵ le⁵⁵?　　　*muɯŋ⁴² ko³¹.*

　　　　每晚　　吃　酒（语气词）你（语气词）

　　　　(平时)晚上喝酒吗？你啊！

　　　b. ɕuŋ⁵⁵ ma:k³⁵ n⁴² pan⁴² kuɯ²⁴ le⁵⁵?　　*ɕuŋ⁵⁵ n⁴² ko³¹.*

　　　　种　水果　这　好　吃（语气词）种　这（语气词）

　　　　这种水果好吃吗？这种（水果）啊！

在这种句式中，"名词短语+ko³¹"的作用是在重复强调话题，以引起言语参加者对所提问题的注意，并予以回答。（51a）强调疑问句中省略了的"主语"muɯŋ⁴²，（51b）也是强调了"主语"ɕuŋ⁵⁵ n⁴²。

2. lu³³ko³¹。lu³³ko³¹也是用来表示肯定的语气，但比ko³¹更进一步，有告知、提醒、催促的作用。例如：

（52）a. te²⁴ ta:i³⁵ kuɯ⁵⁵ po:i²⁴ taŋ⁴² muɯn³⁵he⁵⁵ lu³³ko³¹.

　　　　他　带　我　去　到　那里　（语气词）

　　　　他把我带到那里了的。

　　　b. ŋon⁴²ɕø:k³³ te²⁴ ma²⁴ lu³³ko³¹.　他明天就回来了的。

　　　　明天　他　回（语气词）

　　　c. te²⁴ ham³³luɯ:n⁴² nou⁴² juɯ:ŋ³³ŋ⁴² lu³³ko³¹.

　　　　他　昨晚　说　这样　（语气词）

　　　　他昨晚就这么说的。

　　　d. wa:i³⁵ ha⁴²!　ʔjap⁵⁵ hom²⁴ ɕou³³ taŋ⁴² lu³³ko³¹.

　　　　快（语气词）一会　再　就　到　（语气词）

　　　　快点啊！再过一会儿就到了的。

　　　e. ham³³　　lu³³ko³¹, ʔbu³³/ʔbou⁵⁵ po:i²⁴ mu²⁴.

　　　　晚　（语气词）不　　去　（语气词）

　　　　晚了，不去了。

（53）la⁵⁵ kuɯ³³ ma⁴² hom²⁴ lo³³?　po:i²⁴ lu³³ko³¹.

　　　　还　做　什么　再（语气词）去　（语气词）

　　　　还忙乎什么呀？走吧。

lu³³ko³¹既可以置于一般动词之后，也可以放在状态动词之后。（52a）告知对方是te²⁴"他"而不是别人带"我"去；b句告知"他回来的时间"是ŋon⁴²ɕø:k³³"明天"；c句强调了说的内容juɯ:ŋ³³ŋ⁴²"这样"；d、e两句分别告知要"快点"和"不去"的原因；而（53）有催促的意思，意为"该走了"。

3. 与lu³³ko³¹形式相近的是la³³ko³¹，la³³ko³¹是lu³³ko³¹的变体，也有"告知、提醒"之意。但la³³ko³¹主要用于表判断句式，与la³³的肯定语气关系密切，着重于对焦点的强调。因此，类似（54）的句子使用la³³ko³¹，而不用 lu³³ko³¹：

（54）a. muɯ³⁵ he⁵⁵ ɕit³³kjai²⁴fa:t⁵⁵kjai²⁴ la³³ko³¹.

　　　　处所　那　　　很远　　　（语气词）

　　　　那地方是非常远的。

　a' *muɯ³⁵ he⁵⁵ ɕit³³kjai²⁴fa:t⁵⁵kjai²⁴ lu³³ko³¹.

　　　处所　那　　　　很远　　　语气词）

　b. lou⁵⁵ hou³¹ ko³¹, lou⁵⁵ hou³¹ ɣou⁴² ka:k³³ ʔon³⁵ la³³ko³¹.

　　　酒　米（语气词）酒　米　我们　自己　酿（语气词）

　　　米酒啊，米酒（是）我们自己酿制的。

　b' * lou⁵⁵ hou³¹ lu³³ ko³¹,　lou⁵⁵ hou³¹ ɣou⁴² ka:k³³ ʔon³⁵ lu³³ko³¹.

　　　酒　米（语气词）酒　米　我们　自己　酿（语气词）

（二）ha³³lu³³

ha³³lu³³含有埋怨、催促的语气，表达说话者的一些无奈之情。当句子中有 ŋa:m³⁵ "刚，才"、la⁵⁵ "还" 等副词出现时，表 "存现" 的谓语动词（如 mi⁴² "有"）可以省略。例如：

（55）a. loŋ⁴² ha³³lu³³, plaɯ⁴² nou⁴² ku⁵⁵ ʔbu³³/ʔbou⁵⁵ po:i²⁴?

　　　　疯（语气词）谁　说　我　不　　去

　　　　是不是糊涂啊，谁说我不去？

　b. ta:ŋ³⁵ te²⁴ ha³³lu³³, na:n⁴²na:n⁴² ɕi⁵⁵ ma²⁴ ɣa:n⁴² ʔba:t³⁵.

　　　像　他（语气词）久　久　才　回　家　次

　　　也许就像他（那样）吧，很久才回一次家。

（56）a. ʔdaɯ²⁴ ɣa:n⁴² ni⁴² la⁵⁵ he⁵⁵ ha³³lu³³.

　　　　里面　房子　这　还　他　（语气词）

　　　　这房子里就还有他了。

　b. wa:i³⁵ ti³⁵, ŋa:m³⁵ ha⁵⁵ fan²⁴ɕuŋ²⁴ ha³³lu³³.

　　　快点　才　五　分钟　（语气词）

　　　快点，就只有五分钟了。

ha³³lu³³的有无，跟句子所表达的语义有关。表 "埋怨" 语气时，ha³³lu³³可以不用，而意义差别不太大，如（55）；但表 "催促" 语气时，语气词 ha³³lu³³却不能去掉，如（56）。类似（56）这种句子，如果去掉语气词 ha³³lu³³，意思就不完整了。

此外 ha³³lu³³可用于表选择意愿的句式（参见本章 "选择句" 一节）。

（三）je³¹（lu³³je³¹）

句末语气词 je³¹（lu³³je³¹）表示 "同意、叮嘱、催促、警告" 的意思，相当于汉语的 "吧"、"啊"，使语气变得委婉一些。例如：

（57）a. ʔou²⁴ tai³³ma³¹ çou³¹ huɯ⁵⁵tou⁵⁵ *je³¹*.　用麻袋装起来吧。
　　　　　要　麻袋　装　起来　吧

　　　b. muɯ⁴² çak³³ham³³ me:n³³ ma²⁴ ra:n⁴² *je³¹*.
　　　　　你　稍晚　再　回　房子　吧
　　　　　你稍晚些再回家吧。

（58）a. muɯ⁴² po:i²⁴ *je³¹*, kou²⁴ nou⁴² wun⁴² ŋi²⁴.
　　　　　你　去　啊　我　说　人　×
　　　　　你（敢）去，我会告诉别人。

　　　b. muɯ⁴² tou⁵⁵ *je³¹*, wun⁴² tø³⁵ kap³³ muɯ³³.
　　　　　你　来　啊　人　就　抓　你
　　　　　你（敢）来，别人就抓你。

（59）a. ham³³ lu³³,　wa:i³⁵ hou⁵⁵ ra:n³¹ ku²⁴ çou⁴² *lu³³je³¹*.
　　　　　晚（语气词）快　进　房子　吃　晚饭　吧
　　　　　天黑了，快回家吃晚饭吧。

　　　b. po:i²⁴ *lu³³je³¹*, la⁵⁵ te³⁵ plaɯ⁴² hom²⁴ lo³³？
　　　　　去　吧　还　等　谁　再（语气词）
　　　　　去了吧，还要等谁啊？

je³¹也可以放在疑问句之后，表达征求语气（参见下文"疑问句"一节）。

第二节　疑问句

　　燕齐壮语的疑问句种类较多，主要有"语调疑问句"、"一般疑问句"、"选择疑问句"和"疑问词疑问句"等。由于疑问句的使用受到语义和句法规则的制约，疑问句很少出现重叠交叉的现象。在这一节里，我们将对这些疑问句的使用情况逐一进行讨论。

一、语调疑问句

　　语调疑问句就是通过升高陈述句末字的语调来实现疑问的目的。这类问句是一种无疑问标记的疑问句。一般来说，语调疑问句的语调要比普通的语调高一些，大体上分为两种情况，一是末字为平调字时，中平调直接升高至最高值（33→5），高平调有意拉长（55→5）；二是末字为降调时，则表现较明显，呈先降后升的语调，即调至为（31→5）或（42→5）的两个语调；若末字本身即是升调时，语调进一步拉长，直至最高值，即为（24→5）或（35→5）的两个语调。试比较：

（60）a. tuk³³　ta³¹me³³.　是母亲。
　　　　　是　母亲

b. tuk³³ ta³¹me³³⁵? 是母亲？

是 母亲

（61）a. ʔan²⁴ ta:i⁴² ni⁴² ʔan²⁴ muɯŋ³³. 这张桌子是你的。

个 桌子 这 个 你

b. ʔan²⁴ ta:i⁴² ni⁴² ʔan²⁴ muɯŋ³³⁵? 这张桌子是你的？

个 桌子 这 个 你

（62）a. te²⁴ pi³³/po:i²⁴ tok³³ ta²⁴jø³¹. 他去读大学（上大学）。

他 去 读 大学

b. te²⁴ pi³³/po:i²⁴ tok³³ ta²⁴jø³¹⁵? 他去读大学（上大学）？

他 去 读 大学

（63）a. te²³ hø⁴² haɯ³⁵. 他口渴。

他 脖子 干

b. te²³ hø⁴² haɯ³⁵⁵? 他口渴？

他 脖子 干

（64）a. te²³ çam³³ suɯ:ŋ⁵⁵ po:i²⁴. 他也想去。

他 也 想 去

b. te²³ çam³³ suɯ:ŋ⁵⁵ po:i²⁴⁵? 他也想去？

他 也 想 去

通过语调的升高来表达疑问，是包括壮语在内的许多有声调语言的一种疑问特征。我们这里所说的语调只是一个大概的感觉。真正调值还有待有关试验语音学数据的技术支持才行。

二、一般疑问句

一般疑问句的特点常常是在陈述句的基础上通过语气词来发问，其目的是寻求答案或请求做某事，一般都求对方答。语气词各有千秋，不同的语气词表达不同的期望。燕齐壮语 "一般疑问句"的语气词非常丰富，主要有 le⁵⁵、la⁵⁵、lo³³、ma³¹、mou³⁵、pa³¹（lu³³pa³¹、la³³pa³¹）、lu³³ma³¹（la³³ma³¹/le³³ma³¹）、nɯ³¹（lu³³nɯ³¹）、nɯ³³、ni⁵⁵、ʔbou⁵⁵（pou⁵⁵）、（ʔbou⁵⁵/hi⁵⁵）jaŋ⁴²、（hom²⁴）me³⁵等语气词。

1. le⁵⁵问句

这是在陈述句之后加语气词 le⁵⁵构成的疑问句，是燕齐壮语最常用的疑问句之一。因此，le⁵⁵问句只用于陈述句后才能变成疑问句，不用于否定句或 "V不V"等其他句式。回答时比较简单，可以用句中的动词直接作答，也都可以使用陈述句的语气词 ko³¹，以示肯定语气。例如：

（65）a. muɯŋ⁴² po:i²⁴ le⁵⁵? 你去吗？

你 去 （语气词）

b. te²⁴ ŋoŋ⁴² çø:k³³ tou⁵⁵ ku³³çam⁴² le⁵⁵?　　他明天来玩吗？

　　他　　明天　　来　　玩耍　（语气词）

c. muuŋ⁴² tuuk³³ wun⁴² ʔu⁵⁵miŋ⁴² le⁵⁵?　　你是武鸣人吗？

　　你　　是　　人　　武鸣　（语气词）

d. te²⁴ kot⁵⁵ sa:ŋ²⁴ le⁵⁵?　　他个子高吗？

　　他　个子　高　（语气词）

但在表"等同关系"的判断句上加语气词 le⁵⁵ 时，判断系词 tuuk³³ "是"不能省略，如（65c）不能说成：

　　*muuŋ⁴² wun⁴² ʔu⁵⁵miŋ⁴² le⁵⁵?

在 le⁵⁵ 问句的句尾，言语者往往同时带出语气词 je³¹，以减弱疑问的语气，虽隐含着"商量"的口吻，但希望对方作出肯定回答的愿望更强烈了。例如：

（66）a. ki³⁵plak⁵⁵ ham³³n⁴² çam⁵⁵ pan⁴² ku²⁴ le⁵⁵ je³¹?

　　　些　菜　今晚　煮　好　吃（语气词）

　　　今晚煮的菜好吃吗？

b. te²⁴ ŋon⁴²çø:k³³ çou³⁵ you⁴² po:i²⁴ le⁵⁵ je³¹?

　　他　明天　　和　我们　去（语气词）

　　他明天跟我们去吗？

2. la⁵⁵ 问句

带语气词 la⁵⁵ 的疑问句是一种反诘疑问句。la⁵⁵ 语义上与汉语的"……了吗"相当，主要针对旧信息是否已经发生进行疑问，隐含着惊喜、惊讶、意外的语气，希望得到肯定的答复。例如：

（67）a. te²⁴ tou⁵⁵ la⁵⁵?　　他来了吗？

　　　他　来　（语气词）

b. te²⁴ ʔbu³³/ʔbou⁵⁵ tou⁵⁵ la⁵⁵?　　他不来了吗？

　　他　不　　来　（语气词）

（68）a. te²⁴ ma²⁴ ɣa:n⁴² la⁵⁵?　　他真的回家了吗？

　　　他　回　家　（语气词）

b. te²⁴ ʔbu³³/ʔbou⁵⁵ ma²⁴ ɣa:n⁴² la⁵⁵?　　他不回家了吗？

　　他　不　　　回　家　（语气词）

3. lo³³ 问句

lo³³ 用来表示疑问意义时，一般都是用于带疑问词的疑问句。由于主语/话题是旧信息，已经表达了足够的形式上的联系，lo³³ 就显得可有可无了。因此，lo³³ 的基本功能是使语气舒缓，相当于"啊/呀"。例如：

（69）a. kø:n⁵⁵ pit⁵⁵ ku⁵⁵ plauu⁴² ʔou²⁴ po:i²⁴ lo³³?

　　　支　笔　我　谁　要　去（语气词）

　　　谁拿走了我的笔？

　　b. $ʔan^{24}$ $ta:i^{42}$ ni^4 $ʔan^{24}$ $plauɯ^{42}$ lo^{33}?　　这桌子是谁的？

　　　　个　桌子　这　个　　谁　（语气词）

lo^{33}还可以用在le^{55}问句之后，其"舒缓"性的语气功能不变。例如：

（70）a. $muɯŋ^{42}$ $po:i^{24}$　　le^{55}　　　lo^{33}?　　你去吗？

　　　　你　　去　（语气词）（语气词）

　　b. te^{24} $çauɯ^{31}$ lou^{55} ma^{24}　　le^{55}　　　lo^{33}?　　他买回酒吗？

　　　　他　买·　酒　回　（语气词）（语气词）

4. mou^{35}问句

mou^{35}多用于反诘意义的问句。mou^{35}通常用在名词短语或者句子之后，表示说话者不同意对方的有关陈述，随即提出否定该陈述的新看法或意见。这个新看法或意见常常代表肯定语气词la^{33}。例如：

（71）a. te^{24} $ŋon^{42}luɯ:n^{42}$ $po:i^{24}$ $ŋo:i^{33}$ $ta:ŋ^{42}$.

　　　　他　昨天　去　二　塘

　　他昨天去二塘圩。

　　　　——te^{24} $po:i^{24}$ mou^{35}?　　kou^{24} $po:i^{24}$ la^{33}.

　　　　　他　去　（语气词）　我　去　（语气词）

　　　　（是）他去吗？（是）我去的。

　　b. te^{24} $kuɯ^{24}$ lou^{55} $la^{33}ma^{31}$?　　他在喝酒啊？

　　　　他　吃　酒　（语气词）

　　　　——te^{24} $kuɯ^{24}$ lou^{55} mou^{35}?　　$ɣam^{31}$ $sauɯ^{24}$ la^{33}.

　　　　　他　吃　酒　（语气词）　水　清　（语气词）

　　　　他喝的（是）酒吗？（是）清水的。

（72）$muɯŋ^{42}$ $ʔou^{24}$ $ʔan^{24}ma:k^{35}$ ku^{55} $muɯ^{31}$?　　你拿我的水果啊？

　　　　你　拿　水果　我　（语气词）

　　　　——$ʔan^{24}$ $muɯŋ^{42}$ mou^{35}?　　$ʔan^{24}$ ku^{55}　la^{33}.

　　　　　个　你　（语气词）　个　我　（语气词）

　　　　（是）你的吗？（是）我的。

　　上述例子的第二句都是以反问形式引起对方注意。（71a）意是为否定"去二塘的"是"他"这一说法而反问，b 句则为否定"他喝的"是"酒"这一说法而反问。而（72）的情景是开玩笑，即大人故意用"水果"的归属来逗小孩，小孩不同意对方的说法予以反驳。mou^{35}问句也可以用下文的 ma^{31}问句来替换，但后者没有前者的否定意愿那么强烈，而且不需自问自答。

　　5. $nuɯ^{33}$问句

　　$nuɯ^{33}$问句是对已知信息的再确认。对象一般也是知情者，希望得到听

话者的同意或肯定回答，可以用"有关陈述+是（对）吧？"来理解。nɯ³³
问句往往可以伴随表肯定语气 la³³和表否定语气 le³³的出现。例如：

（73）a. ʔdak⁵⁵ ni⁴² ki³⁵hin³¹ lou⁵⁵ he⁵⁵ çam³³ ta:i³³ mɯ³³?

　　　　　个 这 瘾 酒 他 也 大（语气词）

　　　　他这个人的酒瘾也很大，对吧？

　　　b. mɯŋ⁴² ʔjou³⁵ ʔu⁵⁵miŋ⁴², te²⁴ ʔjou³⁵ ça:ŋ²⁴sɯ³³ nɯ³³?

　　　　　你 在 武鸣 她 在 上思 （语气词）

　　　　你在武鸣（县），她却在上思（县），是吧？

（74）a. ham³³lɯ:n⁴² you⁴² tø⁴²çou³⁵ ku²⁴ lou⁵⁵ la³³ nɯ³³?

　　　　　昨晚 我们 一起 吃 酒（语气词）（语气词）

　　　　我们昨晚是在一起喝的酒，对吧？

　　　b. ki³⁵ ni⁴² ki³⁵ ku⁵⁵ la³³ nɯ³³?

　　　　　些 这 的 我 （语气词）（语气词）

　　　　这些是我的，是吧？

（75）a. mɯŋ⁴² ʔbu³³/ʔbou⁵⁵ yø³¹na⁵⁵ he⁵⁵ le³³ nɯ³³?

　　　　　你 不 认识 他（语气词）（语气词）

　　　　你不认识他的，是吧？

　　　b. kou²⁴ la³³ nɯ³³? （是）我，对吧？

　　　　　我 （语气词）（语气词）

　　nɯ³³问句的语气平和，这类问句的陈述部分和语气词之间，从语感上
有小小的停顿，所以 nɯ³³可以游离于带语气词 la³³/le³³的陈述句之外。

　　6. nɯ³¹（lu³³nɯ³¹）问句

　　nɯ³¹问句主要是对有关陈述模糊不清时产生的疑问，以确定其真实性，
相当于"啊"。这类疑问句可以用"所陈述事实是吗？"来理解。根据语境
联系，nɯ³¹可以放在句子后，也可以放在名词短语之后，表示意外、惊讶
等意义。例如：

（76）a. mɯŋ⁴² çam³³ ku²⁴ ha²⁴ kai³⁵ nɯ³¹?

　　　　　你 也 吃 腿 鸡（语气词）

　　　　你也（要）吃鸡腿啊？

　　　b. mɯŋ⁴² ʔbu³³/ʔbou⁵⁵ kɯ²⁴ ha²⁴ kai³⁵ nɯ³¹?

　　　　　你 不 吃 腿 鸡（语气词）

　　　　你不吃鸡腿啊？

（77）a. kou²⁴ çam³³ ʔbu³³/ʔbou⁵⁵ po:i²⁴ nɯ³¹?

　　　　　我 也 不 去（语气词）

　　　　我也不去啊/呀？

　　　 b. kou²⁴ nɯ³¹?　　　我啊？

　　　　 我（语气词）

（76）a 句是问话者以为被问者"不吃鸡腿"，b 句则是问话者以为被问者"吃鸡腿"；（77）a 句是说话者以为"不去的人"不包括自己，b 句因以为所陈述事情与自己无关。这些原因与事实相反，都要求对方据实回答。

　　lu³³nɯ³¹在语气上比 nɯ³¹显得比较委婉些。不过，由于 lu³³nɯ³¹问句有"完成体"语气词 lu³³的参与，所以疑问内容一般是过去发生的，不用于于将来。试比较：

（78）a. te²⁴ hat⁵⁵ni⁴² tou⁵⁵ lu³³nɯ³¹?

　　　　 他　今早　　来　（语气词）

　　　　 他上午（就）来了啊？

　　　 b. te²⁴ ŋon⁴²lɯːn⁴² poːi²⁴ lu³³nɯ³¹?

　　　　 他　　昨天　　去　（语气词）

　　　　 他昨天（就）走了啊？

（79）a. te²⁴ hat⁵⁵ni⁴² tou⁵⁵ nɯ³¹?

　　　　 他　今早　　来　（语气词）

　　　　 他（要）上午来啊？

　　　 b. te²⁴ ŋon⁴²çøːk³³ tou⁵⁵ nɯ³¹?　他（要）明天来啊？

　　　　 他　　明天　　来　（语气词）

　　 *c. te²⁴ ŋon⁴²çøːk³³ tou⁵⁵ lu³³nɯ³¹?

　　　　 他　　明天　　来　（语气词）

　　7. ma³¹（lɯk⁵⁵ma³¹/la³³ma³¹/lu³³ma³¹/le³³ma³¹/le⁵⁵ma³¹）问句

　　语气词 ma³¹既可以用于一般疑问句，也可以用于否定疑问句。ma³¹相当于汉语的"吗"。在用于否定疑问句的时候，隐有"真的吗"的疑问，希望得到肯定的回答。例如：

（80）a. te²⁴ poːi²⁴ ma³¹?　　　他去吗？

　　　　 他　去　（语气词）

　　　 b. te²⁴ ʔbu³³/ʔbou⁵⁵ poːi²⁴ ma³¹?　他不去吗？

　　　　 他　不　　　去　（语气词）

（81）a. mɯŋ⁴² tuk³³ wun⁴² ʔu⁵⁵miŋ⁴²　ma³¹?　　你是武鸣人吗？

　　　　 你　是　人　武鸣　（语气词）

　　　 b. mɯŋ⁴² ʔbu³³/ʔbou⁵⁵ tuk³³ wun⁴² ʔu⁵⁵miŋ⁴²　ma³¹?

　　　　 你　不　　　是　人　武鸣　（语气词）

　　　　 你不是武鸣人吗？

　　若 ma³¹问句换成双音节的 lɯk⁵⁵ma³¹问句，则带有对发生的事实产生惊异感。如（80）、（81）句可以有如下的说法。luk⁵⁵ma³¹若出现于否定句式之后，隐含有"也、同样"之意，如（80'b）、（81'b）：

（80'）a. te²⁴ po:i²⁴ luk⁵⁵ma³¹？　　　　　　他真的去吗？
　　　　他　去　（语气词）

　　　b. te²⁴ ʔbu³³/ʔbou⁵⁵ po:i²⁴ luk⁵⁵ma³¹？他真的也不去吗？
　　　　他　不　　　　去　（语气词）

（81'）a. muɯŋ⁴² tuk³³ wun⁴² ʔu⁵⁵miŋ⁴² luk⁵⁵ma³¹？
　　　　你　是　人　武鸣　（语气词）
　　　你真的是武鸣人吗？

　　　b. muɯŋ⁴² ʔbu³³/ʔbou⁵⁵ tuk³³ wun⁴² ʔu⁵⁵miŋ⁴² luk⁵⁵ma³¹？
　　　　你　不　　　　是　人　武鸣　（语气词）
　　　你真的也不是武鸣人吗？

lu³³ma³¹问句表示说话者对所陈述事实产生一定抵触情绪，期待对方作解释。例如：

（82）a. ki³⁵ma⁴² haɯ⁵⁵ he⁵⁵ po:i²⁴ lu³³ma³¹？
　　　　什么　让　他　去（语气词）
　　　怎么让他走了啊？

　　　b. te²⁴ kak³³ ma²⁴ ya:n⁴² lu³³ma³¹？她自己回家了啊？
　　　她 自己 回　家（语气词）

（82）中的言外之意是"不希望或不该发生"这样的动作行为，有些怨气情绪。a句的可能语境是，说话者对"让他走"有些不满；而b句表示说话者对"她自己回家"有些担心，"她不该一个人回家"，至少应该"有人陪着她回家"或者"她该等等我"。

la³³ma³¹问句则表示说话者对所陈述事实感到意外，希望结果与事实相反。根据上下文，la³³ma³¹问句有时也可以用来表示一些善意玩笑。但la³³ma³¹问句通常是肯定式的。例如：

（83）a. hø⁴²çi⁵⁵ sɯ:ŋ²⁴sɯ:ŋ²⁴ lɯ:t³³lɯ:t³³ la³³ma³¹？
　　　　何止　伤　伤　血　血　（语气词）
　　　仅仅是遍体鳞伤的吗？

　　　b. te²⁴ ŋa:m³⁵ po:i²⁴ la³³ma³¹？　他是刚去的吗？
　　　他　刚　去　（语气词）

（84）a. muɯŋ⁴² ʔe:ŋ³⁵kja²⁴nou⁴² ŋo:i³³çip³³ pi²⁴ kje:ŋ⁵⁵ta:n³³ la³³ma³¹？
　　　　你　以为　　　　二十　年　简单　（语气词）
　　　你以为二十年容易吗？

　　b. ˀa:u²⁴, ˀdak⁵⁵ kwu:n³⁵ ku⁵⁵ fi⁴² la³³ma³¹？

　　　　叔　要　灌　我　醉（语气词）

　　　　叔，（你是不是）要把我灌醉吗？

　　（83）表明说话者对言语者的陈述有些不满情绪；而（84）则是一种轻松、善意的玩笑。

　　le³³ma³¹跟la³³ma³¹形式相近，只是le³³ma³¹用于否定式疑问句中，隐含着"我以为不会……"的意义。le³³ma³¹适合于主语为第二或第三人称的句子，似乎对所陈述的事实有所期待，希望回答是否定的。例如：

　　（85）a. te²⁴ hi⁵⁵jaŋ⁴² ma²⁴ le³³ma³¹？　他还没有回来吗？

　　　　　　他　还没有　回　（语气词）

　　　　b. te²⁴ ˀbu³³/ˀbou⁵⁵ ŋa³³ nø³³ le³³ma³¹？

　　　　　　他　不　　　馋　肉（语气词）

　　　　　　他不想吃肉骂吗？

　　（86）a. muŋ⁴² ham³³lɯ:n⁴² ˀbu³³/ˀbou⁵⁵ ˀjou³⁵ le³³ma³¹？

　　　　　　你　昨晚　　不　　　　在　（语气词）

　　　　　　你昨晚不在吗？

　　　　b. po:i³¹je⁴² te²⁴ ˀbu³³/ˀbou⁵⁵ kɯ²⁴ lou⁵⁵ le³³ma³¹？

　　　　　　姐夫　他　不　　　吃　酒　（语气词）

　　　　　　姐夫他不喝酒吗？

　　语气词le³³ma³¹不用于一般肯定式的疑问句中，如不能说：*te²⁴ ma²⁴ le³³ma³¹？"他来了吗？"但是如果表达肯定语气，可用le⁵⁵ma³¹，希望得到肯定回答。如：

　　（87）a. te²⁴ hat⁵⁵ni⁴² pi³³/po:i²⁴ ha:k³¹ le⁵⁵ma³¹？

　　　　　　他　今早　去　　学校（语气词）

　　　　　　他今早上学吗？

　　　　b. te²⁴ ŋoŋ⁴²çø:k³³ tou⁵⁵ le⁵⁵ma³¹？　他明天来吗？

　　　　　　他　明天　来（语气词）

　　另外，在语气词lu³³ma³¹（la³³ma³¹/le³³ma³¹）后面还可以加上一个语气词na³³，形成lu³³ma³¹na³³、la³³ma³¹na³³、le³³ma³¹na³³三音节语气词。这类语气词具有在加重疑问语气的同时，期待着对方作出肯定答复的功能。它们偏重于对已知信息进行询问，相当于"相关陈述+是不是啊"。由于三个语气词中的声调属于中平调或低降调，属于自然音调，所以整个语气词的语调听起来比较委婉。例如：

　　（88）a. muɯŋ⁴² pi³³/po:i²⁴ laŋ²⁴ he⁵⁵ kwa³⁵ lu³³ma³¹na³³？

　　　　　　你　去　　处所他　过　（语气词）

　　　　　　你去过他家了啊？

b. te²⁴ ŋa:m³⁵ kje³¹wun³³ la³³ma³¹na³³？他刚结婚啊？

　　他　　刚　　结婚　　（语气词）

c. kji:n³³ sai³³ n⁴² te²⁴ hi⁵⁵jaŋ⁴² ɣø³¹ le³³ma³¹na³³？

　　件　　事　这　他　没有　　知道（语气词）

这件事情他还不知道吗？

当然，na³³与lu³³ma³¹（la³³ma³¹/le³³ma³¹）的结合并不紧密，可以游离于它们之外。即这类疑问句的疑问中心是双音节语气词，na³³可有可无，只不过起着使语气舒缓的作用。

na³³还可以直接与lo³³/lu³³/le³³配合形成双音节语气词lo³³/lu³³/le³³na³³，并依据 lo³³/lu³³/le³³各自的语气特点，表达不同的疑问意义，lo³³/lu³³na³³用于带疑问词的疑问句，有征求之意，相当于"……啊？"；le³³na³³则用于对过去事实的疑问，对事实是否发生了觉得心里没底才有一问，相当于"……A没A啊？"。例如：

（89）a. ti:u⁴² tai⁴² ni⁴² ha⁴²ɣauɯ⁴² ku³³ lo³³/lu³³na³³？

　　条　题　这　怎样　　做　（语气词）

这道题是怎么做啊？

b. te²⁴ hauɯ⁵⁵ plauɯ⁴² po:i²⁴ lo³³/lu³³na³³？　他让谁去啊？

　　他　给　谁　去　（语气词）

c. te²⁴ ham³³luɯ:n⁴² pi³³/po:i²⁴ ɕuɯ:ŋ³⁵kø²⁴ le³³na³³？

　　他　　昨晚　去　　　唱　歌　（语气词）

他昨晚去唱歌了吗？或：他昨晚去没去唱歌啊？

d. te²⁴ hat⁵⁵n⁴² ˀjou²⁴ ya:n⁴² le³³na³³？

　　他　今早　在　家　（语气词）

他今早在家没有？或：他今早在没在家啊？

8. pa³¹（lu³³pa³¹/la³³pa³¹/le³³pa³¹）问句

pa³¹类问句表示该疑问具有推测性、委婉性等意义，在用法上与汉语的"吧/了吧"相当。对这类疑问句的回答，通常使用应答词ˀuɯ³¹"嗯"即可。先看pa³¹"吧"、lu³³pa³¹"了吧"的用法，二者都隐含有"可能、猜测"性语气。例如：

（90）a. muɯŋ⁴² ham³³n⁴¹ ɕam³³ po:i²⁴ pa³¹？你今晚也去吧？

　　你　今晚　也　去　（语气词）

b. ŋon⁴²ɕø:k³³ ˀa:i³⁵ fuɯn²⁴ tok⁵⁵ pa³¹？

　　明天　可能　雨　落（语气词）

明天可能下雨吧？

c. te²⁴ ham³³luː:n⁴² tou⁵⁵ kwa³⁵ lu³³pa³¹?

　　他　　昨晚　　来　　过　（语气词）

　他昨晚来过了吧？

d. te²⁴ nin⁴² lu³³pa³¹?　　　　他（这时该）睡了吧？

　　他　睡　（语气词）

（91）a. te²⁴ ˀbu³³/ˀbou⁵⁵ poːi²⁴ pa³¹?　　　他不去吧？

　　他　不　　　去　（语气词）

b. te²⁴ ˀbu³³/ˀbou⁵⁵ tou⁵⁵ lu³³pa³¹?　他不来了吧？

　　他　不　　　　来　（语气词）

pa³¹/lu³³pa³¹表示说话者的迟疑。pa³¹的迟疑程度要比 lu³³pa³¹重，后者稍显委婉一些。pa³¹/lu³³pa³¹的情态作用是加在整个疑问句上而不仅仅是疑问句的话题上，可以用"相应的陈述你同意吗"来解释，暗含着"寻求同意"。pa³¹一般用于对未发生事情的疑问；lu³³pa³¹问句的肯定式通常是疑问过去的事实，如（90c）。

la³³pa³¹和 le³³pa³¹也是表示说话者的迟疑，隐含着"是不是啊"的选择语气。用法上略有不同，前者多用于一般的肯定式疑问句，后者多用于否定式疑问句。试比较：

（92）a. te²⁴ poːi²⁴ la³³pa³¹?　　是他去的吧？

　　他　去　（语气词）

b. ˀan²⁴ n⁴² la³³pa³¹?　　（是）这个的吧？

　　个　这　（语气词）

（93）a. ˀbu³³/ˀbou⁵⁵ ˀou²⁴ ˀan²⁴ n⁴² le³³pa³¹?

　　不　　　要　个　这　（语气词）

　不要这个（是）吧？

b. te²⁴ ˀbu³³/ˀbou⁵⁵ poːi²⁴ le³³pa³¹? 他不去（是）吧？

　　他　不　　　去　（语气词）

此外，pa³¹和 la³³pa³¹还可同时出现在两个语义互为否定的选择疑问句里，意思为"不是……吧？（而是）……吧？"例如：

（94）ˀbu³³/ˀbou⁵⁵tɯk³³ haɯ⁵⁵ muŋ³³ poːi²⁴ pa³¹?　　haɯ⁵⁵ he⁵⁵

　　不　　是　让　你　去　（语气词）　让　他

poːi²⁴ la³³pa³¹?

　去　（语气词）

不是让你去吧，（而是）让他去的吧？

9. ni⁵⁵问句

这类问句一般都需要回答。ni⁵⁵的基本功能是寻求对方的参与或期盼对方回应，作用与汉语"呢"相当。例如：

（95）a. kou²⁴ ʔdak⁵⁵ ma²⁴ ɣa:n⁴², ʔan²⁴ tai³³saɯ²⁴ ku⁵⁵ ni⁵⁵？

　　　　　我　要　回　家　个　书包　我（语气词）

　　　　我要回家，我的书包呢？

　　 b. te²⁴ ʔbou⁵⁵ ŋa³³ nø³³jɯ:ŋ⁴², muɯŋ⁴² ni⁵⁵？

　　　　　她　不　馋　羊肉　　你（语气词）

　　　　她不喜欢（吃）羊肉，你呢？

（96）a. kou²⁴ nou⁴² he⁵⁵ ʔbou⁵⁵/ʔbu³³ tiŋ³⁵ ni⁵⁵？

　　　　　我　说　他　不　　　听（语气词）

　　　　我说他不听呢？

　　 b. ʔan²⁴ɣa:n⁴² he⁵⁵ ʔjou³⁵ muɯn³⁵ɣaɯ⁴² ni⁵⁵？

　　　　　房子　他　在　哪里　（语气词）

　　　　他家在哪儿呢？

　　 c. muɯŋ⁴² nou⁴² he⁵⁵ tou⁵⁵ ʔbu³³/ʔbou⁵⁵ tou⁵⁵ ni⁵⁵？

　　　　　你　说　他　来　不　　　来（语气词）

　　　　你说他来不来呢？

（95）ni⁵⁵前面只是一个名词短语，是未知信息，语气词 ni⁵⁵ 不能省略。
（96）语气词 ni⁵⁵ 的前面则是一个完整的句子，a 句的信息联系都很完整，
语气词 ni⁵⁵ 把一般陈述句变成了疑问句，这句话可看作是表示"假设的疑
问"，隐含着"如果……那怎么办"的意思；b 句中有疑问词 muɯn³⁵ɣaɯ⁴²
"哪里"，所以 ni⁵⁵ 并不是十分必要的。ni⁵⁵ 也常常用于选择疑问句，如 C 句
（请参阅本章"选择疑问句"一节）。

10. ʔbou⁵⁵（pou⁵⁵）问句

ʔbou⁵⁵ "不"原本是否定标记词。当ʔbou⁵⁵没有放在谓语动词之前而是放
在陈述句之后时，它就已经被语法化了，语音甚至常变读为清音 pou⁵⁵，其功
能不再是表示否定意义，而是将一般陈述句变成了一般疑问句。试比较：

（97）a. muɯŋ⁴² çou³⁵ ku⁵⁵ po:i²⁴/pi³³ haɯ²⁴.

　　　　　你　和　我　去　　集市

　　　　你和我去赶集。（一般陈述句）

　　 b. muɯŋ⁴² çou³⁵ ku⁵⁵ po:i²⁴/pi³³ haɯ²⁴ ʔbou⁵⁵/pou⁵⁵？

　　　　　你　和　我　去　　集市　（语气词）

　　　　你和我去赶集吗？　（一般疑问句）

（98）a. kou²⁴ ʔjap⁴²çiŋ⁴² pi³³/po:i²⁴ laŋ²⁴ he⁵⁵ çe:t³⁵.

　　　　　我　一会儿　去　　处所　她　玩

　　　　我一会儿去她家玩。　（一般陈述句）

b. muɯŋ⁴² pi³³/po:i²⁴ laŋ²⁴ he⁵⁵ ɕe:t³⁵ ʔbou⁵⁵/pou⁵⁵？

　　你　去　　处所　她　玩　（语气词）

　　你一会儿去她家玩吗？　（一般疑问句）

这类ʔbou⁵⁵问句表示的是一种邀请参与的意义，希望得到对方同意。ʔbou⁵⁵语法功能上与语气词 le⁵⁵ "吗"相当，作为一种疑问语气词在燕齐壮语中已被广为使用。汉语的"不"也有类似的用法，"不"读轻声如"啵"用在句尾，其作用相当于"吗"。试比较：

（99）a. muɯŋ⁴² po:i²⁴ ʔbou⁵⁵ po:i²⁴？　你去不去？

　　　　你　去　　不　去

b. muɯŋ⁴² po:i²⁴ ʔbou⁵⁵/pou⁵⁵？　你去不？（你去吗？）

　　你　去　　不

实际上ʔbou⁵⁵问句也隐含着对 A 作倾向性选择，即："A，或者不 A"，如（99）。

11.（ʔbou⁵⁵/hi⁵⁵）jaŋ⁴²问句

（ʔbou⁵⁵/hi⁵⁵）jaŋ⁴²是个否定副词，放在句尾时，可以将陈述句变成疑问句。其基本功能与汉语表疑问的"没有"、"了吗"类似，是针对过去的行为或者状况在说话之前是否已经发生的疑问，希望得到肯定的回答。例如：

（100）a. muɯŋ⁴² kɯ²⁴ hou⁴²ɕou⁴²（ʔbou⁵⁵/hi⁵⁵）jaŋ⁴²？

　　　　你　吃　晚饭　　　　　　没有

　　你吃晚饭了没有？

b. muɯŋ⁴² nou⁴² te²⁴ ma²⁴ taŋ⁴² ɣa:n⁴²（ʔbou⁵⁵/hi⁵⁵）jaŋ⁴²？

　　你　说　他　回　到　家　　　没有

　　你说他回到家了没有？

（101）a. te²⁴ ham³³lɯ:n⁴² ta⁵⁵ te:n²⁴wa²⁴ hau⁵⁵ muɯŋ⁴²

　　　他　昨晚　　打　电话　　给　你

（ʔbou⁵⁵/hi⁵⁵）jaŋ⁴²？

　　　　　　　没有

他昨晚给你打电话了没有？

b. ki³⁵wa³³ n⁴² kou²⁴ nou⁴² kwa³⁵（ʔbou⁵⁵/hi⁵⁵）jaŋ⁴²？

　　话　这　我　说　过　　　没有

　这些话我说过了没有？

这类问句中的前一个成分ʔbou⁵⁵/ hi⁵⁵通常可以省略。jaŋ⁴²问句也是隐含着选择语气，即省略了语气词 jaŋ⁴²前面的谓词短语。如（101b）完整式的应该是：

（101'）b. ki³⁵wa³³ ni⁴² kou²⁴ nou⁴² kwa³⁵（ʔbou⁵⁵/hi⁵⁵）jaŋ⁴²

　　　　话　这　我　说　过　　　没有

nou⁴² kwa³⁵?

说　过

12.（hom²⁴）me³⁵问句

me³⁵的功能是对已知的句子谓语动词的动作行为的反复性、重复性进行疑问，期待肯定回答。因此，通常在me³⁵之前加上副词hom²⁴“再”，其语义相当于“还（再）……吗？”例如：

（102）a. muɯ⁴² ham³³ni⁴² kwa³⁵tou⁵⁵ ku³³ɕam⁴² me³⁵?

你　今晚　过　来　玩耍　（语气词）

你今晚还过来玩耍吗？

b. te²⁴ ʔdai⁵⁵ ko:i³⁵ muɯ³³ hom²⁴ me³⁵?

他　能　记　你　再（语气词）

他还记得你吗？

（103）a. haɯ⁵⁵ ku⁵⁵ po:i²⁴ me³⁵?　　还让我去吗？

让　我　去　（语气词）

b. he:u³³ he⁵⁵ ma²⁴ kɯ²⁴ lou⁵⁵ hom²⁴ me³⁵?

叫　他　回　喝　酒　再　（语气词）

还叫他回来喝酒吗？

如果是用于否定式疑问，me³⁵要变读为me⁵⁵，相当于“……了吗”。例如：

（104）a. ʔbu³³/ʔbou⁵⁵ haɯ⁵⁵ ku⁵⁵ po:i²⁴ me⁵⁵?

不　　让　我　去　（语气词）

不再让我去了吗？

b. te²⁴ ʔbu³³/ʔbou⁵⁵ ʔdai⁵⁵ko:i³⁵ muɯ³³（hom²⁴）me⁵⁵?

他　不　　记得　　你　再　（语气词）

他不再记得你了吗？

13. ha³³lu³¹问句

语气词ha³³lu³¹的疑问语气不太明显。在一定语境下，ha³³lu³¹用来表达疑问语气的同时，隐含着“由于某种原因”而“征求意见”的倾向，也隐含有选择性意义。例如：

（105）a. jɯ:ŋ³³ni⁴² muɯ⁴² po:i²⁴ ha³³lu³¹?

这样　你　去　（语气词）

那（要不）你去吧？

b. muɯ⁴² ham³³n⁴² tou⁵⁵ laŋ²⁴ ku⁵⁵ kɯ²⁴ lou⁵⁵ ha³³lu³¹?

你　今晚　来　处　我　吃　酒　（语气词）

你（要不）今晚来我家喝酒吧？

（106）a. mɯŋ⁴² ʔbu³³/ʔbou⁵⁵ ʔdai⁵⁵ ma²⁴, haɯ⁵⁵ he⁵⁵ ma²⁴ ha³³lu³¹？

　　　　　你　不　　　得　回　让　他　回（语气词）

　　　　你回不来，（要不）让他回来吧？

　　　b. te²⁴ ʔbu³³/ʔbou⁵⁵ kɯ²⁴, mɯŋ⁴² kɯ²⁴ ha³³lu³¹？

　　　　　他　不　　　吃　你　吃　（语气词）

　　　　他不吃，（要不）你吃吧？

ha³³lu³¹问句形式上有点儿像一般疑问句，语义上却是表达"征求"设问语气，可以分析为"如果……，就……，好吗"的意思。（105a/b）两句没有说明疑问语气产生的原因，而（106a/b）两句的第一个分句则把疑问语气的原因说明。如（105a/b）两句可以分别用"如果他不去，你去，好吗"、"如果你没地方喝酒或一个人喝酒不爽，你来我家喝，好吗"来解释。

14. "tɯk³³+ʔbou⁵⁵ tɯk³³"问句

从语义功能上看，"tɯk³³+ʔbou⁵⁵ tɯk³³"问句有很强烈倾向性，期望所疑问内容必须得到对方证实。例如：

（107）a. mɯŋ⁴² tɯk³³ ʔbu³³/ʔbou⁵⁵ tɯk³³ pi³³/po:i²⁴ laŋ²⁴ he⁵⁵？

　　　　　你　是　不　　　是　去　　　处所　他

　　　　你是不是去他家？

　　　b. te²⁴ tɯk³³ ʔbu³³/ʔbou⁵⁵ tɯk³³ pan⁴²sa:u²⁴ ɣa:i³¹ɕa:i³¹？

　　　　　她　是　不　　　是　漂亮　　　很

　　　　她是不是很漂亮？

　　　c. te²⁴ tɯk³³ tou⁵⁵ ɣa²⁴ mɯŋ³³ ʔbu³³/ʔbou⁵⁵ tɯk³³？

　　　　　她　是　来　找　你　不　　　是

　　　　她是不是来找你？

　　　d. tɯk³³ te²⁴ he:u³³ ku⁵⁵ pi³³/po:i²⁴ kɯ²⁴ lou⁵⁵ ʔbu³³/ʔbou⁵⁵ tɯk³³？

　　　　　是　他　叫　我　去　　　吃　酒　不　　　是

　　　　是不是他叫我去喝酒？

（108）a. tɯk³³ ʔbu³³/ʔbou⁵⁵ tɯk³³ mɯŋ⁴² haɯ⁵⁵ ŋan⁴² he⁵⁵？

　　　　　是　不　　　是　你　给　钱　她

　　　　是不是你给她钱？

　　　b. tɯk³³ ʔbu³³/ʔbou⁵⁵ tɯk³³ ham³³ la:i²⁴ lu³³？

　　　　　是　不　　　是　晚　多（语气词）

　　　　是不是太晚了？

从上面例句可以看出，名词短语、动词短语、形容词短语可以插入 tɯk³³ 与ʔbou⁵⁵ tɯk³³之间，如（107c/d）；也可以紧跟在"tɯk³³+ʔbou⁵⁵ tɯk³³"格式之后，如（108）。这类问句的回答是用 tɯk³³ "是"或ʔbou⁵⁵ tɯk³³ "不是"。

15. "A+ʔbou⁵⁵（不）+A" 问句

这类问句主要是通过动词的肯定与否定形式，直接从动作行为的正反面进行疑问。句中的动词是及物动词或不及物动词均可，前后的动词"A"视为同一个语音形式。这种句型往往表现的是现在或将来的事情，但基本都是无倾向性的，即对方的回答是肯定或否定的并不重要。例如：

（109）a. muɯŋ⁴² naŋ³³ ʔbu³³/ʔbou⁵⁵ naŋ³³？　　你坐不坐？
　　　　　　 你　　 坐　　 不　　　　　坐

　　　　b. muɯŋ⁴² kɯ²⁴ hou³¹ ʔbu³³/ʔbou⁵⁵ kɯ²⁴？　你吃不吃饭？
　　　　　　 你　　 吃　　 饭　　 不　　　　吃

（110）a. sou²⁴ ɕuɯ³⁵ma:n³³ ʔou²⁴ ʔbu³³/ʔbou⁵⁵ ʔou²⁴？
　　　　　　 你们　　 辣酱　　 要　　 不　　　　　要
　　　　　　 你们辣酱要不要？

　　　　b. muɯŋ⁴² ɲi:n³³ ku³³ ʔbu³³/ʔbou⁵⁵ ɲi:n³³？
　　　　　　 你　 愿　 做　 不　　　　 愿
　　　　　　 你愿意不愿意做？
　　　　　　——ɲi:n³³.　　　愿意（做）。
　　　　　　　　愿

这几个例子各有特点：（109b）宾语 hou³¹ "饭"放在第一个动词"A"之后，这一点与汉语的表达方式不同，汉语的宾语一般都放在第二个动词"A"之后；（110a）的宾语 ɕuɯ³⁵ma:n³³ "辣酱"提前，被放在第一个动词"A"之前。这类句子是针对谓语动词疑问而非其他成分。当动词是及物动词时，宾语只能跟在第一个动词"A"之后。当句子中有助动词（能愿动词）时，只对言语者的意愿进行疑问，而不是对主要动词，如（110b）。

"A+ʔbou⁵⁵+A" 问句也可以对某一事项的性质状态进行疑问：

（111）a. ʔan²⁴ ʔo:i⁵⁵ ni⁴² naŋ³³ ʔø:n⁵⁵ ʔbu³³/ʔbou⁵⁵ ʔø:n⁵⁵？
　　　　　　 个　 椅子　 这　 坐　 稳　 不　　　　　 稳
　　　　　　 这个椅子坐着舒适不舒适？

　　　　b. ta³³ ni⁴² pan⁴²sa:u²⁴ ʔbu³³/ʔbou⁵⁵ pan⁴²sa:u²⁴？
　　　　　　 个　 这　 漂亮　 不　　　　　 漂亮
　　　　　　 这个女孩漂亮不漂亮？

上文说过，"A+ʔbou⁵⁵+A" 句型是无倾向性的，但是若在其后加上语气词 ne³¹ 时，其倾向性就很明显了，希望尽快得到对方的明确答复，例如：

（112）a. muɯŋ⁴² tou⁵⁵ ʔbu³³/ʔbou⁵⁵ tou⁵⁵ ne³¹？
　　　　　　 你　 来　 不　　　　 来　（语气词）
　　　　　　 你（到底）来不来啊？

b. te²⁴ haŋ⁵⁵ ʔbu³³/ʔbou⁵⁵ haŋ⁵⁵ kɯ²⁴ ne³¹?

　　他　喜欢　不　　　喜欢　吃（语气词）

　　他（到底）喜欢不喜欢吃啊？

16. "A+ʔbou⁵⁵jaŋ⁴²（没有）+A"问句

　　从形式上看，"A +ʔbou⁵⁵jaŋ⁴²（没有）A"问句与"Aʔbou⁵⁵A"问句非常相似，但二者的语义功能是有差异的。"Aʔbou⁵⁵jaŋ⁴²A"问的是过去的行为或者状况在说话之前是否已经发生；而"Aʔbou⁵⁵A"问的是未来的行为或者状况。试比较：

（113）a. mɯŋ⁴² kɯ²⁴ hou³¹ ʔbu³³/ʔbou⁵⁵ kɯ²⁴?

　　　　你　吃　饭　不　　吃

　　　　你吃不吃饭？　　　（是否要"吃饭"）

　　　b. mɯŋ⁴² kɯ²⁴ hou³¹ ʔbu³³/ʔbou⁵⁵jaŋ⁴² kɯ²⁴?

　　　　你　吃　饭　没有　　　吃

　　　　你吃过饭了没有？　　（是否已经"吃饭"）

（114）a. mɯŋ⁴² tok³³ saɯ²⁴ ʔbu³³/ʔbou⁵⁵ tok³³?

　　　　你　读　书　不　　　读

　　　　你上不上学？　　　（是否要"上学"）

　　　b. mɯŋ⁴² tok³³ saɯ²⁴ ʔbu³³/ʔbou⁵⁵jaŋ⁴² tok³³?

　　　　你　读　书　没有　　　　读

　　　　你上学了没有？　　（是否已经"上学"）

　　显然，用"A+ʔbou⁵⁵jaŋ⁴²+A"句式时，一般是对过去的行为或状况而疑问。但句中"A"是表示属有动词mi⁴²"有"时，说的却是现在的事情。例如：

（115）a. mɯŋ⁴² mi⁴² ŋan⁴² ʔbu³³/ʔbou⁵⁵ mi⁴²?

　　　　你　有　钱　不　　　有

　　　　你有没有钱？　　　（言外之意是"想借钱"）

　　　b. mɯŋ⁴² mi⁴² ŋan⁴² ʔbu³³/ʔbou⁵⁵jaŋ⁴² mi⁴²?

　　　　你　有　钱　没有　　　有

　　　　你有钱了没有？　（言外之意是"该还钱"）

　　"A+ʔbou⁵⁵+A"问句的回答形式肯定式用动词"A"，否定式ʔbou⁵⁵A。"A+ʔbou⁵⁵jaŋ⁴²+A"句型的回答形式却不一样，肯定式的回答，一般是在重复动词"A"的基础上，加上"完成体"标记lu³³"了"来表示情况发生了变化；否定回答用"ʔbou⁵⁵jaŋ⁴²"即可。例如：

（116）a. mɯŋ⁴² ma²⁴ ɣa:n⁴² ʔbu³³/ʔbou⁵⁵jaŋ⁴² ma²⁴?

　　　　你　回　家　没有　　　　回

　　　　你回家了没有？

　　b. ma²⁴ lu³³.　　　　　回（家）了。（肯定式）

　　　　回　（体标记）

　　c. ʔbu³³/ʔbou⁵⁵jaŋ⁴².　　　没有。（否定式）

　　　　没有

　　d. muŋ⁴² ma²⁴ ɣa:n⁴² ʔbu³³/ʔbou⁵⁵/hi⁵⁵jaŋ⁴²?

　　　　你　回　家　　　没有

　　你回家了没有？

　　在"A+ʔbou⁵⁵jaŋ⁴²+A"句型中的第二个动词"A"常常是可以省略的，对语义的影响关系不大（参阅"一般疑问句"一节），如（116d）。

三、选择疑问句

　　选择疑问句是要求话语参与者在两个特定对象中进行选择。从构成方式上看，燕齐壮语的选择疑问句的种类并不少，最明显的疑问形式是有标记 ha³¹nou⁴²/ɣø³¹nou⁴² "还是"，即"A+ha³¹nou⁴²/ɣø³¹nou⁴²+A"、"ɣø³¹（知道）+名词短语+A+ʔbou⁵⁵（不）+A"或者"ɣø³¹（知道）+A+nou⁴² ʔdɯ:i²⁴（没有）"。其他形式还有上文一般疑问句已经讨论了的"A+ʔbou⁵⁵（不）+A"、"tɯk³³（是）+ʔbou⁵⁵（不）+ tɯk³³（是）"等句型。

　　（一）ha³¹nou⁴²（ɣø³¹nou⁴²）问句

　　这一问句要求对方进行"二选一"作答。在这类问句里，ɣø³¹nou⁴²和 ha³¹nou⁴²一样都是表示选择意义，二者可以互相替换。这里，我们以 ha³¹nou⁴²为主加以说明。

　　1. ha³¹nou⁴²对动词短语的疑问选择，有两种基本结构：第一种是第一个"A"是动作行为的肯定形式，第二个"A"则是带否定标记ʔbou⁵⁵的动作行为否定形式，二者结合后构成选择，构成"A 还是不 A？"格式：

　　（117）a. kou²⁴ po:i²⁴ ha³¹nou⁴² ʔbu³³/ʔbou⁵⁵ po:i²⁴?

　　　　　　我　去　　还是　　不　　去

　　　　我去还是不去？

　　b. muŋ⁴² kɯn²⁴ ha³¹nou⁴² ʔbu³³/ʔbou⁵⁵ kɯn²⁴?

　　　　你　吃　　还是　　不　　吃

　　　　你吃还是不吃？

　　第二种是动词相同，宾语不同，如（118a）；或者动词不同，构成"A+ha³¹nou⁴²+B"格式，如（118b）：

　　（118）a. te²⁴ ʔjaɯ⁵⁵ sau²⁴ ha³¹nou⁴² ʔjaɯ⁵⁵ te:n²⁴ɕi²⁴?

　　　　　　他　看　书　还是　　看　电视

　　　　他看书还是看电视？

　　b. muɯŋ⁴² ŋon⁴²n⁴² ʔjou³⁵ ɣa:n⁴² ha³¹nou⁴² pi³³/po:i²⁴ haɯ²⁴?

　　　　你　今天　　在　　家　　还是　去　　　集市

　　你今天在家还是去赶集。

　　"A+ ha³¹nou⁴²+B"的疑问选择尤其适用于对状态/性状动词短语的疑问选择，特别是一对相反的或相对的状态动词（形容词）。例如：

（119）a. ki³⁵sai³³ ni⁴² ɕan²⁴ ha³¹nou⁴² kja⁵⁵?

　　　　　事情　　这　真　　还是　　假

　　　　这事儿（是）真的还是假的？

　　　b. te²⁴ pi⁴² ha³¹nou⁴² plø:m²⁴?

　　　　　他　胖　还是　　瘦

　　　　他（是）胖了还是瘦了？

（120）a. muɯŋ⁴² ʔjaɯ⁵⁵ ku⁵⁵ sa:ŋ²⁴ ha³¹nou⁴² tam³⁵?

　　　　　你　　看　　我　高　　还是　　矮

　　　　你看我（个子）高还是（个子）矮？

　　　b. ti:u⁴² pu³³ ni⁴² ɕiŋ³³ ha³¹nou⁴² nɯk⁵⁵?

　　　　　条　衣服　这　干净　还是　　脏

　　　　这件衣服干净还是脏？

　　2. ha³¹nou⁴²问句也能用于对分句或名词短语进行疑问选择，但每个分句的主语（名词短语）不同。例如：

（121）a. kø²⁴ fai³¹ ni⁴² sa:ŋ²⁴ ha³¹nou⁴² kø²⁴ fai³¹ he⁵⁵ sa:ŋ²⁴?

　　　　　棵　树　这　高　　还是　　棵　树　那　高

　　　　这棵树高还是那棵树高？

　　　b. tu⁴²ma²⁴ pu:t³⁵ wa:i³⁵ ha³¹nou⁴² tu⁴²me:u⁴² pu:t³⁵ wa:i³⁵?

　　　　　只　狗　跑　快　　还是　　只　猫　跑　　快

　　　　狗跑得快还是猫跑得快？

（122）muɯŋ⁴² ha³¹nou⁴² te²⁴ ʔjou³⁵ ra:n⁴² te³⁵ ku⁵⁵?

　　　　　你　　还是　他　在　家　等　我

　　　　你还是他在家等我？

　　选择疑问的语调往往使用升调。前文提到的语气词 ni⁵⁵ "呢"也可以紧跟在一个选择疑问句之后，但这种用法是非强制性的，疑问句的意义并没有随 ni⁵⁵ "呢"的有无而有任何改变，所以句中的 ni⁵⁵常常省略：

（123）a. kou²⁴ po:i²⁴ ha³¹nou⁴² ʔbu³³/ʔbou⁵⁵ po:i²⁴（ni⁵⁵）?

　　　　　我　去　　还是　　不　　　去　（语气词）

　　　　我去还是不去（呢）？

　　b. muɯŋ⁴² po:i²⁴ pan⁴² ha³¹nou⁴² te²⁴ po:i²⁴ pan⁴²（ni⁵⁵）？

　　　你　去　好　还是　他　去　好（语气词）

　　你去好还是他去好（呢）？

　　3. ha³¹nou⁴²疑问句可以在句尾加上语气词 lu³³/lo³³na³³时，作为选择对象的第二个分句或名词短语可以省略。例如：

（124）a. ku³³ma⁴² ʔbu³³/ʔbou⁵⁵ tuɯk³³？ ʔba:t³⁵ he⁵⁵ muɯŋ⁴² haɯ⁵⁵

　　　　什么　不　是　　　次　那　你　让

　　　ku⁵⁵ taɯ⁴² hou³¹ pi³³/po:i²⁴ he⁵⁵ ha³¹nou⁴² lu³³na³³？

　　　我　拿　米　去　　她　或者　（语气词）

　　　怎么不是啊？那次是不是你让我拿大米去给她（或者拿其他）？

　　b. ŋon⁴²ço:k³³ te:ŋ²⁴ he⁵⁵ ku³³ çi³¹hi⁴²saŋ³³ ha³¹nou⁴² lu³³na³³？

　　　明天　　轮　他　做　值日生　　或者　（语气词）

　　　明天是不是轮到他做值日生（还是谁）？

（125）a. te²⁴ ŋon⁴²lɯ:n⁴² tou⁵⁵ ha³¹nou⁴² lo³³na³³？

　　　　他　昨天　来　或者　（语气词）

　　　他是不是昨天来（还是什么时候）啊？

　　b. ʔdaɯ²⁴ tai³³ he⁵⁵ çou³¹lou⁵⁵ ha³¹nou⁴² lu³³na³³？

　　　　里　袋子　那　装　酒　或者　（语气词）

　　　那个袋子里是不是装着酒（还是其他）啊？

　　上述例子中的另一个选择项并没有出现，这是由于语气词 lu³³na³³的使用。问句的言外之意是"如果不是这个，那么又能是什么呢？"如（124a）虽省略了受益格标记 haɯ⁵⁵，但它是在提醒对方"那次你让我拿东西去给她了"（肯定有这回事），可"是不是拿大米"（却不能肯定）；b 句提醒对方"要做值日生的"，可"是不是轮到他"也不能肯定。这两个句子都希望对方给出肯定的回答。（125）也是如此。显然，ha³¹nou⁴²问句是用已有的一个选择项作参照，达到希望对方确定之目的。

　　（二）"ɣø³¹+名词短语+A+ʔbou⁵⁵+A"问句

　　这是燕齐壮语中一种较为特别的疑问方式，问话者对选择表示疑问，字面意思是"（不）知道 A 不 A"。例如：

（126）a. ʔdak⁵⁵ n⁴²，ɣø³¹ he⁵⁵ tou⁵⁵ ʔbu³³/ʔbou⁵⁵ tou⁵⁵？

　　　　个　这　知道　他　来　不　　　来

　　　这个人啊，不知道他来不来？

　　b. ʔan²⁴ tai³³ n⁴²，ɣø³¹ ʔdaɯ²⁴ he⁵⁵ çou³¹ saɯ²⁴ ʔbu³³/

　　　　个　袋子　这　知道　里　那　装　书　不

ʔbou⁵⁵ ɕou³¹?

　　装

这个袋子，不知道里面装没装书？

　　类似的问句，语用上要表达的是"想知道（某人）做没做（某事）"或"想知道（某事）发生没发生"的意思。如（126）两句可分析为"（我）想知道他来不来"、"（我）想知道这个袋子里是不是//有没有装着书"。

　　在日常言语中，还有与"ɣø³¹+名词短语+A+ʔbou⁵⁵+A"格式相近的问句，即"ɣø³¹（+名词短语）+A+nou⁴² ʔdɯ:i²⁴（没有、空白）"问句。该问句表示说话者因为对某种状况感到关切而"想知道（某甲）有没有做某事"或者"（某事）有没有发生"。在这样的问句中，其中的宾语一般都作为焦点提前到句首。例如：

（127）a. ʔdak⁵⁵ ɕaɯ³¹ plak⁵⁵, ɣø³¹　mi⁴² ha:i²⁴ nou⁴² ʔdɯ:i²⁴?

　　　　　要　　买　菜　　知道　有　卖　　　没有

　　　　　想买菜，不知道有没有卖？

　　　b. ki³⁵plak⁵⁵ ham³lɯ:n⁴², ɣø³¹ tu⁴²mou²⁴ kɯ²⁴ nou⁴² ʔdɯ:i²⁴?

　　　　　些　菜　　昨晚　　　知道 只　猪　吃　　没有

　　　　　昨晚的菜，不知道猪吃没有吃？

（三）其他问句

　　除了上述两种特殊形式的选择疑问句外，燕齐壮语还有一种类似选择疑问句的句型：在陈述句后边加上 pan⁴² ʔbou⁵⁵pan⁴²"好不好"、te:ŋ²⁴ ʔbou⁵⁵te:ŋ²⁴"对不对"、ʔdai⁵⁵ ʔbou⁵⁵ ʔdai⁵"行不行"，表示寻求同意，这种问句被称为"附加疑问句"：[①]

（128）a. ɣou⁴² tø⁴²ɕou³⁵ po:i²⁴, pan⁴² ʔbu³³/ʔbou⁵⁵ pan⁴²?

　　　　　我们　一起　去　好　不　　　好

　　　　　我们一起去，好不好？

　　　b. mɯŋ⁴² ham³³ni⁴² tou⁵⁵ pu:n³¹ ku⁵⁵, pan⁴² ʔbu³³/ʔbou⁵⁵ pan⁴²?

　　　　　你　今晚　来　陪　我　好　不　　　好

　　　　　你今晚来陪我，好不好？

（129）a. mɯŋ⁴² ɕi³⁵ ŋan⁴² haɯ⁵⁵ ku⁵⁵, ʔdai⁵⁵ ʔbu³³/ʔbou⁵⁵ ʔdai⁵?

　　　　　你　借　钱　给　我　得　不　　　得

　　　　　你给我借点钱，行不行？

　　　b. mɯŋ⁴² nou⁴² ku⁵⁵ ka:ŋ⁵⁵ jɯ:ŋ³³ni⁴², te:ŋ²⁴ ʔbu³³/ʔbou⁵⁵ te:ŋ²⁴?

　　　　　你　说　我　讲　这样　对　不　　　对

　　　　　你说我这样讲，对不对？

_____

① 李英哲等：《实用汉语参考语法》，北京语言学院出版社，第 61 页。

这种附加疑问句形式，其倾向性虽然也很明显，语气上带有反诘性质，但却是一种征询意见的句式特征，与主要谓语动词没有什么关系，最终目的是希望得到一个肯定的回答。因此不要将它们混同于一般的"A+ʔbou⁵⁵+A"式的疑问句。试比较：

（130）muɯŋ⁴² hat⁵⁵çø:k³³ tou⁵⁵, pan⁴² ʔbu³³/ʔbou⁵⁵ pan⁴²？

　　　　　你　　明早　　来　　好　　不　　　　好

　　　你明早来，好不好？

（131）ti:u⁴² pu³³ mø³⁵ ni⁴² pan⁴² ʔbu³³/ʔbou⁵⁵ pan⁴²？

　　　　条　衣服　新　这　好　不　　　　好

　　　这件新衣服好不好？

（130）是附加疑问句，而（131）是"A+ʔbou⁵⁵+A"式的选择疑问句。

四、疑问词疑问句

"疑问词疑问句"就是直接用疑问词来作标记的疑问句，也是许多语言中最常见也最普通的一种疑问方式。燕齐壮语中能用作疑问句标记的疑问词有 plaɯ⁴² "谁"、so:i⁴²ɣaɯ⁴² "什么时候"、muɯ³⁵ɣaɯ⁴² "哪里"、ki³⁵ma⁴² "什么"、wi³³ma⁴² "为什么"、ka³³la:i²⁴ "多少"、ha³¹ɣaɯ⁴² "怎么"、ko:i⁵⁵ "几"、ɣaɯ⁴² "哪"等，这类疑问句主要针对人物、事物、时间、处所、原因、数量、方式等方面进行疑问。例如：

（132）a. muɯŋ⁴² çou³⁵ plaɯ⁴² ma²⁴ ɣa:n⁴²？　你跟谁回家？

　　　　　　你　跟　谁　回　家

　　　　b. muɯŋ⁴² so:i⁴²ɣaɯ⁴² tou⁵⁵ pɯ³¹kiŋ³³？你何时来北京？

　　　　　　你　什么时候　来　　北京

（133）a. muɯŋ⁴² po:i²⁴ muɯ³⁵ɣaɯ⁴² ɣa²⁴ he⁵⁵？你去哪里找她？

　　　　　　你　去　　哪里　　找　她

　　　　b. muɯŋ⁴² po:i²⁴ haɯ²⁴ çaɯ³¹ ki³⁵ma⁴²？你去集市买什么？

　　　　　　你　去　集市　买　什么

（134）te²⁴ wi³³ma⁴² ʔbou⁵⁵ çou³⁵ muɯŋ³³ tou⁵⁵？他为何不跟你来？

　　　　他　为什么　不　跟　你　来

（135）a. çuŋ⁵⁵ ma:k³⁵ ni⁴² ha:i²⁴ ka³³la:i²⁴ ŋan⁴² kan²⁴？

　　　　　种　水果　这　买　多少　钱　斤

　　　　这种水果多少钱一斤？

　　　　b. ti:u⁴² tai⁴²mok³³ ni⁴² ha³¹ɣaɯ⁴² ku³³？这道题目怎么做？

　　　　　条　题目　这　怎么　做

　　　　c. muɯŋ⁴² mi⁴² ko:i⁵⁵ pou³¹ po:i³¹nu:ŋ³¹？你有几个兄弟？

　　　　　你　有　几　个　　兄弟

（136）a. ʔan²⁴ pa:t³⁵ ɣaɯ⁴² ʔan²⁴ muɯŋ⁴²?　哪个盆子是你的？

　　　　个　盆　哪　个　你

　　b. ka:i³⁵ he⁵⁵ ka:i³⁵ ma⁴²?　那个是什么东西？

　　东西那　东西　什么

从上述例子中看到，燕齐壮语中大部分的疑问词及其回答词序跟汉语类似，两者疑问词的句法意义大致相同，如（132）至（135）。但也有句法结构较为特殊的疑问词，须与名词短语结合，如（136）。

疑问词一般很少出现在句首，只有 plaɯ⁴²、wi³³ma⁴²等表示"人"或"原因"的疑问词可以放在句首，特别是 wi³³ma⁴²更显其灵活性，放在"施事者"（主语）的前或者后均可。例如：

（137）a. plaɯ⁴² ʔdak⁵⁵ ʔjou³⁵ ɣa:n⁴² ta⁵⁵ɕaɯ⁵⁵?　谁要在家做饭？

　　　　谁　要　在　家　煮食

　　b. wi³³ma⁴² te²⁴ ʔbu³³/ʔbou⁵⁵ haŋ⁵⁵ pi³³/po:i²⁴ tok³³ saɯ²⁴?

　　为什么　他　不　　喜欢去　　读　书

　　为什么他不喜欢去上学？

　　c. te²⁴ wi³³ma⁴² ʔbu³³/ʔbou⁵⁵ haŋ⁵⁵ tok³³ saɯ²⁴?

　　他　为什么　不　　喜欢　读　书

　　他为什么不喜欢上学？

所有的疑问词疑问句都可以带语气词 ni⁵⁵ "呢"或 ne³¹/je³¹ "啊/呀"，构成一种反诘句形式，隐含着猜测、商量的语气，疑问心情、语气较重。例如：

（138）a. tɯk³³ plaɯ⁴² tou⁵⁵ laŋ²⁴　ku⁵⁵ ni⁵⁵?

　　　　是　谁　来　处所　我（语气词）

　　　　是谁来我家呢？

　　b. tɯk³³ plaɯ⁴² tou⁵⁵ laŋ²⁴　ku⁵⁵ ne³¹/je³¹?

　　　　是　谁　来　处所　我（语气词）

　　　　是谁来我家啊（呀）？

（139）a. tu⁴² kai³⁵ ni⁴² mi⁴² ko:i⁵⁵ kan²⁴ ni⁵⁵?

　　　　只　鸡　这　有　几　斤　（语气词）

　　　　这只鸡有几斤呢？

　　b. tu⁴² kai³⁵ ni⁴² mi⁴² ko:i⁵⁵ kan²⁴ ne³¹/je³¹?

　　　　只　鸡　这　有　几　斤　（语气词）

　　　　这只鸡有几斤啊（呀）？

不过，带 ni⁵⁵或 ne³¹/je³¹的疑问句多用于说话者的内心猜测，否则可用"到底怎么样，快说啊"来解释，需要回答。

第三节　否定句

　　燕齐壮语否定词有三个：ʔbou⁵⁵ "不"、ʔbou⁵⁵/hi⁵⁵jaŋ⁴² "没有/还没有"和koŋ²⁴ "别"，它们分别作为一般式否定句和禁止式否定句的标记（以koŋ²⁴ "别"为标记的否定句带有祈使的语气，我们把它放到"祈使句"里一起介绍）。

一、一般否定句

　　从上一节"选择疑问句"中可以看到，"A+ʔbou⁵⁵或ʔbou⁵⁵/hi⁵⁵jaŋ⁴²+A"格式实际上是由动作行为的肯定或否定形式构成的选择意义，使我们从一个侧面了解"ʔbou⁵⁵或ʔbou⁵⁵/hi⁵⁵jaŋ⁴²+动词（含状态动词/形容词）"是否定句的主要结构。又例如：

　　（140）a. te²⁴ ʔbu³³/ʔbou⁵⁵ ku²⁴ hou³¹.　她不吃饭。
　　　　　　 他　不　　 吃　饭

　　　　 b. tu⁴² ma²⁴ ni⁴² ʔbu³³/ʔbou⁵⁵ ɣou³⁵ wun⁴².
　　　　　　 只　狗　这　不　　　　吠　　人
　　　　　　 这只狗不冲人叫。

　　（141）a. lɯk³³ŋe⁴² ku⁵⁵ ʔbu³³/ʔbou⁵⁵ haŋ⁵⁵ nin⁴².
　　　　　　 孩子　我　不　　　　 喜欢　睡
　　　　　　 我孩子不爱睡觉。

　　　　 b. ʔdaɯ²⁴ tai³³ ʔbu³³/ʔbou⁵⁵ mi⁴² ŋan⁴².
　　　　　　 里　袋子　不　　　　 有　钱
　　　　　　 口袋里没有钱。

　　（142）a. ta⁴²pø³³ ku⁵⁵ ʔbu³³/ʔbou⁵⁵/hi⁵⁵jaŋ⁴²　ɣoŋ⁴²pa:n²⁴.
　　　　　　 父亲　我　没有　　　　　　　　　 下班
　　　　　　 我爸爸还没有下班。

　　　　 b. hø⁵⁵çe³³ ʔbu³³/ʔbou⁵⁵/hi⁵⁵jaŋ⁴²　hou⁵⁵ çe³³ça:n²⁴.
　　　　　　 火车　没有　　　　　　　　 进　车站
　　　　　　 火车还没有进车站。

　　当然，否定词ʔbou⁵⁵ "不"不仅用于陈述句式，而且可以用于疑问句式（这里恕不重述）。在口语中，ʔbou⁵⁵除了常常变读为ʔbu³³外，单个使用时，还可以变读为mi⁵⁵→mi³³，即mi⁵⁵为ʔbou⁵⁵的变体，mi³³是mi⁵⁵的变调形式。如（140）可以说成：

　　（140'）a. te²⁴ mi³³ ku²⁴ hou³¹.　　　她不吃饭。
　　　　　　 他　不　吃　饭

b. tu⁴² ma²⁴ ni⁴² mi³³ ɣou³⁵ wun⁴².　　这只狗不冲人叫。
　　只　狗　这　不　吠　人

一般否定句若需要加强否定的语气，往往在句尾加上语气词 lauɯ²⁴、mu²⁴。例如：

（143）a. kou²⁴ ʔbu³³/ʔbou⁵⁵ŋa³³ lou⁵⁵ lauɯ²⁴.　我不喜欢喝酒的。
　　　　　我　不　　　馋　酒（语气词）

b. te²⁴ nou⁴² te²⁴ ʔbu³³/ʔbou⁵⁵ po:i²⁴ lauɯ²⁴.　他说他不去的。
　　他　说　他　不　　去　（语气词）

（144）a. te²⁴ ɕuŋ⁵⁵ ʔbu³³/ʔbou⁵⁵ ɲi:n³³ ma²⁴ mu²⁴,　hauɯ⁵⁵ ku⁵⁵ ka:k³ ma²⁴.
　　　　　他　都　不　　　愿意　回（语气词）让　我　自己　回
他都不愿意回来了，他让我自己回来。

b. te²⁴ nou⁴² ham³³ni⁴² ʔbu³³/ʔbou⁵⁵ tou⁵⁵ mu²⁴,　hat⁵⁵ɕø:k³³
　　他　说　今晚　　不　　　来（语气词）　明早

me:n³³ tou⁵⁵.
　再　来

他说今晚不来了，明早再来。

mu²⁴含有强调"动作行为反复性"的意义，因此mu²⁴常和hom²⁴一起出现在否定句尾，强调"绝对不/再也不做某事"。例如：

（145）a. te²⁴ nou⁴² ŋon⁴²ɕo:k³³ ʔbu³³/ʔbou⁵⁵po:i²⁴（hom²⁴）mu²⁴.
　　　　　他　说　明天　　不　　　去　（语气词）
他说明天再也不去了。

b. pan⁴² ni⁴² kou²⁴ ʔbu³³/ʔbou⁵⁵ la:u²⁴ he⁵⁵（hom²⁴）mu²⁴.
　　今后　我　不　　　怕　他　（语气词）
我今后再也不惧怕他了。

二、否定的辖域

否定词的位置会影响否定的辖域。燕齐壮语的否定句也是如此。否定词的位置不同，辖域不同，意义也不同。例如：

（146）a. te²⁴ ʔbu³³/ʔbou⁵⁵ tou⁵⁵.　　他不来。
　　他　不　　　来

b. te²⁴ ʔbu³³/ʔbou⁵⁵ ʔdai⁵⁵ tou⁵⁵.　他不能来。（作状语）
　　他　不　　　得　来

c. te²⁴ tou⁵⁵ ʔbu³³/ʔbou⁵⁵ ʔdai⁵⁵.　他来不了。（补语）
　　他　来　不　　　得

（147）a. ʔwa:n⁵⁵ hou³¹ ni⁴² kou²⁴ ʔbu³³/ʔbou⁵⁵ ʔdai⁵⁵ kɯ²⁴ li:u³¹.
　　　　碗　饭　这　我　不　　　得　吃　完
这碗饭我不能吃完。　（状语）

　　b. $^{?}$wa:n^{55} hou^{31} ni^{42} kou^{24} ku^{24} $^{?}$bu^{33}/$^{?}$bou^{55} $^{?}$dai^{55} li:u^{31}.
　　　　碗　饭　这　我　吃　不　　　得　完
　　这碗饭我吃不完。（补语）

　　c. $^{?}$wa:n^{55} hou^{31} ni^{42} kou^{24} ku^{24} li:u^{31} $^{?}$bu^{33}/$^{?}$bou^{55} $^{?}$dai^{55}.
　　　　碗　饭　这　我　吃　完　不　　　得
　　这碗饭我吃不完。（补语）

$^{?}$bou^{55}在上面各句的辖域都不同。（146）中，与 a 句的否定形式不同的是，b 句$^{?}$bou^{55}否定$^{?}$dai^{55}而置于动词 tou^{55}之前，用作状语，意思是"他没得到允许来"，而 c 句意思是"他得到允许，但来不了"。（147a）指"能吃完，但不允许吃完"；b 句的意思是"允许吃完，但饭量有限，吃不了那么多"，而 c 句的意思是"想吃完，但不允许"。

$^{?}$bou^{55}常常与副词 ɕuŋ^{55}"都"连用。连用时，位置不同，辖域的范围也有大小之分。$^{?}$bou^{55}在 ɕuŋ^{55}之前，表示全部否定，在 ɕuŋ^{55}之后则是表示部分否定。例如：

（148）a. kjoŋ^{35}he^{55} ɕuŋ^{55} $^{?}$bu^{33}/$^{?}$bou^{55} tuɯk^{33} wun^{42} laŋ^{24} ku^{55}.
　　　　　他们　都　不　　　是　人　处所　我
　　　　他们都不是我老乡。

　　　b. ki^{35} saɯ^{24} kuɯn^{42}ta:i^{42} ɕuŋ^{55} $^{?}$bu^{33}/$^{?}$bou^{55} tuɯk^{33} ki^{35} he^{55}.
　　　　　的　书　桌上　都　不　　　是　的　他
　　　　桌上的书都不是他的。

（149）a. ki^{35} ŋan^{42} $^{?}$daɯ^{24} loŋ^{31} te^{24} $^{?}$bu^{33}/$^{?}$bou^{55} ɕuŋ^{55} $^{?}$ou^{24} li:u^{31}.
　　　　　的　钱　里　箱　他　不　　　都　拿　完
　　　　箱子里的钱他没有全拿走。

　　　b. kjoŋ^{35} po:i^{31}nu:ŋ^{31} he^{55} $^{?}$bu^{33}/$^{?}$bou^{55} ɕuŋ^{55} tou^{55} le^{33}.
　　　　　群　兄弟　他　不　　　都　来　（语气词）
　　　　他的亲戚不全都来。

$^{?}$bou^{55}与副词 ɕuŋ^{55}的辖域，可以分析为：$^{?}$bou^{55}在 ɕuŋ^{55}之后，表示"所有的都不……"，"无一例外"，如（148）；$^{?}$bou^{55}在 ɕuŋ^{55}之前，表示"不是所有的都……"，而是"只有一部分……"，如（149）。可见，$^{?}$bou^{55}是对其后的全部词语的否定，如果$^{?}$bou^{55}向后移位，那么它的否定范围就会缩小，否定语气就会加强；如果$^{?}$bou^{55}向前移位，那么它的否定范围就会扩大，否定语气就会减弱。试比较：

（150）a. te^{24} $^{?}$bu^{33}/$^{?}$bou^{55} suɯ:ŋ^{55} haɯ^{55} ku^{55} po:i^{24}.
　　　　　他　不　　　想　给　我　去
　　　　他不想让我去。

　　b. te²⁴ sɯ:ŋ⁵⁵ ʔbu³³/ʔbou⁵⁵ haɯ⁵⁵ ku⁵⁵ po:i²⁴.

　　　他　想　不　　　给　我　去

　　　他想不让我去。

　　c. te²⁴ sɯ:ŋ⁵⁵ haɯ⁵⁵ ku⁵⁵ ʔbu³³/ʔbou⁵⁵ po:i²⁴.

　　　他　想　给　我　不　　　去

　　　他想让我不去。

　　这三个句子中，a 句的否定语气最弱，b 句和 c 句的否定语气逐步加强。

　　此外，在以 ʔbou⁵⁵ 为标记的否定句中，还经常使用双重否定方式。这种双重否定句式的运用，将言语者的强烈意志或愿望充分地表达了出来，具有"要求、命令"等祈使语气，即在意义上不等于除去两个否定词表示的一般肯定，而是强调肯定，带有"必须/一定"的意思。例如：

（151）a. mɯŋ⁴² ʔbu³³/ʔbou⁵⁵ kɯ²⁴ ʔbu³³/ʔbou⁵⁵ ʔdai⁵⁵.

　　　你　不　　　吃　不　　　得

　　　你不能不吃。（你必须吃）

　　b. ŋan⁴² ʔbu³³/ʔbou⁵⁵ mi⁴² ʔbu³³/ʔbou⁵⁵ ʔdai⁵⁵.

　　　钱　不　　　有　不　　　得

　　　钱不能没有。　　（"钱"一定要有）

第四节　祈使句

　　祈使句往往带有命令、请求、催促、警告等语气。燕齐壮语祈使句的构成方法主要有四种：助动词（副词）、状态动词（形容词）、语调变化、语法化词尾。在这一节里，我们将着重讨论"助动词"、"状态动词"和"语法化词尾"为主的祈使句。

一、带标记的祈使句

1. ʔdak⁵⁵

　　在燕齐壮语带 ʔdak⁵⁵ "要" 标记的祈使句中，不同的语境，可以产生不同的祈使语气。例如：

（152）a. mɯŋ⁴² ʔdak⁵⁵ nou⁴² he⁵⁵ ŋi²⁴　kø:n³⁵.

　　　　你　要　说　她　x　先

　　　　你要先告诉她！　（命令）

　　b. mɯŋ⁴² ʔdak⁵⁵ ma²⁴ ya:n⁴² wa:i³⁵ lɯk⁵⁵.

　　　　你　要　回　家　快　（助词）

　　　　你要早点回家！　（请求、叮嘱）

c. muŋ⁴² ʔdak⁵⁵ kɯ²⁴ hou³¹ ʔim³⁵ lɯk⁵⁵.
　　你　要　吃　饭　饱　（助词）
　　你要吃饱饭！　（请求、叮嘱）

（153）a. çi³³ sau²⁴ ni⁴² ʔdak⁵⁵ ko:i³⁵ ʔdo:i²⁴ lɯk⁵⁵.
　　　　个　字　这　要　记　好　（语气词）
　　　　这字要记住。　　（叮嘱）

b. pla:i⁵⁵ ɣon²⁴ lap⁵⁵ ʔdak⁵⁵ ɣe²⁴ lɯk⁵⁵.
　　走　路　黑　要　小心　（助词）
　　走夜路要小心！　（警告、叮嘱）

c. ʔø:k³⁵ha:k³¹ po:i²⁴ ʔdak⁵⁵ taŋ³³ki²⁴ lɯk⁵⁵.
　　出　学校　去　要　登记　（助词）
　　出学校要登记！　（命令式、警告）

上述例子中看到，祈使句既有命令式语气，也有请求式语气或者警告式语气，甚至多种语气并存。在表命令语气时，往往在句尾加上 lɯk⁵⁵，以加重祈使语气（参见下文"词尾祈使句"）。此外，ʔdak⁵⁵标记的祈使句句末常用语气词 pɯ⁵⁵或者 pɯ³¹，语义上与汉语西南方言"桂柳话"的语气词"啵、啊"相当，但二者因调值不同而使语气强弱不同，语气词 pɯ⁵⁵使祈使句语气较强，用 pɯ³¹则使祈使句语气温和一些。试比较：

（154）a. muŋ⁴² ʔdak⁵⁵ po:i²⁴. 你要去！　（语气生硬）
　　　　你　　要　去

b. muŋ⁴² ʔdak⁵⁵ po:i²⁴ pɯ⁵⁵. 你要去啊！（语气较强）
　　　你　　要　去（语气词）

（155）a. ʔdak⁵⁵ ʔdai⁵⁵ ko:i³⁵ ɣaŋ³⁵ he⁵⁵.
　　　　要　得　记　嘱咐　他
　　　　要记得嘱咐他！　（语气生硬）

b. ʔdak⁵⁵ ʔdai⁵⁵ ko:i³⁵ ɣaŋ³⁵ he⁵⁵ pɯ³¹.
　　　要　得　记　嘱咐　他　（语气词）
　　　要记得嘱咐他啊！　（语气温和）

2. ha:p³¹

ha:p³¹的本意是 "应该"。口语中使用 ha:p³¹时，句子的祈使语气显得较弱，没有使用ʔdak⁵⁵时那么强，而"请求、建议"的语气更明显，句尾常用语气词 lu³³/lo³³来配合。例如：

（156）a. muŋ⁴² ha:p³¹ po:i²⁴ nin⁴² lu³³/lo³³. 你该去睡了！
　　　　你　该　去　睡　（语气词）

b. muɯŋ⁴² ha:p³¹ tiŋ³⁵ ki³⁵wa³³ ku⁵⁵.　　你该听我的话儿!
　　你　　该　　听　　话　　我

c. muɯŋ⁴² ha:p³¹ huɯn³⁵tou⁵⁵ lu³³/lo³³.　你该起床了!
　　你　　该　　起床　　（语气词）

d. sou²⁴　ha:p³¹ hat⁵⁵ɕø:k³³ tou⁵⁵.　　你们该明天来!
　　你们　　该　　明早　　来

不论是ʔdak⁵⁵还是 ha:p³¹，祈使的对象一般是针对第二人称的，但也有用在其他人称的，不过用于其他人称的祈使语气不太明显。

3. koŋ²⁴

koŋ²⁴是"别、不要"的意思，用于祈使句中，带有命令、禁止的口吻，语气带有一定的强制性。从这个角度来说，koŋ²⁴可看作是禁止式祈使句的标记。例如：

（157）a. muɯŋ⁴² koŋ²⁴ hou⁵⁵ po:i²⁴.　　你别进去!
　　　　　你　　别　　进　　去

b. muɯŋ⁴² la:u²⁴ ɕi³¹ koŋ²⁴ tou⁵⁵.　　你害怕就别来!
　　　你　　怕　　就　　别　　来

（158）a. muɯŋ⁴² koŋ²⁴ nou⁴² ta⁴²pø³³ ŋi²⁴.　你别告诉父亲!
　　　　你　　别　　说　　父亲　　x

b. te²⁴ la⁵⁵ ʔi³⁵, koŋ²⁴ haɯ⁵⁵ he⁵⁵ hou⁵⁵ po:i²⁴.
　　她　还　小　别　　给　她　进　去

　　她还小，别让她去!

跟ʔdak⁵⁵一样，koŋ²⁴单独使用时，祈使句句末还可以加上语气词 pɯ⁵⁵、nɯ⁴²，但祈使句语气的强弱会有所差异，语气词 pɯ⁵⁵有进一步强调的意义，而语气词 nɯ⁴²则显得委婉一些，请求、叮嘱的语气没有 pɯ⁵⁵强硬，例如：

（159）a. koŋ⁴² tai²⁴ pɯ⁵⁵/nɯ⁴².　　别哭啊!
　　　　别　哭　（语气词）

b. muɯŋ⁴² koŋ⁴² ɕou³⁵ wun⁴² tø⁴²ta⁵⁵ pɯ⁵⁵/nɯ⁴².
　　　你　别　和　人　打架　（语气词）

　　你可别跟别人打架啊!

4. ʔbou⁵⁵ ʔdai⁵⁵

ʔbou⁵⁵ ʔdai⁵⁵"不得、不能、不允许、不准"的语义跟 koŋ⁴²的相近，但其祈使意义比 koŋ⁴²显得更正式、严肃，强制语气更强。例如：

（160）a. luɯk³³ŋe⁴² ʔbou⁵⁵ ʔdai⁵⁵ hou⁵⁵ po:i²⁴.
　　　　小孩　　不能　　进　去

　　小孩不能进去。　　（禁止小孩入内）

　　b. sou²⁴ ʔbou⁵⁵ ʔdai⁵⁵ ɕak³³ luuk³³ŋa:n³¹ kɯ²⁴.

　　　你们　　不能　　偷　　龙眼　吃

　　　你们不能偷龙眼吃。　（偷吃龙眼是不允许的）

（161）a. muɯn³⁵ni⁴² ʔbou⁵⁵ ʔdai⁵⁵ ɕuɯt⁵⁵ ʔi:n²⁴.

　　　　这里　　不能　　抽　　烟

　　　这里不能吸烟！　（严禁吸烟）

　　b. so:i⁴² huɯn⁵⁵ta:ŋ⁴² ʔbou⁵⁵ ʔdai⁵⁵ ka:ŋ⁵⁵ wa³³.

　　　　时　　上课　　　不能　　讲　话

　　　上课时间不能说话！　（不允许说话）

5. ha:m⁵⁵

ha:m⁵⁵ "禁止" 的语义跟 ʔbou⁵⁵ ʔdai⁵⁵ 相似，使用频率虽没有 ʔbou⁵⁵ ʔdai⁵⁵ 高，但更适用于正式场合。（161）中的 ʔbou⁵⁵ ʔdai⁵⁵ 可以换为 ha:m⁵⁵，意义不变，只是禁止性语气更强些：

（161'）a. muɯn³⁵ni⁴² ha:m⁵⁵ ɕuɯt⁵⁵ ʔi:n²⁴.　这里禁止吸烟！

　　　　这里　　禁止　　抽　　烟

　　b. so:i⁴² huɯn⁵⁵ta:ŋ⁴² ha:m⁵⁵ ka:ŋ⁵⁵ wa³³.

　　　　时　　上课　　　禁止　讲　话

　　　上课时间禁止说话。

　　跟 ʔbou⁵⁵ ʔdai⁵⁵ "不得/不能" 语义及用法相似的，还有 ʔbou⁵⁵hauɯ⁵⁵ "不给、不许"、ʔbou⁵⁵ɕun⁵⁵ "不准" 等，它们也是表示禁令。但从强度上看，这两个词的强制性显得要比 ʔbou⁵⁵ ʔdai⁵⁵ 稍弱些。例如：

（162）a. ʔdauɯ²⁴he⁵⁵ ka:i³³wai²⁴, ʔbou⁵⁵hauɯ⁵⁵ luuk³³ŋe⁴² hou⁵⁵ po:i²⁴.

　　　　里面　开会　　　不让　　小孩　　进去

　　　里面在开会，不许小孩进去。

　　b. so:i⁴² ka:i³³wai²⁴ ʔbou⁵⁵ɕun⁵⁵ ka:ŋ⁵⁵ wa³³.

　　　　时　开会　　不准　　讲　话

　　　开会时不准说话。

二、以状态动词（形容词）为标记的祈使句

　　除了上述助动词（副词）可以作为祈使句标记外，一些状态动词（形容词）在一定语境下也可以产生祈使语气，并带有特定的含义。这样的状态动词数量不多，主要有 wa:i³⁵ "快"、me:n³³ "慢"、la:i²⁴ "多"、no:i³¹ "少"。

　　1. wa:i³⁵ "快" 是最常见、有祈使语气的状态动词，在句子中常用作副词。它的用法同汉语的 "快" 一样，用于动作动词前，表示急促、命令、催促等语气。例如：

（163）a. muɯŋ⁴² wa:i³⁵ kɯ²⁴!　你快点儿吃！
　　　　　你　快　吃　（因时间紧而催促）

　　　b. wa:i³⁵ hup⁵⁵ tou²⁴!　快关门！
　　　　　快　闭　门　（因门内安全而催促）

　　　c. wa:i⁴² tøt⁴²tam⁵⁵ lu³³,　　wa:i³⁵ ʔdø⁵⁵ ʔde:u⁴²!
　　　　　牛　打架（语气词）快　躲　逃
　　　　　牛打架了，快躲开啊！　（因危险而催促）

　　　d. muɯŋ⁴² wa:i³⁵ ʔjau⁵⁵ ha³¹!
　　　　　你　快　看　（语气词）
　　　　　你快看呀！　（因惊奇而催促）

在特定的语境下，wa:i³⁵可以单独使用：

（164）wa:i³⁵! fum²⁴ tok⁵⁵ lu³³.
　　　　快　雨　掉　（语气词）
　　　　快！下雨了。　（因需躲雨而催促）

　　　wa:i³⁵! ʔde:n³⁵ ʔan²⁴ tai³³ he⁵⁵ hauɯ⁵⁵ kɯ⁵⁵.
　　　　快　递　个　袋　那　给　我
　　　　快！把那个袋子递给我。

2. me:n³³"慢"、la:i²⁴"多"、no:i³¹"少"

me:n³³"慢"、la:i²⁴"多"、no:i³¹"少"等这些状态形容词也具有类似wa:i³⁵的语义功能，但它们使用范畴有限，不像 wa:i³⁵那样被广泛运用，而且单独使用时并不具备 wa:i³⁵所表现的"催促、命令"语气，而是"请求、希望"等较为客气的祈使语气。例如：

（165）a. me:n³³　kɯ²⁴!　慢（点）吃！（请求）
　　　　　慢　吃

　　　b. la:i²⁴　nou⁴²　he⁵⁵!　多批评他！　（希望）
　　　　　多　说　他

　　　c. no:i³¹　ka:ŋ⁵⁵　la:i²⁴　kɯ³³!
　　　　　少　说　多　做
　　　　　少说话多办事！　（希望）

wa:i³⁵、me:n³³、la:i²⁴、no:i³¹"少"如果和di³⁵"点/些"配合使用，句子的祈使语气显得更温和一些。例如：

（166）a. tou⁵⁵　wa:i³⁵　di³⁵!　快一点儿来！
　　　　　来　快　点

　　　b. ka:ŋ⁵⁵　me:m³³　di³⁵!　慢一点儿说！
　　　　　说　慢　点

（167）a. wa:i^{35}　di^{35}　tou^{55}!　　快点儿来！

　　　　　快　　点　　来

　　　b. me:m^{33}　di^{35}　ka:ŋ^{55}!　　慢点儿说！

　　　　　慢　　点　　说

（168）a. la:i^{24}　kɯ^{24}　di^{35}!　　　多吃一点儿！

　　　　　多　　吃　　点

　　　b. no:i^{31}　ʔou^{24}　di^{35}!　　少拿一点儿！

　　　　　少　　要　　点

三、带句末助词的祈使句

1. po:i^{24}

通过句末助词来表示祈使语气，也是燕齐壮语祈使句的一个显著特征。最典型的句末助词是"语法化词尾"po:i^{24}。po:i^{24}原本是方向动词"去"，但虚化成句尾助词时，动词本义消失，成为祈使句的标记之一。同时，语音上发生了变化（参见第二章"音韵系统"之"音变"一节及第五章"动词短语"之"动词的语法化"一节），变读为pi^{55}。例如：

（169）a. hup^{55} ʔan^{24} ɕu:ŋ^{24} he^{55} ʔdo:i^{24} po:i^{24}/pi^{55}!

　　　　　闭　个　窗户　那　好　（祈使语气）

　　　　　把那扇窗户关好！

　　　b. kɯ^{24} ʔwa:n^{55} hou^{31} ni^{42} li:u^{31} po:i^{24}/pi^{55}!

　　　　　吃　碗　饭　这　完　（祈使语气）

　　　　　把这碗饭吃完！

　　　c. mop^{33} tu^{42} ma^{24}pa:k^{33} he^{55} ɣa:i^{24} po:i^{24}/pi^{55}!

　　　　　打　只　狗　疯　那　死　（祈使语气）

　　　　　把那只疯狗打死！

　　　d. ɣa:p^{35} ka:ŋ^{24} ɣam^{31} ɣim^{24} po:i^{24}/pi^{55}!

　　　　　挑　缸　水　满　（祈使语气）

　　　　　把水缸挑满（水）！

从上面例子可以看到，这类祈使句动词往往带有补语，对"受事者"被处置后的结果作补充说明，如ʔdo:i^{24}、li:u^{31}、ɣa:i^{24}、ɣim^{24}都是作为祈使句的补语成分出现的。当然，没有这些补语成分，祈使句也是成立的。如（169a/b）两句可以说成（169'）：

（169'）a. hup^{55} ʔan^{24} ɕu:ŋ^{24} he^{55} po:i^{24}/pi^{55}!

　　　　　闭　个　窗户　那　（祈使语气）

　　　　　把那扇窗户关上！

b. kɯ²⁴ ʔwa:n⁵⁵ hou³¹ ni⁴² po:i²⁴/pi⁵⁵!

吃 碗 饭 这（祈使语气）

把这碗饭吃了！

2. lɯk⁵⁵

lɯk⁵⁵的用法跟po:i²⁴有些相似。与汉语的"动+着"结构一样，有着明显的祈使语气。例如：

（170）a.（mɯŋ⁴²） ʔdɯn²⁴ lɯk⁵⁵!

你 站 （祈使语气）

你站着！ （别坐着）

b.（mɯŋ⁴²） ʔdɯn²⁴ sø³³ lɯk⁵⁵!

你 站 直 （祈使语气）

你站直了！ （别那么随便）

（171）a.（mɯŋ⁴²） nin⁴² lɯk⁵⁵!

你 睡 （祈使语气）

（你）躺着！ （别起来）

b.（mɯŋ⁴²） nin⁴² ʔdo:i²⁴ lɯk⁵⁵!

你 睡 好 （祈使语气）

（你）躺好了！ （别乱动）

这类祈使句都是对听者提出的直接要求，故人称代词 mɯŋ⁴²常常可以省略。不过，lɯk⁵⁵祈使句与po:i²⁴祈使句仍有所不同：po:i²⁴/pi⁵⁵多用于带宾语的及物动词的祈使句之后，祈使语气较为缓和；而lɯk⁵⁵多出现在不及物动词的祈使句中，祈使语气较重。值得注意的是，有些po:i²⁴/pi⁵⁵的祈使句可以用lɯk⁵⁵来替换，而使用lɯk⁵⁵的祈使句并不都能为po:i²⁴/pi⁵⁵所取代。一般来说，po:i²⁴/pi⁵⁵强调的是过程和结果，而lɯk⁵⁵强调的是状态。如（169a）的po:i²⁴/pi⁵⁵可以替换为助词lɯk⁵⁵，而（171）却不能用po:i²⁴/pi⁵⁵来替换，因为强调的是状态。试比较：

（172）a. ɣa:p³⁵ ka:ŋ²⁴ ɣam³¹ ɣim²⁴ po:i²⁴/pi⁵⁵!

挑 缸 水 满 （祈使语气）

把水缸挑满（水）！ （强调结果）

b. ɣa:p³⁵ ka:ŋ²⁴ ɣam³¹ ɣim²⁴ lɯk⁵⁵!

挑 缸 水 满 （祈使语气）

把水缸挑满（水）！

（173）a.（mɯŋ⁴²） nin⁴² lɯk⁵⁵! （你）躺着！（强调状态）

你 睡 （祈使语气）

b. *（mɯŋ⁴²） nin⁴² po:i²⁴/pi⁵⁵. 你睡吧。

你 睡 （祈使语气）

　　除了上述带标记的祈使句外，在口语中，有时也可以用一些动词短语或名词短语来表示命令、请求、警告、叮嘱、提醒等祈使语气。例如：

（174）a. "ŋɯ⁴²!" pou³¹ hu⁵⁵ he:m³⁵ nou⁴².

　　　　　　蛇 　个 　一 　喊 　说

　　　　"蛇!" 有人喊道。（名词，表示警告，有突然性）

　　　 b. "ka⁵⁵! ʔbou⁵⁵ lou²⁴ sak⁵⁵ tu⁴²."

　　　　　　杀 　　不 　留 　一 　只

　　　　"杀! 一只也不留。" 　（动词短语，表示命令）

　　　 c. tu⁴² fa:ŋ⁴² ɣa³⁵ ni⁴²! te²⁴ ka:m⁵⁵!

　　　　只 鬼瘟神 这 他 敢

　　　王八蛋! 他敢。 　（名词短语，表示警告）

第五节　比较句

一、差比句

根据被比较对象的数量，差比句有两种类型：单元比较句和双元比较句。

（一）单元比较句

"单元比较句"是指只有一个名词短语作为比较对象的句子，它通常用 ham³⁵ "比较，相当"、la:i²⁴ "更"和 ço:i³⁵ "最"来表示。单元比较句的谓语一般是状态动词，其结构如下：

　　　　A（名词短语）+副词+形（状态动词）

例如：

（175）a. ʔan²⁴ ta:i⁴² ku⁵⁵ çiŋ³³. 我的桌子干净。

　　　　　　个 桌子 我 干净

　　　 b. ʔan²⁴ ta:i⁴² ku⁵⁵ ham³⁵ çiŋ³³. 我的桌子比较干净。

　　　　　　张 桌子 我 比较 干净

　　　 c. ʔan²⁴ ta:i⁴² ku⁵⁵ la:i²⁴ çiŋ³³. 我的桌子更干净。

　　　　　　张 桌子 我 多 干净

　　　 d. ʔan²⁴ ta:i⁴² ku⁵⁵ ço:i³⁵ çiŋ³³. 我的桌子最干净。

　　　　　　张 桌子 我 最 干净

　　严格来说，没有比较对象的句子还不算是比较句。不过，在这类单元比较句中，比较对象是隐性的，因此即使没有被提到，依赖语境可以得到理解。如（175b）可以理解为"与别的桌子相比，我的桌子比较干净"。

（二）双元比较句

"双元比较句"指的是有两个名词或名词短语被作为比较对象同时出现

在一个句子中。这类比较句一般都带有比较标记，燕齐壮语可分为两种类型：一种是带 kwa³⁵ 比较句，另一种是带 po:i⁵⁵ 比较句。

1. 带 kwa³⁵ 比较句

从结构上看，这种比较句将性质属性主体作为比较项放在句首，比较基准作为被比较项放在句尾，而谓语（状态动词）及其比较标记 kwa³⁵ "过"则居中，其句型结构如下：

A （名词短语）+形+ kwa³⁵ （比较标记） + B （名词短语）　　或

A （名词短语）形（动词）kwa³⁵ （比较标记）+B （名词短语）（补语）

在这类比较句中，谓语一般以状态动词为主，也可以是存在动词或带补语的动词。例如：

（176）a. kou²⁴ sa:ŋ²⁴ kwa³⁵ he⁵⁵.　　我比他高。

　　　　　我　高　过　他

　　　b. kø²⁴ fai³¹ ni⁴² huŋ²⁴ kwa³⁵ kø²⁴ fai²⁴ he⁵⁵.

　　　　棵　树　这　大　过　棵　树　那

　　　　这棵树比那棵树大。

（177）a. muɯŋ⁴² mi⁴² ŋan⁴² kwa³⁵ he⁵⁵.　　你比他有钱。

　　　　　你　有　钱　过　他

　　　b. ɣa:n⁴² ku⁵⁵ mi⁴² ŋan⁴² kwa³⁵ ɣa:n⁴² muɯŋ³³.

　　　　家　我　有　钱　过　家　你

　　　　我家比你家有钱。

（178）a. te²⁴ ʔa:k⁵⁵ kɯ²⁴ kwa³⁵ kɯ⁵⁵.　　他比我能吃。

　　　　　他　厉害　吃　过　我

　　　b. kou²⁴ haŋ⁵⁵ nin⁴² kwa³⁵ he⁵⁵.　　我比他喜欢（能）睡。

　　　　　我　喜欢　睡　过　他

对比较句进行否定时，将 ʔbou⁵⁵ 直接放在谓语动词之前即可。例如：

（179）a. muɯŋ⁴² ʔbu³³/ʔbou⁵⁵ kwa:i²⁴ kwa³⁵ te²⁴. 你不比他聪明。

　　　　　你　不　　　聪明　过　她

　　　b. te²⁴ ʔbu³³/ʔbou⁵⁵ sa:ŋ²⁴ kwa³⁵ muɯŋ⁴².　　他不比你高。

　　　　　他　不　　　高　过　你

谓语动词带补语成分时，补语只能放在比较基准的后面。例如：

（180）a. ki³⁵ kou²⁴ ʔdo:i²⁴ kwa³⁵ ki³⁵ te²⁴ ha:u⁵⁵la:i²⁴.

　　　　　的　我　好　过　的　他　很多

　　　　我的比他的好很多。

　　　b. te²⁴ po:i²⁴ wa:i³⁵ kwa³⁵ muɯŋ⁴² ʔjap⁵⁵ ʔde:u²⁴.

　　　　　她　去　快　过　你　一会儿

　　　　她比你早去一会儿。

c. ʔdak⁵⁵ ɣin²⁴ n⁴² nak⁵⁵ kwa³⁵ ʔdak⁵⁵ ɣin²⁴ he⁵⁵ ha⁵⁵ kan²⁴.

　　块　石头　这　重　过　　块　石头　那　五　斤

　　这块石头比那块石头重五斤。

d. te²⁴ huŋ²⁴ kwa³⁵ ku⁵⁵ sø:ŋ²⁴ pi²⁴.　他比我大两岁。

　他　大　过　我　二　年

在这类带补语的比较句中，如果比较对象是人，那么标记词 kwa³⁵ 是可以省略的。例如：

（181）a. kou²⁴ nak⁵⁵ muŋ³³ ha⁵⁵ kan²⁴.　我比你重五斤。

　　　　我　重　你　五　斤

b. te²⁴ huŋ²⁴ ku⁵⁵ sø:ŋ²⁴ pi²⁴.　　他比我大两岁。

　　他　大　我　二　年

c. te²⁴ la:i²⁴ ku⁵⁵ sa:m²⁴ pø:n⁵⁵.　他比我多两本。

　　他　多　我　三　本

d. muŋ⁴² wa:i³⁵ he⁵⁵ sø:ŋ²⁴ ŋon⁴².　你比他早两天。

　　你　快　他　二　天

而以 kwa³⁵ 为标记的比较句也经常跟 ham³⁵ "比较"、la:i²⁴ "多"、ço:i³⁵ "最"、la⁵⁵ "还"、ʔe:ŋ³⁵ "更"等程度副词连用。例如：

（182）a. tu⁴²ma²⁴ he⁵⁵ ham³⁵ pi⁴² kwa³⁵ tu⁴² ku⁵⁵.

　　　　只　狗　他　比较　肥　过　只　我

　　他的狗比我的更肥。

b. kou²⁴ la:i²⁴ ʔa:k⁵⁵ ku³³ kwa³⁵ te²⁴.

　　我　多　厉害　做　过　他

　　我比他更能干。

（183）a. te⁵⁵ la⁵⁵ ʔo:i³⁵ kwa³⁵ ku⁵⁵.　他比我还年轻。

　　　他　还　嫩　过　我

b. kø:n⁴² ni⁴² ʔe:ŋ³⁵ nak⁵⁵ kwa³⁵ kø:n⁴² he⁵⁵ pi⁵⁵.

　　担　这　更　重　过　担　那　去

　　这担儿比那担儿更重。

2. 带 po:i⁵⁵ 的比较句

这是借自汉语的比较句，以 po:i⁵⁵ "比"作为比较标记，跟上面讨论到的 kwa³⁵ 句法结构不同，只有以下一种句式：

A（名词短语）po:i⁵⁵（比较标记）＋B（名词短语）（副词）谓语（补语）

例如：

（184）tu⁴² wa:i⁴² n⁴² po:i⁵⁵ tu⁴² he⁵⁵ ɣe:ŋ⁴².

　　　头　牛　这　比　头　那　力

　　这头牛力气比那头（牛）大。

（185）a. kou²⁴ po:i⁵⁵ mɯŋ³³ huŋ²⁴. 我（年纪）比你大。

  我 比 你 大

  b. te²⁴ po:i⁵⁵ ku⁵⁵ ham³⁵ sa:ŋ²⁴ ti²⁴ hu⁵⁵.

  他 比 我 更 高 点 一

  他比我更高一点。

  c. kou²⁴ po:i⁵⁵ mɯŋ³³ la:i²⁴ kɯ²⁴ ɕe:n⁵⁵ hu⁵⁵.

  我 比 你 多 喝 杯 一

  我比你多喝一杯。

与带 kwa³⁵比较句不同的是，带 po:i⁵⁵比较句不仅要把比较标记 po:i⁵⁵ 放在谓词之前的，而且要把对比较句进行否定的否定词ˀbou⁵⁵"不"放在比较标记 po:i⁵⁵"比"之前：

（186）a. kou⁵⁵ ˀbu³³/ˀbou⁵⁵ po:i⁵⁵ mɯŋ³³ ʔo:i³⁵.

  我 不 比 你 嫩

  我不比你年轻。

  b. kø²⁴ ni⁴² ˀbu³³/ˀbou⁵⁵ po:i⁵⁵ kø²⁴ he⁵⁵ sa:ŋ²⁴.

  棵 这 不 比 棵 那 高

  这棵不比那棵高。

3. 隐含比较句

除了上述两种类型，燕齐壮语还有一种较为特殊的比较句，即以亲属称谓名词 po:i³¹"兄、姐"或 nu:ŋ³¹"弟、妹"及 la:u³¹"老"为谓语，用于对两个对象之间年龄差距的比较。其结构如下：

  A（名词短语）（副词） po:i³¹/nu:ŋ³¹/la:u³¹（比较标记）＋B（名词短语）（补语）

这种比较句的比较内容只能是比较年龄大小，即比较标准用 po:i³¹为年龄"大"（年长），用 nu:ŋ³¹为年龄"小"（年幼、年轻），如（187）、（188）的 a 句。同时，还可以在比较标记前加上相应的程度副词 ham³⁵"比较"、la:i²⁴"多"等，如（187）、（188）的 b 句。例如：

（187）a. te²⁴ nu:ŋ³¹ ku⁵⁵.   他比我小。

  他 年轻 我

  b. te²⁴ ham³⁵ nu:ŋ³¹ ku⁵⁵. 他比我小一些。

  他 比较 年轻 我

（188）a. kou²⁴ po:i³¹ he⁵⁵.   我比他大。

  我 年长 他

  b. kou²⁴ la:i²⁴ po:i³¹ he⁵⁵. 我比他稍大一些。

  我 多 年长 他

这种比较句，可以数量短语作为补语，用以说明主题对象和比较基准对象年龄上的实际差距。例如：

（189）a. te^{24} nu:ŋ^{31} ku^{55} sa:m^{24} pi^{24}.　他比我小三岁/他小我三岁。

　　　　　他　年轻　我　三　年

　　　　b. kou^{24} po:i^{31} he^{55} ha^{55} pi^{24}.　　我比他大五岁/他长我五岁。

　　　　　我　年长　他　五　年

（190）a. tak^{33}po:i^{31} ku^{55}　po:i^{31} ku^{55} sa:m^{24} pi^{24}.　我哥比我大三岁。

　　　　　哥　我　年长　我　三　年

　　　　b. ta^{33}nu:ŋ^{31} ku^{55} nu:ŋ^{31} ku^{55} sa:m^{24} pi^{24}.　我妹比我小三岁。

　　　　　妹　我 年轻 我　三　年

甚至，这种比较句仍可以带比较标记 kwa^{35}。例如：

（191）te^{24} nu:ŋ^{31} kwa^{35} ku^{55} sø:ŋ^{24} pi^{24}.　　她比我小两岁。

　　　　她　妹　过　我　二　年

与 po:i^{31}功能相当的是 la:u^{31}“老”，也是专门用于表示年龄差距，也可以用数量短语来表示其年龄大小。而且， la:u^{31}比较句也可以再出现标记 kwa^{35}。如（193b）：

（192）a. muɯŋ^{42} nu:ŋ^{31} ha^{42}nau^{42} ta^{33}je:n^{35} nu:ŋ^{31} lo^{33}na^{33}？

　　　　　你　妹　还是　阿燕　妹　（语）

　　　　　你（年纪）小还是阿燕小啊？

　　　　b. ta^{33}je:n^{35}　la:u^{31}　la^{33},　la:u^{31} he^{55} sø:ŋ^{24} pi^{24}.

　　　　　阿燕　老　（语）老　她　二　岁

　　　　　阿燕大，大她两岁。

　　　　c. ʔa^{33}ti^{35}　nu:ŋ^{31}　ta^{33}je:n^{35}　la:u^{31}.　阿弟小，阿燕大。

　　　　　阿弟　弟/妹　阿燕　老

（193）a. kou^{24} la:u^{31} muɯŋ^{33} ha^{55} pi^{24}.　我比你大五岁。

　　　　　我　老　你　五　岁

　　　　b. kou^{24} la:u^{31} kwa^{35} muɯŋ^{33} ha^{55} pi^{24}.　我比你大五岁。

　　　　　我　老　过　你　五　岁

二、等同比较句

“等同比较句”是指主题对象和比较基准地位相等，可以互换位置意义都没有区别。燕齐壮语“等同比较句”主要有两种句型：带连接词的等同比较句和不带连接词的等同比较句。

1. 带连接词的等同比较句

带连接词的等同比较句往往由 tø^{42}toŋ^{42}“相同”、ʔit^{55}jɯ:ŋ^{33}“一样”来引出，两个比较对象之间常常要用 çou^{35}“和、跟”来连接。其结构如下：

　　　A（名词短语）çou^{35}（连接词）＋B（名词短语）谓语副词（等同比较标记）或者

A（名词短语）çou³⁵（连接词）+B（名词短语）副词（等同比较标记）谓语

带连接词 çou³⁵ 的比较句是"等同比较句"中最为常见的句型。例如：

（194）a. kou²⁴ çou³⁵ he⁵⁵ sa:ŋ²⁴ tø⁴²toŋ⁴². 我跟他一样高。

　　　　　我　跟　他　高　相同

或：b. kou²⁴ çou³⁵ he⁵⁵ tø⁴²toŋ⁴² sa:ŋ²⁴.

　　　　　我　跟　他　相同　高

（195）a. ta⁴²me³³ ku⁵⁵ çou³⁵ ta⁴²me³³ mɯŋ⁴² huŋ²⁴ tø⁴²toŋ⁴².

　　　　　母亲　我　跟　母亲　你　大　相同

或：b. ta⁴²me³³ ku⁵⁵ çou³⁵ ta⁴²me³³ mɯŋ⁴² tø⁴²toŋ⁴² huŋ²⁴.

　　　　　母亲　我　跟　母亲　你　相同　大

　　　　我母亲跟你母亲年纪一样大。

当谓语为状态动词时，也可以用副词 ʔit⁵⁵jɯ:ŋ³³ "一样"来替换 tø⁴²toŋ⁴² "相同"，意义不变。尤其是谓语为状态动词或带能愿动词的动词时，等同比较句的"等同"副词往往用 ʔit⁵⁵jɯ:ŋ³³。所不同的是二者的接入方式不同，即等同副词在句子中的位置也就不同，tø⁴²toŋ⁴²在谓语的前后位置均可，而 ʔit⁵⁵jɯ:ŋ³³只能放在谓语之前。例如：

（196）a. te²⁴ çou³⁵ ku⁵⁵ ʔit⁵⁵jɯ:ŋ³³ ʔa:k⁵⁵ kɯ²⁴ lou⁵⁵.

　　　　　他　跟　我　一样　厉害　吃　酒

　　　　　他跟我一样能喝酒。

　* te²⁴ çou³⁵ ku⁵⁵ ʔa:k⁵⁵ kɯ²⁴ lou⁵⁵ ʔit⁵⁵jɯ:ŋ³³.

　　　　他　跟　我　厉害　吃　酒　一样

b. te²⁴ çou³⁵ ta³³nu:ŋ³¹ he⁵⁵ ʔit⁵⁵jɯ:ŋ³³ ʔdo:i²⁴ ʔjaɯ⁵⁵.

　　　　她　跟　妹妹　她　一样　好　看

　　　　她和她妹妹一样好看。

　* te²⁴ çou³⁵ ta³³nu:ŋ³¹ he⁵⁵ ʔdo:i²⁴ ʔjaɯ⁵⁵ ʔit⁵⁵jɯ:ŋ³³.

　　　　她　跟　妹妹　她　好　看　一样

2. 不带连接词的等同比较句

当"等同比较句"用 mi⁴² "有"、lum⁵⁵ "像"、ta:ŋ³⁵ "相当"作为等同副词时，两个比较对象之间就不再使用连接词 çou³⁵。其结构如下：

A（名词短语）　mi⁴²（等同比较标记）+B（名词短语）谓语（副词）

这种等同比较句一般不能受程度副词修饰，但 lum⁵⁵ 除外，如（197b）。lum⁵⁵ "像"、ta:ŋ³⁵ "相当"也可以直接放在动词之后，如（198）和（199）的 b 句：

（197）a. fuŋ³³ya:n⁴² he⁵⁵ mi⁴² fuŋ³³ ku⁵⁵ huŋ²⁴.

　　　　　房间　他　有　个　我　大

　　　　他的房间有我的（房间）大。

b. te²⁴ mi⁴² ku⁵⁵ sa:ŋ²⁴ le⁵⁵？　　　　他有我高吗？
　　他　有　我　高　（语气词）

（198）a. ti:u⁴² pu³³ te²⁴ tan⁵⁵ lum⁵⁵ ti:u⁴² muɯŋ⁴² tan⁵⁵ le⁵⁵？
　　　　条　衣服他　穿　像　条　你　穿　吗
　　　他穿的衣服像你穿的（衣服）吗？

b. te²⁴ naŋ³³ lum⁵⁵ tu⁴²pop⁵⁵ ɣa:i³¹ɕa:i³¹.
　　他　坐　像　青蛙　很
　　他坐（得）很像青蛙（样儿）。

（199）a. tu⁴² me:u⁴² ni⁴² ta:ŋ³⁵ tu⁴² ku⁵⁵.　这只猫与我的相像。
　　　　只　猫　这　相当只　我

b. muɯŋ⁴² nou⁴² ta:ŋ³⁵ ku⁵⁵ nou⁴².　你说的跟我的一样。
　　你　说　相当我　说

　　不过，对这两种等同比较句进行否定时，否定词ʔbou⁵⁵一般出现在等同副词之前。例如：

（200）a. muɯŋ⁴² ɕou³⁵ ku⁵⁵ ʔbu³³/ʔbou⁵⁵ tø⁴²toŋ⁴² sa:ŋ²⁴.
　　　　你　和　我　不　　相同　高
　　　你和我不一样高。

b. kou²⁴ ʔbu³³/ʔbou⁵⁵ mi⁴² he⁵⁵ mi⁴² ŋan⁴².　我没他有钱。
　　我　不　　　有　他　有　钱

（201）te²⁴ ʔbu³³/ʔbou⁵⁵ lum⁵⁵ kou²⁴ ɕɯ:ŋ³⁵kø²⁴ pan⁴².
　　他　不　　　像　我　唱　歌　好
　　他不像我会唱歌。

　　当然，等同副词tø⁴²toŋ⁴²或ʔit⁵⁵jɯ:ŋ³³之前有否定标记ʔbou⁵⁵时，只能表明主体对象和比较基准对象之间有所区别，并不能说明两者之中有状态差异。

第六节　　tauɯ⁴²字句

　　tauɯ⁴²字是个多义词，它既可以理解为动词"拿"，也可以理解为介词"把"。因此，tauɯ⁴²字句的使用就产生了两种情况：一是连动句；二是处置句。例如：

（202）ɣou⁴² tauɯ⁴² fa:n²⁴te:n⁴² ʔø:k³⁵po:i²⁴ la:ŋ³³ ʔdit⁵⁵.
　　我们　拿　被子　　　出去　　晒　阳光
　　我们拿被子出去晒太阳。

（203）te²⁴ tauɯ⁴² ki³⁵kai³⁵ he⁵⁵ ha:i²⁴ lu³³.
　　他　把　些　鸡　那　卖　（语气词）
　　他把那些鸡卖掉了。

　　从结构上看，以上两句看上去都是连动句，但从语义上看，彼此还是有差别的。（202）的 tau^{42} "拿" 和 $\text{ʔø:k}^{35}\text{po:i}^{24}$ "出去" 构成连动句结构；而（203）的 tau^{42} 和 ha:i^{24} 并不是互为连动，所以应该分析为处置句结构。tau^{42} 字句的宾语放在主要动词之前，就成了句子的焦点。试比较：

（204）a. $te^{24}\ tup^{33}\ \text{ʔan}^{24}\ \text{ʔwa:n}^{55}\ n^{42}\ hu^{35}\ lu^{33}$.
　　　　　　他　　打　　个　　碗　　这　坏（语气词）
　　　　　　他打坏了这只碗。

　　　　b. $te^{24}\ tau^{42}\ \text{ʔan}^{24}\ \text{ʔwa:n}^{55}\ n^{42}\ tup^{33}\ hu^{35}\ lu^{33}$.
　　　　　　他　　把　　个　　碗　　这　打　坏　（语气词）
　　　　　　他把这只碗打坏了。

　　　　c. $te^{24}\ tau^{42}\ \text{ʔwa:n}^{55}\ tup^{33}\ hu^{35}\ lu^{33}$.
　　　　　　他　　把　　碗　　打　坏（语气词）
　　　　　　他把碗打坏了。

　　（204a）回答一般疑问句"他做什么事了"？符合燕齐壮语正常语序——"主+谓+宾+补"结构，而 b/c 两句则回答"他把碗怎么样了"？受汉语句法的影响或表达复杂句子的需要，tau^{42} 字已有口语化趋势。tau^{42} 字句的功能界限比较模糊，易于混淆。为此，我们有必要弄清楚 tau^{42} 字句的功能类型，即哪种类型是属于连动句，哪种类型是属于处置句的。

　　tau^{42} 字句的宾语是特定的，它既可以是明指的（带指示代词 ni^{42} "这"或 he^{55} "那"），如（203）和（204）b 句，也可以是光杆儿名词，如（204c）。无论是连动式 tau^{42} 字句还是处置式 tau^{42} 字句，谓语动词短语一般都比较复杂，其前后常常有趋向动词和其他成分。而有无趋向动词以及趋向动词的位置，是区分这两种句型的关键。tau^{42} 字句的基本结构可以归纳如下：

　　　　主语+tau^{42}+名词短语+谓语（动词短语）+补语

　　（202）中 $\text{ʔø:k}^{35}\text{po:i}^{24}$ "出去" 是 tau^{42} 的趋向动词，la:ŋ^{33} "晒" 是 tau^{42} 的目的，ʔdit^{55} "阳光" 则是 la:ŋ^{33} 的补语，所以是个连动式 tau^{42} 字句。如果把趋向动词 $\text{ʔø:k}^{35}\text{po:i}^{24}$ 放到 la:ŋ^{33} 的后面，那么 $\text{ʔø:k}^{35}\text{po:i}^{24}$ 就变成了 la:ŋ^{33} "晒" 的补语，原先的补语 ʔdit^{55} "阳光" 就不能再出现了，句子就变成了处置式的 tau^{42} 字句：

　　（202'）$\text{γou}^{42}\ tau^{42}\ \text{fa:n}^{24}\text{te:n}^{42}\ he^{55}\ \text{la:ŋ}^{33}\ \text{ʔø:k}^{35}\text{po:i}^{24}\ lu^{33}$.
　　　　　　我们　　把　　被子　那　　晒　　出去　（语气词）
　　　　　　我们把那张被子晒出去了。

　　同样，下面的（205）a 句也是连动式 tau^{42} 字句。句中 po:i^{24} "去" 是 tau^{42} 的趋向动词，ha:i^{24} "卖" 是 tau^{42} 的目的动词。如果要变成处置式 tau^{42} 字句，只要把趋向动词 po:i^{24} 放到目的动词 ha:i^{24} 之后即可，如 b 句：

（205）a. te²⁴ tauɯ⁴² tu⁴² kai³⁵ he⁵⁵ pi³³/po:i²⁴ ha:i²⁴ lu³³.

　　　　他　拿　只　鸡　那　去　　卖（语气词）

　　　　他拿那只鸡去卖了。

　　　b. te²⁴ tauɯ⁴² tu⁴² kai³⁵ he⁵⁵ ha:i²⁴ po:i²⁴ lu³³.

　　　　他　拿　只　鸡　那　卖　去（语气词）

　　　　他把那只鸡卖了。

上面说过，谓语动词的前后成分的位置是判定 tauɯ⁴²字句两种句型的关键。当趋向动词放在谓语动词之前时，属于连动式；趋向动词在谓语动词后，则属于处置式，因为此时的趋向动词已经语法化了。试比较：

（206）a. tauɯ⁴² tu⁴²mou²⁴ ni⁴² po:i²⁴ kjaŋ²⁴.

　　　　拿　只　猪　这　去　关

　　　　关了这头猪（拿这头猪去关）。（连动式）

　　　b. tauɯ⁴² tu⁴²mou²⁴ ni⁴² kjaŋ²⁴ po:i²⁴/pi⁵⁵.

　　　　拿　只　猪　这　关　去

　　　　把这头猪关起来。（处置式）

区分连动式 tauɯ⁴²字句和处置式 tauɯ⁴²字句的另一个办法是 tauɯ⁴²字是否可以被替代。连动式的 tauɯ⁴²"拿"可以被ʔou²⁴"要、取、用"、soŋ³⁵"送"等动词所替换，而处置式的 tauɯ⁴²不能。试比较：

（207）a. tauɯ⁴² ki³⁵ hou³¹ ni⁴² ma²⁴ kwu:ŋ²⁴ kai³⁵.

　　　　拿　些　米　这　来　喂　鸡

　　　　拿这些米来喂鸡。

　　　b. ʔou²⁴ ki³⁵ hou³¹ ni⁴² ma²⁴ kwu:ŋ²⁴ kai³⁵.

　　　　取　些　米　这　来　　喂　　鸡

　　　　用这些米来喂鸡。

（208）a. tauɯ⁴² tu⁴² mu²⁴ he⁵⁵ ha:i²⁴ po:i²⁴/pi⁵⁵.

　　　　拿　只　猪　那　卖　去

　　　　把那头猪卖了。

　　　b. *ʔou²⁴ tu⁴² mu²⁴ he⁵⁵ ha:i²⁴ po:i²⁴/pi⁵⁵.

　　　　取　只　猪　那　卖　去

第七节　被动句

燕齐壮语的被动句主要是通过固定的词序来实现表达被动的目的。除了 ŋa:i⁴²"挨"和 te:ŋ²⁴"被"这两个常用的表被动的标记外，还可以用其他类似动词来表示，如ʔdo:i²⁴"被"、haɯ⁵⁵"让"、tɯk³³"被"等。这种带被动标记的句子，我们统称为"被动句"。例如：

（209）a. te²⁴ ŋa:i⁴² wun⁴² tup³³ lu³³.　　　他被人打了。

　　　　　　他　挨　人　打（语气词）

　　　b. tu⁴² kai³⁵ he⁵⁵ te:ŋ²⁴ wun⁴² ɕak³³ lu³³.

　　　　　只　鸡　他　被　人　偷（语气词）

　　　　　他的鸡被人偷了。

（210）a. ki³⁵ŋan⁴² kun⁴² ta:i⁴² ʔdo:i²⁴ he⁵⁵ ʔou²⁴ po:i²⁴ li:u³¹.

　　　　　些　钱　上面桌子　被　他　拿　去　完

　　　　　桌上的钱全被他拿走了。

　　　b. ʔdak⁵⁵ ha²⁴ kai³⁵ he⁵⁵ ʔdo:i²⁴ tu⁴²ma²⁴ kɯ²⁴ lu³³.

　　　　　块　腿　鸡　那　被　只　狗　吃（语气词）

　　　　　那块鸡腿被狗吃了。

（211）a. te²⁴ lak³³li:m³¹ ʔø:k³⁵po:i²⁴ haɯ⁵⁵ ku⁵⁵ ɣan²⁴ lu³³.

　　　　　他　悄悄　出去　让　我　见（语气词）

　　　　　他悄悄出去让我碰见了。

　　　b. ki³⁵piŋ³³ he⁵⁵ haɯ⁵⁵ he⁵⁵ ɣø³¹　　lu³³.

　　　　　病情　他　让　她　知道（语气词）

　　　　　他的病情让她知道了。

　　　c. te²⁴ tɯk³³ wun⁴² kdm³³　　lu³³.

　　　　　他　被　人　抓（语气词）

　　　　　他被人抓走了。

　　　d. ki³³ ŋan⁴² ku⁵⁵ tɯk³³ tok⁵⁵　lu³³.

　　　　　钱　我　被　落　（语气词）

　　　　　我的钱丢了。

在被动标记左右两边，左边是以名词短语或关系子句为主的"主语"；而右边则是以施事及动词短语组成的主谓句形式，往往带上"完成体"标记lu³³或语气词。被动句结构如下：

　　　　主语(名词短语) 标记（施事）谓语(动词短语)（补语）

　　　　（体标记/语气词）

通过考察，燕齐壮语被动句有如下五个主要特征：

1. 被动句往往都是表现过去已经发生的事情，通常句末总会有一个"完成体"标记词lu³³。例如：

（212）a. te²⁴ ŋa:i⁴² fɯm²⁴ ɣu:t³³ lu³³.

　　　　　他　挨　雨　淋（体标记）

　　　　　他挨雨淋了。

　　　b. pø:n⁵⁵ saɯ²⁴ he⁵⁵ haɯ⁵⁵ he⁵⁵ tɯk³³tok⁵⁵ lu³³.

　　　　本　书　那　让　他　丢落　（体标记）

　　　那本书让他弄丢了。

　　2. 被动标记前的名词短语并非真正主语，真正主语是位于被动标记之后的施事者，所以这个名词或名词短语只是被动句的形式主语。如（212a）的 te²⁴ “他”只是 ɣu:t³³ “淋”的对象，其真正主语是 fɯm²⁴ “雨”；b 句的结构也是如此，即 pø:n⁵⁵ saɯ²⁴ he⁵⁵ “那本书”只是 tɯk³³tok⁵⁵ “丢失”的对象，是由真正的主语 he⁵⁵（te²⁴）发出的。

　　3. 被动句的动作行为是施事者（包括人、动物、自然界现象如风、雨等）发出的。在特定情形下，当被动句的施事者可以被理解或者不明确时，常常会被省略。这种情况多出现在带 ŋa:i⁴²/ te:ŋ²⁴/tɯk³³ 的被动句里，而带 ˀdo:i²⁴ 或 haɯ⁵⁵ 的被动句其施事者往往不易被理解，所以必须出现。试比较：

　　（213）a. ˀan²⁴ŋan⁴²pa:u²⁴ ku⁵⁵ ŋa:i⁴²/te:ŋ²⁴ çak³³ lu³³.

　　　　　　个　钱包　我　挨/被　偷　（语气词）

　　　　　我的钱包挨/被偷了。

　　　　b. ka:i³⁵ ta:ŋ⁴² he⁵⁵ haɯ⁵⁵（lɯk³³ŋe⁴²）ˀou²⁴ po:i²⁴ lu³³.

　　　　　　块　糖　那　让　孩子　拿　去　（语气词）

　　　　　那块糖让小孩拿走了。

　　　　* ka:i³⁵ ta:ŋ⁴² he⁵⁵ haɯ⁵⁵ ˀou²⁴ po:i²⁴ lu³³.

　　　　　　块　糖　那　让　拿　去　（语气词）

　　　　c. ti:u⁴² pu³³ n⁴² ˀdo:i²⁴（he⁵⁵）tan⁵⁵ po:i²⁴ lu³³.

　　　　　　条　衣服　这　被　他　穿　去　（语气词）

　　　　　这件衣服被他穿去了。

　　　　* ti:u⁴² pu³³ n⁴² ˀdo:i²⁴ tan⁵⁵ po:i²⁴ lu³³.

　　　　　　条　衣服　这　被　穿　去　（语气词）

　　（213a）省略了“施事”wun⁴² “人”，语义不变；而 b、c 两句都不能省略施事，否则不完整，故施事者不能省略。

　　4. 被动句的“主语”通常都是特指的。从语法来看，它作为话语焦点出现在句首；从功能上看，它是谓语动词的宾语。例如：

　　（214）a. ˀan²⁴ta:n²⁴çi²⁴ ku⁵⁵ haɯ⁵⁵ he⁵⁵ çi³⁵ po:i²⁴ lu³³.

　　　　　　单车　我　让　他　借　去　（语气词）

　　　　　我的自行车让他借走了。

　　　　b. te²⁴ te:ŋ²⁴ ta⁴²pø³³ he⁵⁵ fø:k³⁵ lu³³.

　　　　　　他　被　父亲　他　骂　（语气词）

　　　　　他被他父亲训斥了。

c. ki³⁵ he:n⁵⁵ he⁵⁵ ɕuŋ⁵⁵ ʔdo:i²⁴ he⁵⁵ tau⁴² po:i²⁴ lu³³.
　　些　黄　那　都　被　他　拿　去　（语气词）
　　那些成熟了的（水果）都被他拿去了。

5. 被动句在对施事者的动作行为进行描述时，一般都会对其进行补充说明，即通常都带有表示结果的、数量的补语。例如：

（215）a. kø:n⁵⁵ pit⁵⁵ n⁴² te:ŋ²⁴ ku⁵⁵ ɕa:i⁵⁵ wa:i³³　lu³³.
　　　　　支　笔　这　被　我　踩　坏　（语气词）
　　　　这支笔被我踩坏了。

b. ʔan²⁴ ɕi²⁴ ni⁴² hauɯ⁵⁵ ta⁴²pø³³ ɕo:i³³ pan⁴² ŋon⁴² lu³³.
　　个　车　这　让　父亲　修　好　天　（语气词）
　　这辆车让父亲修了一天。

c. ki³⁵ ta:ŋ⁴² kuɯn⁴² ta:i⁴² ʔdo:i²⁴ he⁵⁵ kuɯ²⁴ po:i²⁴ ʔan²⁴ hu⁵⁵ lu³³.
　　些　糖　上面　桌子　被　他　吃　去　个　一（语气词）
　　桌上的糖果被他吃掉了一块。

例子中 a 句的动词短语 wa:i³³ "坏" 就是 kø:n⁵⁵ pit⁵⁵ "笔" te:ŋ²⁴ ɕa:i⁵⁵ "被踩" 后的结果；b 句的名词短语 pan⁴² ŋon⁴² "一整天" 就是说明 ʔan²⁴ ɕi²⁴ ni⁴² "这辆车" hauɯ⁵⁵ ta⁴²pø³³ ɕo:i³³ "让父亲修" 所花的时间，作补语；c 句的名词短语 ʔan²⁴ hu⁵⁵ "一个" 则说明动词短语 kuɯ²⁴ po:i²⁴ "吃掉" 的数量，也作补语。

6. 被动句用标记 ŋa:i⁴²/te:ŋ²⁴/tuɯk³³ 时，所陈述的事实对 "主语" 来说，一般是不好、不利的一面或者不如意的遭遇。而带 ʔdo:i²⁴ 或 hauɯ⁵⁵ 的被动句则表现得中性一些，往往隐含着受益意义，故被动、不利的成分较少。例如：

（216）a. kø²⁴ ma:k³⁵ ni⁴² ŋa:i⁴²/te:ŋ²⁴ tu⁴²wa:i⁴² ɕa:i⁵⁵ lu³³.
　　　　棵　水果　这　被　　头牛　踩　（语气词）
　　　　这棵水果树被牛踩了。

b. ʔan²⁴ kou²⁴ ta:i³³ ɕip³³ ʔdo:i²⁴ he⁵⁵ n̥ap³³ tauɯ⁴² lu³³.
　　个　阄　第　十　被　他　抓　到　（语气词）
　　第十个阄被他抓到了。

c. ʔan²⁴ɕi²⁴ ku⁵⁵ hauɯ⁵⁵ he⁵⁵ ɕi³⁵ po:i²⁴ lu³³.
　　车子　我　给　他　借　去（语气词）
　　我的车子让他借走了。

上述 a 句的 kø²⁴ma:k³⁵ni⁴² "这棵水果树" 应该是被保护的，结果 "被牛踩了"，含 "不好、不如意" 的意思。b 句 "抓阄" 是一种公平、随意的游戏，谁抓到谁幸运，没有 "不如意" 的含义。c 句只是叙述 "车子已经借出去，现在不在" 的状况，也没有 "不利、不如意" 的意思。这说明被动标记语义功能不一样，被动性有强弱之分。ŋa:i⁴²/te:ŋ²⁴/tuɯk³³ 要比 ʔdo:i²⁴ 和

haɯ⁵⁵表达的被动意义要强，有倾向性。ŋa:i⁴²/te:ŋ²⁴/tɯk³³可以替换ʔdo:i²⁴或 haɯ⁵⁵，但ʔdo:i²⁴或 haɯ⁵⁵则不能替换ŋa:i⁴²/te:ŋ²⁴/tɯk³³。换句话说，当被动句含有"不好"、"不利"、"不如意"的意思时，不能用ʔdo:i²⁴或haɯ⁵⁵来引出施事者的。例如：

（217）a. * te²⁴ ʔdo:i²⁴/ haɯ⁵⁵ ta⁴²pø³³ he⁵⁵ fø:k³⁵ lu³³.
　　　　　　他　被 / 给　父亲　他　骂（体标记）
　　　　　　他被他父亲训斥了。

　　　　b. * te²⁴ ʔdo:i²⁴/ haɯ⁵⁵ fun²⁴ ru:t³³ lu³³.
　　　　　　他　挨 / 给　雨　淋 （体标记）
　　　　　　他挨雨淋了。

　　　　c. * te²⁴ ʔdo:i²⁴/ haɯ⁵⁵ tu⁴² ma²⁴ he⁵⁵ hap³³ lu³³。
　　　　　　他　被 / 给 只 狗 那　咬（体标记）
　　　　　　他被那只狗咬了。

　　7. tɯk³³也是一个"遭受"义较强的被动标记。一般地，被动标记 tɯk³³可以用来取代 te:ŋ²⁴/ŋa:i⁴²，表示遭遇不利情形的被动意义。例如：

（218）a. kou²⁴ ŋon⁴²lɯ:n⁴² te:ŋ²⁴/ŋa:i⁴²/tɯk³³ fa:t³¹ pi⁵⁵ 5 mon⁴² ŋan⁴².
　　　　　　我　昨天　　　（被动标记）　罚 去 5 元　钱
　　　　　　我昨天被罚了五块钱。

　　　　b. te²⁴ te:ŋ²⁴/ŋa:i⁴²/tɯk³³ wun⁴² tup³³ tɯk⁵⁵ ʔje:t³⁵le:t³³ pi⁵⁵/po:i²⁴.
　　　　　　他　（被动标记）　人　打　得　（伤重状）　去
　　　　　　他被人打得遍体鳞伤了。

　　　　c. te²⁴ hat⁵⁵ni⁴² te:ŋ²⁴/ŋa:i⁴²/tɯk³³ ma²⁴ hap³³ ʔba:t³⁵ hu⁵⁵ ne⁴².
　　　　　　他　今早　（被动标记）　狗　咬　次 一（语）
　　　　　　他今早被狗咬了一回。

　　实际上，tɯk³³在其他壮语方言（桂北壮语）也偶有出现，燕齐壮语的口语化则较高。被动标记 tɯk³³可能是由动词 tɯk⁵⁵"着"语法化导致，即 tɯk³³＜tɯk⁵⁵。tɯk⁵⁵可能与古汉语的"着"有关。如壮语有 ɕaɯ⁵⁵（煮）plak⁵⁵（菜）tɯk⁵⁵（放）kju²⁴（盐）"做菜放盐"、tɯk⁵⁵（放）ɣam³¹（水）hou⁵⁵（进）na⁴²（田）"放水入田"等。值得注意的是，依照变调规律，带宾语的 tɯk⁵⁵在燕齐壮语中都变读为 tɯk³³，而且均表非自动意义，即 kju²⁴"盐"、ɣam³¹"水"都是人为因素使动的结果。而后 tɯk³³逐步虚化，与一些实词紧密结合，以"遭受"义成分出现，如 tɯk³³ɣe:ŋ⁴²（力）"受累/辛苦"等。最后 tɯk³³才进一步虚化为表被动义的标记，起引介作用（关于被动标记 tɯk³³，将另行文作进一步探讨）。

第八节　焦点句

所谓"焦点句"就是一个表述重心、说话重点的句子。从广义上看，焦点句的表现形式有"零形式"、"语音形式"、"句法形式"、"词法形式"和"多重表现形式"。焦点的表达本质上是在句法允许的条件下，为了有效地传递信息而对语言信息进行包装。比如汉语使用语音、语序、标记等几种方式来表现焦点。这里限于篇幅，我们主要从狭义上来介绍燕齐壮语中有关焦点的"句法形式"和"词法形式"。

一、焦点的"句法形式"

焦点的"句法形式"就是通过词序的变换来实现的，即将句子有关成分移位。上文的"tau^{42}字句"和"被动句"已或多或少地谈及过，这类句子就是将宾语作为焦点移位了。例如：

（219）a. te^{24} ka^{55} tu^{42}pit^{55}lu^{33}.　　　　　　他杀了鸭了。

　　　　他　杀　只鸭（语气词）

　　　b. te^{24} tau^{42} tu^{42}pit^{55} ka^{55} lu^{33}.　　　　他把鸭杀了。

　　　　他　把　只鸭　杀（语气词）

（220）a. wun^{42} kap^{33}tau^{42} he^{55} lu^{33}.　　　　　人们抓住他了。

　　　　人　抓　住　他（语气词）

　　　b. te^{24} ŋa:i^{42} wun^{42} kap^{33}tau^{42} lu^{33}.　　　他被人们抓住了。

　　　　他　被　人　抓　住（语气词）

上述句子是"tau^{42}字句"和被动句与一般句子的对比。（219b）已知信息 tu^{42}pit^{55} "鸭"作为焦点而移位至谓词 ka^{55} "杀"之前；（220b）也是如此，已知信息 te^{24} "他"作为焦点前置于谓词 kap^{33}tau^{42} "抓住"。这是燕齐壮语中常见的焦点表现形式之一。

除了"tau^{42}字句"和被动句以外，还有把宾语成分直接移位到句子前面的句型。用这种表现手段造成的句子就是通常所谓的主谓谓语句。这样的焦点句，主要有以下三种类型：

1. 宾语作为焦点提到句首。例如：

（221）a. pø:n^{55} sau^{24} n^{42} kou^{24} çau^{31} lu^{33}.

　　　　本　书　这　我　买　（语气词）

　　这本书我买了。

　　　b. ki^{35} plak^{55} he^{55} ʔbu^{33}/ʔbou^{55} çau^{55} mu^{24}.

　　　　些　菜　那　不　　　煮　（语气词）

　　这些菜不做了。

也可以将焦点放到句中：

（222）a. muŋ⁴² ʔwa:n⁵⁵ hou³¹ n⁴² kɯ²⁴ me³⁵?

　　　　你　　碗　　饭　　这　吃　（语气词）

　　　你<u>这晚</u>饭还吃吗？

　　　b. kou²⁴ pø:n⁵⁵ saɯ²⁴ n⁴² ʔbu³³/ʔbou⁵⁵ haŋ⁵⁵ ka⁵⁵la:i²⁴.

　　　　我　　本　　书　　这　不　　　喜欢　　多少

　　　我<u>这本书</u>不怎么喜欢。

　　但这种情况受到一定限制。就（222）来说，类似 b 句这样的说法不是很自然。但如果焦点成分放在句首，或在句子加入一个对比，如将（222b）改成（223）就显得很自然了：

（223）kou²⁴ pø:n⁵⁵ saɯ²⁴ n⁴² ʔbu³³/ʔbou⁵⁵ haŋ⁵⁵ ka⁵⁵la:i²⁴,

　　　　我　　本　　书　　这　不　　　喜欢　　多少

　　　pø:n⁵⁵ saɯ²⁴ he⁵⁵　ta:u³⁵ haŋ⁵⁵ ti³⁵ hu⁵⁵.

　　　本　　书　　那　　倒　喜欢　点　一

　　　我<u>这本书</u>不怎么喜欢，<u>那本书</u>倒是有点喜欢。

2. 句子（作为句法结构形式）的状语的全部或一部分作为焦点提到句首。例如：

（224）a. kø:n⁵⁵ pit⁵⁵ he⁵⁵ te²⁴ ʔou²⁴ ma²⁴ si⁵⁵ saɯ²⁴.

　　　　支　笔　那　他　拿　来　写　字

　　　<u>那支笔</u>他用来写字。（他用那支笔写字）

　　　b. ki³⁵ ŋan⁴² n⁴² kou²⁴ ta:i³⁵ fan²⁴ hu⁵⁵ çuŋ⁵⁵ ʔbu³³/ʔbou⁵⁵

　　　　些　钱　这　我　连　分　一　都　不

　　　haɯ⁵⁵ muŋ³³.

　　　给　你

　　　<u>这些钱</u>我连一分都不给你。（我连一分钱都不给你）

3. 句子（作为句法结构形式）主语的一部分作为焦点提到句首。例如：

（225）a. çuŋ⁵⁵ pu³³ n⁴² wun⁴² tan⁵⁵　ʔbu³³/ʔbou⁵⁵ la:i²⁴.

　　　　种　衣服　这　人　穿　不　　　多

　　　<u>这种衣服</u>人们穿的不多。（穿这种衣服的人不多）

　　　b. çuŋ⁵⁵ wun⁴² muŋ³³ kou²⁴ ran²⁴ la:i²⁴ lu³³.

　　　　种　人　你　我　见　多（语气词）

　　　你<u>这种人</u>我见过的多了。（我见过的像你这样的人多了）

上述焦点表现手段体现了旧信息在前新信息在后的信息组织原则（张斌 1998）。但在更多情况下，新信息常常作为焦点在前。试比较：

（226）a. nø³³ma²⁴ kou²⁴ ʔbu³³/ʔbou⁵⁵ kɯ²⁴ laɯ²⁴.

　　　　肉　狗　我　不　　　　吃　（语气词）

　　　狗肉我（可）不吃。

　　b. kou²⁴ pla²⁴se:ŋ²⁴ ʔbu³³/ʔbou⁵⁵ ŋa³³（ŋa³³ nø³³pit⁵⁵）.

　　　　我　生鱼片　不　　　馋　馋　鸭肉

　　　我生鱼片不喜欢吃（喜欢吃鸭肉）。

二、焦点的"词法形式"

焦点的"词法形式"就是通过焦点标记 tɯk³³ "是"来实现的。这类焦点句在燕齐壮语往往用语气词 la³³来配合。这类焦点句跟汉语一样，也有两种形式。

1. 在焦点成分前加"是"来标记。例如：

（227）a. la:u³¹sai²⁴ ça:m²⁴ plaɯ⁴² taŋ⁴² kø:n³⁵, tak³³miŋ³¹ nou⁴²

　　　　老师　　问　谁　到　先　　阿明　说

　　　tɯk³³ he⁵⁵ taŋ⁴² kø:n³⁵ la³³.

　　　　是　他　到　先　（语气词）

　　　老师问谁先到，阿明说是他先到的。

　　b. pø:n⁵⁵saɯ³³ ku⁵⁵ ni⁵⁵? çam⁴²pan³³ tɯk³³ mɯŋ⁴² ʔjaɯ⁵⁵ la³³.

　　　　本　书　我　呢　刚才　　是　你　看（语气词）

　　　我的书呢？刚才是你在看的。

（228）a. ʔan²⁴ ta:i⁴² n⁴² tɯk³³ te²⁴ ʔwu:t³⁵ la³³.

　　　　个　桌子　这　是　他　擦　（语气词）

　　　这张桌子是他擦的。

　　b. ʔan²⁴ ŋan⁴²pa:u²⁴ he⁵⁵ tɯk³³ ŋon⁴²lɯ:n⁴² laɯ²⁴ la³³.

　　　　个　钱包　他　是　昨天　　丢　（语气词）

　　　他的钱包是昨天丢失的。

　　c. te²⁴ tɯk³³ ta⁵⁵ ʔdaɯ²⁴ ɣa:n⁴² tou⁵⁵ la³³. 他是从家里来的。

　　　　他　是　从　里　家　来　（语气词）

以（228）为例，a 句强调了 ʔwu:t³⁵ "擦" ʔan²⁴ ta:i⁴²n⁴² "这张桌子"的施事者是 te²⁴ "他"而非别人；b 句则强调了 ʔan²⁴ŋan⁴²pa:u²⁴ "钱包" laɯ²⁴ "丢失"的时间是 ŋon⁴²lɯ:n⁴² "昨天"而非其他时间；c 句强调的是"来的地点"。

2. 把作为焦点成分移位到句子后面，让其他原有成分留在句子前面，焦点成分和原有成分常用 tɯk³³ "是"来连接。例如：

（229）a. ɣou⁴² huɯ⁵⁵ta:ŋ⁴² tɯk³³ 8 ti:m⁵⁵. 我们上课是8点。

　　　　我们　上课　　是　8　点

b. kou²⁴ si⁵⁵ fan⁴²ɕɯːŋ²⁴ tɯk³³ ʔou²⁴ teːn²⁴naːu⁵⁵ si⁵⁵.

我　写　文章　　　是　要　　电脑　写

我写文章<u>是用电脑写的</u>。

李临定（1986）已经注意到这种现象，他指出：特别是当"是"用于时间语、序数词、介词短语等前边时，这种强化现象尤为明显，它有一种升格表述重心的作用。而有这种升格表述重心作用的句子，可以变换句式。如（229）可以变换为：

（229'）a. ɣou⁴² tɯk³³ <u>8 tiːm⁵⁵</u> hɯn⁵⁵taːŋ⁴². 我们上课是 8 <u>点</u>。

我们　　是 8 点　　上课

b. kou²⁴ tɯk³³ ʔou²⁴ teːn²⁴naːu⁵⁵ si⁵⁵ fan⁴²ɕɯːŋ²⁴.

我　是　要　电脑　　写　文章

我是<u>用电脑</u>写文章。

此外，燕齐壮语还可以将名词重叠作为句子焦点，以引起话题的语境具体化，而且带有一定的感情色彩。例如：

（230）a. kju²⁴ kju²⁴ ʔbu³³/ˀbou⁵⁵ mi⁴², ɕau⁵⁵ ma⁴² plak⁵⁵ ?

盐　盐　不　　　有　煮 什么 菜

（连）盐（都）没有，（还）做什么菜？

b. soːi⁴²køːn³⁵ ɣou⁴² na⁴² na⁴² ʔbu³³/ˀbou⁵⁵ mi⁴², ɣoːi³³

以前　我们 田田 不　　　有　地

ɣoːi³³ ʔbu³³/ˀbou⁵⁵ mi⁴².

地　不　　　有

我们从前田没有，地也没有。

c. mɯŋ⁴² saw²⁴ saw²⁴ ʔbu³³/ˀbou⁵⁵ ʔou²⁴ tou⁵⁵, la⁵⁵ tok³³

你　书　书　不　　　拿　来　还　读

ma⁴² saw²⁴ hom²⁴!

什么　书　再（强调）

你什么书都不拿来，还上学干什么！

（230a）将说话者因做菜时没有 kju²⁴ "盐" 所产生的埋怨、牢骚情绪表露无余，语气上强调了焦点 kju²⁴的重要性；b 句则是对旧社会农民"一无所有"的事实进一步强调；c 句则是对学生"空手上学"的行为表现表示不满。显然，这些成分是为达到重点强调的目的而作为焦点移位至动词短语前了。

第九章　复杂句

本章讨论燕齐壮语复杂句——关系子句、补语结构、并列结构和主从结构等句型。

第一节　关系子句

一、关系子句结构

由于"关系子句"和名词的其他修饰成分（包括指示代词、数量词和形容词）一样都处于"定语"的位置上，而"定语"作为句子的一种成分用来主语或宾语的。燕齐壮语的"关系子句"都出现在中心词之后：

（1）a. ʔan²⁴ tai³³　[pou³¹ke³⁵ føːŋ²⁴ pan⁴²]　he⁵⁵.

　　　　个 袋子　老人 缝 好 那

　　　老人缝好的那个袋子。

　　b. tɯːk³³　[te²⁴ ɕɯt⁵⁵ foːi⁴²]　he⁵⁵. 他点火的那个地方。

　　　地方 他 烧 火 那

（2）a. faːk³³　[te²⁴ ʔou²⁴ ma²⁴]　he⁵⁵. 他拿回来的那把（刀）。

　　　把　 他 拿 回来 那

　　b. ɕi³³ [mɯŋ⁴² si⁵⁵]　he⁵⁵.　　　　你写的那个（字）。

　　　个 你 写 那

（3）kɯn⁴² taːi⁴²　[you⁴² ɕuːŋ³⁵ ʔwan⁵⁵] he⁵⁵.

　　上面 桌子　我们 放 碗 那

　　我们放着碗的那张桌子上。

（4）a. pi²⁴ [kou²⁴ ma²⁴ ɣaːn⁴²]　he⁵⁵.　 我回家那年。

　　　年 我 回 家 那

　　b. ŋon⁴²　[mɯn⁴² poːi²⁴ ʔu⁵⁵min⁴²]　he⁵⁵.

　　　天　 你 去 武鸣 那

　　你去武鸣那天。

（5）saːm²⁴ kan²⁴ maːk³⁵ [kou²⁴ ŋaːm³⁵ ɕau³¹ ma²⁴]　he⁵⁵.

　　　三 斤 水果 我 刚 买 回 那

　　我刚买回的那三斤水果。

从上面例子来看，燕齐壮语关系子句有以下特征：

首先，关系子句总是在中心词之后。不仅名词和量词可以作为关系子句结构的中心词，如（1）、（2）的 ʔan²⁴tai³³ "袋子"、tuːk³³ "地方"、faːk³³ "把"、çi³³ "个"，而且处所名词和时间名词也能作为关系子句结构的中心词，如（3）、（4）的 kɯn⁴² taːi⁴² "桌子上"、pi²⁴ "年"、ŋon⁴² "天"。另外，名词短语也能作关系子句的中心词，如（5）的 saːm²⁴ kan²⁴ maːk³⁵ "三斤水果"。

其次，关系子句必须带限定词 he⁵⁵ "那" 或 ni⁴² "这"。限定词的作用很重要，起着从属的标注。没有限定词的子句结构会产生歧义。如（5），如果没有指示代词 he⁵⁵，意思可以是 "我刚买回三斤水果"，是一个独立句，而不是关系子句了。

最后，限定词在关系子句中的位置一般是固定的，总出现在关系子句的末尾。

总之中心词、关系子句和指示词在关系子句中是密不可分的，由此构成一个较大的名词短语，关系子句起着修饰、限定中心词的作用。

二、关系子句的句法功能

关系子句在整个句子中可以修饰主语、宾语、定语和状语。

1. 修饰主语。例如：

（6）a. tu⁴² meːɯ⁴² [te²⁴ çaɯ³¹ ma²⁴]　he⁵⁵ lau²⁴ lu³³.
　　　 只　 猫　　他　买　回　　　那　丢（语气词）
　　　 他买回的那只猫不见了。

　　 b. kø²⁴ fai³¹ [kou²⁴ ɣam⁵⁵] n⁴² teːp³⁵ heːn⁴² ɣaːn⁴² laːi.
　　　 棵　树　　我　砍　　这　近　旁边　房子　多
　　　 我砍的这棵树太靠近房子。

　　 c. fa³⁵ çuːŋ⁴² [tu⁴²mou²⁴ kot³³] he⁵⁵ ʔdak⁵⁵ tom³⁵　lu³³.
　　　 堵　墙　　只　猪　掘　　那　快　塌（语气词）
　　　（被）猪掘的那堵墙快倒塌了。

　　 d. nok³³ çai²⁴ [te²⁴ ku³³] n⁴² nak⁵⁵ yaːi³¹çaːi³¹ pi⁵⁵/poːi²⁴.
　　　　把　犁头　他　做　这　重　　很　　　去（语法化）
　　　 他制作的这把犁头非常沉重。

2. 修饰宾语。例如：

（7）a. ɣan²⁴ tu⁴² waːi⁴² [wun⁴² koːi³⁵ haːu³³] he⁵⁵ le⁵⁵?
　　　 见　头　牛　　人　记　号　　那（语气词）
　　　 看见有人做了记号的那头牛吗？

　　 b. ʔjaɯ⁵⁵ tiːu⁴² pu³³　[te²⁴ weːn⁵⁵ kɯn⁴² çuːŋ⁴²] he⁵⁵.
　　　　看　条　衣服　他　挂　上面　墙　　那
　　　 看他挂墙上的那件衣服。

　c. ʔum⁵⁵ tu⁴² ma²⁴ [ɣou⁴² kam³³tau⁴²] he⁵⁵.
　　抱　只　狗　我们　　抓住　　　那
　　抱着（被）我们抓住的那只狗。

　d. tan⁵⁵ ti:u⁴² wa³⁵ [ta³¹me³³ ŋa:m³⁵ ɕau³¹ ma²⁴] he⁵⁵.
　　穿　条　裤子　母亲　　刚　买　来　那
　　穿上母亲刚买回来的那条裤子。

3. 修饰状语。例如：

（8）a. pi²⁴ [kou²⁴ ma²⁴ ɣa:n⁴²] he⁵⁵ ʔan²⁴ ʔbun²⁴ hun³⁵ ʔdak⁵⁵ ɣa:i²⁴.
　　年　我　回　家　　那　天空　　热　要　死
　　我回家那年，天气非常热。

　b. ŋon⁴² [mun⁴² po:i²⁴ ʔu⁵⁵min⁴²] he⁵⁵ tu⁴²wa:i⁴² tok⁵⁵ ta:t³⁵ lu³³.
　　天　你　去　武鸣　　那　牛　掉　崖　（语气词）
　　你去武鸣那天，牛掉下山崖了。

关系子句之后，还可以带上动词（含形容词）短语。例如：

（9）a. ʔum⁵⁵ tu⁴² ma²⁴ [ɣou⁴² kam³³tau⁴²] he⁵⁵ po:i²⁴ ɣa²⁴ he⁵⁵.
　　抱　只　狗　我们　　抓住　　那　去　找　他
　　抱着（被）我们抓住的那只狗去找他。

　b. ʔjau⁵⁵ ti:u⁴² pu³³ [te²⁴ we:n⁵⁵ kun⁴² ɕw:ŋ⁴²] he⁵⁵ kjou²⁴
　　看　条　衣服　他　挂　上面　墙　那　漂亮
　　ta:ŋ³⁵ma⁴² po:i²⁴.
　　非常　　去（语法化）
　　看他挂墙上的那件衣服非常漂亮。

　c. ɣan²⁴ tu⁴² wa:i⁴² [wun⁴² ɕu:ŋ³⁵] he⁵⁵ pw:t⁵ kwa³⁵tou⁵⁵.
　　见　头　牛　人　放　　那　跑　过来
　　看见（被）人放掉的那头牛跑过来。

（10）a. ʔdai⁵⁵ŋi²⁴nou⁴² pou³¹ luk³³ŋe⁴² [la:u³¹sai²⁴ he:u³³]
　　　据说　　　　个　孩子　老师　　叫
　　(he⁵⁵) ta³³luk³³ te²⁴.
　　　那　女儿　他
　　据说老师叫的（那个）孩子是他女儿。

　b. ti:u⁴² pu³³ [te²⁴ ŋa:m³⁵ ɕau³¹] he⁵⁵ tiŋ³⁵ŋi²⁴nou⁴² lau²⁴ lu³³.
　　条　衣　她　刚　买　那　听说　　丢　（语气词）
　　听说她新买的衣服不见了。

第二节　补语结构

按照传统的语法分析法，补语是用来说明动作、行为的结果、状态、趋向、方式、数量、时间、处所、可能性或者说明性状的程度、状态等的一些句子成分。除了用简单的一个词、一个短语作为谓语动词的补语外，还用更为复杂的句子成分来充当补语。这样"更为复杂"的句子成分我们称之为"补语从句"。燕齐壮语的补语从句有些需要助词 tɯk⁵⁵、ʔdai⁵⁵作补语标记，也有不需要助词作标记的。补语结构如下：

主语+谓语动词+（补语标记）+补语（从句）

一、不带标记的补语从句

这类补语从句在谓语动词之后，看上去像宾语从句，起着补足语的作用，不需要任何助词来连接。例如：

（11）a. mɯŋ⁴² na:n³⁵ [kø²⁴ fai³¹ n⁴² ka⁵⁵la:i²⁴ sa:ŋ²⁴？]
　　　　你　估计　棵树这多少　高
　　　　你猜这棵树有多高？

　　　b. mɯŋ⁴² ʔjaɯ⁵⁵ [ti:u⁴² pu³³　n⁴² kjou²⁴ le⁵⁵？]
　　　　你　看　条　衣服　这　漂亮（语气词）
　　　　你看这件衣服漂亮吗？

（12）a. kou²⁴ haŋ⁵⁵　[ka:k³³ pou³¹ hu⁵⁵ ʔjou³⁵ ra:n⁴²].
　　　　我　喜欢　独自　个　一　在　家
　　　　我喜欢一个人在家。

　　　b. kou²⁴ ŋwa:n³³ [kji:n³³ sai³³ n⁴² ku³³ɣaɯ⁴² nou⁴² he⁵⁵ ŋi²⁴].
　　　　我　想　件　事这　怎么　　说　她　x
　　　　我想着怎么告诉她这件事。

　　　c. sø:ŋ²⁴ nu:ŋ³¹ho:i⁴² ho:i³⁵la:u²⁴ [po:i³¹je⁴² nou⁴² ʔø:k³⁵tou⁵⁵].
　　　　两　姨妹　　担心　姐夫　说　出　来
　　　　两个小姨子担心姐夫（把藏钱处）说出来。

上述补语从句都是作为"话题—陈述"结构出现在主句主要动词后面，形式上和关系子句相同，是一个意思完整的句子。

一般来说，除了视觉、心理动词外，补语从句还可以用在传信、认知、感知等类动词之后。例如：

（13）a. kou²⁴ ʔdai⁵⁵ŋi²⁴nou⁴² [mɯŋ⁴² po:i²⁴ ʔu⁵⁵miŋ⁴² lu³³].
　　　　我　听说　　你　去　武鸣（语气词）
　　　　我听说你去武鸣了。

b. ʔdai⁵⁵ŋi²⁴nou⁴² [he⁵⁵ ta⁵⁵ kwa:ŋ⁵⁵ɕou³³ ma²⁴].
　　听说　　　　他　从　广州　　回
听说他从广州回来。

（14）a. kou²⁴ ɣø³¹ŋin³³ [he⁵⁵ juɯ:ŋ³³ni⁴² ku³³ ʔbu³³/ʔbou⁵⁵ pan⁴²].
　　我　　认为　　他　这样　做　不　　好
我觉得他这么做不好。

b. te²⁴ ɣø³¹nou⁴² [ku⁵⁵ ŋon⁴²ɕø:k³³ po:i²⁴ puɯ³¹kiŋ³³ lu³³].
　　他　知道　　我　明天　　去　北京　（语气词）
他知道我明天去北京。

c. kou²⁴ ʔe:ŋ³⁵nau⁴² [muɯ³³ ʔbu³³/ʔbou⁵⁵ tou⁵⁵ mu²⁴ ne⁴²].
　　我　以为　　你　不　　　来　再　呢
我以为你不来了呢。

（15）a. te²⁴ mu:ŋ³³ [muɯ³³ po:i²⁴].　　　他希望你去。
　　他　希望　你　去

b. kou⁴ nam⁵⁵ ʔdau²⁴ hø⁴² [tuɯk³³ plaɯ⁴² nou⁴² he⁵⁵ ŋi²⁴ ni⁵⁵].
　　我　想　里脖子是　　谁　说　他　x（语气词）
我心想是谁告诉她的呢？

c. kji:n³³ sai³³ n⁴² ʔjaɯ⁵⁵ huɯn⁵⁵tou⁵⁵ [ʔbu³³/ʔbou⁵⁵ kje:n⁵⁵ta:n³³].
　　件　事　这　看　起来　　　不　　　简单
这件事看起来不简单。

　　正如"话题—陈述"句型那样，作为补语从句中"话题"（施事者）的人称代词无论是单数还是复数，通常都使用非话题代词形式。（16）"补语从句"中的"话题"代词有单数也有复数，处在主句的"宾语"位置上，习惯上都用非话题代词形式来表示（详见第四章"名词短语"中"人称代词"一节）：

（16）a. tiŋ³⁵ŋi²⁴ [he⁵⁵ ʔai²⁴kwe:m³¹kwe:m³¹ ʔdau²⁴ɣuk³³].
　　听见　他　咳嗽　（拟声）　　里　卧室
听见他在屋里咳嗽着。

b. kou²⁴ ɣan²⁴ [su⁵⁵ haŋ⁵⁵ ɕɯ:ŋ³⁵kø²⁴ ɣa:i³¹ɕa:i³¹].
　　我　觉得　你们　喜欢　唱歌　很
我觉得你们很喜欢唱歌。

二、带标记的补语

　　上文提到，燕齐壮语的 tuɯk⁵⁵、ʔdai⁵⁵ 可以作为补语从句的标记。当需要对主句谓语动词的结果作补充说明时，谓语动词后边的补语从句往往需要补语标记。

　　1. 以 tɯk⁵⁵为标记的补语

　　以 tɯk⁵⁵为标记的补语，通常是主谓短语（17）和动词短语（18）。例如：

（17）a. kou²⁴ ʔdɯn²⁴ tɯk⁵⁵　[ha²⁴ ɣa:i⁴²mot³³].
　　　　　 我　站　（标记）　腿　麻木
　　　　　我站得腿发麻。

　　　 b. te²⁴ tai⁵⁵ tɯk⁵⁵　[ɣam³¹ɣa²⁴ ɣi³³sok³³sok³³].
　　　　　 他　哭（标记）　　眼泪　流　（拟态）
　　　　　她哭得眼泪直流。

（18）a. kou²⁴ ʔda:t³⁵ho:i³⁵ tɯk⁵⁵　[sam³⁵ tin²⁴].
　　　　　 我　生气　（标记）　跺　脚
　　　　　我气得直跺脚。

　　　 b. te²⁴ ɳan³⁵ tɯk³⁵　[kom³⁵ na⁵⁵].　她羞得把脸遮着。
　　　　　 她　羞　（标记）　盖　脸

　　（17）主句谓语为不及物动词，补语是主谓结构。（18）主句的谓语分别为状态动词（形容词）ʔda:t³⁵ho:i³⁵ "生气"、ɳan³⁵ "害羞"，而补语是及物动词短语，动作分别由主句主语 kou²⁴ "我"、 te²⁴ "她" 发出。

　　主句的谓语是及物动词时也可以带补语。这个补语可以是状态动词，如（19a）；也可以是补语从句，如（19b）。但此时的动词通常要重复出现。例如：

（19）a. te²⁴ kɯ²⁴ lou⁵⁵ kɯ²⁴ tɯk⁵⁵　[fi⁴² po:i²⁴ ɕi⁵⁵ ʔjou³⁵].
　　　　　 他　吃酒　吃（标记）醉　去　才　在
　　　　　他喝酒直到醉了为止。

　　　 b. kou²⁴ pla:i⁵⁵ ɣon²⁴ pla:i⁵⁵ tɯk⁵⁵　[ha²⁴ nat⁵⁵ lu³³].
　　　　　 我　走　路　走　（标记）腿　累　（体标记）
　　　　　我走路走得腿都累了。

　　如果补语是非话题，它常常是一个带后附加音节的形容词、动词或拟声词。例如：

（20）a. wun⁴² ʔba:n⁵⁵ ka:ŋ⁵⁵kø⁵⁵ tɯk⁵⁵　[nom⁴²sa:t³³sa:t³³].
　　　　　 人　村　聊天　（标记）　热闹　（后缀）
　　　　　村民们聊得热闹非凡。

　　　 b. te²⁴ nin⁴² tɯk⁵⁵　[kjan²⁴fɯt⁵⁵fɯt⁵⁵].
　　　　　 他　睡（标记）　打鼾（后缀）
　　　　　他睡得很香。

　　有时，补语从句的动词短语还可以再带一个补语。例如：

（21）a. te²⁴ la:u²⁴ tuik⁵⁵ [ka:k³³ puɯ:t³⁵] [hou⁵⁵ ɣa:n⁴² po:i²⁴].
　　　　他　怕（标记）自己　　跑　进　房子　去
　　　　他害怕得自己跑进屋里去。

　　　b. te²⁴˙ʔjuɯ:k³⁵ tuik⁵⁵　[tuŋ³¹ juɯ:ŋ⁵⁵] [ku³¹lu³¹ku³¹lu³¹].
　　　　他　饿　（标记）肚子　响　　咕噜　咕噜
　　　　他饿得肚子咕噜咕噜地叫。

（21a）的 puɯ:t³⁵ hou⁵⁵po:i²⁴“跑进去”是 la:u²⁴“怕”的补语，而 hou⁵⁵po:i²⁴
“进去”又是 puɯ:t³⁵ “跑”的补语；（21b）的补语从句 tuŋ³¹ juɯ:ŋ⁵⁵
ku³¹lu³¹ku³¹lu³¹中的 ku³¹lu³¹ku³¹lu³¹“咕噜咕噜”又是动词 juɯ:ŋ⁵⁵“响”的
补语。

　　除了人称代词外，无生命体的名词短语也可以作主句的主语。例如：

（22）ki³⁵wa³³ tak³³la:n²⁴ ʔaŋ²⁴ tuik⁵⁵　[ta⁴²koŋ²⁴ pa:k³⁵ hup⁵⁵ ʔbu³³/ʔbou⁵⁵ pan⁴²].
　　　话　孙子　高兴（标记）爷爷　嘴　关　不　　　成
　　　孙子的话乐得爷爷合不拢嘴。

　　例子中的主要谓语动词ʔaŋ²⁴“高兴”乍一看起来是 ki³⁵wa³³ tak³³la:n²⁴
“孙子的话”发出的动作，其实不然，因为“高兴”的是“爷爷”，不是“孙
子的话”。在主句主语位置上的名词短语只是形式上的主语。这句话实际上
像是一种“话题—陈述”结构，可以分析为“孙子的话，爷爷（听了以后）
高兴得合不拢嘴”。

　　在许多情况下，结果/程度补语从句常常以“话题（动词）+ tuik⁵⁵ 陈述
（补语从句）”的形式出现。例如：

（23）a. ko:i⁵⁵ ŋon⁴² n⁴² ku³³ hø:ŋ²⁴ pak³³ tuik⁵⁵ [te²⁴ ʔdum²⁴ʔ ʔbu³³/bou⁵⁵ sø³³].
　　　　几　天　这　干　活　累（标记）他　站　不　　　直
　　　　这几天劳动累得他直不起腰。

　　　b. pa:k²⁴ hauɯ³⁵ tuik⁵⁵　[te²⁴ ta:i³⁵ hou³¹ ɕuŋ⁵⁵ ʔbu³³/ʔbou⁵⁵ suɯ:ŋ⁵⁵ kuɯ²⁴].
　　　　口　干（标记）他　连　饭　都　不　　　想　吃
　　　　口渴得他连饭都不想吃。

　　这种补语从句显然是来自（23’）这样的动补结构。而在（23）里，主
要动词被移到句首了。

（23’）a. ko:i⁵⁵ ŋon⁴² n⁴² te²⁴ ku³³ hø:ŋ²⁴ pak³³ tuik⁵⁵[ʔdum²⁴ ʔbu³³/bou⁵⁵ sø³³].
　　　　几　天　这他　干　活　累（标记）站　不　　　直
　　　　这几天他劳动累得直不起腰。

　　　b. te²⁴ pa:k²⁴ hauɯ³⁵ tuik⁵⁵ [ta:i³⁵ hou³¹ ɕuŋ⁵⁵ ʔbu³³/bou⁵⁵ suɯ:ŋ⁵⁵ kuɯ²⁴].
　　　　他　口　干（标记）连　饭　都　不　　　想　吃
　　　　他口渴得连饭都不想吃。

2. 以ʔdai⁵⁵为标记的补语

补语也可以用ʔdai⁵⁵为标记。以ʔdai⁵⁵为标记的补语一般是形容词短语或动词短语。例如：

（24）a. muɯ⁴² nou⁴²　ʔdai⁵⁵　[te:ŋ²⁴].　你说得对。
　　　　　你　说　（标记）　对

　　　b. te²⁴　sat⁵⁵ ʔdai⁵⁵　[sa:ŋ²⁴].　他跳得高。
　　　　　他　跳（标记）　高

　　　c. kou²⁴ po:i²⁴ ʔdai⁵⁵　[kip³³].　我去得及时。
　　　　　我　去（标记）　及时

（25）a. la:u³¹sai²⁴　ka:ŋ⁵⁵　ʔdai⁵⁵　[ɕiŋ²⁴ɕiŋ²⁴ su⁵⁵su⁵⁵].
　　　　　老师　　　讲　（标记）　清清　　楚楚
　　　　老师讲得清清楚楚。

　　　b. ki³⁵ tu³³ n⁴² ɕe:u⁵⁵ ʔdai⁵⁵ [jou³³ plø:t³⁵ jou³³ ɣa:ŋ²⁴].
　　　　　些　豆 这 炒 （标记）又　脆　又　香
　　　　这些豆子炒得又脆又香。

　　　c. te²⁴ naŋ³³ ʔdai⁵⁵　[ʔø:n⁵⁵tup⁵⁵tup⁵⁵].　他坐得很稳当。
　　　　　他　坐（标记）　稳　（后缀）

（26）a. te²⁴ nin⁴²　ʔdai⁵⁵　[kjan²⁴fut⁵⁵fut⁵⁵ po:i²⁴/pi⁵⁵].
　　　　　他　睡　（标记）　打鼾（后缀）去（语法化）
　　　　他睡得出鼾声（很香）。

　　　b. te²⁴ ʔin　ʔdai⁵⁵　[he:m³⁵ ʔja:t³⁵ ʔja:t³⁵　lu³³].
　　　　　他　痛（标记）　喊　（后缀）　（语气词）
　　　　他疼得叫呀呀。

上面谈到，带 tɯk⁵⁵标记的补语从句常以"话题（动词）+tɯk⁵⁵+陈述（补语从句）"结构出现，ʔdai⁵⁵标记也可用于此。如（27）的 a 句 可以说成 b 句，意义不变：

（27）a. kou²⁴ huɯŋ³⁵ ʔdai⁵⁵　[ha:n³³ yi³³ ha:n³³ ɣon³¹].
　　　　　我　热　（标记）　汗　流　汗　溢
　　　　热得我汗流浃背。

　　　b. huɯŋ³⁵　ʔdai⁵⁵　[kou²⁴ ha:n³³ yi³³ ha:n³³ ɣon³¹].
　　　　　热　（标记）　我　汗　流　汗　溢
　　　　热得我汗流浃背。

当然，如果补语从句前面还有分句，而且前面分句跟补语从句共用一个主语，那么分句或从句的主语是可以省略的。例如：

（28）a. te²⁴ he:u³³ luɯk³³ŋe⁴² ma²⁴ kɯ²⁴ hou³¹, he:u³³ ʔdai⁵⁵

　　　　她　叫　孩子　回　吃　饭　叫（标记）

　　　[te²⁴ hø⁴² he:p³⁵　lu³³].

　　　她　脖子　哑（语气词）

　　　她叫孩子回来吃饭，叫得她嗓子哑了。

　　b. te²⁴ he:u³³ luɯk³³ŋe⁴² ma²⁴ kɯ²⁴ hou³¹, he:u³³ ʔdai⁵⁵

　　　　她　叫　孩子　回　吃　饭　　叫（标记）

　　　[（　）hø⁴²　he:p³⁵　lu³³].

　　　　　脖子　哑　（语气词）

　　　她叫孩子回来吃饭，叫得（　）嗓子哑了。

　　c. （　）he:u³³ luɯk³³ŋe⁴² ma²⁴ kɯ²⁴ hou³¹, he:u³³ ʔdai⁵⁵

　　　　　　叫　孩子　回　吃　饭　　叫（标记）

　　　[te²⁴ hø⁴² he:p³⁵　lu³³].

　　　她　脖子　哑　（语气词）

　　　（　）叫孩子回来吃饭，叫得她嗓子哑了。

（28a）两个分句的主语都是 te²⁴"她"，可以变成省略补语从句中主语的 b 句，或者变成省略前一分句主语的 c 句。

作为补语标记，tɯk⁵⁵和ʔdai⁵⁵是否可以互换呢？二者虽各有一定的适用范围，但从语感上来说，似乎也有交集的地方，比如补语是句子结构时，ʔdai⁵⁵和 tɯk⁵⁵的互换也可以说得通。例如：

（29）a. te²⁴ pɯ:t³⁵ ʔdai⁵⁵/tɯk⁵⁵ [ha²⁴ ʔin²⁴ ʔdi:m³⁵ ʔdi:m³⁵].

　　　　他　跑　（标记）　腿　痛　（后缀）

　　　他跑得腿隐隐作痛。

　　b. kou²⁴ naŋ³³ ʔdai⁵⁵/tɯk⁵⁵ [ti:u⁴² ɣɯ:t³⁵ sø³³nom³¹nom³¹].

　　　　我　坐　（标记）　条　腰　直　（后缀）

　　　我坐得腰很直。

　　c. kou²⁴ nou⁴² he⁵⁵ ʔdai⁵⁵/tɯk⁵⁵ [pa:k³⁵ hum⁵⁵ pø:p³⁵ lu³³].

　　　　我　说他　（标记）　嘴　起　泡（语气词）

　　　我劝说他以致嘴都起泡了。

但补语如果只是一个的单音状态动词（形容词），而没有其他成分（包括后缀），那么补语标记只能用ʔdai⁵⁵，不能用 tɯk⁵⁵。如（24）不能说成（24'）：

（24'）a. *mɯuŋ⁴² nou⁴² tɯk⁵⁵　[te:ŋ²⁴].

　　　　你　说　（标记）　对

　　b. * te²⁴ sat⁵⁵　tɯk⁵⁵　[sa:ŋ²⁴].

　　　　他　跳　（标记）　高

c. * kou²⁴　po:i²⁴　tɯk⁵⁵　[kip³³].
　　我　去　（标记）　及时

应该说，补语标记 tɯk⁵⁵和ˀdai⁵⁵的互换，尽管可以依语境而得以理解，但还是显得有些牵强，如（26）、（28）（29）补语标记ˀdai⁵⁵若换成 tɯk⁵⁵就比较准确、恰当了。所以，从语法上看，tɯk⁵⁵标记的适用范围较大，既适用于补语从句，也适用于一般非从句的单音节补语，而ˀdai⁵⁵标记更适合于非从句的一般补语。

第三节　并列结构

并列结构是指通过一些有标记连接手段和无标记连接手段来连接两个具有同等句法地位的词或短语，表达一种连贯和关联的意义。下面我们来讨论燕齐壮语并列结构的三种句型：并列句、转折句和选择句。当然，这三种句型中，除了并列句，其他的都不是严格意义上的并列结构，这里只是为便于讨论而归到一起。

一、并列句

1. 连接词 çou³⁵ "和、跟" 是燕齐壮语并列连接句中最常见的标记。常常用来连接两个名词短语。例如：

（30）a. te²⁴ pi³³/po:i²⁴ çaɯ³¹ [plak⁵⁵ çou³⁵ nø³³]. 他去买菜和肉。
　　　　他　去　买　菜　和　肉

　　　b. kou²⁴ ɣø³¹na⁵⁵ [ta⁴²pø³³ he⁵⁵ çou³⁵ ta⁴²pø³³ muŋ³³].
　　　　我　认识　父亲　他　和　父亲　你
　　　　我认识他父亲和你父亲。

　　　c. [te²⁴ çou³⁵ ku⁵⁵] çuŋ⁵⁵ tɯk³³ wun⁴² kwa:ŋ⁵⁵si³³.
　　　　他　和　我　都　是　人　广西
　　　　他和我都是广西人。

çou³⁵也可以用来连接两个动词短语（详见下文的"连动结构"）。不过，在这样的句子中，若 çou³⁵所连接的两个习惯性动作不分先后顺序，那么çou³⁵可以省略。例如：

（31）a. kou²⁴ hat⁵⁵taŋ⁴² çuŋ⁵⁵ [ça:t³⁵ he:u⁵⁵ çou³⁵ sɯ:i³⁵ na⁵⁵].
　　　　我　每早　都　刷　牙　和　洗　脸
　　　　我每天早上都刷牙、洗脸。

　　　b. kou²⁴ ŋon⁴²çø:k³³ ˀjou³⁵ ɣa:n⁴² [ta⁵⁵çaɯ⁵⁵ çou³⁵ ku³³sak³³].
　　　　我　明天　在　家　煮　和　洗
　　　　我明天在家做饭、洗衣服。

并列句也可以不用 çou³⁵ 而直接把有关名词或名词短语并列在一起。在这样的并列结构中，还可以用尾词 ni³³ "呀、啊"以示停顿，有的还可同时使用范畴副词 çuŋ⁵⁵ "都、总"。例如：

（32）a. [tak³³po:i³¹ ta³³çe⁵⁵] ku⁵⁵ çuŋ⁵⁵ ʔbu³³/ʔbou³⁵ ʔjou³⁵ ɣa:n⁴².
　　　　哥哥　姐姐　我　都　不　　　　在　家
　　　我的哥哥姐姐都不在家。

　　b. [mou²⁴ ni³³ kai³⁵ ni³³] çuŋ⁵⁵ kwi²⁴ hau⁵⁵kuŋ³⁵ço:i³³ li:u³¹.
　　　　猪呀　鸡呀　都　归　给　贡修　完
　　　猪呀鸡呀的全都归了贡修。

　　c. [pla²⁴çak⁵⁵ pla²⁴çø:n³⁵]　vu:n³³ hou³¹ŋa:i⁴² hu³³!
　　　　鲫鱼　七星鱼　换　午饭　（语气词）
　　　（用）鲫鱼七星鱼（来）换午饭啊！

显然，并列句的名词短语可放在句首作主语，如（32）；也可放在句尾作宾语，如（30a/b）。类似（32）a、c 句可能跟韵律有一定关系，读起来更有节奏感。

2. 除了 çou³⁵ "和"外，燕齐壮语还有不少并列连词，如 hi⁴²…hi⁴²… "也……也……"、jou³³…jou³³… "又……又……"、ɲi:t³³…ɲi:t³³… "越……越……"、ʔjap⁵⁵…ʔjap⁵⁵… "一会儿……一会儿……"、tø³⁵…tø³⁵… "边……边……"、çam³³ça:i³⁵… "而且……"、ʔbou⁵⁵ta:n²⁴…çam³³ça:i³⁵… "不但……而且……"、（ʔbou⁵⁵ta:n²⁴）…wa:n⁴²li⁵⁵…（çam³³）… "（不但）……还……（也）……"、…çam³³… "……也……"、çau⁴²…li:u³¹, la⁵⁵…（çam³³）… "除……以外，还有……（也）……"等。例如：

（33）a. kou²⁴ hi⁴² [ŋa:³³ ta:ŋ⁴²]　hi⁴² [ŋa³³ piŋ³³].
　　　　我　也　馋　糖　也　馋　饼
　　　我喜欢糖果也喜欢饼干。

　　b. ta³³　n⁴²　jou³³ [kot⁵⁵ sa:ŋ²⁴] jou³³ [pan⁴²sa:u²⁴].
　　　　个　这　又　个子　高　又　漂亮
　　　这姑娘又高又漂亮。

（34）a. te²⁴ ʔjap⁵⁵ [tai⁵⁵] ʔjap⁵⁵ [ɣi:u²⁴].
　　　　他　一会儿　哭　一会儿　笑
　　　他一会哭，一会儿笑。

　　b. te²⁴　tø³⁵　[pla:i⁵⁵]　tø³⁵　[ʔjau⁵⁵ sau²⁴].
　　　　她　边　走　边　看　书
　　　她边走边看书。

（35）a. kou²⁴　[ɣø³¹ kaːŋ⁵⁵]　　ɕam³³ɕaːi³⁵　[ɣø³¹ si⁵⁵].
　　　　　我　　会　讲　　　　　而且　　　会　写
　　　　我会说而且会写。

　　　b. te²⁴ ˀbou⁵⁵taːn²⁴ [haŋ⁵⁵ kɯ²⁴ ˀiːn²⁴], ɕam³³ɕaːi³⁵ [haŋ⁵⁵ kɯ²⁴ lou⁵⁵].
　　　　　他　不但　　　喜欢　吃　烟　　　而且　喜欢　吃　酒
　　　　他不但喜欢吸烟，而且喜欢喝酒。

（36）a. ˀbou⁵⁵taːn²⁴ [te²⁴ poːi²⁴], waːn⁴²li⁵⁵ [kou²⁴ ɕam³³ poːi²⁴].
　　　　　不但　　　　他　去　　还有　　我　也　去
　　　　不但他去，还有我（也）去。

　　　b. ˀbou⁵⁵taːn²⁴ [te²⁴] waːn⁴²li⁵⁵ [kou²⁴] ɕam³³ poːi²⁴.
　　　　　不但　　　　他　还有　　我　也　去
　　　　不但他还有我（也）去。

（37）a. kou²⁴　[ŋa³³ taːŋ⁴²],　te²⁴　ɕam³³　[ŋa³³ taːŋ⁴²].
　　　　　我　馋糖　　　她　也　　馋糖
　　　　我喜欢糖，她也喜欢糖。

　　　b. ɕaɯ⁴² [kou²⁴ ŋa³³ taːŋ⁴²] liːu³¹, la⁵⁵ [te²⁴] ɕam³³ [ŋa³³ taːŋ⁴²].
　　　　　除　我　馋　糖　（语）　还　她　也　　馋　糖
　　　　除了我喜欢吃糖，还有她也喜欢吃糖。

（38）mɯŋ⁴² ɲiːt³³ [ˀda³⁵] te²⁴ ɲiːt³³ [tai⁵⁵].
　　　　你　越　骂　他　越　哭
　　　　你越骂他越哭。

从上述例子来看，连接词所连接的动词短语或分句，有时前后共有一个主语，有时前后动作行为由不同的主语发出。连接词用法也不尽相同：

1）连接词"hi⁴²…hi⁴²…"、"jou³³…jou³³…"、"ˀjap⁵⁵…ˀjap⁵⁵…"、"tø³⁵…tø³⁵…"的语义相近，只有一个主语，放在句首，所连接的短语可以移位，如（33）、（34）。当然，"hi⁴²…hi⁴²…"、"jou³³…jou³³…"也可以用于主语不同的、谓语相同的句子。

2）连接词"…ɕam³³ɕaːi³⁵…"、"ˀbou⁵⁵taːn²⁴…ɕam³³ɕaːi³⁵…"的语义相近，只有一个主语，而且主语要放在第一个分句的句首，谓词短语可以移位，如（35）。

3）连接词"ˀbou⁵⁵taːn²⁴…, waːn⁴²li⁵⁵…（ɕam³³）…"、"…ɕam³³…"、"ɕaɯ⁴²…liːu³¹, la⁵⁵…（ɕam³³）…"语义相近，谓词相同，主语各异，主语要放在连接词之后，且主语、谓语都可以移位，如（36）、（37），这类句子中前一个分句的谓词短语可以省略。

4）连接词"ɲiːt³³…ɲiːt³³…"连接两个分句的主语、谓语都各异，但主语、谓词均可以移位，如（38）。

3. 传统语法书上所提到的连谓谓语句，有些也可以算是并列句的一种。这样的并列句被称为"连动结构"，如（31）çou³⁵可以连接两个并列的动词短语。又例如：

（39）a. kou²⁴ ŋon⁴²taŋ⁴² pi³³/po:i²⁴　[ʔou²⁴ hø³⁵]　[ha:i²⁴ hø³⁵].
　　　　我　　每天　去　　　　要货　　卖货
　　　　我每天去买货卖货。

　　　b. te²⁴ po:i²⁴ muɯ³⁵he⁵⁵　[ʔjaɯ⁵⁵ saɯ²⁴] [si⁵⁵ saɯ²⁴].
　　　　他　去　那里　　　看书　　写书
　　　　他去那里看书写字。

（39）的动词表示一种平行、等同的关系，可以互相移位。如 a 句的 ʔou²⁴ hø³⁵ "买货" 和 ha:i²⁴ hø³⁵ "卖货"、b 句的 ʔjaɯ⁵⁵ saɯ²⁴ "看书" 和 si⁵⁵ saɯ²⁴ "写字"，位置可以自由调换，句子意义不变。

然而，连动句的两个动词短语是非平行、不能移位的关系居多，即动作行为分先后顺序。这类连动句有两个基本结构：一是首个动词短语直接用趋向动词 po:i²⁴ "去" 为动词；二是两个非趋向动词的动词短语之前，一般还可插入趋向动词 po:i²⁴ "去" 或 ma²⁴ "来"。基本结构如下：

名词短语 （+时间短语）+趋向动词 （+方位短语）+动词短语

名词短语 （+时间短语）（+趋向动词）（+方位短语）+动词短语+ （+趋向动词）+动词短语

表示顺序意义的连动句，不是真正意义上的并列结构，应算是主从结构的一种，为便于与并列结构相比较，我们在这里略作介绍。连动句中的两个动词有先后顺序，因此不能像（39）那样可以移位。例如：

（40）a. kou²⁴ ŋon⁴²çø:k³³　[pi³³/po:i²⁴ haɯ²⁴] [çaɯ³¹ plak⁵⁵].
　　　　我　　明天　去　　　　集市　　买菜
　　　　我明天去集市买菜。

　　　b. muɯŋ⁴² ʔjap⁵⁵çiŋ⁴²　[tou⁵⁵ pa:n²⁴koŋ³³si³¹] [ɣa²⁴ he⁵⁵].
　　　　你　　一会儿　来　　办公室　　　找　他
　　　　你一会儿来办公室找他。

　　　c. kou²⁴ ham³³n⁴²　[pi³³/po:i²⁴ laŋ²⁴ he⁵⁵] [kɯ²⁴ lou⁵⁵].
　　　　我　　今晚　去　　　处所他　吃酒
　　　　我今晚去他家喝酒。

（41）a. kou²⁴（pi³³/po:i²⁴）[ʔou²⁴ ɣam³¹]（ma²⁴）[sɯ:i³⁵ ʔwa:n⁵⁵].
　　　　我（去）　　取水　来　洗　碗
　　　　我（去）舀水（来）洗碗。

　　b. muɯŋ⁴²（pi³³/po:i²⁴）[he:u³³ he⁵⁵]（ma²⁴）[ku³³ sø³¹ne³¹].
　　　 你　 去　　　　叫他　 来　 做　 作业
　　　 你（去）叫他（来）做作业。

　　c. te²⁴(pi³³/po:i²⁴)[ho:i²⁴ te:n²⁴na:u⁵⁵](ma²⁴)[ˀje:m³⁵ sin³³wan⁴²].
　　　 他　 去　 开　电脑　　 来　 看　 新闻
　　　 他（去）开电脑（来）看新闻。

　　类似（40）、（41）的两个动词短语都不能互换位置。如（40）、（41）的 a 句不能说成：

　（40'）a. *kou²⁴ ŋon⁴²çø:k³³ [çaɯ³¹ plak⁵⁵] [pi³³/po:i²⁴ haɯ²⁴].
　　　　 我　 明天　　 买　菜　　　去　　　集市

　（41'）a. *kou²⁴（pi³³/po:i²⁴）[sɯ:i³⁵ ˀwa:n⁵⁵]（ma²⁴）[ˀou²⁴ ɣam³¹].
　　　　 我　 去　　　　洗　碗　　 来　 取 水

　　一般来说，连动句趋向动词的位置比较固定，不能轻易调换。这类连动句在我们前面论述的许多例子中也曾经涉及到。

二、转折句

　　转折句的分句之间在语义上具有对立或背逆性。燕齐壮语转折句的连接标记词较少，只有 ...hoŋ²⁴...“……但是（不过）……”、je:n⁴²nou⁴²...hoŋ²⁴... “虽然……但是（不过）……”两个，基本句型如下：

　　　　名词短语+动词短语，+连接词+名词短语+动词短语　　或：
　　　　名词短语+连接词+动词短语，+连接词+名词短语+动词短语

　　1. ...hoŋ²⁴...“……但是（不过）……”。这类句子两个分句既可同一个主语（42），也可“各有其主”（43）。例如：

　（42）a. te²⁴ [ˀbu³³/ˀbou⁵⁵ kɯ²⁴ lou³³], hoŋ²⁴ [kɯ²⁴ ˀi:n²⁴].
　　　　 他　 不　　　吃酒　　 但　 吃　烟
　　　　 他不喝酒，但吸烟。

　　b. te²⁴ [sɯ:ŋ⁵⁵ ˀjaɯ⁵⁵ saɯ²⁴], hoŋ²⁴ [ˀbu³³/ˀbou⁵⁵ ka:m⁵⁵].
　　　　 他　 想　 看　书　　 但　 不　　　　敢
　　　　 他想看书，但不敢。

　（43）a. te²⁴ [kɯ²⁴ kuŋ³⁵], hoŋ²⁴ kou²⁴ [ˀbu³³/ˀbou⁵⁵ kɯ²⁴].
　　　　 他　 吃虾　　 但　 我　 不　　　吃
　　　　 他吃虾，但我不吃。

　　b. te²⁴ [la:u²⁴ ma²⁴ ɣou³⁵], hoŋ²⁴ kou²⁴ [ˀbu³³/ˀbou⁵⁵ la:u²⁴].
　　　　 她　 怕　狗　吠　　 但　 我　 不　　　怕
　　　　 她怕狗叫，但我不怕。

　　在这类句子前后分句的动词短语一般是互为否定。“...hoŋ²⁴...”的用法

有两种情形：一是当前后两个分句的动词短语共有一个主语时，第二分句"主语"可以省略，动词宾语（名词或名词短语）可相同也可不相同，如（42）。二是当"…hoŋ²⁴…"前后两个分句的两个动词短语的主语不一样，而动词宾语（名词或名词短语）相同，宾语应当只出现于第一个分句中，第二分句则可以省略，如（43a/b）的第二分句省略了宾语 kuŋ³⁵"虾"和 ma²⁴ɣou³⁵"狗叫"。转折句的代词（主语）用法也不相同，在第一种类型中，代词（主语）只出现在第一个分句里，第二个分句的可以省略，而第二个类型中，两个分句的代词（主语）都不能缺，否则不合语法。连接词 hoŋ²⁴位置很固定，只能出现在两个分句之间，不能出现在句首。

2. je:n⁴²nou⁴²…hoŋ²⁴…"虽然……但是（不过）……"。带这些连接词的句型有一个很明显的特征：前后两个分句只有一个"话题"主语。两个分句分别从主观和客观两个方面对"主语"情况进行描述，即前一个分句是对主语进行客观描述，后一个分句则是对主语进行主观描述。连接词 je:n⁴²nou⁴²"虽然"可以放在句首（句子主语前面），也可以放在句子主语的后边。例如：

（44）a. je:n⁴²nou⁴²　te²⁴ [wun⁴² ʔi³⁵], hoŋ²⁴ [ʔa:k⁵⁵ ku³³].
　　　　　虽然　　他　人　小　但是　厉害　干
　　　他人虽小，但很能干。

　　　b. je:n⁴²nou⁴² te²⁴ [ha²⁴ ʔin²⁴], hoŋ²⁴ [siŋ²⁴san⁴² ʔdo:i²⁴].
　　　　　虽然　　他　腿　疼　但是　　精神　　好
　　　虽然他腿疼，但精神好。

（45）a. te²⁴ je:n⁴²nou⁴² [plø:m²⁴], hoŋ²⁴ [ɣe:ŋ⁴² hu⁵⁵].
　　　　他　虽然　　　瘦　　但是　力　（语气词）
　　　他虽然瘦但可有劲呢。

　　　b. te²⁴ je:n⁴²nou⁴² [ʔa:k⁵⁵ ku²⁴], hoŋ²⁴ [ʔbu³³/ʔbou⁵⁵ pi⁴²].
　　　　他　虽然　　厉害　吃　但是　不　　　肥
　　　他虽很能吃，但不胖。

上述例子中的主观陈述和客观描述，彼此有一定的连贯性、关联性。

正如 hoŋ²⁴那样，"je:n⁴²nou⁴²…hoŋ²⁴…"在转折句中的位置也是固定的，但彼此的地位并不相同。je:n⁴²nou⁴²可以省略，而且不会影响整个句子的转折意义，但是 hoŋ²⁴就不同，它是句子的重心，不能省略，否则不合语法。试比较：

（46）a. kou je:n⁴²nou⁴² pan⁴²piŋ³³ ʔjou³⁵ ɣa:n⁴², hoŋ²⁴ pa:i³³
　　　　我　虽然　　生病　　在　家　但　边

ɣøːk³³ mi⁴² sai³³ ma⁴² ɕuŋ⁵⁵ ɣø³¹.

外　有　事　什么　都　知道

我虽然生病在家，但外面有什么事都知道。

*b. kou jeːn⁴²nou⁴² pan⁴²piŋ³³ ʔjou³⁵ ɣaːn⁴², paːiː³³ɣøːk³³

　我　虽然　　生病　在　家　外面

mi⁴² sai³³ ma⁴² ɕuŋ⁵⁵ ɣø³¹.

　有　事　什么　都　知道

（47）a. te²⁴ jeːn⁴²nou⁴² [ʔaːk⁵⁵ kɯ²⁴], hoŋ²⁴ [ʔbu³³/ʔbou⁵⁵ pi⁴²].

　他　虽然　　厉害吃　但是　　不　　　肥

他虽然很能吃，但不胖。

*b. te²⁴ jeːn⁴²nou⁴² [ʔaːk⁵⁵ kɯ²⁴], [ʔbu³³/ʔbou⁵⁵ pi⁴²].

　他　虽然　　厉害吃　　不　　　肥

（48）a. kou²⁴ jeːn⁴²nou⁴² hoŋ²⁴ ȵaŋ³⁵ laːi²⁴, hoŋ²⁴ ɕuŋ⁵⁵ ʔdak⁵⁵

　我　虽然　　工作　忙　多　但　都　　要

pi³³/poːi²⁴ laŋ²⁴ mɯŋ³³ pai⁴² hu⁵⁵.

　去　　处所　你　次　一

我虽然工作很忙，但也要去你家一次。

*b. kou²⁴ jeːn⁴²nou⁴² hoŋ²⁴ ȵaŋ³⁵ laːi²⁴, ɕuŋ⁵⁵ ʔdak⁵⁵ pi³³/

　我　虽然　　工作　忙　多　都　要　去

poːi²⁴ laŋ²⁴ mɯŋ³³ pai⁴² hu⁵⁵.

　　处所　你　次　一

三、选择句

　　燕齐壮语的并列句中，还有一种句型值得关注。那就是通过 ha³¹nou⁴² "或者（或是、还是）"、ʔbou⁵⁵…haːu³⁵… "不是……就是……"、ʔbou⁵⁵ ni³¹haːu³⁵… "要不然（否则）就是……" 等标记来表达选择性意义。即说话者通过这些标记词，提供两种或两种以上情况，让对方从中作选择。

　　1. ha³¹nou⁴² "或者（还是）"。ha³¹nou⁴²是用于选择性句型的最常见的标记之一。句中选择标记词的前后既可以是动词短语，也可以是名词短语。选择句中施事者只有一个（即句子只有一个主语），谓语动词都是这个施事者（主语）发出的。有时标记前后的两个词或短语可以放在句首，这是将句子焦点提前了的缘故。用 ha³¹nou⁴² 作标记的选择句，一般多用于疑问选择。（参阅第七章"简单句"的"选择疑问句"一节，这里不赘述）

2. ʔbou⁵⁵…ha:u³⁵… "不是……就是……"。这也是一种选择式句型。这样的选择句在结构上有两种类型，一是两个分句分别有各自的主语，ʔbou⁵⁵ "不（是）" 和 ha:u³⁵ "就（是）" 分别顺序放在两个分句的主语之前，而且两个动词或动词短语相同，二是两个分句共有一个主语的，主语只能放在第一个分句的句首。选择句基本句型如下：

　　A. 连接词分句，连接词分句

　　B. 名词短语连接词动词短语，连接词分句

A 句型的结构是 "不是 A，就是 B"，两个分句为不同的 "话题—陈述" 结构，主语不同（49）；而 B 句型两个分句则同一个话题主语（50）：

（49）a. ʔbou⁵⁵/ʔbu³³ te²⁴ po:i²⁴, ha:u³⁵ muɯŋ⁴² po:i²⁴.

　　　　　不　　　他　去　　就　　你　去

　　　　　不是他去，就是你去。

　　b. ʔbou⁵⁵/ʔbu³³ muɯŋ⁴² ku³³, ha:u³⁵ kou²⁴ ku³³.

　　　　　不　　　你　做　　就　我　做

　　　　　不是你做，就是我做。

　　c. ʔbou⁵⁵ ta⁴²me³³ ɕau⁵⁵ plaɯ⁵⁵, ha:u³⁵ ta⁴²pø³³ ɕau⁵⁵ plaɯ⁵⁵.

　　　　　不　母亲　煮　菜　　就　父亲　煮　菜

　　　　　不是母亲做饭，就是父亲做饭。

（50）a. te²⁴ ʔba:t³⁵ n⁴² ʔbou⁵⁵/ʔbu³³ sø:n²⁴ su⁵⁵, ha:u³⁵ sø:n²⁴ ɣou⁴².

　　　　　他　次　这　不　　　　教　你们　就　教　我们

　　　　　他这次不是教你们，就是教我们。

　　b. kou²⁴ ham³³n⁴² ʔbou⁵⁵/ʔbu³³ ʔjou³⁵ ɣa:n⁴², ha:u³⁵ ʔjou³⁵ laŋ²⁴ he⁵⁵.

　　　　　我　今晚　　不　　　　在　家　就　在　处所他

　　　　　我今晚不是在家，就是在他那里。

　　c. te²⁴ ʔbou⁵⁵/ʔbu³³ ham³³n⁴² ma²⁴, ha:u³⁵ ham³³ɕø:k³³ ma²⁴.

　　　　　他　不　　　　今晚　回　就　明晚　回

　　　　　他不是今晚回来，就是明晚回来。

这两种句型结构的主要区别在于施事与受事是否一致。（49）都是 "话题—陈述" 句型，施事不同，但谓语动词和受事均相同。而（50）都是谓语动词相同、"受事" 不同，但却是同一个 "施事者" 发出的动作。上述例子在表示选择意义的同时，还隐含着一定的推测、假设意义。

3. ʔbou⁵⁵ni³¹ ha:u³⁵… "要不然（否则）就是……"，通常与 ʔbou⁵⁵…ha:u³⁵… "不（是）……就（是）……" 连用，形成更大的 ʔbou⁵⁵…ha:u³⁵…，ʔbou⁵⁵ni³¹ ha:u³⁵… "不（是）……，就（是）……，要不然（否则）就（是）……"

三重并列选择式结构。其结构如下：

　　A（连接词名词短语动词短语），B（连接词名词短语

　　动词短语），C（连接词名词短语动词短语）

句型中的 A、B、C 是三个不同的"话题—陈述"分句。例如：

（51）a. $pi^{24}n^{42}$ ʔbou^{55}/ʔbu^{33} $tak^{33}po:i^{31}$ ma^{24}, $ha:u^{35}$ $ta^{42}sa:u^{55}$

　　　　今年　不　　　　哥哥　回　　就　　嫂子

　　　　ma^{24}, ʔ$bou^{55}ni^{31}ha:u^{35}$ $ta^{33}ni^{35}$ he^{55} ma^{24}.

　　　　回　　不然　　就　女儿　他　回

　　　　今年不是哥哥回来，就是嫂子回来，不然就是他女儿回来。

　　b. $pi^{24}mø^{35}$ ʔbou^{55}/ʔbu^{33} te^{24} $sø:n^{24}$ $ta:i^{24}hi^{55}$, $ha:u^{35}$ $muɯŋ^{42}$

　　　　明年　　不　　　他　教　泰语　　就　　你

　　　　$sø:n^{24}$ $ta:i^{24}hi^{55}$, ʔ$bou^{55}ni^{31}ha:u^{35}$ kou^{24} $sø:n^{24}$ $ta:i^{24}hi^{55}$.

　　　　教　泰语　　不然　就　我　教　泰语

　　　　明年不是他教泰语，就是你教泰语，要不然就是我教泰语。

　　这种"不是 A，就是 B，要不然就是 C"三重并列选择结构，分别对三个事项进行了选择，在前两种选择了 A 或 B 仍不能确定意向的情况下，又扩大了选择的范围 C。实际上，这种三重结构的选择面是扩大了，但其选择的不确定性也更大。

　　燕齐壮语并列选择句的连接词 ʔbou^{55}…$ha:u^{35}$…、ʔbou^{55}…$ha:u^{35}$…ʔ$bou^{55}ni^{31}$ $ha:u^{35}$…，在口语中也往往在连接词后习惯带上系词 $tuɯk^{33}$ "是"，从而形成了 ʔ$bou^{55}tuɯk^{33}$…$ha:u^{35}tuɯk^{33}$… "不（是）……，就（是）……"、ʔ$bou^{55}tuɯk^{33}$…$ha:u^{35}tuɯk^{33}$…ʔ$bou^{55}ni^{31}$ $ha:u^{35}tuɯk^{33}$… "不（是）……，就（是）……，要不然就（是）……"形式，形式与内容跟汉语的基本相同，整个语义也与无 $tuɯk^{33}$ 的连接词一样，其选择意义不变。例如：

（52）a. ʔbou^{55}/ʔ$bu^{33}tuɯk^{33}$ $muɯŋ^{42}$ nou^{42}, $ha:u^{35}tuɯk^{33}$ te^{24} nou^{42}.

　　　　不　　　　是　你　说　　就　是　他　说

　　　　不是你说的，就是他说的。

　　b. ʔbou^{55}/ʔ$bu^{33}tuɯk^{33}$ $muɯŋ^{42}$ nou^{42}, $ha:u^{35}tuɯk^{33}$ te^{24} nou^{42},

　　　　不　　　　是　你　说　　就　是　他　说

　　　　ʔ$bou^{55}ni^{31}$ $ha:u^{35}tuɯk^{33}$ $ta^{33}ni^{35}$ nou^{42}.

　　　　不然　　就是　小妹　说

　　　　不是你说的，就是他说的，不然就是小妹说（了）。

第四节　主从结构

跟并列结构的句型不同，主从结构的两个部分是主句和从句的关系，即一个是主句，另一个是从属分句，从句依赖主句而存在，通过一些标记连接彼此，表达因果、条件、让步、假设等意义。燕齐壮语的主从结构句型一般都是从句在前、主句在后。这种结构的句型主要有：时间主从句、因果主从句、条件主从句、假设主从句、结果主从句、目的主从句和排他主从句。

一、时间句

所谓"时间句"就是指句子中有表示时间的状语从句。燕齐壮语的时间句主要有两种类型：一种是有单音节时间标记时间句，另一种是关联词时间句。

（一）单音节时间句

单音节时间状语从句通常用 so:i^{42} "时间"、mɯ^{33} "当……时候"、ta^{55}…"自（从）……"、kø:n^{35}… "……之前"、laŋ^{24}… "……之后" 等作为标记，交代主句动作行为发生的时间背景。结构如下：

时间状语从句，主句　　　　　　　例如：

（53）a. so:i^{42} kou^{24} ma^{24} taŋ^{42} ɣa:n^{42}, ta^{42}me^{33} ɕiŋ^{24} naŋ^{33} ba:k^{35}
　　　时间　我　回　到　家　母亲　正　坐　口
　　　tou^{24} te^{35} ku^{55}.
　　　门　等　我
　　　我回到家时，母亲正坐门口等着我。

　　b. so:i^{42} te^{24} la^{55} ʔi^{35}, ta^{42}pø^{33} he^{55} ɕi^{42} ɣa:i^{24} lu^{33}.
　　　时间　他　还　小　父亲　他　就　死（语气词）
　　　他还小的时候，他父亲就死了。

（54）a. mɯ^{33} kou^{24} po:i^{24}/pi^{33} laŋ^{24} he^{55}, ʔan^{24} ʔbɯn^{24} fun^{24}
　　　时候　我　去　处所　他　天空　雨
　　　tok^{55}sop^{55}sop^{55}.
　　　落（后缀）
　　　我去他家的时候，天正下着雨。

　　b. mɯ^{33} mɯŋ^{42} ɕu:ŋ^{35} ha:k^{31}, po:i^{24} ʔdau^{24} ɣo:i^{33} ʔou^{24} plau^{55} ma^{24}.
　　　时候　你　放　学　去　里面　地　要　菜　回
　　　你放学的时候，（顺便）去地里摘菜回来。

（55）a. ta^{55}　　mɯŋ^{42} pan^{42}pin^{33}, te^{24} ɕa:u^{35} fou^{55} he:n^{42} ɕø:ŋ^{42}.
　　　自从　你　生病　她　就　侍候　旁边　床
　　　自你生病以来，她就在床边侍候着。

b. ta⁵⁵ te²⁴ hou⁵⁵ ha:k³³, ɕiŋ⁴²ɕik⁵⁵ ʔa:k⁵⁵ kwa³⁵ to:i³³ po:i²⁴.
　　自 他 进 学校　成绩 厉害 过 同伴 去
　　从他入学以来，成绩一直名列前茅。

（56）a. kø:n³⁵　　　　ɣou⁴² kɯ²⁴ hou³¹ɕou⁴², te²⁴ ma²⁴ taŋ⁴² ɣa:n⁴².
　　　前（语法化）我们 吃 晚饭　 他 回 到 家
　　　我们吃完饭之前，他回到了家。

b. kø:n³⁵　muŋ⁴² ta:u³⁵ma²⁴ pɯ³¹kiŋ³³, ɣou⁴² me:n³³ɕa:i³⁵ kɯ²⁴ lou⁵⁵.
　　前（语法化）你 　返回 北京 我们 再次　 吃 酒
　　你回北京之前，我们再聚一下。

（57）a. laŋ²⁴　　　　ɣou⁴² ɕu:ŋ³⁵ ha:k³¹, ɣou⁴² po:i²⁴ tɯk⁵⁵ la:m⁴²kiu⁴².
　　　后（语法化）我们 放 学 我们 去 打 篮球
　　　我们放学以后，我们去打篮球。

b. laŋ²⁴　　　　kja:ŋ²⁴ŋon⁴² tok⁵⁵, ɣou⁴² pon³⁵ wa:i⁴² hou⁵⁵ ɣɯ:ŋ³³.
　　　后（语法化）太阳 落 我们 赶 牛 进 牛棚
　　　太阳落山之后，我们把牛赶进牛棚。

这类时间句中，（53）至（55）的标记词是比较常见的。（56）、（57）的 kø:n³⁵、laŋ²⁴ 则是由副词和方位名词语法化而来的。kø:n³⁵ 是表示动作行为先后的副词，laŋ²⁴ 是表方位意义的名词，但当它们出现在从句的句首时，便从原先的动作行为的"先"或方位名词的"后"引申为表示抽象时间意义的概念，成为时间从句的标记。

除了上述五个标记外，还可以在时间从句后边加上一个表示停顿的语气词li:u³¹，以确定主句动作行为的时间是在从句之后。这种状语从句的使用频率很高，特别是在长篇语料中。因此，也可将li:u³¹视为状语从句的一种标记，只不过是li:u³¹只能放在从句的句尾。例如：

（58）ʔdak⁵⁵ taŋ⁴² tɯ:k³³ kan³³ ʔu⁵⁵ha:i⁵⁵luŋ⁴²wa:ŋ⁴² li:u³¹,
　　　快 到 地方 近　 五海龙王　 （标记）
　　　ɣou⁴² ɣø³⁵ kjø:ŋ²⁴ la⁴² ham³⁵ ɣe:ŋ⁴² ti³⁵.
　　　我们 敲 鼓 锣 更 力 些
　　　快到五海龙王附近时，我们敲锣打鼓要更用力些。

（59）taŋ⁴² tɯ:k³³ ʔu⁵⁵ha:i⁵⁵luŋ⁴²wa:ŋ⁴² he⁵⁵ li:u³¹, te²⁴ ɕuŋ⁵⁵
　　　到 地方　 五海龙王　 那 （标记）他 都
　　　ʔbou⁵⁵ kjai⁴² ma²⁴ mu²⁴, te²⁴ haɯ⁵⁵ ku⁵⁵ ka:k³³ ma²⁴.
　　　不 愿意 回（语气词）他 让 我 自己 回
　　　到了五海龙王那里后，他都不愿意回来了，他让我自己回来。

（60）$hɯn^{35}tou^{55}$ $\underline{li:u^{31}}$, te^{24} $plø:n^{55}$ $fa:n^{24}$ $te:n^{42}ple:u^{24}$ he^{55} $po:i^{24}$,

　　　起来　（标记）　他　翻　　张　　　被单　　那　去

　　$plø:n^{55}$ $ʔø:k^{35}tou^{55}$ $\underline{li:u^{31}}$, $ʔou^{24}$ ki^{35} $mon^{42}lo:i^{55}$ he^{55} ma^{24}

　　　翻　　出来（标记）　用　些　铜钱　　　那　来

　　$ɕun^{24}$ $ɕa:k^{33}$ $lɯk^{55}$, $ɕuk^{33}$ hou^{55} $so:i^{35}$ $kø:k^{35}$ $te:n^{42}$ $pa:i^{33}-^{ʔ}daɯ^{24}$

　　　穿　绳子（体词）绑　进　　四　角　被子　里面

　　$po:i^{24}$, $ɕø^{55}$ $ta:u^{35}liŋ^{33}$ $plø:n^{55}$ $tø^{42}ta:u^{35}$.

　　　去　才　重新　　翻　回来

起来后，他把那张被单翻了过来。翻过来后，用绳子串着那些铜钱，系到被单里面的四个角，才重新翻回来。

在（58）—（60）中，$li:u^{31}$可以看作时间状语从句的标记，也可以当作"话语特征"——言语场景变换的标志之一（参阅第十章"话题与话语"的"话语特征"一节）。

（二）关联词时间句

"时间句"除了上面讨论的单音节词作为标记外，还可以用关联词$pai^{42}...ɕou^{33}/ha:u^{35}...$、$tø^{35}...tø^{35}...$"一……就……"等连接。结构如下：

　　（名词短语）+ 连接词 $_1$ + 动词短语，

　　　　+（名词短语）+连接词 $_2$ + 动词短语

1.$pai^{42}...ɕou^{33}/ha:u^{35}...$时间句。这类"时间句"中的连接词$pai^{42}$位置较为灵活，即可放在句首或者在主语和谓语之间，但取决于主句和从句的主语是否相同，或时间句是否有别的修饰成分。如主语相同，而且时间句没有别的修饰成分，则pai^{42}可放在句首，如果不同，则pai^{42}只能放在主语和谓语之间。如（63）、（64）的pai^{42}不能放在句首：

（61）$\underline{pai^{42}}$ $ɣan^{24}$ $tu^{42}kuŋ^{35}$ sou^{24} la^{55} $ɕø:ŋ^{42}$ $ti:m^{24}ɕaɯ^{24}$ $ŋwe:p^{55}$-

　　　一　见　只　　蟾蜍　下　床　　喘气　　（拟声）

　　$ŋwe:p^{55}$, te^{24} $ʔe:ŋ^{35}kja^{24}nou^{42}$ he^{55} $ʔdak^{55}$ $po:i^{24}$ nou^{42} $tu^{42}kai^{35}$

　　　　　他　　以为　他　　　要　去　说　只鸡

　　hi^{24} la^{33}, $\underline{ha:u^{35}}$ nou^{42}: "$koŋ^{24}$ $ʔdɯ:t^{35}$, $koŋ^{24}$ $ʔdɯ:t^{35}$!"

　　（语气词）就　说　别　吵　别　吵

一见到床下呱呱喘气的蟾蜍，他以为它要去告诉鸡（这事儿）呢，就说："别吵，别吵！"

（62）$\underline{pai^{42}}$ $ɣan^{24}$ $ʔan^{24}$ $toŋ^{42}so:i^{35}sɯːŋ^{35}$ n^{42} nou^{42} $ʔdai^{55}$ tiu^{42}

　　　一　看　个　　宝贝　　这说　得　准确

　　$pan^{42}la:i^{24}$ la^{33}, 　ki^{35} $nuːŋ^{31}ho:i^{42}$ he^{55} $\underline{ha:u^{35}}$ $ɣa^{42}yiŋ^{31}$

　　　这么　（语气词）些　小姨　　他　就　慌忙

nou⁴²: ʔdai⁵⁵ lu³³ po:i³¹je⁴² ʔbou⁵⁵/ʔbu³³ nou³¹ hom²⁴　mu²⁴.
说　得（语气词）姐夫　不　说　再（语气词）
一看到这个宝贝说的这么准确，他的小姨就赶紧说："好了，姐夫，别再说了。"

（63）"ŋon⁴²n⁴² kou²⁴ pai⁴² ɣan²⁴ ki³⁵fo:i⁴² ʔdaɯ²⁴ fuŋ³³lø⁴²
　　　今天　我　一　见　些　火　里　风炉
ça:ŋ³³ti:t⁵ taɯ⁴² ʔø³¹ ʔø³¹, kou²⁴ ha:u³⁵ ʔou²⁴ ɣam³¹ po:i²⁴/
　　　铁匠　烧（拟声）我　就　要　水　去
pi³³ ʔdap⁵⁵ la³³,　ŋa:i⁴² wun⁴² tup³³ tø:n³⁵　kou³⁵ hu⁵⁵,　ʔin²⁴
灭（语气词）被　人　打　顿　够　一　痛
ʔdak⁵⁵ ɣa:i²⁴, ʔbou⁵⁵/ʔbu³³ n̠i:n³³ po:i²⁴/pi³³ ʔdap⁵⁵　lø³³."
要　死　不　愿意　去　灭（语气词）
"我今天去玩，一看到铁匠风炉里的火烧得正旺，我就用水去灭掉，被人狠打了一顿，疼得要命，真不愿意去灭火了。"

（64）ki³⁵nu:ŋ³¹ho:i⁴² he⁵⁵ pai⁴² ɣan²⁴ kuŋ³⁵ço:i³³ ma²⁴ ha:u³⁵
　　　小姨　他　一　见　贡修　回　就
ça:m²⁴ he⁵⁵ nou⁴²: "ʔji³⁵ mɯŋ⁴² yak⁵⁵　ma⁴² ʔdak⁵⁵ n⁴²
　　　问　他　说　呀　你　佩戴　什么　个　这
lo³³,　　po:i³¹je⁴²？"
（语气词）　姐夫
他的小姨们一见到贡修回来，就问他说："呀！你佩戴的是什么东西啊，姐夫？"

2. tø³⁵…tø³⁵…。在形式上，这个关联词虽然看上去貌似并列连接词，但所连接的两个成分并非地位相等，而是主次分明，表示"（由于）一个事件发生（原因），而引起另一个事件马上连着发生（结果）"。例如：

（65）tø³⁵ jɯ:ŋ³³n⁴² ŋwa:n³³, te²⁴ tø³⁵ hou⁵⁵ çiŋ³⁵kja:ŋ²⁴ he⁵⁵
　　　一　这样　想　他　就　进　中间　那
po:i²⁴/pi³³ ke:k⁵⁵.
　　　去　拆
一这么想，他就冲到中间去拆架。

（66）tø³⁵ ɣan²⁴ ʔan²⁴na⁵⁵ kuŋ³⁵ço:i³³,　ta³³ ŋo:i³³ mi⁴² di³⁵
　　　一　见　脸　贡修　个　二　有　点
tok⁵⁵sat⁵⁵ hu⁵⁵, tø³⁵ ça:k³³ça:k³³ ça:m²⁴ ta³³ sa:m²⁴ nou⁴²:
　　　吃惊　一　就　悄悄　问　个　三　说

"pou³¹ n̲⁴² ʔbou⁵⁵/ʔbu³³ po:i³¹je⁴² lo³³?"
　　个　这　不　　　　姐夫　（语气词）
　一见到贡修的脸，二妹有点吃惊，就悄悄地问三妹说："这人不
　是姐夫吗？"

（67）te²⁴ tø³⁵ ʔdan⁵⁵ hou⁵⁵ po:i²⁴, ko̲ŋ²⁴ta²⁴ he⁵⁵ tø̲³⁵ ʔou²⁴
　　他　一　钻　进　去　老丈　他　就　要
　　ça:k³³ sø:ŋ⁴² li:n⁴² wun⁴² çuk³³ tuk⁵⁵ ʔdat⁵⁵ ʔdat⁵⁵.
　　绳子　笼子　连　人　绑　得　紧　紧
　　他一钻进去，他老丈人就用绳子把笼子和人一起绑得紧紧的。

（68）pou³¹ ɣɯ:t³⁵kou⁴² hu⁵⁵ tø³⁵ sɯ:ŋ⁵⁵ ʔdan⁵⁵ hou⁵⁵ po:i²⁴,
　　　个　　驼背　一　一　想　钻　进　去
　　kuŋ³⁵ço:i³³ tø³⁵ pan³⁵ ʔda:ŋ²⁴ tik⁵⁵ ʔan²⁴ sø:ŋ⁴²mou²⁴ he⁵⁵
　　　贡修　就　转　身　踢　个　笼　猪　那
　　ɣoŋ⁴² ta³³ pi⁵⁵/po:i²⁴, ɣiu²⁴kok⁵⁵kok⁵⁵ po:i²⁴/pi³³ ma²⁴ lu³³.
　　　下　河　去　　　笑　（拟声）　去　　回（语气词）
　　一个驼背的一想钻进去，贡修就立即转身把那个猪笼踢到河里
　　去，笑哈哈地回去了。

　　无论 pai⁴²…çou³³/ha:u³⁵…还是 tø³⁵…tø³⁵…，前后两个分句的名词短语
（施事者）有一致的，如（65）、（66）；也有不一致的，如例（67）、（68）。
　　pai⁴²有时候也可以和 tø³⁵搭配，意义不变［参见第十章"话题与话语"
之"话语倾向"一节，"引语结构"例（39）、（44）］。

二、因果句

　　"结果"的意义是指在一定阶段事物发展变化的最后状态。因此，"因
果主从句"主要表现为：从句是陈述事物发展的过程，而主句则是陈述
失去发展的"最后状况"。燕齐壮语的"因果句"借用汉语"因为……所
以……"——"ʔjan²⁴wi³³…sø⁵⁵ho:i⁴²…"的表达方式来连接。例如：

（69）ʔjan²⁴wi³³ te²⁴ po:i²⁴/pi³³ çou³⁵ luk³³ŋe⁴² tø⁴²tup³³,
　　　因为　他　去　　和　小孩　打架
　　sø⁵⁵ho:i⁴² ki³⁵ wun⁴²la:u³¹ he⁵⁵ pɯ:t³⁵ ma²⁴ tup³³
　　　所以　些　老人　他　跑　回　打
　　he⁵⁵ tuk⁵⁵ kje:t³⁵le:t³³ pi⁵⁵/po:i²⁴.
　　他　得　重伤　去（语法化）
　　因为他去跟小孩打架，所以他们的大人都跑回来把他打残了。

（70）ʔjan²⁴wi³³ pou³¹çau⁵⁵ n̲⁴² ʔjau⁵⁵ he⁵⁵ ça:t³⁵sa:i⁵⁵ la:i²⁴,
　　　因为　　主人　这　看　他　差劲　多

sø⁵⁵ho:i⁴² ham³³ he⁵⁵ te²⁴ ɕuŋ⁵⁵ nin⁴² ʔbou⁵⁵/ʔbu³³ lap⁵⁵.

所以 晚 那 他 都 睡 不 闭

因为这家主人看不起他，所以他当晚都没睡好觉。

因果主从句两个分句的动词短语（谓语）往往都不尽相同，而名词短语（施事者）也出现两种不同情况：一是名词短语都不同，如（69）两个分句的名词短语（施事者）分别是 te²⁴ "他" 和 ki³⁵wun⁴²la:u³¹ he⁵⁵ "大人们"，（70）两个分句的名词短语（施事者）分别是 pou³¹ɕau⁵⁵ n⁴² "这家主人" 和 te²⁴ "他"；二是名词短语相同，即两个分句的谓语动词的施事者只有一个，如（71）、（72）：

（71）ʔjan²⁴wi³³ kou²⁴ hat⁵⁵ni⁴² luɯ:ŋ⁴²tau⁴², sø⁵⁵ho:i⁴² ʔjou³⁵ ya:n⁴².

　　　因为 我 今早 着凉 所以 在 家

因为我早上着凉，所以在家。

（72）ʔjan²⁴wi³³ tuŋ³¹ ʔjɯ:k³⁵ ya:i³¹ɕa:i³¹, sø⁵⁵ho:i⁴² te²⁴ hou⁵⁵

　　　因为 肚子 饿 很 所以 他 进

ya:n⁴² kɯ:u²⁴ sø:ŋ²⁴ wa:n⁵⁵ ɕuk⁵⁵.

家 吃 二 碗 粥

因为肚子饿得很，所以他进屋喝了两碗粥。

这两个例句中的两个分句分别同为一个"施事者"，其位置既可以放在表原因的分句，如（71）；也可以放在表结果的分句，如（72）。

由于强调的焦点不同，ʔjan²⁴wi³³ "因为"、sø⁵⁵ho:i⁴² "所以" 有时只出现其中的一个，另一个则省略。如果把原因作为强调焦点，则把原因分句作为重点后置，而把结果分句提前，形成"前果后因"式，那么 sø⁵⁵ho:i⁴² 可以省略，只留ʔjan²⁴wi³³。这时在ʔjan²⁴wi³³之前必须用系词 tuuk³³ "是" 来搭配，如（73）。如果把结果作为强调焦点，则两个分句顺序不变，ʔjan²⁴wi³³ 省略，如（74）：

（73）ta³³nu:ŋ³¹ ku⁵⁵ ŋon⁴²luɯ:n⁴² ʔbou⁵⁵/ʔbu³³ ʔdai⁵⁵ ma²⁴, tuuk³³

　　　妹妹 我 昨天 不 能 回 是

ʔjan²⁴wi³³ fun²⁴ tok⁵⁵ yon²⁴ mla:k³³ la:i²⁴.

　　因为 雨 落 路 泥泞 多

我妹妹（之所以）昨天回不来，是因为下雨路太滑。

（74）te²⁴ ham³³luɯ:n⁴² ʔbou⁵⁵/ʔbu³³ ʔjou³⁵ ya:n⁴², sø⁵⁵ho:i⁴² kou²⁴

　　他 昨晚 不 在 家 所以 我

ya²⁴ he⁵⁵ ʔbou⁵⁵/ʔbu³³ yan⁵⁵.

　　找 他 不 见

他昨晚不在家，所以我找不着他。

“因果句”的两种句式可以互相转换，并省略其中一个连接词，是很常见的。但是变换成“前果后因”句式，如果两个分句的施事一致，而表结果分句的施事又没有出现时，连接词一般不能轻易省略。如将（71）变换成“前果后因”式，要把省略的施事 kou²⁴“我”补上，才能省略 sø⁵⁵ho:i⁴²“所以”，如（75）：

（75）（kou²⁴）ʔjou³⁵ ɣa:n⁴², tɯk³³ ʔjan²⁴wi³³ kou²⁴ hat⁵⁵n⁴² lɯ:ŋ⁴²tau⁴².
　　　　我　　在　家　是　因为　我　今早　凉　着
　　　（我之所以）在家，是因为早上着凉。

而（74）变换成“前果后因”式就不存在这样的问题，因为两个分句的施事者不一致，虽然结果句的“施事者”没有出现，但从语义中可以理解到，所以即使它没有出现，省略连接词，也不会影响语义表达：

（76）ɣa²⁴ he⁵⁵ ʔbou⁵⁵/ʔbu³³ ɣan⁵⁵ tɯk³³ ʔjan²⁴wi³³ te²⁴ ham³³ lɯ:n⁴²
　　　找　他　不　　　见　是　因为　他　昨晚
　　　ʔbou⁵⁵/ʔbu³³ ʔjou³⁵ ɣa:n⁴².
　　　不　　在　家
　　　（之所以）找不着他，是因为他昨晚不在家。

三、条件句

条件句的主句是指要求完成的某一件事或达到的某种情形，而从句则是指要满足主句的要求所需具备的一定条件。燕齐壮语的条件句比较简单，在条件从句的主语前或后加上 ɕan³³（ɕi⁵⁵）ʔou²⁴…“只要……”，在主句的主语之后加 ɕou³³“就”来配合，形成 ɕan³³ ʔou²⁴…ɕou³³…“只要……就……”的结构。例如：

（77）a. mɯŋ⁴² ɕan³³ ʔou²⁴ ʔdai⁵⁵ tou⁵⁵ ɕoŋ³³ ku³³, ki³⁵ hø:ŋ²⁴ n⁴²
　　　　你　只要　能　来　帮　做　些　活儿　这
　　　　ɕou³³ ku³³ li:u³¹ ʔdai⁵⁵ wa:i³⁵.
　　　　就　做　完　得　快
　　　你只要能来帮着做，这些工作就能早点做完。

　　　b. mɯŋ⁴² ɕan³³ ʔou²⁴ ɣoŋ⁴²ye:ŋ⁴² tok³³ sau²⁴, ki³⁵ ɕiŋ⁴²ɕik⁵⁵
　　　　你　只要　努力　读书　些　成绩
　　　　mɯŋ³³ ɕou³³ ka:u⁵⁵ ʔdai⁵⁵ ʔdo:i²⁴.
　　　　你　就　考　得　好
　　　你只要努力学习，你的成绩就会考得好。

（78）a. ɕan³³ ʔou²⁴ he⁵⁵ ʔdai⁵⁵ tou⁵⁵ kɯn⁵⁵ta:ŋ⁴², ɕou³³ ʔbou⁵⁵/ʔbu³³
　　　　只要　他　能　来　上课　　就　不

la:u²⁴ tiŋ³⁵ ʔbou⁵⁵/ʔbu³³ ɣø³¹.

   怕　听　不　　　　懂

只要他能来上课，就不用担心（他）听不明白。

b. ɕan³³ ʔou²⁴ he⁵⁵ kɯ:t³³ ʔdai⁵⁵ ʔdak⁵⁵ fai³¹ n⁴² hɯn⁵⁵,

    只要　他　扛　得　块　树　这　起

ɕou³³ haɯ⁵⁵ he⁵⁵ kɯ:t³³ po:i²⁴/pi³³ ma²⁴ ɣa:n⁴².

    就　给　他　扛　去　回　家

只要他扛得动这根木头，就让他扛回家去。

正如因果句那样，条件句中的连接词也可以移位，条件分句的连接词 ɕan³³ ʔou²⁴ 放到后一个分句中，此时另一个连接词 ɕou³³ 往往省略，同时施事名词要放在连接词 ɕan³³ ʔou²⁴ 之后。如（77）a 句可以说成：

（79）ki³⁵hø:ŋ²⁴ ni⁴² ku³³ li:u³¹ ʔdai⁵⁵ wa:i³⁵, ɕan³³ ʔou²⁴ mɯŋ⁴²

    些　活儿　这　做　完　得　快　　只要　你

ʔdai⁵⁵ tou⁵⁵ ɕoŋ³³ ku³³.

    能　来　帮　做

这些工作能早点做完，只要你能来帮着做。

四、假设句

燕齐壮语的假设句主要有两类：一是固有的假设句，二是借自汉语的假设句。

1. 以 pɯ³¹、ni³¹ 为标记的假设句。这种假设句在长篇语料中出现频率非常高，而且独具特色，是燕齐壮语固有的假设句标记。pɯ³¹ 或 ni³¹ 用在第一个分句之后，以表示对所要陈述事实的一种假设。其基本结构如下：

    分句+假设标记，连接词+分句

假设句的第二分句一般用连接词 ɕi⁴²（ha:u³⁵、ɕou³³）"就"来配合，形成 "…pɯ³¹（ni³¹），ɕi⁴²（ha:u³⁵、ɕou³³…）"的句式，即表达"（如果）怎么样的话，就（会）怎么样"的意思。例如：

（80）a. mɯŋ⁴² ɣoŋ⁴²ɣe:ŋ⁴² tok³³ sau²⁴ ni³¹/pɯ³¹, mɯŋ³³ ɕou³³

    你　努力　读　书（语气词）你　就

ka:u⁵⁵ ʔdai⁵⁵ ɕiŋ⁴²ɕik⁵⁵ ʔdo:i²⁴.

    考　得　成绩　好

如果你努力学习，你就会考得好成绩。

b. te²⁴ po:i²⁴/pi³³ hau²⁴ ni³¹/pɯ³¹, kou²⁴ ɕi⁴² ʔbou⁵⁵/ʔbu³³ po:i²⁴ mu²⁴.

    他　去　集市（语气词）我　就　不　　去（语气词）

如果他去赶集，我就不去了。

（81）pou³¹pou³¹ ɕuŋ⁵⁵ ɣø³¹, la:u⁴²je⁴² ku³³ saɯ²⁴ ʔø:k³⁵tou⁵⁵ pɯ³¹,
　　　　个　个　都　知道　老爷　作　书　出来　（语气词）

　　　ɕou³³ haɯ⁵⁵ mɯŋ³³ ʔan²⁴sim²⁴ ho:i²⁴ ʔja:k⁵⁵ ʔja:k⁵⁵ lu³³,
　　　　就　让　你　个　心　开　（后缀）（语气词）

　　　谁都知道，如果是老爷写出的诗词，就会让你心中豁然开朗。

（82）"ɣou⁴² ɣø³⁵ kjø:ŋ²⁴ ɣø³⁵ la⁴² luk⁵⁵ po:i²⁴, ʔu⁵⁵ha:i⁵⁵luŋ⁴²wa:ŋ⁴²
　　　　我们　敲　鼓　敲　锣　（助）去　　五海龙王

　　　ʔdai⁵⁵hi²⁴ li:u³¹ ɕø⁵⁵ tou⁵⁵ ɕi:p⁵⁵ ɣou⁴². ʔbou⁵⁵/ʔbu³³ mi⁴²
　　　　听见　（语）才　来　接　我们　不　　有

　　　pɯ³¹,　　te²⁴ ʔbou⁵⁵/ʔbu³³ tou⁵⁵ ɕi:p⁵⁵ ɣou⁴²　pɯ⁵⁵!"
　　　（语气词）他　不　　　来　接　我们（语气词）

　　　"我们敲着锣鼓去，五海龙王听到了才来接我们。如果不是这样，
　　　他是不会来接我们的！"

（83）"ʔju³⁵! ka:ŋ⁵⁵ ʔa:n³⁵ ɣɯ:t³⁵ pɯ³¹,　　　ɣou⁴²　ɕam³³ ³ ɣɯ:t³⁵kou⁴²,
　　　　哟　讲　按　腰（语气词）我们　也　　　驼背

　　　jɯ:ŋ³³n⁴² ɣou⁴² ku³³ɣaɯ⁴²ku³ ni⁵⁵?　　　ɣou⁴² ɕi⁴² po:i²⁴ ɕa:m²⁴
　　　　那么　我们　怎么　做（语气词）我们　就　去　问

　　　he³³ kan⁵⁵,　ʔa:n³⁵ ku³³ma⁴² ɣɯ:t?"
　　　他（语气词）按　什么　腰

　　　"哟！如果说按压后背，我们也驼背，那我们怎么办呢？我们就
　　　去问问他吧，到底能按压什么腰？"

从结构上看，（80）"假设句"只有两个分句，标记词位置最为明显。
其他三个例子都是出现在一段长篇语料中，内容较为丰富。虽（81）至（83）
显得复杂一些，但每一个"假设句"都有一个明显的假设从句的标记 pɯ³¹
或 ni³¹。而（83）两个带标记词的分句之间，甚至还有两个或两个以上的插
入语。事实上，标记 pɯ³¹或 ni³¹的运用能力很强，一般都直接放在陈述句
或动词及其短语之后，有时也可以放在否定副词ʔbou⁵⁵或ʔbou⁵⁵mi⁴²之后，如
（82）。

2. hi⁴²ko⁵⁵…ha:u³⁵（ɕou³³、ɕi⁴²）…"如果……，就……"汉借"假设
句"。随着汉语的影响，汉语假设句的连接词"如果……，就……"也逐渐
进入燕齐壮语中。这类句子用连接词 hi⁴²ko⁵⁵…ha:u³⁵（ɕou³³、ɕi⁴²）…"假
如（如果）……，就……"。像汉语那样，连接词 hi⁴²ko⁵⁵"假如（如果）"
要放在假设从句的谓语动词或动词短语之前，有时放在假设从句句首。
hi⁴²ko⁵⁵可以用民族词 la:ŋ³³/ta:ŋ³³nou⁴²来代替，作用与 hi⁴²ko⁵⁵"如果"相
当，句法意义不变。值得一提的是，即便用汉语的假设句连接词，也仍常

在从句句尾带上 pɯ³¹、ni³¹。例如：

（84）hi⁴²kø⁵⁵ ki³⁵wa:i⁴² ki³⁵mou²⁴ ki³⁵kai³⁵ koŋ²⁴ta²⁴ ɕuŋ⁵⁵ ʔdo:i²⁴
　　　如果　　牛　　猪　　鸡　　老丈　都　　被

kuŋ³⁵ɕo:i³³ tau⁴² po:i²⁴ pɯ³¹，　ki³⁵ nu:ŋ³¹ho:i⁴² he⁵⁵ ha:u³⁵
贡修　　拿　去（语气词）些　　小姨　　他　就

ʔbou⁵⁵/ʔbu³³ ʔdai⁵⁵ sak⁵⁵ ka:i⁵⁵ mu³⁵.
　　不　　　　得　一　　样（语气词）

　　如果老丈人的牛、猪、鸡都被贡修拿去了，他的小姨子就一样也
没有得到。

（85）"ʔo³⁵ʔ ɕi:u³⁵ jɯ:ŋ³³n⁴² pɯ³¹，　wun²⁴ tɯ:k³³ he⁵⁵ ɕi⁴² su:n³⁵
　　　哦？　照　这样（标记）人　地方那　就　算

ki³⁵ma⁴² lo³³？　hi⁴²kø⁵⁵ tou⁵⁵ taŋ⁴² laŋ²⁴　you⁴² pɯ³¹，　te²⁴
什么（语气词）如果　来　到　处所　我们（标记）他

po:i⁵⁵ ʔdai⁵⁵ hun⁵⁵ ma³¹？　ha:u³⁵ hau⁵⁵ he⁵⁵ toŋ³³ ti³⁵ ɕuŋ⁵⁵
比　　得　起（语气词）就　让　他　动　点　都

ʔbou⁵⁵/ʔbu³³ ʔdai⁵⁵　hu³¹."
　　不　　　　得（语气词）

　　"哦？（如果）照这么说，那里的人就有什么了不得？如果来到
我们地盘，他能比得上吗？就会让他无地自容的！"

在某些情况下，假设句也可以不需要连接标记词。根据上下联系，即
使句子中没有出现表假设的连接词，其中的假设意义也是可以理解的。因
为条件句和假设句是一个连续体，因此没有连接词的假设句也就兼具有条
件句的功能。例如：

（86）mɯŋ⁴² ʔbou⁵⁵/ʔbu³³ tou⁵⁵ nou⁴² ku⁵⁵ hi²⁴, kou²⁴ ha:u³⁵
　　　你　不　　　　来　说　我　×　我　就

ʔbou⁵⁵/ʔbu³³ yø³¹　mi⁴² ma⁴² sai³³.
　　不　　　　知道　有　什么　事

　　（如果）你不来告诉我，我就不知道发生什么事情。

（87）ki³⁵wun⁴² kwa³⁵ yon²⁴ nou⁴²: "ɕan²⁴ ha⁴²nou⁴² kja⁵⁵ hu⁵⁵?"
　　　些　人　过　路　说　真　还是　假（语气词）

"ʔbou⁵⁵/ʔbu³³ ɕan²⁴ ku³³ma⁴² lo³³!　ʔbou⁵⁵/ʔbu³³ sin³⁵, sou²⁴
　　不　　　　真　什么（语气词）不　　　信　你们

ɕi⁴² tau⁴² ku⁵⁵ yoŋ⁴²tou⁵⁵ ʔjau⁵⁵ ʔjau⁵⁵.
就　把　我　下来　　看看

路过的人说："是真的还是假的？""当然真的啊！（如果）不信，你们就把我放下来看看。"

在（86）、（87）里，虽然都没有使用标记词 puɯ³¹、ni³¹或 hi⁴²ko⁵⁵（la:ŋ³³/ta:ŋ³³nou⁴²），但是我们之所以还能理解句子的假设意义，原因就在于主句中用了假设标记相应的连接词 ha:u³⁵/ɕou³³/ɕi⁴²。也就是说，这些假设标记词虽被省略了，仍然可将它们还原到各自应在的位置。

五、目的句

燕齐壮语的目的句最常见的连接词是 wi³³li:u³¹ "为了"。这是个汉语借词，它的语义用法跟汉语的"为了"相同。因此，燕齐壮语的目的句也最简单。一般来说，wi³³li:u³¹后都带着一个有受益标记的 haɯ⁵⁵ "给"或者ʔbou⁵⁵ haɯ⁵⁵ "不给"的分句。例如：

（88）wi³³li:u³¹ haɯ⁵⁵ ki³⁵ wa:i⁴² he⁵⁵ tø⁴²ham³³ ma²⁴ haŋ⁵⁵ hou⁵⁵
　　　　为了　　让　些　牛　那　　晚上　回喜欢　进
ʔan²⁴ tɯ:ŋ⁴² te²⁴ ta:p⁵⁵ po:i²⁴, kuŋ³⁵ɕo:i³³ ta:p⁵⁵ ʔan²⁴tɯ:ŋ⁴²
个　棚子　他　搭　去　　贡修　搭　个　棚子
ʔou²⁴ ha⁴² ʔou²⁴ ʔe:m³⁵ he:u²⁴som³⁵som³⁵ ma²⁴ ta:ŋ²⁴ hu⁵⁵.
用　茅草　用　巴芒　绿（后缀）　　来　盖　一
为了让那些牛晚上回来喜欢进他搭的棚子，贡修搭建了一个用绿油油的茅草和巴芒来盖的棚子。

（89）wi³³li:u³¹ ʔbou⁵⁵/ʔbu³³ haɯ⁵⁵ ki³⁵wun⁴² tɯ:k³³ n⁴² jiu³⁵ wun⁴²
　　　　为了　不　　　　让　些　人　地方　这　看　人
ʔu⁵⁵miŋ⁴² ɕa:t³⁵sa:i⁵⁵, lou⁴²tiŋ²⁴jou⁴² ha:u³⁵ ŋwa:n³³ ʔan²⁴
武鸣　　　差劲　　刘定逎　　　就　想　个
pan²⁴fa³¹ haɯ⁵⁵ he⁵⁵ sim²⁴ fuk³³ hu⁵⁵ tou⁵⁵.
办法　　让　他　心　服　一　来
为了不让这地方的人瞧不起（欺负）武鸣人，刘定逎就想了一个让他们心服口服的办法来。

在突出目的的情况下，wi³³li:u³¹从句可以后移，但要在前加上系词 tɯk³³ "是"。例如：

（90）te²⁴ hat⁵⁵n⁴² huɯn³⁵ ham³⁵ ɕou³¹ ti³⁵, tɯk³³ wi³³li:u³¹ pi³³/po:i²⁴
　　　　他　今早　起来　更　早点　　是　　为了　去
te³⁵ ʔan²⁴pa:n²⁴ɕi²⁴ ta:i³³ɕou³¹ he⁵⁵.
等　个　班车　　清早　那
他今早起床更早一点，是为了去等那辆最早的班车。

六、排他句

排他主从句的连接词主要是 ɕauɯ⁴²…li:u³¹…ɕuŋ⁵⁵…，用法与汉语"除……以外……都……"的用法相似。ɕauɯ⁴²"除"和 li:u³¹"了"分别放在从句的句首和句尾，而从句的名词短语 A 就是代表主句所不包括的事物。其基本结构如下：

　　　　ɕauɯ⁴²A li:u³¹，　P　ɕuŋ⁵⁵动词短语

例如：

（91）ɕauɯ⁴² ta³³ ŋo:i³³ li:u³¹　sa:m²⁴ po:i³¹nu:ŋ³¹ he⁵⁵ ɕuŋ⁵⁵
　　　除　个　二（语气词）三　　兄弟　　她　都
　　　ma²⁴ ya:n⁴² kwa³⁵ ɕɯ:ŋ²⁴　lu³³.
　　　回　家　过　春节（语气词）
　　　除二妹以外，三兄弟都回家过春节了。

（92）ɕauɯ⁴² kø:n⁵⁵ ka:ŋ²⁴pit⁵⁵ n⁴²　li:u³¹，　kø:n⁵⁵ ka:ŋ²⁴pit⁵⁵
　　　除　支　钢笔　　这（语气词）　支　钢笔
　　　ʔɯn³⁵ ɕuŋ⁵⁵ ʔbou⁵⁵/ʔbu³³mi⁴² mak³³ mu²⁴.
　　　别　都　不　　　有　墨（语气词）
　　　除这支钢笔以外，其他钢笔都没有墨水了。

（91）说的是"回家过春节的只有三兄弟，二妹没有回去"；（92）说的是"只有这支钢笔有墨水，其他的都没有"。排他主从句的"排他项目"A也可以放在宾语的位置上，但前后两个分句将共有一个"施事者"（主语）。例如：

（93）kou²⁴ ɕauɯ⁴² sin³³ki⁴² ʔit⁵⁵ ʔbou⁵⁵/ʔbu³³mi⁴² kø²⁴ li:u³¹，　sin³³ki⁴²
　　　我　除　星期　一　不　　　有　课（语气词）星期
　　　ŋo:i³³ taŋ⁴² sin³³ki⁴²ha⁵⁵ ɕuŋ⁵⁵ mi⁴² kø²⁴.
　　　二　到　星期　五　都　有　课
　　　我除星期一没有课以外，星期二到星期五都有课。

（94）te²⁴ ɕauɯ⁴² pu:ŋ⁵⁵ lum⁴² ɕauɯ³¹ li:u³¹，　ki³⁵ tø⁴²ka:i³⁵ ʔɯn³⁵
　　　他　除　练习本　忘　买（语气词）些　东西　其他
　　　ɕuŋ⁵⁵ ʔdai⁵⁵ ko:i³⁵ ɕauɯ³¹ ma²⁴　lu³³.
　　　都　得　记　买　回（语气词）
　　　他除了忘买本子以外，其他东西都记得买回来了。

这两个"排他主从句"各有三个名词短语，一个是主语，一个是排除项目 A，另一个是被包括的项目 P。作主语的可以是施事也可以不是施事，整个句型的每个角色都比较清晰，易于理解。

从结构上看，排他句的从句连接词"ɕauɯ⁴²…li:u³¹"（除……以外）与

并列句中的从句连接词"ɕauɯ⁴²…li:u³¹"形式相同，但语义作用不同：并列句中的"ɕauɯ⁴²…li:u³¹"一般要跟"la⁵⁵/ɕam³³…"（还/也）搭配，表示所连接的名词短语是互相包括的，前后两个分句的谓语动词也是一致的，即"除了 A 外，还有 P"（包括），其中的 P，还包括 A；而排他主从句中的"ɕauɯ⁴²…li:u³¹"连接的名词短语却是互相排除的，与之搭配的连接词一般是"ɕuŋ⁵⁵"（都），意为"除了 A 外，都 P"，P 不包括 A。试比较：

（95）te²⁴　ɕauɯ⁴²　po:i²⁴　kwa³⁵　puɯ³¹kiŋ³³　li:u³¹,　　la⁵⁵　po:i²⁴

　　　　他　　除　去　过　北京（语气词）还　去

　　　kwa³⁵　ha:u⁵⁵la:i²⁴　ʔan²⁴　ɕiŋ⁴²ɕi²⁴.

　　　　过　　很多　　个　城市

　　　他除去过北京以外，还去过许多个城市。

（96）te²⁴　ɕauɯ⁴²　ʔbou⁵⁵/ʔbu³³jaŋ⁴²　po:i²⁴　kwa³⁵　puɯ³¹kiŋ³³　li:u³¹,

　　　　他　　除　还没有　　　去　过　北京（语气词）

　　　ha:u⁵⁵la:i²⁴　ʔan²⁴　ɕiŋ⁴²ɕi²⁴　ɕuŋ⁵⁵　po:i²⁴　kwa³⁵　lu³³.

　　　　许多　　个　城市　都　去　过（语气词）

　　　他除了北京还没去过以外，许多个城市都去过了。

（95）是个并列句，表明"他去过了包括北京在内的许多个城市"，谓语动词都是一致的 po:i²⁴"去"；而（96）则与此相反，表明"他去过了许多个城市但不包括北京"，有"排他项目"分句的谓语动词是 ʔbou⁵⁵jaŋ⁴² po:i²⁴ kwa³⁵"还没去过"，无"排他项目"分句的谓语动词则是 po:i²⁴ kwa³⁵"去过"，前后是互为否定的。

第五节　紧缩句

紧缩句是由复句变化而来的，由构成复句的几个分句紧缩在一起而成，用单句形式表达复句的意义。所谓"紧"是指复句内部的语音停顿取消了，分句间的联系更紧密了；所谓"缩"是指有些成分给缩略掉了，或者形成了一些固定的格式。燕齐壮语有许多紧缩句。试比较（97）a 和 b 句：

（97）a. ɕan³³　ʔou²⁴　fɯn²⁴　tok⁵⁵,　hou³¹mai³¹　ɕi⁴²　ʔdai⁵⁵　kou³⁵　lu³³.

　　　　只要　雨　掉　玉米　就　得　救（语气词）

　　　　只要下雨，玉米就有救了。

　　b. fɯn²⁴　tok⁵⁵　hou³¹mai³¹　ɕi⁴²　ʔdai⁵⁵　kou³⁵.

　　　　雨　掉　玉米　就　得　救

　　　　下了雨玉米就有救。

（97a）是一个关联词完整的条件复句，由连接词 ɕan³³ ʔou²⁴…，ɕi³¹…

"只要……，就……"来连接复句的两个分句，中间有停顿。而 b 句则是在 a 句的基础上紧缩而成，只有一个连接词 çi^{42}，句子中间没有停顿。

紧缩句虽属于复句范畴，但它又不等同于复句，是一种特殊的句式，有一些固定的格式。燕齐壮语的紧缩句有如下特点。

1. 紧缩句中各个部分之间的关系是分句间的关系，有用关联词语来连接，也有不用关联词来连接的。例如：

（98）a. muɯŋ^{42} ʔbou^{55}/ʔbu^{33} nou^{42} kou^{24} ha:u^{35} ʔbou^{55}/ʔbu^{33} ɣø^{31}.

　　　　你　不　　　说　我　就　不　　　知道
　　　　你不说我就不知道。

　　　b. te^{24} ʔdau^{24} hø^{42} ɲi:t^{33} nam^{55} ɲi:t^{33} la:u^{24}.

　　　　他　里　脖子　越　想　越　怕
　　　　他心里越想越怕。

（99）a. ki^{35} hou^{31} n^{42} he:n^{55} ka:i^{35} kwe^{55} ka:i^{35}.

　　　　些　米　这　黄　块　割　块
　　　　这些稻田，成熟一块就收割一块。

　　　b. ɣou^{42} ʔdak^{55} tou^{55} pou^{31} sø:n^{24} pou^{31}.

　　　　我们　要　来　个　教　个
　　　　我们要来一个教一个。

类似（98）中使用关联词紧缩句形式的还有"A çi^{31}/ha:u^{35} B"（A 就 B）、"pai^{42} A ha:u^{35} B"（一 A 就 B）、"ça:i^{35} A çam^{33} B"（再 A 也 B）、"ʔbou^{55} A çam^{33} B"（不 A 也 B）等；（99）则是无关联词的紧缩句，这类紧缩句的特点是两个分句的宾语都是由呼应复指的量词充当，即 a 句的 ka:i^{35} "块"，b 句的 pou^{31} "个"，这是壮语量词的特殊语法现象之一。

2. 紧缩句中各个部分之间没有语音停顿，有些成分还有缩略。这个特点又区别于复句。例如：

（100）a. te^{24} ʔjou^{35} no:i^{55} saŋ^{33}hø^{42} pi^{55}/po:i^{24} çi^{42} ɣø^{31}　　lu^{33}.

　　　　她　在　这　生活　去　　就　会（语气词）
　　　　她在这儿生活就会（壮语）了。

　　　b. çan^{33} kan^{24} ɣou^{42} ka:ŋ^{55} la^{33}　　çi^{42} ʔdai^{55}　lu^{33}.

　　　　总　跟　我们　说（语气词）就　得（语气词）
　　　　一直跟着我们说就可以了。

（101）kɯ^{24} ki^{35} ɣau^{42} ki^{35} te^{24} lu^{33},　ki^{35} ɣau^{42} wun^{42}ʔbam^{55}

　　　　吃　些　哪　些　那（语气词）些　我们　　壮族
　　　　çi^{42} jɯ:ŋ^{33}ŋ^{42} ka:ŋ^{55} lu^{33}pɯ^{55}.

　　　　就　这么　说　（语气词）
　　　　想吃什么就吃什么吧，我们壮族就是这么说的啊。

（102）a. haɯ⁵⁵ muŋ³³ tou⁵⁵ ˀbou⁵⁵/ˀbu³³ tou⁵⁵.

　　　　　叫　　你　来　不　　　　来

　　　叫你来（你却）不来。

　　b. muɯ⁴² ȵi:n³³ po:i²⁴ ɕi⁴² po:i²⁴ lu³³.

　　　　你　愿意　去　就　去　（语气词）

　　　你愿意去就去吧！

　　紧缩句的许多成分是可以省略的,尤其是代词的省略最为常见。如(100a)是"只要她在这里生活,她就会(壮语)了"的紧缩形式,不仅在关联词前省略了代词 te²⁴ "她",而且承接上文而省略了 ɣø³¹ "会"的宾语"壮语";b句是"只要她一直跟着我们说,她就行"的紧缩形式,两个分句的代词 te²⁴ "她"都省略了。(101)的紧缩句是在前面kɯ²⁴ ki³⁵ ɣaɯ⁴² ki³⁵ te²⁴ lu³³ "想吃什么就吃什么吧"一句,是"你想吃什么,你就吃吧"的紧缩形式,没有关联词的辅助,由呼应复指的疑问代词来表示,两个分句都省略了代词(主语)muɯ⁴² "你"。(102a)是"我叫你来,(可是)你不来"的紧缩形式,两个分句的不同代词(主语)都省略了;b句是"如果你愿意去,你就去吧"的紧缩形式,省略了后一分句的代词(主语)muɯ⁴² "你"。

　　可见,紧缩句结构紧凑、表意简洁明快、被广泛使用于人们的口语中,也是燕齐壮语中应用性很强的一种特殊句子。

第十章 话题与话语

第一节 话题结构

世界上的许多语言都属于"话题型语言"。所谓"话题型语言"是指句子结构分为"话题"和"陈述"两个部分。"话题"是出现在句首的"主语"位置上的名词短语;"陈述"则是"谓语"位置的其余部分。话题的组织原则是由语用关系决定的。

燕齐壮语句子的基本结构是"话题—陈述结构"。可以从"一般话题倾向结构"、"有标记话题结构"、"双话题结构"等几方面来观察。

一、话题特征

从较早时赵元任(Chao,1968)用"话题"和"说明"这对概念来解释主语和谓语,到后来的曹逢甫(Tsao,1990)从篇章本质角度更加详尽地说明了话题这一概念及其功能,以及屈承熹(Chu,1993)"把话题认作是一个篇章单位有着重要意义",人们对话题的研究愈来愈细致。为便于说明起见,我们比照屈承熹有关"汉语话题特征"的论述,结合燕齐壮语话题特点,来对话题特征进行简单描述。

屈承熹提出"汉语话题"的三层特征:[1]

基本特征:是名词性词语;用作分句间的接续;

次要特征:特指或有指;位于句首或动词之前;

非基本属性:对谓语动词没有语义上的选择关系。

他认为汉语话题的特征具有层级性;并非所有话题都同时具备所有特征。燕齐壮语话题也是如此。例如:

(1) $^?$dau^{24} $^?$wa:n^{55} mi^{42} ha:u^{55}la:i^{24} ɣam^{31}. 碗里有很多水。

　　　里面　碗　有　许多　水

从话题特征来看,(1)的两个名词短语$^?$dau^{24} $^?$wa:n^{55}"碗里"和ha:u^{55}la:i^{24} ɣam^{31}"很多水"都可以作话题,只是它们充当话题的可能性大小不同。$^?$dau^{24} $^?$wa:n^{55}是一个名词短语,它的意义具体因而是定指的,而

---

① 屈承熹:《汉语篇章语法》,北京语言大学出版社 2006 年版,第 198 页。

且位于句首，它有一个基本特征和两个次要特征。虽然 ha:u^{55}la:i^{24} ɣam^{31} 也是一个名词短语，意义具体因而也是定指的，也有一个基本特征，但它只有一个次要特征。这就说明，二者都有一些话题特征，都可以作话题，但是前者比后者多了一个次要特征，它用作话题的可能性更高。我们再看下面的（2），即在（1）之后加上一个分句：

（2）ʔdaɯ^{24} ʔwa:n^{55} mi^{42} ha:u^{55}la:i^{24} ɣam^{31}, koŋ^{24} toŋ^{33} he^{55}.

　　　里　　碗　　有　　许　多　水　　别　　动　它

碗里有很多水，别动它。

（2）中后一分句的 he^{55} "它"更有可能理解为 ʔdaɯ^{24} ʔwa:n^{55} "碗里"，而不太可能理解为 ha:u^{55}la:i^{24} ɣam^{31} "很多水"。之所以这样，是因为前一分句的 ʔdaɯ^{24} ʔwa:n^{55} 所具有的话题特征比 ha:u^{55}la:i^{24} ɣam^{31} 多，也就因此更容易被看作话题。

屈承熹指出："虽然在一个孤立的句子中来讨论话题无多大意义，但是任何名词性词语都可以根据'话题特征'来判断它有多大的可能性成为话题。一个名词性词语可能具有'话题特征'列出的所有特征、一部分特征或者只有一个特征（即它是名词性词语），因而它成为话题的可能性也会由大而小。"① 从这个意义上说，具有很多话题特征的名词性词语，其话题性程度就高；而那些只有少量话题特征的，其话题性程度就低。下面，我们就燕齐壮语中存在的"话题结构"作进一步分析。

二、无标记话题结构

一般来说，"无标记话题结构"是指作为句子中的话题，它没有任何特别形态标识和句法标识。无标记话题结构主要分为两部分，出现在句首的名词短语——主语——作为话题，而其余的非句首位置的动词或名词短语——谓语——作为陈述。其基本结构是：

　　主语（话题）＋谓语（陈述）

句型中的"主语"作为"话题"由名词短语承担，谓语作为"陈述"由动词短语或名词短语来承担。例如：

（3）a. te^{24} (话题)　　ʔbou^{55}/ʔbu^{33}　　tai^{55} (陈述).

　　　他　　　不　　　哭

　　他不哭。　（谓语动词 tai^{55} 是不及物动词）

　　b. te^{24} (话题)　　[kɯ^{24}　　ʔo:i^{55}] (陈述).

　　　他　　吃　　甘蔗

　　他吃甘蔗。(te^{24} 是施事，谓语动词 kɯ^{24} 是及物动词要带上 ʔo:i^{55}，ʔo:i^{55} 是受事)

① 屈承熹：《汉语篇章语法》，北京语言大学出版社 2006 年版，第 199 页。

（4）a. [ka:i³⁵ n⁴²]（话题）　　[ka:i³⁵　nø³³]（陈述）.

　　　　块　　这　　　　　　块　　肉

　　　　这是肉。（"主语"和"谓语"都是名词短语）

　　　b. [ti:u⁴² wa³⁵　n⁴²]（话题）　　mø³⁵（陈述）.

　　　　条　裤子　这　　　　新

　　　　这条裤子是新的。（"话题"是名词短语，"陈述"是状态动词）

　　这些句子结构都是燕齐壮语最基本的句子结构（参看第八章"简单句"之"陈述句"一节）。

　　当然，无标记话题结构的"话题"在实际言语中有时并不这么一目了然。由于话题是无标记的，往往很难被认出。只有在篇章结构中，被随后的回指性名词、回指性代词或者零回指词（省略）所照应后，才成为话题。例如：

（5）a. ta:ŋ²⁴so:i⁴² he⁵⁵ mi⁴² pou³¹ la:u⁴²je⁴² hu⁵⁵,

　　　　当　时　　那　有　个　　老爷　　一

　　　b. 0ᵢ he:u³³ lou⁴²tiŋ²⁴jou⁴²

　　　　　叫　刘定逎

　　　c. 0ᵢ ˀdaŋ²⁴　ŋou²⁴.

　　　　鼻子　　钩

　　　d. 0ᵢ çi⁴² kou³⁵ ˀa:k⁵⁵ lu³³,

　　　　　就　够　厉害（语）

　　　e. 0ᵢ ˀa:k⁵⁵ kwa³⁵ koŋ²⁴ha:k³⁵ po:i²⁴/pi⁵⁵.

　　　　厉害　过　　官吏　　去（语法化）

　　　　当时有一位老爷，叫刘定逎，鹰钩鼻，就很厉害了，比官吏还厉害。

　　（5）中，a句有一个名词短语，即pou³¹ la:u⁴²je⁴² hu⁵⁵ "一个老爷"，在b句中被零回指词选取而成为话题。这个话题在随后的c、d两句中得到接续。这是典型的故事开场段落：以存在句开头，接着把所存在的内容作为未知信息加以描述。虽然pou³¹ la:u⁴²je⁴² hu⁵⁵有可能成为一个话题，但只有当b句中的零回指词0出现时，它才真正成为话题。

　　在篇章里，一个话题的确立，有时并没有进一步的接续，即话题时常有所中断。不过，这种中断是由于有了新话题的加入造成的，但这个新话题一般不会延续得很长。例如：

（6）a. to:ŋ⁴²pai⁴² mi⁴² pou³¹ wun⁴² ŋauɯ⁴²　hu⁵⁵,

　　　　从前　　　有　个　人　愚蠢　　一

　　　b. 0ᵢ ˀø:k³⁵ po:i²⁴/pi³³ ku³³çam⁴², 0ᵢ ɣan²⁴ fo:i⁴² tau⁴² ɣa:n⁴².

　　　　出　去　　　玩耍　　见　火　烧　房子

c. wun⁴²ⱼ po:i²⁴/pi³³ kou³⁵ fo:i⁴² 0ⱼ çi⁴² pɯːt³⁵ ɣop³³ɣop³³,
　　人　去　　救　火　　　就　跑　（绘形）

d. 0ⱼ ho:i³⁵laːu²⁴ kou³⁵ ʔbou⁵⁵/ʔbu³³ kip³³.
　　担心　　救　不　　　　及

e. te²⁴ⱼ çi⁴² ʔdun²⁴ ʔjou³⁵ hen⁴² he⁵⁵ yiːu²⁴haː³¹haː³¹.
　　他　却　站　在　旁边　那　笑哈哈

从前有一个愚蠢的人，（）出去玩耍，（）见到火烧房子。去救火
的人们来回奔跑，担心来不及救火。他却站在旁边哈哈地笑着。

在（6）里，a 句的名词短语pou³¹ wun⁴² ŋaɯ⁴² hu⁵⁵ "一个愚蠢的人"，
在 b 句中被两个零回指词选取而成为本段的主要话题，但受到名词ɣaːn⁴²的
干扰，而ɣaːn⁴²又没能发展为话题，使得主要话题没能在 c、d 句中接续。
在 c 句中，主要话题被 wun⁴² "人"中断，而 wun⁴² 在 d 句中被零回指词
选取而成为一个新话题。这个新话题也没有进一步展开，就因为主要话题
pou³¹ wun⁴²ŋaɯ⁴² hu⁵⁵在 e 句中被回指代词te²⁴ "他"重新选取而终止了（关
于"回指"问题，将在下一节"话语倾向"中作进一步分析）。

二、有标记话题结构

当一个句子既有施事又有受事时，词序显得尤为重要。如果施事在句
首，而受事放在句末，句子一般不需要标记。然而，当受事或其他论元（受
益者、接受者、目标、工具等）充当话题时，一般都放在谓语动词前（有
时还和主语一起），而这种情况也是相当普遍的：

（7）a. kou²⁴ [taɯ⁴² køːn⁵⁵ pit⁵⁵ he⁵⁵] (话题) [ma²⁴ jun³³ lu³³] (陈述).
　　　　我　拿　支　笔　他　　　来　用（语气词）
　　　　我拿他的笔来用了。

b. [køːn⁵⁵ pit⁵⁵ ku⁵⁵] (话题) [wun⁴² ʔou²⁴ po:i²⁴ lu³³] (陈述).
　　　支　笔　我　　　人　拿　去（语气词）
　　　我的笔别人拿去了。

c. [køːn⁵⁵ pit⁵⁵ ku⁵⁵] (话题) [ŋaːi⁴² wun⁴² ʔou²⁴ po:i²⁴ lu³³] (陈述).
　　　支　笔　我　　　挨　人　拿　去（语气词）
　　　我的笔被别人拿去了。

一般来说，作宾语的名词或名词短语，要放在谓语动词之后。可是上
述的句子，却将这个宾语放在句首，使之成为人们注意的焦点。我们把这
个焦点称为"话题化"的"话题"。而"话题化"句子结构，有时要用一些
能允许"话题"前移的词作为标记，如（7）a 句的 taɯ⁴² "拿"和 c 句的 ŋaːi⁴²
"挨"；而没有标记的"话题化结构"句子较少，如 b 句。

带有标记的"话题结构"，称为"有标记话题结构"。"由于这些话题在

形态和句法上有明显的标识，所以它们在分句和句子的范围内很容易识别，而不必依赖更大的语境"。[1] 燕齐壮语的有标记话题结构主要是如下几种类型：taɯ⁴²字结构和ŋa:i⁴²字句、双话题结构、介词话题结构、连词话题结构。

（一）taɯ⁴²字结构和ŋa:i⁴²字结构

以 taɯ⁴²字为标记或以 ŋa:i⁴²字为标记的"话题结构"经常出现在燕齐壮语口语中，而且使用频率非常高。这两种"话题结构"很容易辨认，因为句子中有 taɯ⁴²字或ŋa:i⁴²字，这两种结构都是使受事话题化。

从第八章"简单句"所讨论的"taɯ⁴²字句"和"ŋa:i⁴²字句"中，我们知道 taɯ⁴² "把"将受事宾语提前，使其成为次要话题，并且含有"把它怎样"的处置意义；ŋa:i⁴² "挨"将受事宾语提前，使它成为主要话题，而且含有"不满意、不好"等消极、被动意义。例如：

（8）a. kuŋ³⁵ɕo:i³³ taɯ⁴² [ʔan²⁴ sø:ŋ⁴² mou²⁴ he⁵⁵]（话题）tik⁵⁵ ta:k⁵⁵.
　　　贡　修　　把　个　笼　猪　那　　　踢（后缀）
　　　贡修一下子把那个猪笼踢开。

　　b. ki³⁵wun⁴² he⁵⁵ ɣø³¹ li:u³¹ ha:u³⁵ taɯ⁴² [he⁵⁵]（话题）ɕu:ŋ³⁵ ɣoŋ⁴²tou⁵⁵.
　　　些　人　那　知道　后　就　把　他　　　放　下　来
　　　人们知道后就把他放下来。

（9）a. ŋon⁴²lɯ:n⁴² [plaɯ⁴²]（话题）　ŋa:i⁴² la:u³¹sai²⁴ nou⁴² la:i²⁴?
　　　昨天　　谁　　　　被　老师　　说　多
　　　昨天谁被老师批评的多？

　　b. [ʔdak⁵⁵ ɕak³³ he⁵⁵]（话题）　ŋa:i⁴² kam³³taɯ⁴² lu³³.
　　　个　贼　那　　　被　抓　拿（语气词）
　　　那个小偷被抓住了。

（8a/b）taɯ⁴²之后的名词短语和（9a/b）ŋa:i⁴²之前的名词短语都是受行为动词支配的受事。这两种结构除了各自不同的句法要求和语义解释外，它们都有一个共同点，那就是将受事成分话题化。而且，这两个受事都是有定的、有所指的，它们所承载的都是已知信息。二者的区别在于"taɯ⁴²字结构"里的受事是次要话题，而"ŋa:i⁴²字结构"里的受事是主要话题（关于这一话题结构，请参阅第八章"简单句"的"taɯ⁴²字句"和"ŋa:i⁴²字句"二节，这里恕不详述）。

（二）双话题结构

表面上看，双话题结构应该是比较容易识别的一种，其特点是两个名词短语同时出现在一个分句的句首。但是，跟上述提到的将"主语"和"话

---

[1] 屈承熹：《汉语篇章语法》，北京语言大学出版社 2006 年版，第 206 页。

题"一起放到动词前的情况不同，"双话题结构"的"话题"不是谓语动词的"句法宾语"，而是谓语动词的"句法主语"，是句子中两个关系密切的话题。"双话题结构"因此常被称为"双主语句"或"主谓谓语句"。"双话题结构"句子结构如下：

名词短语（话题1）+名字短语（话题2）+[谓语+（体标记）]（陈述）

和汉语等语言一样，燕齐壮语的"双话题结构"句子也有以下几种类型：

1."双话题"的"话题1"是领有者，"话题2"是被领有者，二者在逻辑上有领属与被领属的关系。例如：

（10）a.　[te^{24}]（话题1）　　[tin^{24}]（话题2）　[ŋe:k^{55}　lu^{33}]（陈述）.
　　　　　她　　　　　脚　　　　　跛　　（语气词）
　　　　　她脚跛了。

　　　b.　[kou^{24}]（话题1）　　[ɣou^{55}]（话题2）　[tø:t^{35}　lu^{33}]（陈述）.
　　　　　我　　　　　头　　　　　疼　　（语气词）
　　　　　我头疼了。

（11）a.　[tu^{42} ma^{24} n^{42}]（话题1）[ha^{24}（话题2）] [ɣak^{55}　lu^{33}]（陈述）.
　　　　　只　狗　这　　　腿　　　断　（语气词）
　　　　　这只狗腿折了。

　　　b.　[ʔan^{24} ʔba:n^{55} n^{42}]（话题1）[ɣo:i^{33}]（话题2）[la:i^{24} ɣa:i^{31}ɕa:i^{31}]（陈述）.
　　　　　个　村子　这　　　地　　多　　很
　　　　　这个村子地很多。

在类似（10）、（11）的句子中，"话题1"是形式主语，"话题2"是整句话的语法主语，跟后面的谓语组成一个完整的句子，说明"话题1"的情况。"话题1"可以不出现，而整个句子仍然成立，如果没有"话题2"，句子是说不通的。试比较：

（11'）a.　*[tu^{42} ma^{24} n^{42}]（话题1）　[ɣak^{55} lu^{33}]（陈述）.
　　　　　只　狗　这　　　　断（语气词）
　　　　　这只狗折了。

　　　b.　*[ʔan^{24} ʔba:n^{55} n^{42}]（话题1）　[la:i^{24} ɣa:i^{31}ɕa:i^{31}]（陈述）.
　　　　　个　村子　这　　　　多　　很
　　　　　这个村子很多。

"话题2"跟后面谓语动词的紧密关系可以从（12）看出。试比较（12）a 和 b 句：

（12）a.　[kou^{24}]（话题1）　[ɣɯ:t^{35}]（话题2）　[nat^{55}　lu^{33}]（陈述）.
　　　　　我　　　　腰　　　　累　　（语气词）
　　　　　我腰酸（累）了。

b. [ˀdak⁵⁵ɣɯːt³⁵ ku⁵⁵] (话题) [nat⁵⁵ lu³³] (陈述).
个 腰 我 累 （语气词）
我的腰酸（累）了。

（12）的 a、b 句在语义上没什么区别，都是对 ɣɯːt³⁵ "腰" ha³¹ɣaɯ⁴² jɯːŋ³³ "怎么样"的回答或陈述——nat⁵⁵ lu³³ "累了"，"我"和"腰"之间有着"领有与被领有"的关系，但它们在语法结构上的差别有三：一是双话题与单话题的区别，a 句属于"双话题"的，领有者 kou²⁴ "我"是整个句子的首要话题，被领有者 ɣɯːt³⁵ "腰部"参与了首要话题 kou²⁴ 的陈述——ɣɯːt³⁵ nat⁵⁵ lu³³ "腰酸了"；而 b 句却属于"单话题"，领有者 ku⁵⁵ "我"和 ˀdak⁵⁵ɣɯːt³⁵ "腰"一起组成一个"偏正结构"短语——ˀdak⁵⁵ɣɯːt³⁵ ku⁵⁵ "我的腰部"作 ɣɯːt³⁵ nat⁵⁵ lu³³ "腰酸了"的话题。二是代词使用的一致性，a 句的领有者"我"作为首要话题用的是代词强式"主格" kou²⁴，而 b 句的领有者"我"并非话题位置而用代词的弱式"领有" ku⁵⁵。三是类别词的有无，a 句的 ɣɯːt³⁵ "腰"作为话题之一，却非首要话题，不用类别词 ˀdak⁵⁵；而 b 句的 ˀdak⁵⁵ɣɯːt³⁵ "腰"作为话题，ˀdak⁵⁵ 位于"偏正短语"的中心语位置，必须有类别词 ˀdak⁵⁵，名词 ɣɯːt³⁵ 才能位于句首。

2. "双话题"的"话题₁"和"话题₂"之间存在"整体与部分"的关系。"话题₂"通常是"话题₁"的一个组成部分：

（13）a. [ɣou²⁴] (话题₁) [plaɯ⁴²] (话题₂) [ɕuŋ⁵⁵ ˀbou⁵⁵/ˀbu³³ poːi²⁴] (陈述).
我们 谁 都 不 去
我们谁都不去。

b. [ɕuŋ⁵⁵ maːk³⁵ n⁴²] (话题₁) [ˀan²⁴] (话题₂) [kaːa³³laːi²⁴ ŋan⁴²] (陈述).
种 水果 这 个 多少 钱
这种水果一个多少钱？

（13）a、b 两句的"话题₁" ɣou²⁴ "我们"、ɕuŋ⁵⁵ maːk³⁵ n⁴² "这种水果"在句中表示整体，而"话题₂"的 plaɯ⁴² "谁"、ˀan²⁴ "个"是"话题₁"的一部分。换句话说，从概念领域和范畴来看，plaɯ⁴²（单数）小于 ɣou²⁴（多数），ˀan²⁴（个）小于 ɕuŋ⁵⁵ maːk³⁵ n⁴²（种类），体现了"整体与部分"的关系。

（三）介词话题结构

跟汉语一样，燕齐壮语的话题也可以用 toːi³⁵ "对于"、ɕiːu³⁵ "按照"等介词为标记。以介词 toːi³⁵、ɕiːu³⁵ 等为标记的话题结构，其中的话题会同时具有选取功能，它不是从前面带入的或者所暗含的内容中选取，就是将被中断了的话题重新提起。例如：

（14）ham^{33}n^{42} ɕan^{33} sɯ:ŋ^{55} nin^{42} tø:n^{35} kou^{35} hu^{55}. [to:i^{35} ham^{33}ɕø:k^{33}

　　　　今晚　只　想　睡　顿　够　一　对　明晚

ha^{31}ɣaɯ^{42}jɯ:ŋ^{33}] $_{（话题1）}$, [te^{24}] $_{（话题2）}$ [hi^{55}jaŋ^{42} ŋwa:n^{33}] $_{（陈述）}$.

　　怎么样　　　　　　他　还没　考虑

　　今晚只想睡个够。对于明晚怎么样，他还没想。

（15）[ci:u^{35} ki^{35} fa:ŋ^{33}fa^{31} he^{55} nou^{42}] $_{（话题1）}$, [ɣou^{42}] $_{（话题2）}$ [saɯ^{35}

　　　照　些　方法　他　说　　我们　　试

ʔba:t ^{35}hu^{55} kø:n^{35}, ʔbou^{55}/ ʔbu^{33} pan^{42} ɕi^{31} su:n^{35} lu^{33}] $_{（陈述）}$.

　　次　一　先　不　　好　就算　（语气词）

　　按照他所说的方法，我们先试试，不行就算了。

（14）的话题 ham^{33}ɕø:k^{33} ha^{31}ɣaɯ^{42}jɯ:ŋ^{33} "明晚怎么样"，是以 to:i^{35} "对于"为其标记的，而且是暗含在前一分句中，并与 ham^{33}n^{42} "今晚"作对比。因此，该话题所释放出来的信息是一种已知信息。（15）的话题跟（14）有所不同，ki^{35} fa:ŋ^{33}fa^{31} he^{55} nou^{42} "他所说的方法"前面有介词 ci:u^{35} "按照"引导，而介词的功能是选取名词短语 ki^{35} fa:ŋ^{33}fa^{31} "方法"。也就是说，ki^{35} fa:ŋ^{33}fa^{31}应是已知信息，至少是它在前文里曾经被提到过，只是可能在叙述过程中被一个新话题打断了，到现在才重新被选取为话题。

此外，可以分析为话题结构标记的还有ʔou^{24}。ʔou^{24}是个动词，表示"拿、要、取"的意思，但也可以用来引导话题，其构式为"ʔou^{24}...ma^{24} nou^{42}/ʔjaɯ^{55}"，与汉语的"就/拿……来说/看"结构相当。例如：

（16）[ʔou^{24} tuŋ^{31}ɕa:i^{42} ma^{24} nou^{42}] $_{（话题1）}$, [te^{24}] $_{（话题2）}$ [ʔjou^{35}

　　　拿　才华　来　说　　他　在

ʔdaɯ^{24} pa:n^{24} he^{55} su:n^{35} ɕo:i^{35} ʔa:k^{55}　l u^{33}] $_{（陈述）}$.

　　里　班　他　算　最　厉害（语气词）

　　就才华来说，他算是他们班最棒的。

（17）[ʔou^{24} fa:n^{24} te:n^{42}ple:u^{24} n^{42} ma^{24} nou^{42}] $_{（话题1）}$, [miŋ^{42}miŋ^{42}

　　　拿　张　被单　这　来　说　　　明明

0 tɯk^{33} fa:n^{24} mɯŋ^{33}, 0 ʔbou^{55}/ʔbu^{33} tɯk^{33} fa:ꞁ^{24} ku^{55}] $_{（陈述1）}$,

　　是　张　你　不　　是　张　我

[mɯŋ^{42}] $_{（话题2）}$ [ɕuŋ^{55} ka:ŋ^{55} ʔbou^{55}/ʔbu^{33} kwa^{35}!...] $_{（陈述2）}$

　　你　　都　讲　不　过

　　就这张被单来说，（ ）分明是你的，（ ）不是我的，你都说不过！……

从话题结构来看，（16）、（17）是相近的。正如（16）那样，tuŋ^{31}ɕa:i^{42} "才华"、fa:n^{24} te:n^{42}ple:u^{24} n^{42} "这张被单"都是已知信息，因而是可以理解的"话题"。例（17）里，还有两个零回指词形式，暗含 fa:n^{24} te:n^{42}ple:u^{24} n^{42}。

但结构上，"陈述₁"和"陈述₂"是被"话题₂"分开了。

（四）连词结构话题

燕齐壮语可以用作"连词结构话题"的连词不多，如 ta:i³⁵ "带"、li:n⁴² "连"、li:n⁴²ta:i³⁵ "连带"，以这些连词引导的话题中也都用 çuŋ⁵⁵ "都"/çam³³ "也"来配合，从而形成较为固定的连词结构。"连词结构话题"中所选取的用作"话题"的事物，必定是前文曾经提到的"一组事物中最意外的那个"。例如：

（18）a. [te²⁴] (话题₁) [ta:i³⁵ ²dø:k³⁵] (话题₂) [çuŋ⁵⁵ kɯ²⁴] (陈述).

　　　　他　　　　带　骨头　　　　都　吃

　　　　他连骨头都吃掉。

　　b. [kou²⁴] (话题₁) [li:n⁴² ki³⁵çø³³ he⁵⁵] (话题₁) [çuŋ⁵⁵ lum⁴² lu³³] (陈述).

　　　　我　　　连　名　字　她　　　都　忘（语气词）

　　　　我连她名字都给忘了。

（19）[te²⁴] (话题₁) [na:n⁴² ²bou⁵⁵/²bu³³ ma²⁴ li:u³¹] (陈述₁), [0] (话题₂)

　　　他　　　久　　不　　　　回（语气词）

　　[ma²⁴ sak⁵⁵ ²ba:t³⁵ la³³] (陈述₂), [li:n⁴²ta:i³⁵ luk³³ ta⁴²²a:u²⁴] (话题₃)

　　回　一　次（语气词）　　　连带　孩子　叔叔

　　[te²⁴] (话题₄) [çuŋ⁵⁵²bou/²bu³³ rø³¹na⁵⁵ mu²⁴] (陈述₃).

　　他　　　都　　不　　　认识　（语气词）

　　他好久不回来，就偶尔回来一次，连叔叔的孩子他都不认识。

（20）[²bou⁵⁵/²bu³³ ta³³luk³³ he⁵⁵] (话题₁), [ta:i³⁵ ta³³luk³³ ku⁵⁵] (话题₂)

　　　不　　女儿　他　　　带　女儿　我

　　[te²⁴] (话题₂) [çam³³ ²da³⁵] (陈述).

　　他　　　也　骂

　　不仅他女儿（被他骂），连我女儿他也骂。

上述例子中，作为句子中前置话题的名词及名词短语是由连词引导的，而它们基本上都是汉借词，含着隐性的比较。（18a）的名词²dø:k³⁵由 ta:i³⁵ "带"引导，表示人们对 te²⁴ "他"所吃的东西中，包括²dø:k³⁵ "骨头"很感意外。b 句名词短语 ki³⁵çø³³ he⁵⁵ "她名字"由 li:n⁴² "连"引导，表示说话者所 lum⁴² "忘"的事物中，不只 ki³⁵çø³³ he⁵⁵ "她名字"，而这也许是 kou²⁴ "我"所忘的最后一个。（19）的名词短语 luk³³ ta⁴²²a:u²⁴ "叔叔的孩子"由合成词 li:n⁴²ta:i³⁵引导，表示²bou/²bu³³ rø³¹na⁵⁵ "不认识" luk³³ ta⁴²²a:u²⁴也是很意外的，luk³³ ta⁴²²a:u²⁴可能排在最后。（18）、（19）连词引导的名词短语和相对应的文中未提到的其他事物（名词短语）之间暗含着比较。而（20）中的比较则是显性的：ta³³luk³³ ku⁵⁵ "我女儿"和 ta³³luk³³ he⁵⁵ "他女儿"

相比较，显示出对 ʔda³⁵ "骂"的对象包括 ta³³luk³³ ku⁵⁵ "我女儿"更是完全没有想到的。由 ta:i³⁵ "带"/li:n⁴² "连"/li:n⁴²ta:i³⁵ "连带"……ɕuŋ⁵⁵ "都"/ɕam³³ "也"引导的名词短语，"要么是主要的话题，要么是次要的话题"，同其他成分相比较，连词引导的这些成分一般"不需要任何显性引导而成为话题"（曹逢甫，Tsao，1990：249—278）。

总的说来，有标记的话题结构有一个共同特点，即传达的是已知信息，而已知信息的来源却不大相同。这些已知的信息，"可能来自说话者和听话者之间心照不宣的理解，也可能来自上下文语境的暗示或显性的提及。甚至还可能来自前文相隔甚远的提及或来自不同形式的对比"（屈承熹：2006，210）。

第二节　话语结构

在日常口语中，我们通常按一定的逻辑顺序，运用一些连接词，增加或减少词义，以达到交际的目的。然而，在长篇语料中，更多的是运用"超越句子本身"话语结构。类似"并列结构"和"主从结构"句型等就具有"超越句子本身"结构的话语特征。那么"超越句子本身"话语还有哪些特征呢？一般情况下，话语特征主要表现在场景变化、话语指定和话语回指、话题链等四个方面。本节，我们来分析燕齐壮语的话语特征。

一、场景变换特征

在长篇语料中，我们经常听到叙述者不断地用一些言语成分来对主要事件进行介绍，预示言语场景变换等，这些言语成分看似与主题无关，却起着承上启下的作用。我们先来观察下面两段长篇语料的场景变化情况：

（21）ka:ŋ⁵⁵ sa:t³⁵ li:u³¹, te²⁴ tø³⁵ fa:n²⁴ hou⁵⁵ ʔdau²⁴ kø³¹ ha⁴²-
　　　讲　完　（语）他　马上　翻　进　里面　角落
　　　fo:i⁴² po:i²⁴/pi⁵⁵, fa:n²⁴fa:n²⁴ tik⁵⁵ tik⁵⁵, tik⁵⁵pluŋ³¹pla:ŋ³¹
　　　柴火　去　　翻翻　踢　踢　踢　（拟态）
　　　ki³⁵ha⁴²fo:i⁴² ki³⁵ʔba²⁴ he⁵⁵ ʔø:k³⁵tou⁵⁵. [pan⁴²n⁴²], ki³⁵
　　　些　柴火　些　面粉　那　出来　　后来　　些
　　　nu:ŋ³¹ho:i⁴² he⁵⁵ ɕo⁵⁵ he:m³⁵nou⁴²: "ha:i⁴² ha:i⁴², ʔbou⁵⁵/ʔbu³³
　　　小姨　他　才　喊　说　嗨　嗨　不
　　　ʔdai⁵⁵ ʔbou⁵⁵/ʔbu³³ ʔdai⁵⁵! …" te²⁴ nou⁴²: "kou²⁴ ɣø³¹
　　　得　不　得　　他　说　我　知道
　　　mi⁴²ʔba²⁴ ɕo:i⁴² ʔjou³⁵ ʔdau²⁴ he⁵⁵ ma³¹!" [jɯ:ŋ³³ ŋ⁴² li:u³¹],
　　　有　面　糍粑　在　里面　那　吗　这样　（语）

$ʔjap^{55}$ hu^{55}, ki^{35} $ʔba^{24}ɕo:i^{42}$ he^{55} $ɕø^{55}$ $ø:k^{35}$ tou^{55}, te^{24} $ɕø^{55}$
阵子　一　些　糍粑面　那　才　出　来　他　才

$ʔdai^{55}$ $kuɯ^{24}$. $ʔbou^{55}ni^{31}$ te^{24} $ɕuŋ^{55}$ $ʔbou^{55}/ʔbu^{33}$ $ʔdai^{55}$ $kuɯ^{24}$
得　吃　不然　他　都　不　　　得　吃

sak^{55} $ʔan^{24}$ $ɕo:i^{42}$.
一　个　糍粑

说完[后]，他马上翻跟斗进那个柴火堆里去，又翻又踢，直到把那些柴火、面粉都踢出来。[后来]，他的小姨才喊道"嗨嗨！不能（踢）不能（踢）……"他说："我知道有糍粑面在那里面吗！"[这样]，过了一会儿，那些糍粑面才拿出来，他才能吃上。否则，他一个糍粑都吃不上。

（22）"...$so:i^{42}ni^{42}$ $ti:u^{42}ɣɯ:t^{35}$ ku^{55} $ʔbou^{55}$ kou^{42} hom^{24} mu^{33}, $sø^{33}$
　　　　现在　　条　腰　我　不　弯　再（语气词）直

lu^{33}. $je:n^{42}la:i^{42}$ kou^{42} kwa^{35} su^{55} $po:i^{24}/pi^{55}$ hu^{33}." ki^{35}
（语气词）原来　弯　过　你们　去　　　（语气词）些

wun^{42} kwa^{35} $ɣon^{24}$ nou^{42}: "$ɕan^{24}$ $ha^{42}nou^{42}$ kja^{55} hu^{55}？"
人　过　路　说　真　还是　假（语气词）

"$ʔbou^{55}/ʔbu^{33}$ $ɕan^{24}$ $ku^{33}ma^{42}$ lo^{33}, $ʔbou^{55}/ʔbu^{33}$ sin^{35}, sou^{24}
不　真　什么（语气词）　不　　　信　你们

$ɕi^{42}$ $tauɯ^{42}$ ku^{55} $ɣoŋ^{42}tou^{55}$ $ʔjauɯ^{55}$ $ʔjauɯ^{55}$." [$jɯ:ŋ^{33}$ $ŋ^{42}$], ki^{35}
就　拿　我　下来　　看看　　　这样　些

wun^{42} he^{55} $ha:uɯ^{35}$ $ɕu:ŋ^{35}$ he^{55} $ɣoŋ^{42}tou^{55}$. $kuŋ^{35}ɕo:i^{33}$ $ʔdan^{55}$
人　那　就　放　他　下来　　　贡修　钻

$ʔø:k^{35}tou^{55}$ $ʔji:t^{35}$ $ʔji:t^{35}$ $ɣɯ:t^{35}$, ki^{35} wun^{42} he^{55} yan^{24} $ti:u^{42}$
出来　伸　伸　腰　些　人　那　见　条

$yɯ:t^{35}$ he^{55} $ɕiŋ^{35}ɕan^{24}$ $sø^{33}$ $ya:i^{31}ɕa:i^{31}$ $po:i^{24}/pi^{55}$.
腰　他　真正　直　很　　　去

"现在我的腰不再驼背了，直了。原来比你们还驼背呢。"那些过路人问："真的还是假的啊？""当然是真的啊，不信，你们就把我放下来看。"[这样]，那些人就把他放下来。贡修钻出来后伸伸腰，那些人见到他的腰真的很直。

在来自长篇语料的（21）和（22）中，有两个词在句中起到了"承上启下"的作用，即 $pan^{42}ŋ^{42}$ "以后、后来"、$jɯ:ŋ^{33}$ $ŋ^{42}$（$li:u^{31}$）"这样以后"。它们在这样的长篇语料叙述中，不仅标识着前后两个言语片段的场景在时间顺序上不同，而且标识着一个新言语片段的开始。从这个意义上说，在言语中出现 pan⁴²n⁴² "以后、后来"、jɯ:ŋ³³ŋ⁴²（li:u³¹）"这样以后" 这些成分时，就预示着言语内容会发生一定的变化，因此可以把它们看作是场景变化的标记。这一现象在燕齐壮语的长篇故事叙述中屡见不鲜。有时候还可以在这些标记后面加上 li:u³¹，如（21）的 jɯ:ŋ³³ ŋ⁴² li:u³¹。事实上，这两个表示场景变换特征的短语，其语义作用跟汉语口语中常用于句首的指示代词 "那"、"然后"、"后来" 相当，表示言语停顿，便于叙述新的言语片段。

二、话语指定特征

能充当话语指定角色的，一般都有指示代词的配合。实际上，上文提到的 jɯ:ŋ³³ŋ⁴² "这样" 除了用作场景变换的标记外，还有另外一个语用功能，即话语指定作用。我们知道，在言语交流中，人们所传达的信息有的是新出现的，有的是以前出现的。针对这些已知的事情，在一定程度上，可以用指定词来确定话语参与者所要表示或者说明的特指事物及其数量，以达到更为有效的交流。也就是说，指示代词短语由于被赋予了 "话语指定" 功能，便可以用来表示已知的特定事物及其数量。燕齐壮语的 jɯ:ŋ³³ŋ⁴² "这样" 也可以充当话语指定。例如：

（23）"po:i³¹je⁴² ma²⁴ taŋ⁴² lu³³pɯ³¹, wa:i³⁵ ʔjø²⁴ ki³⁵ ʔ ba³⁵ he⁵⁵
　　　姐夫　　回到（语气词）快　藏　些　面粉　那
　　　kɯn⁵⁵tou⁵⁵ lɯk⁵⁵! sø:ŋ²⁴ pou³¹ he⁵⁵ nou⁴² [jɯ:ŋ³³ ŋ⁴²],
　　　起来　（语气词）二　个　那　说　　这样
　　　ha:u³⁵ ʔjø²⁴ ki³⁵ ʔba³⁵ he⁵⁵ hou⁵⁵ kø³¹ ha⁴²fo:i⁴² po:i²⁴/pi³³.
　　　就　藏　些　面粉　那　进　角落　柴火　去
　　　"姐夫回来了啊，快把那些面粉藏起来！"那两个人**[这样]**说，就把那些面粉藏到了柴火堆里去。

（24）lou⁴²tiŋ²⁴jou⁴² nou⁴²: "mɯŋ⁴² nou⁴² ku⁵⁵ taŋ⁵⁵ ti:u⁴²wa³⁵ mɯŋ³³
　　　刘定遒　说　你　说　我　穿　条　裤子　你
　　　pɯ³¹, … na:n⁴²ta:u³³ kou²⁴ ʔø:k³⁵ ɣon²⁴ ɕuŋ⁵⁵ ʔbou⁵⁵/ʔbu³³
　　　（语气词）难道　我　出　路　都　不
　　　taŋ⁵⁵ wa³⁵ la⁵⁵? koŋ²⁴la:u⁴²pa:n⁵⁵ he⁵⁵ ɕa:i³⁵ ɣa²⁴ ɕon⁴²
　　　穿　裤子（语气词）个　老板　那　再　找　句
　　　ham³⁵ ʔbou⁵⁵/ʔbu³³ yan²⁴. [jɯ:ŋ³³ ŋ⁴²], koŋ²⁴ha:k³⁵ ɕi⁵⁵ pu:n³⁵
　　　答　不　见　这　样　官吏　又　判
　　　haɯ⁵⁵ la:u³¹je⁴² hin⁴², nou⁴²: "mɯŋ⁴² ŋɯ³³ la:u³¹je⁴² ŋon⁴²-
　　　给　老爷　赢　说　你　误　老爷　每天

taŋ⁴² pla:i⁵⁵ ɣon²⁴, fa:t³¹ muŋ³³!"

　　　 走　 路　 　罚　 你

刘定遳说："如果你说我穿了你的裤子……难道我出门都不穿裤子吗？"那个老板再次哑口无言。[这样]，官吏又判决老爷赢了，说："你耽误了老爷的行程，罚你款！"

　　从上面的两个例句结构中可以看出，指示代词短语可以用来表示其前面所述的事情。（23）的 jɯ:ŋ³³ ŋ⁴² "这样"不仅仅是表示 nou⁴² "说"的方式，更重要的是它指定了所 nou⁴² "说"的内容。（24）jɯ:ŋ³³ ŋ⁴² "这样"也是如此，它在作为场景变换标记的同时，也指定了使 koŋ²⁴la:u⁴²pa:n⁵⁵ he⁵⁵ ça:i³⁵ ɣa²⁴ çon⁴² ham³⁵ ʔbou⁵⁵ ɣan²⁴ "那个老板再次哑口无言"的整个事情——是因为老板面对 lou⁴²tiŋ²⁴jou⁴² "刘定遳"的有力反问。

　　同时，我们注意到燕齐壮语的"话语指定"结构中，有时"话语指定"伴随着"场景变化"而同时出现在言语中，即"话语指定"短语在先，紧接着是"场景变化"短语，继续对故事进行叙述。例如：

（25）koŋ²⁴ha:k³⁵ tiŋ³⁵ sø:ŋ²⁴ ʔbɯ:ŋ⁵⁵ çai⁴²kja²⁴ ka:ŋ⁵⁵ çiŋ²⁴su⁵⁵

　　　 官吏　 听　 两　边　　一起　　 说　　 清楚

[jɯ:ŋ³³ ŋ⁴² li:u³¹]₁, [pan⁴²n⁴²] çø⁵⁵ ʔbe²⁴ fa:n²⁴ te:n⁴² he⁵⁵

　 这样 （语）　 后来　才　打开张　 被子那

ʔø:k³⁵tou⁵⁵, pai⁴² plø:n⁵⁵ ʔdaɯ²⁴ he⁵⁵ la³³, so:i³⁵ kø:k³⁵ so:i³⁵

　 出　 来　 一　 翻　 里面　那（语）四　 角　 四

ʔan²⁴ mon⁴²çi:n⁴². lou⁴²tiŋ²⁴jou⁴² nou⁴²: "ʔan²⁴ mon⁴²çi:n⁴²

　 个 文　钱　 刘定遳　 说　 个 文　钱

ku⁵⁵ mi⁴² [jɯ:ŋ³³ ŋ⁴²]₂ko:i³⁵ ha:u³³." je:n⁴²la:i⁴² te²⁴ he³³

　 我 有　 这样　 记 号　 原来　 他 切

sak⁵⁵ ʔba:t³⁵ ha⁴²nou⁴² ku³³ma⁴² lu³³, çuŋ⁵⁵ nou⁴² ʔø:k³⁵ tou⁵⁵

　 一　 次　　 或者　 什么（语气词）都　 说　 出　 来

taɯ⁴²kjop³³kjop³³.

准确（后缀）

官吏一听双方一起说清楚，[这样（做了）]₁，[然后]才打开那张被子，一翻开里面，四个角四个铜钱。刘定遳说："我的铜钱有[这样]₂的记号。"原来他（在铜钱上）刻了一刀什么的，都说得完全正确。

　　（25）中的 jɯ:ŋ³³ ŋ⁴² li:u³¹的所指是"官吏"审问内容，pan⁴²n⁴²则是表示场景变换，由"审问"到实际"查验"；而[jɯ:ŋ³³ ŋ⁴²]₂的所指却是下文补充叙述的"查验"内容——所做的"记号"。可以认为，类似的"话语指定"

和"场景变化"的频频出现，是燕齐壮语长篇故事叙述的话语特点之一。

三、话语回指特征

"回指"是指用来照应前文所提及内容的一种手段。"回指"既有广义的也有狭义的。从广义上来说，"所有具有照应功能的语法形式都可称回指，包括指涉前文动词、副词、名词、分句等等的词和短语"。狭义的回指"适用于照应前文名词性或代词性词语的表达方式。狭义回指只包含三种普通形式：零回指词、第三人称代词和实体名词短语"。"无论回指用于狭义还是广义，它都是各种语言篇章衔接的有效手段。""通过这个手段，不仅可以实现小句之间的衔接，而且还可以达成篇章结构的层次性。"（屈承熹：2006，217）。在燕齐壮语中，"回指"是一种重要手段。

关于狭义的"回指"，前文的话题结构已有所分析。这里再略作介绍。狭义的回指，由于研究者的角度不同，看法也就不很一致。有的从结构角度来考察回指（李樱，1985），有的把回指当作编码手段（陈平，1986），还有的把回指看成是解码机制（许余龙，1995）。事实上，回指行为是互相补充的，尤其是在篇章方面。如果把这三者结合起来，就可以"比较充分地解释回指关系，同时会发现话题位置的回指要比非话题位置的回指更有益于话题的连贯；而且同篇章本身的需要相比，后者常常由句法和语义的限制来调节"（屈承熹：2006，234）。例如：

（26）a. tak^{33}sa:m^{24} po:i^{24}/pi^{24} hau^{24} ɕau^{31} sø:ŋ^{24} kan^{24} lou^{55}.

　　　　个　三　去　　集市 买　二　斤　酒

　　b. te^{24} rop^{33} ta^{31}pa^{55} he^{55} ɕau^{31} plak^{55} to^{31}ta:u^{35},

　　　　他　遇　伯母　他　买　菜　　回来

　　c. 0 tø:ŋ^{31} he^{55} li:u^{31}　　　ka:ŋ^{55} sø:ŋ^{24} ɕon^{42} wa^{33},

　　　　招呼 她（语气词）讲　二　句　话

　　d. 0 ɕau^{31} lou^{55} ʔdai^{55} 0 ha:u^{35} ka:k^{33} ta:u^{35}ma^{24} ra:n^{42} lu^{33}.

　　　　买　酒　得　就　自己 返　回　　家（语气词）

　　　　老三到集市去买两斤米酒。他遇见他伯母买菜回来，跟她打了招呼并说了两句话，买好了酒就回家了。

（26）中有四个小句，分为三个自然小段。如果仅就结构而言，那么一个新的自然段的话题基本上是由名词及其短语开始。名词 tak^{33}sa:m^{24}"老三"在首个小句中作为主要话题，并贯穿于整个段落，而话题的接续显然是由 te^{24}"他"和 0 来承担的，即由 te^{24}"他"和 0 来回指同一个对象——tak^{33}sa:m^{24}"老三"。其他的名词或名词短语 hau^{24}"集市"、sø:ŋ^{24} kan^{24} lou^{55} hou^{31}"两斤米酒"、ta^{31}pa^{55} he^{55}"他伯母"、plak^{55}"菜"、he^{55}"他"（宾格）、sø:ŋ^{24} ɕon^{42} wa^{33}"两句话"、lou^{55}"酒"、ra:n^{42}"家"，它们在整个段落中均处于非话题的位置上，其中只有第四小句中的 lou^{55}"酒"回指了首个小句 sø:ŋ^{24} kan^{24} lou^{55} hou^{31}"两斤米酒"。

正如屈承熹所指出的那样，"首先，回指词作为话题要比作为非话题更有助于话题的连贯或组织；另一方面，尽管篇章起着非常重要的作用，但在非话题位置上选择那个回指词，主要取决于句法和语义。第二，要完整地理解回指词的篇章功能，就必须把编码、结构和解码三者结合起来。第三，三者的框架都需要补充更具体的篇章内涵"（屈承熹：2006，240）。从（26b）中的第三人称代词 te^{24}"他"来看，它与主要话题的照应关系很清楚，具有识别或者标示预期话题的功能；同时在其他场合里，具有回指对象的新身份的功能。另外，其作用也可能会扩大，在回指首要话题时，不需要用零回指词，而在许多位置上都可以使用。d 句中的反身代词 ka:k^{33}"自己"则又从另一个视角来解释回指用法，如果不是指涉主要话题 tak^{33}sa:m^{24}"老三"，反身代词 ka:k^{33}"自己"就不知从何而来，因为它不可能用来指涉 ta^{31}pa^{55} he^{55}"他伯母"。实际上，反身代词 ka:k^{33}"自己"是谓语动词 ta:u^{35}ma^{24}"返回"的主语，指涉主要话题 tak^{33}sa:m^{24}"老三"。显然，b 句主语 te^{24}"他"和 d 句的 ka:k^{33}"自己"在视角上是一致的。

可见，话题位置上的回指词，若为零回指词，在话语中小句的连续率较高，具有小句接续功能；若为第三人称代词，表示篇章内容的次要停顿，可以作为预期话题；若为实体名词短语，可以降低识别主要话题的难度，或标示篇章内容主要停顿的转换，或标示新段落的开始。而适用于非话题位置的回指词，则或多或少地受到非篇章因素的影响。在这样的段落里，第三人称代词很少出现，零回指词的使用前提是照应关系清楚，实体名词短语却可以用来解决歧义问题。下面，我们再进一步考察燕齐壮语的话语中用作"回指"的特点。

在一定条件下，量词可以用来指代名词。同样，燕齐壮语可以用如 ka:i^{35}he^{55}"那个"、tu^{42}he^{55}"那只"等"量指"短语，来回指前面所提到的事物；也可以用 ki^{35}he^{55}"那些"等"量指"短语一起回指前面所出现的事物：

（27）"tu^{42} mou^{24} he^{55} puɯ^{31}, huŋ^{24} ta:ŋ^{35} muɯŋ^{42}, muɯŋ^{42} ʔdan^{55}

　　　　头　猪　那（语气词）大　像　你　你　钻

　　　　hou^{55} po:i^{24} ha:p^{31} ni^{31},　[tu^{42} he^{55}] çi^{42} ha:p^{31} lo^{33}."

　　　　进　去　合适（语气词）头那　就 合适（语气词）

　　　"那头猪啊，像你一样大。如果你钻进去合适，[那头]就合适了。"

（28）"toŋ^{33} koŋ^{42} n^{42}, la:u^{42}je^{42} luk^{55}lu^{33}, you^{42} ʔdai^{55} yø^{24} he^{55}

　　　　些　老头 这　老爷 （语气词）我们　能　跟　他

ku²⁴ sak⁵⁵ toŋ⁴² ʔi:n²⁴ sak⁵⁵ çe:n⁵⁵ lou⁵⁵ mou³⁵！" ʔbou⁵⁵
吃　 一　 支　 烟　 一　杯　 酒　（语气词）　不
tuuk³³ ŋon⁴² hu⁵⁵ nou⁴², pan⁴² ko:i⁵⁵ pi²⁴ wun⁴² [çon⁴² n⁴²]
是　 天　 一　 说　 成　 几　 年　 人　 句　 这
çuŋ⁵⁵ juɯ:ŋ³³n⁴² ka:ŋ⁵⁵ kwa³⁵ ɣuu⁴² he⁵⁵.
都　 这样　 讲　 过　 耳　 他
"这老头，还是个老爷呢，（可是）我们能沾他的光，抽一支烟
喝一杯酒吗！"（这句话）不是只说一天，（而是）好几年[这句
话]人们都这样在他耳边唠叨。

上述例子显示，"话题回指"在结构上都离不开指示代词 he⁵⁵、n⁴²/ni⁴²，
这一用法的特点之一是，它们可以替代主语或动词宾语，而且通常用于句
子谓语之前。（27）中的"量指"短语 tu⁴² he⁵⁵ "那头"用来指称前文出现
的 tu⁴² mou²⁴ he⁵⁵ "那头猪"，也是文中省略了主语——ʔan²⁴sø:ŋ⁴²mou²⁴ "猪
笼"——动词 ha:p³¹ "合适"的宾语。而（28）中的"量指"短语 çon⁴² n⁴²
"这句话"回指了引号中的话语，也是动词 ka:ŋ⁵⁵ "讲"的宾语，因而是已
知信息，它也可以放在 ʔbou⁵⁵ tuuk³³ ŋon⁴² hu⁵⁵ nou⁴² "不是只说一天"之前。

此外，燕齐壮语的反身代词 ka:k³¹ "自己"也可以用来回指前面所出现
的事物，表示强调意义，具有话题焦点特征。例如：

（29）taŋ⁴² ham³³ li:u³¹, wa:i⁴² hou⁵⁵ma²⁴ lo³³,　 0　 pai⁴² yan²⁴
到　 晚上（语气词）牛　 进　 来（语气词）　 一　 见
ʔan²⁴tuu:ŋ⁴²ha:i⁴² he⁵⁵ la³³,　 0　 ha:u³⁵ çuŋ⁵⁵ [ka:k³¹] puu:t³⁵
个　 棚子茅草　那（语气词）　 就　 都　 自己　 跑
hou⁵⁵ [ʔan²⁴ he⁵⁵] po:i²⁴ li:u³¹.
进　 个　 那　 去　 完
到了晚上，牛回家来了，一看见那间草棚，就全都[自己]跑进[那间]
去了。

（30）"kou²⁴ ta⁵⁵ kwa:ŋ⁵⁵si³³ ʔu⁵⁵miŋ⁴²je:n²⁴ tou⁵⁵." lou⁴²tiŋ²⁴jou⁴²
我　 从　 广西　 武鸣县　 来　 刘定迪
pai⁴² nou⁴² [juɯ:ŋ³³ ŋ⁴²] la³³, koŋ²⁴wun⁴²fou³⁵ he⁵⁵ tiŋ³⁵hi²⁴
一　 说　 这样　（语）个　 人　 富　 那　 听见
li:u³¹, 0　 ʔdau²⁴ ʔuk⁵⁵ ʔdau²⁴he⁵⁵ ɣø³¹nou⁴² ʔu⁵⁵miŋ⁴² mi⁴²
（语气词）　 里　 脑子 里　 他　 知道　 武鸣　 有
pou³¹ lou⁴²tiŋ²⁴jou⁴² hu⁵⁵ ʔwi²⁴fuŋ²⁴ huu⁵⁵, [ka:k³¹] ŋo:i³¹
个　 刘定迪　 一　 威风（语气词）自己　 想

[jɯːŋ³³ ŋ⁴² liːu³¹], 0 haːu³⁵ nou⁴²: "ki²⁴jeːn⁴² mɯŋ⁴² wun⁴²
　这样　　后　　就　说　　既然　　你　人
ʔu⁵⁵min⁴², mɯŋ⁴² ɣø³¹ pou³¹lou⁴²tiŋ²⁴jou⁴² pou³¹ wun⁴²
　武鸣　　你　知道　个　刘定逎　　　个　人
he⁵⁵ ha³¹ɣaɯ⁴² poːi²⁴taːu³⁵ ʔbou⁵⁵? "
　他　怎么　去　　回　不

"我从广西武鸣县来。"刘定逎一[这样]说，那个富人听见后，0
脑子里面就想到武鸣有个叫刘定逎的很威风。[自己][这样]想
后，0 就说："既然你是武鸣人，你知道刘定逎他是个什么样的
人吗？"

　　动词前的这些 kaːk³¹ "自己"都是"强调性"的，一般都用作主语，回指
前面提到的人、动物等有生命的话题。(29) 中的零回指词 0 和反身代词 kaːk³¹
"自己"回指了前面提到的 waːi⁴² "牛"，同时"量指"短语ʔan²⁴ he⁵⁵ "那个"
也回指了前面提到的ʔan²⁴ tɯːŋ⁴²haʔ²"草棚"。而 (30) 零回指词 0 和反身代词
kaːk³¹ "自己"是回指了前面提到的 koŋ²⁴ wun⁴²fou³⁵ he⁵⁵ "那个富人"。

　　当然，上述的几种"话题特征"，从"场景变换"、"话语指定"到"话
语回指"，彼此并不是截然对立、非此即彼的关系。在燕齐壮语长篇语料的
叙述中，往往是几种特征可能连环使用或同时出现，使其口语化特点更为
突出。如 (30)，几种特征并存的痕迹很明显。尤其是 jɯːŋ³³ŋ⁴² "这样"，
使用频率最高，既可作为"场景变换"标记，也可作为"话语指定"成分，
两种特征兼而有之。

　　四、话题链特征

　　在言语中，我们对一个事件的陈述往往是多方面的，或者说对一个事
件的陈述是由多个的单个"话题—陈述"组成的复杂话语构成，形成"话
题链结构"。在这样的"话题链结构"中，"话题"首次出现以后，往往通
过回指词形式提及，即话题链中的多个"陈述"都同指一个"话题"。

　　一般来说，燕齐壮语中的"话题链结构"以下几种类型：

　　1. 同一个"话题"引出几个不同的小"话题—陈述"。这种结构在燕齐壮
语中也是经常见到的。我们先观察下面来自"长篇语料"中的两个例子：

　　(31) a. søːŋ²⁴ nuːŋ³¹ hoːi⁴² he⁵⁵ ɕi⁴² ham³⁵ fou³⁵,
　　　　　两　　妹姨　他　却　比较　富
　　　　b. 0 mi⁴² ŋan⁴²ɕiːːn⁴²
　　　　　　有　　钱
　　　　c. 0 ɕou³³ ʔou²⁴ ɕiːn²⁴ ma²⁴ ɕap³³ ʔou²⁴ ŋwa³¹ ma²⁴ taːŋ²⁴
　　　　　　就　用　砖头　来　砌　用　瓦　来　盖

luk^{55}/tuk^{55} ça^{31}ça^{31}çi^{31}çi^{31}.

得　　　　　别别致致

他的两个小姨子家较富裕，0 有钱财，0 就用砖头砌、用瓦来盖，盖得很别致。

（32）a. te^{24} ma^{24} taŋ^{42} ɣa:n^{42},

　　　他　回　到　家

　　b. 0 po:i^{24} ʔou^{24} hø^{33} fai^{31} ʔdok^{55} hu^{55}　ma^{24} ku^{33} pan^{42}

　　　　去　取　节　竹子　一　　来　做　成

　　　ʔan^{33}toŋ^{42}so:i^{35}sɯ:ŋ^{35} hu^{55}.

　　　个　筒　四相　　一

　　c. 0 ça:i^{35} ka^{55} tu^{42} kai^{35} hu^{55},

　　　　再　杀　只　鸡　一

　　d. 0 sot^{33} ki^{35} sai^{55}kai^{35} he^{55} hou^{55} ʔdaɯ^{24} he^{55} po:i^{24}.

　　　　塞　些　肠鸡　那　进　里面　那　去

　　e. tok^{55}laŋ^{24} te^{24} ɣak^{55} ʔan^{24} he^{55} ma^{24} laŋ^{24} koŋ^{24}ta^{24} he^{55},

　　　　后来　他　佩带　个　那　回　家　老丈　他

　　f. 0 çi^{42} çan^{33} tap^{55} he:n^{42} ɣɯ^{42} luk^{55}/tuk^{55} tiŋ^{35}.

　　　　却　总　贴　旁边　耳朵　着　　　听

他回到家，0 去取一节竹子来做一个宝贝。0 又杀了一只鸡，0 把鸡肠子塞进（宝贝）里面去。后来，他带着那个（宝贝）回到他的老丈人家，0 却总是（装模作样地）贴着耳边听。

　　上述两个例子各自描述了不同的事件，但它们都有一个特点，那就是在描述一个事件时，几乎所有小"话题—陈述"都有一个共同的所指，即"共有话题"。"共有话题"在不被理解之前是必不可少，只有当它已被理解时才可以省略，而不必再次出现。在言语中，即使"共有话题"不再出现也能被理解，几个有关联的"陈述"依据动作行为的先后，彼此如链子般连接，从而形成了"链子"般的"话题结构"。

　　（31）由三个小"话题—陈述"组成，作为首要话题的 sø:ŋ^{24} nu:ŋ^{31} ho:i^{42} he^{55} "他的两个小姨"只在整个"话题—陈述"中出现过一次，是因为首次不被理解，而在其他的两个小"话题—陈述"中没有再出现，是因为该"首要话题"已被理解。同时因为它不再出现，也避免了言语上的重复、罗唆。与（31）有所不同的是，（32）叙述中所用的"话题—陈述"多达六个，但"话题—陈述"的一致关系依然没破，只不过"话题"——te^{24} "他"出现了两次而已。这是因为六个小"话题—陈述"组成的"话题链"确实太长了，当叙述到第四个"话题—陈述"后场景发生了变化，用副词 tok^{55}laŋ^{24} "后来" 表示叙述过程停顿一下。场景变化后，"话题" te^{24}再次出现在第 5 个 "话题—陈述" 中。从这个意义上讲，话题的 te^{24} "他" 在首次出现后可以不必再出现的，因此即使在后来的 5 个 "话题—陈述" 中，它不再出现也是可以被理解，即 "话题" 仍然是 te^{24} "他"。只不过在言语中稍作停顿（以副词作标记）之后 "话题" te^{24} "他" 再次出现，以便提醒言语参与者的注意。

2. 话语中的几个 "话题—陈述" 都是按照一定的时间先后顺序或处所空间来连接的，即有时间短语或处所短语，学术界称之为 "布景话题"。正如（32）那样，在叙述一个事件时，tok^{55}laŋ^{24} "后来" 是时间概念，表示几个 "话题—陈述" 的动作行为时间有先后顺序。在长篇语料中，除了 "话题" 的时间顺序外，还常常在 "首要话题" 之前，出现表示处所空间概念的短语或其他短语，以便在时间或空间上对整个事件进行更清楚的描述。当然，话题链的几个 "话题—陈述" 结构的所指不一定就是 "首要话题"，有时也会出现第二个 "话题"。例如：

（33）a. [taŋ^{42} ŋon^{42} fan^{24} he^{55} po:i^{24}/pi^{55}], ka:k^{33} wun^{42} ka:k^{33}
　　　　到　天　分　那　去　　　各　人　各
　　　huɯn^{35} ɣa:n^{42} wa:i^{42}.
　　　起　房子　牛

　　　b. [tø^{42}ham^{33}] wa:i^{42} hou^{55} ma^{24},　0 hou^{55} ʔan^{24}ɣa:n^{42}
　　　　晚上　　牛　进　回　　　进　房子
　　　plaɯ^{42} çou^{33} tɯk^{33} tu^{2} plaɯ^{42}.
　　　谁　就　是　头　谁

[到了分的那天]，各自盖自己的牛栏。[晚上]牛回来，0 进了谁的牛栏就是谁的。

（34）a. lou^{42}tiŋ^{24}jou^{42} po:i^{24}/pi^{33} jou^{42} taŋ^{42} laɯ^{24} ʔjou^{35} laɯ^{24}.
　　　刘定逌　　去　　游　到　哪里　住　哪里

　　　b. [pan^{42}n^{42}], te^{24} hou^{55} ʔan^{24} ti:m^{35}tø^{42} ɣa:n^{42} wun^{42}fou^{35}
　　　　后来　他　进　个　旅店　家　人　富
　　　hu^{55} pi^{33}/po:i^{24} ʔjou^{35} kwa^{35} ham^{33}.
　　　一　去　　住　过　夜

　　　c. 0 [hou^{55} po:i^{24} li:u^{31}],　0 lou^{55} ni^{33}　ʔi:n^{24} ni^{33}　kɯn^{42}
　　　进　去（语气词）　　酒（语气词）　烟（语气词）　上
　　　ta:i^{42} lɯk^{55}/tɯk^{55} tou^{55} ta:ŋ^{24} he^{55}.
　　　桌子　着　　来　招待　个

d. 0 ［ham^{33} he^{55}］ku^{24} he:m^{35} ʔon^{31} ʔon^{31}．

　　晚　　那　　吃　　喊　　（后缀）

刘定迺去游玩，到哪里就住哪里。[后来]，他走进一户富人家的旅店去过夜。0[进去后]，0 摆着一桌子的烟酒来招待他。0[当晚]（大家）吃得热热闹闹的。

（33）说的是有关"分牛"的方法。"陈述"内含有两个"布景话题"：a 句的 taŋ^{42} ŋon^{42} fan^{24} he^{55} po:i^{24} "到了分牛那天"是个时间短语，它作为"布景₁"告诉我们——各人先 huun^{35} ɣa:n^{42} wa:i^{42} "盖好牛栏"；"布景₂"则是 b 句的 tø^{42}ham^{33} "晚上"，之后说出了具体的"分牛"方法。叙述中，两个"陈述"的所指并不是同一个"话题"，一个是 ka:k^{33} wun^{42} ka:k^{33} "每人"，另一个是 wa:i^{42}；而总"陈述"的所指却是同一个"话题"wa:i^{42}。显然，这两个话题链之间并非没有任何联系，但其联系又不是由一个话题联系起来，而是由两个布景以及非话题位置上的名词 ɣa:n^{42}（wa:i^{42}）"牛栏"和 ʔan^{24}ɣa:n^{42} "房子"联系起来的。

（34）说的是"刘定迺游玩到一家旅店"的情景，叙述中也有三个"布景"，即"布景₁"是 b 句的 pan^{42}n^{42} "后来"，"布景₂"是 c 句的 hou^{55} po:i^{24} li:u^{31} "进去后"，"布景₃"是 d 句的 ham^{33} he^{55} "那晚"，它们都是作为时间参照点对相应的"话题"进行了描述。同时，我们也注意到，话题 lou^{42}tiŋ^{24}jou^{42} "刘定迺"和话题 te^{24} "他"比较明了，te^{24} "他"是 lou^{42}tiŋ^{24}jou^{42} 刘定迺"的回指，而后边的两个"话题"虽然没有说明具体"话题"是什么，但我们可以从"布景"中得到理解：c 句的第二小句的"话题"自然是"主人"——wun^{42}fou^{35} "富人"，而 d 句的"话题"当然是"大家"——lou^{42}tiŋ^{24}jou^{42} "刘定迺"和 wun^{42}fou^{35} "富人"及其家人。也就是说，这样的叙述不过是时间变了，"话题"没有变。同时，我们从（34）中可看到，话题链里的各个分句语链的关系并不是相等的。多数分句都有一个共同所指，但也有个别的是依附在其中的分句上，语链中的其他分句没有什么结构上的关系。这就是学者曾提出的话题链中的内嵌，即"有嵌入主（话题）链中的子（话题）链"（屈承熹：2006，255）。如 c 句的第二小句的话题（零回指词）就是依附在 b 句第二小句中的 wun^{42}fou^{35} "富人"上，即 0 回指了 wun^{42}fou^{35} "富人"。

　　3. 话题链以"套接"方式出现，即一个话题还没完结，另一个话题已经开始。而这种话题链套接形式，在言语中比内嵌式话题链更为普遍。例如：

（35）a. te^{24} ta:p^{55} ʔan^{33} tu:ŋ^{42} hu^{55}, 0 ʔou^{33} ha^{42} ma^{24} ta:ŋ^{42} luuk^{55}．

　　　他　搭　　个　棚子　一　　用　茅草　来　盖（语气词）

b. tu⁴²wa:i⁴² ɕuŋ⁵⁵ haŋ⁵⁵ tɯ:ŋ⁴² ha⁴² he:u²⁴, ˀan²⁴ɣa:n⁴²
　　只　牛　都　喜欢　棚子茅草绿　个　房子
ha:u²⁴sa:k³⁵ pu³¹, te²⁴ ɕuŋ⁵⁵ la⁵⁵ la:u²⁴ hou³³ po:i²⁴ hu³¹.
　　白（后缀）（语词）它　都　还　怕　进　去（语词）

c. taŋ⁴² ham³³ wa:i⁴² hou³³ ma²⁴, pai⁴² ɣan²⁴ ˀan²⁴tɯ:ŋ⁴²
　　到　晚上　牛　进　回　一　见　个　棚子
ha⁴² he:u²⁴ he⁵⁵ la³³, ɕuŋ⁵⁵ ka:k³¹ pu:t³⁵ hou⁵⁵ ˀan²⁴ he⁵⁵ po:i²⁴.
茅草　绿　那（语词）都　自己　跑　进　个　那　去

d. jɯ:ŋ³³n⁴² ki³⁵wa:i⁴² he⁵⁵ ɕuŋ⁵⁵ tuk³³ ki³⁵kø³³je⁴² kuŋ³⁵ɕo:i³³ li:u³¹.
　　这样　些　牛　那　都　是　些　姑爷　贡修　完
他搭建一个牛棚，用茅草来盖。牛都喜欢绿草棚，如果是白亮的房子，它都害怕进去呢。牛晚上回来，一见到那个绿草棚，全都自己跑进去了，一会儿挤满了。这样，那些牛全都归贡修姑爷所有。

　　（35）中有四个自然小段，能作为话题的名词或名词短语有te²⁴“他”、ˀan³³ tɯ:ŋ⁴²/tɯ:ŋ⁴² ha⁴²he:u²⁴“绿草棚”、wa:i⁴²/tu⁴²wa:i⁴²“牛”，即这个段落分为三个话题链，a 句自己构成一个话题链，因为说的是盖牛棚和牛棚用料的事，ˀan³³ tɯ:ŋ⁴²/tɯ:ŋ⁴² ha⁴²he:u²⁴“绿草棚”起着承上启下的作用；b 句也独自构成一个话题链，是说话者的评论，其中的名词短语 ˀan²⁴ɣa:n⁴²/tɯ:ŋ⁴²是一种套接关系；而 c 和 d 句也构成另一个话题链，说的是牛的选择及其归属。从句法和语义上看，a 句的第二小句显然不是和第一小句共用一个话题te²⁴“他”，第二小句的零回指词是回指了第一小句的宾语ˀan³³ tɯ:ŋ⁴²“棚子”；b 句中的第一小句的名词短语tɯ:ŋ⁴²ha⁴²he:u²⁴“绿草棚”和第二小句的名词ˀan²⁴ɣa:n⁴²“房子”也具有照应关系；而 c、d 句显然属于一般的话题链结构。可见，（35）是一个比较复杂的话题链结构。

　　总之，话题链“是一组以零回指形式的话题连接起来的小句”（屈承熹：2006，259）。话题链结构要大于一般意义上的单句，由句法上独立的单句构成，并通过非显性的零回指连接。因此，一个普通的单句是不能构成话题链的。不过，话题链有时又像小句那样，也可嵌入到另一话题链中，有时还能通过类似于兼语的名词短语互相套接方式联系起来。

第三节　话语倾向

　　跟许多语言一样，在长篇语料里，除了经常性地使用具有“话语特征”的言语成分外，还有两种情况是我们比较熟知的——话语倾向，一种是言语参与者在叙述过程中，直接或间接地将故事中主人公之间的真实对话引述出来，这种情况被称为"引语结构"。另一种是言语参与者在叙述过程中，采用"尾首套接结构"，这一结构略显逻辑重复、尾首套接的特点 。这样的话语倾向，燕齐壮语也不例外。

一、引语结构

顾名思义，"引语结构"就是指言语参与者在言语中引用了所涉及的主人公的实际言语行为。引语结构可以分为直接引语和间接引语两种结构。例如：

（36）a. ta^{42}pø^{33} hau^{55} ku^{55} pi^{33}/po:i^{24} he:u^{33} ta^{42}luŋ^{42} tou^{55} kɯ^{24}

　　　爸爸　让　我　去　　叫　伯父　来　吃

　　çou^{42}. ta^{42}luŋ^{42} [nou^{42}]: "kou^{24} kɯ^{24} kwa^{35} lu^{33}, ʔbu^{33}/

　　晚饭　伯父　说　我　吃　过（语气词）不

　　ʔbou^{55} po:i^{24} mu^{24}."

　　　　去（语气词）

　　爸爸让我去请伯父来吃晚饭。伯父说："我吃过了，不去了。"

　　b. ta^{42}pø^{33} hau^{55} ku^{55} pi^{33}/po:i^{24} he:u^{33} ta^{42}luŋ^{42} tou^{55} kɯ^{24}

　　　爸爸　让　我　去　　叫　伯父　来　吃

　　çou^{42}. ta^{42}luŋ^{42} [nou^{42}] te^{24} kɯ^{24} kwa^{35} lu^{33}, te^{24} ʔbu^{33}/ʔbou^{55}

　　晚饭　伯父　　说　他　吃　过（语气词）他　不

　　tou^{55} mu^{24}.

　　　来（语气词）

　　爸爸让我去请伯父来吃晚饭。伯父说他吃过了，他不来了。

（36）的两个句子语义相同，但在叙述"伯父说的话"时，结构形式不同，a 句采用的是直接转述形式；而 b 句采用的是间接转述形式。

燕齐壮语的"引语结构"有如下三个特点：

1. 引语结构的句型有着一个共同的特征，即句型主要是以 nou^{42} (ka:ŋ^{55}) "说（讲）"、ça:m^{24} "问"、he:u^{33} "叫"等说话行为动词为标记。例如：

（37）kou^{24} pi^{33}/po:i^{24} ɣan^{24} he^{55} li:u^{31}, te^{24} la^{55} [nou^{42}]: "ʔja^{55},

　　　我　去　　见　他（语气词）他 还　说　呀

　　muŋ^{42} ku^{33}ɣau^{42} ɣø^{31}na^{55} ku^{55} lo^{33}na^{33}?"

　　你　怎么　认识　我（语气词）

　　我见到他后，他还说："呀，你是怎么认识我的？"

（38）kou^{24} tø^{35} po:i^{24}, te^{24} tø^{35} ɣan^{24} ku^{55} la^{33}, "luŋ^{42}, ku^{33} ma^{42}

　　　我　一　去　他　就　见　我（语气词）伯父　做　什么

lo³³？" te²⁴ [nou⁴²] [jɯ:ŋ³³ ŋ⁴²]. kou²⁴ [nou⁴²]: "tou⁵⁵ ɣa²⁴
（语气词）他　说　　这样　　我　说　　来　找

ju³¹ʔiŋ³³ la³³." te²⁴ [nou⁴²]: "kou²⁴ me:n³³ ta:i³⁵ muŋ³³ po:i²⁴."
　育英（语气词）他　说　　我　再　带　你　去

我一进去，他就见到了我，"伯父，什么（事儿）？"他这样说。
我说："是来找育英的。"他说："（那）我带你去吧。"

叙述者直接引用了当事人的对话，"原原本本"的引语中人称代词未曾发
生改变，即句首的人称代词常常使用第一人称或第二人称（尽管有时会省略），
这就是直接引语的特点。（37）虽是转述 te²⁴ "他"说的话，但引语中的人称使
用的是 muŋ⁴² "你"、ku⁵⁵ "我"，使听话者产生有亲临其境之感。（38）叙述
了言语参与者的简短对话，动词 nou⁴² "说"出现了三次，但其宾语（引语）
的内容或在前或在后，无论前置还是后置，在前两个引语中人称代词被省略，
仍可以理解为 muŋ⁴² "你"和 kou²⁴；第三个引语中的人称代词用第一人称，
也没有改变。直接引语的另一个特点是在书面语中通常用引号来表示。

而间接引语的叙述一般是不需要引号的，而且引语中的"主语"由转
述者来定，若使用人称代词，一般以第三人称代词为主，如（36b）。下面
的（39）的间接引语出现在最后一句，没有引号；而（40）中既有直接引
语，也有间接引语，即间接引语隐含在直接引语中：

（39）mi⁴² pai⁴² hu⁵⁵, lou⁴²tiŋ²⁴jou⁴² po:i²⁴ taŋ⁴² ça:n³³tuŋ³³.
　　　有　次　一　刘定逎　　　去　到　山东

ça:n³³tuŋ³³ ki³⁵ ta:i²⁴la:u⁵⁵ he⁵⁵ pɯ³¹, pai⁴² ɣø³¹nou⁴² te²⁴
　山东　　些　大佬　　那（语气词）一　　知道　他

taŋ⁴² la³³, tø³⁵ ʔø:k³⁵ kik³³ to:i³⁵ hu⁵⁵ tou⁵⁵ saɯ³⁵ ki³⁵
到（语气词）就　出　副　对子　一　来　试　些

tuŋ³¹ça:i⁴² he⁵⁵, [nou⁴²] te²⁴ ta:p⁵⁵ ʔdai⁵⁵ taɯ⁴² pɯ³¹ su:n³⁵
　才能　　他　说　他　答　得　对　（语气词）算

he⁵⁵ ɣe:m²⁴ lo³³　　[jɯ:ŋ³³ ŋ⁴²].
他　厉害（语气词）　这样

有一次，刘定逎来到山东。山东的大佬们听说他到了，就出一
副对联来试探他的才能，（并放话）说他如果能对答（上来），
就算他厉害了。

（40）ki³⁵wun⁴² çan²⁴çik⁵⁵ pa:ŋ³¹he:n⁴² ɣan²⁴ li:u³¹ çuŋ⁵⁵ [nou⁴²]:
　　　些　人　亲戚　邻居　　见（语气词）都　说

"ʔju⁵⁵, ki³⁵nu:ŋ³¹ho:i⁴² muŋ³³ çuŋ⁵⁵ ma²⁴ hun³⁵ ɣa:n⁴² tuk⁵⁵
哟　些　姨妹　　你　都　回　盖　房子（助词）

na:u³³n̠i:t³¹ pi⁵⁵/po:i²⁴, koŋ²⁴ta²⁴ [nou⁴²]　lu³³,　tu⁴²wa:i⁴²
热闹　　去（语法化）老丈　　说　（语气词）只　牛

hou⁵⁵ ʔan²⁴ ya:n⁴² yauu⁴² ɕi⁴² tuuk³³ tu⁴² he⁵⁵ lu³³.　muuŋ⁴²
进　　个　房子　哪　　就　是　只　他（语气词）你

ku³³ma⁴² lo³³,　　po:i³¹je⁴²？"
怎么（语气词）　姐夫

邻居亲戚见了都说："哟！你的小姨都纷纷回来盖房子，老丈人
（都）说了，牛进谁的房子就是他的了。你怎么（没动）啊，姐
夫？"

（40）的直接引语中包含着一个间接引语，即 tu⁴²wa:i⁴² hou⁵⁵ ʔan²⁴
ya:n⁴² yauu⁴² ɕi⁴² tuuk³³ tu⁴² he⁵⁵ "牛进谁的房子就是谁的"，这是 koŋ²⁴ta²⁴
"老丈"说的，不是 ki³⁵wun⁴² ɕan²⁴ɕik⁵⁵ pa:ŋ³¹he:n⁴² "邻居亲戚"直接说
的，是引语中的"话中之话"。

2. 作为"引语结构"标记的动词 nou⁴²可以跟一些说话行为有关的
单音节动词结合成双音节合成词，但结合后的动词 nou⁴²被语法化了。
即依附在这些单音节动词之后的 nou⁴²，如与 ɕa:m²⁴ "问"、he:u³³ "叫"、
ha:n²⁴ "答"、ʔda³⁵ "骂"等说话行为动词连用，其作用只相当于汉语"喊道"、
"答道"、"说道"等词中的"道"，"道"的原意"说"已退居次要地位了，合
成词的重心只落在前面的动词上。例如：

（41）mi⁴² ŋon⁴² hu⁵⁵, kuŋ³⁵ɕo:i³³ ma²⁴ laŋ²⁴ koŋ²⁴ta²⁴ he⁵⁵, yan²⁴
有　天　一　贡修　　回　处所　老丈　他　见

koŋ²⁴ta²⁴ ɕiŋ³⁵ɕa:i³³ ta⁵⁵sa:n²⁴, ha:u³⁵ [ɕa:m²⁴ nou⁴²]: "sa:n²⁴
老丈　　正在　　编织　　就　问　说　编

ki³⁵ma⁴² lo³³,　koŋ²⁴ta²⁴？" "sa:n²⁴ sø:ŋ⁴² mou²⁴！"
什么（语气词）老丈　　编　笼子　猪

有一天，贡修回他岳父家，见到岳父在编制（什么），就问道："编
什么呢，岳父大人？""编猪笼！"

（42）"muuŋ⁴² ka:n⁵⁵ yon²⁴ ɕi⁴² ka:n⁵⁵ yon²⁴ la³³,　[juu:ŋ³³ ŋ⁴²]
你　　赶　路　就　赶　路（语气词）这样

muuŋ⁴² ta:i³⁵ fa:n²⁴te:n⁴² ku⁵⁵ ɕuŋ⁵⁵ ²ou²⁴ po:i²⁴ma²⁴？"
你　带　被子　我　都　拿　去　回

koŋ²⁴wun⁴²fou³⁵ he⁵⁵ [juu:ŋ³³ ŋ⁴²] [he:u³³ nou⁴²].
个　人　富　那　这样　叫　道

"你赶路就赶路吧，你（为什么）连我的被子都拿回去啊？"那

个富人这样叫道。

在这类句子里，表达意义的重心是在首个音节 ɕa:m²⁴ "问"、he:u³³ "叫" 等说话行为动词上，而后边的 nou⁴² "说" 只是双音节合成词的音节配合。若 nou⁴² "说" 与其他非说话行为的词结合，如 ɣø³¹nou⁴² "知道"、ʔe:ŋ³⁵nou⁴² "以为"、ŋo:i³¹nou⁴² "心想" 等中的 nou⁴²，其本意就被虚化，没有动词的痕迹，故不再是引语标记词。例如：

（43）a. kou²⁴ ɣø³¹nou⁴² he⁵⁵ ŋon⁴²lɯ:n⁴² ma²⁴ lu³³.

　　 我　　知道　　他　　昨天　　回　（语气词）

　　 我知道他昨天回来了。

b. kou²⁴ ʔe:ŋ³⁵nou⁴² mɯŋ⁴² ʔbu³³/ʔbou⁵⁵ tou⁵⁵ mu²⁴ la³³.

　　 我　　以为　　你　　不　　　来（语气词）

　　 我以为你不来了呢。

c. te²⁴ ka:k³³ ŋo:i³¹nou⁴² "ɣou⁴² jɯ:ŋ³³n⁴² ku³³ pan⁴² ma³¹？"

　　 他 自己　　心想　　我们 这样　做　好 吗

　　 他自己心想 "我们这么做好吗？"

3. 作为引语标记的 nou⁴² "说" 除了跟一些说话行为动词连用外，还可以跟其他一些短语结合，如 ʔdai⁵⁵ŋi²⁴ nou⁴²、tiŋ³⁵ŋi²⁴ nou⁴² "听说、据说"、wun⁴²ɕuŋ⁵⁵nou⁴² "人们都说"、plaɯ⁴²ɕuŋ⁵⁵nou⁴² "谁都说"、mi⁴²wun⁴²nou⁴² "有人说" 等传信短语，但此时 nou⁴² "说" 只是作为一个表示转述传信标记出现。例如：

（44）pai²⁴ [tiŋ³⁵ŋi²⁴nou⁴²] tau⁴² lou⁴²tiŋ²⁴jou⁴² po:i²⁴/pi³³

　　 一　听见　说　　拿　刘定迪　　去

ɣa:u³⁵ tam⁴² la³³，ki³⁵ wun⁴² ɕuŋ⁵⁵ tø³⁵ hø:p³³ kwa³⁵

　　 耙　池塘（语气词）些　人　都　就　围　过

he:n⁴² tam⁴² tou⁵⁵ ʔjaɯ⁵⁵.

　　 边　池塘　来　看

　　 一听说让刘定迪去耙池塘，人们就都围过池塘四周来看。

（45）[ʔdai⁵⁵ŋi²⁴ nou⁴²] te²⁴ ŋon⁴²ɣaɯ⁴² ta⁵⁵ pɯ³¹kiŋ³³ ma²⁴ la³³，

　　 得　　说　他　后天　　打　北京　回（语气词）

ki³⁵ po:i³¹nu:ŋ³¹ he⁵⁵ ɕuŋ⁵⁵ ʔaŋ²⁴ ya:i³¹ɕa:i³¹, ha:u⁵⁵la:i²⁴

　　 些　亲戚　　他　都　高兴 非常　　许多

na:n⁴² ʔbou⁵⁵/ʔbu³³ ɣan²⁴ na⁵⁵ he⁵⁵ lu³³.

　　 久　不　　　见　面 他（语气词）

　　 据说后天他从北京回来，他的亲戚都非常高兴，好久没有见到他了。

（46）a. plau^{42} ɕuŋ^{55} nou^{42} te^{24} ʔ we:t^{55} ʔdai^{55} kum^{42} ŋan^{42} hu^{55}.
　　　　谁　都　说　他　挖　得　坑　钱　一
　　　谁都说他挖到了一处金子。

　　b. mi^{42} wun^{42} nou^{42} ham^{33}lu:n^{42} ɣan^{24} he^{55} ma^{24} kwa^{35} lu^{33}.
　　　　有　人　说　昨晚　见　他　回　过（语气词）
　　　有人说昨晚看见他回来过了。

（44）的 tiŋ^{35}ŋi^{24}nou^{42}转述的是 lou^{42}tiŋ^{24}jou^{42}"刘定逈"被罚 po:i^{24} ɣa:u^{35} tam^{42}"去耙池塘"这一消息；（45）的 ʔdai^{55}ŋi^{24} nou^{42}转述的是 te^{24} ŋon^{42}ɣau^{42} ta^{55} pɯ^{31}kiŋ^{33} ma^{24}"他后天从北京回来"这一消息；（46）的 plau^{42} ɕuŋ^{55} nou^{42}"谁都说"也是转述 te^{24} ʔ we:t^{55} ʔdai^{55} kum^{42} ŋan^{42} hu^{55}"他挖了一坑钱"这一信息。同样地，其他的传信短语也有此用法。但是，这些传信短语跟引语标记 nou^{42}的最大不同，在于它们是陈述话题，而不是引述话语。

二、套接结构

　　"套接结构"与"话题链"中的套接形式不同。"话题链"中有套接的是能作为话题的一些名词及名词短语。这里所分析的"套接结构"并非以名词短语的话题形式出现，而是在非正式场合情况下，以零回指形式的小句重复出现，这样的"套接结构"也是极为常见的。跟汉语等其他语言一样，燕齐壮语的"套接结构"主要有两类，一类是无衔接词的"套接结构"，另一类是有衔接词的"套接结构"。

　　1. 无衔接词"套接结构"

　　在长篇语料叙述者讲述某一故事时，并不总是能按普遍适用的语法规则一气呵成的，除了使用一些话语特征外，有时会在说出下一个句子之前，总要先重复前一个句子的后部分，形成首尾重复的"套接结构"形式。这类"套接结构"在言语中的使用，不仅为叙述者思考下一个言语片段，即在增强叙述性的同时，也会引起听话者的注意，加深言语片段的印象。这类"套接结构"，可以语气词 li:u^{31}来配合（语气词 li:u^{31}具有表示停顿功能，请参阅前文的"话语结构"中"场景变化"用语）。例如：

（47）a. ʔdak^{55} kuŋ^{35}ɕo:i^{33} ni^{42} wun^{42} la:u^{31}sat^{33} la^{33}　　　 hau^{35}
　　　　个　贡修　这　人　老实　（语气词）　就
　　　[ʔdan^{55} hou^{55} po:i^{24}].
　　　　钻　进　去

　　b. [ʔdan^{55} hou^{55} po:i^{24}] li:u^{31}, koŋ^{24}ta^{24} he^{55} tø^{35} ʔou^{24} ɕa:k^{33}
　　　　钻　进　去　（语气词）　老丈　他　立即　用　绳子

sø:ŋ⁴² li:n⁴² wun⁴² ɕuk³³ lɯk⁵⁵ ʔdat⁵⁵ ʔdat⁵⁵ po:i²⁴.
笼子　连　人　绑　得　　紧紧　（语法化）

贡修这个人老实，就[钻了进去]。[钻进去]后，他老丈人立即
用绳子把猪笼和人一起扎得紧紧的。

（48）a. mi⁴² ŋon⁴² hu⁵⁵, lou⁴²tiŋ²⁴jou⁴² [hou⁵⁵ ʔan²⁴ ʔba:n⁵⁵ hu⁵⁵ po:i²⁴].
　　　　有　天　一　刘定遄　　进　个　村庄　一　去

b. [hou⁵⁵ po:i²⁴] liu³¹, tiŋ⁵⁵liŋ⁴² ɣop³³ ɣa:n⁴² hu⁵⁵ mi⁴² wun⁴²
　　进　去　（语气词）恰巧　遇到　家　一　有　人

ɣa:i²⁴. wun⁴² ɣø³¹nou⁴² te²⁴ tou⁵⁵ li:u³³, ha:u³⁵ he:u³³ he⁵⁵
死　　人　知道　他　来（语气词）就　　叫　他

tou³³ [kɯ²⁴ hou³¹].
来　吃　饭

c. [kɯ²⁴ hou³¹] li:u³¹,　ɕiŋ⁵⁵ he⁵⁵ ɕoŋ³³ [ku³³ saɯ²⁴fan⁴²].
　吃　饭　（语气词）请　他　助　作　祭文

（pai⁴² ɣø³¹nou⁴² la:u⁴²je⁴² ku³³ saɯ²⁴fan⁴² la³³, so:i³⁵ ha:m³⁵
　一　知道　老爷　作　祭文　（语气词）四　边

cuŋ⁵⁵ mi⁴² wun⁴² ʔjaw⁵⁵).
都　有　人　看

d. [ku³³ saɯ²⁴fan⁴²] li:u³¹, ki³⁵wun⁴² he:n⁴² he⁵⁵　ɣan²⁴ he⁵⁵ jɯ:ŋ³³ni⁴²
　作　祭文（语气词）些　人　旁边那　见　他　这样

ku³³ la³³,　　pou³¹ pou³¹ ɕuŋ⁵⁵ pi²⁴ you⁵⁵ ʔdɯt⁵⁵ ʔdɯt⁵⁵.
作（语气词）个　个　都　摇　头　（拟态）

有一天，刘定遄走[进一个村子里去]。[进去后]，恰巧碰到有
一家死了人的。人们知道他来了，就叫他来[吃饭]。[吃饭后]，
请他来帮着[作祭文]。（一知道老爷作祭文，四周都有人看）。
[作祭文后]，旁边的人见他这样写，个个都不停地摇着头。

　　可见，"尾首套接结构"的句式有一个显著特征：重复出现的语言片段
往往是一个无话题（零回指词）小句，并伴随着一个语气词 li:u³¹ 的出现。
使用 li:u³¹ 的同时，表示语气上有停顿。（47）的 ʔdan⁵⁵ hou⁵⁵ po:i²⁴ "钻进去"
句子中重复出现了两次，第一个语言片段 a 句的"句尾"以及第二个语言
片段的 b 句的"句首"，而且在第二次出现时加上语气词 li:u³¹。而（48）则
更有多达三个"尾套接首结构"句式，即有三个语言片段在句子中重复连
环式出现，即 a、b 两句中的 hou⁵⁵ po:i²⁴ "进去"；b、c 两句的 kɯ²⁴ hou³¹
"吃饭"；c、d 两句的 ku³³ saɯ²⁴fan⁴² "作祭文"，这些作为"尾首套接结

构"成分的语言片段都各出现了两次，而且后边也都有一个语气词 li:u³¹。
同时，位于句首的这些语言片段都是以零回指的无标记话题句式。

显然，无衔接词"套接结构"，在燕齐壮语的长篇语料故事的叙述中，
其使用频率是相当高的。正如前文所言，"套接结构"的运用使叙述者语气
平缓、自然。这种结构在听者看来尽管有些罗唆但也没有什么异常，而对
使用者而言也是以最符合逻辑的叙述方式，尽可能地将叙述内容表达清楚，
更显语言平实的口语化趋势。

2. 有衔接词"套接结构"

燕齐壮语的套接结构句式，还可通过"jɯ:ŋ³³ ŋ⁴²"（这样）、
"kjø:n⁵⁵ma²⁴nou⁴²/ka:ŋ⁵⁵"（总的来说）、"kan²⁴ɣoŋ⁴²tou⁵⁵"（接着）等一些衔
接词来表示，将前文提过的信息重新衔接起来，既含有回指意义，又有总
结性或承上启下的作用。例如：

（49）a. kɯ²⁴ lou⁵⁵ wa:ŋ⁵⁵wa:ŋ⁵⁵ jou³⁵ so:i⁴² ço:i³⁵ ka:u³³hiŋ²⁴ he⁵⁵ fi⁴².
　　　　吃　酒　往　往　在　时候　最　高兴　那　醉
　　　　喝酒往往是在最高兴的时候醉酒。

　　　b. kou⁵⁵ ʔdai⁵⁵ ha⁵⁵ çip³³ ko:i⁵⁵ pi²⁴,　kou²⁴ [jɯ:ŋ³³ŋ⁴²]
　　　　　我　得　五　十　几　年　我　这样
　　　　　ka:m⁵⁵kjø³¹ lu³³.
　　　　　感觉　（语气词）
　　　　　我都 50 多岁了，我感觉[是这样的]。

（50）a. ta⁴²me³³ he⁵⁵ lum⁵⁵ ta³³ni³⁵ n⁴²　　na⁵⁵ lu:n⁴² ti³⁵ hu⁵⁵.
　　　　妈　她　像　女孩（语气词）脸　圆　点　一
　　　　她妈妈好像小女孩似的脸有点儿圆。

　　　b. ʈa⁴²me³³ he⁵⁵ [jɯ:ŋ³³ŋ⁴²] lu³³,
　　　　　妈　她　这样　（语气词）

　　　c. pai⁴² he⁵⁵ te²⁴ ma²⁴, kou²⁴ yan²⁴ he⁵⁵ ʔba:t³⁵ ʔde:u³⁵ hu⁵⁵.
　　　　次　那　她　回　我　见　她　次　一（语气词）
　　　　她妈妈[如此的]（指是像她）。她妈妈那次回来，我见过她一
　　　　面的。

（51）a. ɣou⁴² ŋon⁴²çø:k³³ ka:i³³wai²⁴, ha⁴²ɣau⁴² ŋa:n³³pa:i⁴²?
　　　　我们　明天　开会　怎样　安排
　　　　我们明天开会，怎么安排？

　　　b. mɯŋ⁴² ka:ŋ⁵⁵ pu:n³⁵ pi²⁴ n⁴² ɣou⁴² ku³³ ma⁴² kwa³⁵,
　　　　　你　讲　半　年　这　我们　做　什么　过

te²⁴ ka:ŋ⁵⁵ ki³⁵hø:ŋ²⁴ ɣou⁴² la⁵⁵ mi⁴² ma⁴² wan²⁴ti⁴².

　她　　讲　工作　我们　还　有　什么　问题

kou²⁴ me:n³³ ka:ŋ⁵⁵ ɣou⁴² tø⁴²po:i²⁴ ha⁴²ɣaɯ⁴² ku³³

　我　再　讲　我们　以后　怎么　做

你讲讲这半年我们的工作，她讲讲工作中存在的问题，我再
讲讲今后的计划。

　　c. [kjø:n⁵⁵ma²⁴nou⁴²/ka:ŋ⁵⁵], ɣou⁴² ki³⁵ma⁴² ɕuŋ⁵⁵ ʔdak⁵⁵ ku³³ ʔdo:i²⁴.

　　　总的来说　　　　　我们　什么　都　要　做　好

　[总而言之]，我们要做好每一件事。

（52）a. lou⁴²tiŋ²⁴jou⁴² nou⁴² ʔdak⁵⁵ pi³³ ʔø:k³⁵ hai³¹ kan⁵⁵.

　　　刘定逎　　说　要　去　拉　屎　先

　刘定逎慌称要去方便。

　　b. [kan²⁴ɣoŋ⁴² tou⁵⁵], pai⁴² po:i²⁴ kwa³⁵ ɣak³³, jiu³⁵ ʔbu³³/ˈbou³³ tø⁴²ɣan²⁴,

　　　跟　下　来　一　去　过　绝　看　不　　相见

te²⁴ ha:u³⁵ fa:n²⁴ tø⁴²ta:u³⁵ ma²⁴ laŋ²⁴ koŋ²⁴ha:k³⁵.

　他　就　翻　返回　来　处所　官吏

[接着]，一到拐角处相互看不见（对方），他就转身返回到官
吏那里。

　　在上述的对话或长篇语料中，衔接词的作用是很明显的。（49）b 句的
jɯ:ŋ³³ŋ⁴²是回指 a 句内容，使 b 句不再出现 a 句内容，也就使得整个结构简
单明了。（50）也是这种情形，b 句的 jɯ:ŋ³³ŋ⁴²表明说话者同意 a 句的看法。
（51）的 kjø:n⁵⁵ma²⁴nou⁴²/ka:ŋ⁵⁵ "总的来说" 起着承上启下的作用，没有它，
整个篇章结构就显得比较突然，即 b 句和 c 句的衔接不太自然。（52）的衔接
词 kan²⁴ɣoŋ⁴² tou⁵⁵ "接着" 应用于两件事情的叙述之间，表明动作行为具
有一定的时间顺序上连贯性。

　　看来，有衔接词的套接结构与无衔接词的套接结构作用不同。有衔接
词的套接结构主要体现在句与句之间和段与段之间的衔接。套接结构的衔
接词起到 "语篇连贯——穿针引线" 作用，使得上句很自然地带出下句，后
句与前句呼应，读起来没有断裂感，保持语料的整体性。同时，这类衔接词
的使用，避免了上下文的雷同，以实现巧妙转换。

　　总之，从语用上看，燕齐壮语话语中的套接结构，以无衔接词 "套接
结构" 方式最为常见，尤其是叙述长篇语料时。

附录一　燕齐壮语声韵调配合表

声母 / 配合	ʔ	ʔb	p	m	f	ʔw	w	ʔd	t	n	s	l	k	ŋ	h	ɣ	ʔj	j	c	ȵ	pl	ml	kj	kw	ŋw
a¹	ʔa¹ 乌鸦	ʔba¹ 粉	pa¹ 黏	ma¹ 回来	fa¹ 盖子	ʔwa¹ 抓挠	wa¹ 花	ʔda¹ 摆	ta¹ 老丈	na¹ 厚	sa¹ 沙		ka¹ 叫声	ŋa¹ 枝	ha¹ 腿	ɣa¹ 眼			ca¹ 叉子	ȵa¹ 杂草	pla¹ 鱼	mla¹ 蚯蚓	kja¹ 家(借)	kwa¹ 瓜	
a²			pa² 女人	ma² 什么	fa² 柴门		wa² 手抓		ta² 带引	na² 田	sa² 煨	la² 锣	ka² 蹒跚	ŋa² 消磨	ha² 茅草	ɣa² 芝麻		ja² 压(借)	ca² 查	ȵa² 牙		mla² 五眼果	kja² 钾	kwa² 右	
a³	ʔa³ 张开	ʔba³ 蝴蝶	pa³ 伯母	ma³ 长大	fa³ 张(量)	ʔwa³ 易哭	wa³ 碎布		ta³ 打(借)	na³ 脸	sa³ 酒	la³ 下面	ka³ 杀		ha³ 五		ʔja³ 呀		ca³ 耍		pla³ 雷公		kja³ 秧	kwa³ 垮	
a⁴	ʔa⁴ 词尾			ma⁴ 马	fa⁴ 发(伴)		wa⁴ 瓦	ʔda⁵ 骂	ta⁴ (词头)	na⁴ (娜名)	sa⁴ 作揖	la⁴ 抚摸	ka⁴ 从前		ha⁴ 刚才	ɣa⁴ 拟声	ʔja⁴ 呀		ca⁴ 刀		pla⁴ 词尾		kja⁴ 孤儿	kwa⁴ 盘旋	ŋwa⁴ 瓦
a⁵	ʔa⁵ 裂开	ʔba⁵ 肩膀		ma⁵ 相当	fa⁵ 堵塞		wa⁵ 裤子		ta⁵ 老丈	na⁵ 箭			ka⁵ 架		ha⁵ 嫁	ɣa⁵ 一阵			ca⁵ 炸	ȵa⁵ 渣	pla⁵ 拟声		kja⁵ 架	kwa⁵ 过	
a⁶				ma⁶ 妈(借)	fa⁶ 交配		wa⁶ 话		ta⁶ 河	na⁶ 语气词		la⁶ 拉拢	ka⁶ 问价	ŋa⁶ 馋	ha⁶ 占			ja⁶ 姜子	ca⁶ 堵塞	ȵa⁶ 耍脚气			kja⁶ 家(乡)	kwa⁶ (西)瓜	
ai¹	ʔai¹ 咳嗽		pai¹ 抹	mai¹ 线					tai¹ 欺负		sai¹ 螺	lai¹ 鳝鱼	kai¹ 跑			ɣai¹ 发情	ʔjai¹ 小蜂		cai¹ 犁				kjai¹ 远		
ai²			pai² 次	mai² 沉醉			wai² 韦		tai² 题	nai² 泥	sai² 堑	lai² 蜂刺	kai² 犁			ɣai² 长		jai² 差	cai² 齐			mlai² 水藻	kjai² 爱		

续表

声母 / 配合	ʔ	ˀb	p	m	f	ˀw	w	ˀd	t	n	s	l	k	ŋ	h	ɣ	ʔj	j	ɕ	ȵ	pl	ml	kj	kw	ŋw
ai³		ˀbai³ 湿	pai⁴ 遮挡(玉)米		fai⁴ 树		wai³ 伟围	ˀdai³ 得	tai³ 哭	nai⁶ 猪叫	sai³ 肠	lai³ 麻雀	kai³ 别			ɣai³ 节约				ȵai³ 吃(小)		mlai³ 锈		kwai³ 狡猾	
ai⁴			pai⁵ 怎么	mai⁶ 妈	fai⁵ 锅盖		wai⁵ 喂				sai⁴ 觅食		kai⁴ 推	ŋ ai⁴ 猛推	hai⁴ 粪便	ɣai⁴ 监视			ɕai⁵ 祭祀	ȵai⁵ 小					
ai⁵			pai² 排	mai¹ 卖(借)	fai¹ 坝		wai⁶ 挥	ˀdai⁵ 耘	tai⁶ 袋子	nai¹ 安慰	sai⁵ 细	lai⁵ 个(量)	kai⁵ 鸡			ɣai⁵ 蛋			ɕai⁶ 追赶		plai² 木梢			kwai⁵ 贵	
ai⁶			pai³ 摆	mai² 埋(伏)	fai² 地名		wai¹ 乐	ˀdai¹ 耘	tai¹ 泰(国)	nai³ 乃	sai⁶ 事	lai¹ 多		ŋai² (恋)爱	hai² 卖	ɣai⁶ 锋利								kwai⁶ 归	
a:i¹	ʔa:i¹ 小子		pa:i⁶ 拜	mai³ 买(借)	fai³ 堆(量)	ˀwai³ 个(量)	wai² 牛	ˀda:i³ 芝麻	tai² 桌子	nai⁶ 疲劳	sai¹ 带子	lai² 来(由)	kai¹ 街道	ŋa:i² 挨	hai⁴ 鞋子	ɣa:i¹ 死			ɕa:i¹ 忌口	ȵa:i¹ 嘴	pla:i² 鬼	mla:i² 口水	kja:i¹ 前(年)		
a:i²				mai⁶ 篓	fai⁵ 棉花		wai³ 划水		tai³ 傣(族)	nai⁶ 软弱	sai² 吃亏	la:i⁴ 假装	kai² 刺猬	ŋa:i³ 矮(矮)		ɣa:i² 花			ɕa:i² 财				kja:i² 竹篾		
a:i³	ʔa:i³ 倾斜			mai⁶ 女阴			wa:i⁵ 快		ta:i⁴ 托住		sa:i⁴ 财	la:i¹ 赖(姓)	kai³ 改		ha:i³ 海	ɣa:i² 死	ʔja:i³ 踩		ɕa:i¹ 财	ȵa:i⁴ 羞耻	pla:i³ 走		kja:i³ 解		
a:i⁴									ta:i³ 带引	nai⁶ 疲劳	sa:i³ 损失	la:i¹ 赖	kai⁵ 块			ɣa:i⁴ 倒			ɕa:i⁴ 裁	ȵa:i⁴ 羞耻		mla:i⁴ 蚯蚓		kwa:i⁴ 拐	
a:i⁵	ʔa:i⁵ 可能		pa:i⁶ 词头				wa:i⁶ 破		tai⁴ 招待	nai⁶ 软弱	sai⁶ 灾	la:i⁵ 耍赖	kai⁶ 开(关)	ŋa:i⁶ 容易	ha:i⁶ 害	ɣa:i⁵ 滩			ɕa:i⁵ 债	ȵa:i⁵ 毛毛虫			kja:i⁵ 界	kwa:i⁴ 拐骗	ŋwa:i⁴ 灰黑色
a:i⁶																ɣa:i⁶ (虫爬)			ɕa:i⁶ 任由					kwa:i⁵ 怪	

续表

配合＼声母	ʔ	ˀb	p	m	f	ˀw	w	ˀd	t	n	s	l	k	ŋ	h	ɣ	ˀj	j	ɕ	ȵ	pl	ml	kj	kw	ŋw
aːu¹	ʔaːu¹ 叔		paːu¹ 包	maːu¹ 冒				ˀdaːu¹ 星星	taːu¹ 刀	naːu¹	saːu¹ 姑娘	laːu¹ 担心	kaːu¹ 糕点		haːu¹ 白	ɣaːu¹ 丈量		jaːu¹ 效(果)	ɕaːu¹ 抄	naːu¹ (手挠)	plaːu¹ 丰润		kjaːu¹ 交		
aːu²			paːu² 碳谷	maːu² 毛(姓)	faːu² 泡沫		waːu² 蝙蝠		taːu² 毯		saːu² 洗	laːu² 脂肪	kaːu² 摘	ŋaːu² 摇	haːu² 毫	ɣaːu² 捞		jaːu² 蛾(蚨)	ɕaːu² 吵闹		plaːu² 雨渐小		kjaːu² 翻(谷)		
aːu³			paːu³ 宝	maːu³ 相当			waːu³ 马虎	ˀdaːu³ 搅	taːu³ 倒		saːu³ 嫂子	laːu³ 老(李)	kaːu³ 考	ŋaːu³ 猫叫声	haːu³ 好(多)	ɣaːu³ 干燥	ˀjaːu³ 爪子	jaːu³ 扰	ɕaːu³ 炒	naːu³ 扰			kjaːu³ 潦草		
aːu⁴	ʔaːu⁴ 唆使			maːu⁴ 卯							saːu⁴ 竹竿	laːu⁴ 大	kaːu⁴ 掌	ŋaːu⁴ 块团	haːu⁴ 黏液	ɣaːu⁴ 词尾			ɕaːu⁴ 喂(牛)			mlaːu⁴ 看一眼	kjaːu⁴ 混合		
aːu⁵	ʔaːu⁵ 淫荡	ˀbaːu⁵ 英俊	paːu⁵ 炮				waːu⁵ 残缺		taːu⁵ 返回		saːu⁵ 扫	laːu⁵ 缺嘴	kaːu⁵ 笔	ŋaːu⁵ 蜡蜂	haːu⁵ 就	ɣaːu⁵ 耙子		jaːu⁵ 孝	ɕaːu⁵ 中等	naːu⁵ 粗糙			kjaːu⁵ 教		
aːu⁶			paːu⁶ 刨	maːu⁶ 帽子					taːu⁶ 道	naːu⁶ 闹	saːu⁶ 季节	laːu⁶ 捞	kaːu⁶ 高(中)	ŋaːu⁶ 墙峰	haːu⁶ 号	ɣaːu⁶ 中等	ˀjaːu⁶ 要(求)		ɕaːu⁶ 造				kjaːu⁶ 胶		
au¹		ˀbau¹ 张						ˀdau¹ 里面	tau¹ 虫		sau¹ 书	lau¹ 丈夫	kau¹ 客气		hau¹ 牙	ɣau¹ 后天			ɕau¹ 气息		plau¹ 淮(准)				
au²	ʔau² 征								tau² 拿	nau² 卤门	sau² 薯	lau² 哪		ŋau² 傻	hau² 干涩			jau² 盈余	ɕau² 消灭						
au³											sau³ 使用	lau³ 豁口			hau³ 给		ˀjau³ 舂		ɕau³ 煮				kjau³ 近		
au⁴			pau⁴ 媳妇								sau⁴ 水分多	lau⁴ 闭塞			hau⁴ 雨水	ɣau⁴ 拾遗			ɕau⁴ 买						

续表

配合＼声母	ʔ	ˀb	p	m	f	ˀw	w	ˀd	t	n	s	l	k	ŋ	h	ɣ	ˀj	j	ɕ	ȵ	pl	ml	kj	kw	ŋw
aɯ^{5}		ˀbaːu^{1} 巴掌打									saːu^{5} 试	laːu^{5} 疏忽	kaːu^{5} 锯		haːu^{5} 干湿				ɕaːu^{5} 处所						
aɯ^{6}			paːu^{6} 吆喝	maːu^{6} 忽然					taːu^{6} 筷子			laːu^{6} 替换	kaːu^{6} 肿胀	ŋaːu^{6} 污垢				jaːu^{6} 垂涎		ȵaːu^{6} 玉石	plaːu^{6} 扔				
aːm^{1}			paːm^{1} 楼						taːm^{1} 贪	naːm^{1} 南	saːm^{1} 三	laːm^{1} 大觉	kaːm^{1} 甘			ɣaːm^{1} 抬			ɕaːm^{1} 问				kjaːm^{1} 俟		
aːm^{2}						ˀwaːm^{2} (大口)吃	waːm^{2} (大)涨		taːm^{2} 念叨			laːm^{2} 蓝	kaːm^{2} 合	ŋaːm^{2} 岩	haːm^{2} 合	ɣaːm^{2} 遗漏		jaːm^{2} 快抓	ɕaːm^{2} 刺扎					kwaːm^{2} 大口吃	
aːm^{3}		ˀbaːm^{3} 扁						ˀdaːm^{3} 毯子	taːm^{3} 胆		saːm^{3} (老三)		kaːm^{3} 敢	ŋaːm^{3} 合意	haːm^{3} 跨		ˀjaːm^{3} 朴种		ɕaːm^{3} 惨				kjaːm^{3} 橄榄		
aːm^{4}				maːm^{4} 腋											haːm^{4} 两可				ɕaːm^{4} 铣					kwaːm^{4} (手掌)打	
aːm^{5}					faːm^{5} 泛		waːm^{5} 缺		taːm^{5} 探				kaːm^{5} 衔接	ŋaːm^{5} 刚刚	haːm^{5} 岸边	ɣaːm^{5} 枯死	ˀjaːm^{5} 迈步						kjaːm^{5} 壳		
aːm^{6}					faːm^{6} 犯					naːm^{6} 土		laːm^{6} 拴	kaːm^{6} 甘(蔗)			ɣaːm^{6} 马虎			ɕaːm^{6} 参(加)	ȵaːm^{6} 喝(酒)					
am^{5}	ʔam^{5} 阴暗	ˀbam^{5} 偏										lam^{5} 肉峰					ˀjam^{5} 音								
am^{1}	ʔam^{1} 重牙							ˀdam^{1} 种	tam^{1} 春				kam^{1} 拿	ŋam^{1} 俯首	ham^{1} 埋	ɣam^{1} 睾丸			ɕam^{1} 安静						

续表

声母／配合	ʔ	ɓ	p	m	f	ʔw	w	ʔd	t	n	s	l	k	ŋ	h	ɣ	ʔj	j	c	ȵ	pl	ml	kj	kw	ŋw
am²							wam² 抓		tam² 池塘	nam² 靠近	sam² 细切	lam² 灭绝	kam² 一口		ham² 苦	ɣam² 米糠		jam² 静	cam² 玩耍	nam² 王(年)	plam² 刀口卷		kjam² 密合		
am³		ʔbam³ 词尾							tam³ 破	nam³ 思考	sam³ 审	lam³ 透彻				ɣam³ 饮	ʔjam³ 轻走		cam³ 蘸	nam³ 细嚼			kjam³ 结实		
am⁴									tam⁴ 顶住	nam⁴ 忍	sam⁴ 跟跄	lam⁴ 倒下	kam⁴ 挂拐杖	ŋam⁴ 下垂		ɣam⁴ 水			cam⁴ 游泳	nam⁴ 地名					
am⁵	ʔam⁵ 背							ʔdam⁵ 刺杀	tam⁵ 矮		sam⁵ 跺	lam⁵ 摸(鱼)	kam⁵ 遮盖	ŋam⁵ 才	ham⁵ 埋眼		ʔjam⁵ 渗漏		cam⁵ 沉重	nam⁵ 刚			kjam⁵ 紫红色		
am⁶				mam⁶ 吃(小孩)			wam⁶ 残缺		tam⁶ 跺	nam⁶ 想	sam⁶ 盘问		kam⁶ 抓住		ham⁶ 晚	ɣam⁶ 萌		jam⁶ 任由	cam⁶ 共同	nam⁶ 任			kjam⁶ 切		ŋwam⁶ 缺(牙)
aːn¹	ʔaːn¹ 安	ʔbaːn¹ 夹生	paːn¹ 班	maːn¹ 壮锦	faːn¹ 翻	ʔwaːn¹ 弯	waːn¹ 甜		taːn¹ 刀削	naːn¹ 难(民)	saːn¹ 编织	laːn¹ 孙子	kaːn¹ 干(部)	ŋaːn¹ 个	haːn¹ 回答				caːn¹ 赞(扬)	naːn¹ 桥绝			kjaːn¹ 吞	kwaːn¹ 丈夫	
aːn²			paːn² 捧(泥)	maːn² 调皮	faːn² 频	ʔwaːn² 碗	waːn² 归		taːn² 弹	naːn² 久	saːn² 歪	laːn² 拦	kaːn² 杆		haːn² 扁担	ɣaːn² 家			caːn² 铲	naːn² 地名	plaːn² 一下子	mlaːn² 闪	kjaːn² 爬行		
aːn³		ʔbaːn³ 村庄		maːn³ 满	faːn³ 反		waːn³ 晚		taːn³ 合阶	naːn³ (估计)	saːn³ 产	laːn³ 懒散	kaːn³ 吃赚	ŋaːn³ 瞎眼	haːn³ 就是	ɣaːn³ 邂逅	ʔjaːn³ 堕遇		caːn³ (虫)爬	naːn³ 蓬乱	plaːn³ 抹		kjaːn³ 马虎		
aːn⁴			paːn⁴				waːn⁴ 钩子		taːn⁴ 炭			laːn⁴ 兰	kaːn⁴ 抚育	ŋaːn⁴ 按照	haːn⁴ 跨							mlaːn⁴ 失足	kjaːn⁴ 曝压		
aːn⁵	ʔaːn⁵ 暗锥	ʔbaːn⁵ 缺口	paːn⁵ 斑纹			ʔwaːn⁵ 小聪明	waːn⁵ 播散				saːn⁵ 散						ʔjaːn⁵ 渗漏			naːn⁵ 泼辣			kjaːn⁵ 刺鼻味		

续表

配合＼声母	ʔ	ʔb	p	m	f	ʔw	w	ʔd	t	n	s	l	k	ŋ	h	ɣ	ʔj	j	c	ȵ	pl	ml	kj	kw	ŋw
aːŋ^6			paːŋ^6 举办	maːŋ^6 辣	faːŋ^6 万	ʔwaːŋ^6 关关			taːŋ^6 弹(动)	naːŋ^6 难	saːŋ^6 蚕	laːŋ^6 烂熟	kaːŋ^6 干(燥)	ŋaːŋ^6 安	haːŋ^6 汗	ɣaːŋ^6 词尾			caːŋ^6 糖	ȵaːŋ^6 雁		mlaːŋ^6 仓皇		kwaːŋ^6 (机)关	ŋwaːŋ^6 考虑
an^1	ʔan^1 个			man^1 无生殖	fan^1 分	ʔwan^1 关关	wan^1 问(圈)	ʔdan^1 夹生		nan^1 结实	san^1 膘肉	lan^1 搓线	kan^1 斤		han^1 (鸡)鸣	ɣan^1 见			can^1 真	ȵan^1 野兽			kjan^1 打斛		
an^2			pan^2 成		fan^2 齿耙		wan^2 (语文)	ʔdan^2 生气	tan^2 压上	nan^2 氟子	san^2 发科		kan^2 把柄	ŋan^2 线	han^2 犁	ɣan^2 笔			can^2 地名	ȵan^2 地名	plan^2 刀缺口		kjan^2 牵		
an^3			pan^3 搓线	man^3 咸吓	fan^3 粉			ʔdan^3 挤	tan^3 穿	nan^3 捻		lan^3 曾孙	kan^3 急				ʔjan^3 捏		can^3 挤		plan^3 捏				
an^4										nan^4 压			kan^4 勤		han^4 那			jan^4 有趣	can^4 鸡	ȵan^4 长势差			kjan^4 碾扎	kwan^4 盘旋	
an^5	ʔan^5 压	ʔbam^5 段(重)	pan^5 转		fan^5 喷洒			ʔdan^5 根	tan^5 招	nan^5 害羞	san^5 震动	lan^5 关(门)	kan^5 叶柄		han^5 使动		ʔjan^5 印章		can^5 打(气)	ȵan^5 任			kjan^5 兽尿味		
an^6			pan^6 刚才	man^6 坚固	fan^6 份		wan^6 透心凉			nan^6 昆虫			kan^6 近	ŋan^6 恩	han^6 赞扬	ɣan^6 轻歌			can^6 尽	ȵan^6 好虫	plan^6 摘		kjan^6 截断		
aːŋ^1		ʔbaːŋ^1 薄	paːŋ^1 帮		faːŋ^1 放(假)		waːŋ^1 横	ʔdaːŋ^1 身体	taːŋ^1 担任	naːŋ^1	saːŋ^1 高	laːŋ^1 (海浪)	kaːŋ^1 撑伞	ŋaːŋ^1 倔	haːŋ^1 生铁	ɣaːŋ^1 香		jaːŋ^1 杨(姓)	caːŋ^1 化装				kjaːŋ^1 半	kwaːŋ^1 矿	
aːŋ^2					faːŋ^2 鬼		waːŋ^2 黄		taːŋ^2 糖		saːŋ^2 车床	laːŋ^2 粮	kaːŋ^2 摄(针叶)	ŋaːŋ^2 硬要	haːŋ^2 欺负	ɣaːŋ^2 竹箅		jaːŋ^2 响(应)	caːŋ^2 收藏	ȵaːŋ^2 相逢	plaːŋ^2 谎言		kjaːŋ^2 强(大)		
aːŋ^3	ʔaːŋ^3 掌心	ʔbaːŋ^3 部分	paːŋ^3 扳(衣)		faːŋ^3 仿(佛)			ʔdaːŋ^3 干硬	taːŋ^3 建造		saːŋ^3 爽	laːŋ^3 (晴朗)	kaːŋ^3 讲			ɣaːŋ^3 怀脑			caːŋ^3 厂	ȵaːŋ^3 稻草	plaːŋ^3 辣辅		kjaːŋ^3 (香港)	kwaːŋ^3 广(六)	

续表

声母／配合	ʔ	ʔb	p	m	f	ʔw	w	ʔd	t	n	s	l	k	ŋ	h	ɣ	ʔj	j	ɕ	ȵ	pl	ml	kj	kw	ŋw
aːŋ^{4}			paːŋ^{4} 聚赶				waːŋ^{4} 捕鸟套		taːŋ^{4} 裤裆	naːŋ^{4} 篓	saːŋ^{4} 木桶	laːŋ^{4} 后悔	kaːŋ^{4} 蝗螂	ŋaːŋ^{4} 词尾	haːŋ^{4} 屁股				ɕaːŋ^{4} 健康	ȵaːŋ^{4} 固执	plaŋ^{4} 词尾		kjaːŋ^{4} 词尾		
aːŋ^{5}	ʔaːŋ^{5} 快乐		paːŋ^{5} 磅秤		faːŋ^{5} 大块		waːŋ^{5} 缺		taːŋ^{5} 摊	naːŋ^{5} 蚂蟥咬	saːŋ^{5} 地名		kaːŋ^{5} 杠	ŋaːŋ^{5} 偏	haːŋ^{5} 炕干								kjaːŋ^{5} 陀螺	kwaːŋ^{5} 宽大	
aːŋ^{6}			paːŋ^{6} 烘		faːŋ^{6} 方		waːŋ^{6} 疯子	ʔdaːŋ^{6} 叮当	taːŋ^{6} 涉水	naːŋ^{6} 相连	saːŋ^{6} 桑	laːŋ^{6} 放	kaːŋ^{6} 钢(笔)		haːŋ^{6} 项目	ɣaːŋ^{6} 顺便		jaːŋ^{6} 乡	ɕaːŋ^{6} 工匠	ȵaːŋ^{6} 扑			kjaːŋ^{6} 交尾	kwaːŋ^{6} 光	ŋwaːŋ^{6} 筷子
aŋ^{1}	ʔaŋ^{1} 高兴						waŋ^{1} 高粱	ʔdaŋ^{1} 鼻子	taŋ^{1} 灯	naŋ^{1} 皮		laŋ^{1} 背后	kaŋ^{1} 乌鸦			ɣaŋ^{1} 筛子	ʔjaŋ^{1} 商量						kjaŋ^{1} 关	kwaŋ^{1} 蓄(水)	
aŋ^{2}	ʔaŋ^{2} 逞能		paŋ^{2} 布				waŋ^{2} 深潭		taŋ^{2} 列	naŋ^{2} 能	saŋ^{2} 涵网	laŋ^{2} 阻拦			haŋ^{2} 平衡			jaŋ^{2} 未曾	ɕaŋ^{2} 囤积	ȵaŋ^{2} 仍然				kwaŋ^{2} (眼)眶	
aŋ^{3}									taŋ^{3} 竖立	naŋ^{3} 蒸	saŋ^{3} 省	laŋ^{3} 毛线	kaŋ^{3} 肯(定)		haŋ^{3} 喜欢		ʔjaŋ^{3} 拟声		ɕaŋ^{3} 怒视	ȵaŋ^{3} 等候	plaŋ^{3} 毛毛虫		kjaŋ^{3} 冻僵		
aŋ^{4}					faŋ^{4} 粽子			ʔdaŋ^{4} 碱	taŋ^{4} 柱子		saŋ^{4} 兽打架							jaŋ^{4} 举		ȵaŋ^{4} 举				kwaŋ^{4} 圈	
aŋ^{5}	ʔaŋ^{5} 使力	ʔbaŋ^{5} 针刺(针刷)	paŋ^{5} 依靠						taŋ^{5} 凳子		saŋ^{5} 操		kaŋ^{5} 脾气紧	ŋaŋ^{5} 硬要		ɣaŋ^{5} 尿遗味			ɕaŋ^{5} 蒸桶	ȵaŋ^{5} 忙碌	plaŋ^{5} 酸开		kjaŋ^{5} 昆虫	kwaŋ^{5} (昆虫)	
aŋ^{6}									taŋ^{6} 登	naŋ^{6} 坐	saŋ^{6} 曾(姓)					ɣaŋ^{6} 流鼻涕		jaŋ^{6} (血)淋淋	ɕaŋ^{6} 称	ȵaŋ^{6} 流		mlaŋ^{6} 不稳重	kjaŋ^{6} 节段	kwaŋ^{6} (围)墙	
aːp^{7}		ʔbaːp^{7} (拳打)捶泥			faːp^{7} 法	ʔwaːp^{7} (大口)吃	waːp^{7} 马虎		taːp^{7} 搭	naːp^{7} 拱	saːp^{7} 蜈蚣	laːp^{7} 鞭打	kaːp^{7} 结交	ŋaːp^{7} 吹吃		ɣaːp^{7} 担子	ʔjaːp^{7} 挑选	jaːp^{7} 偷尝	ɕaːp^{7} 插	ȵaːp^{7} 垃圾			kjaːp^{7} 壳	kwaːp^{7} (大口)吃	ŋwaːp^{7} 大口吃

续表

配合＼声母	ʔ	ʔb	p	m	f	ʔw	w	ʔd	t	n	s	l	k	ŋ	h	ɣ	ʔj	j	ɕ	ȵ	pl	ml	kj	kw	ŋw
aːt⁷	ʔaːt⁷ 词尾	ʔbaːt⁷ 斜	paːt⁷ 盆		faːt⁷ 发	ʔwaːt⁷ 挖		ʔdaːt⁷ 热	taːt⁷ 削		saːt⁷ 结束	laːt⁷ 横断	kaːt⁷ 割断	ŋaːt⁷ 依赖	haːt⁷ 吆喝	ɣaːt⁷ 快速	ʔjaːt⁷ 跨过		ɕaːt⁷ 淘(米)	ȵaːt⁷ (很)乱	plaːt⁷ 木断声	mlaːt⁷ 不稳重	kjaːt⁷ 搂(样)	kwaːt⁷ 刮	
aːk⁷	ʔaːk⁷ 厉害	ʔbaːk⁷ (大欣)	paːk⁷ 百	maːk⁷ 水果	faːk⁷ 捆(耳)	ʔwaːk⁷ (锄挖)		ʔdaːk⁷ (大滴)	taːk⁷ 托盘		saːk⁷ 春杵	laːk⁷ 初次	kaːk⁷ 角	ŋaːk⁷ 残疾	haːk⁷ 官吏	ɣaːk⁷ 词尾	ʔjaːk⁷ 凶恶	jaːk⁷ 外伤	ɕaːk⁷ 挣扎	ȵaːk⁷ 外伤	plaːk⁷ 额头	mlaːk⁷ 闪	kjaːk⁷ 瘸		ŋwaːk⁷ 词尾
aːp⁸	ʔaːp⁸ 词尾		paːp⁸ 陡	maːp⁸ 袜子	faːp⁸ 抽打		waːp⁸ 乱说	ʔdaːp⁸ (大满)	taːp⁸ 沓(钱)	naːp⁸ 纳	saːp⁸ 数	laːp⁸ 腊	kaːp⁸ 夹	ŋaːp⁸ 裂缝	haːp⁸ 盒子			jaːp⁸ 油滑	ɕaːp⁸ 杂	ȵaːp⁸ 词尾		mlaːp⁸ 火苗冒		kwaːp⁸ 大口吃	ŋwaːp⁸ 大口吃
aːt⁸	ʔaːt⁸ 词尾						waːt⁸ 飘		taːt⁸ 不稳		saːt⁸ 居然	laːt⁸ 排	kaːt⁸ 断流	ŋaːt⁸ 擦	haːt⁸ 词尾				ɕaːt⁸ (味)呛	ȵaːt⁸ (很)脏	plaːt⁸ 失足	mlaːt⁸ 滑滑	kjaːt⁸ 瘫痪		
aːk⁸	ʔaːk⁸ 陶部		paːk⁸ 劈		faːk⁸ 饱满			ʔdaːk⁸ 拟声	taːk⁸ 衡量	naːk⁸ 水獭	saːk⁸ 嘈哈	laːk⁸ (地名)	kaːk⁸ 各	ŋaːk⁸ 笨	haːk⁸ 学校	ɣaːk⁸ (毛虫)触／拉			ɕaːk⁸ 绳子	ȵaːk⁸ 脏脏		mlaːk⁸ 滑溜	kjaːk⁸ (手藏)	kwaːk⁸ 过宽	
ap⁷	ʔap⁷ 狗围着	ʔbap⁷ 瘪			fap⁷ 牛蒡草			ʔdap⁷ 熄灭	tap⁷ 肝	nap⁷ (轻涌)	sap⁷ 涩	lap⁷ 黑暗	kap⁷ 扶	ŋap⁷ 一点	hap⁷ 回声	ɣap⁷ 笼子	ʔjap⁷ 一会		ɕap⁷ 冰冷	ȵap⁷ 零碎	plap⁷ 词尾		kjap⁷ 尾追		
at⁷	ʔat⁷	ʔbat⁷ 采摘	pat⁷ 摆动	mat⁷ 跳蛋	fat⁷	wat⁷ 拌		ʔdat⁷ 紧密	tat⁷ 剪	nat⁷ 疲乏	sat⁷ 跳	lat⁷	kat⁷ 扣子	ŋat⁷ 一点	hat⁷ 早晨	ɣat⁷ 菌类	ʔjat⁷ 一点		ɕat⁷ 堵塞	ȵat⁷ 长势差	plat⁷ 采摘		kjat⁷ 嗑		
ak⁷	ʔak⁷ 陶部	ʔbak⁷ 级	pak⁷ 插	mak⁷ 争(球)	fak⁷ 豆荚	ʔwak⁷ (手抓)	wak⁷ 鸟名	ʔdak⁷ 大块	tak⁷ 昌	nak⁷ 重	sak⁷ 塞	lak⁷ 愚笨	kak⁷	ŋak⁷ 点头	hak⁷ 吓唬	ɣak⁷ 断	ʔjak⁷ 玩弄		ɕak⁷ 偏(上)	ȵak⁷ 间别扭	plak⁷ 菜		kjak⁷ (手指)敲	kwak⁷ (手指)敲	
ap⁸	ʔap⁸		pap⁸ 折叠						tap⁸ 伞	nap⁸ 用心	sap⁸ 做塞	lap⁸ 立	kap⁸ 捉	ŋap⁸ 气喘	hap⁸ 咬	ɣap⁸ 细磨			ɕap⁸ 砌	ȵap⁸ 搅拾	plap⁸ 灭火	mlap⁸ 轻浮	kjap⁸ 扎(带子)		

续表

韵母＼声母	ʔ	ʔb	p	m	f	ʔw	w	ʔd	t	n	s	l	k	ŋ	h	ɣ	ʔj	j	ɕ	ȵ	pl	ml	kj	kw	ŋw
at^8			pat^8 佛	mat^8 密	fat^8 鞋(蛋)		wat^8 拜			nat^8 粒	sat^8 实		kat^8 短		hat^8 繁缩	ɣat^8 剪		jat^8 贪吃	ɕat^8 除尽	ȵat^8 拥挤			kjat^8 撙移		
ak^8			pak^8 累	mak^8 墨	fak^8 缕须		wak^8 捞		tak^8 雄性	nak^8 窄	sak^8 洗	lak^8 深	kak^8 窄			ɣak^8 绝种		jak^8 试探	ɕak^8 偷	ȵak^8 轻动作		mlak^8 一瞥	kjak^8 格(级)	kwak^8 包围	
ø¹	ʔo¹ 蓝色		po¹ 干燥	mo¹ 摸	fo¹ 缕须			ʔdo¹ 酒饼	to¹ 承接	no¹ 小锄头	so¹ 直铲头		ko¹ 棵			ɣo¹ 乞讨	ʔjo¹ 藏		ɕo¹ 租		plo¹ 干枯		kjo¹ 干枯		
ø²	ʔo² 恶(霸)			mo² 莫(姓)							so² 作(省)		ko² 国歌	ŋo² 座(山)	ho² 须	ɣo² 干枯		jo² 学(校)	ɕo² 祖				kjo² 觉(悟)		
ø³				mo³ 冒起				ʔdo³ 躲	to³ 图形		so³ 所	lo³ 笋箨	ko³ 故事		ho³ 难	ɣo³ (粥)过稠					plo³ (喉子)哑		kjo³ 爽		
ø⁴	ʔo⁴ 词尾				fo⁴ 词尾				to⁴ (前缀)			lo⁴ 安抚	ko⁴ 角落			ɣo⁴ 知道					plo⁴ 词尾	mlo⁴ 暗淡			
ø⁵	ʔo⁵ 烧(炭)	ʔbo⁵ 泉水	po⁵ 吹	mo⁵ 新				ʔdo⁵ 光秃	to⁵ 马上		so⁵ 数	lo⁵ 梦	ko⁵ 顾		ho⁵ 货	ɣo⁵ 敲	ʔjo⁵ 烤火		ɕo⁵ 灌溉		plo⁵ 烤(火)	mlo⁵ 冒(出)	kjo⁵ 火炭		
ø⁶			po⁶ 父亲	mo⁶ 坟墓				ʔdo⁶ 山坡	to⁶ 度	no⁶ 肉	so⁶ 直铲	lo⁶ 路	ko⁶ 科(学)		ho⁶ 节/户	ɣo⁶ 漏		jo⁶	ɕo⁶ 名字		plo⁶ 干枯		kjo⁶ 葫芦		
oːi¹	ʔoːi¹ 胆子	ʔboːi¹ 胆子	poːi¹ 去		foːi¹ 理发			ʔdoːi¹ 推	toːi¹ 推	noːi¹ 内(战)	soːi¹ 丝	loːi¹ 梯子	koːi¹ 旗子		hoːi¹ 开	ɣoːi¹ 梳子			ɕoːi¹ 催				kjoːi¹ 泥箕		
oːi²			poːi² 赔	moːi² 媒	foːi² 火						soːi² 钥匙	loːi² 梨	koːi² 旗子	ŋoːi² 猜疑	hoːi² 回春	ɣoːi² (米汤)			ɕoːi² 橙耙				kjoːi² 泥箕		

续表

配合	ʔ	ʔb	p	m	f	ʔw	w	ʔd	t	n	s	l	k	ŋ	h	ɣ	ʔj	j	ɕ	ȵ	pl	ml	kj	kw	ŋw
oːi3	ʔoːi3 甘蔗		poːi3 比	moːi3 美						noːi3 这		loːi3 铜元	koːi3 儿		hoːi3 欢喜				coːi3 纸张				kjoːi3 芭蕉		
oːi4			poːi4 兄	moːi4 每	foːi4 簸(米)				toːi4 拨意	noːi4 少		loːi4 理		ŋoːi4 回忆		ɣoːi4 串									
oːi5	ʔoːi5 嫩		poːi5 配	moːi5 美	foːi5 好吃				toːi5 谁		soːi5 四		koːi5 记住		hoːi5 空气				coːi5 添置						
oːi6			poːi6 背诵	moːi6 未					toːi6 伙伴			loːi6 利益	koːi6 禁忌	ŋoːi6 二	hoːi6 容易	ɣoːi6 田地			coːi6 修理						
ou1	ʔou1 要	ʔbou1 轻	pou1 螃蟹	mou1 猪	fou1 揉搓				tou1 门	nou1 老鼠	sou1 你们	lou1 留	kou1 我	ŋou1 钩	hou1 臭	ɣou1 瓬子	ʔjou1 担忧	jou1 佑	cou1 抽		plou1 干掉		kjou1 漂亮		
ou2			pou2 朴	mou2 醉酒	fou2 漂浮				tou2 领导	nou2 说		lou2 楼	kou2 驼背	ŋou2 影子		ɣou2 我们		jou2 油	cou2 晚饭		plou2 沸腾声				
ou3	ʔou3 紫色	ʔbou3 不		mou3 某	fou3 斧头				tou3 来	nou3 生气	sou3 抖掉	lou3 酒	kou3 看	ŋou3 籲(粉)	hou3 进	ɣou3 头	ʔjou3 饭呀	jou3 友(谊)	cou3 丑						
ou4			pou4 雌性	mou4 苗	fou4 舞				tou4 衣右襟		sou4 打架	lou4 挣(钱)		ŋou4 冻僵	hou4 稻米	ɣou4 滚动		jou4 酉	cou4 早						
ou5	ʔou5 炖	ʔbou5 肿松	pou5 店铺	mou5 鸣	fou5 富				tou5 挖	nou5 阴部(男)	sou5 壮	lou5 遗漏	kou5 男父	ŋou5 恳求	hou5 安装	ɣou5 吠	ʔjou5 在		cou5 和	ȵou5 皱			kjou5 肥皂果		
ou6			pou6 步骤	mou6 腾	fou6 戊				tou6 灰	nou6 腐烂	sou6 寿	lou6 遗漏	kou6 双(筷子)	ŋou6 炖	hou6 (然后)	ɣou6 很破		jou6 又油	cou6 就	ȵou6 尿	plou6 扔掷		kjou6 撮动		

续表

声母 / 配合	ʔ	ˀb	p	m	f	ˀw	w	ˀd	t	n	s	l	k	ŋ	h	ɣ	ʔj	j	c	ȵ	pl	ml	kj	kw	ŋw
ø:m^1															hø:m^1 香	ɣø:m^1 积累	ʔjø:m^1 摘新				plø:m^1 瘦				
ø:m^2			pø:m^2 隐藏																cø:m^2 聚拢						
ø:m^3			pø:m^3 脸扁圆							nø:m^3 幼小									cø:m^3 补(苗)	ȵø:m^3 聚拢					
ø:m^4												lø:m^4 披(衣)				ɣø:m^4 烫菜				ȵø:m^4 浸					
ø:m^5	ʔø:m^5 小瞧		pø:m^5 趴					ˀdø:m^5 偷看																	
ø:m^6														ŋø:m^6 容易		ɣø:m^6 早									
om^1	ʔom^1 闷热	ˀbom^1 词尾							tom^1 土		som^1 尖	lom^1 泥(田)		ŋom^1 俯首		ɣom^1 觅菜			com^1 亏本		plom^1 头发		kjom^1		
om^2	ʔom^2 描形		pom^2 捧(瓶)	mom^2 (猪吃)						nom^2 热闹	som^2 痴呆		kom^2 俯首		hom^2 (木)蛀										
om^3		ˀbom^3 词尾	pom^3 扑倒								som^3 酸		kom^3 描红	ŋom^3 弯曲(腰)	hom^3 倒置		ʔjom^3 词尾		com^3 捕	ȵom^3 词尾					
om^4	ʔom^4 词尾		pom^4 埋伏							nom^4 词尾	som^4 (猪吃)			ŋom^4 哑巴		ɣom^4 冲洞				ȵom^4 词尾		mlom^4 词尾			

续表

声母 \ 配合	ʔ	ˀb	p	m	f	ˀw	w	ˀd	t	n	s	l	k	ŋ	h	ɣ	ȷ	j	ɕ	ȵ	pl	ml	kj	kw	ŋw
oːm⁵	ʔom⁵ 酿(酒)	ˀbom⁵ 肥肿							tom⁵ 倒塌		som⁵ 捕鱼罩	lom⁵ 陷落	kom⁵ 盖						ɕom⁵ 入赘	nom⁵ 簇					
oːm⁶			pom⁶ 脏								som⁶ 冒(雨)			ŋom⁶ 鼻声重					ɕom⁶ 焚烧						
øːn¹		ˀboːn¹ 掏		møːn¹ 火(烧天)	foːn¹ 翻			ˀdoːn¹ 肚子疼	toːn¹ 阉	noːn¹ 虫	søːn¹ 教		køːn¹ 缝隙	ŋøːn¹ 低哼					ɕøːn¹ 穿(洞)			mløːn¹ (火)小燃			
øːn²	ʔøːn² 安稳		pøːn² 前(天)	møːn² 门									køːn² 对分	ŋøːn² 观看	høːn² 松软					nøːn² 弄(火灭)			kjøːn² 套(衣)		
øːn³			poːn³ 本钱					ˀdoːn³ 钻	toːn³ 砍			loːn³ 笨	koːn³ 支			ɣøːn³ 都			ɕøːn³ 滑(倒)	nøːn³ 聚拢	pløːn³ 反转	mløːn³ 翻转	kjøːn³ 合并		
øːn⁴																			ɕøːn⁴ (水)冲			mløːn⁴ 翻动(眼)			
øːn⁵		ˀboːn⁵ 床							toːn⁵ 餐				køːn⁵ 先			ɣøːn⁵ 切(肉)			ɕøːn⁵ 寸		pløːn⁵ 摘(玉米)				
øːn⁶									toːn⁶ 段		søːn⁶ 推(火)		køːn⁶ 焊(水)			ɣøːn⁶ 洪水			ɕøːn⁶ 外溢						
on¹	ʔon¹ 荆棘	ˀbon¹ 猪吃食						ˀdon¹ 屋脊	ton¹ 墩子				kon¹ 煲		hon¹ 魂	ɣon¹ 路									

声母＼配合	ʔ	ʔb	p	m	f	ʔw	w	ʔd	t	n	s	l	k	ŋ	h	ɣ	ʔj	j	ɕ	ȵ	pl	ml	kj	kw	ŋw
on²			pon² 玩弄	mon² 无										ŋon² 日子	hon² 烟雾				con² 句						
on³		ʔbon³ 油盐罐							ton³ 树墩		son³ 鸡尾椎		kon³ 树根				ʔjon³ 算肩								
on⁴	ʔon⁴ 词尾				fon⁴ 词尾				ton⁴ 欲吐		son⁴ 跟跑		kon⁴ 脱臼		hon⁴ 打仗	ɣon⁴ 溢出			con⁴ 脱臼	ȵon⁴ (水)涌					
on⁵	ʔon⁵ 熔(镕)		pon⁵ 驱赶		fon⁵ 灰尘				ton⁵ 后退			lon⁵ 落	kon⁵ 树棒		hon⁵ (头)晕								kjon⁵ 挤压		
on⁶											son⁶ 遵(照)	lon⁶ 滚	kon⁶ 手镯	ŋon⁶ 瘟疫							plon⁶ 壮		kjon⁶ 慢移		
ɵ:ŋ¹				mɵ:ŋ¹ 模糊	fɵ:ŋ¹ 缝补				tɵ:ŋ¹ 堆	nɵ:ŋ¹ 脓	sɵ:ŋ¹ 二		kɵ:ŋ¹ 泡(床)		hɵ:ŋ¹ 工作	ɣɵ:ŋ¹ 树叶			cɵ:ŋ¹ 床			mlɵ:ŋ¹ 朦胧	kjɵ:ŋ¹ 鼓		
ɵ:ŋ²			pɵ:ŋ² 膨胀								sɵ:ŋ² (猪)笼	lɵ:ŋ² 披(衣)	kɵ:ŋ² 呻吟	ŋɵ:ŋ² 傻		ɣɵ:ŋ² 巢穴				ȵɵ:ŋ² 通火					
ɵ:ŋ³		ʔbɵ:ŋ³ 词尾	pɵ:ŋ³ (风)刮						tɵ:ŋ³ 冲走	nɵ:ŋ³ (老)弟		lɵ:ŋ³ 冲倒				ɣɵ:ŋ³ 中耕	ʔjɵ:ŋ³ 词尾				plɵ:ŋ³ 冲走				
ɵ:ŋ⁴			pɵ:ŋ⁴ 抖动						tɵ:ŋ⁴ 打招呼						hɵ:ŋ⁴ 圈套	ɣɵ:ŋ⁴ 吼叫							kjɵ:ŋ⁴ 圆圈		
ɵ:ŋ⁵		ʔbɵ:ŋ⁵ 戳穿	pɵ:ŋ⁵ 柠檬					ʔdɵ:ŋ⁵ 火旺	tɵ:ŋ⁵ 隆起	nɵ:ŋ⁵ 凸起				ŋɵ:ŋ⁵ 座(山)		ɣɵ:ŋ⁵ 厅堂	ʔjɵ:ŋ⁵ 蹲						kjɵ:ŋ⁵ 竹具名		

续表

配合＼声母	ʔ	ˀb	p	m	f	ˀw	w	ˀd	t	n	s	l	k	ŋ	h	ɣ	ˀj	j	ɕ	ȵ	pl	ml	kj	kw	ŋw
ɒːŋ^6			poːŋ^6 跃过						tɒːŋ^6 桩子						hoːŋ^6 圈	ɣoːŋ^6 光壳			ɕɒːŋ^6 洞穴		ploːŋ^6 飞快				
oŋ^1		ˀboŋ^1 茁壮	poŋ^1 翻掏					ˀdoŋ^1 山林	toŋ^1 通		soŋ^1 宽松	loŋ^1 差错	koŋ^1 祖父		hoŋ^1 但是		ˀjoŋ^1 壅(松)		ɕoŋ^1 葱		ploŋ^1 扔掉		kjoŋ^1 空心		
oŋ^2			poŋ^2 烂泥						toŋ^2 同		soŋ^2 从	loŋ^2 疯	koŋ^2 腾	ŋoŋ^2 词尾	hoŋ^2 红	ɣoŋ^2 下(动)			ɕoŋ^2 服从				kjoŋ^2 捆(乱)		
oŋ^3	ˀoŋ^3 牛预套	ˀboŋ^3 (棍子)打		moŋ^3 霉菌				ˀdoŋ^3 簸箕	toŋ^3 桶				koŋ^3 词尾				ˀjoŋ^3 词尾				ploŋ^3 倒腾		kjoŋ^3 喉咙		
oŋ^4	ˀoŋ^4 词尾		poŋ^4 竹箩		foŋ^4 火旺				toŋ^4 词尾			loŋ^4 箱子	koŋ^4 词尾	ŋoŋ^4 词尾				joŋ^4 唆使		ȵoŋ^4 推					
oŋ^5		ˀboŋ^5 时期			foŋ^5 束(果)				toŋ^5 株	noŋ^5 苗壮	soŋ^5 送			ŋoŋ^5 白痴	hoŋ^5 空	ɣoŋ^5 鸟笼	ˀjoŋ^5 卸(掉)			ȵoŋ^5 蓬松	ploŋ^5 露底		kjoŋ^5 群		
oŋ^6		ˀboŋ^6 拟声	poŋ^6 茂盛	moŋ^6 木然	foŋ^6 贪青				toŋ^6 动			loŋ^6 玩耍			hoŋ^6 丰盛	ɣoŋ^6	ˀjoŋ^6 松开		ɕoŋ^6 帮助	ȵoŋ^6					
ɒːp^7		ˀbɒːp^7 饱满	pɒːp^7 水泡						tɒːp^7 鼓掌				kɒːp^7 捧	ŋɒːp^7 大口吃	hɒːp^7 周/圈	ɣɒːp^7 抱(柴火)			ɕɒːp^7 聚集	ȵɒːp^7 束(头发)	plɒːp^7 脆	mlɒːp^7 词尾			
ɒːt^7	ʼ		pɒːt^7 词尾					ˀdɒːt^7 溜走	tɒːt^7 啄		sɒːt^7 喷水器	lɒːt^7 剥(皮)	kɒːt^7 拥抱	ŋɒːt^7 词尾	hɒːt^7 结绳子	ɣɒːt^7 (快跑)	ˀjɒːt^7 抽(出)			ȵɒːt^7 瘦弱		mlɒːt^7 词尾	kjɒːt^7 旗慢		

配合	ʔ	ˀb	p	m	f	ˀw	w	ˀd	t	n	s	l	k	ŋ	h	ɣ	ˀj	j	ɕ	ɲ	pl	ml	kj	kw	ŋw
ɔːk^7	ʔɔːk^7 出	ˀboːk^7 量米筒	pɔːk^7 剥(皮)	moːk^7 猪食水	foːk^7 睡驾			ˀdoːk^7 骨头	toːk^7 钉/触	noːk^7 溜	soːk^7 码头	loːk^7 声(洪亮)	kɔːk^7 角落	ŋɔːk^7 词尾		ɣɔːk^7 (油)勺	ʔjoːk^7 词尾			ɲɔːk^7 馈赠	plɔːk^7 剥(皮)		kjɔːk^7 枷锁		ŋwop^7 词尾
ɔːp^8		ˀboːp^8 拟声	poːp^8 糖	moːp^8 牛口套	foːp^8 採掏									ŋoːp^8 大口喝					ɕoːp^8 堆积						
ɔːt^8		ˀbot^8 糖	poːt^8 词尾	moːt^8 蛀虫	foːt^8 喝(粥)			ʔdoːt^8 喝	toːt^8 单一	noːt^8 挪动		loːt^8 拔(毛)		ŋoːt^8 磨光滑		ɣoːt^8 滑(下)			ɕoːt^8 差辱	ɲoːt^8 嫩芽	ploːt^8 失手		kjoːt^8 滑动		
ɔːk^8		ˀbok^8 下降	pɔːk^8 捆					ʔdoːk^8 竹名	toːk^8 单一			loːk^8 烫热	kɔːk^8 声(洪亮)/青蛙	ŋɔːk^8 痴		ɣɔːk^8 外面			ɕɔːk^8 将来				kjɔːk^8 词尾		
ɔp^7	ʔɔp^7 数		pop^7 拟声						top^7 打(手掌)				kop^7 青蛙	ŋop^7 词尾					ɕop^7 遇到		plop^7 点播		kjop^7 斗笠		
ɔt^7	ʔɔt^7 塞	ˀbot^7 按入	pot^7 理睬	mot^7 模糊				ʔdot^7 喝				lot^7 大	kot^7 骨架	ŋot^7 词尾		ɣot^7 尾							kjot^7 (水)冰冷		
ɔk^7		ˀbok^7 下降	pok^7 牛鼻绳	mok^7 理	fok^7 翻覆			ʔdok^7 竹名	tok^7 掉落		sok^7 削	lok^7 差错	kok^7 根端	ŋok^7 词尾		ɣok^7 六	ʔjok^7 捅(刀)		ɕok^7 词尾/烧	ɲok^7 抖动	plok^7 倾覆	mlok^7 词尾			
ɔp^8			pop^8 (刀)卷	mop^8 打	fop^8 贪青						sop^8 词尾		kop^8 盖	ŋop^8 窒息		ɣop^8 相连					plop^8 退(火)	mlop^8 词尾	kjop^8 合并		
ɔt^8			pot^8 (提)跨	mot^8 蚂蚁	fot^8 叶(针状)				tot^8 凸出		sot^8 放进		kot^8 (牛角)挖	ŋot^8 词尾	hot^8 搅浑	ɣot^8 超过						mlot^8 词尾			

续表

配合 \ 声母	ʔ	ʔb	p	m	f	ʔw	w	ʔd	t	n	s	l	k	ŋ	h	ɣ	ʔj	j	ȶ	ȵ	pl	ml	kj	kw	ŋw
ok8			pok8 头巾	mok8 木(瓜)	fok8 浮肿				tok8 读	nok8 弓(香蕉)	sok8 词尾	lok8 六	kok8 魍魉	ŋok8 词尾		ɣok8 鸟		jok8 煽动	ȶok8 刺	ȵok8 插		mlok8 词尾	kjok8 脱白		
e1	ʔe1 潲小	ʔbe1 展开	pe1 连体						te1 她		se1 社(会)			ŋe1 枚(小)		ɣe1 防备		je1 夜(校)	ȶe1 缝纫	ȵe1 偏				kwe1 丝瓜	
e2			pe2 竹排										ke2 鱼篓	ŋe2 芽		ɣe2 打眼角		je2 叶(姓)	ȶe2 节(日)			mle2 水漤	kje2 耙(树叶)		
e3	ʔe3 性交	ʔbe3 扁	pe3 扁				we3 (手)残疾	ʔde3 骂名	te3 骂名	ne3 语气词	se3 (木)骨架	le3 吗	ke3 解释		he3 那	ɣe3 节省	ʔje3 语气词	je3 粗野	ȶe3 姐姐				kje3 小青蛙	kwe3 割	ŋwe3 跛脚
e4	ʔe4 屎								te4 词尾	ne4 给			ke4 角落	ŋe4 惹	he4 词尾	ɣe4 词尾				ȵe4 招惹	ple4 词尾		kje3 结(婚)		
e5	ʔe5 矮小		pe5 背			ʔwe5 让(路)			te5 等待	ne5 语气词	se5 杨梅	le5 (食)铲	ke5 老	ŋe5 肉	he5 (哮喘)		ʔje3 逗弄				ple5 打开				
e6	ʔe6 语气词	ʔbe6 羊		me6 母亲	fe6		we6 画		te6 蜩虫	ne6 语气词	se6 人名	le6 语气词	ke6 缝隙		he6 切割	ɣe6 茧			ȶe6 种子				kje6 截		
e:u1							we:u1 铲(锅底)	ʔde:u1 一	te:u1 雕刻				ke:u1 根(线)		he:u1 绿色						ple:u1 单(衣)				
e:u2	ʔe:u2 叫			me:u2 猫	fe:u2 摇晃				te:u2 逃走				ke:u2 剪刀		he:u2 拌	ɣe:u2 菜苔						mle:u2 猫			

声母 配合	ʔ	ˀb	p	m	f	ˀw	w	ˀd	t	n	s	l	k	ŋ	h	ɣ	ˀj	j	ɕ	n	pl	ml	kj	kw	ŋw
e:u³	ʔe:u³ 折断							ˀde:u³ 轻浮	te:u³ (细木)拨	ne:u³ 疏缝	se:u³ 鞭打		ke:u³ 缠绕	ŋe:u³ 弯曲	he:u³ 牙齿		ˀje:u³ 垫脚		ɕe:u³ 炒		ple:u³ 收拾				
e:u⁴	ʔe:u⁴ 争执												ke:u⁴ 嚼	ŋe:u⁴ 扭头	he:u⁴ 绳绕	ɣe:u⁴ 瘦削			ɕe:u⁴ 牛鼻绳						
e:u⁵				me:u⁵ 轻浮			we:u⁵ 缺	ˀde:u⁵ 轻挑(火)	te:u⁵ 雕刻	ne:u⁵ 奶	se:u⁵ 干净	le:u⁵ 遮漏	ke:u⁵ (睡)磨牙	ŋe:u⁵ 磨(刀)	he:u⁵ 通烟孔	ɣe:u⁵ 枯焦			ɕe:u⁵ 阴部(男)	ne:u⁵ 长势差		mle:u⁵ 轻浮			
e:u⁶					fe:u⁶ 浅									ŋe:u⁶ 酒罐(小)	he:u⁶ 叫										
e:m¹	ʔe:m¹ 芭芒							ˀde:m¹ 修补	te:m¹ 增加	ne:m¹ 粘贴						ɣe:m¹ 猛烈									
e:m²																					ple:m² 烧烤				
e:m³		ˀbe:m³ 凹(小)						ˀde:m³ 偷看	te:m³ 竹席			le:m³ 遮漏	ke:m³ 面颊	ŋe:m³ 词尾		ɣe:m³ 烧焦	ˀje:m³ (偷)成性								
e:m⁴	ʔe:m⁴ 干咳	ˀbe:m⁴ 拟声	pe:m⁴ 话该							ne:m⁴ 词尾			ke:m⁴ 下巴								ple:m⁴ 话该			kwe:m⁴ 拟声	
e:m⁵	ʔe:m⁵ 钓(鱼)	ˀbe:m⁵ 拟声					we:m⁵ 张(量)	ˀde:m⁵ 偷看	te:m⁵ 侦探						he:m⁵ 叫喊		ˀje:m⁵ 看		ɕe:m⁵ 小筷子				kje:m⁵ 猪油渣		

续表

配合	ʔ	ˀb	p	m	f	ˀw	w	ˀd	t	n	s	l	k	ŋ	h	ɣ	ˀj	j	ɕ	ȵ	pl	ml	kj	kw	ŋw
e:m⁶									te:m⁶ 垫				ke:m⁶ 山坳		he:m⁶ 馅										
e:n¹		ˀbe:n¹ 扁而平		me:n¹ 面(包)		ˀwe:n¹ 挖			te:n¹ 电	ne:n¹ 验(血)	se:n¹ 善(名)	le:n¹ 恋(爱)	ke:n¹ 胳膊		he:n¹ 守			je:n¹ 县(长)	ɕe:n¹ 战争				kje:n¹ 建(设)	kwe:n¹ 关	
e:n²								ˀde:n² 扁而硬	te:n² 捆扎	ne:n² 年		le:n² 连(长)	ke:n² 贫瘠		he:n² 旁边			je:n² 原(来)	ɕe:n² 全		ple:n² 爬				
e:n³	ʔe:n³ 抵(挡)		pe:n³ 饭子	me:n³ 免			we:n³ 挂		te:n³ 碘	ne:n³ 碾(米)	se:n³ 选举		ke:n³ 挑选		he:n³ 黄			je:n³ 演(员)	ɕe:n³ 杯子	ȵe:n³ 偏			kje:n³ 检(查)		
e:n⁴													ke:n⁴ 嗯嗯		he:n⁴ 晴				ɕe:n⁴ 木刺						
e:n⁵	ʔe:n⁵ 燕子	ˀbe:n⁵ 扁硬	pe:n⁵ 朵(云)					ˀde:n⁵ 传递			se:n⁵ 早		ke:n⁵ 坚硬						ɕe:n⁵ 封(糨糊)					kwe:n⁵ 习惯	
e:n⁶				me:n⁶ 慢					te:n⁶ 天(文)		se:n⁶ 先(锋)					ɣe:n⁶ 苦恋树		je:n⁶ 烟(厂)	ɕe:n⁶ 签(名)				kje:n⁶ 坚(持)		
e:ŋ¹									te:ŋ¹ 对		se:ŋ¹ 生		ke:ŋ¹ 耕	ŋe:ŋ¹ 歪/侧	he:ŋ¹ 砧板	ɣe:ŋ¹ 干			ɕe:ŋ¹ 争吵						
e:ŋ²			pe:ŋ² 贵重	me:ŋ² 醋						ne:ŋ² 昆虫				ŋe:ŋ² 偏偏	he:ŋ² (实行)	ɣe:ŋ² 力气									
e:ŋ³		ˀbe:ŋ³ 独眼	pe:ŋ³ 依靠					ˀde:ŋ³ 挣扎	te:ŋ³ 烙焦味	ne:ŋ³ 耳垂	se:ŋ³ 省		ke:ŋ³ 硬	ŋe:ŋ³ 柴火			ˀje:ŋ³ 词尾		ɕe:ŋ³ 撑(船)				kje:ŋ³ 硬		

续表

配合	ʔ	ʔb	p	m	f	ʔw	w	ʔd	t	n	s	l	k	ŋ	h	ɣ	ʔj	j	ɕ	ȵ	pl	ml	kj	kw	ŋw
e:ŋ^4	ʔe:ŋ^4 更(加)			me:ŋ^4 好顶嘴			we:ŋ^4 词尾		te:ŋ^4 射	ne:ŋ^4 水果名	se:ŋ^4 稀疏	le:ŋ^4 冷(汗)	ke:ŋ^4 小环圈	ŋe:ŋ^4 偏偏		ɣe:ŋ^4 旱				ȵe:ŋ^4 (小口)咬	ple:ŋ^4 词尾		kje:ŋ^4 项圈	kwe:ŋ^4 藤萝	ŋwe:ŋ^4 (小口)吃
e:ŋ^5		ʔbe:ŋ^5 词尾	pe:ŋ^5 拉扯				we:ŋ^5 片(纸片)			ne:ŋ^5 伤疤		le:ŋ^5 处所		ŋe:ŋ^5 歪侧			ʔje:ŋ^5 蹲		ɕe:ŋ^5 硬挺					kwe:ŋ^5 抛弃	
e:ŋ^6		ʔbe:ŋ^6 词尾					we:ŋ^6 横木档	ʔde:ŋ^6 拟声		ne:ŋ^6 词尾		le:ŋ^6 漂亮			he:ŋ^6 腿肚子	ɣe:ŋ^6 肉块					ple:ŋ^6 开岔裤			kwe:ŋ^6 丢掉	
e:ŋ^7	ʔe:ŋ^7 强迫		pe:ŋ^7 拍打声			ʔwe:ŋ^7 舲(吃)			te:ŋ^7 朴(马蜂)	ne:ŋ^7 小夹子	se:ŋ^7 辣疼		ke:ŋ^7 片	ŋe:ŋ^7 快跑	he:ŋ^7 (嗓子)哑	ɣe:ŋ^7 窗	ʔje:ŋ^7 词尾		ɕe:ŋ^7 拟声词	ȵe:ŋ^7 快窜	ple:ŋ^7 (小口)吃	mle:ŋ^7 (小口)吃	kje:ŋ^7 韭菜	kwe:ŋ^7 (小口)吃	ŋwe:ŋ^7 (小口)吃
et^7	ʔet^7 燕叶蕊	ʔbet^7 词尾	pet^7 八			ʔwet^7 挖	wet^7 背(手)		tet^7 词尾	net^7 (土)实	set^7 捆打	let^7 词尾	ket^7 (味)浓	ŋet^7 (脚)软疲			ʔjet^7 轻跳		ɕet^7 游荡		plet^7 (小口)吃	mlet^7 (小口)吃	kjet^7 (小口)喝	kwet^7 轻刮	ŋwet^7 词尾
e:k^7	ʔe:k^7 (牛瓶)撬开	ʔbe:k^7 掰(开)	pe:k^7 拍(手)		fe:k^7 鹌鹋			ʔde:k^7 丢掉	te:k^7 裂开		se:k^7 撕(成条)	le:k^7 (鸡)惊乱	ke:k^7 隔开	ŋe:k^7 词尾	he:k^7 客人	ɣe:k^7 锅头	ʔje:k^7 词尾	je:k^7 火苗	ɕe:k^7 拆开	ȵe:k^7 词尾	ple:k^7 剥(鹿叶)	mle:k^7 词尾	kje:k^7 拟声	kwe:k^7 小锄头	ŋwe:k^7 词尾
e:ŋ^8	ʔe:ŋ^8 性交		pe:ŋ^8 (坐)声	me:ŋ^8 闪(电)	fe:ŋ^8 (水)潺潺				te:ŋ^8 螓子	ne:ŋ^8 束(纱)	se:ŋ^8 垫(平)	le:ŋ^8 轻涂	ke:ŋ^8 夹层	ŋe:ŋ^8 词尾	he:ŋ^8 磨损	ɣe:ŋ^8 谷壳			ɕe:ŋ^8 凉拌	ȵe:ŋ^8 (小口)咬	ple:ŋ^8 词尾	mle:ŋ^8 舔舌头	kje:ŋ^8 词尾	kwe:ŋ^8 (小口)吃	ŋwe:ŋ^8 (小口)吃
et^8	ʔet^8		pet^8 词尾		fet^8 (水)溢出		wet^8 轻画(线)		tet^8 词尾	net^8 词尾	set^8 词尾	let^8 词尾	ket^8 含富	ŋet^8 轻擦		ɣet^8 密封	ʔjet^8 最后	jet^8 (牛)左传	ɕet^8 阴部(女)	ȵet^8 懒性	plet^8 词尾	mlet^8 词尾	kjet^8 词尾	kwet^8 词尾	ŋwet^8 词尾

续表

配合＼声母	ʔ	ˀb	p	m	f	ˀw	w	ˀd	t	n	s	l	k	ŋ	h	ɣ	ˀj	j	c	ȵ	pl	ml	kj	kw	ŋw
eːk⁸	ʔeːk⁸ 拟声词		peːk⁸ 白(做)	meːk⁸ 麦		ˀweːk⁸ 吐(奶)			teːk⁸ 词尾		seːk⁸ 词尾	leːk⁸ 割(肉)		ŋeːk⁸ 扁额		ɣeːk⁸ (线痕)		jeːk⁸ 词尾	ceːk⁸ 裂开	ȵeːk⁸ 词尾	pleːk⁸ 雨声	mleːk⁸ 闪	kjeːk⁸ 词尾	kweːk⁸ 吐(奶)	ŋweːk⁸ 词尾
i¹	ʔi¹ 意(义)		pi¹ 年岁	mi¹ 阴毛		ˀwi¹ 威风	wi¹ (连为)		ti¹ (一)点	ni¹ 速跑	si¹ 喙(嗽)	li¹ 利(用)	ki¹ 挠(痒)	ŋi¹ 听(见)	hi¹ (意义)	ɣi¹ 乞求			ci¹ 车子				kji¹ 挠(痒)	kwi¹ 归	ŋwi¹ 骨髓
i²			pi² 肥	mi² 有	fi² 醉酒		wi² 阴部(男)		ti² 锻造	ni² 呢子	si² 安(行)	li² 离	ki² 处所			ɣi² 舔			ci² 钻						
i³	ʔi³ 将要		pi³ 比	mi³ (平)米				ˀdi³ 小箩筐	ti³ 值	ni³ 语气词	si³ 写	li³ 李(姓)	ki³ 纪(律)		hi³ 还(没)	ɣi³ 溪	ˀji³ 语气词		ci³ 止					kwi³ 嘴馋	
i⁴			pi⁴ 闭塞				wi⁴ 围		ti⁴ 敌(人)			li⁴ 活着		ŋi⁴ 词尾	hi⁴ 也				ci⁴ 扣		pli⁴ 拟声				
i⁵	ʔi⁵ 小	ˀbi⁵ 剥(花生)	pi⁵ 速脱	mi⁵ 拔毛		ˀwi⁵ 培植	wi⁵ (鸡)扒		ti⁵ 擦(火柴)	ni⁵ 爱称	si⁵ 腹泻		ki⁵ 畸子	ŋi⁵ 词子	hi⁵ 系(科)	ɣi⁵ 跑	ˀji⁵ 嗖		ci⁵ 借	ȵi⁵ 词尾	pli⁵ 速脱	mli⁵ 拔(毛)	kji⁵ 畸子	kwi⁵ 贵重	
i⁶	ʔi⁶ 依(靠)		pi⁶ 批评	mi⁶ 烂布			wi⁶ 位		ti⁶ 的	ni⁶ 语气词	si⁶ 需要		ki⁶ 机器	ŋi⁶ 二(划拳)		ɣi⁶ 流			ci⁶ 字词			mli⁶ 破布	kji⁶ 绝	kwi⁶ 柜子	
iːu¹								ˀdiːu¹ (睡)一觉	tiːu¹ 挑选	niːu¹ 粘	siːu¹ 消化	liːu¹ 柴火				ɣiːu¹ 笑	ˀjiːu¹ 邀约	jiːu¹ 跞	ciːu¹ 招(待)		pliːu¹ 快(轮转)				
iːu²									tiːu² 条	niːu² 切(竹篾)								jiːu² 盗	ciːu² 叫(昆虫)	ȵiːu² 小虾		mliːu² 发情	kjiːu² 桥		

声母／配合	ʔ	ˀb	p	m	f	ˀw	w	ˀd	t	n	s	l	k	ŋ	h	ɣ	ˀj	j	c	n	pl	ml	kj	kw	ŋw
iːu³	ʔiːu³ 招呼										siːu³ 小(组)	liːu³ 了(解)					ʔjiːu³ 跍(脚)	jiːu³ 明白			pliːu³ 表	mliːu³ 秒	kjiːu³ 脚跟		
iːu⁴												liːu⁴ 完了									pliːu⁴ 昆虫		kjiːu⁴ 麦(蔬菜)		
iːu⁵									tiːu⁵ 跳									jiːu⁵ 看	ciːu⁵ 照		pliːu⁵ 削(树枝)		kjiːu⁵ 叫(狗)		
iːu⁶									tiːu⁶ 事情		siːu⁶ 消费	liːu⁶ 料想						jiːu⁶ 鹞鹰	ciːu⁶ 朝代		pliːu⁶ 彪	mliːu⁶ 庙	kjiːu⁶ 轿子		
iu¹									tiu¹ 挑	niu¹ 打			kiu¹ 植物名			ɣiu¹ 语气词									
iu²									tiu² 准确		siu² 秀	liu² 刘(姓)	kiu² 球			ɣiu² 流									
iu³	ʔiu³ 提								tiu³ 高耸	niu³ 扭		liu³ 柳(树)	kiu³ 纠(正)	ŋiu³ 小块		ɣiu³ 提	ʔjiu³ 提				pliu³ 眼皮翻				
iu⁴																									
iu⁵							wiu⁵ 残缺		tiu⁵ 丢	niu⁵ 吃饭	siu⁵ 菌子	liu⁵ 瞄准		ŋiu⁵ 小块		ɣiu⁵ 快速		jiu⁵ 看							
iu⁶											siu⁶ 修(理)							jiu⁶ (退)休			pliu⁶ 止痒				

续表

配合	ʔ	ʔb	p	m	f	ʔw	w	ʔd	t	n	s	l	k	ŋ	h	y	ʔj	j	c	n	pl	ml	kj	kw	ŋw
iːm¹								ʔdiːm¹ 拜	tiːm¹ 提(渔网)								ʔjiːm¹ 淹	jiːm¹ 嫌弃	ciːm¹ 签(名)				kjiːm¹ 兼		
iːm²									tiːm² 甜			liːm² 镰刀						jiːm² 严	ciːm² 拔				kjiːm² 下巴		
iːm³								ʔdiːm³ 找	tiːm³ 点					ŋiːm³ 词尾				jiːm³ (危险)		niːm³ 差一点			kjiːm³ 搜查		
iːm⁴									tiːm⁴ 软草席														kjiːm⁴ 门槛		
iːm⁵									tiːm⁵ 店								ʔjiːm⁵ 渗透	jiːm⁵ 欠	ciːm⁵ 占				kjiːm⁵ 剑		
iːm⁶										niːm⁶ 想念		liːm⁶ 敛							ciːm⁶ 渐(渐)						
im¹										nim¹ 私(果)	sim¹ 心		kim¹ 金子			yim¹ 满			cim¹ 针	nim¹ (主任)					
im²									tim² 压(石头)			lim² 林(姓)	kim² 钳子				ʔjim² 词尾		cim² 尝						
im³											sim³ 婶婶								cim³ 麻疹						

续表

配合	ʔ	ʔb	p	m	f	ʔw	w	ʔd	t	n	s	l	k	ŋ	h	ɣ	ʔj	j	ɕ	n	pl	ml	kj	kw	ŋw
im^4													kim^4 剪母												
im^5	ʔim^5 饱						wim^5 块					lim^5 (花)瓣	kim^5 禁止				ʔjim^5 词尾		ɕim^5 浸泡						
im^6									tim^6 (拳头)捶				kim^6 金		him^6 欣(名字)	ɣim^6 (植物)	ʔjim^6 音乐		ɕim^6 寻找						
in^1								ʔdin^1 一点	tin^1 天(地)		sin^1 仙						ʔjin^1 烟	jin^1 圈(动词)	ɕin^1 砖		plin^1 编		kjin^1 捐		
in^2									tin^2 填	nin^2 年(纪)		lin^2 连接						jin^2 子弹	ɕin^2 线		plin^2 熟练	mlin^2 碎的	kjin^2 拳		
in^3										nin^3 碾	sin^3 选							jin^3 演			plin^3 贬(低)		kjin^3 卷		
in^4																						mlin^4 免			
in^5											sin^5 瘦(牛)						ʔjin^5 后悔		ɕin^5 煎		plin^5 次数		kjin^5 (规划)		
in^6												lin^6 练习						jin^6 县	ɕin^6 殿	nin^6 愿意	plin^6 方便	mlin^6 小麦	kjin^6 伴		

续表

配合	ʔ	ʔb	p	m	f	ʔw	w	ʔd	t	n	s	l	k	ŋ	h	ɣ	ʔj	j	ɕ	n	pl	ml	kj	kw	ŋw
in^1	ʔin^1 疼痛	ʔbin^1 飞						ʔdin^1 不舒服	tin^1 脚		sin^1 辛(天干)					ɣin^1 石头			ɕin^1 系(家)						
in^2				min^2 民兵					tin^2 黄蜂	nin^2 睡觉	sin^2 水溅	lin^2 鳞(肥)	kin^2 勤(奋)	ŋin^2 筋	hin^2 仁				ɕin^2 陈(姓)						
in^3		ʔbin^3 草席		min^3 敏			win^3 裙子		tin^3 短			lin^3 惊悸	kin^3 馏				ʔjin^3 词尾	jin^3 隐(蔽)							
in^4												lin^4 舌头			hin^4 癞			jin^4 瘾头	ɕin^4 阵痛						
in^5									tin^5 摘(菜)		sin^5 信(动)						ʔjin^5 词尾		ɕin^5 进(人名)						
in^6			pin^6 斌								sin^6 新(鲜)	lin^6 穿山甲	kin^6 (毛巾)	ŋin^6 认(借)											
iŋ^1	ʔiŋ^1 靠	ʔbiŋ^1 词尾	piŋ^1 兵	miŋ^1 命(令)				ʔdiŋ^1 赤红	tiŋ^1 钉	niŋ^1 宁(愿)	siŋ^1 消醒	liŋ^1 (命令)	kiŋ^1 经(过)	ŋiŋ^1 射	hiŋ^1 美			jiŋ^1 营	ɕiŋ^1 牵		pliŋ^1 蚂蟥			kwiŋ^1 (角触)	
iŋ^2		ʔbiŋ^2 词尾	piŋ^2 平	miŋ^2 名				ʔdiŋ^2 词尾	tiŋ^2 停		siŋ^2 城	liŋ^2 铃	kiŋ^2 .		hiŋ^2 赢	ɣiŋ^2 响午			ɕiŋ^2 情						
iŋ^3	ʔiŋ^3 映(相)	ʔbiŋ^3 词尾	piŋ^3 饼				wiŋ^3 翘唇	ʔdiŋ^3 词尾	tiŋ^3 顶	niŋ^3 倔	siŋ^3 (睡醒)	liŋ^3 领(导)	kiŋ^3 (住下)滚			ɣiŋ^3 碗柜			ɕiŋ^3 请		pliŋ^3 饼			kwiŋ^3 好看	

续表

声母＼配合	ʔ	ɓ	p	m	f	ʔw	w	ʔd	t	n	s	l	k	ɔ	h	ɣ	ʔj	j	c	n̥	pl	ml	kj	kw	ŋw
ioŋ^4		ʔbioŋ^4 词尾	pioŋ^4 词尾	mioŋ^4 (人名)					tioŋ^4 挺			lioŋ^4 颌取	kioŋ^4 推	ɔioŋ^4 仍		ɣioŋ^4 滚动			cioŋ^4 晴						
ioŋ^5		ʔbioŋ^5 词尾	pioŋ^5 拼(命)				wiŋ^5 缺	ʔdioŋ^5 倾倒	tioŋ^5 听		sioŋ^5 姓氏	lioŋ^5 陡	kioŋ^5 敬		hioŋ^5 爱好	ɣioŋ^5 褴褛			cioŋ^5 正						
ioŋ^6	ʔioŋ^6 英(雄)		pioŋ^6 病	mioŋ^6 生命					tioŋ^6 静		sioŋ^6 星(期)	lioŋ^6 另	kioŋ^6 经(济)		hioŋ^6 兴(旺)				cioŋ^6 净		plioŋ^6 菊				
ip^7								ʔdip^7 想念	tip^7 贴	nip^7 挟		lip^7 (镰刀)割		ɔit^7 词尾	hip^7 词尾	ɣip^7 蚊帐	ʔjip^7 腌		cip^7 接	n̥ip^7 词尾			kjip^7 抢动	kwip^7 词尾	
it^7									tit^7 铁	nit^7 冷	sit^7 雪			ɔit^8 词尾			ʔjit^7 伸	jit^7 歇	cit^7 节日	n̥it^7 词尾	plit^7 必		kjit^7 (困)结		
ip^8			pit^7 必(定)						tip^8 踏		sip^8 残忍	lip^8 破(竹篾)		ɔip^8 词尾	hip^8 词尾			jip^8 页							
it^8				mit^8 灭绝			wit^8 乖巧				sit^8 下降	lit^8 列		ɔit^8 词尾	hit^8 词尾			jit^8 越	cit^8 绝(种)	n̥it^8 月					
ip^7								ʔdip^7 生的			sip^7 牛氩		kip^7 抢拾			ɣip^7 萤火虫	ʔjip^7 词尾		cip^7 靠近						
it^7	ʔit^7 一	ʔbit^7 歪	pit^7 鸭				wit^7 丢掉	ʔdit^7 阳光	tit^7 凸出		sit^7 俚语		kit^7 (水急)	ɔit^7 鸡尾股	hit^7 教训	ɣit^7 冰雹	ʔjit^7 词尾			n̥it^7 一点儿					

续表

配合	ʔ	ˀb	p	m	f	ˀw	w	ˀd	t	n	s	l	k	ŋ	h	ɣ	ʔj	j	c	ȵ	pl	ml	kj	kw	ŋw
ik^7	ʔik^7 益	ˀbik^7 掰	pik^7 炽热					ˀdik^7 滴	tik^7 踢		sik^7 撕	lik^7 词尾	kik^7 懒惰				ʔjik^7 词尾		cik^7 尺						
ip^8													kip^8 及时			ɣip^8 指甲			cip^8 十	ȵip^8 缝制	plip^8 不饱满				
it^8			pit^8 蝉	miit^8 尖刀			wit^8 卷(袖子)		tit^8 发芽			lit^8 拆掉	kit^8 吉	ŋit^8 短裤		ɣit^8 捞(米)									
ik^8								ˀdik^8 词尾	tik^8 笛子		sik^8 石(碑)	lik^8 厉害	kik^8 极	ŋik^8 迎(风)		ɣik^8 破烂			cik^8 直接			miik^8 闪			
u^1	ʔu^1 坑	ˀbu^1 蕨	pu^1 铺	mu^1 幕	fu^1 副(业)				tu^1 凹凸状	nu^1 揉(眼)	su^1 诉(苦)	lu^1 马路	ku^1 鼎锅	ŋu^1 词尾	hu^1 户(口)		ʔju^1 语气词		cu^1 注(明)				kju^1 盐		
u^2				mu^2 磨(刀)	fu^2 服(务)				tu^2 只	nu^2 研磨	su^2 蔬清	lu^2 崽儿	ku^2 骨(干)		hu^2 壶	ɣu^2 船	ʔju^2 语气词		cu^2 出(纳)		plu^2 词尾				
u^3	ʔu^3 玩		pu^3 普(遍)		fu^3 辅(导)				tu^3 朵		su^3 锁	lu^3 卤	ku^3 股(份)		hu^3 愤怒		ʔju^3 语气词		cu^3 主(席)				kju^3 沾(土)		
u^4	ʔu^4 蜂拥													ŋu^4 五		ɣu^4 词尾		ju^4 (教育)			plu^4 拟声		kju^4 词尾		
u^5	ʔu^5 脏		pu^5 剖开						tu^5 结子	nu^5 束		lu^5 马虎	ku^5 (叫回)鸡	ŋu^5 词尾	hu^5 (瓷器)敏	ɣu^5 猪槽	ʔju^5 呼唤		cu^5 簇	ȵu^5 族			kju^5 弄脏		

声母／配合	ʔ	ʔb	p	m	f	ʔw	w	ʔd	t	n	s	l	k	ŋ	h	ɣ	ʔj	j	ɕ	ȵ	pl	ml	kj	kw	ŋw
uː6			puː6 衣服	muː6 磨(刀)	fuː6 夫				tuː6 豆		suː6 苏(姓)		kuː6 做	ŋuː6 眈误											
uːi1				muːi1 熊			wuːi1 赶鸡声		tuːi1 队(伍)										ɕuːi1 催(债)						
uːi2													kuːi2 歪						ɕuːi2 锤子						
uːi3	ʔuːi3 语气词					ʔwuːi3 大声喊						luːi3 铜元							ɕuːi3 倒霉						
uːi4									tuːi4 颓废																
uːi5	ʔuːi5 耳柄																								
uːi6												luːi6 (拦鱼)网			huːi6 委屈										
uːm1		ʔbuːm1 打						ʔduːm1 词尾		nuːm1 蜂蛇									ɕuːm1 词尾				kjuːm1 笼罩		
uːm2																									
uːm3						ʔwuːm3 词尾		ʔduːm3 词尾									ʔjuːm3 词尾								

续表

配合\声母	ʔ	ˀb	p	m	f	ˀw	w	ˀd	t	n	s	l	k	ŋ	h	ɣ	ˀj	j	c	ȵ	pl	ml	kj	kw	ŋw
u:m⁴			pu:m⁴ 黎明		fu:m⁴ 黄昏							lu:m⁴ 鬼祟				yu:m⁴ 火燎							kju:m⁴ 独占		
u:m⁵						ˀwu:m⁵ 词尾		ˀdu:m⁵ 词尾				lu:m⁵ 光秃													
u:m⁶									tu:m⁶ (光)暗淡	nu:m⁶ 擦						yu:m⁶ 禾蚱									
um¹	ˀum¹ 抱							ˀdum¹ 词尾			sum¹ 词尾	lum¹ 忘记				yum¹ 杂草				num¹ 词尾					
um²									tum² 湿				kum² 坑		hum² 拜	yum² 风	ˀjum² 悄悄地								
um³		ˀbum³ 钝	pum³ (水)动荡	mum³ 隐约				ˀdum³ 词尾	tum³ 植物名			lum³ 象	kum³ 鹳鹈			yum³ 怀抱	ˀjum³ (汗沁)			num³ 词尾					
um⁴	ˀum⁴ 拟声		pum⁴ 钝						tum⁴ 汶(过)			lum⁴ 培土	kum⁴ 拟声		hum⁴ 围	yum⁴ 抚养			ɕum⁴ 潮湿	num⁴ 染					
um⁵		ˀbum⁵ 浮肿	pum⁵ (水)动荡	mum⁵ 瓣(橘)				ˀdum⁵ (大口)喝	tum⁵ 煮	num⁵ 缓慢			kum⁵ 屁股	ŋum⁵ 词尾		yum⁵ 怀抱	ˀjum⁵ 词尾		ɕum⁵ 拟声	num⁵ 丛(草)					
um⁶			pum⁶ 丛	mum⁶ 胡须					tum⁶ (水)淹	num⁶ 过油			kum⁶ 凹状	ŋum⁶ 大锅盖					ɕum⁶ 丛	num⁶ 词尾					

续表

配合	ʔ	ˀb	p	m	f	ˀw	w	ˀd	t	n	s	l	k	ŋ	h	ɣ	ˀj	j	ɕ	ȵ	pl	ml	kj	kw	ŋw
uːn^1			puːn^1 搬	muːn^1 填(土)			wuːn^1 焕(借)				suːn^1 园子	luːn^1 (动)乱												kwuːn^1 官	
uːn^2			puːn^2 盘子	muːn^2 瞒			wuːn^2 爬		tuːn^2 猜			luːn^2 圆形				ɣuːn^2 爬行									
uːn^3	ʔuːn^3 肥壮			muːn^3 (白满)			wuːn^3 缓(翔)		tuːn^3 短(翔)	nuːn^3 暖室									ɕuːn^3 修改					kwuːn^3 管	
uːn^4			puːn^4 陪伴	muːn^4 漫(过)					tuːn^4 断(次)	nuːn^4 (粉末)细		luːn^4 椭圆形													
uːn^5			puːn^5 半						tuːn^5 判断		suːn^5 算	luːn^5 光秃							ɕuːn^5 锥子					kwuːn^5 罐	
uːn^6			puːn^6 潘(姓)	muːn^6 晕			wuːn^6 换		tuːn^6 段			luːn^6 乱				ɣuːn^6 盘(谷物)								kwuːn^6 木墩	
un^1	ʔun^1 温(习)																							kwun^1 汉	
un^2							wun^2 人																	kwun^2 裙子	
un^3	ʔun^3 撒娇		pun^3 反口				wun^3 裙子																	kwun^3 滚	

续表

配合 (声母)	ʔ	ˀb	p	m	f	ˀw	w	ˀd	t	n	s	l	k	ŋ	h	ɣ	ˀj	j	ɕ	n̥	pl	ml	kj	kw	ŋw
un⁴														ŋun⁴ (猪嘴)掀										kwun⁴ 驯服	
un⁵	ʔun⁵ 软						wun⁵ 痕迹																		
un⁶							wun⁶ 鲔(蚵)							ŋun⁶ 晕										kwun⁶ 昆(名)	
uːŋ¹					fuːŋ¹ 方向		wuːŋ¹ 谎				suːŋ¹ 双	luːŋ¹ 槽(田)							ɕuːŋ¹ 窗					kwuːŋ¹ 暖(猪)	
uːŋ²			puːŋ² 背篷	muːŋ² 急忙	fuːŋ² 防备		wuːŋ² (大)王									ɣuːŋ² 絅									
uːŋ³			puːŋ³ 练习簿			ʔwuːŋ³ 托(费)				nuːŋ³ (果子)多	suːŋ³ 金坛													kwuːŋ³ 大碗	
uːŋ⁴			puːŋ⁴ 牛虻	muːŋ⁴ 渔网						nuːŋ⁴ 弟妹		luːŋ⁴ 畦								n̥uːŋ⁴ 唆使					
uːŋ⁵			puːŋ⁵ 摇晃					ʔduːŋ⁵ (伸手)取	tuːŋ⁵ 拉(下)			luːŋ⁵ 巷子				ɣuːŋ⁵ 下垂	ʔjuːŋ⁵ (伸手)取		ɕuːŋ⁵ 放						
uːŋ⁶				muːŋ⁶ 张望					tuːŋ⁶ 拖(下)		suːŋ⁶ 霜(售)					ɣuːŋ⁶ (链)不紧			ɕuːŋ⁶ 壮					kwuːŋ⁶ 方格	

续表

声母\配合	ʔ	ʔb	p	m	f	ʔw	w	ʔd	t	n	s	l	k	ŋ	h	ɣ	ʔj	j	c	ȵ	pl	ml	kj	kw	ŋw
uŋ¹	ʔuŋ¹ 栽培	ʔbuŋ¹ 盛谷圆	puŋ¹ 冲(入)		fuŋ¹ 封				tuŋ¹ (劳动)				kuŋ¹ 弓		huŋ¹ 大			juŋ¹ 危险	cuŋ¹ 钟						
uŋ²		ʔbuŋ² 空心菜	puŋ² 蓬	muŋ² 羊叶	fuŋ² 冯(姓)				tuŋ² 同(志)	nuŋ² 农(民)		luŋ² 伯父	kuŋ² 芎		huŋ² 红(军)	ɣuŋ² (鸡)笼		juŋ² 融解	cuŋ² 重(复)	ȵuŋ² 蚊子					
uŋ³	ʔuŋ³ 臭气		puŋ³ 棒	muŋ³ 猛	fuŋ³ 培堵			ʔduŋ³ 蟑蛄	tuŋ³ 统(治)	nuŋ³ 不干爽	suŋ³ 总	luŋ³ 垄(断)	kuŋ³ 拱					juŋ³ 拥(护)	cuŋ³ 种	ȵuŋ³ 忙碌					
uŋ⁴			puŋ⁴ 词尾					ʔduŋ⁴ 词尾	tuŋ⁴ 肚子				kuŋ⁴ 词尾							ȵuŋ⁴ 词尾	pluŋ⁴ 词尾				
uŋ⁵		ʔbuŋ⁵ 词尾	puŋ⁵ 碰撞					ʔduŋ⁵ 词尾			suŋ⁵ 宗		kuŋ⁵ 大虾			ɣuŋ⁵ (绳子)松			cuŋ⁵ 枪	ȵuŋ⁵ 蓬乱					
uŋ⁶			puŋ⁶ 段(时间)		fuŋ⁶ 间(房)				tuŋ⁶ 竹垫				kuŋ⁶ 共			ɣuŋ⁶ 山村		juŋ⁶ 用	cuŋ⁶ 中(国)						
uːp⁷		ʔbuːp⁷ 狠打	puːp⁷ (尾)垂下							nuːp⁷ 词尾	suːp⁷ (水)降	luːp⁷ 包(心)		ŋuːp⁷ 词尾				juːp⁷ 受惊		ȵuːp⁷ 词尾				kwuːp⁷ 拟声	
uːt⁷						ʔwuːt⁷ 擦			tuːt⁷ 夺取			luːt⁷ 失手		ŋuːt⁷ 词尾						ȵuːt⁷ 词尾					
uːk⁷			puːk⁷ 祥致					ʔduːk⁷ 词尾		nuːk⁷ 词尾	suːk⁷ 包赛			ŋuːk⁷ 词尾			ʔjuːk⁷ 词尾			ȵuːk⁷ 词尾			kjuːk⁷ 脏	kwuːk⁷ 大榔头	

续表

配合	ʔ	ʔb	p	m	f	ʔw	w	ʔd	t	n	s	l	k	ŋ	h	ɣ	ʔj	j	c	n̥	pl	ml	kj	kw	ŋw
uːp⁸					fuːp⁸ (水)降						suːp⁸ (水)降			ŋuːp⁸ 词尾											
uːt⁸			puːt⁸ 拨(线)	muːt⁸ 溢出										ŋuːt⁸ 词尾		ɣuːt⁸ 浇(水)			cut⁸ 阴部(女)						
uːk⁸							wuːk⁸ 呕吐					luːk⁸ 山谷		ŋuːk⁸ 词尾		ɣuːk⁸ 呕吐									
up⁷	ʔup⁷ 焖	ʔbup⁷ (压)扁		mup⁷ 嗅				ʔdup⁷ 喝(吸)	tup⁷ 词尾	nup⁷ 词尾	sup⁷ 吸收	lup⁷ 包(心)	kup⁷ 拟声	ŋup⁷ (大口)吃	hup⁷ 关(门)		ʔjup⁷ 收缩		cup⁷ 吻	n̥up⁷ 扎(口袋)				kwup⁷ 拟声	
ut⁷	ʔut⁷ 弯												kut⁷ 蕨	ŋut⁷ 弯曲					cut⁷ 事情	n̥ut⁷ 词尾					
uk⁷	ʔuk⁷ 脑	ʔbuk⁷ 掏			fuk⁷ 浙(药)			ʔduk⁷ 腐朽	tuk⁷ 包裹	nuk⁷ 聋	suk⁷ 收缩		kuk⁷ 虎	ŋuk⁷ 词尾	huk⁷ 傻	ɣuk⁷ 竹篾	ʔjuk⁷ 勾结		cuk⁷ 足	n̥uk⁷ 麻疯	pluk⁷ 壳	mluk⁷ 词尾	kjuk⁷ 嚼		
up⁸					fup⁸ 动荡貌		wup⁸ (老人)嚼		tup⁸ 打				kup⁸ 焖	ŋup⁸ 词尾	hup⁸ 拌	ɣup⁸ 蘸		jup⁸ 油状	cup⁸ 灵	n̥up⁸ 浸					
ut⁸					fut⁸ 词尾								kut⁸ 挖	ŋut⁸ 门框						n̥ut⁸ 弹性	plut⁸ 失手				
uk⁸				muk⁸ 鼻涕	fuk⁸ (佩)服				tuk⁸ 根(重)		suk⁸ 熟悉		kuk⁸ 焖	ŋuk⁸ 词尾		ɣuk⁸ 卧房		juk⁸ 驾街	cuk⁸ 捆	n̥uk⁸ 郁闷		mluk⁸ 词尾			

续表

配合＼声母	ʔ	ˀb	p	m	f	ˀw	w	ˀd	t	n	s	l	k	ŋ	h	ɣ	ˀj	j	c	ȵ	pl	ml	kj	kw	ŋw
ɯ¹	ʔɯ¹ 二(信)		pɯ¹ 斜禂		fɯ¹ 鳌			ʔdɯ¹ 肚脐			sɯ¹ 自(由)	lɯ¹ 剩余	kɯ¹ 吃	ŋɯ¹ 模仿	hɯ¹ 模仿	ɣɯ¹ 模仿	ˀjɯ¹ 药		cɯ¹ 遮盖	ȵɯ¹ 模仿					
ɯ²			pɯ² 编(绳)		fɯ² 荒				tɯ² 特(产)	nɯ² 啊	sɯ² 词(典)		kɯ² 革(命)	ŋɯ² 蛇	hɯ² 黑(板)	ɣɯ² 耳朵			cɯ² 黄牛		plɯ² 编				
ɯ³	ʔɯ³ 不									nɯ³ 啊		lɯ³ 词尾	kɯ³ 撒娇	ŋɯ³ 词尾	hɯ³ 啊	ɣɯ³ 苗头	ˀjɯ³ 语气词			ȵɯ³ 草	plɯ³ 拟态				
ɯ⁴	ʔɯ⁴ 嗯		pɯ⁴ (粥)皮层		fɯ⁴ 词尾			ʔdɯ⁴ 甜酒	tɯ⁴ (液体)凝	nɯ⁴ 呀	sɯ⁴ 篮子	lɯ⁴ 词尾	kɯ⁴ 生菜	ŋɯ⁴ 词尾	hɯ⁴ 啊	ɣɯ⁴ 而	ˀjɯ⁴ 呀		cɯ⁴ 野果		plɯ⁴ 拟声				
ɯ⁵	ʔɯ⁵ 语气词	ˀbɯ⁵ 讨厌		mɯ⁵ 近视(眼)	fɯ⁵ 俯冲							lɯ⁵ 词尾		ŋɯ⁵ 近视	hɯ⁵ 反应		ˀjɯ⁵ 语气词								
ɯ⁶			pɯ⁶ 准备	mɯ⁶ 时候							sɯ⁶ 思(想)			ŋɯ⁶ (果)成熟		ɣɯ⁶ (果)将熟									
ɯːi¹				mɯːi¹ 霜	fɯːi¹ 水蒸气			ʔdɯːi¹ 白白地					kɯːi¹ 新郎		hɯːi¹ 语气词	ɣɯːi¹ 蜜蜂			cɯːi¹ 打喷嚏						
ɯːi²										nɯːi² 软	sɯːi² 枕头				hɯːi² 招呼	ɣɯːi² 蟑螂		jɯːi² 淋透							
ɯːi³	ʔɯːi³ 打嗝		pɯːi³ 吓唬						tɯːi³ (大声)嚷						hɯːi³ 招呼		ˀjɯːi³ 语气		cɯːi³ 倒霉						

续表

声母／配合	ʔ	ˀb	p	m	f	ˀw	w	ˀd	t	n	s	l	k	ŋ	h	ɣ	ˀj	j	c	ȵ	pl	ml	kj	kw	ŋw
ɯːi⁴										nɯːi⁴ 劳累	sɯːi⁴ 左					ɣɯːi⁴ 坏						mlɯːi⁴ (食品) 坏			
ɯːi⁵											sɯːi⁵ 洗														
ɯːi⁶													kɯːi⁶ 骑					jɯːi⁶ 松明							
ɯːn¹	ʔɯːn¹ 腻		pɯːn¹ 翻找		fɯːn¹ 民歌			ʔdɯːn¹ 月	tɯːn¹ 提醒											ȵɯːn¹ 庆贺	plɯːn¹ 翻找				
ɯːn²											sɯːn² 碎烂	lɯːn² 昨天													
ɯːn³	ʔɯːn³ 光滑		pɯːn³ 揪开								sɯːn³ 噘叫		kɯːn³ 揭(开)	ŋɯːn³ 词尾		ɣɯːn³ 松	ʔjɯːn³ 流传				plɯːn³ 翻到				
ɯːn⁴														ŋɯːn⁴ 词尾											
ɯːn⁵												lɯːn⁵ 光秃		ŋɯːn⁵ 词尾		ɣɯːn⁵ 松				ȵɯːn⁵ 吃腻					
ɯːn⁶					fɯːn⁶ 虚盖			ʔdɯːn⁶ 站				lɯːn⁶ 以为	kɯːn⁶ 踮(松)												
ɯn¹		ʔbɯn¹ 天空	pɯn¹ 毛	mɯn¹ 茂盛	fɯn¹ 雨					nɯn¹ 疙瘩(大)			kɯn¹ 吃					jɯn¹ 运动	cɯn¹ 春						

续表

声母配合	ʔ	ˀb	p	m	f	ˀw	w	ˀd	t	n	s	l	k	ŋ	h	ɣ	ˀj	j	ɕ	ȵ	pl	ml	kj	kw	ŋw
ɯ^2			pɯ^2 簸箕(小)	mɯ^2 门(路)	fɯ^2 柴火						sɯ^2 存	lɯ^2 轮	kɯ^2 上面	ŋɯ^2 夜			ʔjɯ^2 拟态	jɯ^2 匀	ɕɯ^2 逊		plɯ^2 破损		kjɯ^2 群		
ɯ^3		ˀbɯ^3 撒(嘴)	pɯ^3 本(米)					ʔdɯ^3 咽		nɯ^3 疙瘩(小)	sɯ^3 连接				hɯ^3 上(去)		ʔjɯ^3 拟态	jɯ^3 尹(姓)	ɕɯ^3 准		plɯ^3 (刀)翻卷				
ɯ^4				mɯ^4 猪拱泥							sɯ^4 (簝)水多						ʔjɯ^4 词尾	jɯ^4 云(名)		ȵɯ^4 尹(地名)					
ɯ^5	ʔɯ^5 别(人)			mɯ^5 处所					tɯ^5 吨						hɯ^5 起来		ʔjɯ^5 词尾	jɯ^5 润(名)	ɕɯ^5 润(名)	ȵɯ^5 润(名)					
ɯ^6			pɯ^6 粪	mɯ^6 麻木						nɯ^6 零碎	sɯ^6 利者	lɯ^6 论				ɣɯ^6 松			ɕɯ^6 春(名)	ȵɯ^6 运(货)	plɯ^6 壮		kjɯ^6 均		
ɯ:^{1}				mɯ:^{1} 河沟							sɯ:^{1} 伤					ɣɯ:^{1} 尾巴	ʔjɯ:^{1} 香烛						kjɯ:^{1} 姜		
ɯ:^{2}			pɯ:^{2} 民间		fɯ:^{2} 杨桃				tɯ:^{2} 棚子		sɯ:^{2} 平常	lɯ:^{2} 梁(姓)				ɣɯ:^{2} 跟随		jɯ:^{2} 羊	ɕɯ:^{2} 墙	ȵɯ:^{2} 碰上			kjɯ:^{2} 强		
ɯ:^{3}	ʔɯ:^{3} 耀眼	ˀbɯ:^{3} 边	pɯ:^{3} 揭开		fɯ:^{3} 排子			ʔdɯ:^{3} 翘			sɯ:^{3} 想	lɯ:^{3} 伞				ɣɯ:^{3} 快速	ʔjɯ:^{3} 烘烤	jɯ:^{3} 响	ɕɯ:^{3} 抢		plɯ:^{3} 簿				
ɯ:^{4}											sɯ:^{4} 乘(凉)	lɯ:^{4} 丙		ŋɯ:^{4} 仰望		ɣɯ:^{4} 漱(口)			ɕɯ:^{4} 养						

续表

配合＼声母	ʔ	ˀb	p	m	f	ˀw	w	ˀd	t	n	s	l	k	ŋ	h	ɣ	ˀj	j	ɕ	ȵ	pl	ml	kj	kw	ŋw
ɯ:ŋ^5		ˀbɯ:ŋ^5 半						ˀdɯ:ŋ^5 跷起			sɯ:ŋ^5 相片		kɯ:ŋ^5 排(水)	ŋɯ:ŋ^5 扬起(头)				jɯ:ŋ^5 向	ɕɯ:ŋ^5 酱						
ɯ:ŋ^6			pɯ:ŋ^6 词尾		fɯ:ŋ^6 大块			ˀdɯ:ŋ^6 不对等				lɯ:ŋ^6 (胆量)	kɯ:ŋ^6 跷(松)			ɣɯ:ŋ^6 (牛栏)		jɯ:ŋ^6 样子	ɕɯ:ŋ^6 (大象)	ȵɯ:ŋ^6 让			kjɯ:ŋ^6 隐糊		
ɯŋ^1	ʔɯŋ^1 应(这)	ˀbɯŋ^1 愁容									sɯŋ^1 升			ŋɯŋ^1 词尾	hɯŋ^1 旺盛				ɕɯŋ^1 称						
ɯŋ^2	ʔɯŋ^2 得意			mɯŋ^2 你	fɯŋ^2 手						sɯŋ^2 乘									ȵɯŋ^2 碎					
ɯŋ^3								ˀdɯŋ^3 词尾	tɯŋ^3 田硬口	nɯŋ^3 词尾		lɯŋ^3 词尾	kɯŋ^3 跷(松)	ŋɯŋ^3 词尾		ɣɯŋ^3 词尾	ˀjɯŋ^3 怕见生			ȵɯŋ^3 词尾	plɯŋ^3 拟态			kwɯŋ^3 词尾	
ɯŋ^4								ˀdɯŋ^4 词尾	tɯŋ^4 拐杖	nɯŋ^4 词尾		lɯŋ^4 痴呆	kɯŋ^4 小名			ɣɯŋ^4 词尾	ˀjɯŋ^4 词尾			ȵɯŋ^4 词尾					
ɯŋ^5	ʔɯŋ^5 答应		pɯŋ^5 词尾		fɯŋ^5 词尾			ˀdɯŋ^5 词尾				lɯŋ^5 痴呆	kɯŋ^5 词尾		hɯŋ^5 闷热	ɣɯŋ^5 词尾	ˀjɯŋ^5 词尾		ɕɯŋ^5 争拌	ȵɯŋ^5 词尾	plɯŋ^5 晾			kwɯŋ^5 词尾	
ɯŋ^6			pɯŋ^6 肿	mɯŋ^6 你									kɯŋ^6 肿	ŋɯŋ^6 哼哼											
ɯt^7			pɯt^7 跑		fɯt^7 (镰)横欣			ˀdɯt^7 嘈杂						ŋɯt^7 词尾		ɣɯt^7 腰	ˀjɯt^7 词尾				plɯt^7 跑				

续表

声母＼配合	ʔ	ˀb	p	m	f	ˀw	w	ˀd	t	n	s	l	k	ŋ	h	ɣ	ʔj	j	ɕ	ȵ	pl	ml	kj	kw	ŋw
ɯːk^7	ʔɯːk^7 打嗝		pɯːk^7 芋							nɯːk^7 词尾			kɯːk^7 沉淀物	ŋɯːk^7 词尾			ʔjɯːk^7 饿			nɯːk^7 词尾	plɯːk^7 芋头		kjɯːk^7 沉渣		
ɯːt^8			pɯːt^8 拔掉		fɯːt^8 翅膀							lɯːt^8 血	kɯːt^8 扛	ŋɯːt^8 词尾		ɣɯːt^8 吸血虫	ʔjɯːt^8 词尾								
ɯːk^8			pɯːk^8 白	mɯːk^8 霉					tɯːk^8 地方		sɯːk^8 勺						ʔjɯːk^8 词尾		cɯːk^8 惊悸	nɯːk^8 瘦弱	plɯːk^8 白		kjɯːk^8 木犀		
ɯt^7	ʔɯt^7 狸猫	ˀbɯt^7 蜈蚣	pɯt^7 肺	mɯt^7 霉	fɯt^7 快速			ˀdɯt^7 词尾			sɯt^7 皮	lɯt^7 探寻	kɯt^7 蜷缩	ŋɯt^7 别扭		ɣɯt^7 (丝)收缩	ʔjɯt^7 词尾		cɯt^7 味淡	nɯt^7 词尾			kjɯt^7 拟声		
ɯk^7									tɯk^7 打			lɯk^7 语气	kɯk^7 生涩	ŋɯk^7 词尾			ʔjɯk^7 词尾		cɯk^7 积蓄	nɯk^7 词尾			kjɯk^7 词尾		
ɯt^8	ʔɯt^8 拟声			mɯt^8 (简打)	fɯt^8 撕碎				tɯt^8 词尾	nɯt^8 词尾	sɯt^8 喝(粥)	lɯt^8 词尾	kɯt^8 (液体)稠	ŋɯt^8 词尾		ɣɯt^8 词尾	ʔjɯt^8 词尾		cɯt^8 糯米	nɯt^8 词尾			kjɯt^8 切		
ɯk^8	ʔɯk^8 亿	ˀbɯk^8 女婴	pɯk^8 烙热		fɯk^8 词尾			ˀdɯk^8 拟声	tɯk^8 是	nɯk^8 污赖	sɯk^8 擦拭	lɯk^8 子女	kɯk^8 (液体)稠	ŋɯk^8 词尾	hɯk^8 黑	ɣɯk^8 词尾	ʔjɯk^8 词尾			nɯk^8 词尾		mlɯk^8 词尾	kjɯk^8 词尾		

附录二 燕齐壮语短篇语料

wa³³kø⁵⁵ kɯɯn⁴² ta:i⁴² lou⁵⁵ 酒席上的话语

话　语　上面 桌子 酒

1. sø:i³¹n⁴² ʔdai⁵⁵ ka³³lai²⁴ pi²⁴ kuŋ³³liŋ⁴² lu³³na³³?
   现在　得　多少　年　工龄　（语）
   现在有几年工龄了？

2. ʔbu³³ ɣø³¹ hu⁵⁵, a:i³⁵ ʔdai⁵⁵ sak⁵⁵ ɕip³¹ pi²⁴ ha⁴²nau⁴² ka³³lai²⁴ lu³³.
   不　知（语）可能 有　约　十　年　或者　多少　了
   不清楚啊，可能有十年或者多少了。

3. ʔju³⁵, ta⁵⁵ te²⁴ ʔjou³⁵ han³¹ lu³¹, ʔjou³⁵ ʔu⁵⁵miŋ⁴² tok³³.
   哟 从 他　在　那 （语）在　武鸣　读
   哟，从他在那里，在武鸣上学。

4. ʔjou³⁵ ʔu⁵⁵miŋ⁴² te:n²⁴ta²⁴ ne⁴². 在武鸣电大呢。
   在　武鸣　电大 （语）

5. ten²⁴ta²⁴ lu³¹, ʔba:t³⁵ he⁵⁵ ɕou³⁵ ɕa:u⁴²te:n⁵⁵ hom²⁴ lu³¹.
   电大 （语）次 那 和　朝典　还 （语）
   是电大，那时还和朝典一起。

6. tɯk³³ ma³¹? 是吗？
   是 （语）

7. ku³³mɯ⁴² ʔbu³³ tɯk³³? ʔba:t³⁵ he⁵⁵ mɯŋ⁴² hau⁵⁵ ku⁵⁵ tau⁴² hou³¹
   什么　不 是　次 那 你 让 我 拿 米
   pi³³/po:i²⁴ te²⁴,　ha⁴²nou⁴² lu³³na³³?
   去　他　或者 （语）
   怎么不是？那时你让我拿大米去给他，是不是呢？

8. ʔan²⁴ te:n²⁴ta²⁴ he⁵⁵, ta²⁴ɕe:n³³pa:n³ ɕi⁵⁵liŋ³³, ɕin²⁴siu³³pa:n³³ ɕi⁵⁵liŋ³³,
   个　电大 那 大专 班　另外　进 修 班　另外

te²⁴ mi⁴² ta²⁴ɕeːn³³paːn³³ ɕou³⁵ ɕin²⁴siu³³paːn³³ lɯk⁵⁵.
它　有　大专班　　和　　进修班　　（语）
那个电大，大专班另外，进修班另外，它有大专班和进修班的。

9. ʔɯ³¹, te²⁴ ɕam³³ ʔjou³⁵ ʔan²⁴ he⁵⁵　lu³³. 嗯，他也在那个（班）。
　　嗯　他　也　在　个　那　（语）

10. te²⁴ ʔjou³⁵ ʔan²⁴ ta²⁴ɕeːn³³paːn²⁴ he⁵⁵　lu³³. 他是在那个大专班。
　　他　在　个　　大专班　　那　（语）

11. ɕaːu⁴²teːn⁵⁵ ɕam³³ ʔjou³⁵ ʔan²⁴ he⁵⁵ lu³³. 朝典也在那个（班）。
　　朝典　　　也　在　个　那（语）

12. kou²⁴ poːi²⁴, te²⁴ la⁵⁵ ɕaːm²⁴, kou²⁴ yan²⁴ he⁵⁵ liu³¹.
　　我　去　他　还　问　我　见　他（语）
　　我去时，他还问，我见到他后。

13. te²⁴ ʔjou²⁴ ʔdaɯ²⁴ he⁵⁵ la³³, ʔbu³³/ʔbou⁵⁵ tɯk³³ ʔan²⁴ paːn²⁴ he⁵⁵ le³³.
　　他　在　里面　那（语）不　　　是　个　班　那（语）
　　他是在那里面，（但）不是那个班的。

14. ʔbu³³/ʔbou⁵⁵ tɯk³³ le³³, te²⁴ mi³³ ɕam³³ paːn²⁴ le³³. kou²⁴ pi³³ yan²⁴
　　不　　　是　（语）他　不　同　班　（语）我　去　见
he⁵⁵ ʔjou³⁵ kɯn⁴² lou⁴².
他　在　上　楼
不是的，他不在同一个班。我去，见他在楼上。

15. kou²⁴ pi³³ yan²⁴ he⁵⁵ liu³¹, te²⁴ la⁵⁵ nau⁴²,ʔja⁵⁵ mɯŋ⁴² ku³³yaɯ⁴²
　　我　去　见　他（语）他　还　说　呀　你　　怎么
yø³¹na⁵⁵ ku⁵⁵ ha³³na³³?
认识　　我　（语）
我见到他后，他还说，呀，你是怎么认识我的呢？

16. jeːn⁴²laːi⁴² tak³¹jeːn³¹ te²⁴ ɕi⁴² ʔbu³³/ʔbou⁵⁵ poːi²⁴/pi³³ ɕin²⁴siu³³paːn³³
　　原来　　阿元　他　也　不　　　　去　　　进修班
ʔbaːt³⁵ hu⁵⁵? te²⁴ ʔbu³³/ʔbou⁵⁵ tɯk³³ ta²⁴ɕeːn³³paːn³³ ne⁵⁵, ɕin²⁴siu³³paːn³³ lo³¹.
　　次　一　他　不　　　是　大专班　　（语）进修班　　（语）
原来阿元他不是也去过一次进修班？他不是大专班，是进修班的。

17. ʔɯ³¹,　tak³¹jeːn³¹ toŋ⁴² ʔan²⁴ ɕaːu⁴²teːn⁵⁵.
　　嗯　阿元　同　个　朝典
　　嗯，阿元和朝典（在）同一个（班）。

18. ɕuŋ⁵⁵ nou⁴² lu³¹, tak³¹jeːn³¹ toŋ⁴² ʔan²⁴ ɕaːu⁴²teːn⁵⁵ lu³¹.
　　都　说（语）阿元　同　个　朝典　（语）
　　（我）也这样说，阿元和朝典同一个（班）。

19. ʔdai⁵⁵ sak⁵⁵ ɕip³¹ pi²⁴ lu³³ma⁴² na³³? kou²⁴ ɕam³³ ʔdai⁵⁵ sak⁵⁵
    得　约　十　年　了吧　（语）我　也　　得　一
    ŋoːi³³ ɕip³¹ pi²⁴ ʔbu³³/ʔbou⁵⁵ ɣan²⁴ he⁵⁵ lu³³, kou²⁴ ʔeŋ³⁵nou⁴² te²⁴
    二　十　年　不　　　见　她（语）我　以为　　她
    la⁵⁵ ʔi³⁵ ʔi³⁵ la³³.
    还　小　小　（语）
    有十年了吗？我也有二十年没见她了，我以为她还很小呢。

20. ʔdai⁵⁵ sak⁵⁵ ɕip³¹ pi²⁴ lu³³ko³¹.　　大概有十年了的。
    　得　一　十　年　（语）

21. kit³¹poːi³¹ huːi³¹, ʔbaːt³⁵ he⁵⁵ muŋ⁴² hauɯ⁵⁵ ku⁵⁵ tauɯ⁴² hou³¹
    吉哥　　（语）次　那　你　让　我　拿　米
    pi³³/poːi²⁴ hauɯ⁵⁵ ju⁴² ʔiŋ³³.
    去　　　给　育英
    阿吉兄啊，那次你让我带大米去给育英。

22. kou²⁴ tø³⁵ poːi²⁴, te²⁴ tø³⁵ ɣan²⁴ ku⁵⁵ la⁴² "luŋ⁴²" te²⁴ nou⁴²
    我　一　去　他　一　见　我（语）伯父　他　说
    juːŋ³³ŋ⁴². kou²⁴ nou⁴² 'ki³⁵ma⁴² lo³³'?
    　这样　我　说　什么　（语）
    我一去，他一见到我，"伯父！"他这样说呢。我说"什么啊？"

23. kou²⁴ nou⁴² tou³³ ɣa²⁴ ju⁴² ʔiŋ³³ la³³, te²⁴ nou⁴² kou²⁴ meːn³³
    我　说　来　找　育英（语）他　说　我　再
    taːi³⁵ muɯn³³ poːi²⁴.
    　带　你　去
    我说来找育英的，他说我带你去吧。

24. te²⁴ haːu³⁵ taːi³⁵ ku⁵⁵ poːi²⁴ lu³¹.　　他就带我去了。
    他　就　带　我　去　（语）

25. te²⁴ ɣø³¹ ha³³,　te²⁴ ɣø³¹ ju⁴² ʔiŋ³³ tok³³ muɯn³⁵lauɯ²⁴ he⁵⁵ ha³³.
    他　知（语）他　知　育英　读　哪里　　那（语）
    他知道的，他知道育英在哪里上学的。

26. ʔji⁵⁵, ɕit³³ kjai²⁴ faːt³³ kjai²⁴ la³³ko³¹, te²⁴ taːi³⁵ ku⁵⁵ poːi²⁴ taŋ⁴²
    呀　x　远　x　远　（语）他　带　我　去　到
    ɣø³³ paːn²⁴ ke³¹he⁵⁵ lu³³ko³¹. kjai²⁴ juɯn³⁵ŋ³¹ lu³³ko³¹.
    外　班　那里　（语）远　这样　（语）
    哎呀，很远呢，他带着我到了（她）班外那里呢。这么远呢。

27. po:i²⁴, po:i²⁴ ha³¹, nou⁴² tiŋ³⁵. 去，去吧，听话。
    去   去（语）说 听

28. ŋon⁴²luːn⁴² ʔjou³⁵ laŋ⁴ wuːn²⁴wan⁴², te²⁴ ɕam³³ ʔaːi³⁵ ʔdai³³ taːt³¹
    昨天   在 处 焕文   她 也 大概 能 吃
    sak⁵⁵ kaːi³⁵ kou²⁴ju³¹ he⁵⁵ lu³³pɯ³¹. kɯ²⁴ ki³⁵ naŋ²⁴ he⁵⁵ jan³¹
    一   块 扣肉 那（语）吃 些 皮 那 有趣
    ʔe⁵⁵ma⁴² ni⁴²。
    什么（语）
    昨天在焕文那里，她大概也能吃一两块那儿的扣肉了的。吃那些皮有
    趣得很。

29. te⁴ kwa³⁵ po:i²⁴ luuk⁵⁵ma³¹？   她真的过去了吗？
    她 过 去 （语）

30. kwa³⁵ ko³¹, kan²⁴ ta⁴²laːu³¹ he⁵⁵ kwa³⁵ po:i²⁴.
    去（语）跟   奶奶 她 过 去
    去了的，跟她奶奶过去。

31. haːp³¹ kjaːu³⁵ he⁵⁵ haːk³¹ ti³⁵ wa³³ ʔbaːn⁵⁵ hu⁵⁵ ɕi⁵⁵ pan⁴² la³³.
    应该 教 她 学 点 壮话 一 才 好（语）
    应该教她一点壮话才好。

32. søːi⁴²n⁴² ɕiŋ³⁵ ma³³ kjaːu³⁵ he⁵⁵ lu³³kø³¹. 现在正是回来教她呢。
    现在   正 回   教 她 （语）

33. hau⁵⁵ he⁵⁵ tiŋ³⁵ ɣø³¹ pi⁵⁵, te²⁴ kaːŋ⁵⁵ ʔbu³³/ʔbou⁵⁵ pan⁴² ɕuŋ⁵⁵ tiŋ³⁵ ɣø³¹.
    使 她 听 知（语）她 说 不   成 都 听 知
    使她能听明白，（即使）她不会说都听明白。

34. ho:i³⁵laːu²⁴ kaːŋ⁵⁵ ʔbu³³/ʔbou⁵⁵ paːn⁴² ʔbu³³/ʔbou⁵⁵ waːi³⁵ pi⁵⁵/po:i²⁴ mou³⁵？
    担心 说 不   好 不   快 去 （语）
    担心说不好不容易吗？

35. ʔbu³³/ʔbou⁵⁵ waːi³⁵ hu⁵⁵.   不容易的。
    不   快（语）

36. te²⁴ mi⁴² ɕuŋ⁵⁵ waːn⁴²kiŋ⁵⁵ he⁵⁵, ʔjou³⁵ mɯn³⁵n⁴² ʔeːp⁵⁵ mɯŋ³³
    她 有 种 环境   那 在 这里 逼 你
    ʔbu³³/ʔbou⁵⁵ kaːŋ⁵⁵ ʔbu³³/ʔbou⁵⁵ ʔdai⁵⁵.
    不   说 不   得
    她要有那种环境，在这里逼着你不说不行。

37. te²⁴ ʔjou³⁵ no:i⁵⁵ saŋ³³hø⁴² pi⁵⁵/po:i²⁴ ɕi⁴² ɣø³¹ lu³³.
    她 在 这 生活 去 就 知（语）
    她要在这儿生活就会（说）了。

38. ʔbu³³/ʔbou⁵⁵ waːi³⁵ hu⁵⁵, hi⁴²kø⁵⁵ nou⁴² te²⁴ ʔbu³³/ʔbou⁵⁵ ʔjou³⁵
　　不　　　　快（语）如果　说　她　不　　　　在
　　noːi⁵⁵ saŋ³³hø⁴² pɯ³¹, mɯŋ⁴² nou⁴² kaːŋ⁵⁵ waːi³⁵ ma³¹? kan³³bon⁵⁵
　　这　生活　（语）你　说　讲　快　吗　根本
　　ʔbu³³/ʔbou⁵⁵ waːi³⁵.
　　不　　　　快
　　不容易的，如果说她不在这里生活，你认为说得快吗？根本不快。

39. ʔjou³⁵ noːi⁵⁵ saŋ³³hø⁴² pɯ³¹ çi⁴² waːi³⁵ lu³³, ʔjou³⁵ noːi⁵⁵ saŋ³³hø⁴²
　　在　这儿　生活　（语）就　快　（语）在　这　生活
　　pɯ³¹, pi²⁴ hu⁵⁵ çuŋ⁵⁵ ɣø³¹ lu³³.
　　（语）年　一　都　知（语）
　　如果在这儿生活就容易。在这儿生活的话，一年就会了。

40. çan³³ kan²⁴ you⁴² kaːŋ⁵⁵ la³³ çi⁴² ʔdai⁵⁵ lu³³.
　　总　跟　我们　说　（语）就　得　（语）
　　只要一直跟着我们说就可以了。

41. kɯ²⁴ ki³⁵ ɣau⁴² ki³⁵ te²⁴ lu³³, ki³⁵ ɣau⁴² wun⁴² ʔbaːn⁵⁵ çi⁴²
　　吃　些　哪　些　那（语）些　我们　壮族　就
　　jɯːŋ³³ŋ⁴² kaːŋ⁵⁵ lu³³pɯ⁵⁵.
　　　这样　讲　（语）
　　（你）想吃什么就吃什么吧，我们壮族人就是这么说的啊。

42. ki³⁵ lou⁵⁵ n⁴² maːu³⁵ keːt³⁵ pɯ⁵⁵.　　这种酒是比较浓烈呢。
　　样　酒　这　相当　烈　（语）

43. ki³⁵ lou⁵⁵ n⁴² lou⁵⁵ kjaːŋ³³taːŋ⁴² ko³¹.　　这种酒是姜糖酒。
　　样　酒　这　酒　姜糖　　（语）

44. ki³⁵ n⁴² ki³⁵ you⁴² kak³³ ʔon³⁵ ha⁴²nou⁴² lo³³?
　　样　这　样　我们　自己　酿制　或者　（语）
　　这是我们自己酿制的还是（买的）？

45. lou⁵⁵ hou³¹ ko³¹, lou⁵⁵ hou³¹ kak³¹ ʔon³⁵ la³³pɯ⁵⁵.
　　酒　米　（语）酒　米　自己　酿　（语）
　　这是米酒，是自己酿制的米酒。

46. tak³³ hou³¹ kɯ²⁴ lu³³, ku³³ma⁴² lo³³?　　盛饭吃了，（还）干嘛呢？
　　盛　饭　吃　（语）什么　（语）

47. ʔji³⁵, te²⁴ ʔdak³³ sɯːŋ⁵⁵ kwuːŋ²⁴ ki³⁵ kai³⁵ he⁵⁵ la³³.
　　呀　他　将　想　喂　些　鸡　那　（语）
　　呀，他是想喂那些鸡的。

48. kai³⁵kai³⁵ ma²⁴ma²⁴ pan⁴² kjoŋ³⁵.　　鸡狗成群。
　　 鸡　鸡　狗　狗　成　群

49. ʔbu³³/ʔbou⁵⁵ ku³¹ ʔe⁵⁵ma⁴².　可不是这样嘛。
　　 不　　　做　　什么

50. wun⁴² nou⁴² niu⁴² ja:ŋ⁴² ɕin⁴² kjɯn⁴² la³³, ka:i³⁵ n⁴² ki³³ kou⁵⁵
　　 人　　说　　牛　　羊　　成　　群　（语）样　这　鸡　狗
　　 ɕin⁴² kjɯn⁴² lu³³.
　　 成　　群　（语）
　　 别人说的是"牛羊成群"，这是"鸡狗成群"了。

51. no:i⁵⁵ ʔan²⁴ ɕa:ŋ⁴²me:n²⁴ n⁴² ki³³ kou⁵⁵ ɕin⁴² kjɯn⁴² ha³³lu³³,
　　 这　　个　　场面　　　这　鸡　狗　　成　　群　（语）
　　 ʔbu³³/ʔbou⁵⁵ tɯk³³ niu⁴² ja:ŋ⁴² hom²⁴ mu²⁴.
　　 不　　　　　是　牛　　羊　　再　（语）
　　 这个场面是"鸡狗成群"，不再是"牛羊"了。

52. ŋon⁴²lɯ:n⁴² mɯŋ⁴² tou⁵⁵ ni³¹ la⁵⁵ ɣan²⁴…
　　 昨天　　　你　来（语）还　见
　　 如果你昨天来还能见……

53. ɣan²⁴ ta⁴²ɕe⁵⁵ kim³³siu²⁴ nɯ³¹?　　（是）见到金秀姐吗？
　　 见　姐　　金秀　　（语）

54. haɯ⁵⁵ mɯŋ³³ tou⁵⁵ ʔbu³³/ʔbou⁵⁵ tou⁵⁵.　　叫你来你不来。
　　 叫　你　　来　不　　　　来

55. kjoŋ³⁵he⁵⁵ ham³³lɯ:n⁴² lap⁵⁵lap⁵⁵ lu³³ ɕi⁵⁵ ma²⁴.
　　 她们　　昨晚　　　晚　晚（语）才　回来
　　 她们昨晚都很晚了才回来。

56. kjoŋ³⁵ koŋ²⁴soŋ³⁵ he⁵⁵ ɕaŋ⁴²se:n³⁵ ma²⁴, to⁴²ŋoŋ⁴² ɕi⁴² ma²⁴ lu³³pa³³?
　　 群　送亲　　那　早已　　回　　白天　　就　回　（语）
　　 那些送亲的早就回来了，白天就回来了吧？

57. loŋ⁴² ha³³lu³³, ma²⁴ pan⁴² ʔdeɯ²⁴ wa:i³⁵?
　　 晕　（语）　回　那么　　快
　　 糊涂了吧，能回来那么快？

58. tak³¹miŋ³¹ ɕuŋ⁵⁵ la⁵⁵ ʔdai³³ hɯn⁵⁵ pi³³/po:i²⁴ kɯn⁴² he⁵⁵ lu³³.
　　 阿鸣　　都　还　能　上　去　　　上　那（语）
　　 阿鸣都还能去了上边。

59. ka:k^{33} ku^{55} çou^{35} koŋ^{24} ŋu^{31} ku^{33}çam^{42} ha:u^{55}la:i^{24} na:n^{42} lu^{33}.
　　仅　我　和　爷　五　玩　　许多　　久　（语）
　　只有我一个人和五爷爷聊了很长时间。

60. pe:t^{35} ti:m^{33} ko:i^{55}çuŋ^{24} ?dak^{33} ɣim^{24} kou^{55} ti:m^{55} lu^{33}, paŋ^{24}he^{55}
　　　八　点　几　　钟　　快　满　九　点　（语）　他们
　　çø^{55} ma^{24} taŋ^{42}.
　　才　回　到
　　都八点多钟快九点了，他们才回到（家）。

61. çam^{33} ta:ŋ^{35} kjoŋ^{35} koŋ^{24}son^{35} he^{55}, koŋ^{24}son^{35} he^{55} ma^{24} lu^{33} te^{24}
　　也　　像　群　送亲　　那　送亲　　那　回（语）他
　　çø^{55} ma^{24}. koŋ^{24}son^{35} he^{55} ma^{24} ta:i^{42} ?it^{55} te^{24} çø^{55} ma^{24} ta:i^{42} ŋo:i^{33}.
　　才　回　送亲　　那　回　第　一　他　才　回　第　二
　　就跟那送亲的一样，那送亲的回来了他才回来。（是）送亲的先回来，
他是后回来的。

62. ?ju^{35}, kjoŋ^{35}ŋ^{42} nɯ^{31} fan^{24} sø:ŋ^{24} paŋ^{24} ma^{24} ma^{31}?
　　哟　他们　（语）分　两　帮　　回　（语）
　　哟！他们啊？是分两部分回来的吗？

63. kou^{24} ɣoŋ^{42} ma^{24} mɯŋ^{42} ha:u^{35} hɯn^{33} po:i^{24} lu^{33}.
　　我　下　回　你　就　　上　去　（语）
　　我下来后你就上去了。

64. kou^{24} ɣoŋ^{42} ma^{24} ?jap^{55} hu^{55} li:u^{31} ha:u^{35} ?dai^{33}ŋi^{24} çu:ŋ^{35} pa:u^{35} lu^{33}.
　　我　下　回　阵　一　（语）　就　听见　　放　炮（语）
　　我下来一会儿就听见鞭炮声了。

65. wu:n^{24}wan^{42} çu:ŋ^{35} pa:u^{35} li:u^{31}, pan^{42}n^{42} ?a^{33}ti^{35} ha:u^{35} çam^{33}
　　焕文　　　放　炮　（语）　这样　阿弟　就　也
　　ma^{24} taŋ^{42} lu^{33}.
　　回　到（语）
　　焕文放了鞭炮后，这样阿弟也就回到了。

66. çu:ŋ^{35} ki^{35} pa:u^{35} ?bun^{24} he^{55} ?ba:t^{35} he^{55} ?a:i^{35} te:n^{55}li^{55} lu^{33}pa^{31}?
　　放　些　炮　天　那　次　那　可能　典礼　　（语）
　　放飞天炮的那次可能（进行）典礼了吧？

67. ?ba:t^{35} çu:ŋ^{35} pa:u^{35} ?bun^{24} he^{55} ?ø:k^{35} tou^{33} te:n^{55}li^{55} lu^{33}. te:n^{55}li^{55}
　　次　放　炮　天　那　出　来　典礼　（语）典礼
　　sa:t^{35} li:u^{31} ça:i^{24} çu:ŋ^{35} ?ba:t^{5}.
　　结束（语）又　　放　次
　　放飞天炮那次出来典礼了。典礼结束后又放一次。

68. kou²⁴ ʔbu³³/ʔbou⁵⁵ kɯ²⁴ kaːi³⁵ n⁴² le³³, kɯ²⁴ kaːi³⁵ n⁴² la³³.
　　我　不　　　　吃　块　这（语）吃　块　这（语）
　　我不吃这个，吃这个。

69. ne³¹, kou²⁴ hoːi²⁴ piŋ⁴² hu⁵⁵ mɯŋ³³ hom²⁴ ne³¹. ʔjap⁵⁵m⁴² laːɯ²⁴
　　给　我　开　瓶　一　你　再　给　一会儿　怕
　　mɯŋ³³ hoːi²⁴ ʔbu³³/ʔbou⁵⁵ ʔdai⁵⁵.
　　你　开　不　　　　得
　　给，我再给你开一瓶。担心一会儿你开不了。

70. ʔaːɯ²⁴ saːm²⁴ ʔdai³³ pi³³/poːi²⁴ li⁵⁵jou⁴² ma²⁴ lu³³, ɣan²⁴ le⁵⁵？
　　叔　三　得　去　　　　旅游　回（语）见（语）
　　三叔都能去旅游回来了，见到了吗？

71. ɣaːn⁴² hi⁵⁵jaŋ⁴² ɣøːŋ³³ laɯ⁵⁵ ɕi⁴² mø³³tø⁴² ʔøːk³⁵ poːi²⁴ lu³³.
　　家　还没有　亮　（语）就　摩托车　出　去　（语）
　　天还没亮呢，（他）就（骑）摩托车出去了。

72. hat⁵⁵hat⁵⁵ poːi²⁴ haɯ²⁴ ʔeːk³⁵ ku³¹tø⁵⁵ ɕaːn³⁵ hu⁵⁵ ɕø⁵⁵ ma²⁴.
　　早早　去　轭圩　赌　阵　一　才　回
　　每早去轭圩赌博一会儿才回来。

73. hu³¹hu³¹, ʔdak⁵⁵ he⁵⁵ ki³⁵ hin³¹ he⁵⁵ ɕam³³ ʔjou³⁵kan⁵⁵ hu⁵⁵ nɯ³³.
　　呵呵　个　那　些　瘾头　那　也　严重　（语）（语）
　　呵呵，（他）那个人的赌瘾也是够严重的。

74. ʔbu³³/ʔbou⁵⁵ tuk³³, ʔbaːŋ³³pai⁴² pi³³/poːi²⁴ jiu³⁵ ɕi³³ ʔoːi⁵⁵ laɯ⁵⁵.
　　不　　　　是　可能　去　　看　车　甘蔗（语）
　　不是，可能是去看（有无）（拉）甘蔗的车呢。

75. ʔdak³³ ɣam⁵⁵ ʔoːi⁵⁵ nɯ³¹？　要砍甘蔗是吗？
　　要　砍　甘蔗（语）

76. jiu³⁵ ɕi²⁴ ʔoːi⁵⁵, wun⁴² ɕi⁴² tou⁵⁵ tiŋ²⁴ɕi²⁴teːn⁵⁵ pan⁴² ʔdeu²⁴ waːi³⁵ la⁵⁵？
　　看　车　甘蔗　人　也　来　订车点　这么　早　（语）
　　看甘蔗车，人家就到订车点不会这么早啊？

77. ki³⁵ wun⁴² he⁵⁵ peːt³⁵ kou⁵⁵ tiːm⁵⁵ ɕø⁵⁵ ʔøːk³⁵ tou⁵⁵.
　　些　人　那　八　九　点　才　出　来
　　那些人八九点钟才出来。

78. ɕuŋ⁵⁵ nau⁴² lu³³, sak⁵⁵ ɕi²⁴ hom²⁴ ha³³lu³³.
　　总　说（语）一　车　再　（语）
　　都说了，再一车（就完事）了。

79. kɯ²⁴ han³¹ le⁵⁵? kɯ²⁴ ki³⁵ lou⁵⁵ keːt³⁵ n⁴² le⁵⁵?
　　喝　　那　（语）喝　些　酒　烈　这（语）
　　喝那个吗？喝这个烈酒吗？

80. ʔdai⁵⁵ lu³³ko³¹, kjaːŋ⁴²taːŋ⁴²siu⁵⁵ ɕaŋ⁴² tuuk³³ ma³¹.
　　得　（语）　　姜糖酒　　　没有　是（语）
　　可以了，姜糖酒还不是吗？

81. saɯ³⁵ le⁵⁵? saɯ³⁵ piŋ⁴² hu⁵⁵ le⁵⁵?　尝吗？尝一瓶吗？
　　试　（语）试　瓶　一　（语）

82. ʔbu³³/ʔbou⁵⁵ saɯ³⁵ hom²⁴ mu²⁴pa³¹?　不再尝了吧？
　　不　　　　试　再　　（语）

83. koŋ²⁴ poːi³¹, ɣaːŋ²⁴ fuut⁵⁵ ma³¹?　老兄，很香吗？
　　个　哥　香（后缀）（语）

84. ɣaːŋ²⁴ ko³¹.　香啊。
　　香　（语）

85. la³¹, ʔou²⁴ tou⁵⁵ ti³⁵ hu³³ lu⁵⁵.　哪儿呢，拿来一点吧。
　（语）　要　来　点　一（语）

86. taːŋ³⁵ ŋon⁴²luːn⁴² wuːn²⁴wan⁴² ɕam³³ mi⁴² luuk⁵⁵, te²⁴ mi³³ haɯ⁵⁵ you⁴².
　　像　　昨天　　　焕文　　　也　有（语）他　不　给　我们
　　像昨天焕文也有的，他没拿给我们。

87. muuŋ⁴² mi⁴² tou⁵⁵ ʔbu³³/ʔbou⁵⁵ ɕim⁴² ɕi⁵⁵ nou⁴². ʔɯ³¹, ki³⁵ lou⁵⁵ n⁴²
　　你　有　来　不　　　　尝　又　说　嗯　些　酒　这
　ɣaːŋ²⁴fuut⁵⁵ pi⁵⁵/poːi²⁴, you⁴² ɕuŋ⁵⁵ ʔbu³³/ʔbou⁵⁵ ɣø³¹ laɯ⁵⁵, ɕi⁴²
　　香（后缀）去　　我们　都　　不　　　　知道（语）又
　ku³³ɣau⁴² ʔdai⁵⁵ lo³³.
　　怎么　得（语）
　　你拿（酒）来，（我们）不尝尝又挨说。嗯，这酒真是香喷喷的，我们
都不知道，怎么行呢。

88. lou⁵⁵piŋ⁴² muun³⁵ lau²⁴ he⁵⁵ haːi²⁴ lo³³? kim³³lu³¹fu³³.
　　酒瓶　　处　哪　那　卖（语）　金六福
　　哪儿卖的酒啊？金六福酒。

89. ɣou⁴² kɯ²⁴ ti³⁵ n⁴² liːu³¹ pi⁵⁵/poːi²⁴, meːn³³ɕi⁵⁵ ɣaːi³¹ sak⁵⁵ kam⁴²
　　我们　喝　点　这　完（语）　　　　再　倒　一　口
　hu⁵⁵, laːŋ³¹ haːp³¹ ʔoːi³⁵ ni³¹, ɕi⁵⁵ laːi²⁴ kɯ²⁴ ham³⁵ laːi²⁴.
　　一　如果　满意（语）再　多　喝　较　多
　　我们喝完这点（酒），再倒一两口，如果合口的话，再多喝多一点。

90. kwu:ŋ³³, ʔi⁴²pa:n³³ sou²⁴ ʔjou³⁵ pɯ³¹kiŋ³³ ka:k³¹ kɯ²⁴ lou⁵⁵ le⁵⁵?
　　光　　一般　　你们　在　　北京　　自己　喝　酒　（语）

ʔit⁵⁵ ham³³ mɯŋ⁴² ko³¹.
一　晚　你　（语）

阿光，你一般在北京自己喝酒吗？每晚你啊。

91. ʔjou³⁵ ʔdau²⁴ ɣa:n⁴², kou²⁴ soŋ⁴²la:i⁴² ʔbu³³ kɯ²⁴. ʔbu³³/ʔbou⁵⁵
　　在　　里　　家　　我　从来　　不　喝　　不

mi⁴² ki³⁵ hin³¹ lou⁵⁵ he⁵⁵.
有　些　瘾　酒　那

在家里我从来不喝，没有那种酒瘾。

92. ʔi:n²⁴ kou²⁴ hi⁴² ʔbu³³/ʔbou⁵⁵ kɯ²⁴.　烟我也不抽。
　　烟　　我　也　不　　　　抽

93. ʔba:ŋ⁵⁵ pou³¹ mi⁴² ki³⁵ hin³¹ he⁵⁵ pɯ³¹, te²⁴ ɕuŋ⁵⁵ ka:k³¹ kɯ²⁴ hu⁵⁵.
　　些　　人　　有　些　瘾　那（语）　他　都　自己　喝　（语）

有的人有瘾的话，他会自己喝的。

94. ʔi:n²⁴ kja²⁴man³³ lu³³nɯ³³。　烟，就更不用说了是吧。
　　烟　　更加　　（语）

95. ʔi:n²⁴ pɯ³¹, kou²⁴ te:k⁵⁵ ɕuŋ⁵⁵ ʔbu³³/ʔbou⁵⁵ te:k⁵⁵.
　　烟　（语）　我　碰　都　不　　　　碰

至于烟，我是连碰都不碰。

96. mɯŋ⁴² ɕuŋ⁵⁵ ʔbu³³/ʔbou⁵⁵ ɣø³¹ tak³¹nu:ŋ³¹ hu³¹!
　　你　　都　　不　　　　知　阿弟　　（语）

你都不认识阿弟吧！

97. ʔbu³³/ʔbou⁵⁵ ɣø³¹ hu⁵⁵, ʔbu³³/ʔbou⁵⁵ ɣø³¹ le³³nɯ³³?
　　不　　　　知（语）　不　　　　　知　（语）

不认识的，不认识的是吧？

98. jɯ:ŋ³³ŋ⁴² te²⁴ ʔjou³⁵ mɯn³⁵lau²⁴ he⁵⁵ sø:i⁴²n⁴² lo³³.
　　那么　　他　在　　哪里　　那　现在　　（语）

那他现在在哪儿啊？

99. ʔjou²⁴ pa:i⁵⁵ɕu³¹sø⁵⁵ ku³³hø:ŋ²⁴.　在派出所工作。
　　在　派出所　　　工作

100. te²⁴ ɕam³³ tok³³ kwa:ŋ⁵⁵si³³ kiŋ⁵⁵ja:u²⁴ ko³¹.
　　他　也　读　广西　　警校　（语）

他也就读广西警校的。

101. tok³³ ʔøːk³⁵ ma²⁴ tø³⁵ çi³¹se³¹ fan³³poːi³⁵ lu³³.
　　 读　 出　 来　 就　 直接　　 分配　 （语）
　　 毕业后就直接分配了。

102. kou²⁴ naːn³⁵ mɯŋ³³ ʔbu³³/ʔbou⁵⁵ ʔaːi³⁵ ɣø³¹na⁵⁵ he⁵⁵ ne⁴².
　　 我　 估计　 你　 不　　　　 可能　 认识　 他（语）
　　 我估计你不可能认识他呢。

103. søːi⁴²n⁴² te²⁴ ʔjou³⁵ hi²⁴seːn⁴²jaːŋ³³, jeːn⁴²laːi⁴² tɯk³³ lø⁴²hi³³.
　　 现在　 他　 在　 玉泉　 乡　 原来　 是　 罗圩
　　 lø⁴²hi³³ ne³¹, ʔan²⁴ jaːŋ³³çin²⁴ he⁵⁵ taːi³⁵ huŋ²⁴ laːi⁵⁵ haːu³⁵
　　 罗圩 （语）个　 乡镇　 那　 太　 大　 多　 就
　　 fan²⁴ søːŋ³³ ʔan²⁴.
　　 分　 两　 个
　　 现在玉泉乡，原来是罗圩。罗圩呢，那个乡镇太大就分成两个。

104. jeːn⁴²laːi⁴² te²⁴ ʔjou³⁵ fu⁵⁵çiŋ⁴² koːi⁵⁵ ʔdɯːn²⁴, ʔjou³⁵ lu³¹wa⁴²
　　 原来　 他　 在　 府城　 几　 月　 在　 陆斡
　　 koːi⁵⁵ ʔdɯːn²⁴, ʔjou³⁵ huŋ⁴²liŋ⁵⁵ çi⁵⁵ koːi⁵⁵ ʔdɯːn²⁴.
　　 几　 月　 在　 红岭　 又　 几　 月
　　 他原来在府城几个月，陆斡几个月，在红岭又几个月。

105. søːi⁴²n⁴² mɯŋ⁴² ma²⁴, poːi²⁴ ʔu⁵⁵miŋ⁴² hom²⁴ me⁵⁵?
　　 现在　 你　 回去　 武鸣　 还（语）
　　 mi³³ poːi²⁴ mu²⁴ pa³¹?
　　 不　 去　 （语）
　　 你这次回来，还去武鸣吗？不再去了吧？

106. ʔjou³⁵ ʔu⁵⁵miŋ⁴² kɯ²⁴ baːt³⁵ lou⁵⁵ hu⁵⁵ haːu³⁵ hɯn³³ ma²⁴ lu³³.
　　 在　 武鸣　 喝　 次　 酒　 一　 就　 上　 回（语）
　　 在武鸣喝了一次酒就回来了。

107. jɯːŋ³³ŋ⁴² mɯŋ⁴² çam³³ hou⁵⁵ çaːŋ²⁴jaːu²⁴ pi⁵⁵/poːi²⁴ la⁵⁵?
　　 那　 你　 也　 进　 壮校　 去　 （语）
　　 那你也进壮校去了？

108. tak³³si³¹ heːu³³ kɯ²³ lou⁵⁵ lu³³. 　 阿式叫喝酒了。
　　 阿式　 叫　 吃　 酒 （语）

109. kou²⁴ ʔeːŋ³⁵kja²⁴nou⁴² mɯŋ⁴² la⁵⁵ hou⁵⁵ poːi²⁴ la³³ɣau⁴².
　　 我　 以为　　 你　 还　 进　 去 （语）
　　 我以为你还进去呢。

110. ?ju³⁵, tak³³si³¹ ma⁵⁵ la⁵⁵?　　哟！阿式回来了吗？
哟　阿式　回（语）

111. tak³³si³¹ ?jou³⁵ ?u⁵⁵miŋ⁴² , tak³³?u⁵⁵ ɕi⁴² ?jou³⁵ ɕa:ŋ²⁴suɯ³³ la³³puɯ⁵⁵, nuɯ³³?
阿式　在　武鸣　阿武　却　在　上思　（语）（语）
阿式在武鸣，阿武却是在上思（县），是吧？

112. ju⁴²?iŋ³³ muɯŋ⁴² ɕuŋ⁵⁵ ?bu³³/?bou⁵⁵ ɣø³¹na⁵⁵ ne³¹.
育英　你　都　不　　　认识　（语）
育英你都不认识呢。

113. muɯŋ⁴² ?jou³⁵ ta:ŋ³³ɣon²⁴ ɣop³³ he⁵⁵ puɯ³¹ ɕuŋ⁵⁵ ?bu³³/?bou⁵⁵ ɣø³¹.
你　在　路上　遇　她（语）都　不　　　知
你要是在路上遇见她都不认识。

114. kou²⁴ ha:u⁵⁵la:i²⁴ luɯk³¹ŋe⁴² ɕuŋ⁵⁵ ?bu³³/?bou⁵⁵ ɣø³¹na⁵⁵ hom²⁴ mu²⁴.
我　许多　小孩　都　不　　　认识　再　（语）
我很多小孩都不再认识了。

115. te²⁴ ɕam³³ ?bu³³/?bou⁵⁵ ɣø³¹ muɯŋ³³. kou²⁴ na:n³⁵ te²⁴ ?a:i³⁵ ɕam³³
她　也　不　　　知　你　我　估计　她　可能　也
?bu³³/?bou⁵⁵ ɣø³¹ muɯŋ³³, muɯŋ⁴² hi³¹ ?bu³³/?bou⁵⁵ ɣø³¹ he⁵⁵.
不　　　知　你　你　也　不　　　知　她
她也不认识你。我想她可能也不认识你，你也不认识她。

116. ta:ŋ³⁵ ta³³luɯk³³ kim³³siu²⁴ ha³³lu³³, na:n⁴²na:n⁴² ?bu³³/?bou⁵⁵
像　女儿　金秀　（语）　久久　不
ma²⁴ puɯ³¹, ham³³luɯ:n⁴² la³³ te²⁴ ɕuŋ⁵⁵ ?bu³³/?bou⁵⁵ ɣø³¹ sak⁵⁵ pou³¹.
回（语）　昨晚　（语）她　都　不　　　知　一　个
就像金秀的女儿吧，好久都不回来，像昨晚她谁都不认识。

117. ?dau²⁴ ɣa:n⁴² he⁵⁵ ɣø³¹ la³³, ɣou⁴² ɕuŋ⁵⁵ ?bu³³/?bou⁵⁵ ɣø³¹ ha³¹.
里　家　她　知（语）我们　都　不　　　知（语）
只有她家里（人）认识，连我们都不认识呢。

118. ?bu³³/?bou⁵⁵ ɣø³¹ hu⁵⁵, ?dau²⁴ ɣa:n⁴² he⁵⁵ te²⁴ kiŋ³³ɕa:ŋ⁴² ma²⁴
不　　　知（语）里　家　她　她　经常　回
ɕi⁴² ɣø³¹ la³³.
才　知（语）
是不认识的，她家里（人）是她经常回来才认识（她）的。

119. te²⁴ kiŋ³³ɕa:ŋ⁴² ma²⁴, te²⁴ hou⁵⁵ ɣa:n⁴² lo³¹ tuɯk³³ le⁵⁵. hou⁵⁵
她　经常　回　她　进　家（语）是（语）进

ɣaːn⁴² sak⁵⁵ ham³³ liːu³¹ te²⁴ taːu³⁵ poːi²⁴ lu³³, muɯŋ⁴² kan³³pon⁵⁵
家　　一　　晚　（语）她　又　去　（去）你　　根本

ˀbu³³/ˀbou⁵⁵ ɣø³¹.
不　　　　　知

她经常回来，她（直接）进家门了，是吧？(住)一个晚上她又走了，你根本不知道。

120. ta⁴²pø³³ muɯŋ³³ hi⁵⁵jaŋ⁴² ma²⁴ ma³¹?　　你爸爸还没有回来吗？
　　　爸爸　　你　还没有　回　（语）

121. ˀdak³³ ɣim²⁴ kou⁵⁵ tiːm⁵⁵ pi⁵⁵/poːi²⁴ te²⁴ çi⁵⁵ ˀdai³³ ma²⁴.
　　　快　　满　九　点　去　　　他　才　能　回
　　　要快到九点他才能回来。

122. koŋ²⁴ he⁵⁵ jiːt³¹ laːu³¹ jiːt³¹ ˀaːk⁵⁵ ko³¹.
　　　个　那　越　老　越　能干（语）
　　　那个（人）年纪越大越能干呢。

123. te²⁴ çi⁵⁵ ta⁵⁵ tiːk³³ he⁵⁵ ma²⁴ haːu⁵⁵laːi²⁴ kjaːi²⁴.
　　　他　又　从　地方　那　回　许多　　远
　　　他又从那里回来，走很远的路。

124. kaːi³⁵ kjaːŋ³³taːŋ⁴²siu⁵⁵ n⁴² çam³³ huɯŋ³³ na⁵⁵ hu⁵⁵, kwaːŋ³³ pɯ⁵⁵!
　　　种　　姜糖酒　　这　也　上　脸（语）光　　（语）
　　　这种姜糖酒也会醉人呢，阿光啊！

125. kaːi³⁵ n⁴² nuɯ³¹, kaːi³⁵ n⁴² huɯŋ⁵⁵ na⁵⁵ nuɯ³¹.
　　　个　这（语）个　这　上　脸（语）
　　　这个吗，这个会醉人吗？

126. huɯŋ⁵⁵ hu⁵⁵, çam³³ mi⁴² ti³⁵ huɯŋ⁵⁵.　　会啊，也有点醉人。
　　　上　（语）也　有　点　上

127. søːi⁴²n⁴² kou²⁴ çuŋ⁵⁵ mi⁴² ti³⁵ kou³⁵ hin³¹ hu⁵⁵ lu³³.
　　　现在　我　都　有　点　够　瘾　一（语）
　　　现在我都有点儿过头了。

128. kaːi³⁵ n⁴² te²⁴ mi⁴² ki³⁵taːŋ⁴² çou³⁵ ki³⁵hiŋ²⁴ he⁵⁵ søːŋ²⁴ çuŋ⁵⁵
　　　种　这　它　有　些　糖　和　些　姜　它　两　　种
ma³³ kaːi⁵⁵ ki³⁵ keːt³⁵ he⁵⁵.
　　　来　解　些　烈性　它
　　　这种有它的姜和糖两种来解掉它的烈性。

129. çuŋ⁵⁵ ŋ⁴² hoːi⁴²kiŋ²⁴ kɯ²⁴ lo³³, la⁵⁵ mi⁴² søːŋ²⁴ çuŋ⁵⁵ hom²⁴,
　　　种　这　已经　　吃（语）还　有　两　种　再

hi⁵⁵jaŋ⁴² teːk⁵⁵ hou⁵⁵ poːi²⁴ sak⁵⁵ ti³⁵.
还没有　碰　进　去　一　点
这种已经喝了，还有两种，一点都还没碰呢。

130. kwuːn³⁵ ku⁵⁵ fi⁴² la³³ma³¹, ʔaːu²⁴？　要把我灌醉吗，叔叔？
　　　灌　我　醉　（语）　叔

131. ʔju²⁴hu³³, ʔdak⁵⁵ ɣam³¹ taːŋ²⁴ hu⁵⁵, fi⁴² çi⁴² ma⁴² pi⁵⁵/poːi²⁴ lo³³.
　　哟呵　个　水　汤（语）醉　又　什么　去　（语）
　　哟呵，汤水而已，醉了又怎样？

132. kou²⁴ mi⁴² ʔbaːt³⁵ hu⁵⁵ çam⁵⁵ fi⁴² tɯk⁵⁵ yuːk³³ lu³³.
　　我　有　次　一　也　醉　得　吐　（语）
　　我有一次也醉得吐了。

133. piŋ⁴²çaːŋ⁴² ti³³ sai³³, çoːi³⁵ ʔdoːi²⁴ tɯk³³ kaːk³¹ loːi³¹.
　　平常　的　事，　最　好　是　自　理
　　（醉酒）平常的事，最好是能自理。

134. kɯ³³ lou⁵⁵ waːŋ⁵⁵waːŋ⁵⁵ ʔjou³⁵ soːi⁴² çoːi³⁵ kaːu³³hiŋ²⁴ he⁵⁵ fi⁴².
　　吃　酒　往　往　在　时　最　高兴　那　醉
　　喝酒往往是在最高兴的时候醉酒。

135. kou²⁴ ʔdai⁵⁵ ha⁵⁵çip³³ koːi⁵⁵ pi²⁴, kou²⁴ jɯːŋ³³ŋ⁴² kaːm⁵⁵kjø³¹ lo³³.
　　我　得　五　十　几　岁　我　这样　感觉　（语）
　　我都50多岁了，我有这样的感觉。

136. sau³⁵mɯ³³ fi⁴² çuːŋ⁵⁵ ʔbu³³/ʔbou⁵⁵ ɣø³¹.　突然醉了都不知道。
　　　突然　醉　都　不　知

137. laːk³⁵ çou³⁵ muŋ³³ kɯ²⁴ lou⁵⁵, kaːm⁵⁵taŋ⁴² çam³³ mi⁴² ti³⁵
　　初次　和　你　吃　酒　感到　也　有　些
hiŋ²⁴fan²⁴ hu⁵⁵ hu⁵⁵.
　　兴奋　一（语）
　　第一次同你喝酒，感到也有些兴奋呢。

138. pi²⁴ ta⁴²koŋ²⁴ kwa³⁵ pi²⁴ he⁵⁵, kou²⁴ poːi²⁴ taŋ⁴² ʔu⁵⁵miŋ⁴² liːu³¹,
　　年　爷爷　去世　年　那　我　去　到　武鸣（语）
ki³⁵ tuŋ⁴²jø³¹ ku⁵⁵ çip³¹ koːi⁵⁵ wun⁴², ʔaːi³¹ju³¹, pou³¹ çeːn⁵⁵ pou³¹
　　些　同学　我　十　几　人　哎哟　个　杯　个
çeːn⁵⁵ la³³, ku³³ɣau⁴² ma²⁴ pin³³kwuːn⁵⁵ çuŋ⁵⁵ ʔbu³³/ʔbou⁵⁵ ɣø³¹ mu²⁴.
　　杯（语）　怎么　回　宾馆　都　不　知（语）
　　爷爷去世那年，我到武鸣后，我的同学十几个人，哎哟，也就一人一
杯，（结果我）怎么回宾馆都不知道了。

139. tuuk³³ ko³¹, ʔbu³³/ʔbou⁵⁵ ɣø³¹ hu⁵⁵. kjoŋ³⁵ ŋ⁴² ha³¹ɣauɯ⁴² ɣaːm²⁴
　　 是 （语）不　　知 （语）他们　　怎么　抬
　　 muɯŋ³³ pi⁵⁵/poːi²⁴ma²⁴, muɯŋ⁴² kan³³pon⁵⁵ ʔbu³³/ʔbou⁵⁵ ɣø³¹.
　　 你　去　回　你　根本　不　　知
　　 是啊，不知道的。他们是怎么把你抬回去，你根本不知道。

140. ki³⁵ tuŋ⁴²jø³¹ ku⁵⁵ ʔbaːŋ⁵⁵ ɕip³³ koːi⁵⁵ ŋoːi³³ ɕip³³ pi²⁴ lu³³, ɕuŋ⁵⁵
　　 些 同学　我　些　十　几　二十　年（语）都
　　 ʔbu³³/ʔbou⁵⁵jaŋ⁴² ɣan²⁴ na⁵⁵ kwa³⁵.
　　 　 还 没　 见 面 过
　　 我的同学有的十几二十年都还没见过面了。

141. ʔjan²⁴wi³³ ɣou⁴² ɕi⁴² siu⁵⁵luɯːŋ²⁴ jou⁵⁵haːn²⁴ ti³³ tuuk³³ le⁵⁵?
　　 　 因为　我们　却　酒量　　　有限　　的　是 （语）
　　 wun⁴² hi⁴² ʔbu³³/ʔbou⁵⁵ ɣø³¹nou⁴² ɣou⁴² siu⁵⁵luɯːŋ²⁴ jou⁵⁵haːn²⁴?
　　 　 人 也 不　　　　 知道 我们　酒量　　　有限
　　 因为我们酒量有限是吧？人家又不知道我们酒量有限。

142. mi⁴² hiŋ²⁴tou⁴² lo³¹, hiŋ²⁴tou⁴² tuuk³³ ɕoːi²⁴ kaːu³³ ɕiŋ⁴²tu²⁴ lu³³.
　　 有 兴趣 （语）兴趣　　是　最　高　程度 （语）
　　 是有兴趣的，兴趣是最高程度了。

143. pou³¹ ɕeːn⁵⁵ pou³¹ ɕeːn⁵⁵ la³³, ku⁵⁵ɣauɯ⁴² ʔdai³³ tiŋ³¹ je³¹?
　　 个　 杯　个　 杯 （语）怎么　能　顶 （语）
　　 （就）一人一杯，怎么能顶得住呢？

144. kiŋ³⁵ lou⁵⁵ puɯ³¹, pou³¹ ɕeːn⁵⁵ pou³¹ ɕeːn⁵⁵ kwa³⁵ poːi²⁴, ʔjap⁵⁵
　　 敬　酒 （语）个　 杯　个　 杯　过去　　阵
　　 hu⁵⁵ te²⁴ ɕi⁵⁵ pou³¹ ɕeːn⁵⁵ pou³¹ ɕeːn⁵⁵ ma²⁴ kiŋ³⁵ muɯŋ³³.
　　 一 他 才 个　 杯　个　 杯　回　敬　你
　　 敬酒的话，（是）一人一杯地（敬）过去，一会儿他才一人一杯地来敬你。

145. ɕeːn⁵⁵ he⁵⁵ puɯ³¹, ki⁵⁵ma⁵⁵ ɕuŋ⁵⁵ tuuk³³ luɯːŋ³¹ ha⁴²nau⁴² peːt³⁵
　　 杯　那 （语）起码　都　是　两　或者　八
　　 ɕiːn⁴² juɯːŋ³³ŋ⁴² puɯ⁵⁵.
　　 钱　这样　（语）
　　 那杯酒啊，至少是一两或八钱这样的呢。

146. tuŋ³¹jø³¹ ʔi³¹meːn²⁴ ɕi³³kjaːu³³ puɯ³¹, kaːi³⁵ n⁴² ʔbu³³/ʔbou⁵⁵ ʔdai³³ noːi³¹ lau²⁴.
　　 同学　一面　 之交 （语）个　这 不　　　 得　少 （语）
　　 同学是一面之交的话，这个是少不了的。

147. ʔbu³³/ʔbou⁵⁵ kuɯ²⁴ hom²⁴ la⁵⁵?　　不再喝一点了吗？
　　 不　　　 吃　再 （语）

148. kɯ²⁴ ʔim³⁵ lu³³, sou²⁴ meːn³³ kɯ²⁴ nɯ⁴².　吃饱了，你们慢吃吧。
　　　吃　饱（语）你们　慢　吃（语）

149. ɕin³³, pan⁴²n⁴² kiŋ³³ɕaŋ⁴² laːi⁴²waːŋ⁵⁵ nɯ⁴².
　　　珍　以后　经常　来往　（语）
　　　阿珍，今后经常来往啊。

150. ɕuŋ⁵⁵ ʔbu³³/ʔbou⁵⁵ ma²⁴ lauɯ⁵⁵, ɣou⁴² ɕuŋ⁵⁵ ʔbu³³/ʔbou⁵⁵ ɣø³¹na⁵⁵ hom²⁴.
　　　都　不　　　回（语）我们　都　不　　　认识　再
　　（她）都不（经常）回来！我们都不认识的。

151. ma²⁴ sak⁵⁵ ʔbaːt³⁵ la³³ ɣou⁴² hi⁴² ʔbu³³ ɣan²⁴.
　　　回　一　次（语）我们　也　没　见
　　（偶尔）回来一次，我们也没看见。

152. ʔjou³⁵ ŋoːi³³taːŋ⁴² ɣan²⁴ mɯŋ³³ pɯ³¹, kan³³pon⁵⁵ ʔbu³³/ʔbou⁵⁵
　　　在　二塘　　见　你（语）根本　不
　　ɣø³¹, ʔjou³⁵ ʔdauɯ²⁴ ʔbaːn⁵⁵ ɕi⁴² ɣø³¹ la̩³³.
　　　知　在　里　村　才　知（语）
　　如果在二塘遇见你，根本不认识，是在村里才认识的。

153. mɯ³³ kou²⁴ la⁵⁵ pi³³/poːi²⁴ tok³³sauɯ²⁴ poːi²⁴ lu⁴²wa³¹ ɣan²⁴ he⁵⁵,
　　　时候　我　还　去　　　读书　去　陆斡　见　她
　　taŋ⁴² søːi³³n⁴² ʔdai⁵⁵ sak⁵⁵ ŋoːi³³ ɕip³³ pi²⁴ lu³³.
　　　到　现在　得　一　二　十　年（语）
　　我上学时去陆斡见的她，到现在大约二十年了。

154. ʔdai⁵⁵ sak⁵⁵ ŋoːi³³ ɕip³¹ pi²⁴ lu³³pɯ³¹ ɕi⁴² ʔbu³³/ʔbou⁵⁵ ɣø³¹ mu²⁴.
　　　得　一　二　十　年　（语）　就　不　　　知（语）
　　如果有二十年，那就不认得了。

155. mɯŋ⁴² nuːŋ³¹ ha⁴²nau⁴² taː³³jeːn³⁵ nuːŋ³¹ lo³³na³³?
　　　你　妹　还是　阿燕　妹　（语）
　　你（年纪）小还是阿燕小啊？

156. taː³³jeːn³⁵ laːu³¹ la³³.　　是阿燕大的。
　　　阿燕　老（语）

157. ʔa³³ti³⁵ nuːŋ³¹ taː³³jeːn³⁵ laːu³¹.　　阿弟小，阿燕大。
　　　阿弟　弟/妹　阿燕　老

158. mɯŋ⁴² saːm³³ koːi⁵⁵ pi²⁴ lu³³?　　你有三十几岁了？
　　　你　三　几　岁（语）

159. soːi³⁵ ɕip³³ soːi³⁵ ʔit⁵⁵ lu³³pɯ⁵⁵, la⁵⁵ saːm²⁴ koːi⁵⁵ hom²⁴ la³³ma³¹.
　　　四　十　四　一　（语）还　三　几　再　（语）
　　都四十四十一了呢，还三十几岁吗？

160. sːoi³⁵ ʔit⁵⁵ lu³³, mɯŋ⁴² ʔeːŋ³⁵nou⁴² la⁵⁵ saːm³³ koːi⁵⁵ hom²⁴ la³³ma³¹?
　　四　一（语）你　　以为　还　三　几　还　（语）
　　四十一岁了，你还以为是三十几吗？

161. kou²⁴ ʔeːŋ³⁵nau⁴² saːm³³ peːt³⁵ saːm³³ kou⁵⁵ la³³.
　　我　以为　　三　八　三　　九　（语）
　　我还以为三十八、三十九（岁）的。

162. ɕou³⁵ tak³³mɯŋ³¹ tak³³ɕaːn²⁴ tuŋ⁴² pi²⁴ lu³³.
　　和　阿鸣　　阿赞　同　年（语）
　　跟阿鸣、阿赞同岁。

163. kou²⁴ la⁵⁵ nou⁴² kwa³⁵ ŋoːi³³ ɕip³¹ pi²⁴ hom²⁴ toːi²⁴jiu³³ lu³³ko³¹.
　　我　还　说　过　二　十　年　再　退休　（语）
　　我还说再过20年就退休了的。

164. toŋ⁴² kjaːn²⁴ ɣaːn⁴² ku⁵⁵ la³³ma³¹ na³³?
　　同　座　房子　我　（语）（语）
　　跟我家房子同龄是吗？

165. søːi³¹n⁴² te²⁴ ɕuŋ⁵⁵ nou⁴² lu³³, ŋoːi³³ ɕip³¹ pi²⁴ hom²⁴ toːi²⁴jiu³³ lu³³.
　　现在　他　都　说（语）二　十　年　再　退休　（语）
　　他现在都说了，还有20年就退休了。

166. ʔou²⁴ kuŋ³³liŋ⁴² ma³³ kaːŋ⁵⁵, ɕam³³ ʔdai⁵⁵ ŋoːi³³ ɕip³¹ pi²⁴ lu³³ko³¹.
　　拿　工龄　回　说　也　得　二　十　年　（语）
　　拿工龄来说，也有二十年了。

167. ʔjap⁵⁵ʔjet⁵⁵ hu⁵⁵ la³³ ŋoːi³³ ɕip³¹ pi²⁴ kuŋ³³liŋ⁴² lu³³.
　　眨（眼）一（语）二　十　年　工龄　（语）
　　一眨眼工夫（就）20年工龄了。

168. ŋoːi³³ ɕip³¹ pi²⁴ kjeːn⁵⁵taːn³³ la³³ma³¹?
　　二　十　年　简单　（语）
　　（你以为）二十年简单吗？

169. ŋoːi³³ ɕip³¹ pi²⁴ pou³¹ wun⁴² haːu⁴²seːu²⁴ hu⁵⁵.
　　二　十　年　个　人　年轻　一
　　二十年（等于）一个年轻人（的年龄）。

170. taːi³³ wun⁴² ʔdeu²⁴ lu³³pɯ⁵⁵. （等于）一代人了的。
　　代　人　一　（语）

171. taːŋ⁴² hɯːi³¹, ne³¹, ma³³ tak⁵⁵ ʔwaːn⁵⁵ hou³¹seːu³⁵ hu⁵⁵ tou³³ ku⁵⁵.
　　唐（语）给　回　盛　碗　米饭　一　来　我
　　阿唐啊，给（你碗），回去盛一碗米饭来给我。

172. lum⁵⁵ ta³³ni³⁵ noːi⁵⁵ ni³³ tɯk³³ le⁵⁵, laːk³⁵ ɣan²⁴ kou²⁴ ʔeːŋ³⁵nou⁴²
　　　像　　女孩　　这（语）是（语）初次　见　我　　以为
　　søːŋ²⁴ me³³ lɯk³³ la³³.
　　　两　　母　孩子（语）
　　像这里的小妹似的是吧，第一次见面，我以为是母女俩呢。

173. tɯk³³ mou³⁵? ʔbu³³/ʔbou⁵⁵ lum⁵⁵ ne⁵⁵.　是吗？不像的。
　　　是　（语）　不　　　　像　（语）

174. ʔbu³³/ʔbou⁵⁵ lum⁵⁵ te²⁴ le³³, lum⁵⁵ ta⁴²me³³ he⁵⁵ la³³.
　　　不　　　　像　她（语）像　妈　她（语）
　　不像她的，是像她妈的。

175. søːŋ²⁴ pou³¹ ɕuŋ⁵⁵ lum⁵⁵, hi⁴² ʔbu³³/ʔbou⁵⁵ waːn⁴²ɕeːn⁴² lum⁵⁵ liːu³¹.
　　　两　　个　　都　　像　　也　不　　　　完全　　　像　完
　　两个人都像，但也不完全像。

176. ta⁴²me³³ he⁵⁵ ne³¹, kou²⁴ ɣan²⁴ naːn⁴² lu³³, ɣan²⁴ ʔdai⁵⁵ haːu⁵⁵-
　　　妈　她　（语）我　见　久（语）见　得　许多
　　laːi²⁴ pi²⁴ lu³³.
　　　年（语）
　　她妈妈呀，我见（她到现在）久了，觉得有好多年了。

177. ta⁴²me³³ he⁵⁵ haːu³⁵ ɕan³³ ma²⁴ pi²⁴ he⁵⁵ saːt³⁵lu³¹.
　　　妈　　她　就　只　回　年　那　（语）
　　她妈妈（也）就那年回来过。

178. pi²⁴ he⁵⁵ pɯ³¹ ʔjaŋ⁴² naːn⁴² ma³¹.
　　　年　那（语）已经　久　（语）
　　那年（的话）已经很久了。

179. taŋ⁴² søːiⁿ⁴²n⁴² ɕat⁵⁵ pi²⁴ lu³³.　到现在（有）七年了。
　　　到　现在　　　七　年（语）

180. ta⁴²me³³ he⁵⁵ lum⁵⁵ na⁵⁵ luːn⁴² ti³⁵ ʔbu³³/ʔbou⁵⁵ tiːn²⁴ hu⁵⁵.
　　　妈　　她　像　脸　圆　点　不　　　　点　一
　　她妈妈好像脸有一点点儿圆。

181. jɯːŋ³³ŋ⁴² la³³, ta⁴²me³³ he⁵⁵ lum⁵⁵ ta³³ni³⁵ jɯːŋ³³ŋ⁴² lo³³.
　　　这样　（语）　妈　她　像　女孩　这样　（语）
　　是这样的，她妈妈（脸型）像孩子这样的。

182. ta⁴²me³³ he⁵⁵ pai⁴² he⁵⁵ ma²⁴ ne⁴², kou²⁴ ɣan²⁴ he⁵⁵ ʔbaːt³⁵ ʔdeːu²⁴ ha³³.
　　　妈　　她　次　那　回（语）我　见　她　次　一　（语）
　　她妈妈那次回来，我见过她一面的。

183. ʔkaːt³⁵ he⁵⁵ te²⁴ çou³⁵ ta⁴²me³³ he⁵⁵ ma²⁴ pɯ³¹, la⁵⁵ mi⁴² ti³⁵
    次　　那　她　和　妈　　她　回（语）还　有　点
    maːn⁴² hu⁵⁵, søːi⁴²n⁴² huŋ²⁴ liu³¹ mi⁴² ti³⁵ ȵan³⁵.
    淘气（语）　现在　　大（语）有　点　害羞
    她那次和妈妈回来还有点淘气，现在长大了有点害羞。

184. pai⁴² he⁵⁵ te²⁴ ma²⁴ la⁵⁵ maːn⁴², pai⁴² he⁵⁵ te²⁴ ma²⁴ maːn⁴² hu⁵⁵.
    次　那　她　回　还　淘气　次　那　她　回　淘气（语）
    那次她回来还淘气，那次她回来淘气着呢。

185. kou²⁴ nau⁴² mɯŋ³³ hi²⁴ lu³³pɯ⁵⁵, tak³³maːn⁵⁵ çou³⁵ mɯŋ³³
    我　说　你　×（语）阿曼　　　和　你
    tuŋ⁴²jø³¹ lu³³nɯ³³.
    同学　（语）
    我告诉你吧，阿曼跟你是同学吧！

186. ʔku³³/ʔkou⁵⁵ tuk³³ pɯ⁵⁵, te²⁴ çi⁵⁵ ham³⁵ laŋ²⁴ kwa³⁵ ku⁵⁵ pi²⁴ hu⁵⁵.
    不　　　是（语）他　又　比较　后　过　我　年　一
    不是的，他比我晚一年。

187. te²⁴ kaːk³³ çɯːŋ³¹ saːŋ³³ ʔdaɯ²⁴ ɣaːn⁴², soːi⁴² ʔan²⁴ ʔu⁵⁵min⁴²
    他自己　养　蚕　里　家　时　个　武鸣
    you⁴² la⁵⁵ çɯːŋ³¹ saːŋ³³, te²⁴ la⁵⁵ ʔdai⁵⁵ ti³⁵ ŋan⁴² hu⁵⁵.
    我们还养　蚕　他　还　得　点　钱　一
    他自己在家养蚕，我们武鸣养蚕热时，他还能有所收获。

188. kan³³laŋ²⁴ ʔan²⁴ʔu⁵⁵min⁴² you⁴² çuŋ⁵⁵ ʔku³³/ʔkou⁵⁵ ʔdam³³ saːŋ³³
    后来　　个武　鸣　我们　都　不　　　　种　榢
    mu²⁴, te²⁴ jeːn⁴²laːi⁴² tuk³³ saːn⁴²jø³¹ çeːn³³ne³¹ ha³³, tuk³³
    （语）他　原来　　是　蚕学　专业（语）是
    le⁵⁵ʔ jɯːŋ³³ŋ²⁴ te²⁴ çou³³ si³¹ne³¹ lu³³ha³³.
    （语）　那么　他　就　失业（语）
    后来整个武鸣都不种榢了，而他原来是学蚕学专业的吧，那他就失业了。

189. pai⁴² he⁵⁵ ɣou⁴² çou³⁵ ta⁴²pø³³ he⁵⁵ poːi²⁴ ʔu⁵⁵min⁴² pi³³/poːi²⁴
    次　那　我们　和　爸　他　去　武鸣　去
    kaːu³⁵ ʔan³³ʔdoŋ²⁴ you⁴².
    告　山林　我们
    那次我们和他爸到武鸣去状告（有关）我们的山林。

190. poːi²⁴ liːu³¹, mi⁴² ta³³ hu⁵⁵ nou⁴²ː ʔdak⁵⁵ n⁴² ta²⁴jø³¹saŋ³³ hu⁵⁵,
    去（语）有　女　一　说　个　这　大学生　（语）

ʔjaɯ⁵⁵ ʔbu³³/ʔbou⁵⁵ huɯn⁵⁵ ɣou⁴² ne⁵⁵. ta³³ he⁵⁵ te²⁴ jɯːŋ³³ŋ⁴²
看　不　　　上　我们（语）女　那　她　这样

nou⁴² taːŋ³⁵na⁵⁵ ɣou⁴².
说　面前　我们

去了以后，有个女孩说，这个人是大学生的，看不起我们呢。那个女孩她在我们面前这样说。

191. kaːi³⁵ lou⁵⁵ n⁴² kou²⁴ ku²⁴ kjaːŋ²⁴ piŋ⁴² hu⁵⁵ ɕuŋ⁵⁵ ʔdai⁵⁵.
　　　种　酒　这　我　吃　半　瓶　一　都　能
　　这种酒我都能喝半瓶呢。

192. kaːi³⁵ n⁴² hoːi²⁴ kwa³⁵ lu³³pa³¹？　　这种开过了吧？
　　　种　这　开　过　（语）

193. ʔbu³³/ʔbou⁵⁵ ɣø³¹ ne⁵⁵, hoːi²⁴ ʔbu³³/ʔbou⁵⁵ hoːi²⁴ ʔbu³³ ɣø³¹ le³³,
　　　不　　　知（语）开　不　　　开　不　知（语）

ɕim⁴² kan⁵⁵.
尝　暂

不知道呢，开没开过不知道，暂且尝尝。

194. ŋoːi³³ ha⁵⁵ taŋ⁴² ŋoːi³³ peːt³⁵ tø³³ wai⁴²ɕi⁵⁵　lu³³.
　　　二　五　到　二　八　度　为　止　（语）
　　二十五至二十八度为止了。

195. ɕuŋ⁵⁵ ŋ⁴² poːi⁵⁵ kaːi³⁵ n⁴² ʔdoːi²⁴ ne³¹. 这种比这个好（喝）呢。
　　　种　这　比　个　这　好　（语）

196. kaːi³⁵ he⁵⁵ ŋam³⁵ ʔon³⁵ ʔøːk³⁵ ʔdai⁵⁵ sak⁵⁵ ɕip³¹ kan²⁴, jɯːŋ³³ŋ⁴²
　　　种　那　刚　酿　出　得　一　十　斤　这样

ɕuŋ⁵⁵ mi⁴² ɣok⁵⁵ɕip³¹ tø³³.
都　有　六　十　度

这种刚酿了约10斤，那都有60度。

197. jɯːŋ³³ŋ⁴² ɣoŋ⁴² poːi²⁴ liːu³¹, piŋ⁴² kwa³⁵ poːi²⁴ ʔou²⁴ piŋ⁴² ha⁵⁵
　　　这样　下　去（语）瓶　过　去　要　瓶　五

ɕip³¹ tø³³ ʔou²⁴ liːu³¹, koːi⁵⁵ paːk³⁵ kan²⁴ jɯːŋ³³ŋ⁴² ma³³.
十　度　取　完　几　百　斤　这样　（语）

这样下来，每瓶全部都取五十度，几百斤这样（做）的。

198. ʔbu³³/ʔbou⁵⁵ ʔit⁵⁵tiŋ³³ nou⁴² tok³³saɯ²⁴ ʔdai⁵⁵ saːŋ²⁴ tø³¹poːi²⁴
　　　不　　　一定　说　读书　得　高　以后

ɕø⁵⁵ ʔdai⁵⁵ ʔdoːi²⁴ tuɯk³³ le⁵⁵?　haːu⁵⁵laːi²⁴ wun⁴².
才　得　好　是（语）　许多　人

不一定认为文化程度高，以后才能过得好是吧？很多人（是这样）。

199. tuk³³ ko³¹, ka:k³¹ pou³¹ ka:k³¹ miŋ³³.　　是的，各有各的命运。
　　　 是（语） 各　 个　 各　 命

200. muɯ³³he⁵⁵ tak³³wun³³ je³¹, ɕiŋ³³wa⁴² ta²⁴jø³¹ lu³³, te²⁴ ma²⁴
　　　 那时　　 阿勋 （语） 清华　 大学（语） 他　回
　　　 fan³³po:i²⁴ ʔjou³⁵ na:m⁴²niŋ⁴² ki³³ka:i²⁴ɕa:ŋ⁵⁵, ʔduɯn²⁴ ʔdai⁵⁵
　　　 分配　　 在　 南宁　　 机械厂　　　 月　 得
　　　 ɣok⁵⁵ pa:k³⁵ mon⁴² te²⁴ ʔbu³³/ʔbou⁵⁵ ku³³.
　　　 六　 百　 元　 他　 不　　　　 做
　　（你看）那时候的阿勋，清华大学的，他回来（被）分配在南宁机械厂，
月薪600元他都不干。

201. ta:ŋ³⁵ tu⁴²　　ɣok³³ ʔe:n³⁵ muɯn³⁵ lau⁴² ʔdo:i²⁴ ɕi⁴² po:i²⁴ muɯn³⁵ he⁵⁵.
　　　 像　 只　　 燕子　 处所　 哪　　好　　就　 去　 处所　 那
　　　 就像燕子一样，什么地方好就向哪里迁移。

202. tu⁴²ɣok³³ ʔe:n³⁵ ko³¹, la³³ ʔbuɯn²⁴ toŋ²⁴sai²⁴na:m⁴²pak⁵⁵ haŋ⁵⁵ ʔjou³⁵
　　　 只 燕子 （语） 下 天　 东西南　 北　 喜欢　 住
　　　 muɯn³⁵ɣaɯ⁴² ʔjou³⁵ muɯn³⁵he⁵⁵.
　　　 哪里　　 住　 那里
　　　 燕子啊，天下东西南北喜欢住哪儿就住哪儿。

203. ɣa:i³¹ hom²⁴ me³⁵？　　还倒（酒）吗？
　　　 倒　 还 （语）

204. ʔjou³⁵ puɯ³¹kiŋ³³ ni³³, kou²⁴ ɕam³³ kuɯ²⁴ ti³⁵ li:u³¹, ta:n²⁴nou⁴² kou²⁴
　　　 在　 北京 （语） 我　 也　 喝　 点（语）　 但是　　我
　　　 ʔbu³³/ʔbou⁵⁵ kuɯ³³ ɕa:p³³, kuɯ³³ ɕa:p³³ puɯ³¹ fi⁴² ʔe:n³⁵kja²⁴ wa:i³⁵.
　　　 不　　　　 吃　 杂　 吃　 杂（语） 醉　 更加　　 快
　　　 在北京，我也喝一点，但不能杂着喝。喝得杂，醉得更快。

205. pan⁴²pan⁴² te²⁴ ɕuŋ⁵⁵ juɯ:ŋ³³ŋ⁴² nou⁴² lu³³.
　　　 反正　　 他　 都　 这样　　 说 （语）
　　　 反正他都这么说的。

206. pou³¹ wun⁴² ku³³ ki³⁵ma⁴² sai³³ ne³¹, ʔdak³³ ʔou²⁴ ʔjou³⁵ fa⁴²li⁴²
　　　 个　 人　 做　 什么　 事（语） 将　 要　 在　 法律
　　　 fa:m²⁴wai⁴² ja²⁴ ku³¹sai³³ ɕø⁵⁵ ʔdai⁵⁵.
　　　 范围　　 下　 做事　　 才　 得
　　　 人做什么事，一定要在法律范围下行事才行。

207. wun⁴² ʔbu³³/ʔbou⁵⁵ ʔdai³³ ta:m²⁴ la:i²⁴, ta:m²⁴ la:i²⁴ ɕi⁴² ʔø:k³⁵ sai³³ lo³³.
　　　 人　 不　　　　 得　 贪　 多　　 贪　 多　 就　 出 事（语）
　　　（做）人不能太贪婪，太贪婪就会出事的。

208. pou³¹ ta:m²⁴ he⁵⁵ ɕou³⁵ pou³¹ ɕak³³ he⁵⁵ mi⁴² ma⁴² ɕe:ŋ³⁵ je³¹?
　　　个　贪　那　和　个　偷　那　有　什么　差　（语）
　　　贪婪的人和做贼的人有什么差别啊？

209. ʔdak⁵⁵ he⁵⁵ ɕu:ŋ⁵⁵ ja:ŋ⁵⁵ ta:ŋ³³ta:ŋ³³ lu³³, wun⁴² ɣan²⁴ pɯ³¹
　　　个　那　都　响　当当　（语）人　见　（语）
　　ɕuŋ⁵⁵ kiŋ³⁵ he⁵⁵ sa:m²⁴ fan²⁴, ɕuŋ⁵⁵ ʔbu³³/ʔbou⁵⁵ ʔdai⁵⁵ ha³¹.
　　　都　敬　他　三　分　都　不　　　得　（语）
　　那个人（虽然）都响当当的（名声），谁见了都得敬他三分，（但）也
不行啊！

210. ti³⁵ fɯn²⁴ n⁴² ʔbu³³/ʔbou⁵⁵ pan⁴² tok⁵⁵ laɯ²⁴, ʔbu³³/ʔbou⁵⁵ na:i³³
　　　点　雨　这　不　　　成　掉　（语）不　　　关系
　　le³³. fɯn²⁴ tok⁵⁵ ʔbu³³/ʔbou⁵⁵ tɯk³³ jɯ:ŋ³³n⁴² ne⁵⁵.
　　（语）雨　下　不　　　是　这样　（语）
　　这雨是下不成的，没有关系的。（要）下雨不是这样子呢。

211. lɯ:ŋ⁴²som³¹ jɯ:ŋ³³ŋ⁴² ɕø⁵⁵ pan⁴² la³³nɯ³³, ʔbou⁵⁵ pɯ³¹, kɯ²⁴
　　　凉爽　　　这样　才　好　（语）　　不　（语）吃
　　lou⁵⁵ ɣoŋ⁴² po:i²⁴ ɕam³³ hɯŋ³⁵.
　　　酒　下　去　也　热
　　这样凉爽才好是吧，不然，酒喝下去也热。

212. ʔbou⁵⁵ ku³¹ma⁴² lo³³, kɯ²⁴ lau⁵⁵ ɣoŋ⁴² po:i²⁴ ɕam³³ hɯŋ³⁵.
　　　不　什么　（语）吃　酒　下　去　也　热
　　可不是嘛，（要不）酒喝下去也热。

213. ŋon⁴²n⁴² ɕou³⁵ mɯŋ³³ ka:ŋ⁵⁵ kø⁵⁵ taɯ⁴²pa:n⁵⁵ lu³³ko³¹.
　　　今天　和　你　讲　古　投缘　（语）
　　今天跟你聊天觉得很投缘啊。

214. kwa:ŋ³³ pɯ⁵⁵, ʔou²⁴ po:i²⁴fan²⁴ ma²⁴ nou⁴², mɯŋ⁴² tɯk³³ lmk³³
　　　光　（语）拿　辈份　来　说　你　是　孩子
　　ɣou⁴².ʔbu³³/ʔbou⁵⁵kø⁵ nou⁴² ne³¹, ŋon⁴²n⁴² ʔdai³³ ɕou³⁵ mɯŋ³³
　　　我们　不　　　过　说　（语）今天　得　和　你
　　ka:ŋ⁵⁵ pan⁴²la:i²⁴ kø⁵⁵, ɣø³¹nou⁴² han⁵⁵ juŋ⁴²hin²⁴ ha³¹.
　　　说　这么　故事　感觉　很　荣幸　（语）
　　阿光啊，拿辈分来说，你是我们的孩子。不过，今天能和你聊这么多
话，感觉很荣幸啊。

215. mi⁴² kuŋ²⁴tuŋ⁴² hi⁵⁵jan⁴² hu⁵⁵. 有共同语言啊！
　　　有　共同　语言　（语）

附录三　燕齐壮语长篇语料

一　kø⁵⁵ koːi³³je⁴² kuŋ³⁵ɕoːi³³　贡修姑爷的故事
　　　　　故事　姑爷　　贡修

1. toŋ⁴²pai⁴² taːŋ²⁴tɯːŋ³³ mi⁴² pou³¹ wun⁴² fou³⁵ hu⁵⁵, te²⁴ mi⁴² saːm²⁴
   从前　　当地　有 个　人　富 一　他 有　三
   pou³¹ luk³³,ɕuŋ⁵⁵ tuk³³ luk³¹ ʔbɯk⁵⁵ ʔbu³³/ʔbou⁵⁵ mi⁴² luk³¹saːi²⁴.
   个　孩子　都 是 女孩　　不　　　　有　男孩
   saːm²⁴ ta³³luk³³ ɕuŋ⁵⁵ ha³⁵ ʔøːk³⁵ poːi²⁴ liːu³¹. ta³³ tou⁴² he⁵⁵ ni³¹,
   三　女儿　都 嫁 出　去（语）个 头　那（语）
   ɕi⁴² ha³⁵ haɯ⁵⁵ kuŋ³⁵ɕoːi³³, wun⁴² heu³³ nou⁴² koːi³³je⁴² kuŋ³⁵ɕoːi³³.
   却 嫁 给 贡修　人 叫 说 姑爷 贡修
   　　从前当地有一个富人，他有三个孩子都是女孩，没有男孩。三个女儿
   都出嫁了，老大嫁给了贡修，人称为"贡修姑爷"。

2. kuŋ³⁵ɕoːi³³ ʔdak⁵⁵ wun⁴² kuŋ⁴² hu⁵⁵, noːi⁵⁵ te²⁴ la⁵⁵ mi⁴² søːŋ²⁴ pou³¹
   贡 修　个 人 穷 一 这 他 还 有 两 个
   nuːŋ³¹hoːi⁴² ɕi⁴² ha³⁵ ʔdai⁵⁵ yaːm⁴² fou³⁵. jɯːŋ³³ŋ⁴² pou³¹ koŋ³³ta²⁴
   妹姨　却 嫁 得 家 富 这样 个 老丈
   ɕou³³ taːi³³ ʔbu³³/ʔbou⁵⁵ toŋ⁴². pou³¹ n⁴² fou³⁵ ɕi⁴² ʔjaɯ⁵⁵ he⁵⁵ ti⁵⁵,
   就 对待 不　　同 个 这 富 就 看 他 值
   pou³¹ n⁴² kuŋ⁴² ɕi⁴² ʔjaɯ⁵⁵ he⁵⁵ ʔbu³³/ʔbou⁵⁵ ti⁵⁵.
   个 这 穷 就 看 他 不　　　值
   　　贡修是一个穷人，而这里他的两个小姨子却都嫁了富人家。这样，老
   岳父就分别对待，这个富的他就看得起，这个穷的他就看不起。

（一）

3. pai⁴² taŋ⁴² ɕiːt⁵⁵hoːi³⁵ ma²⁴ ɕuŋ⁵⁵ taːi³³ ʔbu³³/ʔbou⁵⁵ tø⁴²toŋ⁴². pai⁴²
   一 次　节日　回 都 待 不　　　相同　一

taŋ⁴² ɕi:t⁵⁵ho:i³⁵, ki³⁵ nu:ŋ³¹ho:i⁴² he⁵⁵ ɕuŋ⁵⁵ ma²⁴ ka⁴²kø:n³⁵（te²⁴
到　　节日　些　妹　姨　他　都　回　先　　他

ɕi⁴² ma²⁴ kan³³laŋ²⁴）li:u³¹, ˀjø²⁴ ki³⁵ tø⁴²ka:i³⁵ pan⁴² ku²⁴ he⁵⁵ luuk⁵⁵,
却　回　后面　（语）　藏　些　东西　好　吃　那　（语）

ˀbu³³/ˀbou⁵ hauu⁵⁵ he⁵⁵ ɣan²⁴, la:u²⁴ he⁵⁵ ɕi:m³⁵ ku²⁴.
不　　让　他　见　怕　他　占　吃

每逢过节回来，招待都不同。一到过节，小姨们先回来（他最后回来），
然后都把好吃的东西藏着，不让他看见，担心他抢占了吃的。

4. mi⁴² ˀba:t³⁵ hu⁵⁵ ku³³ fan⁵⁵ ku³³ ɕo:i³³. sø:ŋ²⁴ nu:ŋ³¹ho:i⁴² he⁵⁵ ɣø³¹nou⁴²
有　次　一　做　粉　做　糍粑　两　妹　姨　那　知道

kuŋ³⁵ɕo:i³³ ma²⁴ˀdak⁵⁵ taŋ⁴² lu³³, "po:i³¹je⁴² ma²⁴ taŋ⁴² lu³³puu³¹,
贡修　回　快　到（语）　姐夫　回　到　（语）

wa:i³⁵ ˀjø²⁴ ki³⁵ ˀba²⁴ he⁵⁵ huŋ³³tou⁵⁵ luuk⁵⁵!" sø:ŋ²⁴ pou³¹ he⁵⁵
快　藏　些　面粉　那　起来　（语）　两　个　那

juu:ŋ³³ŋ³¹ nou⁴², ha:u³⁵ˀjø²⁴ ki³⁵ ˀba²⁴ he⁵⁵ hau⁵⁵ kø³¹ ha⁴²fo:i³⁵ pi⁵⁵/po:i²⁴.
这样　说　就　藏　些　面粉　那　进　角落　柴火　去

jen⁴²la:i⁴² ku³³ ɕuŋ⁵⁵ ˀbu³³/ˀbou⁵⁵jaŋ⁴² pan⁴² hom²⁴.
原来　做　都　还没　好　再

有一次（家里）做米粉、糍粑。两个姨子知道贡修回来快到了，"姐
夫快回到家了，快把面粉藏起来！"她们这样说，就把面粉藏到柴火堆里
去。原来什么都还没做好呢。

5. kuŋ³⁵ɕo:i³³ je:n⁴²nou⁴² kuŋ⁴² la³³, hoŋ²⁴ ɕam³³ kwa:i²⁴ ta:ŋ³⁵ma⁴²
贡修　虽然　穷（语）但　也　乖　非常

pi⁵⁵/po:i²⁴. te²⁴ ma²⁴ li:u³¹, "taŋ⁴² la⁵⁵? po:i³¹je⁴²!" ki³⁵ nu:ŋ³¹ho:i⁴²
去　他　回（语）　到（语）　姐夫　些　妹姨

he⁵⁵ nou⁴², "taŋ⁴² lu³³, po:i³¹je⁴² taŋ⁴² lu³³, hou⁵⁵ ma²⁴ hou⁵⁵ ma²⁴ naŋ³³!"
他　说　到（语）　姐夫　到（语）进　回　进　回　坐

贡修人虽然穷但也聪明得很。他回来了。"到啦，姐夫？"小姨子们
这样说，"到了，姐夫到了，进来进来坐。"

6. hou³³ ma²⁴naŋ³³ lu³³. "juu:ŋ³³ŋ⁴² ɕaŋ⁴²pan³³ muuŋ⁴² ma²⁴ ɣan²⁴ ka:i³⁵-
进　回　坐（语）　那　　刚才　你　回　见　什么

ɣauu⁴² pu:n³⁵ ɣon²⁴ lo³³, po:i³¹je⁴²! muuŋ⁴² hat⁵⁵ n⁴² tou⁵⁵ pan⁴² ˀdeu²⁴
半　路　（语）　姐夫　你　早上　这　来　这么

kjai²⁴ ɣan²⁴ ka:i³⁵ma⁴² lu³³, po:i³¹je⁴²!" "ˀai³¹ju³¹, ɕaŋ⁴²pan³³ kou²⁴
远　见　什么（语）姐夫　哎哟　刚才　我

ma²⁴ puːn³⁵ ɣon²⁴ puɯ³¹, ɣan²⁴ tu⁴²ma³¹ faːn²⁴ɕaːu⁵⁵."
回 半 路 （语） 见 马 打滚

进屋坐好了。"那你刚才半路上看见什么了姐夫？你早上走那么远的路看见什么了姐夫？""哎哟，刚才我回到半路呢，看见马在打滚呢。"

7. ki³⁵ nuːŋ³¹hoːi⁴² he⁵⁵ nou⁴²:"ʔju³⁵, tu⁴²ma³¹ ku³³ɣaɯ⁴² faːn²⁴ɕaːu⁵⁵?
些 姨妹 他 说 哟 马 怎样 打滚

jɯːŋ³³ŋ⁴² muːŋ⁴² luɯn³³ nou⁴² you⁴² ŋi²⁴ lu³¹, poːi³¹je⁴²!" taːn²⁴nou⁴²
那 你 论 说 我们 ×（语） 姐夫 但是

ki³⁵ tø⁴²kaːi³⁵ʔjø²⁴ ne³¹ ʔbu³³/ʔbou⁵⁵ sɯːŋ⁵⁵ hau⁵ he⁵⁵ ɣan²⁴ lu³³.
些 东西 藏（语） 不 想 让 他 见 （语）

他的小姨子们说："哟，马是怎样打滚的？那你告诉我们吧，姐夫！"但那些藏起来的东西（真的）不想让他看见了。

8. te²⁴ ɕuŋ⁵⁵ ɣø³¹nou⁴² paːŋ²⁴ he⁵⁵ ku³³ɣaɯ⁴² ʔjø²⁴ ki³⁵ ʔba²⁴ he⁵⁵ ʔjou³⁵
他 都 感觉 帮 那 怎样 藏 些 面粉 那 在

ʔdaɯ²⁴ kø³¹ ha⁴²foːi⁴² lu³³. "hai⁴², kou²⁴ meːn³³ faːn²⁴ haɯ⁵⁵ su⁵⁵
里 角落 柴火 （语） 咳 我 再 滚 给 你们

jiːu³⁵." kaːŋ⁵⁵ saːt³⁵ te²⁴ tø³⁵ fan²⁴ hou⁵⁵ kø³¹ ha⁴²foːi⁴² he⁵⁵ pi⁵⁵/
看 说 完 他 马上 滚 进 角落 柴火 那 去

poːi²⁴, fan²⁴fan²⁴ tik⁵⁵tik⁵⁵, tik⁵⁵tik⁵⁵ pluɯn³¹pla:ŋ³¹ ki³⁵ ha³¹foːi⁴²
翻 翻 踢 踢 踢 踢 噼 啪 些 柴火

ki³⁵ ʔba²⁴ he⁵⁵ ʔøk³⁵ tou⁵⁵.
些 面粉 那 出 来

他已经感觉她们怎样把面粉藏在柴火堆里去了。"好，我来打滚给你们看！"说着他马上滚到柴火堆那儿又踢又滚，噼噼啪啪地把柴火、面粉踢了出来。

9. pan⁴²n⁴², ki³⁵ nuːŋ³¹hoːi⁴² he⁵⁵ ɕø⁵⁵ hem³⁵ nou⁴² : "haːi⁵⁵, haːi⁵⁵,
后来 些 妹姨 他 才 喊 说 嘿 嘿

ʔbu³³/ʔbou⁵⁵ ʔdai⁵⁵ ʔbu³³/ʔbou⁵⁵ ʔdai⁵⁵! ki³⁵ ʔba²⁴ ɕoːi⁴² he⁵⁵ ʔjou³⁵
不 得 不 得 些 粉 糍粑 那 在

ʔdaɯ²⁴ he⁵⁵ luk⁵⁵!" "ʔaːi³¹ja³¹, kou²⁴ ɣø³¹ ma³¹!" te²⁴ nou⁴². "kou²⁴
里面 那 （语） 哎呀 我 知（语） 他 说 我

ɣø³¹ mi⁴² ʔba²⁴ ɕoːi⁴² ʔjou³⁵ ʔdaɯ²⁴ he⁵⁵ ma³¹!" jɯːŋ³³ŋ⁴² liːu³¹,
知 有 粉 糍粑 在 里面 那（语） 这样 （语）

ʔjap⁵⁵ hu⁵⁵, ki³⁵ ʔba²⁴ ɕoːi⁴² he⁵⁵ ɕø⁵⁵ ʔøk³⁵ tou⁵⁵ te²⁴ ɕø⁵⁵ ʔdai⁵⁵
阵 一 些 粉 糍粑 那 才 出 来 他 才 得

kɯ²⁴, ʔbou⁵⁵ni³³ te²⁴ ɕɯŋ⁵⁵ ʔbu³³/ʔbou⁵⁵ ʔdai⁵⁵ kɯ²⁴.
吃　　否则　　他　都　　不　　　　得　　吃

这样，小姨子们才喊道："嘿嘿，不行不行！糍粑粉在里面呢！""哎呀，我不知道啊？"他说"我不知道有糍粑粉在里面啊？"经过这样（折腾）以后，一会儿，那些糍粑粉才（拿）出来他才能吃得上，否则他吃不上。

（二）

10. kwa³⁵ ʔbu³³/ʔbou⁵⁵ ka³³laːi³³ naːn⁴², koŋ²⁴ wun⁴² fou³⁵ n⁴² ɕɯn⁵⁵pi²⁴
　　过　　不　　　　多少　　久　个　　人　富　这　准备

tau⁴² ki³⁵ kjaː²⁴saːn⁵⁵ he⁵⁵ ɕɯŋ⁵⁵ kjaːu²⁴ hau⁵⁵ saːm³³ pou³¹ lɯk³³saːu²⁴
把　些　家产　　他　都　　交　　给　　三　个　女儿

he⁵⁵.pan³¹n⁴² ɕou³³ fan²⁴ kjaː²⁴saːn⁵⁵ luː³³.jɯːŋ³³ŋ⁴² fan²⁴ ki³⁵ma⁴²
他　后来　就　分　家产　　　（语）那　　分　什么

ni⁵⁵? fan²⁴ ɣoːi³³naⁿ⁴² fan²⁴ waːi⁴². fan²⁴ waːi⁴² ku³³ɣaɯ⁴² fan²⁴
（语）分　地田　　　分　牛　　分　牛　怎样　　分

ni⁵⁵? me³³ wun⁴²paⁿ⁴² kuŋ³⁵ɕoːi³³ ʔdai⁵⁵hi²⁴ luː³³, taːn²⁴nou⁴² te³³ ʔbu³³/
（语）个　人　妇　　贡修　　　　听见　（语）但是　　她　不

ʔbou⁵⁵ ʔdai³³ nou⁴² hau⁵⁵ ta³¹pø³³ fan²⁴ ki³⁵ waːi⁴² he⁵⁵ hau⁵⁵ he⁵⁵.
得　　　说　给　父亲　　分　些　牛　那　给　她

没过多久，这个富人准备把他的家事全部交给他的三个女儿。后来就分家产了。那分什么呢？分田地和牛。分牛怎样分法呢？贡修的妻子听说了，但是她（又）不能（直接）对父亲说把那些牛分给她。

11. ma²⁴ liːu³¹, kuŋ³⁵ɕoːi³ ɕaːm²⁴ me³¹wun⁴²paⁿ⁴² he⁵⁵ koŋ³³ta²⁴ ku³³ɣaɯ⁴²
　　回（语）贡修　　　问　个　人　妇　　　他　老丈　　怎么

fan²⁴ lo³³? te²⁴ nou⁴²: "taⁿ⁴²pø³³ nou⁴², taŋ⁴² ŋon⁴² fan²⁴ he⁵⁵ pi⁵⁵,
分（语）她　说　　　爸　说　　到　天　分　那（语）

kaːk³³ wun⁴² kaːk³³ hɯn³⁵ ɣaːn⁴² waːi⁴², waːi⁴² ni⁵⁵ tø⁴²ham³³
各　人　各　起　房子　牛　　牛　（语）晚上

hou⁵⁵ ma²⁴, hou⁵⁵ ʔan²⁴ ɣaːn⁴² plaɯ⁴² ni³¹ ɕou³³ tɯk³³ tu⁴² plaɯ⁴²,
进　回　　进　个　房子　谁　（语）就　是　只　谁

ʔbu³³/ʔbou⁵⁵ hou⁵⁵ ni³¹ mɯŋ⁴² ɕou³³ ʔbu³³/ʔbou⁵⁵ mi⁴² fan³³."
不　　　　进　（语）你　　就　不　　　　有　份

回到家，贡修问他妻子老岳父是怎么分（牛）的？她说："爸爸说了，到了分牛那天，每人各盖自己的牛棚。牛晚上回来，进了谁的牛棚就是谁的，如果不进（你的牛栏）你就没有份。"

12. sø:ŋ²⁴ nu:ŋ³¹ho:i⁴² he⁵⁵ ne⁵⁵ ɕi⁴² ham³⁵ fou³⁵, mi⁴² ŋan⁴²ɕi:n⁴²,
　　两　　妹　姨　那（语）却　比较　富有　　钱财
ɕou³³ ʔou²⁴ ɕi:n²⁴ ma²⁴ ɕap²⁴ ʔou³³ ŋwa³¹ ma²⁴ ta:ŋ²⁴ luk⁵⁵ ɕa³¹-
　就　用　砖头　来　砌　用　瓦　来　盖（助）
ɕa³¹ɕi³¹ɕi³¹, luɯ:ŋ˗ kwa³⁵ wun⁴² ʔjou³⁵ pi⁵⁵/po:i²⁴, ɕuŋ⁵⁵ nou⁴² tu⁴²-
　别致　　靓　过　人　住　去　　都　说
wa:i⁴² kaŋ⁵⁵tiŋ²⁴ hou⁵⁵ ʔan²⁴ ɣa:n⁴² ham³⁵ luɯ:ŋ³³ he⁵⁵ po:i²⁴.
　牛　肯定　进　个　房子　比较　靓　那去

　　那两个小姨子却比较富裕，有钱财，就用砖头砌用瓦来盖，盖得很别致，比人住的还亮堂，都说牛肯定进比较亮堂的房子里去。

13. no:i⁵⁵ kuŋ³⁵ɕo:i³³ te²⁴ ɕi⁴² ɣa:n⁴² kuŋ⁴² la³³, ʔbu³³/ʔbou⁵⁵ mi⁴² naŋ⁴²li⁴²
　　这　贡修　他　却　家　穷（语）不　　有　能力
huɯ³⁵ le³³. "ʔja³¹!juɯ:ŋ³³ŋ⁴² puɯ³¹, you⁴² ʔbu³³/ʔbou⁵⁵ mi⁴² naŋ⁴²li⁴²
　起（语）呀　这样（语）我们　不　　有　能力
huɯ³⁵ ɣa:n⁴² ɕi⁴² ku³³ɣauɯ⁴² ku³³." te²⁴ ka:k³¹ ŋwa:n³³ ʔdauɯ³³ hø⁴²
　起　房子　却　怎么　做　他自己　想　里　喉咙
he⁵⁵ juɯ:ŋ³³ŋ⁴² lu³³, "muɯŋ⁴² ku³³ juɯ:ŋ³³ŋ⁴² fan²⁴ wa:i⁴² puɯ³¹ kou⁴²
　他　这样（语）你　做　这样　分　牛（语）我
ɕou³³mi⁴² pa:n²⁴fa³¹ lu³³."
　就　有　办法　（语）

　　贡修他这边家里穷，没有能力盖的。"呀！这样的话，我们没有能力盖房子怎么办？"他自己心里就这样想了，"你这样的分牛的话，我就有办法了。"

14. sø:ŋ²⁴ nu:ŋ³¹ho:i⁴² he⁵⁵ huɯ³⁵ ki³⁵ ɣa:n⁴² wa:i⁴² he⁵⁵ ʔdai⁵⁵ pan⁴² ʔan²⁴
　　两　　妹　姨　他　起　些　房子　牛　那　得　整　个
li⁵⁵pa:i²⁴ lu³³, te²⁴ ɕuŋ⁵⁵ la⁵⁵ ʔbu³³/ʔbou⁵⁵jaŋ⁴² toŋ³³ta:n³³ sak⁵⁵ ka:i³⁵.
　礼拜（语）他　都　还　没　有　　动弹　一　样
ki³⁵wun⁴² ɕan²⁴ɕik⁵⁵ pa:n³¹he:n⁴² ɣan²⁴ li:u³¹ ɕuŋ⁵⁵nou⁴²: "ʔju³⁵,
　些　人　亲戚　邻居　见（语）都　说　哟！
ki³⁵ nu:ŋ³¹ho:i⁴² muɯŋ³³ ɕuŋ⁵⁵ ma²⁴ huɯ³⁵ ɣan⁴² tuk⁵⁵ na:u³³ȵi:t³³
　些　妹姨　你　都　回　起　房子（助）热闹
pi⁵⁵/po:i²⁴, koŋ³³ta²⁴ nou⁴² lu³³, tu⁴²wai⁴² hou⁵⁵ ʔan²⁴ ɣa:n⁴² ɣauɯ⁴²
　去　　老丈　说（语）只　牛　进　个　房子　哪
he⁵⁵ ɕi⁴² tuɯk³³ tu⁴² he⁵⁵ lu³³, muɯŋ⁴² ku³³ma⁴² lu³³, po:i³¹je⁴²?"
　他　就　是　只　他（语）你　怎么　（语）　姐夫

te²⁴ nou⁴²: "ha:i³¹, kou²⁴ ʔbu³³/ʔbou⁵⁵ mi⁴² ŋan⁴²ɕi:n³¹ laɯ⁵⁵, ʔbu³³/

他　说　咳　我　不　　　有　银钱（语）不

ʔbou⁵⁵ mi⁴² pa:n²⁴fa³¹ ne³⁵, te³⁵ ku⁵⁵ kwa³⁵laŋ²⁴ kan⁵⁵ me:n³³ ŋwa:n³³."

　　有　办法（语）等　我　以后　（语）再　想

两个姨子盖好牛栏都一个星期了，可他还是没有一点动静。邻居、亲戚见了都说："唷！你的小姨子们都回来盖房子热热闹闹的，老丈人说了牛进了谁的房子就是谁的，你怎么了，姐夫？"他说："咳，我没有钱没有办法了，等我以后再想吧。"

15. taŋ⁴² ŋon⁴² fan²⁴ wa:i⁴² ŋon⁴² kø:n³⁵ he⁵⁵ te²⁴ cø⁵⁵ ma²⁴ ku³³. te²⁴

到　天　分　牛　天　前　那　他　才　回来　做　他

ta:p⁵⁵ ʔan³³ tɯ:ŋ⁴² hu⁵⁵, ʔou²⁴ ha⁴² ʔou²⁴ ʔe:m²⁴ he:u²⁴som⁴²som⁴²

搭　个　棚子　一　用茅草　用　巴芒　绿　（后缀）

ma²⁴ ta:ŋ⁴² lɯk⁵⁵. tu⁴²wa:i⁴² ɕuŋ⁵⁵ haŋ⁵⁵ ki³⁵ nɯ:u⁵⁵ he:u²⁴ he⁵⁵,

来　盖（助）只牛　都　喜欢　些　草　绿　那

ʔdak⁵⁵ ɣa:n⁴² ha:u²⁴sa:k³⁵sa:k³⁵ pɯ³¹, te²⁴ ɕuŋ⁵⁵ la⁵⁵ la:u²⁴ hou³³

个　房子　白　（后缀）（语）它　都　还　怕　进

po:i²⁴ hu³¹. taŋ⁴² ham³³ li:u³¹,wa:i⁴² hou³³ ma²⁴ la³³, pai⁴² ɣan²⁴

去（语）到　晚上（语）牛　进　回（语）一　见

ʔan²⁴ tɯ:ŋ⁴² ha⁴²he:u²⁴ he⁵⁵ la³³, ɕuŋ⁵⁵ ka:k³¹ pɯ:t³⁵ hou⁵⁵ ʔan²⁴

个　棚子　草绿　那（语）都　自己　跑　进　个

he⁵⁵ po:i²⁴ li:u³¹.

那　去　完

到了分牛日子的前一天，他才回来建。他搭了一个棚子，用绿油油的茅草来盖着。牛都喜欢绿草，如果是白花花的房子，它还害怕进去呢！到了晚上，牛回来了，一看见那个绿草棚子，全都自己跑进那个（棚子）里去了。

16. jɯ:ŋ³³ŋ⁴² ki³⁵ wa:i⁴² he⁵⁵ ɕuŋ⁵⁵ tɯk³³ ki³⁵ kø³³je⁴² kuŋ³⁵ɕo:i³³ li:u³¹.

这样　些　牛　那　都　是　些　姑爷　贡修　完

ɕam³³jɯ:ŋ³³ŋ⁴² ku³³, ɕuŋ⁵⁵ ki³⁵ mou²⁴ ki³⁵ kai³⁵ koŋ³³ta²⁴ he⁵ kwi²⁴

也　这样　做　都　些　猪　些　鸡　老丈　他　归

haɯ⁵⁵ ko:i³³je⁴² kuŋ³⁵ɕo:i³³ li:u³¹. ki³⁵ nu:ŋ³¹ho:i⁴² he⁵⁵ ɕuŋ⁵⁵ fo³¹

给　姑爷　贡修　完　些　妹姨　他　都　无

ʔdai⁵⁵ sak⁵⁵ ka:i³⁵.

得　一　样

这样，那些牛都是贡修姑爷的。也就是这样，他老丈人的猪和鸡全都归贡修姑爷所有。而他的小姨子们一无所获。

<h2 style="text-align:center">（三）</h2>

17. fan²⁴ ki³⁵ tø⁴²ka:i³⁵ n⁴² li:u³¹ lu³³, ki³⁵ nu:ŋ³¹ho:i⁴² he⁵⁵ te³⁵ he⁵⁵
　　分　些　东西　这　完（语）些　姨妹　他　等　他
pi³³/po:i²⁴ma²⁴ li:u³¹ ɕø⁵⁵ nou⁴²: "pø³³, ki³⁵ tø⁴²ka:i³⁵ muɯ⁴² fan²⁴,
　　去　　回（语）才　说　爸　些　东西　你　分
po:i³¹je⁴² wa:i⁴² hi⁴² ʔdai⁵⁵ mou²⁴ hi⁴² ʔdai⁵⁵, muɯ⁴² kjø:n⁵⁵ haɯ⁵⁵
　　姐夫　牛　也　得　猪　也　得　你　全部　给
te²⁴ li:u³¹ lu³³, juɯ:ŋ³³ŋ⁴² you⁴² ʔdai⁵⁵ ki³⁵ma⁴² hom²⁴ lo³³na³³, pø³³?"
　　他　完（语）那　我们　得　什么　还　（语）爸
kø³³je⁴² kuŋ³⁵ɕo:i³³ ʔø:k³⁵ma²⁴ li:u³¹ ʔjou³⁵ ɣø:k³³ ya:n⁴² tiŋ³³tiŋ³³
　　姑爷　贡修　　出来　（语）在　外边　房子　静静
tiŋ³⁵ la³³ te²⁴ ʔbu³³/ʔbou⁵⁵kan⁵⁵ pi³³ma²⁴ ne⁵⁵.
　　听（语）他　不　　　急　去回　（语）

分完了东西，他的小姨子们等他回去了才说："爸，你分的东西，姐夫牛也得到猪也得到，你都全部给了他，那我们还得到什么呢，爸？"贡修姑爷出来后在外边静静地听着。他不着急回家。

18. ta³¹pø³³ he⁵⁵ nou⁴²: "ʔai³¹ja³¹, juɯŋ³³ŋ⁴² la⁵⁵ mi⁴² sa:m²⁴ kum⁴² ŋan⁴²
　　爸　她　说　哎呀　那　还有　三　坑　钱
hom²⁴, sa:m²⁴ kum⁴² ŋan⁴² n⁴², sou²⁴ ha:u³⁵ ka:k³¹ tø⁴²fan²⁴ sa:t³⁵lu³³,
　　再　三　坑　钱　这　你们　就　自己　分　完（语）
ʔbu³³/ʔbou⁵⁵ haɯ⁵⁵ he⁵⁵ hom²⁴ mu²⁴." "juɯŋ³³ŋ⁴² ʔjou³⁵ muɯn³⁵ɣaɯ⁴²
　　不　　　给　他　再　（语）　那　在　哪里
lu³³, pø³³?" ta³¹pø³³ he⁵⁵ nou⁴², mou⁴² muɯn³⁵n⁴² kum⁴², mou⁴² muɯn³⁵n⁴²
（语）爸　爸　她　说　某　这里　坑　某　这里
kum⁴², mou⁴² muɯn³⁵n⁴² ɕi⁵⁵ kum⁴². sa:m³³ pou³¹ su⁵⁵ plaɯ⁴² nou⁴²
　　坑　某　这里　又　坑　三　个　你们　谁　说
tiu⁴² ɕi⁴² plaɯ⁴² he⁵⁵ ʔou²⁴. kɕo:i³³je⁴² kuŋ³⁵ɕo:i³³ ʔjou³⁵ ɣø:k³³ he⁵⁵
　　对　就　谁　那　要　姑爷　贡修　　在　外面　那
tiŋ³⁵ ʔdai⁵⁵ hi²⁴, ɣø³¹nou⁴² juɯ:ŋ³³ŋ⁴² li:u³¹ ha:u³⁵ pi³³/po:i²⁴ma²⁴ lu³³.
　　听　得　×　知道　这样　（语）　就　去　　回（语）

她爸爸说"哎呀，那还有三处的钱。这三处的钱，你们就自己分吧，不再给他了。""那在什么地方啊？""某个地方一处，某个地方一处，某个地方有一处。"她爸爸说，"你们三个谁说的对就归谁的。"贡修姑爷在外面听到了，知道这回事后就回家去了。

19. ma²⁴ taŋ⁴² ɣaːn⁴², te²⁴ pi³³/poːi²⁴ ʔou²⁴ hø³³ fai³¹ ʔdok⁵⁵ hu⁵⁵ ma²⁴
　　回　到　家　他　去　　取　节　竹子　一　来
ku³³ pan⁴² ʔan³³ toŋ⁴²soːi³⁵sɯːŋ³⁵ hu⁵⁵. ɕaːi³⁵ ka⁵⁵ tu⁴² kai⁵ hu⁵⁵,
　做　成　个　宝竹筒　　　一　又　杀　只　鸡　一
sot³³ ki⁵ sai⁵⁵ kai³⁵ he⁵⁵ hou⁵⁵ ʔdaɯ²⁴ he⁵⁵ pi⁵⁵/poːi²⁴, pan⁴²n⁴²
　塞　些　肠　鸡　那　进　里面　那　去　　　后来
te²⁴ ɣak⁵⁵ ʔan²⁴ he⁵⁵ pi³³/poːi²⁴ma²⁴ laŋ²⁴ koŋ³³ta²⁴ he⁵⁵, ɕi⁴² ɕan³³
他　佩带　个　那　去　　回　处所　老丈　他　就　总
tap⁵⁵ heːn⁴² ɣu⁴²　luk⁵⁵ tiŋ³⁵.
　贴　旁边　耳朵　（体）听

　　贡修回到家，他去取一节竹子来做一个宝贝。又杀了一只鸡，把鸡肠子塞进（宝贝）里面去。后来他带着那个（宝贝）回到他的老丈人家，就总是贴着耳边听。

20. ki³⁵ nuːŋ³¹hoːi⁴² he⁵ ɣan²⁴ liu³¹ haːu³⁵ ɕaːm²⁴ he⁵⁵ nou⁴² "ji³⁵, mɯŋ⁴²
　些　妹姨　他　见（语）就　问　他　说　呀　你
ɣak⁵⁵ ʔdak⁵⁵ ma⁴² ʔdak⁵⁵ ŋ⁴² lo³³, poːi³¹je⁴²?" te²⁴ nou⁴²: "ʔdak⁵⁵ ŋ⁴²
佩带　个　什么　个　这（语）姐夫　　他　说　个　这
toŋ⁴²soːi³⁵sɯːŋ³⁵." "ʔju³⁵, toŋ⁴²soːi³⁵sɯːŋ³⁵? jɯːŋ³³ŋ⁴² sɯːŋ³⁵ ki³⁵ma⁴²?"
　宝竹筒　　　哟　宝竹筒　　　那　相　什么
"ʔdak⁵⁵ŋ⁴² pɯ³¹ ɕi⁴² ɕan²⁴ liŋ⁴² lu³³." te²⁴ nou⁴²:"ʔdaɯ²⁴ ɣaːn⁴² mi⁴²
　个　这（语）就　真　灵（语）他　说　里　家　有
ki³⁵ma⁴² te²⁴ ɕuŋ⁵⁵ ɣø³¹!"
什么　它　都　知

　　他的小姨子看见了就问他说："呀，你带的什么东西啊，姐夫？"他说："这个是宝贝。""哟，宝竹筒，什么宝贝？""这个（宝贝），真的很灵啊！"他说："家里有什么它都知道！"

21. ki³⁵ nuːŋ³¹hoːi⁴² he⁵⁵ haːu³⁵ nou⁴²: "ʔbu³³/ʔbou⁵⁵ sin³⁵ laɯ²⁴, liŋ⁴²
　些　妹姨　他　就　说　不　　信（语）灵
liŋ⁴² ki³⁵ma⁴² ki³⁵ tø⁴²kaːi³⁵ ta³¹pø³³ mɯŋ⁴² ɕuŋ⁵⁵ kjøːn⁵⁵ ʔou²⁴
灵　什么　些　东西　爸　你　都　圈　拿
poːi⁴² liːu³¹ lu³³, la⁵⁵ mi⁴² ki³⁵ma⁴² hom²⁴." "jɯːŋ³³ŋ⁴² sou²⁴ haɯ⁵⁵
去　完（语）还　有　什么　再　那　你们　让
ku⁵⁵ nou⁴² ʔbou⁵⁵ je³¹?" "haɯ⁵⁵!" ki³⁵ nuːŋ³¹hoːi⁴² he⁵⁵ nou⁴²:"mɯŋ⁴²
我　说　不（语）让　些　妹姨　他　说　你

nou⁴² tiu⁴² çi⁴² ʔou²⁴ lu³³, poːi³¹je⁴²."
　说　对　就　拿（语）姐夫

他的小姨子就说："不相信的，灵什么灵？爸爸的东西你都拿去了，还有什么呢？""那你们让不让我说啊？""让！"小姨子们说，"你说对了就拿去吧，姐夫！"

22. te²⁴ haːu³⁵ ʔou²⁴ ʔan²⁴ he⁵⁵ ma³³ tiŋ³⁵ hou³³ ɣu⁴² pi⁵⁵/poːi²⁴. ʔjap⁵⁵
　他　就　拿　个　那　来　听　进　耳朵　去　　　　阵

hu⁵⁵ liu³¹, ʔdai⁵⁵hi²⁴ he⁵⁵ nou⁴²: "ʔɯ³¹, ʔdak⁵⁵ ʔdak⁵⁵ ʔdiŋ⁵⁵ ʔdiŋ⁵⁵ la⁵⁵
一（语）听见　他　说　哦　当　当　叮　叮　下

ɣiŋ⁵⁵ kum⁴²." te²⁴ çaːi³⁵ tiŋ³⁵ çaːn³⁵ hu⁵⁵ liu³¹ nou⁴²:"ʔdak⁵⁵ʔdak⁵⁵
碗柜　坑　他　又　听　阵　一（语）说　当　当

ʔdøːŋ⁵⁵ ʔdøːŋ⁵⁵ paːk³⁵tou²⁴ ɣøːŋ³⁵ kum⁴²." "ʔdak⁵⁵ ʔdak⁵⁵ ʔdaːŋ⁵⁵ ʔdaːŋ⁵⁵…"
咚　咚　口门　厅堂　坑　　叮　叮　当　当

他就拿那个（宝贝）来贴着耳朵听。过了一会儿，听见他说："嗯，叮叮当当碗柜下面有一处。"他又听了一会儿说"叮叮咚咚厅堂门口又一处。""叮叮当当……"

23. pai⁴² ɣan²⁴ ʔan²⁴ toŋ⁴²soːi³⁵sɯːŋ³⁵ ŋ⁴² nau⁴² ʔdai³³ tiu⁴² pan⁴² ʔdeːu²⁴
　一　看　个　宝竹筒　　这　说　得　准确　这么

la³³, ki³⁵ nuːŋ³¹hoːi⁴² he⁵⁵ ɣa⁴²ɣiŋ⁴² nau⁴²:"ʔdai⁵⁵ lu³³, poːi³¹je⁴²
（语）些　姨子　他　赶紧　说　得（语）姐夫

ʔbu³³/ʔbou⁵⁵ nau⁴² hom²⁴ mu²⁴." çan³³ la⁵⁵ mi⁴² kum⁴² hu⁵⁵ ʔbu³³/ʔbou⁵⁵
不　说　再（语）只　剩　有　坑　一

jaŋ⁴² nau⁴² hom²⁴ haːi³³lu³³, søŋ²⁴ pou³¹ nuːŋ³¹hoːi⁴² he⁵⁵
没有　说　再（语）两　个　姨妹　他

çan³³ hoːi³⁵laːu²⁴ poːi³¹je⁴² nau⁴² ʔøːk³⁵tou⁵⁵ çuŋ⁵⁵ çaːi³⁵ ʔdoːi²⁴
总　担心　姐夫　说　出来　都　再　被

he⁵⁵ tau⁴² poːi²⁴ liːu³¹.
　他　拿　去　完

一看到这个宝贝说得这样准确，小姨子们赶紧说："好了姐夫，别再说了。"只剩下一处没有说出来了，两个小姨子一直担心姐夫说出来后又都全让他白拿去。

（四）

24. ki³⁵waːi⁴² ki³⁵mou²⁴ ki³⁵ŋan⁴² koŋ²⁴ta²⁴ he⁵⁵ kø³³je⁴² kuŋ³⁵çoːi³³
　些牛　些猪　　些钱　老丈　他　姑爷　贡修

çuŋ⁵⁵ suːn³⁵ ʔou²⁴ poːi²⁴ liːu³¹, ki³⁵ nuːŋ³¹hoːi⁴² he⁵⁵ ʔbu³³/ʔbou⁵⁵
都　　算　　拿　　去　　完　些　　妹姨　　他　不

mi⁴² sak⁵⁵ fan³³. koŋ³³ta²⁴ he⁵⁵ çou³³ kaːk³³ nam⁵⁵ ʔdauɯ²⁴ hø⁴²
有　一　份　老丈　他　就　自己　想　里　喉咙

lu³³ "ʔju³⁵! ʔdak⁵⁵ kuŋ³⁵çoːi³³ ʔdak⁵⁵ ŋ⁴² kwaːi²⁴ pan⁴²laːi²⁴,
（语）哟　个　贡修　个　这　乖　这么

ʔjauɯ⁵⁵ ɣoŋ⁴²poːi⁴² ne³¹ ʔbu³³/ʔbou⁵⁵ toŋ²⁴kwaːn²⁴ lu³³."juːŋ³³ŋ⁴²
看　下去　（语）不　　通关　（语）　那

te²⁴ çou³³ ŋwaːn³³ paːn²⁴fa³¹ ma²⁴ tauɯ⁴² he⁵⁵
他　就　想　办法　来　拿　他

老丈人的牛、猪和钱，贡修姑爷全都算计拿去了，而他的小姨子们一
份也没得到。他老丈人心里就想：呦，这个贡修这么狡猾！照此下去怎么
得了啊！这样，他就想个办法来对付他。

25. mi⁴² ŋon⁴² hu⁵⁵ kuŋ³⁵çoːi³³ ma²⁴ laŋ²⁴ koŋ³³ta²⁴ he⁵⁵ ɣan²⁴ koŋ³³ta²⁴
有　天　一　贡修　回　处所　老丈　他　见　老丈

çiŋ³⁵çaːi³³ saːn²⁴ søːŋ⁴² mou²⁴ haːu³⁵ çaːm²⁴ nou⁴²: "saːn²⁴ ki³⁵ma⁴²
正在　编　笼　猪　就　问　说　编　什么

lo³³, koŋ³³ta²⁴?" "kou⁴ saːn²⁴ søːŋ⁴²mou²⁴." kuŋ³⁵çoːi³³ çaːm²⁴:"saːn²⁴
（语）岳父　我　编　笼　猪　贡修　问　编

søːŋ⁴² mou²⁴ ma²⁴ ku³³ ki³⁵ma⁴² lo³³?"
笼　猪　回　做　什么　（语）

有一天，贡修回他老丈人家，看见老丈人正在编猪笼子就问道："老
爸，编什么啊？""我编猪笼呢。"贡修问："编猪笼来做什么呢？"

26. "søːi³¹n⁴² mi⁴² tu⁴² mou²⁴ hu⁵⁵ ni³³ ʔdak⁵⁵ haːi²⁴ lo³³." koŋ³³ta²⁴
现在　有　头　猪　一（语）要　卖　（语）　老丈

he⁵⁵ nou⁴². "ʔju³⁵, tu⁴²mou²⁴ huŋ²⁴ laːi²⁴noːi³¹?" kuŋ³⁵çoːi³³
他　说　哟　头　猪　大　多少　　贡修

juːŋ³³ŋ⁴² çaːm²⁴. "tu⁴² mou²⁴ he⁵⁵ puɯ³¹, huŋ²⁴ taːŋ³⁵ muɯŋ⁴²,
这样　问　头　猪　那　（语）大　像　你

muɯŋ⁴² ʔdan⁵⁵ hou⁵⁵poːi²⁴ haːp³¹ ni³¹ çi⁴² haːp³¹ lo³³."
你　钻　进去　合适（语）就　合适（语）

"现在有一头猪要出售了"他老丈人说。"哟，猪有多大啊？"贡修
这样问。"那头猪啊，有你这么大，你钻进去，如果合适就合适了。"

27. ʔdak⁵⁵ kuŋ³⁵çoːi³³ n⁴² wun⁴² laːu³¹sat³³ la³³ haːu³⁵ ʔdan⁵⁵ hou⁵⁵
个　贡修　这　人　老实　（语）就　钻　进

poːi²⁴. te²⁴ tø³⁵ ˀdan⁵⁵ hou⁵⁵ poːi²⁴, koŋ³³ta²⁴ he⁵⁵ tø³⁵ ˀou²⁴ ɕaːk³³
去　　他　一　钻　进　去　老丈　他　就　用　绳子

søːŋ⁴² liːn⁴² wun⁴² ɕuk³³ luk⁵⁵ ˀdat⁵⁵ˀdat⁵⁵. ɕuŋ²⁴ nou⁴² ˀbu³³/
笼　连　人　绑　（助）紧紧　　称　说　不

ˀbou⁵⁵ suːn³⁵ ˀou²⁴ he⁵⁵ ma²⁴ ku³³ koːi³³je⁴² hom²⁴ mu³³, tauɯ⁴²
算　要　他　来　做　姑爷　再（语）　拿

pi³³/poːi²⁴ weːn⁵⁵ kɯn⁴² ŋe²⁴faːi³¹ heːn⁴² ta³³, ɕat⁵⁵ tiːm³³ɕuŋ²⁴ pi⁵⁵/
去　挂　上　树枝　边　河　七　点　钟　去

poːi²⁴, pi³³/poːi²⁴ tat⁵⁵ tiu³¹ɕaːk³³ he⁵⁵ kaːt³⁵ pi⁵⁵/poːi²⁴, søːŋ⁴² liːn⁴²
去　　剪　条　绳子　那　断　去　　笼　连

wun⁴² tok⁵⁵ ɣoŋ⁴² ta³³ pi⁵⁵/poːi²⁴, hauɯ³³ ɣam³¹ tøːŋ⁵⁵ poːi²⁴ saːt³⁵lu³³.
人　掉　下　河　去　　　让　水　冲　去　完（语）

这个贡修，人老实，就钻了进去。他一钻进去，他老岳父就用绳子把猪笼连人一起绑得紧紧的。意思是说，不打算把他当姑爷了，拿去挂在河边的树枝上，到七点钟时去剪断绳子，猪笼和人掉到河里，让水冲走算了。

28. kuŋ³⁵ɕoːi³³ ɣø³¹ juɯːŋ³³ŋ⁴² ɕiŋ⁴²kwaːn²⁴ liːu³¹, "ja³¹! ˀbu³³/ˀbou⁵⁵
　　贡修　知　这样　　情况　（语）呀　不

mi⁴² paːn²⁴faː³¹ teːu⁴² hom²⁴ mu²⁴, ˀbaːt³⁵ n⁴² liːu³¹ lo³³." te²⁴ nou⁴²
有　办法　逃　再（语）　次　这　完（语）　他　说

"ku³³ɣauɯ⁴² ku³³ je³¹ʔ?" te⁴ ŋwaːn³³ poːi²⁴ ŋwaːn³³ ma²⁴.
怎么　做（语）　他　想　去　想　来

贡修知道这种情况后，"呀！没有办法逃了，这回死定了。"他说，"怎么办呢？"他想来想去。

29. tiːu⁴² ta³³ n⁴² teːp³⁵ heːn⁴² ɣon²⁴ huŋ²⁴, kɯn⁴² ɣon²⁴ ɕam³³ mi⁴²
条　河　这　近　旁边　路　大　上　路　也　有

wun⁴² poːi²⁴poːi²⁴ taːu³⁵taːu³⁵. kuŋ³⁵ɕoːi³³ ɣan²⁴ liːu³¹, te²⁴ ɕou³³
人　去　去　回　回　贡修　见（语）　他　就

ɕan³³ heːm³⁵: "ˀaːn³⁵ ɣɯːt³⁵ hu³¹! ˀaːn³⁵ ɣɯːt³⁵ hu³¹!"
总　喊　压　腰（语）　压　腰（语）

这条河靠近马路，路上也有人来往。贡修见了，就不停地喊道："压腰啊，压腰啊！"

30. ki³⁵ wun⁴² kwa³⁵ ɣon²⁴ he⁵⁵ ɕam³³ mi⁴² wun⁴² ɣɯːt³⁵kou⁴², ˀdai³³hi²⁴
些　人　过　路　那　也　有　人　驼背　　听见×

siŋ²⁴ "ˀaːn³⁵ ɣɯːt³⁵ hu³¹! ˀaːn³⁵ ɣɯːt³⁵ hu³¹!" haːːn³⁵ ŋwaːn³³:
声　压　腰（语）　压　腰（语）　就　想

"ʔju³⁵, ka:ŋ⁵⁵ ta:ŋ⁴² ʔa:n³⁵ ɣɯːt³⁵ pɯ³¹, you⁴² ɕam³³ ɣɯːt³⁵kou⁴²,
　哟　　说　到　　压　腰（语）我们　也　　驼背

jɯ:ŋ³³ŋ⁴² ku³³ɣaɯ⁴² ku³³ ni⁵⁵, you⁴² pi³³/po:i²⁴ ɕa:m²⁴ɕa:m²⁴ he⁵⁵
　那　　怎么　　做（语）我们　去　　　问　　问　　他

ʔa:n³⁵ ku³³ma⁴² ɣɯ:t³⁵ kø:n³⁵."
　压　什么˘　腰　　先

路过的人中也有驼背的，听见"压腰啊，压腰啊！"声，就想道："呀！说到压腰，我们也驼背，那怎么办呢？我们先去问问他到底压什么腰？"

31. "ʔai³¹ ʔju³¹, kou²⁴ je:n⁴²la:i⁴² ɕam³³ ɣɯ:t³⁵ kou⁴², koŋ³³ta²⁴ ku⁵⁵
　　哎哟　我　原来　　也　腰　　驼　　老丈　我

tau⁴² ku⁵⁵ mun³⁵n⁴² tou⁵⁵ ʔa:n³⁵ ɣɯ:t³⁵ la³³, sø:i⁴²n⁴² ti:u⁴²ɣɯ:t³⁵
　把　我　这里　来　　压　腰（语）现在　条　腰

ku⁵⁵ ʔbu³³/ʔbou⁵⁵ kou⁴² hom²⁴mu²⁴, sø³³ lu³³. je:n⁴²la:i⁴² kou⁴²
　我　不　　　驼　再（语）直（语）原来　　驼

kwa³⁵ su⁵⁵ pi⁵⁵/po:i²⁴ hu⁵⁵." ki³⁵ wun⁴² kwa³⁵ yon²⁴ nou⁴²: "ɕan²⁴
　过　你们去　（语）些　人　过　路　说　真

ha⁴²nou⁴² kja⁵⁵ hu⁵⁵?" "ʔbu³³/ʔbou⁵⁵ ɕan²⁴ ku³³ma⁴² lo³³, ʔbu³³/
　还是　假（语）　不　　　真　什么（语）　不

ʔbou⁵⁵ sin³⁵, sou²⁴ ɕi⁴² tau⁴² ku⁵⁵ yon⁴² tou⁵⁵ ʔjaɯ⁴² ʔjaɯ⁵⁵."
　信　你们　就　把　我　下　来　看　看

"哎哟，我原来也驼背，老丈人把我到这里来压腰后，现在不驼背了，（腰）直了。以前比你们还驼背呢！"路过的人问："真的还是假的？""怎么不是真的！（如果）不信，你们就把我放下来看看啊。"

32. jɯ:ŋ³³ŋ⁴², ki³⁵ wun⁴² he⁵⁵ ha:u³⁵ ɕu:ŋ³⁵ he⁵⁵ yoŋ⁴² tou⁵⁵, kuŋ³⁵ɕo:i³³
　这样　些　人　那　就　放　他　下　来　贡修

ʔdan⁵⁵ ʔø:k³⁵tou⁵⁵ ʔji:t³⁵ ʔji:t³⁵ ɣɯ:t³⁵, ki³⁵ wun⁴² yan²⁴ ti:u⁴² ɣɯ:t³⁵
　钻　出来　伸　　伸　腰　　些　人　见　条　腰

he⁵⁵ ɕiŋ³⁵ɕan²⁴ sø³³ ɣa:i³¹ɕa:i³¹ pi⁵⁵. pou³¹ ɣɯ:t³⁵kou⁴² hu⁵⁵ tø³⁵
　他　真正　　直　很　　（语）个　驼背　一　刚

sɯ:ŋ⁵⁵ ʔdan⁵⁵ hou⁵⁵po:i²⁴, kuŋ³⁵ɕo:i³³ tø³⁵ pan³⁵ ʔda:ŋ²⁴ tik⁵⁵ta:k⁵⁵
　想　钻　进去　　贡修　　立刻　转　身　　踢（后缀）

ʔan²⁴ sø:ŋ⁴² mou²⁴ he⁵⁵ yoŋ⁴² ta³³ pi⁵⁵/po:i²⁴, ɣiu²⁴kok³³kok⁵⁵
　个　笼　猪　那　下　河　去　　笑（后缀）

pi³³/po:i²⁴ ma²⁴ lu³³. ki³⁵ wun⁴² he⁵ ɕi⁵⁵ sin²⁴sa:k⁵⁵ ne³¹.
　去　　回（语）些　人　那　才　醒（后缀）（语）

这样，那些人就把他放了下来，贡修钻出来伸了伸腰。人们看见他的腰真的很直，一位驼背人正想进去，贡修立刻转身一脚把猪笼踢下了河去，笑哈哈地回去了。人们这才醒悟过来呢。

33. kwa³⁵ ko:i⁵⁵ ŋon⁴² li:u³¹, te²⁴ çi⁵⁵ ta:u³⁵ ma²⁴ laŋ²⁴ koŋ³³ta²⁴ he⁵⁵.
　　 过　几　天（语）他 才 重 回 处所 老丈 他
　　 ʔba:t³⁵n⁴² te²⁴ ʔbu³³/ʔbou⁵⁵ ma²⁴ hoŋ³⁵ hom²⁴ mu³³, ku³³ ça:ŋ³³pla²⁴
　　 次 这他 不 　 回 空 再（语）做 渔夫
　　 ha³³lu³³. te²⁴ ɣa:p³⁵ ti:u⁴² çauɯ³⁵ hu⁵⁵ ŋa:u⁴² sø:ŋ²⁴ ʔan²⁴ çauɯ²⁴ he⁵⁵
　　（语）他 挑 条 柱子 一 摇 两 个 鱼篓 那
　　 luuk⁵⁵, ʔdi⁵⁵ lu:ŋ³⁵ pi³³/po:i²⁴ he:m⁵: "ha:i²⁴ pla²⁴ ha:i²⁴ kuŋ³⁵ hu³¹!
　　（体）沿 胡同 去 　 喊 卖 鱼 卖 虾（语）
　　 pla²⁴çak⁵⁵ pla²⁴çø:n³⁵ wu:n³³ hou³¹ŋa:i⁴² hu³³."
　　 鲫鱼 七星鱼 换 午饭 （语）

过了几天，他才重回老丈人家。这回他没再空手回去，而是当渔夫了。他挑着担子手摇着两个鱼篓，沿着胡同吆喝："卖鱼卖虾了！鲫鱼七星鱼换午饭啊！"

34. no:i⁵⁵ sø:ŋ²⁴ ta³³ nu:ŋ³¹ho:i⁴² he⁵⁵ son⁴²so:i⁴² ma²⁴ laŋ²⁴ koŋ²⁴ta²⁴
　　 这 两个 妹姨 他 经常 回 处所 老丈
　　 ʔjou³⁵, ʔdai⁵⁵hi²⁴ wun⁴² he:m³⁵ ha:i²⁴ pla²⁴ ha:u³⁵ ʔø:k³⁵ pi³³ jiu³⁵.
　　 住 听见 人 喊 卖 鱼 就 出 去 看
　　 pou³¹ ha:i²⁴ pla²⁴ he⁵⁵ tan⁵⁵ kjop⁵⁵pa:ŋ³¹ luuk⁵⁵, ta³³ ŋo:i³³ pai⁴²
　　 个 卖 鱼 那 戴 斗笠 （体）老二 一
　　 ɣan²⁴ ʔan²⁴ na⁵⁵ he⁵⁵ la³³, mi⁴² ti³⁵ tok⁵⁵sat⁵⁵ hu⁵⁵, tø³⁵ çak³³çak³³
　　 见 个 脸 他（语）有 些 吃惊 一 就 悄悄
　　 ça:m²⁴ ta³³sa:m²⁴ nou⁴²:"pou³¹n⁴² ʔbu³³/ʔbou⁵⁵ po:i³¹je⁴² lo³³?
　　 问 老三 说 个 这 不 　 姐夫 （语）
　　 muuŋ⁴²jiu³⁵ tuuk³³ po:i³¹je⁴² le⁵⁵ sa:m²⁴? "ta³³sa:m²⁴ jiu³⁵ liu³¹
　　 你 看 是 姐夫 （语）三 老三 看（语）
　　 nou⁴²: "tuuk³³ lu³³, tuuk³³ po:i³¹je⁴² lu³³."
　　 说 是（语）是 姐夫 （语）

这里，两个小姨子经常回娘家住，听见有人叫卖鱼就出去看看。卖鱼的人头戴着斗笠。二姑娘一看到他的脸就有些吃惊，便悄悄地问三姑娘说："这个人不就是姐夫吗？你看看是姐夫吗，三妹？"三姑娘看了以后说："是的，是姐夫！"

35. sø:ŋ³¹ pou³¹ he⁵⁵ tø³⁵ ta:u³⁵ma²⁴ nou⁴² koŋ²⁴ta²⁴ he⁵⁵ hi²⁴: "ʔji⁵⁵,
　　两　 个　 那　立刻 回去　 说　 老丈　 他 ×　 呀

pø³³! muŋ⁴² ku³³ɣau⁴² nou⁴² po:i³¹je⁴ tok⁵⁵ ɣoŋ⁴² ta³³ pi³³/po:i²⁴
　爸 你　 怎么　 说　 姐夫　 掉　 下 河 去

ɣa:i²⁴ lu³³? te²⁴ mi³³ ɣa:i²⁴ lau²⁴!" "te²⁴ la⁵⁵ ku³³ ça:ŋ³³pla²⁴ ʔou²⁴
　死（语）他 没 死 （语） 他 还 当 渔夫　 拿

pla²⁴ ma²⁴ ha:i²⁴, te²⁴ ʔbu³³/ʔbou⁵⁵jaŋ²⁴ ɣa:i²⁴ lau²⁴!" koŋ²⁴ta²⁴
　鱼　 回 卖　 他　没　　　 死（语）　 老丈

he⁵⁵ nou⁴²: "kou²⁴ ʔbu³³/ʔbou⁵⁵ sin³⁵ lu³³, muŋ⁴² pi³³/po:i²⁴ jiu³⁵
　他　 说： 我　 不　　 信（语）　 你 去　　 看

he⁵⁵ he:u³³ he⁵⁵ po:i³¹je², jiu³⁵ he⁵⁵ ku³³ɣau⁴² nou⁴²." pan⁴²n⁴²,
　他　 叫　 他　 姐夫　 看 他 怎么　　 说　　 后来

ta³¹sa:m² ha:u³⁵ ʔø:k³⁵po:i²⁴, pai⁴² jiu³⁵ li:u³¹ çou³³ ho:i²⁴ sin²⁴
　老三　　 就　　出去　　 一　 看 （语）就 开 声

he:u³³ he⁵⁵ "hai⁵⁵, po:i³¹je⁴²! po:i³¹je⁴²!"
　叫　 他 嘿　 姐夫　　 姐夫

　那两人立刻回去告诉他的老丈人："呀，爸！你怎么说姐夫掉河里死了？他没有死！""他还当渔夫拿鱼来卖呢！他还没有死！"他老丈人说："我不相信！你去看他叫他姐夫，看他怎么说。"后来，三姑娘出去了，看了一下就大声叫道："嘿，姐夫，姐夫！"

36. "po:i³¹je⁴² muŋ⁴² hau³¹(ɣau⁴²)? kou²⁴ tuk³³ po:i³¹je⁴² muŋ⁴²
　　姐夫　 你　 （语）　　我 是　 姐夫　 你

hau³¹?" kuŋ³⁵ço:i³³ ʔjam²⁴ ki³⁵ sin²⁴ he⁵⁵ luk⁵⁵ nou², "po:i³¹je⁴²
　（语） 贡修　 阴　 些　声　 他 （助）说　 姐夫

muŋ⁴² ku³³ ça:ŋ³³pla²⁴ hau³¹? po:i³¹je⁴² muŋ⁴² ku³³ ça:ŋ³³pla²⁴
　你　 做 渔夫　 （语） 姐夫　 你　 当　 渔夫

ɣa²⁴ plum⁵⁵ haw³¹?" je:n⁴²la:i⁴² te²⁴ çaŋ⁴²ɣau⁴² lau⁵⁵ çi⁴² plum⁵⁵
　眼　 翻　 （语） 原来　 他 事先　 （语） 就　 翻

mi³¹ɣa²⁴ he⁵⁵ hum⁵⁵tou⁵⁵ lu³³.
　眉眼 他　 起来　 （语）

　"你姐夫吗？我是你姐夫吗？"贡修故意阴着声说，"你姐夫是渔夫吗？你姐夫是眼皮上翻的渔夫吗？"原来他事先把眉眼翻起来了。

37. ʔbu³³/ʔbou⁵⁵ tuk³³ nu³¹? ta:i³⁵ koŋ²⁴ta²⁴ he⁵⁵ çam³³ ʔø:k³⁵ tou⁵⁵
　　不　　　　 是 （语） 带　 岳父　 他 也　 出　 来

jiu³⁵ lu³³. kuŋ³⁵ɕoːi³³ ɣan²⁴ ɕaːŋ²⁴ ˀbu³³/ˀbou⁵⁵ ɣoŋ⁴² poːi²⁴ liːu³¹
看（语）贡修　见　装　不　　下　去　（语）

haːu³⁵ ŋin³³ lo³³. pan⁴²n⁴² ɕai⁴² hou⁵⁵ ɣaːn⁴² ma²⁴. "ˀju³⁵! ɣou⁴²
就　认（语）后来　齐　进　家　回　哟　我们

ɕuŋ⁵⁵ tɯk⁵⁵ mɯn³³ ɣoŋ⁴² ta³³ pi⁵⁵/poːi²⁴ lu³³ni⁵⁵. mɯn⁴² ku³³ɣaɯ⁴²
都　打　你　下　河　去　（语）　你　怎么

ɕi⁵⁵ ˀdai³³ ku³³ ɕaːŋ⁴²pla²⁴ ma²⁴?" koŋ²⁴ta²⁴ he⁵⁵ ɕaːm²⁴ he⁵⁵ nou⁴².
又　得　当　渔夫　回　老丈　他　问　他　说

（真的）不是吗？连他的老丈人也出来看了。贡修见装不下去了就承认
了。后来，一起进了家。"呀！我们都（已经）把你打入了河里，你怎么
又能回来做渔夫啊？"他的老丈人问他。

38. "sou²⁴ tɯk⁵⁵ ku⁵⁵ ɣoŋ⁴² ta³³ pi⁵⁵/poːi²⁴, kou²⁴ ɣaːi²⁴ mou³⁵! kou²⁴
　你们　打　我　下　河去　　我　死（语）我

pi³³/poːi²⁴ jou⁴² ˀu⁵⁵haːi⁵⁵luŋ⁴²waːŋ⁴² la³³!" te²⁴ nou⁴², "ˀu³haːi⁵⁵-
　去　游　五海龙王　　（语）　他　说　五海

luŋ³¹waːŋ³¹ ˀdoːi²⁴hu³¹! ˀu⁵⁵haːi⁵⁵luŋ⁴²waːŋ⁴² pɯ³¹, kaːi³⁵kaːi³⁵ ɕuŋ⁵⁵
龙王　好（语）　五海龙王　　（语）样样　都

mi⁴², mi⁴² ki³⁵haːk³⁵ ki³⁵ ɣaɯ⁴² he⁵⁵, mɯŋ⁴² poːi²⁴ pɯ³¹, haɯ⁵⁵
有　有　些　官　些　什么那　你　去（语）给

mɯːŋ³³ ˀjou³⁵ pɯ³¹, ˀdoːi²⁴ taːŋ⁵ma⁴² pi⁵⁵/poːi²⁴!"
你　住（语）好　非常　去

"你们把我弄进河里，我死了吗？我是到五海龙王那儿去游玩了！"
他说，"五海龙王太好了！五海龙王什么都有，有当官的什么的，如果你
去住下的话，会非常的舒适！"

39. koŋ²⁴ta²⁴ he⁵⁵ nou⁴²: "ˀju³⁵? pan⁴² ˀdeːu²⁴ ˀdoːi²⁴ ma³¹? pan⁴² ˀdeːu²⁴
　老丈　他　说　哟　这么　好（语）　这么

ˀdoːi²⁴ ni³³, kou²⁴ ˀbu³³/ˀbou⁵⁵ sin³⁵ lu³³! jɯːŋ³³ŋ⁴² mɯŋ⁴² taːi³⁵
　好（语）我　不　　信（语）那　你　带

ku⁵⁵ pi³³/poːi²⁴ jiu³⁵ ˀbaːt³⁵ hu⁵⁵!" "taːi³⁵ pi³³/poːi²⁴ jiu³⁵ ˀbu³³/
我去　看　次　一　带去　　看　不

ˀbou⁵⁵ kjeːn⁵⁵taːn³³ pɯ⁵⁵, ɣoŋ⁴² wan⁴² ɣoŋ⁴² haːi⁵⁵ pi⁵⁵/poːi²⁴
　　简单　（语）下　汪洋　下　海　去

ɣaːi³¹ɕaːi³¹."te²⁴ nou⁴², "mi⁴² ˀan²⁴pe⁴² ˀan²⁴han³¹ he⁵⁵ liːu³¹ ɕø⁵⁵
真　他　说　有　竹筏　什么　那　（语）才

ʔdaːi⁵⁵ poːi²⁴ pɯ⁵⁵." "jɯːŋ³³ŋ⁴² poːi²⁴ ku³ɣaɯ⁴² ku³?" "jɯːŋ³³ŋ⁴²
得　去（语）　　那　去　怎么　做　　那

poːi²⁴ pɯ³¹, ɣø³⁵ kjøːŋ²⁴ ɣø³⁵ laː⁴² lɯk⁵⁵! ʔbu³³/ʔbou⁵⁵ ɣø³⁵ kjøːŋ²⁴
去（语）敲鼓　敲锣（语）　不　　　敲鼓

ɣø³⁵ laː⁴² pɯ³¹, ʔu⁵⁵haːi⁵⁵luŋ⁴²waːŋ⁴² laː⁵⁵ he⁵⁵ ʔbu³³/ʔbou⁵⁵ ɕiːp⁵⁵
敲锣（语）　五海龙王　　下　那　不　　　接

mɯŋ³³ pɯ⁵⁵!'"
你　（语）

他老丈人说："哟！（有）这么好？有这么好（的事），我不会相信的！那
你带我去看一下！""带去看，不是简单的事，真的要到汪洋大海下面去呢。"
他说，"得有竹筏什么的才能去啊！""那怎么去啊？""要去的话，要敲锣
打鼓！如果不敲锣打鼓，下面的五海龙王是不接受你的！"

40. "jɯːŋ³³ŋ⁴² poːi²⁴ luː³³ma³³." koŋ³³ta²⁴ he⁵⁵ nou⁴², "kou²⁴ pan⁴²soːi³⁵
那　去（语）老丈　他　说　　我　一辈子

ʔbu³³/ʔbou⁵⁵jaŋ⁴² ʔdaːi⁵⁵ jɯːŋ³³ŋ⁴² kwa³⁵——ɣan²⁴ ʔu⁵⁵haːi⁵⁵luŋ⁴²-
不　　　　　得　这样　　过　见　五海龙

waːŋ⁴²." "jɯːŋ³³ŋ⁴² poːi²⁴ luː³³. ŋoːn⁴² poːi²⁴ he⁵⁵, kou²⁴ meːn³³ pɯ³³
王　　那　去（语）天　去　那　我　再　准备

ki³⁵ høːŋ²⁴kaːi³⁵ he⁵⁵ haɯ⁵⁵ mɯŋ³³." te²⁴ nou⁴²."ʔan²⁴ hu⁵⁵ kaːŋ²⁴
些　东西　那　给　你　他　说　个　一　水缸

ʔan²⁴ hu⁵⁵ saːŋ³⁵, mɯŋ⁴² naŋ³³ ʔan²⁴ kaːŋ³⁵ he⁵⁵, kou²⁴ naŋ³³ ʔan²⁴
个　一　木桶　你　坐　个　水缸那　我　坐　个

saːŋ³⁵ n⁴²."
木桶　这

"那去吧。"他老丈人说，"我一辈子还没能这样——见到五海龙
王。""那去吧。去的那天，我给你准备好东西。"他说，"一个是水缸，
一个是木桶。你坐那个水缸，我坐这个木桶。"

41. "mɯŋ⁴² naŋ³³ ʔan²⁴ kaːŋ²⁴ ne³³ taːŋ³⁵ ʔan²⁴laː⁴², kou²⁴ naŋ³³ ʔan²⁴
你　坐　个　缸（语）像　个　锣　我　坐　个

saːŋ³⁵ ne³³ taːŋ³⁵ ʔan²⁴kjøːŋ²⁴. you⁴² ɣø³⁵ kjøːŋ²⁴ ɣø³⁵ laː⁴² lɯk⁵⁵
木桶（语）像　个　鼓　我们　敲鼓　敲锣（助）

poːi²⁴,ʔu⁵⁵haːi⁵⁵luŋ⁴²waːŋ⁴² ʔdaːi⁵⁵hi²⁴ sin²⁴ liːu³¹ ɕø⁵⁵ tou⁵⁵ ɕiːp⁵⁵
去　五海龙王　　听见　声（语）才　来　接

you⁴². ʔbu³³/ʔbou⁵⁵mi⁴² pɯ³¹, te²⁴ ʔbu³³/ʔbou⁵⁵ tou⁵⁵ ɕiːp⁵⁵ you⁴² pɯ⁵⁵!"
我们　不　　　有（语）他　不　　　来　接　我们（语）

"你坐的水缸好比锣，我的木桶好比鼓。我们敲锣打鼓地去，五海龙王听见了声音才来接我们。不然的话，他是不会来接我们的。"

42. juːŋ³³ŋ⁴², søːŋ²⁴ pou³¹ he⁵⁵ haːu³⁵ poːi²⁴ lu³³. kɯn⁴² ɣon²⁴ poːi²⁴,
　　这样　　两个　那　就　去（语）上　路　去

kuŋ³⁵ɕoːi³³ nou⁴²: "ɣou⁴² hi⁴² poːi²⁴ hi⁴² ɣø³⁵, poːi²⁴ ʔdak⁵⁵ taŋ⁴²
　　贡修　说　我们　也　去　也　敲　去　快　到

tuːk³³ kan³³ ʔu⁵⁵haːi⁵⁵luŋ⁴²waːŋ⁴² liːu³¹, ɣou⁴² ɣø³⁵ ham³⁵ huŋ²⁴
　　地方　近　　五海龙王　　（语）我们　敲　比较　大

ti³⁵. ʔdum³¹ ʔdaːŋ³⁵ ʔdum³¹ ʔdaːŋ³⁵, kou²⁴ ʔdum³¹ muŋ⁴² ɕi⁴² ʔdaːŋ³⁵
　　点　咚　当　咚　当　我　咚　你　就　当

lu³³pɯ⁵⁵, kou²⁴ ʔdum³¹ muŋ⁴² ʔbu³³/ʔbou⁵⁵ ʔdaːŋ³⁵ pɯ³¹, ʔu⁵⁵haːi⁵⁵
　　（语）　我　咚　你　不　　当　（语）　五海

luŋ⁴²waːŋ⁴² ʔbu³³/ʔbou⁵⁵ ʔøːk³⁵ tou⁵⁵ ɕiːp⁵⁵ pɯ⁵⁵!"
　　龙王　　不　　出　来　接　（语）

这样，他们两个人就去了。路上，贡修说："我们边去边敲打，快到靠近五海龙王所在地时，我们要敲的更用力些。'咚当咚当'，我敲'咚'你就敲'当'了啊，我敲'咚'你不敲'当'的话，五海龙王是不会出来接（我们）的！"

43. kjon³⁵he⁵⁵ ɣø³⁵ ʔdum³¹ ʔdaːŋ³⁵ ʔdum³¹ ʔdaːŋ³⁵ lɯk⁵⁵ poːi²⁴ taŋ⁴² tuːk³³
　　他们　敲　咚　当　咚　当　（体）去　到　地方

ham³⁵ lak³³ liːu³¹, kuŋ³⁵ɕoːi³³ nou⁴²: "ɕou³³ ʔdak⁵⁵ taŋ⁴² lu³³, muŋ⁴²
　　比较　深　（语）　贡修　说　就　快　到（语）你

ɣoŋ⁴²ɣeːŋ⁴² ɣø³⁵ pɯ³¹!."pou³¹ hu⁵⁵ ʔdum³¹ pou³¹ hu⁵⁵ ʔdaːŋ³⁵ ɣø³⁵
　　努力　敲　（语）　个　一　咚　个　一　当　敲

ʔdai⁵⁵ ʔjap⁵⁵ hu⁵⁵ la³³, ʔan²⁴kaːŋ²⁴ koŋ²⁴taː²⁴ he⁵⁵ ɣø³⁵ haːu³⁵ ʔa³⁵,
　　得　阵　一（语）　个　水缸　老丈　他　敲　就　裂

koŋ²⁴taː²⁴ he⁵⁵ haːu³⁵ tok⁵⁵ ɣoŋ⁴² ta³³ piː⁵⁵/poːi²⁴ saːt³⁵sø³⁵ lu³³.
　　老丈　他　就　掉　下　河　去　　完蛋　（语）

pan⁴²n⁴², kuŋ³⁵ɕoːi³³ haːu³⁵ tø⁴²taːu³⁵ lu³³.
　　后来　贡修　就　返回　（语）

他们"咚当咚当"地敲着到了（大海）深处后，贡修说："就快到了，你要用力敲啊！"一个人"咚"一个人"当"地敲了一会儿，他老丈人敲的水缸就裂了，他老丈人就掉进河里完蛋了。后来，贡修就返回了。

44. kuŋ³⁵ɕoːi³³ maː²⁴ taŋ⁴² ɣaːn⁴² la³³, ki³⁵ nuːŋ³³hoːi⁴² he⁵⁵ ɣan²⁴ liːu³¹
　　贡修　回　到　家（语）些　妹姨　他　见（语）

haːu³⁵ ça:m²⁴: "muɯŋ⁴² ku³³ɣau⁴² ka:k³³ ma²⁴, ta⁴²pø³³ çi⁵⁵ ʔbu³³/
就　　问　　你　　怎么　　自己　回　爸　却　不

ʔbou⁵⁵ ma²⁴, po:i³je⁴²?" "ʔo⁴²! ʔu⁵⁵ha:i⁵⁵luɯŋ⁴²wa:ŋ⁴² ço:i³⁵ ʔdo:i²⁴
回　　姐夫　哦　　五海龙王　　　最　好

lu³³! kou²⁴ ta⁴² he⁵⁵ po:i²⁴ taŋ⁴² tɯ:k³³ ʔu⁵⁵ha:i⁵⁵luɯŋ⁴²wa:ŋ⁴² he⁵⁵
（语）我　带　他　去　到　地方　五海龙王　　　那

li:u³¹, te²⁴ çuŋ⁵⁵ ʔbu³³/ʔbou⁵⁵ kjai⁴² ma²⁴ mu²⁴. te²⁴ haɯ⁵⁵ ku⁵⁵
（语）他　都　不　　　爱　回　（语）他　让　我

ka:k³³ ma²⁴, he:u³³ he⁵⁵ ma²⁴ te²⁴ çuŋ⁵⁵ ʔbu³³/ʔbou⁵⁵ ma²⁴ mu²⁴."
自己　回　叫　他　回　他　都　不　　　回　（语）

贡修回到家，他的小姨子们见了就问他："你怎么自己回来，爸爸却没回来，姐夫？""哦！五海龙王最好了！我带着他到了五海龙王那里后，他都不愿意回来了。他让我自己回来，叫他回来他都不回来了！"

二　kø⁵⁵ lou⁴²tiŋ²⁴jou⁴² 刘定逎的故事
故事　　刘定逎

1. lou⁴²tiŋ²⁴jou⁴² tɯk³³ ta:ŋ²⁴so:i⁴² he⁵⁵ pou³¹ la:u⁴²je⁴² hu⁵⁵, ʔdaŋ²⁴
刘定逎　　是　当时　那　个　老爷　一　鼻子

ŋou²⁴. ki³⁵ fan⁴²saɯ²⁴ he⁵⁵ pɯ³¹ çi⁴² ʔa:k⁵⁵ lu³³, ka:i³⁵ tuŋ³¹sai⁵⁵
钩　些　文章　他（语）就　厉害（语）样　才华

he⁵⁵ kwa:i³⁵ kwa³⁵ koŋ²⁴ha:k³⁵ pi⁵⁵/po:i²⁴. koŋ²⁴ha:k³⁵ çuŋ³³ la⁵⁵
他　乖　过　官吏　去　官吏　都　还

la:u²⁴ he⁵⁵ çi:m³⁵ wi³³ pi⁵⁵/po:i²⁴, pai⁴² ka:u⁵⁵ pɯ³¹, ɣan²⁴ ʔan²⁴
怕　他　占　位子　去　一　考（语）见　个

ʔdaŋ²⁴ he⁵⁵ ŋou²⁴ jɯ:ŋ³³ŋ⁴² pɯ³¹, ha:u⁴² ʔbu³³/ʔbou⁵⁵ ʔou²⁴ he⁵⁵.
鼻子　他　钩　这样　（语）　就　不　　　要　他

koŋ²⁴ha:k³⁵ je:n⁴²nou⁴² ʔbu³³/ʔbou⁵⁵juŋ³³ he⁵⁵ la³³, çuŋ⁵⁵ mi⁴² ki³⁵
官吏　虽然　不　　　用　他（语）都　有　些

lɯ:ŋ⁴²jɯ:ŋ⁵⁵ he⁵⁵ tou⁵⁵ haɯ⁵⁵ he⁵⁵, haɯ⁵⁵ he⁵⁵ pla:i⁵⁵ kwa³⁵ muɯn³⁵
粮饷　那　来　给　他　让　他　走　过　处

ɣau²⁴ pi³³/po:i²⁴ jou⁴² muɯn³⁵ɣau²⁴ he⁵⁵ çuŋ⁵⁵ ʔdai³⁵.
哪　去　游　哪里　那　都　得

刘定逎是当时一个老爷，钩鼻子，他的文章很棒，他的才华赛过官吏。

官吏都害怕他抢了位子，每次考试，见他钩鼻子就是不录用他。官吏虽然没有用他，但都有粮饷（薪水）来给他，让他走过哪里周游哪里都行。

2. lou⁴²tiŋ²⁴jou⁴² ʔbu³³/ʔbou⁵⁵ tɯk³³ nou⁴² wun⁴² ʔjaːk³⁵ liːu³¹, haŋ⁴²
　　刘定逎　　　不　　　　是　说　人　恶毒（语）欺负

wun⁴² ɕiːm³⁵ wun⁴², jiu³⁵ wun⁴² ʔbu³³/ʔbou⁵⁵ hun⁵⁵ ɣɯ⁴². te²⁴
　人　占　人　看　人　不　　　　起　耳朵　他

ʔbu³³/ʔbou⁵⁵ tɯk³³ ɕuŋ⁵⁵ wun⁴² n⁴².ɕi⁵⁵jou⁵⁵ wun⁴² jiu³⁵ he⁵⁵ ʔbu³³/
　不　　　　是　种　人　这　只有　人　看　他　不

ʔbou⁵⁵ hun⁵⁵, tou⁵⁵ taːi²⁴ɕai³³ he⁵⁵, te²⁴ ɕø⁵⁵ ŋwaːn³³ paːn²⁴fa³¹
　　起　来　欺负　他　他　才　想　办法

ma²⁴ tau⁴² mɯŋ³³, hau⁵⁵ mɯŋ³³ hø⁴² fuk³³ paːk³⁵ fuk³³.
来　拿　你　让　你　喉咙　服　口　服

刘定逎不是恶人，专门去欺负别人，抢占别人（财物），看不起别人。他不是这种人。只有别人看不起他，欺负他，他才想办法来对付你，让你心服口服。

（一）

3. mi⁴² pai⁴² hu⁵⁵, te²⁴ poːi²⁴ taŋ⁴² ɕaːn³³tuŋ³³. ɕaːn³³tuŋ³³ ki³⁵ taːi²⁴laːu⁵⁵
　有　次　一　他　去　到　山东　　山东　些　大佬

he⁵⁵pɯ³¹, pai⁴² ɣø³¹nou⁴² lou⁴²tiŋ²⁴jou⁴² taŋ³³ la³³, tø³⁵ ʔøːk³⁵ kik³³
那（语）一　知道　刘定逎　　　到（语）就　出　副

toːi³⁵ hu⁵⁵ tou⁵⁵ sau³⁵ ki³⁵ tuŋ⁴²ɕai⁴² he⁵⁵, nou⁴² lou⁴²tiŋ²⁴jou⁴² taːp⁵⁵
对子　一　来　试　些　才能　他　说　刘定逎　　　答

ʔdai⁵⁵ tau⁴² pɯ³¹ suːn³⁵ he⁵⁵ ɣeːm²⁴ lo³³, jɯːŋ³³ŋ⁴²。
得　对（语）算　他　厉害（语）　这样

有一次，他来到山东。山东的大佬们听说刘定逎到了，就出一副对子来试探他的才能，（放话）说刘定逎要是能对答（上来）的话就算他厉害了。

4. kik³³ toːi³⁵ he⁵⁵nou⁴²: "si³³niːu⁵⁵tuŋ³³foːi³³ muːn⁵⁵tiː²⁴ fuŋ²⁴waːŋ⁴²
　副　对子　那　说　　西鸟东飞　　　满地凤凰

naːn⁴²ja²⁴ɕɯ³¹." jɯːŋ³³ŋ⁴² ɕi⁴² haːu³⁵ te³⁵ lou⁴²tiŋ²⁴jou⁴² tou⁵⁵ taːp⁵⁵
　难下足　这样　就　就　等　刘定逎　　　来　答

kik³³ kan²⁴laŋ²⁴ he⁵⁵ lu³³. lou⁴²tiŋ²⁴jou⁴² pai² ɣan²⁴ liːu³¹, "ʔo³⁵!
　副　后面　那（语）　刘定逎　　　一　见（语）　哦

jɯːŋ³³ŋ⁴² ma³¹?" te²⁴ ɕuŋ⁵⁵ ʔbu³³/ʔbou⁵⁵ juŋ³³ ŋwaːn³³ hom²⁴ tø³⁵
这样（语）他　都　不　　　　用　想　再　就

ho:i²⁴ pa:k³⁵ ta:p³⁵ nou⁴²:"na:m⁴²lin⁴²pak⁵⁵sou⁵⁵ pe:n³³ɕa:n³³hu⁵⁵
回　　口　　答　　说　　　　南麟北走　　　　　遍山虎

pa:u²⁴ ɕin²⁴ti³³tou⁴²."
豹　　尽低头

那副对子说："西鸟东飞满地凤凰难下足。"这样，就等刘定迺来答后面的一句了。刘定迺见到了，"哦，是这样吗！"他连想都不想就答道："南麟北走遍山虎豹尽低头。"

5. nou⁴² ku³¹ so:i²⁴ ku³¹ to:i³⁵ pɯ³¹, plaɯ⁴² ɕun⁵⁵ ku³³ ʔbu³³/ʔbou⁵⁵
　　说　做　诗　做　对子（语）　谁　　都　做　不

lum⁵⁵ he⁵⁵, ne³¹, mi⁴² tun²⁴sɯ⁴² mi⁴² min⁴²sɯ⁴² ja⁴²jɯn²⁴ ɕun⁵⁵
像　他　看　有　　动词　　有　　名词　　押韵　　都

taɯ⁴²kjop³³kjop³³, mɯn⁴² nou⁴² "ʔbu³³/ʔbou⁵⁵ ʔdai⁵⁵ yon⁴² tin²⁴.
对（后缀）　　你　说　　　不　　　得　下　足

la³³, te²⁴ ɕi⁵⁵ nou⁴² "ɕun⁵⁵ nom²⁴ you⁵⁵ ɕai⁴²". pou³¹pou³¹ yan²⁴
（语）他　却　说　　都　低头　齐　　个　个　　见

ɕun⁵⁵ han⁵⁵ kik³³ to:i³⁵ n⁴² nou⁴² pan⁴² ta:n³⁵ma⁴² pi⁵⁵/po:i²⁴. jɯ:n³³n⁴²
都　赞　副　对子这　说　好　　非常　去　　　　这样

ha:u³⁵ ɕu:n³⁵ pa:u³⁵ yop³³yop³³ ɕin⁵⁵ la:u⁴²je⁴² hou⁵⁵ ma²⁴.
就　　放　　鞭炮　（拟声）　请　老爷　进　来

说到做诗做对联，谁都做得不如他。看有动词有名词押韵很工整，你说"难下足"，他来个"尽低头"。人们看了都对这副对子赞不绝口。这样就燃起了隆隆鞭炮，请老爷进来。

（二）

6. lou⁴²tin²⁴jou⁴² ɕa:i³⁵ pi³³/po:i²⁴ jou⁴² tan⁴² laɯ²⁴ ʔjou³⁵ laɯ²⁴. pan³¹n⁴²
　　刘定迺　又　去　　游　到　哪　住　哪　后来

te²⁴ hou⁵⁵ ʔan²⁴ ti:m³⁵tø⁴² ya:n⁴² wun⁴²fou³⁵ hu⁵⁵ pi³³/po:i²⁴ ʔjou³⁵
他　进　个　旅店　　家　富人　　一　去　　　住

kwa³⁵ ham³³. hou⁵⁵ po:i²⁴ liu³¹, lou⁵⁵ ni³³ ʔi:n²⁴ ni³³ ʔjou³⁵ kɯn⁴²
过　夜　进　去　（语）酒（语）烟（语）在　上

ta:i⁴² tou⁵⁵ ta:n²⁴ kon²⁴la:u⁴²je⁴² ya:i⁴²ɕa:i³¹. ham³³ he⁵⁵ kɯ²⁴ he:m³⁵ ʔon³¹ ʔon³¹.
桌子　来　招待　个　老爷　　真实　　晚　那　吃　喊　（后缀）

刘定迺又出去游玩，到哪儿住哪儿。后来他走进一户富人家的旅店去过夜。到了里面，烟烟酒酒真的摆桌子上来招待老爷。当晚（大家）吃得热热闹闹的。

7. kɯ²⁴ saːt³⁵ liːu³¹ haːu³⁵ ɣoŋ⁴² taːi⁴² ma²⁴ pø³⁵ foːi² kaːŋ⁵⁵ kø⁵⁵. jɯːŋ³³ŋ⁴²
　　吃　完（语）就　下　桌子　来　烤火　聊天　这样
　　pou³¹ɕau⁵⁵ haːu³⁵ ɕam²⁴: "laːu⁴²je⁴², mɯŋ⁴² ta⁵⁵ mun³⁵lau²⁴
　　　主人　就　问　老爷　你　打　哪儿
　　tou⁵⁵?" "kou²⁴ ta⁵⁵ kwaːŋ⁵⁵si⁵⁵ ʔu⁵⁵miŋ⁴²jeːn²⁴ tou⁵⁵." pai⁴² nou⁴²
　　来　我　打　广西　武鸣县　来　一　说
　　jɯːŋ³³ŋ⁴² la³³, koŋ²⁴ wun⁴²fou³⁵ he⁵⁵ tiŋ³⁵hi²⁴ liːu³¹ ʔdaɯ²⁴ ʔuk⁵⁵
　　　这样（语）个　富人　那　听见（语）里　脑子
　　ʔdaɯ²⁴ he⁵⁵ ɣø³¹nou⁴² ʔu⁵⁵miŋ⁴²mi⁴² pou³¹ lou⁴²tiŋ²⁴jou⁴² hu⁵⁵
　　里面那　知道　武鸣　有　个　刘定遹　一
　　ʔwi²⁴fuŋ²⁴ hu⁵⁵, kaːk³³ ŋoːi³¹ jɯːŋ³³ŋ⁴² liːu³¹ haːu³⁵ nou⁴²: "ki²⁴jeːn⁴²
　　威风（语）自己　想　这样（语）就　说　既然
　　mɯŋ⁴² wun⁴² ʔu⁵⁵miŋ⁴², mɯŋ⁴² ɣø³¹ lou⁴²tiŋ²⁴jou⁴² pou³¹ wun⁴²
　　你　人　武鸣　你　知道　刘定遹　个　人
　　he⁵⁵ ha⁴²ɣau⁴² poːi²⁴taːu³⁵ bou⁵⁵?"
　　他　怎么　去　回　不

　　吃完了，就下来烤火聊天。这样，主人就问道："老爷，你从哪里来？""我从广西武鸣县来。"就这么一说，那个富人听后，脑子里想到武鸣县有一个叫刘定遹的很威风，自己这样想着就问道："既然你是武鸣人，那你知道刘定遹他这个人怎么个来龙去脉吗？"

8. "ʔo⁴²! kaːŋ⁵⁵ lou⁴²tiŋ²⁴jou⁴² pɯ³¹, ɕi⁴² ʔbu³³/ʔbou⁵⁵ lok⁵⁵ hom²⁴ lu³³,
　　哦　说　刘定遹（语）就　不　错　再（语）
　　te²⁴ kaːŋ⁵⁵ taŋ⁴² ku⁵⁵ taŋ⁴²." "ɕi⁵⁵ nou⁴² te²⁴ ha⁴²noːi³¹ ma³¹, wun⁴²
　　他　说　到　做　到　又　说　他　这样（语）人
　　tø³⁵ ku³³ ki³⁵ma⁴² te²⁴ ɕuŋ⁵⁵ ʔdai³³ ɣø³¹, mɯŋ⁴² sɯːŋ⁵⁵ jiu³⁵ he⁵⁵
　　一　做　什么　他　都　能　知　你　想　看　他
　　ɕaːt³⁵saːi⁵⁵ pɯ³¹, ʔjap⁵⁵ pi⁵⁵/poːi²⁴ te²⁴ ɕuŋ⁵⁵ ŋwaːn³³ haɯ⁵⁵ mɯŋ³³
　　　低下（语）阵　去　他　都　想　让　你
　　ʔan²⁴ sim²⁴ mɯŋ³³ fuk³³ pi⁵⁵/poːi²⁴, ɕan²⁴ mi⁴²jɯːŋ³³ŋ⁴² sai³³ luk⁵⁵ma³¹?"
　　个　心　你　服　去　真　有　这样　事（语）
　　koŋ²⁴ wun⁴²fou³⁵ he⁵⁵ ku³³ jɯːŋ³³ŋ⁴² ɕaːm²⁴.
　　　个　富人　那　做　这么　问

　　"哦！说到刘定遹啊，就不算错了。他说到做到。""听说他这样呢，别人想做什么他都能知道，你要是欺负他，等下儿他就想（治你的办法）让你心服口服，真的有这样的事吗？"那个富人这么问。

9. "ʔo⁴²! mi⁴² ko³¹, ʔdak⁵⁵n⁴² jɯːŋ³³ŋ⁴² pɯ⁵⁵ mi⁴² ɕaːi⁴²naŋ⁴² hu⁵⁵, kaːi³⁵
　　哦　有（语）这个　这样（语）有　才能　（语）样
ka:i³⁵ te²⁴ ɕuŋ⁵⁵ ku³³ ʔdai⁵⁵, mɯŋ⁴² haŋ⁵⁵ hau⁵⁵ he⁵⁵ ku³³ ki³⁵ma⁴²,
样　他　都　做　得　你　喜欢　让　他　做　什么
te²⁴ ɕuŋ⁵⁵ ku³³ ʔdai⁵⁵ ki³⁵te²⁴. ki³⁵ wan⁴²mɯ³¹ he⁵⁵ ɕi⁴² kou³⁵ lo³³."
他　都　做　得　那些　些　才华　他　就　够（语）
"ʔo³⁵? ɕiːu³⁵ jɯːŋ³³ŋ⁴² pɯ³¹, wun⁴² tɯːk³³ŋ⁴² pɯ³¹ suːn³⁵ ki³⁵ma⁴²
　　哦　照　这样（语）人　这里（语）算　什么
lu³³. hi⁴²kø⁵⁵ tou⁵⁵ taŋ⁴² laŋ²⁴ ɣou⁴² pɯ³¹, te²⁴ poːi⁵⁵ ʔdai⁵⁵ hun⁵⁵
（语）如果　来　到　处所　我们（语）他　比　得　上
ma³¹? tou⁵⁵ taŋ⁴² laŋ²⁴ pɯ³¹, hau⁵⁵ he⁵⁵ toŋ³³ ti³⁵ ɕuŋ⁵⁵ ʔbu³³/ʔbou⁵⁵ ʔdai⁵⁵ hu³¹."
（语）来　到　住所（语）让　他　动　点　都　不　　　得（语）

　　"哦！有啊，他这个人啊是很有才能的，每样（事情）他都能做到，你想让他做什么，他都能做什么，他真的很有才华。""哦？照么么说，这地方的人算什么呢。如果到我们这里，他比得上吗？到我们这里的话，让他一点也动弹不得！"

10. taːn⁴²tou⁴² koŋ²⁴ wun⁴²fou³⁵ he⁵⁵ ɕaːm²⁴ hou⁵⁵ laŋ²⁴ lou⁴²tiŋ²⁴jou⁴²
　　原来　个　富人　那　问　进　住所　刘定逎
pi⁵⁵/poːi²⁴ lu³³ ɕuŋ⁵⁵ ʔbu³³/ʔbou⁵⁵ ɣø³¹ lau⁵⁵. lou⁴²tiŋ²⁴jou⁴² pai⁴²
去　（语）都　不　　　知（语）刘定逎　　一
ŋwaːn³³: "ʔju²⁴! mɯŋ⁴² ɕi⁴² tai²⁴ɕai³³ lou⁴²tiŋ²⁴jou⁴² pan⁴²laːi²⁴? ɕou³³
　　想　哟　你　就　欺负　刘定逎　　这么　　就
tɯk³³ kou²⁴ lu³³, tai²⁴ɕai³³ ku⁵⁵ pan⁴²laːi²⁴? kou²⁴ ʔbu³³/ʔbou⁵⁵ sin³⁵ lu³³!"
是　我（语）欺负　我　这么　我　不　　　信（语）

　　原来那个富人（直接）问到刘定逎本人了都还不知道呢。刘定逎想"哟！你怎么这么欺负刘定逎？就是我啊，这么欺负我？我就不相信！"

11. jɯːŋ³³ŋ⁴² te²⁴ haːu³⁵ ŋwaːn³³ lu³³. pan⁴²n⁴² kɯ²⁴ ɕou⁴² sɯːi³⁵ tin²⁴
　　这样　他　就　想　（语）后来　吃　晚饭　洗　脚
saːi³⁵ liːu³¹, pou³¹ɕau⁵⁵ n⁴² hau⁵⁵ he⁵⁵ nin⁴² ɕiːn⁴²ɕiːn²⁴ taːm⁵⁵taːm⁵⁵
完（语）主人　这　让　他　睡　毛粘　　毛毯
teːn⁴²taːu³⁵ teːn⁴²ple²⁴ pɯ⁵⁵, kaːi³⁵kaːi³⁵ mø³⁵saːk³⁵saːk³⁵ pi⁵⁵/poːi²⁴
棉被　　　被套　（语）样样　新（后缀）　　去
hau⁵⁵ he⁵⁵ nin⁴² hu⁵⁵. ʔjan²⁴wi³³ pou³¹ɕau⁵⁵ n⁴² jiu³⁵ he⁵⁵ jai⁴²
让　他　睡（语）因为　　主人　这看　他　差

ça:t³⁵sa:i⁵⁵ pan⁴²la:i²⁴, ham³³ he⁵⁵ pu:n³⁵ ŋun⁴² te²⁴ çuŋ⁵⁵ ʔbu³³/ʔbou⁵⁵
低等　　这么　　　晚　那　半　夜　他　都　不

pan⁴² nin² ha³¹!
好　　睡（语）

　　这样，他就想办法了。吃完饭洗好脚后，主人让他用毛毯棉被被套睡觉，每样（用品）都是崭新的才让他睡呢。因为那个主人这么看不起他，当晚深夜他都没睡好觉！

12. hun³⁵tou⁵⁵ li:u³¹, te²⁴ plø:n⁵⁵ fa:n²⁴ te:n⁴²ple:u²⁴ he⁵⁵ pi⁵⁵/po:i²⁴,
　　起来（语）他　翻　张　被套　　那　去

plø:n⁵⁵ ʔou²⁴ ki³⁵kø:k³⁵ he⁵⁵ ʔø:k³⁵tou⁵⁵ li:u³¹, ʔou²⁴ ki³⁵ mon⁴²çi:n⁴²
　　翻　拿　些　角　那　出来　（语）　用　些　铜钱

he⁵⁵ çuɯn²⁴ ça:k³³ luk⁵⁵ liu³¹, çuk³³ hou⁵⁵ so:i³⁵ køk³⁵ te:n⁴² pa:i⁴²
　那　穿　绳子（体）（于）绑　进　四　角　被套边

ʔdaɯ²⁴ pi⁵⁵/po:i²⁴, çø⁵⁵ ta:u³⁵ plø:n⁵⁵ tø⁴²ta:u³⁵ kom³⁵ ʔjou³⁵ ʔdaɯ²⁴ he⁵⁵.
　里　去　　才重新　翻　重新　遮盖　在　里　那

　　起来后，他把那张被套翻过来，翻出被角来后，用穿着绳子的铜钱绑在被套里的四个角上，才重新翻过来遮盖在（被套）里边。

13. nin⁴² taŋ⁴² kja:ŋ³⁵ŋun⁴² taŋ⁴² ɣa:n⁴²ɣø:ŋ³³ hun³⁵tou⁵⁵ li:u³¹, te⁴²
　　睡　到　深夜　　到　天亮　　起来（语）他

pap³³ fa:n²⁴ te:n⁴² he⁵⁵ ʔdo:i²⁴ sin²⁴su⁵⁵, tø³⁵ pla:i⁵⁵ ʔø:k³⁵ pi³³/po:i²⁴
　叠　张　被子　那　好　清楚　就　走　出　去

ma²⁴ lu³³. pɯn⁵⁵la:i⁴² ʔɯŋ²⁴ka:i²⁴ te³⁵ pou³¹çaɯ⁵⁵ he:u³³ muɯŋ³³
回（语）本来　　应该　　等　主人　　叫　你

hun³⁵tou⁵⁵ ʔda:t³⁵ hou³¹ ʔda:t³⁵ plak⁵⁵ kɯ²⁴ li:u³¹ çø⁵⁵ pi³³/po:i²⁴
　起来　热　饭　热　菜　吃（语）才去

ma²⁴. te²⁴ ʔbu³³/ʔbou⁵⁵ te³⁵ kom⁴² ʔø:k³⁵ma²⁴no:k⁵⁵nok⁵⁵ çuŋ⁵⁵
回　他　不　　　等　低头　出来　　（后缀）　都

ʔbu³³/ʔbou⁵⁵ kɯ²⁴.
不　　　吃

　　睡到深夜到天亮起床后，他叠好被子就出门回去了。本来应该等着主人叫你起床，热好饭菜吃了再走的。他不等，只顾低着头就出来（连饭都不吃）。

14. jɯ:ŋ³³ŋ⁴², ha:i²⁴ pou³¹çaɯ⁵⁵ hi⁴² ʔda:t³⁵ plak⁵⁵ lu³¹, yan²⁴ he⁵⁵ kɯ:t³³
　　这样　可是　主人　也　热　菜　（语）见　他　扛

fa:n³³ te:n⁴² he⁵⁵ ʔø:k³⁵ ma²⁴ li:u³¹ ha:u³⁵ nou⁴²:"ha:i³⁵! ʔju³⁵!
　张　被子　那　出来（语）就　说　嗨　哟

ku²⁴ hou³¹ lu³³ mɯŋ⁴² ɕi⁴² ʔøːk³⁵ ma²⁴ pan⁴² ʔdeːu²⁴ waːi³⁵ lo³³?"
吃　饭（语）你　却　出　来　这么　　快　（语）

"ʔaːi⁴²!kou²⁴ ʔbu³³/ʔbou⁵⁵jaŋ⁴² kuw²⁴ hou³¹ luɯ³³, kou²⁴ ʔdak³³ kaːn⁵⁵ yon²⁴!"
哎　我　　没有　　　　吃　饭（语）我　要　赶　路

可主人已经热好了菜，却见他扛着被子往外走，就说："嗨，哟！该吃饭了，你怎么这么快就走啊？""哎，我先不吃饭了，我要赶路！"

15. "mɯŋ⁴² kaːn⁵⁵ yon²⁴ ɕi⁴² kaːn⁵⁵ yon²⁴ la³³, juɯːŋ³³ŋ⁴² mɯŋ⁴² taːi³⁵
　　你　赶　路　就　赶　路（语）这样　你　带

faːn²⁴teːn⁴² ku⁵⁵ ɕuŋ⁵⁵ ʔou²⁴ pi³³/poːi²⁴ ma³⁵?" koŋ²⁴ wun⁴²fou³⁵
　　被子　我　都　拿　去　　　回　个　富人

he⁵⁵ juɯːŋ³³ŋ⁴² heːu³³ nou⁴²."ha³¹! ki³⁵ma⁴² faːn²⁴teːn⁴² mɯŋ⁴²?"
　那　这样　　叫　道　啊　什么　　被子　你

te²⁴ haːu³⁵ hi⁴² kaːŋ⁵⁵ hi⁴² ʔøːk³⁵ haːm³⁵ ʔbaːn⁵⁵ma²⁴."faːn²⁴
　他　就　边　说　边　出　旁边　村　来　张

ku⁵⁵ tauɯ⁴² tou⁵⁵ la⁴², mɯŋ⁴² hi⁴² nou⁴² faːn²⁴ mɯŋ⁴²!" juɯːŋ³³ŋ⁴²
　我　拿　来（语）你　却　说　张　你　这样

haːu³⁵ tø⁴²ɕuɯŋ³⁵ huɯn⁵⁵tou⁵⁵."ji³⁵,juɯːŋ³³ŋ⁴² puɯ³¹, haːu³⁵ pi³³/
　就　争执　起来　呀　这样　（语）就　去

poːi²⁴ laŋ²⁴ koŋ²⁴haːk³⁵ pi³³/poːi²⁴ puːn³⁵."
　处所　官吏　去　　　判决

"你赶路就赶路吧，那你干嘛连我的被子都拿走啊？"那个富人这样叫道。"啊，什么是你的被子？"他就边说边往村边走，"是我拿来的被子！你却说是你的！"因此（双方）就争执起来了。"呀，这样（争执不下）的话，那就到官府那里去裁决。"

16. pan⁴²n⁴² poːi²⁴ taŋ⁴² laŋ²⁴ koŋ²⁴haːk³⁵. koŋ²⁴haːk³⁵ yan²⁴ liːu³¹ haːu³⁵
　后来　去　到　处所　官吏　　官吏　见（语）就

nou⁴²: "sou²⁴ søːŋ²⁴ pou³¹ ɕuŋ⁵⁵ tø⁴²ɕeːŋ²⁴ nou⁴², kou²⁴ hi⁴² nou⁴²
　说　你们　两　个　都　争执　说　我　也　说

faːn²⁴ ku⁵⁵, mɯŋ⁴² hi⁴² nou⁴² faːn²⁴ mɯŋ⁴². juɯːŋ³³ŋ⁴² faːn²⁴ yau⁴²
　张　我　你　也　说　张　你　这样　张　哪

faːn²⁴ plauɯ⁴² ni³¹ ʔou²⁴ ki³⁵ma⁴² ku³³ koːi³⁵haːu³³?" koŋ²⁴ wun⁴²
　张　谁（语）用　什么　做　记号　　个　人

fou³⁵ he⁵⁵ nou⁴²: "ham³³luɯːn⁴² tou⁵⁵ kou²⁴ hauɯ⁵⁵ he⁵⁵ kuɯ²⁴
　富　那　说　昨晚　　来　我　让　他　吃

hou³¹çou⁴², kaːi³⁵ma⁴² çuŋ⁵⁵ heːu³³ku³³ nou⁴² çan³³ sim²⁴ ku⁵⁵
　晚饭　　什么　都　叫做　　说　尽　心　我
taːi³³ he⁵⁵ lu³³. ki³⁵ma⁴² kuɯ²⁴ liːu³¹ hat⁵⁵n⁴² te²⁴ çi⁴² ʔou²⁴ faːn²⁴
招待 他（语） 什么　吃（语）今早　他 却 拿 张
teːn⁴² ku⁵⁵ pi³³/poːi²⁴ ma²⁴ lu³³!"
被子 我 去　　回（语）

后来去了官府那里。官吏见了就说："你们俩都争着说，我也说是我的，你也说是你的被子。那哪张被子是谁的，用什么做记号？"那个富人说："昨晚来时，我让他吃晚饭，什么都可以说是尽我心来招待他的。怎么吃了饭，今早他却拿着我的被子回去啊？"

17. "jɯːŋ³³ŋ⁴² muŋ⁴² nou⁴² faːn²⁴ muɯŋ⁴², muŋ⁴² çi⁴² ku³ɣau⁴² nou³⁵?"
　　这样　你　说 张　你　　你 又 怎么 说
koŋ²⁴haːk³⁵ he⁵⁵ jɯːŋ³³ŋ⁴² çaːm²⁴."ho⁴²! faːn²⁴teːn⁴² ku⁵⁵ waːŋ²⁴
　官吏 那　这样　　问　啊　被子　我 横
ha⁴² noːi³¹,weːt³⁵ ha⁴²noːi³¹, mi⁴² tu⁴²ɣok³³ mi⁴² tu⁵⁵wa²⁴. pap³³
这样　竖 这样 有 只鸟 有 朵花 叠
luɯk⁵⁵ çuːŋ³⁵ la³³ne⁵⁵" te²⁴ kaːŋ⁵⁵ ha⁴²noːi³¹ ha⁴²noːi³¹.
（体）放（语） 他 说　这样　　这样

"那你说是你的被子，你又怎么说（有什么根据）呢？"那个官吏这样问道。"啊，我的被子横的这样，竖的这样，有鸟有花，叠好了放的。"他这样那样地说着。

18. koŋ²⁴hak³⁵ çi⁵⁵ çaːm²⁴:"jɯːŋ³³ŋ⁴² taŋ⁴² muŋ³³ lou⁴²tiŋ²⁴jou⁴² nou⁴²."
　　官吏 又 问　这样　到 你　刘定迪　说
"faːu²⁴teːn⁴² pan⁴²pan⁴² heːu³³ ku³³ nou⁴² haːi²⁴ puɯ³¹, faːn²⁴faːn²⁴
　　被子　反正　叫做 说 卖（语）张 张
çuŋ⁵⁵ ki³⁵ sak⁵⁵ he⁵⁵ tø⁴²toŋ³³. ʔbu³³/ʔbou⁵⁵kø³⁵ nou⁴² kou²⁴ ni³¹
都 些 颜色 那 相同 不 过 说 我 （语）
ʔøːk³⁵ ɣon²⁴ kjai²⁴, kou²⁴ ʔdak³⁵ koːi³⁵ haːu³³ luɯk⁵⁵ hoːi³⁵laːu²⁴
出 路 远 我 要 记 号（语）担心
lok⁵⁵ wun⁴². kou²⁴ soːi³⁵ køːk³⁵ soːi³⁵ ʔan²⁴ mon⁴²çiːn⁴² çuk³³ ʔjou³⁵
错 人 我 四 角 四 个 铜钱　绑 在
ʔdaɯ²⁴ he⁵⁵ hoːi³⁵laːu²⁴ lok⁵⁵ faːn²⁴ wun⁴²."
里面 那 担心　错 张 人

官吏又问："那到你刘定迪说了。""被子总的说来要出售的话，每张的颜色都相同。不过我出远门，我要做记号以免拿错别人的。我在那四个角里绑着四个铜钱免得拿错了别人的。"

19. koŋ²⁴ha:k³⁵ pai⁴² tiŋ³⁵ sø:ŋ²⁴ ʔbɯ:ŋ³⁵ ɕai⁴²kja²⁴ ka:ŋ⁵⁵ ɕiŋ²⁴su⁵⁵ jɯ:ŋ³³ ŋ⁴²
　　官吏　　一　听　两　边　　一起　　说　清楚　这样

li:u³¹⁵, pan⁴²n⁴² ɕø⁵⁵ ʔbe²⁴ fa:n²⁴te:n⁴² ʔø:k³⁵tou⁵⁵, pai⁴² plø:n³⁵
（语）　后来　　才　打开　被子　　　出来　　一　翻

ʔdau²⁴ he⁵⁵ la³³, so:i³⁵ kø:k³⁵ so:i³⁵ ʔan²⁴ mon⁴²ɕi:n⁴². te²⁴ nou⁴²: "ʔan²⁴
里　那（语）四　角　四　个　铜钱　　　他　说：　个

mon⁴²ɕi:n⁴² ku⁵⁵ mi⁴² jɯ:ŋ³³ŋ⁴² ko:i³⁵ha:u³³." te²⁴ he³³ sak⁵⁵ ʔba:t³⁵
铜钱　　　我　有　这样　　记号　　他　切　一　次

ha⁴²nou⁴² ku³³ma⁴² ɕuŋ⁵⁵ nou⁴² ʔø:k³⁵tou⁵⁵ tau⁴²kjop³³kjop³³.
还是　什么　都　说　出来　　对　（后缀）

　　官吏一听双方一起说这么清楚后，才把被子打开来，一翻开里面，（只见）四角有四个铜钱。他说："我的铜钱有这样的记号。"他（可能在上面）切了一下或者什么，都说得很吻合。

20. "mɯŋ⁴² ku³³ ɕau⁵⁵kja²⁴ ka:ŋ⁵⁵ ʔbu³³/ʔbou⁵⁵ te:ŋ²⁴ la³³pɯ⁵⁵. fa:n²⁴
　　你　当　主人　　说　不　　　对　（语）张

n⁴² miŋ⁴²miŋ⁴² fa:n²⁴ la:u⁴²je⁴² lɯk⁵⁵, mɯŋ⁴² ɕi⁴² nou⁴² fa:n²⁴
这　明明　　张　老爷　（语）你　却　说　张

mɯŋ³³. mɯŋ⁴² ɕuŋ⁵⁵ ʔbu³³/ʔbou⁵⁵ mi⁴² sak³⁵ ka:i³⁵ ɕi⁴² nou⁴²
你　你　都　不　　　有　一　样　就　说

fa:n²⁴ mɯŋ³³, ʔbu³³/ʔbou⁵⁵ ʔdai⁵⁵. jɯ:ŋ³³ŋ⁴² ta:u³³lo:i³¹ pɯ⁵⁵ he:u³³
张　你　不　　　得　这种　道理　（语）叫

ku³³ nou⁴² mɯŋ⁴² ha:ŋ³⁵ wun⁴² ʔou²⁴, fa:t³¹ mɯŋ³³ ɕip³³ fa:n³³
做　说　你　欺负　人　要　罚　你　十　万

ka:n³⁵ mon⁴²ɕi:n⁴²."
贯　铜钱

　　"你作为主人说的不对啊。这张被子分明是老爷的，你却说是你的。可你什么也没有就说是你的，不行。这种道理啊，叫/做你欺负别人的，（所以）罚你十万贯铜钱。"

21. jɯŋ³³ŋ⁴² ha:u³⁵ fa:t³¹ he⁵⁵ ɕip³³ fa:n³³ ka:n³⁵ mon⁴²ɕi:n⁴² lo³³.
　　这样　就　罚　他　十　万　贯　铜钱　（语）

ŋa:i⁴² fa:t³¹ pɯ³¹, mɯŋ⁴² ɕi⁴² ʔdak⁵⁵ po:i⁴² lu³³pɯ⁵⁵. pu:n³⁵
挨　罚（语）你　就　要　还　（语）判

siŋ²⁴siŋ²⁴ su⁵⁵su⁵⁵, pan⁴²n⁴² ʔdak⁵⁵ ŋ⁴² ka:ŋ⁵⁵ ʔbu³³/ʔbou⁵⁵ ʔø:k³⁵
清清　楚楚　　后来　个　这　说　不　　　出

ta:u³³lo:i³¹, te²⁴ na⁵⁵n̥an³⁵ ha:u³⁵ ʔø:k³⁵ pi³³/po:i²⁴ ma²⁴ kø:m³⁵ lo³³.
  道理 他 脸 羞 就 出 去 回 先 （语）

这样就罚了他十万贯铜钱。挨罚的话，（那意思）就是要你还的。判得
很清楚，可是这个人（主人）说不出道理，觉得没脸见人了就先回去了。

22. fa:n²⁴te:n⁴² pu:n³⁵ ha:u⁵⁵ la:u⁴²je⁴² lou⁴²tiŋ²⁴jou⁴² lu³³ne⁵⁵. pai⁴²
  被子 判 给 老爷 刘定逌 （语） 一

ku³¹ ʔjap⁵⁵ hu⁵⁵, lou⁴²tiŋ²⁴jou⁴² ha:u³⁵ tau⁴² fa:n²⁴ te:n⁴² he⁵⁵
  停 阵 一 刘定逌 就 拿 张 被子 那

ʔø:k³⁵ pi³³/po:i²⁴ma²⁴ kan²⁴laŋ²⁴. te²⁴ pla:i⁵⁵ ʔdum⁵⁵ ʔdum⁵⁵ ʔde³¹ ʔde³¹,
  出 去 回 随后 他 走 （后缀，拟态）

ʔbu³³/ʔbou⁵⁵ ɕou³⁵ mɯŋ³³ nou⁴² kan²⁴ mɯŋ³³ hin⁴²kji:u⁵⁵ tø⁴²tam⁵⁵
  不 和 你 说 跟 你 脚后跟 抵触

ne⁵⁵. pou³¹ kø:n³⁵ pou³¹ laŋ²⁴ ɕe:ŋ²⁴ sak⁵⁵ sø:ŋ²⁴ lo:i³¹ ɣon²⁴.
（语） 个 前 个 后 差 一 两 里 路

被子被判给了刘定逌老爷。稍停一会，刘定逌就拿着那张被子随后回
去。他慢腾腾地走着，不是说紧贴着你脚后跟走的（离得那么近），（而是）
一前一后相隔一两里地。

23. te²⁴ ɕan³³ me:n³³me:n³³ kan²⁴laŋ²⁴ po:i²⁴, ɣø³¹nou⁴² koŋ²⁴ wun⁴²
  他 总 慢慢 随后 去 觉得 个 人

fou⁵⁵ he⁵⁵ ʔdak⁵⁵ taŋ⁴² mou⁴² mɯn³⁵n⁴² lo³³ ha:u³⁵ pla:i⁵⁵ wa:i³⁵,
  富 那 快 到 某 处所 这（语） 就 走 快

ka:n⁵⁵ tau⁴² he⁵⁵ li:u³¹ nou⁴²: "ʔo³⁵! mɯɯŋ⁴² ŋam³⁵ ma²⁴ taŋ⁴²
  赶 拿 他 （语） 说 哦 你 刚 回 到

no:i⁵⁵ la³³ma³¹? ʔa:i³¹ju:³¹!kou²⁴ ma²⁴ pan⁴² ʔde:u²⁴ ŋu³³ lu³³ la⁵⁵
  这 （语） 哎呀 我 回 这么 晚 （语） 还

ʔdai⁵⁵ ka:n⁵⁵ tau⁴² mɯɯŋ³³, mɯɯŋ⁴² pa:n²⁴n⁴² ŋa:m³⁵ taŋ⁴² no:i⁵⁵."
  能 赶 拿 你 你 现在 才 到 这

"ʔbu³³/ʔbou⁵⁵ ku³³ma⁴² lo³³, pla:i⁵⁵ ɣon²⁴ kjai²⁴."
  不 什么 （语） 走 路 远

他总是缓慢地跟着后面走，觉得那个富人快到某个地方了，就加快了
步伐，赶上以后说道："哦！你刚回到这里？哎呀！我这么晚回来了还能
赶上你，你现在才到这里。""可不是嘛，走远路。"

24. "ʔo⁴²!jɯ:ŋ³³ŋ⁴² la³³, ɕaŋ⁴²pan³³ ɕou³⁵ mɯŋ⁴² pi³³/po:i²⁴ pu:n³⁵ sai³³.
  哦 这样 （语） 刚才 和 你 去 判 事

je:n⁴²la:i⁴² ham³³lɯ:n⁴² ɕou³⁵ mɯŋ³³ ku²⁴ hou³¹ɕou⁴², mɯŋ⁴² ɕi⁴²
原来　　昨晚　和　你　吃　晚饭　你　就

jiu³⁵ lou⁴²tiŋ²⁴jou⁴² ɕa:t³⁵sa:i⁵⁵ lo³³. ka:n²⁴nou⁴² kou²⁴ hi⁵⁵jaŋ⁴²
看　刘定逌　　低下（语）　虽然　我　还没有

tɯk³³ lou⁴²tiŋ²⁴jou⁴², sat³³sai³³ mɯŋ⁴² ɕuŋ⁵⁵ ka:ŋ⁵⁵ ʔbu³³/ʔbou⁵⁵
是　刘定逌　　　事实　你　都　说　不

kwa³⁵, mɯŋ⁴² ɕi⁴² jiu³⁵ ʔbu³³/ʔbou⁵⁵ hun⁵⁵ he⁵! hi⁴²kø⁵⁵ lou⁴²tiŋ²⁴jou⁴²
过　你　却　看　不　　起　他　如果　刘定逌

pi⁵⁵/po:i²⁴ pɯ³¹, mɯŋ⁴² kja²⁴man³³ ka:ŋ⁵⁵ ʔbu³³/ʔbou⁵⁵ ʔø:k³⁵ wa³³ lo³³!"
去　（语）你　更加　说　不　　出　话（语）

　　"哦！是这样的，刚才和你去打官司。（原来）昨晚和你吃晚饭时，你就瞧不起刘定逌了。虽然我还不是刘定逌，事实上你都说不过，你还瞧不起他！如果我是刘定逌的话，你更是无言以对了！"

25. "miŋ⁴²miŋ⁴² fa:n²⁴ te:n⁴² n⁴² tɯk³³ fa:n²⁴ mɯŋ³³, ʔbu³³/ʔbou⁵⁵ tɯk³³
　　明明　张　被子这　是　张　你　不　　是

fa:n²⁴ ku⁵⁵, mɯŋ⁴² ɕuŋ⁵⁵ ka:ŋ⁵⁵ ʔbu³³/ʔbou⁵⁵ kwa³⁵!" lou⁴²tiŋ²⁴jou⁴²
张　我　你　都　说　不　　过　刘定逌

nou⁴²,"ne³¹, fa:n²⁴n⁴² fa:n²⁴ mɯŋ³³, mɯŋ⁴² ta:u³⁵ ʔou²⁴ pi⁵⁵/po:i²⁴
说　给　张　这　张　你　你　重新　拿　去

ma²⁴ sa:t³⁵ lɯ³³ma³³." ʔjap⁵⁵ hu³⁵, pou³¹ wun⁴²fou³⁵ n⁴² ʔaŋ²⁴ liu³¹
回　算　（语）　阵儿　一　个　富人　这　高兴（语）

ha:u³⁵ ʔou²⁴ pi⁵⁵/po:i²⁴ ma²⁴ lu³³. pan⁴²n⁴² lou⁴²tiŋ²⁴jou⁴² ha:u³⁵
就　拿　去　　回（语）　后来　刘定逌　　就

nou⁴² pi⁵⁵/po:i²⁴ ʔø:k³⁵ hai³¹ kan⁵⁵. pai⁴² po:i²⁴ kwa³⁵ ɣak³³ jiu³⁵
说　去　拉　屎　暂　一　去　过　绝　看

ʔbu³³/ʔbou⁵⁵ tø⁴²ɣan²⁴ li:u³¹, te²⁴ ha:u³⁵ fa:n²⁴ tø⁴²ta:u³⁵ ma²⁴ laŋ²⁴ koŋ²⁴ha:k³⁵.
不　　相见（语）他　就　翻　返　回　处所　官吏

　　"这分明就是你的被子，不是我的，你都有理说不出！" 刘定逌说，"给，这是你的被子，你重新拿回去好了。" 一会儿，这个富人高兴地拿了回去。后来，刘定逌慌称先去方便，一到拐角处互相看不见了，他就返回到官府那里。

26. "hɯ³⁵! koŋ²⁴ha:k³⁵ pɯ⁵⁵, ɕaŋ⁴²pan³³ kji:n³³ sai³³ ɕou³⁵ pou³¹ he⁵⁵
　　嘿　官吏　（语）　刚才　件　事　和　个　那

tø⁴²ɕeŋ²⁴ ʔou²⁴ fa:n²⁴ te:n⁴² he⁵⁵ ni⁵⁵, mɯŋ⁴² ho:i³¹kiŋ²⁴ pu:n³⁵
争执　要　张　被子　那（语）　你　已经　判

siŋ²⁴su⁵⁵ haɯ⁵⁵ ku⁵⁵, tɯk³³ faːn²⁴ ku⁵⁵ ɣɯ⁴² ʔbu³³/ʔbou⁵⁵ tɯk³³
　清楚　给我　是　张我　而　不　　　是

faːn²⁴ he⁵⁵. noːi⁵⁵, søːi⁴²n⁴² pi³³/poːi²⁴ma²⁴ taŋ⁴² puːn³⁵ ɣon²⁴ la³³,
　张　他　这　现在　去　　回到　半　路（语）

te²⁴ tuːt⁵⁵ ku⁵⁵ ʔou²⁴. jɯːŋ³³ŋ⁴² mɯŋ⁴² koŋ²⁴haːk³⁵ kaːŋ⁵⁵ wa³³
他　夺我　要　这样　你　　官吏　　说　话

ʔdak³³ pan⁴² ɕon⁴²."
要　成　话

"嘿！老爷啊，刚才和那个人争执被子的那件事呢，你已经判决得很清楚，是我的被子而不是他的。但现在回到半路他从我这儿抢去了。你作为老爷说话要算数。"

27. koŋ²⁴haːk³⁵ he⁵⁵ nou⁴²: "hɯ³⁵! mi⁴² jɯːŋ³³ŋ⁴² sai³³ nɯ³¹?" haːu³⁵
　个官吏　那　说　嘿　有　这样　事（语）就

tø³⁵ hoːi²⁴ ki³⁵ ɕaːi²⁴ he⁵⁵ hoːi²⁴ ma³¹ pi³³/poːi²⁴ pon³⁵. poːi²⁴ taŋ⁴²
　就　开　些　差役他　开　马　去　　追　去　到

puːn³⁵ ɣon²⁴ ɕuŋ⁵⁵ la⁵⁵ ɣan²⁴ he⁵⁵ ʔbu³³/ʔbou⁵⁵jaŋ⁴² taŋ⁴² ɣaːn⁴² he⁵⁵,
　半　路　都　还　见　他　还没有　　到　家　他

tø³⁵ waːt⁵⁵ he⁵⁵, ʔou²⁴ he⁵⁵ tø⁴²taːu³⁵ ma²⁴ laŋ²⁴ koŋ²⁴haːk³⁵.
　就　喝　他　拿　他　返回　来　处所　官吏

那个官吏说："啊！有这种事？"就立即派兵差骑着马去追，到了半路都还看见他还没到他家，立刻喝住他，把他带回官府那里。

28. koŋ²⁴haːk³⁵ pai⁴² ɣan²⁴ tø³⁵ nou⁴² sat³³ he⁵⁵: "ɕaŋ⁴²pan³³ hoːi⁴²kin²⁴
　官吏　　一　见　就　说　实　他　刚才　已经

puːn³⁵ faːn²⁴ teːn⁴² n⁴² haɯ⁵⁵ laːu⁴²je⁴² lu³³, mɯŋ⁴² ɕi⁴² ku³³ma⁴²
　判　张　被子这　给　老爷（语）你　却　怎么

ma²⁴ taŋ⁴² puːn³⁵ ɣon²⁴ tuːt⁵⁵ ʔou²⁴? waːi³³ ʔdak⁵⁵ min⁴²taːŋ⁴² pon⁵⁵
回　到　半　路　夺　要　坏　个　名堂　本

tɯːk³³ ɣou⁴²! waːi³³ na⁵⁵ koŋ²⁴haːk³⁵ ɣou⁴²!" jɯːŋ³³ŋ⁴² kaŋ⁵⁵ saːt³⁵
　地　我们　坏　脸　官吏　我们　这样　说　完

ɕaːi³⁵ faːt³¹ he⁵⁵ ʔbaːt³⁵.
　又　罚　他　次

官吏一见就呵斥他："刚才已经把被子判给了老爷，你怎么能回到半路上实施抢劫呢？你坏了我们本地的名声！丢了我们官府的脸！"这样官吏又罚他一次。

29. faːt³¹ ʔdai⁵⁵ ki³⁵ ŋan⁴² he⁵⁵ ɕuŋ⁵⁵ hau⁵⁵ laːu⁴²je⁴² lou⁴²tiŋ²⁴jou⁴²
　　罚　得　些　钱　那　都　给　老爷　　刘定迺

liu³¹. kaːi³⁵nⁱ⁴² piŋ³⁵ ʔbu³³/ʔbou⁵⁵ tuk³³ nou⁴² te²⁴ pi²⁴/poːi²⁴ haːŋ⁴²
（语）这样　并　不　　　　是　说　他　去　　威胁

wun⁴² ʔou²⁴, ɣuɯ⁴²tuk³³ nou⁴² wun⁴² jiu³⁵ he⁵⁵ ʔbu³³/ʔbou⁵⁵ huɯn⁵⁵
　人　要　　而是　　　说　人　看　他　不　　　起

ɣa²⁴, tai²⁴ɕai³³ he⁵⁵, te²⁴ ɕi⁵⁵ɕoːi³³ muɯŋ³³ la³³. ʔbu³³/ʔbou⁵⁵ mi⁴²
　眼　欺负　他　他　才　修　你　　（语）不　　　有

puɯ³¹, te²⁴ ɕuŋ⁵⁵ ʔbu³³/ʔbou⁵⁵ ɕoːi³³ muɯŋ³³!
（语）他　都　不　　　　修　你

　　罚来的钱都归了老爷刘定迺。这些并不是他以威胁别人的方式，而是别人看不起他，欺负他，他才整治你的！不然的话，他不会整治你！

（三）

30. lou⁴²tiŋ²⁴jou⁴² pi²⁴taŋ⁴² ɕan³³ pi³³/poːi²⁴ jou⁴² lu³³, ʔbu³³/ʔbou⁵⁵
　　刘定迺　　每年　总　去　　游（语）不

tuk³³ nou⁴² tiŋ³³tiŋ³³ ʔjou³⁵ puɯ⁵⁵, ʔbu³³/ʔbou⁵⁵ lum⁵⁵ ɣou⁴² ni³³
　是　说　静静　待（语）不　　　像　我们（语）

ku³³høːŋ²⁴ ne⁵⁵. pan⁴²nⁱ⁴² mi⁴² ŋon⁴² hu⁵⁵ ɕi⁵⁵ poːi²⁴ taŋ⁴² mou⁴²
　劳动　（语）后来　有　天　一　又　去　到　某

muɯn³⁵nⁱ⁴², hou⁵⁵ ʔan²⁴ ʔbaːn⁵⁵ hu⁵⁵ poːi²⁴.
　这里　进　个　村　一　去

　　刘定迺每年总是去游玩，不是静静地闲待着的，（也）不像我们这样劳动着的。后来，有一天来到了某个地方，走进了一个村子。

31. mi⁴² me³³ hu⁵⁵ wun⁴²maːi³⁵, koŋ²⁴ kwaːn²⁴ he⁵⁵ ɣaːi²⁴ liːu³¹ wit⁵⁵
　　有　个　一　寡妇　　个　丈夫　她　死（语）丢

hau⁵⁵ he⁵⁵ ha⁵⁵ tak³³luɯk³³. ɕuɯːŋ³¹ ki³⁵ luɯk³³ he⁵⁵ huŋ²⁴ ɕi⁵⁵ pan⁴²
　给　她　五　儿子　　养　些　孩子　她　大　又　成

kja⁴ lu³³, te²⁴ ɕø⁵⁵ ɣaːi²⁴. ɣaːi²⁴ liːu³¹, ɕi⁴² ʔøːk³⁵ suɯk⁵⁵fan⁴² hat³³ɕaːi³⁵,
　家（语）她　才　死　死（语）就　出　文章　　祭祀

pou³¹pou³¹ ɕi⁴² nou⁴² "muɯŋ⁴² si⁵⁵ je³¹, muɯŋ⁴² si⁵⁵ je³¹".
　个　个　也　说　你　写（语）你　写（语）

　　有一个寡妇，她丈夫死后留给她五个儿子。把儿子们养大成了家她才去世。死后要出祭文，个个都说"你写吧，你写吧。"

32. wun⁴² nou⁴² laːu⁴²je⁴² taŋ⁴² ʔbuɯːŋ³⁵paːi³³ he⁵⁵ lo³³, heːu³³ laːu⁴²je⁴²
　　人　说　老爷　到　半　边　那（语）叫　老爷

tou⁵⁵ si⁵⁵. pou³¹pou³¹ ɕuŋ⁵⁵ ɣø³¹nou⁴² laːu⁴²je⁴² ku³³ ʔøːk³⁵tou⁵⁵
来　写　个　个　都　知道　老爷　作　出来

pɯ³¹, ɕi⁴² haɯ⁵⁵ mɯŋ³³ ʔan²⁴sim²⁴ hoːi²⁴jaːk⁵⁵jaːk⁵⁵ lu³³, haːu³⁵
（语）就　给　你　个　心　开（后缀）　（语）就

pi³³/poːi²⁴ heːu³³ he⁵⁵ kwa³⁵ tou⁵⁵.
去　　　叫　他　过　来

　　有人说老爷到了（村子）那边了，叫他来写。谁都知道如果是老爷写出的（祭文），就会让你心情舒畅了，（这样）就去把他叫了过来。

33. laːu⁴²je⁴² ʔbu³³/ʔbou⁵⁵ tɯk³³ soŋ⁴²soːi⁴² tou⁵⁵ laɯ²⁴, ŋon⁴²n⁴² tou⁵⁵
　　老爷　不　　　是　经常　来（语）今天　来

tɯk³³ tiŋ³³liŋ⁴² ɣop³³ wun⁴² ɣaːi²⁴ juːŋ³³ŋ⁴² laː³³. suk³³fan⁴² taːŋ³⁵
　　是　碰巧　遇　人　死　这样　（的）祭文　相当

nou⁴² taːŋ³⁵ ki³⁵ koŋ²⁴laːu⁴² me³³ n⁴², taːŋ³⁵ ki³⁵ luk³³ he⁵⁵ ku³³ɣaɯ⁴²
说　赞叹　些　功劳　母　这　赞叹　些　孩子　她　怎么

jaːu³⁵ he⁵⁵. laːu⁴²je⁴² tou⁵⁵ lu³³ kɯ²⁴ hou³¹ siŋ⁵⁵su⁵⁵ liːu³¹ ɕou³³ si⁵⁵ lo³³.
孝　她　老爷　来（语）吃　饭　清楚　（语）就　写（语）

　　老爷不是经常到这里来的，今天不过是碰巧赶上有人去世罢了。祭文就是赞扬这个妇人的功劳，赞扬她的儿子们怎么孝敬她。老爷进来并吃好了饭就开始写了。

34. ɣø³¹nou⁴² laːu⁴²je⁴² si⁵⁵ suk³³fan⁴² laː³³ soːi³⁵ haːm³⁵ ɕuŋ⁵⁵ mi⁴²
　　知道　老爷　写　祭文　（语）四　周　都　有

wun⁴² jiu³⁵ɣup³³ɣup³³. te²⁴ si⁵⁵ ɣoŋ⁴²poːi²⁴: "kaːi³³ saŋ³³ ʔu⁵⁵ sɯ⁵⁵
　人　看（后缀）　他　写　下去　该　生　五　子

tu³³ sø²⁴ sɯ⁴²…" kaɯ³⁵ wa³³ n⁴² wun⁴² ʔbaːn⁵⁵ you⁴² heːu³³ku³³
　都　作　贼　　句　话　这　人　村　我们　叫做

nou⁴² "me³³ n⁴² seŋ²⁴ ha⁵⁵ tak³³ luk³³ ɕuŋ⁵⁵ ʔøːk³⁵ ɕak³³."
　说　母　这　生　五　个　孩子　都　出　贼

　　一知道老爷要写祭文，他四周都站满了围观的人。他写道："该生五子都作贼……"这句话在壮语是说"这个妇人所生的五个儿子都是贼。"

35. "ʔai³³ja³³! ɕaɯ³⁵ mɯŋ³³ tou⁵⁵ ku³³ suk³³fan⁴² ɕai³⁵ me³³ n⁴² lu³³,
　　哎呀　专门　你　来　作　祭文　祭祀　母　这　（语）

mɯŋ⁴² ʔeŋ³⁵kja²⁴ ku³³ ʔdak⁵⁵ ɕon⁴² ʔda³⁵ wun⁴² lo³³?" ki³⁵ wun⁴²
　你　更加　作　个　句　骂　人（语）　些　人

haːm³⁵ he⁵⁵ ɣan²⁴ he⁵⁵ juːŋ³³ŋ⁴² si⁵⁵ laː³³, pou³¹ pou³¹ ɕuŋ⁵⁵ pi²⁴
　边　那　见　他　这么　写（语）个　个　都　摇

ɣou⁵⁵ ʔdɯt⁵⁵ʔdɯt⁵⁵ nou⁴², "ɕø⁴²! laːŋ⁴²taːŋ³³ haɯ⁵⁵ tuŋ³³ koŋ²⁴
头　（拟态）　　说　切　后悔　让　个　老头

tou⁵⁵ jɯːŋ³³ŋ⁴² toŋ²⁴ kaːŋ⁵⁵ sai²⁴ kaːŋ⁵⁵ lu³³!" pou³¹ pou³¹ hi⁴²
来　这样　东　讲　西　讲（语）　个　个　也

nou⁴² koŋ²⁴ ŋ⁴² ʔbu³³/ʔbou⁵⁵ teːŋ²⁴.
说　老头　这　不　　　对

"哎呀！专门请你来作祭文的，你却作出这么一句骂人的话？"周边
的人见到他这么写，个个都摇摇头说，"切！后悔让这个老头来胡说八道
了。"人人都说这个老头不对。

36. "haːi⁵⁵! ki³³paːk³³ kan⁵⁵. laːŋ⁴²taːŋ³³ haɯ⁵⁵ mɯŋ³³ tou⁵⁵ lu³³, ʔbu³³
嗨　别忙　暂时　后悔　叫　你　来（语）不

/ʔbou⁵⁵ si⁵⁵ ɕon⁴² ʔdoːi²⁴ ɕi⁴²paʔ³³, ɕi⁵⁵ kaːŋ⁵⁵ ɕon⁴² jaːk³⁵ he⁵⁵ hom²⁴
　　写　句　好　也罢　还　说　句　恶　那　还

la³³." ɕan³³ ku³³ jɯːŋ³³ŋ⁴² naːu³³n̩iːt³³saːt³³saːt³³. te²⁴ ɕuŋ⁵⁵ ɣø³¹-
（语）　总　做　这样　热闹（绘形）　他　都　知道

nou⁴² si⁵⁵ kaɯ³⁵ n⁴² ne³¹ ɣøːk³³ n⁴² ki³⁵ wun⁴²jɯːŋ³³ŋ⁴² lo³³. te²⁴
写　句　这　呢　外　这些　人　这样（语）他

ɕaːŋ²⁴ ku³³ ʔbu³³/ʔbou⁵⁵ ɣø³¹ lɯk⁵⁵, tiŋ³³tiŋ³ taŋ³¹ køːn⁵⁵ pit⁵⁵ he⁵⁵
装　作　不　　　知（体）静静　握　支　笔　那

lɯk⁵⁵ te³⁵, taːn³¹tou⁴² ʔdaɯ²⁴ sim²⁴ he⁵⁵ ɕuŋ⁵⁵ ɣan²⁴ ɕuŋ⁵⁵ ɣø³¹
（助）　等　其实　里　心　他　都　见　都　知

lu³³, ka³³laːi³¹ ku³³ la³³.
（语）假装　做（语）

"嗨！暂且别忙了。后悔叫你来了，不写好的也就罢了，却还说些难听
的！"总是这样人声嘈杂热闹得很。他都知道写了这句话后，外边的人会
是这样（说）的。但他却装作不知道，静静地握着笔等着呢。其实他心里
明白得很，就是装着（不知如何下笔）的。

37. si⁵⁵ kaɯ³⁵ taːi³³ ʔit⁵⁵ ɣan²⁴ wun⁴² jɯːŋ³³ŋ⁴² nou⁴² liːu³¹, te²⁴ ɕø⁵⁵ si⁵⁵
写　句　第一　见　人　这样　说（语）他　才　写

kaɯ³⁵ taːi³³ ŋoːi³³: "pu²⁴ tou³³ saːi⁴² paːu⁵⁵ hi⁵⁵ kim²⁴ ŋan⁴²" nou⁴²
句　第二　不　偷　财宝　与　金　银　说

ki³⁵ lɯk³³ he⁵⁵ hi⁴² ʔbu³³/ʔbou⁵⁵ ɕak³³ kim²⁴ hi⁴² ʔbu³³/ʔbou⁵⁵ ɕak³³
些儿子　她　既　不　　　偷　金　也　不　　　偷

ŋan⁴². ki³⁵ wun⁴² he⁵⁵ ɣan²⁴ he⁵⁵ jɯːŋ³³ŋ⁴² si⁵⁵ la³³, ɕaːi³⁵ nou⁴²
银　些　人　那　见　他　这样　写（语）又　说

"ʔbu³³/ʔbou⁵⁵ ɕak³³ kim²⁴ ŋan⁴²? jɯːŋ³³ŋ⁴² ɕak³³ ki³⁵ma⁴²?"...
　　不　　偷　金　银　　这样　偷　什么

　　写好了第一句，见到人们这么评论后，他才写第二句"不偷财宝与金银"，说的是她的儿子们既不偷金也不偷钱。那些人们见他这么写，又说"不偷金银？那偷什么呢？"……

38. ʔdai⁵⁵ maːu³⁵naːn⁴² liːu³¹, te²⁴ ɕi⁵⁵ ɣoŋ⁴² kau³⁵ "tou³³ tɯ³¹ faːn³³
　　得　　好久　（语）他　才　下　句　偷　得　蟠

ta:u³¹ kiŋ²⁴ mu⁵⁵ɕin³³" kau³⁵ wa³³ n⁴² ɕɯŋ²⁴ nou⁴² "ɕak³³ ʔdai⁵⁵
　桃　敬　母亲　　句　话　这　称　说　偷　得

sak⁵⁵ ʔan²⁴ lɯk³³nim²⁴ lɯk³³taːu⁴² ɕuŋ⁵⁵ ma²⁴ neːn³⁵ hau⁵⁵ ta³¹me³³
　一　个　番石榴　桃子　都　回　递　给　母亲

he⁵⁵." ʔøːk³⁵ ɣon⁴² ɕak³³ sak⁵⁵ ʔan²⁴ lɯk³³maːk³⁵ ʔbu³³/ʔbou⁵⁵
　他　出　路　偷　一　个　水果　　不

tɯk³³ ɕak³³ ne⁵⁵, ʔbu³³/ʔbou⁵⁵ tɯk³³ ɕak³³ kim²⁴ŋan⁴² saːi⁴²paːu⁵⁵.
　是　贼　（语）不　　是　偷　金银　　财宝

ɕɯŋ²⁴nou⁴² kjai⁴² ta³¹me³³ he⁵⁵ tɯk⁵⁵ jɯːŋ³³ŋ⁴² pi⁵⁵/poːi²⁴, ɕou⁴²-
　称　说　爱　母亲　他　（助）这样　去　　可怜

kwa³⁵ ta³¹me³³ he⁵⁵ ɣau³¹ he⁵⁵ hun²⁴, ʔdai⁵⁵ ʔan²⁴ lɯk³³nim²⁴
　　母亲　他　抚养　他　大　得　个　番石榴

lɯk³³ŋaːn³¹ ɕuŋ⁵⁵ pɯːt³⁵ ma²⁴ hau⁵⁵ ta³¹me³³ he⁵⁵.
　龙眼　　都　跑　回　给　母亲　他

　　过了好久，他才写下"偷得蟠桃敬母亲"，意思是说"偷得个把番石榴桃子什么的都拿回来给他的母亲。"出门在外偷个把的水果不是贼的，又不是去偷盗金银财宝。意思是说，爱他母亲到这样的地步，可怜他母亲把他抚养大，得到个把番石榴龙眼等都跑回去送给他母亲（自己舍不得吃）。

39. "ho²⁴!jɯːŋ³³ŋ³³ pan⁴² lu³³, pan⁴² lu³³." pou³¹pou³¹ ɕuŋ³³ ta⁵⁵fuŋ⁴²
　　哦　这样　好（语）好（语）个个　都　鼓掌

nou⁴² "ʔaːi³¹ju³¹! ɕaŋ⁴²pan³³ you⁴² ɕuŋ⁵⁵ la⁵⁵ nou⁴² sɯːn³⁵sau⁴² heːu³³
　说　哎呀　刚才　我们　都　还　说　白白　叫

he⁵⁵ tou⁵⁵ la³³, søːi⁴²n⁴² kau³⁵n⁴² pan⁴² lu³³, kau³⁵ n⁴² pan⁴² lu³³."
　他　来（语）现在　句　这　好（语）句　这　好（语）

　　"哦！这样就好了，好了。"人人都鼓掌说，"哎呀！刚才我们都还后悔叫他来呢。现在这句好啊，这句好啊！"

（四）

40. lou⁴²tiŋ²⁴jou⁴² ku³³ la:u⁴²je⁴², te²⁴ mi⁴² sin³³ɕo:i⁵⁵, ʔit⁵⁵ ʔdɯ:n²⁴
　　刘　定　逎　做　老　爷　他　有　薪水　一　月

ʔit⁵⁵ ʔdɯ:n²⁴, koŋ²⁴ha:k³⁵ ɕuŋ⁵⁵ fa:t⁵⁵ hau⁵⁵ te²⁴. ki³⁵ ŋan⁴² he⁵⁵
　一　月　　官吏　都　发　给　他　些　钱　他

pɯ³¹ ɕi⁴² la:i²⁴ lu³³, ɕit³³ ŋan⁴² fa:t³³ ŋan⁴².
（语）就　多（语）尽　银（尽）　银

　　刘定逎是个老爷，他有薪水，一个月一个月的，官府都发给他。说起他的钱，就多了，多得不得了。

41. ta:n²⁴nou⁴² ki³⁵ po:i³¹nu:ŋ³¹ he⁵⁵ ɕe:ŋ²⁴ he⁵⁵, pou³¹ ʔjou³⁵ he:n⁴²
　　但是　些　亲戚　他　争　他　个　在　边

ɕa³³ hi⁴² nou⁴², pou³¹ ʔjou³⁵ he:n⁴² lu:ŋ³⁵ hi⁴² nou⁴², ʔbu³³/ʔbou⁵⁵
草丛也　说　　个　在　边　巷子也　说　　不

tɯk³³ nou⁴² hou⁵⁵ ta:ŋ³⁵na⁵⁵ he⁵⁵ pi⁵⁵/po:i²⁴ lau²⁴: "toŋ³³ koŋ²⁴
是　说　进　面前　他　去　（语）　些　老头

ŋ⁴², la:u⁴²je⁴² lɯk⁵⁵lu³³, ɣou⁴² ʔdai³³ ɣø²⁴ ku²⁴ he⁵⁵ sak⁵⁵ toŋ⁴²
这　老爷　（语）　我们　能　沾　吃　他　一　支

ʔi:n²⁴ sak⁵⁵ ɕe:n⁵⁵ lou⁵⁵ mou³⁵! ʔbu³³/ʔbou⁵⁵ yan²⁴ ʔdai⁵⁵ lau²⁴!"
烟　一　杯　酒　（语）　不　　　见　得　（语）

ʔbu³³/ʔbou⁵⁵ tɯk³³ ŋon⁴² hu⁵⁵ nou⁴², pan⁴² ko:i⁵⁵ pi²⁴ wun⁴² ɕuŋ⁵⁵
不　　　是　天　一　说　好　几　年　人　都

ɕan³³ ku³³ jɯ:ŋ³³ŋ⁴² ka:ŋ⁵⁵ kau³⁵ n⁴² kwa³⁵ ɣɯ⁴² he⁵⁵.
总　做　这样　　说　句　这　过　耳　他

　　但是他的亲戚都埋怨他，有的在路边说，有的在巷子里说，不是当着他的面说的："这老头，还是个老爷呢，（可是）我们能沾他的光，吃到他的一支烟一杯酒吗？没有过的！"不是只说一天，好几年人们总是在他的耳边说这样的一句话（闲言）。

42. kwa³⁵ ɣɯ⁴² he⁵⁵ li:u³¹, te²⁴ ŋwa:n³³ lu³³. pan⁴²n⁴² hat⁵⁵ hu⁵⁵, te²⁴
　　过　耳朵　他（语）他　想　（语）后来　早晨　一　他

ʔø:k³⁵ kø:ŋ²⁴ hai³¹ hu⁵⁵ hou⁵⁵ pa:k³⁵tou²⁴ koŋ²⁴ sa:i⁴²ɕau⁵⁵ hu⁵⁵
拉　堆　屎　一　进　门口　个　财主　一

po:i²⁴. hat⁵⁵taŋ⁴² mi⁴² pou³¹ hun³⁵ wa:i³⁵ pou³¹ hun³⁵ me:n³³,
去　每早　有　个　起　早　个　起　晚

tiŋ³³liŋ⁴² pou³¹ hun³⁵ wa:i³⁵ hu⁵⁵ yan²⁴ lu³³.
恰巧　个　起　快　一　看见（语）

听到了（闲言），他就想（办法）了。后来有一天早晨，他到一个财主家门口去拉了一泡屎。每天早上，有早起的有晚起的，恰巧被一个早起的人看见了。

43. koŋ²⁴sa:i⁴²ɕaɯ⁵⁵ he⁵⁵ ho:i²⁴ tou²⁴ ɣan²⁴ kø:ŋ²⁴ hai³¹ he⁵⁵ ha:u³⁵ ʔda³⁵
   个   财主   那 开 门 见 堆 屎 那 就 骂

"plaɯ⁴² ɕi⁴² tɯk³³ɕaŋ⁴² pan⁴²la:i²⁴ ʔø:k³⁵ hai³¹ mɯn³⁵n⁴² lo³³?"
   谁 就 讨厌 这么 出 屎 这儿 （语）

"la:u⁴²je⁴² lou⁴²tiŋ²⁴jou⁴² la!" mi⁴² wun⁴² nou⁴² he⁵⁵ hi²⁴. koŋ²⁴
   老爷 刘定迪 （语） 有 人 告诉 他 个

ɕa:i⁴²ɕaɯ⁵⁵ he⁵⁵ nou⁴²: "pou³¹ pɯ³¹, kam³³ he⁵⁵ pi³³/po:i²⁴ pu:n³⁵!"
   财主 那 说 个（语） 抓 他 去 判

那个财主开门看见那泡屎就骂了起来"谁这么缺德在这儿拉屎！""是刘定迪老爷。"有人告诉了他。财主说："是他的话，抓他去判（刑）！"

44. koŋ²⁴sa:i⁴²ɕaɯ⁵⁵ kam³³ tau⁴² la:u⁴²je⁴² ma²⁴. la:u⁴²je⁴² ha:u³⁵ ɕou³⁵
   个 财主 抓 住 老爷 回 老爷 就 跟

he⁵⁵ tø⁴²ɕe:ŋ²⁴ lu³³. mɯŋ⁴² nou⁴² ku⁵⁵ ʔø:k³⁵ kou²⁴ hi⁴² nou⁴² mɯŋ³³
   他 争吵 （语） 你 说 我 出 我 也 说 你

ʔø:k³⁵, sø:ŋ²⁴ ʔbɯ:ŋ⁵⁵ ɕuŋ⁵⁵ ʔbu³³/ʔbou⁵⁵ fuk³³, ha:u³⁵ pi³³/po:i²⁴ laŋ²⁴
   出 双方 都 不 服 就 去 处所

koŋ²⁴ha:k³⁵. ʔbu³³/ʔbou⁵⁵jaŋ⁴² pi³³/po:i²⁴ laŋ²⁴ koŋ²⁴ha:k³⁵, koŋ²⁴
   官吏 还没有 去 住所 官吏 个

sa:i⁴²ɕaɯ⁵⁵ ʔda:t³⁵ho:i³⁵ li:u³¹, ho:i⁴²kin²⁴ ʔboŋ⁵⁵ la:u⁴²je⁴² tø:n³⁵
   财主 生气 （语） 已经 打 老爷 顿

kou³⁵ hu⁵⁵ lu³³.
   够 一 （语）

财主把老爷抓了回来。老爷就跟他争吵起来，你说是我拉，我说是你拉，双方都不服气，就去找官府。还没去之前，财主因生气已经把老爷狠狠地打了一顿。

45. koŋ²⁴ha:k³⁵ ha:u³⁵ ta:u³⁵liŋ³³ ma²⁴ tɯ:k³³ kø:ŋ²⁴ hai³¹ he⁵⁵. pan⁴²n⁴²
   官吏 就 重新 回 地方 堆 屎 那 后来

pu:n³⁵ po:i²⁴ pu:n³⁵ ma²⁴, ɕuŋ⁵⁵ nou⁴² ʔbu³³/ʔbou⁵⁵ tɯk³¹ kø:ŋ²⁴
   判 去 判 回 都 说 不 是 堆

hai⁴² lou⁴²tiŋ²⁴jou⁴² ne⁵⁵, kø:ŋ²⁴ ŋ⁴² hai³¹ȵou³³ tø⁴²kja:u⁴², tɯk³³
   屎 刘定迪 （语） 泡 这 屎尿 相混 是

kø:ŋ²⁴ wun⁴²pa⁴² ʔø:k³⁵ lo³¹, wun⁴²sa:i²⁴ ʔø:k³⁵ pɯ³¹ çi⁴² kø:ŋ²⁴
堆　　女人　　拉（语）　　男人　　拉（语）就　泡

n̪ou³³ pi:u²⁴ pi³³/po:i²⁴ kjai²⁴.
尿　　漂　去　　　　　远

官吏就返回到那泡屎的地方。判来判去，都认为不是刘定遁拉的屎，这泡是屎尿相混，是女人拉的，男人尿尿的话就会往远处漂。

46. "la:ɯ⁴²je⁴² lou⁴²tiŋ²⁴jou⁴² ʔdak⁵⁵ wun⁴²sa:i²⁴ hu⁵⁵! mɯŋ⁴² ku³³-
　　老爷　刘定遁　　个　男人　一　你　怎么

ɣaɯ⁴² nou⁴² he⁵⁵ ʔø:k³⁵?" koŋ²⁴hak³⁵ jɯ:ŋ³³ŋ⁴² çam²⁴. je:n³¹la:i⁴²
　　说　他　出　官吏　　这样　问　原来

so:i⁴² laɯ:⁴²je⁴² ʔø:k³⁵, te²⁴ çaŋ⁴²ɣaɯ⁴²laɯ⁵⁵ çi⁴² pap³³ tu⁴²ɣok³³
时　老爷　　出　他　事先　　就　折　小鸟

he⁵⁵ lɯk⁵⁵, ha:ɯ⁵⁵ kø:ŋ²⁴ n̪ou³³ ʔø:k³⁵ tø⁴²ta:u³⁵, kø:ŋ²⁴n̪ou³³
他（体）让　泡尿　出　往后　　　泡尿

ha:u³⁵ çou³⁵ kø:ŋ²⁴ hai³¹ tø⁴²kja:u³¹ lu³³.
　就　和　堆屎　相混　（语）

"老爷刘定遁是个大男人，你怎么说是他拉的？"官吏这样问道。原来老爷尿尿的时候，他事先把男根折着，使尿往后洒，（这样）尿和屎就混在一起了。

47. koŋ²⁴sa:i⁴²çaɯ⁵⁵ çam³³ ɣa²⁴ çon⁴² ka:ŋ⁵⁵ ʔbu³³/ʔbou⁵⁵ ɣan²⁴. koŋ²⁴-
　　个　财主　也　找　句　说　不　　　　见　个

hak³⁵ nou⁴²: "jɯ:ŋ³³ŋ²⁴ mɯŋ⁴² ʔboŋ⁵⁵ he⁵⁵ ka³³la:i²⁴ ha:u³⁵ po:i⁴²
官吏　说　这样　你　　打　他　多少　就　赔

he⁵⁵ ka³³la:i²⁴ ŋan⁴²!" ha:u³⁵ çi⁵⁵ fa:t³³ ŋan⁴² he⁵⁵ haɯ⁵⁵ la:u⁴²je⁴².
他　多少　钱　就　又　罚　钱　他　给　老爷

lou⁴²tiŋ²⁴jou⁴² ʔdai⁵⁵ ki³⁵ ŋan⁴² he⁵⁵ li:u³¹, ha:u³⁵ ʔou²⁴ ma²⁴ çiŋ⁵⁵
刘定遁　得　些　钱　那（语）　就　用　来　请

ki³⁵ po:i³¹nu:ŋ³¹ he⁵⁵ kɯ²⁴ lu³³.
些　亲戚　他　吃（语）

那个财主也无言以对。官吏说："那你打他多少次就赔他多少钱吧。"就又罚他款给老爷。刘定遁得到了这笔钱，就用来宴请亲戚们。

48. ki³⁵ po:i³¹nu:ŋ³¹ he⁵⁵ ʔbu³³/ʔbou⁵⁵tɯk³³ nou⁴²çe:ŋ²⁴ he⁵⁵ ʔbu³³/
　　些　亲戚　他　不　　　是　说　争　他　不

ʔbou⁵⁵ ʔdai³³ ɣø²⁴ he⁵⁵ kɯ²⁴ ma³¹? çiŋ⁵⁵ ki³⁵ po:i³¹nu:ŋ³¹ he⁵⁵
　得　沾　他　吃（语）　请　些　亲戚　他

kɯ²⁴, pan⁴² taːi⁴² lou⁵⁵ kɯ²⁴ ɕuŋ⁵⁵ ʔbu³³/ʔbou⁵⁵ liːu³¹, ɕuŋ⁵⁵
吃　整　桌　酒　吃　都　不　　　　完　都

kɯ²⁴ ʔbu³³/ʔbou⁵⁵ taŋ⁴² tiŋ⁴² hu⁵⁵.
吃　不　　　　到　半　一

他的亲戚不是说埋怨他不能沾他的光吗？宴请他的亲戚吃，一桌子的酒菜吃都吃不完，都吃不到一半！

49. pan⁴²n⁴², kɯ²⁴ saːt³⁵ liːu³¹, ʔøːk³⁵ heːn⁴² taːi⁴² tou⁵⁵ naŋ³³ lɯk⁵⁵
后来　吃　完（语）出　边　桌子　来　坐（体）

kaːŋ⁵⁵kø⁵⁵. laːu⁴²je⁴² nou⁴² "ʔai³¹ju³¹! sou²⁴ pan⁴²laːi²⁴ naːn⁴² lu³³
聊天　老爷　说　哎呀　你们　这么　久（语）

ɕan³³ ɕeŋ²⁴ ku⁵⁵ laːu⁴²je⁴² ʔbu³³/ʔbou⁵⁵ ʔdai³³ ɕiŋ⁵⁵ su⁵⁵ kɯ²⁴ sak⁵⁵
总　争　我　老爷　不　　　　得　请　你们　喝　一

tøːn³⁵ lou⁵⁵. ȵa⁴²! kou²⁴ ʔeːŋ³⁵nou⁴² su⁵⁵ kɯ²⁴ ʔdai⁵⁵ laːi²⁴noːi³¹ la³³,
顿　酒　瞧　我　以为　你们　吃　得　多少　（语）

taːn⁴²tou⁴² kɯ²⁴ køːŋ²⁴ hai³¹ ku⁵⁵ ɕuŋ⁵⁵ ʔbu³³/ʔbou⁵⁵ liːu³¹!"
原来　吃　堆　屎　我　都　不　　　　完

后来吃完了饭，坐在桌边聊天。老爷说："哎呀！你们一直在埋怨我老爷没有请你们喝一次酒。瞧，我以为你们能吃多少呢，原来连我的一泡屎都吃不完！"

50. laːu⁴²je⁴² pai⁴² nou⁴² kɯ²⁴ køːŋ²⁴ hai³¹ ɕuŋ⁵⁵ ʔbu³³/ʔbou⁵⁵ liːu³¹
老爷　一　说　吃　堆　屎　都　不　　　　完

pɯ³¹, sak⁵⁵ pou³¹ ʔbu³³/ʔbou⁵⁵ ʔdaːt³⁵hoːi³⁵ ma³¹! ki³⁵ poːi³¹nuːŋ³¹
（语）一　个　不　　　　生气（语）些　亲戚

ʔbaːŋ⁵⁵ pou³¹ laːu³¹ kwa³⁵ he⁵⁵ hi⁴² mi⁴², ʔaːu²⁴ hi⁴² mi⁴² laːn²⁴
有的　个　老　过　他　也　有　叔　也　有　侄子

hi⁴² mi⁴², ɕuŋ⁵⁵ nou⁴² he⁵⁵: "tiu²⁴ȵa³³ma⁵⁵ ni³³, mɯŋ⁴² jiu³⁵
也　有　都　说　他　他妈的　（语）你　看

ɣou⁴² pan⁴²laːi²⁴ ŋau⁴² ma³¹, hau⁵⁵ ɣou⁴² kɯ²⁴ køːŋ²⁴ hai³¹
我们　这么　傻　（语）让　我们　吃　包　屎

mɯŋ³³ nɯ³¹? kam³³ mɯŋ³³ pi⁵⁵/poːi²⁴!" jɯːŋ³³ŋ⁴² pou³¹pou³¹
你　（语）抓　你　（语）　这样　个　个

ɕuŋ⁵⁵ pɯːt³⁵ɣop⁵⁵ɣop⁵⁵, pou³¹ n⁴² kam²⁴ hø⁴² pou³¹ n⁴² kam²⁴
都　跑（绘形）　个　这　抓　脖子　个　这　抓

keːn²⁴, nou⁴² "tau⁴² pi³³/poːi²⁴ ɣaːu³⁵ tam⁴²!"
胳膊　说　拿　去　　　　耙　池塘

老爷一说到吃一泡屎都吃不完，有谁不生气啊？那些亲戚有比他年长的，有叔叔，也有侄子，都说："他妈的！你看我们这么傻啊，让我们吃你的屎？把你抓起来！"这样，个个都跑过来，有的抓脖子，有的抓胳膊，说："拿去耙池塘！"

51. ki³⁵ po:i³¹nu:ŋ³¹ he⁵⁵ ɕiŋ³⁵ɕan²⁴ tau⁴² he⁵⁵ pi³³/po:i²⁴ ɣa:u³⁵ tam⁴²
　　些　　亲戚　他　真正　拿　他　去　　耙　池塘

　　　ɣa:i³¹ɕa:i³¹! pi³³/po:i²⁴ ɣa²⁴ ɣa:u³⁵ ɣa²⁴ ʔe:k³⁵ tou⁵⁵ hau⁵⁵ he⁵⁵.
　　　很　　去　找　耙　找　轭　来　给　他

　　pai⁴² ɣø³¹nou⁴² pi³³/po:i²⁴ ɣa:u³⁵ tam⁴² pu³¹, ki³⁵ wun⁴² ɕuŋ⁵⁵
　　一　知道　去　　耙　池塘（语）些　人　都

　　hø:p³³ kwa³⁵ hen⁴² tam⁴² pi⁵⁵/po:i²⁴, ta:i³⁵ ʔba:n⁵⁵ ʔun³⁵ ɕuŋ⁵⁵
　　围　过　边　池塘去　　带　村　其他　都

　　mi⁴² wun⁴² tou⁵⁵, he:n⁴² tam⁴² ku³³ tuk⁵⁵ ɣa²⁴ tu:k³³ ʔdum²⁴
　　有　人　来　边　池塘　做　得　找　地方　站

　　ʔbu³³/ʔbou⁵⁵ ɣan²⁴ pi⁵⁵/po:i²⁴.
　　不　　见　去

　他的亲戚真的让他去耙池塘！去找耙子找牛轭来给他。一听说去耙池塘，人们都围在池塘四周，连别村的人也来，以至于池塘边上连个站的地方也没有。

52. mi⁴² ʔdak⁵⁵ hu⁵⁵ ku³³ pou³¹ tau⁴² ɣa:u³⁵ he⁵⁵, lou⁴²tiŋ²⁴jou⁴² ɕi⁴²
　　有　个　一　做　个　把　耙子　那　刘定逌　却

　　tap⁵⁵ ʔe:k³⁵ luuk⁵⁵ li:u³¹ po:i²⁴ ka⁴²kø:n³⁵. ʔdak⁵⁵ ŋ⁴² ɕan³³ kam²⁴
　　套　牛轭（体）（语）去　前面　　个　这　总　把

　　ʔan²⁴ ɣa:u³⁵ he⁵⁵ ɕan³³ kan²⁴laŋ²⁴ po:i²⁴ŋok⁵⁵ŋok⁵⁵. ʔdak⁵⁵ la:u⁴²je⁴²
　　个　耙子　那　总　随后　去（绘形）　个　老爷

　　ni⁵⁵, ha:u³⁵ ɕan³³ ɣa:k³³ ʔan²⁴ ɣa:u³⁵ he⁵⁵ po:i²⁴ lu³³.
　　（语）就　总　拉　个　耙子　那　去（语）

　有一个人专门把持着耙子，刘定逌却被套着牛轭走在前面。这个人则一直把持那个耙子闷着头走在后边。老爷呢，就一直拉那个耙子往前走。

53. te²⁴ ɕan³³ ɣa:k³³ ɕan³³ po:i²⁴, hi⁴² ʔbu³³/ʔbou⁵⁵ nou⁴² ʔdai⁵⁵ jaŋ⁴²?
　　他　总　拉　总　去　也　不　　说　得　没有

　　ha:u⁵⁵la:i²⁴ na:n⁴², "ʔdai⁵⁵ lu³¹!" pou³¹ tau⁴² ɣa:u³⁵ nou⁴²:"ʔdai⁵⁵
　　很多　久　得（语）个　把　耙子　说　得

　　lu³³." te²⁴ hi⁴² ʔbu³³/ʔbou⁵⁵ nou⁴² "ʔju³⁵! ʔdai⁵⁵ la⁵⁵? ɣa:u³⁵ ti³⁵
　　（语）他　也　不　　说　哟　得（语）　耙　点

hom²⁴. " te²⁴ ʔbu³³/ʔbou⁵⁵ jɯːŋ³³ŋ⁴² nou⁴² ne⁵⁵, haːu³⁵ hɯn⁵⁵ma²⁴.
　　　　再　　他　不　　　这样　　说（语）　就　　　上来

他一直拉着去，也不问"可以了没有"。过了很久，"好了"把持耙子
的人说"好了"。他也不说"啊，好了？（再）耙一会儿吧？"他不会这样
说的，就上了岸。

54. hɯn⁵⁵ ma²⁴ taŋ⁴² ham³⁵ tam⁴² lu³³, te²⁴ ɕø⁵⁵ nou⁴² haɯ⁵⁵ pan⁴²
　　上　　来　到　岸　池塘（语）他　才　说　给　成

kjoŋ³⁵ ʔdai³³ hi²⁴: "ʔai³¹ju³¹! poːi³¹nuːŋ³¹, poːi³¹nuːŋ³¹, mɯŋ⁴²
　群　　得见　哎呀　　兄弟　　　兄弟　　　你

ɕoːi³⁵ ŋaɯ⁴² lu³³! kɯn⁴² haːm³⁵ tam⁴² koːi⁵⁵ ɕiːn²⁴ wun⁴², mi⁴²
　最　　傻（语）上面　岸　池塘　几　　千　人　有

sak⁵⁵ pou³¹ ŋaɯ⁴² lum⁵⁵ mɯŋ⁴² ni³³ma³¹? mɯŋ⁴² ku³³ pou³¹
　一　个　傻　像　你　（语）　你　做　个

kam²⁴ ɣaːu³⁵ teːŋ²⁴ ki³⁵ hom⁴² he⁵⁵ la³³, kou²⁴ poːi²⁴ ka⁴²køːn³⁵
　持　耙子　挨　些　浑浊　那（语）　我　去　前面

teːŋ²⁴ ki³⁵ saɯ²⁴ he⁵⁵! ki³⁵ ɣaːŋ³⁵ he⁵⁵ ɕø⁵⁵ taɯ⁴² mɯŋ³³, mɯŋ⁴²
　挨　些　清　那　些　脏　那　才　着　你　你

kou³⁵ ŋaɯ⁴² lu³³!" pou³¹ taɯ⁴² ɣaːu³⁵ he⁵⁵ pai⁴² tiŋ³³ ɕam³³ ʔa⁵⁵
　够　傻（语）个　持　耙子　那　一　听　也　张

paːk³⁵ ŋup⁵⁵ŋup⁵⁵, ɣa⁴² ɕon⁴² nou⁴² ʔbu³³/ʔbou⁵⁵ ɣan²⁴. pan⁴²
　嘴（绘形）　找　句　说　不　　　见　成

kjoŋ³⁵ wun⁴² ɕuŋ⁵⁵ ɣiːu²⁴ ha⁴²ha⁴².
　群　人　都　笑（拟声）

上了岸，他才对众人说："哎呀，兄弟啊兄弟！你最傻了！岸上几千
人有谁像你这样傻吗？你是把持耙子的人碰到的是浑水，我走在前面碰到
的是清的！脏的才是你的，你真的傻透了！"把持耙子的人一听也张着嘴
却说不出话来，人们都哈哈大笑起来。

（五）

55. lou⁴²tiŋ²⁴jou⁴² haŋ⁵⁵ pi³³/poːi²⁴ jou⁴² pi³³/poːi²⁴ ɕeːt³⁵. mi⁴² ŋon⁴²
　刘定逌　喜欢　去　　游　去　　玩　有　天

hu⁵⁵ te²⁴ jou⁴²ɕeːt³⁵ taŋ⁴² ʔan²⁴ haɯ²⁴ hu⁵⁵. mɯn³⁵ɣaɯ⁴² ɕuŋ⁵⁵
　一　他　游玩　到　个　集市　一　　哪里　都

mi⁴² pou³¹ fou³⁵ pou³¹ kuŋ⁴². mi⁴² pou³¹ lɯk³³kja³¹ hu⁵⁵ pu³³-
　有　个　富　个　穷　有　个　孤儿　一　衣服

wa³⁵ ʔbu³³/ʔbou⁵⁵ mi⁴², sɯːŋ⁵⁵ pi³³/poːi²⁴ ɕaɯ³¹ pu³³ ɕaɯ³¹ wa³⁵,
　不　　有　想　去　　买　上衣　买　裤子

kwa³⁵ heːn⁴² pou³⁵ pi⁵⁵/poːi²⁴ la³³, ʔbu³³/ʔbou⁵⁵jaŋ⁴² ka³³ hom²⁴.
过　旁边　铺　去　　（语）没有　　　问价　还

刘定逪喜欢游山玩水。有一天他游玩到了一个集市上。哪里都有富人
穷人。有个孤儿没有衣服，想去买衣服裤子，刚走过店铺旁边，还没问价
钱呢。

56. pou³¹ laːu⁴²paːn⁵⁵ haːi²⁴ wa³⁵ ne³³ ɕuŋ⁵⁵ ɣø³¹nou⁴² pou³¹ n⁴² kuŋ⁴²
　个　老板　　卖　裤子（语）都　　知道　　个　这　穷

lu³³ tø³⁵ taːi²⁴ɕai³³ he⁵⁵: "mɯɯŋ⁴² kwa³⁵tou⁵⁵ ku³³ma⁴², mɯɯŋ⁴²
（语）就　欺负　他　　你　　过来　　做什么　　你

mi⁴² ŋan⁴² ɕaɯ³¹ ma³¹!" ɕam³³ taːŋ³⁵nou⁴² taːi²⁴ɕai³³ wun⁴² ʔbu³³/
有　钱　买　（语）　也　　相当　　说　欺负　别人　不

ʔbou⁵⁵ mi⁴² ŋan⁴² ɕaɯ³¹. juːŋ³³ŋ⁴² te²⁴ soŋ⁴²soːi²⁴ taːi²⁴ɕai³³ wun⁴²
有　钱　买　这样　　他　经常　　欺负　人

laːi²⁴ liːu³¹, toŋ³³ pou³¹ wun⁴²kuŋ⁴² he⁵⁵ ɣan²⁴ laːu⁴²je⁴² tou⁵⁵
多（语）些　个　穷人　　那　见　老爷　来

haːu³⁵ lɯn³³ nou⁴² he⁵⁵ hi²⁴.
就　论　说　他　×

卖衣服的老板早就知道这个人穷，就欺负他"你来做什么？你有钱买
吗？"也就是说欺负别人没有钱买。这样，他经常欺负别人后，那些穷人
见到老爷来就（把这事儿）告诉了他。

57. "ʔju³⁵! ɕan²⁴ juːŋ³³ŋ⁴² ka³¹ɣaːi³¹ la⁵⁵? kou²⁴ ʔbu³³/ʔbou⁵⁵ sin³⁵
　哟　真　这样　　真的　（语）我　不　　信

lu³³!" laːu⁴²je⁴² nou⁴², "mɯɯŋ⁴² jiu³⁵ wun⁴²kuŋ⁴² ɕaːt³⁵saːi⁵⁵ nɯ³¹!"
（语）老爷　说　你　看　穷人　　低下　（语）

pan⁴²n⁴² te²⁴ tan⁵⁵ pu³³ɕaːŋ⁴²ŋaːu⁵⁵ lɯk⁵⁵, tiːu⁴² pu³³ɕaːŋ⁴²ŋaːu⁵⁵
后来　他　穿衣　长袍　（体）条　衣　长袍

ɣai⁴² taŋ⁴² noːi⁵⁵, taŋ⁴² tu³⁵pou²⁴ he⁵⁵, paːi³³ ʔdaɯ²⁴ tan⁵⁵ tiːu⁴²
长到　这　到　脚踝　他　里面　　穿　条

wa³⁵tøːn³³ŋit³³ hu⁵⁵ ɕi⁴² poːi²⁴ lu³³.
短裤　一　就　去（语）

"哟！真的是这样吗？我就不信了！"老爷说，"你看不起穷人吗！"
后来，他穿着一件长袍，长袍长到这里，到他的脚踝，里面穿着一件短裤，
就去了。

58. po:i²⁴ li:u³¹, te²⁴ ka³³ pu³³ ka³³ wa³⁵ kø:n³⁵ li:u³¹ nou⁴²: "tan⁵⁵
　　去（语）他　询价　衣　询价　裤　先（语）说　　穿
　　ha:p³¹ ʔbu³³/ʔbou⁵⁵ ha:p³¹, ʔdai⁵⁵ le⁵⁵?" "ʔji⁵⁵! tan⁵⁵ je³¹!" koŋ²⁴
　　合适　不　　　　合适　行（语）　呀　穿（语）个
　　la:u⁴²pa:n⁵⁵ juː:ŋ³³ŋ⁴² nou⁴². søːi³¹n⁴² çam³³ tuk³³ juː:ŋ³³ŋ⁴² ha⁵⁵.
　　老板　　这样　　说　　现在　也　是　这样　（语）

　　去了以后，他先询问了价格，说道"试穿一下行吗？" "啊，穿吧！"
老板这么说。现在也是这样（做）的。

59. la:u⁴²je⁴² tø⁵⁵ tauɯ⁴² tø⁵⁵ çø:n²⁴ça:k⁵⁵, tan⁵⁵ li:u³¹ ʔdai⁵⁵ ʔjap⁵⁵ hu⁵⁵
　　老爷　一　拿　就　穿（后缀）穿（体）得　阵　一
　　ha:u³⁵ pla:i⁵⁵ ʔøːk³³ ɣøːk³³ pi⁵⁵ lu³³. koŋ²⁴la:u⁴²pa:n⁵⁵ ɣan²⁴ la³³
　　就　走　出　外　去（语）个　老板　　见（语）
　　nou⁴² wa:i³⁵wɯt⁵⁵ "ʔji³⁵! ku³³ma⁴² mɯŋ⁴² hi⁵⁵jaŋ⁴² kja:u²⁴ ŋan⁴²
　　说　快（后缀）呀　什么　你　还没　交　钱
　　lau⁵⁵, mɯŋ⁴² ho:i²⁴ ŋan⁴² la⁵⁵? ʔbu³³/ʔbou⁵⁵ ʔdai⁵⁵!" "ka:i³⁵ma⁴²
　　（语）你　开　钱（语）不　　得　　什么
　　çaŋ⁴²pan³³ kou²⁴ ji:u³⁵ ʔbu³³/ʔbou⁵⁵ ha:p³¹ ʔo:i³⁵ lau⁵⁵, kou²⁴ ʔau²⁴
　　刚才　我　看　不　　　合意　（语）我　要
　　mou³⁵! ku³³ma⁴² he:u³³ ku⁵⁵ kja:u²⁴ ŋan⁴²?"
　　（语）怎么　叫　我　交　钱

　　老爷一拿到就快速地穿上，穿好后没多久就往外走出去了。老板见了
急忙说："哎呀！怎么你还没交钱呢，你交钱了吗？不行！" "什么？我
刚才看了不合意，我没买啊！怎么叫我交钱？"

60. "ti:u⁴² wa³⁵ çaŋ⁴²pan³³ mɯŋ⁴² tan⁵⁵ lu³³ ku³³ma⁴² ʔbu³³/ʔbou⁵⁵
　　条　裤子　刚才　你　穿（语）怎么　不
　　kja:u²⁴ ŋan⁴²?" "kou²⁴ ʔøːk³⁵ tou⁵⁵ ʔbu³³/ʔbou⁵⁵ mi⁴² ti:u⁴² wa³⁵
　　交　钱　我　出　门　不　　　有　条　裤子
　　hu⁵⁵ tan⁵⁵ nɯ³¹? ka:i³⁵n⁴² mɯŋ⁴² luːn³³ nou⁴² ha³³lu³³!" kou²⁴
　　一　穿（语）这样　你　乱　说　（语）我
　　ʔe:u³⁵ mɯŋ⁴² hi⁴² ʔe:u³⁵, mɯŋ⁴² nou⁴² ku⁵⁵ tan⁵⁵ kou²⁴ çi⁴² nou⁴²
　　争　你　也　争　你　说　我　穿　我　却　说
　　ʔbu³³/ʔbou⁵⁵ tan⁵⁵, juː:ŋ³³ŋ⁴² ha:u³⁵ tø⁴² ʔe:u³⁵ hɯn⁵⁵tou⁵⁵ lu³³.
　　不　　穿　这样　就　争吵　　起来　（语）
　　pan⁴²n⁴² çø⁵⁵ pi³³/po:i²⁴ laŋ²⁴ koŋ²⁴ha:k³⁵ puːn³⁵. po:i²⁴ taŋ⁴² li:u³¹
　　后来　才　去　处所　官吏　判　去　到（语）

ha:u³⁵ lun³³ ki³⁵ sai³³ n⁴² haɯ⁵⁵ koŋ²⁴ha:k³⁵ hi²⁴.
　就　　论　些　事　这　给　　官吏　×

"你刚才穿的裤子，为什么不交钱？" "我出门没有一条裤子穿吗？这个你是在胡说八道！"你争我也争，你说我穿了我说没穿，这样就争吵起来了。后来才去官府那里让他判决。到了那里就将这事讲给官吏（听）。

61. lou⁴²tiŋ²⁴jou⁴² nou⁴²: "mɯŋ⁴² nou⁴² ku⁵⁵ tan⁵⁵ ti:u⁴² wa³⁵ mɯŋ³³
　　刘定逎　　说　你　说　我　穿　条　裤子　你

pu³¹, ʔɯŋ²⁴ka:i²⁴ mi⁴² søŋ²⁴ ti:u⁴² ɕi⁵⁵ tuk³³, sø:i⁴²n⁴² ŋam³⁵ mi⁴²
（语）应该　有　两　条　才　是　现在　才　有

ti:u⁴² hu⁵⁵, na:n⁴²ta:u³³ kou²⁴ ʔø:k³⁵ ɣon²⁴ ɕuŋ⁵⁵ ʔbu³³/ʔbou⁵⁵ tan⁵⁵
条　一　　难道　我　出　路　都　不　　穿

wa³⁵ la⁵⁵?" koŋ²⁴la:u⁴²pa:n⁵⁵ ɕa:i³⁵ ɣa²⁴ ɕon⁴² ham³⁵ ʔbu³³/ʔbou⁵⁵ ɣan²⁴.
裤子（语）个　老板　又　找　句　答　不　　见

刘定逎说："你如果说我穿了你的裤子，应该有两条才对，现在才有一条，难道我出门都不穿裤子吗？"老板又哑口无言。

62. jɯ:ŋ³³ŋ⁴² koŋ²⁴ha:k³⁵ ɕi⁵⁵ pu:n³⁵ haɯ⁵⁵ la:u⁴²je⁴² hiŋ⁴², nou⁴²:
　　这样　　官吏　又　判　　给　老爷　赢　说

"mɯŋ⁴² ŋu³³ la:u⁴²je⁴² ŋon⁴²taŋ⁴² pla:i⁵⁵ ɣon²⁴, fa:t³¹ ŋan⁴²
　你　耽误　老爷　每天　　走　路　罚　钱

mɯŋ³³!" koŋ²⁴ la:u⁴²pa:n⁵⁵ he⁵⁵ ha:u³⁵ ŋa:i⁴² fa:t³¹ pi⁵⁵/po:i²⁴
　你！"　个　老板　那　就　被　罚　去

ha:u⁵⁵la:i²⁴ ŋan⁴².
　很多　钱

这样，官吏又判决老爷胜诉，说道："你耽误了老爷出行时间，罚你款！"那个老板就被罚了很多钱。

63. lou⁴²tiŋ²⁴jou⁴² ɕan³³ sɯ:ŋ⁵⁵ ta⁵⁵pa:u²⁴pu²⁴piŋ⁴², mɯŋ⁴² jiu³⁵
　　刘定逎　　总　想　　打抱不平　　　你　看

wun⁴² ʔbu³³/ʔbou⁵⁵ hun⁵⁵ ɣa²⁴, jiu³⁵ wun⁴² ɕɯ:i⁵⁵, te²⁴ ɕi⁵⁵
人　不　　起眼　看　人　差　他　才

jɯ:ŋ³³ŋ⁴² ku³³ ɕo:i³³ mɯŋ³³.
　这样　做　修理　你

刘定逎喜欢打抱不平，你如果看不起别人，欺负别人，他才这样治你。

三　kø⁵⁵ wɯn⁴² ŋaɯ⁴² 傻子的故事
故事　人　傻

1. to:ŋ⁴²pai⁴² mi⁴² pou³¹ hu⁵⁵ ŋaɯ⁴² ta:ŋ³⁵ma⁴² pi⁵⁵.
   从前　有　个　一　愚蠢　非常　（语）
   从前有一个非常愚蠢的人。

（一）

2. mi⁴² pai⁴² hu⁵⁵, te²⁴ ʔø:k³⁵ pi³³/po:i²⁴ ku³³ɕam⁴², ɣan²⁴ fo:i⁴² taɯ⁴²
   有　次　一　他　出　去　　　玩耍　见　火　烧
   ɣa:n⁴². ki³⁵ wɯn⁴² pi³³/po:i²⁴ kou³⁵ fo:i⁴² he⁵⁵ pɯːt³⁵ ɣop³³ɣop³³
   房子　些　人　去　　　救　火　那　跑　（拟声）
   ɣe:k³⁵ɣe:k³³, ɕuŋ⁵⁵ ho:i³⁵la:u²⁴ kou³⁵ ʔbu³³/ʔbou⁵⁵ kip³³, ku³³ tɯk⁵⁵
   （拟声）　总　担心　救　不　　　　及　做　得
   ha:n³³ ɣi³³ ha:n³³ ɣon³¹, so:i³⁵ le:ŋ³⁵ na⁵⁵ ʔdam²⁴. te²⁴ ɕi⁴² ʔdun²⁴
   汗　流　汗　溢　四　处　脸　黑　他　却　站
   ʔjou³⁵ hen⁴² he⁵⁵ ʔaŋ²⁴ tɯk⁵⁵ ɣi:u²⁴ɣi:u²⁴ he:m³⁵he:m³⁵.
   在　旁边　那　高兴　得　笑笑　　　喊喊

   有一次，他出去玩耍，遇见火烧房子。前去救火的人们不停的奔跑忙碌着，总担心救火不及，以至于汗流浃背，脸被抹黑。他却站在旁边高兴得又笑又喊。

3. kou³⁵ fo:i⁴² pɯ³¹ ɕi⁴² tɯk⁴²ɣe:ŋ⁴² lu³³, ɣan²⁴ he⁵⁵ hem³⁵ ɕuŋ⁵⁵
   救　火（语）就　辛苦　（语）见　他　喊　都
   ʔbu³³/ʔbou⁵⁵jan⁴² ʔdai⁵⁵ hoŋ³⁵ ʔdɯːt³⁵ he⁵⁵. pan²⁴n⁴² kou³⁵ fo:i⁴²
   没有　　　得　空　理　他　后来　救　火
   ʔdai⁵⁵ li:u³¹, la⁵⁵ ɣan²⁴ he⁵⁵ ɣi:u²⁴ɣi:u²⁴ he:m³⁵he:m³⁵, ɕuŋ²⁴ nou⁴²
   得（语）还　见　他　笑笑　　　喊喊　　　称　说
   fo:i⁴² taɯ⁴² ɣa:n⁴² mɯŋ⁴² ʔbu³³/ʔbou⁵⁵ kou³⁵ ɕi⁴²pa³³ ɕi⁵⁵ ɣi:u²⁴
   火　烧　房子　你　不　　　救　（语）又　笑
   hom²⁴, ha:u³⁵ taɯ⁴² he⁵⁵ ma²⁴ ʔboŋ⁵⁵ tø:n³⁵ hu⁵⁵.
   再　就　把　他　来　打　顿　一

   说到救火当然很辛苦，（人们）见他叫喊时都没空理他。后来救火结束了，仍见他在叫喊，意思是火烧了房子，你不去救也就算了，还又笑又喊的，（于是人们）就把他打了一顿。

4. te²⁴ ma³³ ɣaːn⁴² luɯn³³ nou⁴² ta³¹me³³ he⁵⁵ hi²⁴, nou⁴²: "ŋon⁴²n⁴²
　他　回　家　论　说　妈　他　　说　　今天
ɣan²⁴ foːi⁴² tauɯ⁴² ɣaːn⁴², kou²⁴ ʔaŋ²⁴ laːi²⁴ heːm³⁵heːm³⁵ yiːu²⁴
　见　火　烧　房子　我　高兴　多　　喊喊　　　笑
yiːu²⁴ liu³¹, ki³⁵ wun⁴² kou³⁵ foːi⁴² he⁵⁵ ʔdaːt³⁵hoːi³⁵ ku⁵⁵ liːu³¹
笑（语）　些　人　救　火　那　生气　　　我（语）
haːu³⁵ ʔboŋ⁵⁵ ku⁵⁵ soːi³⁵ leːŋ³⁵ soːi³⁵ ʔin²⁴."
　就　打　我　四　处　四　痛

他回家对他妈说："今天见到火烧房子，我太高兴就又喊又笑的，救火的人生气了就把我打得浑身疼痛。"

5. "ʔji²⁴! muɯŋ⁴² ɕan²⁴ ŋau⁴² lu³³, muɯŋ⁴² ɕuŋ⁵⁵ ʔbu³³/ʔbou⁵⁵ yø³¹sø³⁵
　呀　你　真　笨（语）　你　都　不　　懂事
sak⁵⁵ ti³⁵! wun⁴² foːi⁴² tauɯ⁴² ɣaːn⁴² sim²⁴ ɳaːp³⁵ ʔdak³³ ɣaːi²⁴
一　点　人　火　烧　房子　心　烦　要　死
ɕi⁴² pi³³/poːi²⁴ kou³⁵ lu³³. ʔbou⁵⁵ni³³ foːi⁴² tauɯ⁴² ɣaːn⁴², hou³¹ hi⁴²
　就　去　救（语）　不然　火　烧　房子　谷子　也
tauɯ⁴² pu³³ hi⁴² tauɯ⁴²." ta³¹me³³ he⁵⁵ nou⁴², "pan⁴²n⁴² ɣaːn⁴²
烧　衣服　也　烧　　　妈　他　说　以后　　遇见
foːi⁴² tauɯ⁴², muɯŋ⁴² ɕi⁴² waːi³⁵ ti³⁵ ʔou²⁴ ɣam³¹ pi³³/poːi²⁴ ʔdap⁵⁵
火　烧　你　就　快　点　用　水　去　　灭
ɕø⁵⁵ pan⁴² la³³. muɯŋ⁴² ɕi⁴² yiu²⁴ puɯ³¹, wun⁴² ʔbu³³/ʔbou⁵⁵ ʔboŋ⁵⁵
才　好（语）　你　却　笑（语）　人　不　　　打
muɯŋ³³ ma³¹!" "ʔo²⁴! juːɯŋ³³ŋ⁴² la³³ma³¹?" tak³³luk³³ he⁵⁵ nou⁴².
你（语）　哦　　这样（语）　　　儿子　他　说

"哎呀！你真笨，你一点都不懂事！人家房子被烧，心急如焚才去救的。不然，火烧了房子，谷子也烧，衣服也烧。"他妈妈说，"以后遇见着火，你就快点用水去熄灭它才对。而你却笑，人家怎么不打你啊！""哦！是这样啊？"他儿子说。

（二）

6. pan⁴²n⁴², te²⁴ pi³³/poːi²⁴ hau²⁴, ɣan²⁴ ɕaːŋ³³tiːt⁵⁵ ɕi²⁴ fuŋ³³lø⁴²,
　后来　他　去　　集市　见　铁匠　　拉　风炉
ki²⁴ foːi⁴² he⁵⁵ taː⁵⁵ ʔdau²⁴ he⁵⁵ ɕi²⁴ øːk³⁵ tou⁵⁵ ʔø³¹ʔø³¹.
些　火　那　从　里　它　吹　外　来　（绘形）
后来，他去集市，见到铁匠在拉风炉，那火苗从炉里往外直冒。

7. "ʔai³¹ja³¹! fo:i⁴² tauɯ⁴² lo³³!" ʔdauɯ²⁴ sim²⁴ he⁵⁵ ka:k³³ ŋwa:n³³
　　哎呀　　火　烧（语）　里　心　他　自己　想
　　ɣan²⁴ lu³³, "ta³¹me³³ ku⁵⁵ nou⁴² lu³³, fo:i⁴² tauɯ⁴² ki³⁵ma⁴² ni³¹
　　见（语）　妈　我　说（语）火　烧　什么（语）
　　ʔou²⁴ ɣam³¹ pi³³/po:i²⁴ ɕou³⁵ ʔdap⁵⁵ ɕø⁵⁵ pan⁴²! ʔba:t³⁵ n⁴² kou²⁴
　　要　水　去　　和　灭　才　好　次　这　我
　　pi³³/po:i²⁴ ʔdap⁵⁵ li:u³¹ hauɯ⁵⁵ wun⁴² kjai⁴² you⁴² ɕø⁵⁵ ʔdai⁵⁵ la³³!"
　　去　　灭（语）让　人　喜欢　我　才　得（语）
　　juɯ:ŋ³³ŋ⁴² te²⁴ tø⁵⁵ ɣa²⁴ ʔan²⁴ toŋ⁵⁵ hu⁵⁵ tak⁵⁵ toŋ⁵⁵ ɣam³¹ hu⁵⁵,
　　这样　他马上找　个　桶　一　盛　桶　水　一
　　pi³³/po:i²⁴ ɣu:t³³ hou⁵⁵ ʔdauɯ²⁴ fuŋ³³lø⁴² he⁵⁵ pi⁵⁵/po:i²⁴, ki³⁵ fo:i⁴²
　　去　　浇　进　里　风炉　那　去　　些　火
　　he⁵⁵ tø⁵⁵ ʔdap⁵⁵fup³³.
　　那　马上　灭（后缀）
　　"哎呀，着火了！"他自己心里想到"我妈说了，火烧了什么，要用水去帮着灭火才对！这次我去把火灭了，才能让人们喜欢我！"这样，他马上找来一个水桶，盛满了一桶水，拿去浇到风炉里，火一下子灭了。

8. koŋ²⁴ ɕa:ŋ³³ti:t⁵⁵ he⁵⁵ ʔda:t³⁵ho:i³⁵ li:u³¹ tø⁵⁵ tauɯ⁴² he⁵⁵ tø⁵⁵ ʔbuŋ⁵⁵,
　　个　铁匠　那　恼火　（语）马上　抓　他　马上　打
　　ta:t³¹ he⁵⁵ tɯk⁵⁵ he⁵⁵ so:i³⁵ le:ŋ³⁵ so:i³⁵ ʔin²⁴.
　　打　他　得　他　四　处　四　疼
　　那个铁匠十分恼火，一抓住他就打他，打得他遍体鳞伤。

9. ma²⁴ ɣa:n⁴² lu³³, "ʔai³¹ju³¹! me³³ hu³¹ me³³, muɯŋ⁴² ɕi⁴² nou⁴²
　　回　家（语）　哎哟　妈（语）妈　你　都　说
　　ɣan²⁴ fo:i⁴² tauɯ⁴² ki³⁵ma⁴² ɕi⁴² pi³³/po:i²⁴ ɕou³⁵ ʔdap⁵⁵, wun⁴²
　　见　火　烧　什么　就　去　　和　灭　人
　　ɕø⁵⁵ kjai⁴² you⁴². ŋon⁴²n⁴² kou²⁴ pi³³/po:i²⁴ ku³³ɕam⁴², ɣan²⁴
　　才　喜欢　我们　今天　我　去　　玩　见
　　ki³⁵ fo:i⁴² ʔdauɯ²⁴ fuŋ³³lø⁴² ɕa:ŋ³³ti:t⁵⁵ tauɯ⁴² ʔø³¹ ʔø³¹, kou²⁴ ʔou²⁴
　　些　火　里　风炉　铁匠　烧（后缀）　我　要
　　ɣam³¹ pi³³/po:i²⁴ ʔdap⁵⁵ la³³, ɕa:i³⁵ ŋa:i⁴² wun⁴² tup³³ tø:n³⁵ kou³⁵
　　水　去　　灭（语）又　被　人　打　顿　够
　　hu⁵⁵, ɕan²⁴ tɯk³³ɣe:ŋ⁴² lu³³, ʔbu³³/ʔbou⁵⁵ ɲi:n³³ ʔdap⁵⁵ lu³³."
　　一　真　难受　（语）不　　愿　灭（语）
　　回到家，"哎哟！妈啊，你说过见到着火就去帮着灭，人们才喜欢我。

今天我去玩，见到铁匠的风炉里的火烧得正旺，我就用水去浇灭了，又被
人打个半死，真难受啊，不愿灭火了。"

10. "ʔji²⁴! plaɯ⁴² haɯ⁵⁵ mɯŋ³³ jɯːŋ³³he⁵⁵ lu³³? mɯŋ⁴² ɣan²⁴
　　　呀　谁　让　　你　　那样（语）　你　见

koŋ²⁴ ɕaːŋ³³tiːt⁵⁵ he⁵⁵ tup³³ ki³⁵ma⁴² ɕi⁴² tup³³ ki³⁵te²⁴, paːŋ²⁴
个　　铁匠　　那　打　什么　就　打　什么　帮

ɕoŋ³³ he⁵⁵ ɕø⁵⁵ pan⁴² la³³. mɯŋ⁴² ɕi⁴² ku³³ma⁴² ʔou²⁴ ɣam³¹
助　他　才　好（语）　你　就　怎么　要　水

pi³³/poːi²⁴ ʔdap⁵⁵?" "ʔo²⁴! jɯːŋ³³ŋ⁴² la³³ma³¹, kou²⁴ ɣø³¹?"
去　　灭　哦　这样　（语）　我　知道

　　"呀！谁叫你那么做的？你看到那个铁匠打什么（东西）就打什么，
帮着他才对。你怎么能用水去把火灭啊？" "哦！是这样啊，我（怎么）
知道？"

（三）

11. ta⁴²me³³ he⁵⁵ ɣaŋ³⁵ he⁵⁵ nou⁴² ɣan³⁵ wun⁴² tup³³ ki³⁵ma⁴² ɕi⁴²
　　妈妈　他　嘱咐　他　说　见　人　打　什么　就

pi³³/poːi²⁴ ɕoŋ³³ wun⁴² tup³³ ɕø⁵⁵ pan⁴². pan⁴²n⁴², te²⁴ ʔøːk³⁵
去　　帮　人　打　才　好　后来　他　出

poːi²⁴, ɣan²⁴ koːi⁵⁵ pou³¹ lɯk³³ŋe⁴² tø⁴²tup³³ tø⁴²taⁿ⁵⁵ la³³, te²⁴
去　见　几　个　小孩　打架　打架（语）他

ɕam³³ pi³³/poːi²⁴ ɕou³⁵ ʔboŋ⁵⁵ tup³³ ta⁵⁵.
也　去　　和　打　打　打

　　他妈妈嘱咐他，见到别人打什么就去帮着打才好。后来，他出去，遇
见几个小孩在打架，他也去帮着打。

12. ki³⁵ wun⁴²laːu³¹ ʔjou³⁵ kjai²⁴ he⁵⁵ ɣan²⁴ liːu³¹ haːu³⁵ pɯːt³⁵ ma²⁴
　　些　人　老　在　远　那　见（语）就　跑　回

kam³³ he⁵⁵ tup³³ he⁵⁵ tøːn³⁵ hu⁵⁵. hi⁴² tup³³ hi⁴² ʔda³⁵ he⁵⁵:
抓　他　打　他　顿　一　边　打　边　骂　他

"wun⁴² tø⁴²taⁿ⁵⁵, mɯŋ⁴² ʔbu³³/ʔbou⁵⁵ pi³³/poːi²⁴ ɕeːk⁵⁵ ɕi⁴²pa³³,
人　打架　你　不　去　拆　（语）

ɕaːi³⁵ tup³³ he⁵⁵ tai⁵⁵ tɯk⁵⁵ nap³³hɯk⁵⁵ pi⁵⁵/poːi²⁴." jɯːŋ³³ŋ⁴².
又　打　他　哭　得　噎住　去　这样

te²⁴ haːu³⁵ ŋaːi⁴² ʔboŋ⁵⁵ tɯk⁵⁵ ɣuːn⁴²ɣun⁴²ɣa⁴²ɣa⁴² liːu³¹.
他　就　挨　打　得　爬（绘形）　（语）

　　远处的大人们见了就跑回来抓住他，把他打了一顿。边打边骂他道：

"人家打架，你没去拆开也罢，还把人打得泣不成声。"这样，他就被打得趴在地上。

13. ma²⁴ ɣaːn⁴² ɕaːi³⁵ lɯn³³nou⁴² ta³¹me³³ he⁵⁵ hi²⁴. "ʔai³¹ju³¹! me³³
　　回　家　又　告诉　　妈　他 × 哎唷　妈

hu³¹ me³³! mɯŋ⁴² ku³³ jɯːŋ³³ŋ⁴² søːn²⁴ ku⁵⁵, haɯ⁵⁵ ku⁵⁵ ɣan²⁴
（语）妈　你　做　这么　　教　我，　让　我　见

wun⁴² tup³³ ki³⁵ma⁴² ɕi⁴² pi³³/poːi²⁴ ɕoŋ³³ he⁵⁵. ŋon⁴²n⁴² ɣan²⁴
人　打　什么　就　去　　帮　他 今天　见

lɯk³³ŋe⁴² tø⁴²tup³³ tø⁴²ta⁵⁵ la³³, kou²⁴ ɕam³³ pi³³/poːi²⁴ ɕou³⁵
孩子　打架　打架（语）我　也　去　　和

tup³³, ki³⁵ lɯk³³ŋe⁴² he⁵⁵ ɕuŋ⁵⁵ tai⁵⁵ŋa⁴²ŋa⁴² pi³³/poːi²⁴. ki³⁵
打　些　孩子　那　都　哭（拟声）去　　些

wun⁴² laːu³¹ he⁵⁵ ta⁵⁵ kjai²⁴ ɣan²⁴ liːu³¹, pɯːt³⁵ ma²⁴ tup³³ ku⁵⁵
人　老　那　从　远　见（语）跑　回　打　我

tɯk⁵⁵ ʔjeːt³⁵leːt³⁵ pi⁵⁵/poːi²⁴."
得　屁滚尿流　去

回到家又告诉了他妈妈。"哎唷！妈呀，你这么教我，让我见到别人打什么就去帮忙。今天见到小孩打架对骂，我也去跟着打，那些孩子都哇哇地哭着。那些大人们从老远见了，跑回来把我打得屁滚尿流。"

14. "ʔai³¹ja³¹! mɯŋ⁴² ɕiŋ³⁵ɕan²⁴ ŋaɯ⁴² lu³³. hai²⁴, lɯk³³ŋe⁴² tø⁴²tup³³
　　哎呀　你　真正　傻（语）可是　小孩　打架

wun⁴² pi³³/poːi²⁴ keːk⁵⁵ la³³, mɯŋ⁴² ɕi⁴² ku³³ma⁴² pi³³/poːi²⁴
人　去　隔（语）你　却　怎么　去

ɕou³⁵ tup³³?" ta³¹me³³ he⁵⁵ nou⁴², "pan⁴²n⁴² ɣan²⁴ ki³⁵ma⁴²
和　打　妈　他　说　以后　见　什么

tø⁴²ta⁵⁵ mɯŋ⁴² ɕi⁴² pi³³/poːi²⁴ keːk⁵⁵ ɕø⁵⁵ pan⁴² la³³! mɯŋ⁴²
打架　你　就　去　隔　才　好（语）你

ʔdak³³ koːi³⁵ pɯ⁵⁵! mɯŋ⁴² pi³³/poːi²⁴ ɕeːk⁵⁵ liːu³¹ wun⁴² ɕø⁵⁵
要　记（语）你　去　隔（语）人　才

nou⁴² mɯŋ³³ ɣø³¹sø³⁵ la³³!" "ho²⁴!" tak³³ he⁵⁵ nou⁴² ʔdaɯ²⁴
说　你　懂事（语）哦　个　那　说　里

hø⁴² he⁵⁵.
喉咙　他

"哎呀！你真傻啊。可小孩打架人家要去劝架，你却怎么去帮着打？"他妈妈说，"以后见到什么打架的，你去劝架才对呢！你要记住啊！你去劝架了别人才说你懂事！""哦！"那个人自己心里说。

（四）

15. kwa³⁵ ʔdai⁵⁵ ma:u⁵⁵ na:n⁴², te²⁴ ça:i²⁴ ʔø:k³⁵ pi³³/po:i²⁴ ku³³çam⁴²,
　　过　得　相当　久　他　又　出　去　　　玩

　　tiŋ³³liŋ⁴² ɣan²⁴ sø:ŋ²⁴ tu⁴² wa:i⁴² tø⁴²tam⁵⁵. te²⁴ ça:i³⁵ nam⁵⁵ ʔdau²⁴
　　碰巧　见　两　头　牛　打架　他　又　想　里

　　hø⁴² he⁵⁵: "wa:i⁴² tø⁴²tam⁵⁵ lu³³, ɣou⁴² ʔbu³³/ʔbou⁵⁵ pi³³/po:i²⁴
　　喉咙　他　牛　打架　（语）我　不　　　去

　　çe:k⁵⁵ pɯ³¹, ʔjap⁵⁵ pi⁵⁵/po:i²⁴ wun⁴² çi⁵⁵ nou⁴² ɣou⁴² ʔbu³³/ʔbou⁵⁵
　　拆　（语）阵　去　　　人　又　说　我们　不

　　ɣø³¹sø³⁵ lu⁴²." te²⁴ tø³⁵ jɯ:ŋ³³ŋ⁴² ŋwa:n³³ tø³⁵ hou⁵⁵ çiŋ³⁵ka:ŋ²⁴
　　懂事（语）他　一　这样　　想　就　进　中间

　　he⁵⁵ pi³³/po:i²⁴ ke:k⁵⁵.
　　那　去　　拆

　　过了很久，他又出去玩，正好见到两头牛打架。他心里又想了"牛打架了，如果我不去拆架，一会儿别人又说我不懂事了。"他一边想一边冲进中间去拆架。

16. ha:i²⁴ wa:i⁴² tø⁴²tam⁵⁵ pɯ³¹, te²⁴ ɣø³¹ mɯŋ³³ ma³¹, ʔbu³³/ʔbou⁵⁵
　　可　牛　打架　（语）它　知道　你　（语）不

　　tɯk³³ nou⁴² fa:t³³miŋ⁴² pi³³/po:i²⁴ tam⁵⁵ mɯŋ³³ laɯ²⁴, so:i³⁵le:ŋ³⁵
　　是　说　有意　去　　冲撞　你　（语）四处

　　so:i³⁵ ta:t³¹, tin²⁴ tin²⁴ ça:i⁵⁵ kou²⁴ kou²⁴ fa:k⁵⁵, haɯ⁵⁵ he⁵⁵ so:i³⁵
　　四　打　脚　脚　踩　角　角　挑　让　他　四

　　le:ŋ³⁵ so:i³⁵ sɯ:ŋ²⁴, so:i³⁵ le:ŋ³⁵ so:i³⁵ lɯ:t³³.
　　处　四　伤　四　处　四　血

　　可牛打架的话，它认识你是谁吗，不是有意地去冲撞你的，随便乱撞，牛脚踩，牛角挑，使他浑身是伤，浑身是血。

17. te²⁴ ma²⁴ ɣa:n⁴², ta⁴²me³³ he⁵⁵ ɣan²⁴ liu³¹ ça:m²⁴ he⁵⁵: "ʔju³⁵,
　　他　回　家　妈妈　他　见　（语）问　他　哟

　　mɯŋ⁴² ŋon⁴²n⁴² ku³³ma⁴² naŋ⁴²ka:n³⁵ pan⁴²la:i²⁴ lo³³? so:i³⁵
　　你　今天　怎么　　能干　这么　（语）四

　　le:ŋ³⁵ so:i³⁵ sɯ:ŋ²⁴, so:i³⁵ le:ŋ³⁵ so:i³⁵ lɯ:t³³ lo³³?" te²⁴ çi⁵⁵
　　处　四　伤　四　处　四　血（语）他　又

　　lun³³nou⁴² ta³¹me³³ he⁵⁵ hi²⁴: "hø⁴²çi⁵⁵ sɯ:ŋ²⁴sɯ:ŋ²⁴ lɯ:t³³
　　告诉　妈　他　×　何止　伤伤　　血

luːt³³ la³³ma³¹, ku³³ tɯk⁵⁵ ku⁵⁵ keːn²⁴ keːn²⁴ kon³¹, lɯk³¹fɯŋ⁴²
血 （语） 做 得 我 胳膊 胳膊 骨折 手指

lɯk³¹fɯŋ⁴² ɣak⁵ lu³³."
手指　　骨折（语）

回到家，他妈妈见了就问他："哟，你今天怎么这么能干啊？浑身是伤，浑身是血？"他又告诉他妈："何止受伤流血啊，使得我都胳膊胳膊骨折，手指手指断了。"

18. "ʔai³¹ja³¹! søːn²⁴ poːi²⁴ søːn²⁴ taːu³⁵, jiːt³¹ søːn²⁴ jiːt³¹ ŋaɯ⁴²!
哎呀 教 去 教 回 越 教 越 笨

ki³⁵ma⁴² nou⁴² mɯŋ³³ ku³³ jɯːŋ³³ŋ⁴² la³³, mɯŋ⁴² çi⁵⁵ pi³³/
什么 说 你 做 这样 （语） 你 又 去

poːi²⁴ çeːk⁵⁵ waːi⁴² tø⁴²tam⁵⁵?" ta³¹me³³ he⁵⁵ nou⁴²,"ʔbu³³/ʔbou⁵⁵
　　拆 牛 打架 妈 他 说 不

ʔdai⁵⁵ pɯ⁵⁵! ɣan²⁴ waːi⁴² tø⁴²tam⁵⁵ mɯŋ⁴² pi³³/poːi²⁴ çeːk⁵⁵
行 （语） 见 牛 打架 你 去 拆

ʔbu³³/ʔbou⁵⁵ ʔdai⁵⁵ pɯ⁵⁵, pan⁴²n⁴² ɣan²⁴ ki³⁵ma⁴² tø⁴²tam⁵⁵
不 得 （语） 以后 见 什么 打架

mɯŋ⁴² ʔdø⁵⁵ çø⁵⁵ ʔdai⁵⁵ la³³."
你 躲 才 行 （语）

"哎呀！教来教去，越教越笨！怎么教你这样做，你又去拆分牛打架？"他妈妈说，"不行啊！见到牛打架你不能去拆分的，以后见到什么打架，你要躲起来才行呢。"

（五）

19. pan⁴²n⁴² teː²⁴ sɯːŋ²⁴ ʔdoːi²⁴ liːu³¹ haːu³⁵ ʔøːk³⁵ pi³³/poːi²⁴ ku³³çam⁴².
后来 他 伤 好 （语） 就 出 去 玩

ɣan²⁴ mi⁴² søːn²⁴ tu⁴² kai³⁵ tø⁴²tø⁵⁵, teː²⁴ ʔeːŋ³⁵kja²⁴nou⁴² taːŋ³⁵
见 有 两 只 鸡 打斗 他 以为 像

waːi⁴² tø⁴²tam⁵⁵ la³³, søːn²⁴ tu⁴² kai³⁵ he⁵⁵ tø⁴²tø⁵⁵ naːu³³n̬iːt³¹,
牛 打架 （语） 两 只 鸡 那 打斗 激烈

teː²⁴ ɣaːt⁴²çaːt⁴² pɯːt³⁵ maː²⁴ ɣaːn⁴², çan³³ hoːi³⁵laːu⁴² nou⁴² teːŋ²⁴
他 急忙 跑 回 家 总 担心 说 受

sɯːŋ²⁴ lum⁵⁵ pi³³/poːi²⁴ keːk⁵⁵ waːi⁴² tø⁴²tam⁵⁵ ni³³, ʔdø⁵⁵ hou⁵⁵
伤 像 去 隔 牛 打架 × 躲 进

la⁵⁵ çøːŋ⁴² pi⁵⁵/poːi²⁴.
下 床 去

后来他伤好了，又出去玩。见到两只鸡在打斗，他以为像牛打架那样，两只鸡打到激烈时，他赶紧跑回家，总担心会像拆牛打架那样受伤，躲到床底下。

20. pai⁴²ɣan²⁴tu⁴²kuŋ³⁵sou²⁴hu⁵⁵ʔjou³⁵la⁵⁵çøːŋ⁴²tiːm²⁴çaɯ²⁴
　　一　　见　只　蟾蜍　一　在　下　床　喘气

ŋweːp³³ŋweːp³³juːŋ³³ŋ⁴²la³³, te²⁴ʔeːŋ³⁵kja²⁴nou⁴²tu⁴²kuŋ³⁵-
（拟声）　　这样　（语）他　以为　　　只　蟾蜍

sou²⁴n⁴²ʔdak³³pi³³/poːi²⁴nou⁴²tu⁴²kai³⁵hi²⁴la³³, "hai⁴²!
　这　要　去　　　说　鸡　×（语）嘿

muɯŋ⁴²koŋ²⁴ʔdɯːt³⁵puɯ⁵⁵, muɯŋ⁴²koŋ²⁴ʔdɯːt³⁵puɯ⁵⁵! ʔjap⁵⁵-
你　别　吵　（语）你　别　吵　（语）一会儿

çiŋ⁴²tu⁴²kai³⁵ʔdai⁵⁵hi²⁴ni³³, ɣø³¹　kuɯ⁵⁵ʔjou³⁵la⁵⁵n⁴²puɯ³¹,
鸡　　听见　（语）知道　我　在　下　这（语）

te²⁴haːu³⁵tou³³tam⁵⁵tou³³tiu²⁴kuɯ⁵⁵çi⁵⁵ʔin²⁴ʔbaːt³⁵hu⁵⁵!
它　进　来　冲撞　来　挑　我　再　疼　次　一

muɯŋ⁴²koŋ²⁴ʔdɯːt³⁵! muɯŋ⁴²koŋ²⁴ʔdɯːt³⁵!" te²⁴çan³³nou⁴²
你　别　吵　你　别　吵　他　总　说

juːŋ³³ŋ⁴²lu³³...
这样　（语）

一看见床底下有一只蟾蜍正喘着气，他以为这只蟾蜍要去跟鸡说呢，"嘿！你别吵，你别吵！如果一会儿鸡听见，知道我在底下的话，它进来冲撞我，我就会再疼痛一次的！你别吵，你别吵！"他不停这么说着……

参考文献

1. 黄庆勋等：《武鸣县志》，广西人民出版社，1998 年。
2. 张钧如等：《壮语方言研究》，四川民族出版社，1999 年。
3. 黄成龙：《羌语蒲溪话研究》，民族出版社，2006 年。
4. 张钧如：《广西中南部地区壮语中老借词源于汉语古"平话"考》，载《语言研究》，1982 年（2）。
5. 韦庆稳：《壮语语法与研究》，广西民族出版社，1985 年。
6. 韦庆稳：《论壮语的量词》，载《民族语文研究论文集》，青海民族出版社，1982 年 6 月。
7. 卢英顺：《形态和汉语语法研究》，上海学林出版社，2005 年。
8. 张元生、覃晓航：《现代壮汉语比较语法》，中央民族学院出版社，1993 年。
9. 石毓智，李讷：《汉语语法化的历程》，北京大学出版社，2001 年。
10. 石毓智，李讷：《汉语语法化的历程——形态句法发展的动因和机制》，北京大学出版社，2001 年。
11. 孙锡信：《语法化机制探赜——纪念王力先生百年诞辰学术论文集》，商务印书馆，2002 年。
12. 刘利：《先秦助动词"得"字用法的考察//古汉语语法论集》，北京，语文出版社，1998 年。
13. 刘坚、曹广顺、吴福祥：《论诱发汉语词汇语法化的若干因素》，中国语文，1995 年（3）。
14. 沈家煊：《"语法化"研究综述》，《外语教学与研究》，1994 年（3）。
15. 曹广顺：《近代汉语助词》，语文出版社，1995 年。
16. 黄丁华：《闽南方言的虚字眼"在、着、里"》，载《中国语文》，1958 年（2）。
17. 鲜丽霞：《成都话中的语气助词"在"》，载《四川师范大学学报》，2002 年（4）。
18. 木仕华：《论纳西语动词的语法化》，载《民族语文》，2003 年（5）。
19. 刘丹青：《语法化中的更新、强化与叠加》，载《语言研究》，2001 年（2）。

20. 齐沪扬：《语气词与语气系统》，安徽教育出版社，2002年。

21. 蓝庆元：《壮汉同源词借词研究》，中央民族大学出版社，2003年。

22. 覃晓航：《壮语西阳话形容词的使动用法》，载《民族语文》，2007年（1）。

23. 张谊生：《现代汉语副词研究》，上海学林出版社，2000年。

24. 朱德熙：《语法答问》，商务印书馆，1985年。

25. 朱德熙：《语法讲义》，商务印书馆，1982年。

26. 杨荣祥：《近代汉语副词研究》，商务印书馆，2005年。

27. 李英哲等：《实用汉语参考语法》，北京语言学院出版社，1990年。

28. 张旺熹：《汉语特殊句法的语义研究》，北京语言文化大学出版社，1999年。

29. 张伯江、方梅：《汉语功能语法研究》，江西教育出版社，1996年。

30. 房玉清：《实用汉语语法》，北京语言学院出版社，1996年。

31. 覃晓航：《壮语特殊语法现象研究》，民族出版社，1995年。

32. 屈承熹著，潘文国等译：《汉语篇章语法》，北京语言大学出版社，2006年。

33. 覃国生编著：《壮语概论》，广西民族出版社，1998年。

34. 吴静兰：《阿美语参考语法》，台北，远流出版有限公司，2000年。

35. 张秀：《排湾语参考语法》，台北，远流出版有限公司，2000年。

36. 黄美金：《泰雅语参考语法》，台北，远流出版有限公司，2000年。

后 记

《燕齐壮语参考语法》为国家社科基金重大科研项目"中国少数民族语言系列参考语法"、中央民族大学985工程项目"中国少数民族语言系列参考语法"的子课题之一，由澳大利亚墨尔本大学罗永现教授及中国中央民族大学韦景云副教授、广西民族大学何霜博士三方通力合作，经过近三年的积极探索取得的研究成果。

本课题各章节的作者如下：

第一章"绪论"，第二章"音韵系统"，第三章"构词法"，第八章"简单句"，第九章"复杂句"，第十章"话题与话语"，《燕齐壮语声韵调拼合表》及短篇语料，长篇语料的输入，整理等：韦景云。

第四章"名词短语"，第五章"动词短语"，第六章"形容词短语"和第七章"副词短语"：何霜。

在写作过程中，罗永现两次从澳大利亚飞抵北京，与韦景云一起研讨各章节的内容布局，对各章节的衔接问题、相关语言问题给予耐心指导，对本书初稿、终稿做了认真审阅、提出修改意见。

韦景云负责全书的排版，并作最后的修改补充。

《燕齐壮语参考语法》子课题启动后，韦景云、何霜多次前往广西武鸣县陆斡镇燕齐村进行语言调查、语料收集。在此期间，燕齐村坛幕屯壮族村民给予了热情的接待和积极的配合。对此，十分感谢他们对课题组成员工作的支持。

《燕齐壮语参考语法》一书从立项、启动到出版，得到了项目总负责人戴庆厦教授的大力支持，在此深表谢意。

本书涉及燕齐壮语的语音、词汇、语法等方面，范围较广，虽是结合近年来的语言类型学理论及多年的教学经验来撰写的，但仍深感心有余而力不足，相信仍有研究不够、遗漏之处，只能留待以后弥补。本书不妥之处，敬请读者不吝指正。

作 者
中央民族大学语言学院
2010 年 6 月 8 日